Troels Frederik Troels-Lund

Das tägliche Leben in Skandinavien während des sechzehnten Jahrhunderts

Deutsche, vom Verfasser besorgte Ausg. tr. by A. Michelsen.

Troels Frederik Troels-Lund

Das tägliche Leben in Skandinavien während des sechzehnten Jahrhunderts
Deutsche, vom Verfasser besorgte Ausg. tr. by A. Michelsen.

ISBN/EAN: 9783743620346

Hergestellt in Europa, USA, Kanada, Australien, Japan

Cover: Foto ©ninafisch / pixelio.de

Manufactured and distributed by brebook publishing software (www.brebook.com)

Troels Frederik Troels-Lund

Das tägliche Leben in Skandinavien während des sechzehnten Jahrhunderts

DAS TÄGLICHE LEBEN IN SKANDINAVIEN

WÄHREND

DES SECHZEHNTEN JAHRHUNDERTS

EINE CULTURHISTORISCHE STUDIE

ÜBER

DIE ENTWICKELUNG UND EINRICHTUNG DER WOHNUNGEN

VON

DR. TROELS LUND

DEUTSCHE, VOM VERFASSER BESORGTE, AUSGABE

KOPENHAGEN
VERLAG VON ANDR. FRED. HÖST & SOHN
UNIVERSITÄTSBUCHHÄNDLER
KOMMISSIONÄRE D. KGL. DÄN. GESELLSCHAFT DER WISSENSCHAFTEN

1882

Die vorliegende Schrift giebt ihrem wesentlichen Inhalte nach eine Reihe von Vorlesungen wieder, die ich an der hiesigen Universität gehalten, und nachher unter dem Titel: «Dagligt Liv i Norden i det 16de Aarhundrede» I—II, herausgegeben habe. Nur in einzelnen Partien bin ich von dem dänischen Texte abgewichen, theils wo ich inzwischen zu einer anderen Auffassung der Sache gekommen war, theils wo die Rücksicht auf deutsche Leser eine etwas ausführlichere Darstellung zu erfordern schien. Die Uebersetzung hat Hr. Pastor Michelsen in Lübeck besorgt.

Das Material zu einer Schrift, wie diese, muss durch das Studium ungedruckter Quellen herbeigeschafft und aus sehr verschiedenartigen Dokumenten Stück für Stück ans Licht gezogen werden. Oft gebricht es an Kunde, wo man solche am meisten wünschen möchte. Mitunter scheinen die zufällig aufbewahrten Winke nach Richtungen hinzuweisen, die einander gerade entgegengesetzt sind. Die Aufgabe ist, die zerstreuten Mosaikstücke zu sammeln und ein möglichst getreues und anschauliches Bild aus ihnen herzustellen.

Wenn ich mich entschlossen habe, diese Schrift einem weiteren Kreise, als dem nordischen, vorzulegen, so ist es in der Ueberzeugung geschehen, dass auf dem culturhistorischen Gebiete ein gemeinsames Zusammenarbeiten von der grössten Bedeutung ist. Sowie für das Studium der Cultur der kleineren Völker die Bekanntschaft mit den grossen europäischen Strömungen vorausgesetzt wird, so gewinnt wiederum die Betrachtung der letzteren an Klarheit und Fülle, wenn man die Abspiegelungen derselben in dem Leben der kleineren Nationen beobachtet.

Die so spät eingetretene Entwickelung der skandinavischen Völker hat dazu beigetragen, über die Archäologie ein grösseres Licht zu verbreiten. Aehnlich, wenn auch in geringerem Grade, dienen ihre späteren culturhistorischen Zustände dazu, die Zustände des Mittelalters zu beleuchten. Jene partielle Völkerwanderung, welche vor sich ging, als die Normannen sich in England und Frankreich niederliessen und den Bevölkerungen dieser Länder frisches Blut und neue Impulse einflössten, ging von einem lebenskräftigen Volke aus, welches bei dem allgemeinen europäischen Cultur-Austausche sich noch anders, als bloss empfangend verhielt. Der Zukunft ist es vorbehalten, die vielen verborgenen Fäden blosszulegen, die zusammen das Gewebe bilden, aus welchem die europäische Gesammtcultur besteht. Diese Aufgabe kann nur gelöst werden, soweit jede einzelne Nation ihren Beitrag leistet und das, was von ihren zurückgelegten Entwickelungsstufen sich erhalten hat, zu Tage fördert.

Kopenhagen, im Oktober 1881.

Troels Lund.

Inhalt.

Theil I. Wohnungen der Bauern und Bürger.

	Seite
Tägliches Leben	1.
1. Bauernwohnungen	7.
Das Aeussere	7.
Das Innere	12.
Beleuchtungsweise	13.
Feuerstätte	17.
Mobiliar der Stube	25.
Neue Bauformen	31.
2. Städtische Wohnungen:	
Vertheidigungsanstalten	40.
Bedingungen des städtischen Beisammenwohnens	45.
Strassenpflaster	45.
Unsauberkeit der Strassen	50.
Schweine auf den Strassen	53.
Herrenlose Hunde	58.
Renovations-Zustände	60.
Zustände der Kirchhöfe und Kirchen	63.
Trinkwasser	69.
Gesundheits-Zustände	75.
Epidemieen	77.
Beleuchtung	83.
Wächter	86.
Das Aeussere der Stadtwohnungen:	
Baustil	92.
Die Wände	93.

	Seite
Dachbekleidung	106.
Feuersbrünste	109.
Fenster	115.
Erker. Söller	120.
Strassennamen, Numerirung der Häuser, Inschriften	122.

Das Innere der Stadtwohnungen:

Eintheilung des Hauses	128.
Küche	131.
Wohnstube	139.
Kachelofen. Kamin	141.
Himmelbett	155.
Morgenwäsche	174.
Bänke	177.
Schränke	183.
Stühle	190.
Tische	192.
Bekleidung der Wände	196.
Stubendecke	208.
Fussboden	209.
Nippsachen, Stundengläser, Zeigerwerke	214.
Die grosse Stube	218.
Die Badestube	220.

Theil II. Herrschaftliche Gehöfte und Schlösser.

1. Rücksicht auf Vertheidigung:

	Seite
Wahl der örtlichen Lage	237.
Einrammen von Pfählen	239.
Aeusserster Ring der Vertheidigung	241.
Der Graben	242.
Die Zugbrücke	247.
Ringmauer und Erdwall	247.
Mauerthürme	249.
„Runddele"	250.
Bastionen	251.

	Seite
Die Vorburg	256.
Der Hauptbau	257.
Der „Kern"	258.
Das Haus	260.
Herrenhof	262.
Anzahl der Thürme	267.
Erstürmung des Hauptbaues	268.
Wächtergang	269.
Ableitung des Trinkwassers	272.
Angriff auf das Thor	273.
Vertheidigung der Wendeltreppe	277.
Kampf im Rittersaal	279.
Geheime Schlupfwinkel	280.
Gespenstererscheinung	285.
Gefängniss	285.

2. **Das Aeussere der Gebäude:**

Entwickelung des Baustils	287.
Die Mauer	289.
Das Dach	300.
Thurmspitzen, Kuppelthürme, Wetterfahnen	305.
Unregelmässigkeit der Gebäude	309.
Namen und Inschriften	310.
Wasserkünste	324.

3. **Das Innere der Gebäude:**

Allgemeiner Charakter des Hauses	336.
Die Gesindestube	340.
Die Wohnstube	343.
Die Frauenstube	348.
Die Sommerstube	349.
Unbenutzte Räume	352.
Die Briefkammer	353.
Die „Drejerkammer"	357.
Die „Heimlichkeit"	360.
Der Rittersaal	364.
Unheimlicher Eindruck der Burgen	365.
Der Garten	367.
Lusthäuser	378.

4. **Bedeutung des Baukunst:**

 Weiter Umfang des Burgenbaues . . . . 382.
 Heimische Baukunst . . . . 386.
 Verhältniss des Bauherrn zum Baumeister . . . . 388.
 Grundgedanke der Baukunst . . . . 390.
 Abschluss der Renaissance . . . . 390.

Quellenangaben und Anmerkungen . . . . 393.

Erster Theil.

Wohnungen der Bauern und Bürger.

Das tägliche Leben ist zu gleicher Zeit der bedeutungsvollste und doch am wenigsten beachtete Bestandtheil der Geschichte der Völker. Deutlicher, als jede andere Seite des Lebens, spiegelt uns diese das rein Menschliche in seiner fortschreitenden Entwickelung ab. Der für's Leben erforderliche Kampf, an welchem Alle sich betheiligen müssen, geht zuvörderst und vor Allem darauf aus, den nothwendigen Grad äusserer und innerer Wärme zu gewinnen. Die Mittel, durch welche wir uns diese verschaffen: Wohnung, Bekleidung und Nahrung, sind daher die einfachen Grundelemente, um die alle menschliche Geschichte sich seit dem frühen Morgen der Zeiten bewegt hat. Und die herzinnigen Bezeichnungen, mit denen ein Geschlecht nach dem anderen seine besondere Stellung zur Natur, zu den wechselnden Zeiten des Tages und Jahres, oder zu den Hauptbegebenheiten des Menschenlebens: Ehen, Geburten, Todesfällen, ausgedrückt hat, bergen eine Summe von Empfindung und Verständniss in sich, wodurch zu jeder Zeit die Bildung, die Dichtkunst und die Religiosität der Geschlechter bedingt war.

Diese verborgene Tiefenströmung der Geschichte — wir können sie als das tägliche Leben nach seinen mannigfachen Beziehungen bezeichnen — gleitet zwar geräuschloser hin, als die äussere politische Geschichte, umschliesst aber einen reicheren inneren Gehalt. In dieser stillen Welt gelten andere Gesetze, als in dem schäumenden Gebrause droben und draussen, wo bloss die Wellen sich kämpfend an einander brechen, und da drinnen haben andere Namen Geltung und Klang, als unter den Machthabern auf der Oberfläche. Denn früher als anderswo haben hier die Menschen gelernt sich einträchtig an einander zu schliessen; hier kommt der Fortschritt des Einzelnen nicht nur ihm selber sondern Allen zu Gute, und der Name des geringsten Meisters, dessen sinniger Erfindungsgeist der Menschheit zum Segen gereichte, hat in diesen Kreisen grösseren Werth, als die Namen der mächtigsten Herrscher.

Wir sind zwar genöthigt, die Bedeutung des täglichen Lebens für unser ganzes Thun und Lassen anzuerkennen; dagegen sprechen wir ihm solche Bedeutung ab, wenn wir von dem reden, was Geschichte heisst. Obschon verbesserte Beleuchtung, Dampfmaschinen, Telegraphen grössere Veränderungen in der Welt zur Folge gehabt haben, als jemals der entscheidendste Krieg: dennoch verweilen wir beständig bei den wechselnden Umgestaltungen der Karte Europa's, als bestände hierin der wichtigste Inhalt der Geschichte. Aber unabhängig davon, ob wir ihn verstehen oder nicht verstehen, ergiesst sich der Strom weiter, das eigentliche, concentrirte Leben der Geschlechter in sich fassend, welches mit einem blossen Blicke auf die Oberfläche nur unvollkommen verstanden wird.

Ist es uns also rechter Ernst, uns in die Vorzeit eines Volkes zurückzuversetzen, so kommt es besonders darauf an, gerade seine täglichen Lebenszustände zu erforschen. Hierdurch bekommen wir weit mehr, als nur einen Blick auf die Bühne, auf welcher die geschichtlichen Begebenheiten vor sich gingen: wir gewinnen das tiefere Verständniss dieser Begebenheiten selbst, indem wir den Boden kennen lernen, aus welchem die Thaten und Geschicke des Volkes emporsprossten, die verborgenen Quellen und die Atmosphäre, aus welchen das ganze Leben desselben seine Nahrung sog.

Wir werden im Folgenden das tägliche Leben der skandinavischen Völker während des sechzehnten Jahrhunderts betrachten. Für uns, ihre Nachkommen, hat dies ein besonderes

Interesse, weil jenes Zeitalter die äusserste Grenze bildet, bis zu welcher die geschichtlichen Quellen uns vordringen lassen, wenn wir ein vollständiges und allseitiges Verständniss des Lebens der Vorväter, das heisst der Grundlage, auf der unser eigenes beruht und fortbaut, zu erhalten wünschen. Es hat aber ausserdem noch ein mehr allgemeines Interesse. Jene skandinavischen Völker, welche eben damals durch die Renaissance in den grossen europäischen Strom hineingezogen wurden, hatten nämlich von dem Ursprünglichen weit mehr bewahrt, als ihre südlichen Brüder. Indem nun das Alte und das Neue sich begegnen, zeigen sich hier frische Spuren der Entwickelungsstufen, welche alle europäischen Völker, nahe Anverwandte bei ihrer Einwanderung aus dem Osten, jedes auf seine Weise, im Laufe des Mittelalters zurückgelegt haben. Ueber den skandinavischen Völkern reichen die Tage der Völkerwanderung und die der neueren Zeit einander die Hand.

Wir gedenken unsre Untersuchung in solcher Weise zu ordnen, dass wir zuerst die Wohnungen jenes Zeitalters, darauf seine Kleidertrachten und Ernährungsweise ins Auge fassen, endlich aber die ganze Summe des mannigfachen Verhaltens, das die Menschen allen den wechselnden Zeiten des Jahres und des Lebens gegenüber beobachteten, welche wir mit einem gemeinsamen Namen die allgemein-menschlichen Begebenheiten nennen können.

Wohnungen.

Anscheinend herrscht in der Bauart eines jeden Zeitalters die blosse Willkür. In der Jetztzeit z. B. wechseln im Norden Blockhäuser, Lehmwohnungen, aus Felsblöcken gefügtes Bauwerk, mit Mauersteinen gefüllte Fachbauten und Grundmauern in der buntesten Mischung. Und dennoch ist in diesem Wirrwarr eine Regel. Es sind nicht blosse Zufälligkeiten, örtliche Rücksichten, Vermögensumstände und dergleichen, was diese Unterschiede bestimmt hat. Der tiefere Grund liegt darin, dass neue Volkssitten und Lebensweisen die alten ablösten. Soweit unser geschichtliches Wissen zurückreicht, sind diese neuen Lebensgewohnheiten stets auf dieselbe Weise hereingedrungen, wie ein wanderndes Volk, welches, die Priester- und Kriegerkaste an seiner Spitze, sich des Landes bemächtigt und die bisherige Bevölkerung entweder ausgerottet oder zu Sklaven gemacht hat. Demzufolge stellen die Bauten eines Landes zu jeder Zeit dasselbe Bild dar, nämlich das eines Complexes ungleichartiger Formen, von denen die jetzt am niedrigsten gestellten in einer vorangegangenen Zeit einmal die Oberhand hatten.

Selbst im besten Falle geht die Eroberung nur langsam von Statten. Die Kirchen und Schlösser eines Landes können die Spuren einer Einwirkung zeigen, welche sich bisher noch nicht auf die Bauernhöfe erstreckt hat. Daher wird für das richtige Verständniss der Bauformen eines Landes bei dem Beobachter ein gewisser Sinn für die Perspektive vorausgesetzt, sofern das in einer und derselben Zeit Vorkommende aus Zeiträumen herrühren kann, die weit von einander entlegen sind. Die Bauten eines Zeitalters sind, ähnlich wie der Erdboden, auf dem sie stehen, eine Summe von Schichten, durch welche die erfrischende und belebende Feuchtigkeit von obenher nur langsam durchsickert.

Haben wir dies vor Augen, so wird es uns einleuchtend sein, dass die Wohnungen einer bestimmten Zeit sich nicht unter Eine Bestimmung fassen lassen. Was von der einen Gattung derselben gilt, ist vorläufig noch ein fernes Ziel für die zweite, und zugleich eine zurückgelegte Uebergangsstufe für die dritte Gattung.

Ist das überall der Verlauf der Dinge, so findet es seine Anwendung namentlich im sechzehnten Jahrhundert. Kaum lässt sich irgend ein anderes Jahrhundert nennen, das eine solche Tragweite besass, wie dieses, das in solchem Grade weit getrennte Zeiträume in sich zusammenzufassen und zu umspannen vermochte. Während es schon die wesentlichsten Fortschritte der Gegenwart in einzelnen Zügen aufweisen konnte, bewahrte es zugleich die Formen der Vorzeit in lebenskräftigem Zustande. Wir können hier nahe neben einander solche Gebäude antreffen, die, was die geschichtliche Stufe ihrer Entwickelung betrifft, fast durch ein ganzes Jahrtausend von einandern getrennt waren.

Wollen wir also die Bauten des sechzehnten Jahrhunderts verstehen, so hilft es nicht von oben anzufangen und einseitig bei dem zu verweilen, was ausgerichtet werden konnte, wo Wohlstand, Einsicht und Geschmack zusammenwirkten. Wir müssen im Gegentheil an dem Punkte beginnen, wo theils beschränkte Mittel, theils treues Festhalten am Alten den Ausschlag gaben, und müssen, die Reihe der Erfahrungen gleichsam durchlebend, stufenweise von den bescheidenen Behausungen der Bauern, durch die Handelsstädte hindurch, bis hin zu den vorzüglichsten Wohnungen jener Zeit, den gutsherrlichen Gehöften und Schlössern, fortrücken. Indem wir so innerhalb des nämlichen Zeitabschnittes nur den Ort wechseln, gelingt es dennoch, die Geschichte des Nordens von der Zeit der Wikinger bis zu unseren Tagen zu durchwandern.

Auf dieser unserer Wanderung gilt es, die Hauptsache nicht aus dem Gesichte zu verlieren. Daher werden wir die Bestimmung des Baustils der damaligen Zeit, sofern er als Ausdruck der Schönheit betrachtet wird, auf eine andere Gelegenheit verschieben, die mancherlei Nebengebäude der Landwirthschaft ausser Betracht lassen und ausschliesslich uns an die Gebäude halten, sofern sie ihrem Zwecke als menschliche Wohnungsräume dienten. Eine Menschenwohnung ist ja ein zweckdienlich eingerichtetes Obdach, in welchem man Wärme, Schutz und Ruhe finden kann. Wir werden demnach die Wohnstätten jener Zeit aus folgenden vier Hauptgesichtspunkten betrachten: Baumaterial, Feuerstelle, Vertheidigungsanstalten und Hausgeräth.

Bauernwohnungen.

Bereist man den Norden in der Jetztzeit, so erinnert hier nichts so lebhaft an die wechselnde Natur, wie das wechselnde Aussehen der Bauernhöfe. Auf die besonders gefälligen weissen Häuserreihen, wie man sie in Dänemark und Schonen auf dem Lande sieht, folgen die rothgemalten freundlichen Holzbauten. Danach wird das Anmalen der Häuser immer seltener, kommt nur in den wohlhabenderen Landschaften wieder vor, die Häuser haben ein gedrückteres und tristeres Aussehen; die ungemalten Balken nehmen die gräuliche Farbe der benachbarten Berge und Felsen an; nur der Schornstein deutet an, wo ein Wohnhaus sich in dem dicht zusammengedrängten Haufen befindet, welcher wie eine schmutzige Heerde Schaafe sich vor dem Unwetter hierher geflüchtet hat. Verlässt man endlich gar die grosse Landstrasse und besucht die Grenzpartien des Landes, so kann man hie und da noch die armseligste Art von Häusern treffen: keine Fenster in der Mauer, kein Schornstein, nur der aus der Dachöffnung aufsteigende Rauch verräth uns, dass diese seltsame Masse eine menschliche Wohnung ist.

Diese letztere Art von Gebäuden mag uns ein Bild geben von den Bauernwohnungen des sechzehnten Jahrhunderts. Nicht als wären diese ohne Ausnahme gleich elend gewesen; aber die Grundform war dieselbe, und der Eindruck des Ganzen dürfte derselbe gewesen sein. Sie sahen nach wenig aus. Ein Franzose, der damals den Norden bereiste, erzählt z. B. von den hervorragendsten jener Häuser, den Pastoraten, dass sie sehr niedrig gewesen seien und von aussen einem Gänse- oder Hühnerstalle ähnlich ausgesehen hätten[1]). Und doch waren jene Wohnungen königlichen Geschlechts, konnten ihre Herkunft von jenen Königshallen ableiten, in denen einst Hunderte von Männern Platz gefunden[2]) und den Skalden begeistert hatten, wenn er von Walhalla sang. Aber neue und bessere Formen des Lebens waren seitdem aufgekommen; und von dem Adel sowohl als den Bürgern aufgegeben, hatte die alte Bauart sich unter die Bauern zurückgezogen. Was sie hiedurch an Prunk einbüsste, gewann sie an Verbreitung; und hartnäckig hielt sie auf ihrem letzten Gebiete aus, indem sie ihre Stärke darin besass, dass sie sowohl den Bedingungen des Landes entsprach, als den uralten Vorstellungen der Bauern von dem, was Schönheit sei.

Die erste Eigenthümlichkeit bei diesen Bauernhäusern war, dass sie in der Regel von Holz aufgeführt waren. In Schweden und Norwegen hat diese Regel sich bis in unsere Tage hinein behauptet; dagegen ist es schwieriger, sich eine zuverlässige Vorstellung von dem Zustande der Dinge zu bilden, wie er während des sechzehnten Jahrhunderts in Dänemark war. Es scheint, als ob die alte Bauart mit ihren »Bulhuse« — wie man damals die aus rohem Gebälke aufgeführten Häuser oder Blockhäuser nannte — in mehreren Gegenden dem Fachwerk mit Lehmfüllung zu weichen angefangen habe. Die Abnahme der Waldungen musste zu einer sparsameren Verwendung des Holzes auffordern. Im Jahre 1554 schritt die Regierung ein, und verbot geradezu den Bauern im nördlichen Jütland, in Zukunft noch Blockhäuser zu bauen[3]). Aber die Ausstellung dieses Königsbriefes wurde gerade dadurch begründet, dass man noch immer bei dem alten Brauche verbleibe; und im Jahre 1577 musste das Verbot erneuert werden[4]), was gleichfalls darauf hinweist, dass die Bauern mit aller Zähigkeit an dem Alten festhielten. Nach diesem Jahre wird die Sache im Verlaufe des sechzehnten Jahrhunderts nicht weiter erwähnt. Wahrscheinlich hat die Regierung damals ihre Einmischung in dieselbe aufgegeben, in der Hoffnung, dass die Natur der Dinge, die steigenden Preise des Bauholzes u. dgl. m. den Bauer schon von selbst hinlänglich belehren würden.

Aber mit den Holzbauten ging es dennoch nicht zu Ende. Selbst noch bis in unser Jahrhundert hören wir von Bauernhäusern, die gänzlich aus Holz aufgeführt waren, und das nicht allein in einem einzelnen Falle, in irgend einem abgelegenen Winkel, sondern sowohl in den waldreichen Gegenden Schonens[5], wie längs der Ostküste Jütlands, wo sie sogar als häufig vorkommende bezeichnet werden[6]. Daher darf man keineswegs zu dreist behaupten, dass sie im sechzehnten Jahrhundert abgenommen hätten. Wir sind freilich nicht im Stande, das Verhältniss zwischen ihnen und den auf sie folgenden Fachwerkbauten auf Zahlen zurückzuführen; aber ein Blick auf die ländlichen Gebäude des Adels, welcher nach der Natur der Verhältnisse den fortgeschrittensten Theil der dortigen Bevölkerung ausmachte, kann uns vielleicht auf die Spur leiten. In dem Kirchspiel Starup nahe bei Kolding lagen damals sechs Herrenhöfe. Von diesen wissen wir, dass zwei derselben mehrere recht ansehnliche Blockhäuser unter ihren wirthschaftlichen Gebäuden zählten; auf zweien hatte die ganze Wirthschaft gar keine anderen als Blockhäuser, und auf Damsgaard befanden sich sogar auf dem Burghofe s. g. »Bulhuse«[7]). Wenn es aber so aussah auf den Höfen des Adels, so müssen wir in Betracht der Bauernhäuser unsre Erwartungen bedeutend herabstimmen. Hier können wir die Lage der Dinge vielleicht so bestimmen, dass wir sagen: in Dänemark waren während des sechzehnten Jahrhunderts die aus Lehm erbauten Bauernhäuser schon mehrerer Orten an die Stelle der alten Blockhäuser getreten; dennoch bildeten diese noch selbst am Schlusse des Jahrhunderts einen sehr zahlreichen Theil der bäuerlichen Wohnungen. Dieses unser Resultat wird in seiner Zuverlässigkeit nicht wenig dadurch bestätigt, dass, wie wir hören, in England damals der Zustand völlig derselbe war[8]).

Allen Bauernhäusern in Skandinavien gemeinsam, mochten sie nun gänzlich aus Holz errichtet sein, oder Lehmwände haben, war der vollständige Mangel an Fenstern⁹). Dies gab ihnen ein eigenthümlich unfreundliches Gepräge. Höchstens fand sich zuweilen im Giebel ein kleines Guckloch, welches von innen mit einem hölzernen Schieber oder Laden geschlossen wurde. Fenster im heutigen Sinne des Wortes hatte man aber nicht; hierzu war das Glas viel zu kostspielig, und die ganze Sitte noch viel zu neu. Dieser ward es im sechzehnten Jahrhundert schwer genug, nur beim Adel und im Bürgerstande durchzudringen ¹⁰). Auf den bäuerlichen Gehöften gab es eine Lichtöffnung nur auf altväterliche Weise mitten im Dache; die Wohnstube bekam, einem Brunnen vergleichbar, ihr Licht allein von oben. Eine Spur dieser alterthümlichen Blindheit lässt sich noch heutiges Tages in der ganzen Lage der Gehöfte nachweisen: selten oder nie ist bei derselben auf Aussicht Bedacht genommen.

Das Dach machte damals einen grösseren Theil des Gebäudes aus, als gegenwärtig. Während die Balkenwände nur niedrig waren, selten mehr als eine mässige Manneshöhe — weshalb mit Recht diese Häuser in Schweden noch heute «Lågstofvor» d. h. niedrige Stuben heissen ¹¹) — erhob sich das Dach häufig recht ansehnlich in die Luft, oder breitete sich — besonders in Gegenden, wo solcher Hochbau vom Winde bedroht ward, z. B. im westlichen Norwegen und in Jütland — oft über die Wände des Hauses aus, bis zum Erdboden herab, wodurch der s. g. «Udskud», d. h. Ausschub (Halbdach) entstand, ein enger, schräge gedeckter Raum zwischen Dach und Wand, eine Bergestätte, die immer in einer oder anderer Weise benutzt werden konnte¹²).

Das Zimmerwerk des Daches wurde auf verschiedene Weise hergestellt. In waldarmen Gegenden begnügte man sich mit Sparrenwerk, nämlich schräge gestellten Balken, welche je zwei und zwei, wie die Schenkel eines Zirkels, sich oben in einander fügten, unten aber durch einen Querbalken zusammengehalten wurden. Wo indes die Waldungen das Material reichlich gewährten, legte man längs des ganzen Hauses, von der einen Giebelspitze zur anderen, einen oder öfter mehrere mächtige Balken, die sogenannten Firsten (Aase), welche das Dach tragen sollten[13]). In dem ersten Falle stand das Dach auf den Seitenwänden, wie zwei Kartenblätter, die auf ihrem Rande gegen einander gestellt sind. In dem anderen Falle lag das Dach, gleich einem Sattel, auf dem mächtigen Rückgrat der Firsten, und der ganze schwere Druck ruhte also auf den Giebeln.

Die Bekleidung des Daches bestand in Dänemark aus Stroh, Schilfrohr, Grassoden oder Heidekraut[14]). Das Gewöhnliche war freilich das Strohdach; wenigstens meinte man ein solches, wenn in gewöhnlicher Rede der Ausdruck »Dach« gebraucht wurde[15]). In gewissen Gegenden wurde Grastorf angewandt, um den Rücken des Strohdaches zu belegen, oder, wie man es nannte, zu decken (mønne)[16]).

In Schweden und Norwegen diente dagegen Grastorf beinahe als die einzige Dachbedeckung[17]). Das Verfahren dabei war das alt-überlieferte. Im Monat Juli löste man von den jungen Birken die äussere Rinde ab, welche breiten, weissen Hobelspänen glich; diese Rinden (»Næver« genannt) breitete man alsdann als Unterlage aus, unmittelbar auf dem Holzwerke, und oben darüber die Soden des Grastorfes. In jedem dritten, vierten Jahre konnte man so die Birken von ihrer Rinde entblössen, bis sie zuletzt alterten und höckericht wurden. Ein auf diese einfache Weise hergestelltes Dach war ungemein haltbar: es konnte sechzig Jahre und darüber liegen bleiben[18]), während in Dänemark ein Dach nur halb so lange aushielt[19]). Und diese, mit Grassoden belegten Dächer trugen nicht wenig dazu bei, den Häusern ein freundliches Aussehen zu geben: Sommers prangten sie in ihrem Grün und im Blumenschmuck, und wurden oft der Tummelplatz für die behenden Ziegen des Hauses; selbst Schafe und Schweine fanden mitunter ihren Weg dahin[20]). Ueberdies lebte man, sei es mit Recht oder Unrecht, der Meinung, dass diese Dächer einen Schutz gegen Blitzstrahlen gewährten[21]).

Endlich gehörte es zu den Eigenthümlichkeiten der

Bauernhäuser, dass sie meistens »sonnenwärts« (solret) lagen, d. h. mit den Giebeln gegen Osten und Westen gerichtet [22]). Nur, wo die lokalen Verhältnisse, die Windungen einer Thalstrasse oder ähnliche Umstände, diese Ordnung verboten, wurde man gezwungen, von dem alten Herkommen abzuweichen.

Das Innere der Wohnungen war, ungeachtet einzelner geringerer Abweichungen, seinen Hauptzügen nach ohne Zweifel ziemlich übereinstimmend. Jahrhunderte waren seit den Tagen, in denen diese Bauart aufkam, vorübergegangen, und dennoch hatte sie sich in der Zwischenzeit nicht sonderlich entwickelt. Noch immer wurde, wie vor Zeiten, der ganze Raum von einer einzigen Stube eingenommen; der einzige Fortschritt bestand darin, dass man, um dem allzu starken Andrang von Regen, Schnee und Wind vorzubeugen, die Hausthür jetzt nicht gerade hinein in die Stube schlagen liess, sondern durch eine Querwand den westlichen Theil des Hauses abgesondert hatte, wodurch Raum gewonnen wurde für eine kleine Vorstube und sogar noch eine dahinter gelegene Kammer [23]).

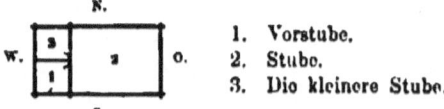

1. Vorstube.
2. Stube.
3. Die kleinere Stube.

Spuren dieser uralten Eintheilung lassen sich vielleicht noch auf den Bauerngehöften unserer Zeit nachweisen, wo die Räume oft wie in Abtheilungen auf einander folgen, jede einzelne nach dem alten Vorbild eingetheilt: ein grosser durchgehender Raum mit zwei kleineren am Ende.

Wollte man durch die Vorstubenthür eintreten, welche an der südlichen Seitenwand, dicht neben der westlichen Ecke des Hauses lag, so galt es, die Stirn sowohl als auch die Füsse in Acht zu nehmen. Denn die Thür war äusserst niedrig, so dass der Eintretende sich bücken musste, und zugleich war die Schwelle so hoch, dass der Fuss stark gehoben werden musste [24]). Dieselben Schwierigkeiten wiederholten sich ohne Zweifel beim Eingange in die Stube selbst; die Einrichtung war aber mit gutem Bedacht sowohl auf Freunde wie auf Feinde berechnet. Die hohe Schwelle versperrte nämlich den Weg, so dass weder Kinder noch Vieh so leicht aus der Stube entschlüpfen konnten, wenn Jemand durch die Thür ging. Und hatte man einen feindlichen Ueberfall zu befürchten, so war es eine bedeutende Hülfe, dass die Oeffnung des Eingangs, der immer als ein schwacher Punkt gelten musste, möglichst eng und niedrig war; selbst wenn die Thür gesprengt wurde, konnte dann der Eindringende noch seinen Todesstreich bekommen, indem er mit gekrümmtem Rücken und stark gehobenem Fusse über die Thürschwelle stieg[25].

Die Vorstube diente nur als Durchgang, zuweilen jedoch auch als Aufenthalt für die Hühner des Hauses, welche ihre Stiege längs der Hinterwand hatten; von hier konnte der Hahn die Leute des Hauses mit seinem Morgenruf wecken[26]. Zur Winterzeit schlüpften sie doch ohne Zweifel in die warme Stube, wo alle übrigen Hausbewohner versammelt waren, und wo die »Hahnenbalken« eine natürliche Freistatt gewährten für den befiederten Wecker, die Uhr des Hauses.

Die Stube stellte, was ihre Decke betraf, ein seltsames Gemisch von Hoch und Niedrig dar. Unter den Querbalken konnte kein erwachsener Mann aufrecht stehen; zwischen ihnen aber konnte man sich, soviel man wollte, in die Höhe recken, denn hier reichte die Stube bis zum Dache hinauf. Eine Stubendecke also, wie wir dieses Wort verstehen, war damals gar nicht vorhanden. Dies konnte auch füglich nicht sein; denn die Stube sollte ihre ganze Helle durch eine Oeffnung erhalten, welche sich entweder in der hohen First des Daches, oder dicht neben ihr befand.

Diese althergebrachte Beleuchtungsweise war eines der wichtigsten Kennzeichen der Bauernhäuser und gab der Stube ein höchst eigenthümliches Gepräge. Das im Dach angebrachte Loch wurde verschieden benannt: in Dänemark und Norwegen »Lyre«, oder »Ljore«, ein Name, nahe verwandt mit dem Worte »Lys«, Lius, Ljos (d. h. Licht), indem nur die Buchstaben r und s vertauscht worden sind, sowie in »Glar« und »Glas« ²⁷). Noch immer werden, sowohl im westlichen Norwegen als in Jütland, die an einem Wolkenhimmel hier und dort erscheinenden »Durchgucke« in die blaue Luft mit dem alten Namen »Lyre«, oder »Ljor« bezeichnet ²⁸). In Schweden scheint man die Benennung vorgezogen zu haben, welche geeignet war, die Oeffnung als eine Verbindung mit der frischen Luft zu bezeichnen; denn hier nannte man sie häufig »Vindöga« (Windauge) ²⁹), ein Name, der in den beiden andern Ländern erst alsdann den Sieg gewann, als die Oeffnung vom Dache an die Wand des Hauses verlegt wurde. Heut zu Tage nennt man in Dänemark und Norwegen ein Fenster immer: »Vindue« (Engl. Window), während in Schweden die lateinische Benennung: Fenster jetzt die allgemeine ist (Lat.: Fenestra, Französ.: Fenêtre, Deutsch: Fenster).

Die Dachöffnung war nur klein, ungefähr eine halbe Elle im Quadrat ³⁰). Zur Sommerzeit und bei gutem Wetter stand sie offen; Winters aber, und wann es sonst wünschenswerth erschien, konnte sie mit einer Klappe oder einem Schieber geschlossen werden. Dieser war wie ein vierkantiger Rahmen, an Grösse der »Lyre« entsprechend, eingerichtet, aber mit einer feinen Haut überzogen, so dass er, obschon geschlossen, doch nicht gänzlich das Tageslicht ausschloss ³¹).

Nicht jede Thierhaut konnte hierzu verwandt werden: sie musste stark und dabei durchsichtig sein. Häufig gebrauchte man das Zwerchfell eines Ochsen, welches jedoch ziemlich dunkel war, weshalb man denn, wie heute noch auf Island, lieber die dünne Haut hierzu nahm, in welche ungeborne Kälber und Lämmer eingehüllt sind. Eine aus diesem Stoffe gebildete Scheibe konnte so klar sein, dass es bei einigem Abstand sich ausnahm, als sähe man empor in den hellen Tageshimmel ³²).

Um von unten, von der Stube aus, diese Scheibe öffnen zu können, war sie durch eine einfache Leitung mit den Bewohnern in Verbindung gesetzt. Diese Leitung bestand aus zwei zusammengehefteten Stangen, von welchen die niedrigere mitten in die Stube herabhing. Diese herabhängende Stange bezeichnete gleichsam den heiligen Mittelpunkt des Hauses. Sie durfte in Norwegen Jeder, der zur Ausrichtung eines wichtigen Geschäftes das Haus des Bauern betrat, gefasst halten, während er sprach; ebenso hielt sich daran der abgesandte Wortführer des Freiers, wenn er für seinen Freund anhielt um des Hauses Tochter [33]).

Man sollte denken, dass die auf solche Weise in der Stube hervorgebrachte Helligkeit nur eine sehr geringe, und nicht im Stande gewesen sei, mehr als ein blosses Halbdunkel in ihr zu verbreiten. Und doch verhielt es sich kaum so. Das von oben herabfallende Licht ist gleichsam gehaltvoller und reicher, als das von der Seite zugeleitete. Die kleine Oeffnung mag verhältnissmässig helles Licht gegeben haben. Eilert Sundt erzählt, wie er die Beleuchtung der Häuser der alten Zeit dadurch zu erkunden versucht habe, dass er in einer norwegischen Rauchstube das nach heutiger Weise eingerichtete Fenster zudeckte und alles Licht, wie in den Tagen der Väter, nur von oben hereinströmen liess; und er war verwundert, wie hell es dennoch in der Stube war. Man konnte lesen und jede beliebige Arbeit ausführen. Aber ungeachtet dieses zureichenden Lichtes kam die Stube ihm dennoch vor wie ein verschlossener Keller; die Haut der »Lyre«, welche wohl klar, aber doch nicht durchsichtig, das Blau des Himmels und die ziehenden Wolken absperrte, erschien einem Kinde der Jetztzeit traurig und niederdrückend, wie mattes Glas in dem Fenster eines Gefängnisses [34]).

Ein Paar kleine Uebelstände hafteten an der ganzen Art, den Wohnraum zu erhellen. Zunächst fiel es schwer, den Verschluss der »Lyre« fest und zuverlässig zu machen. So träufelte es dann beim Regenwetter häufig herab, und der gerade darunter gelegene Platz war durchaus kein geschützter [35]). Allerdings litt dadurch nicht eben der Fussboden; denn dieser bestand in der Regel nur aus gestampfter Erde; aber in solchen Häusern, in denen der Heerd nach alter Weise unter der »Lyre« lag, konnten die Folgen verdriesslich genug ausfallen. Gewiss hat mancher Platzregen zur Nachtzeit die aufbewahrten glühenden Kohlen des Heerdes ausgelöscht, und die Hausmutter am Morgen zu der mühseligen Arbeit gezwungen, von Neuem wieder Feuer zu schaffen.

Ein anderer kleiner Uebelstand war dieser, dass die Lichtöffnung des Daches immer in Gefahr war, gewaltsam zerstört zu werden. Zwar Menschen, sei es Kinder oder Erwachsene, konnten nicht leicht dazu kommen, die Scheibe einzuschlagen, welche dafür zu hoch sass; aber die vierbeinigen Gäste des Daches waren gefährliche Nachbaren. Ward die Bevölkerung dort oben garzu munter, so konnte es leicht geschehen, dass ein Bein oder zwei durch die gespannte Haut hindurch traten, und es war nicht immer gesagt, dass man eine frische an ihre Stelle zu setzen hatte.

Jedoch waren dies nur Kleinigkeiten gegen den wesentlichsten Mangel der »Lyre«. Sie und die Thür waren die zwei einzigen Zugänge zum Hause. Während man aber bei etwaigen Angriffen die Thür versperren und, selbst wenn sie gesprengt wurde, noch immer hoffen konnte, den niedrigen Eingang irgendwie zu schützen, führte die »Lyre« für die Bewohner des Hauses nicht geringe Gefahren herbei. Ungesehen vom Inneren des Hauses aus, konnten Angreifer auf das Dach hinauf kriechen und durch die Oeffnung der »Lyre« beobachten, was unten in der Stube vor sich ging. War es finster, so wurde dadurch der Angriff nur erleichtert: denn alsdann pflegte das Feuer des Heerdes den ganzen inneren Raum zu erhellen; auch konnte ein Mann, aus gedeckter Stellung, einen Spiess oder Pfeil von oben herab senden, der sein Ziel kaum verfehlen mochte. Daher war die Dachöffnung auch die Stelle, wohin Diebe und Räuber vorzugsweise zu gelangen suchten, und man hat zahlreiche Erzählungen davon, wie dergestalt ausgeführte Ueberfälle besonders glückten [36]).

Indessen war die »Lyre« im Dache keine blosse Zugabe zum Gebäude, die nach Belieben immer wieder geändert oder beseitigt werden konnte. Vielmehr war sie durch den wichtigsten Bestandtheil des Hauses, die Feuerstätte, hervorgerufen und von ihr abhängig. Um diese Stätte concentrirten sich alle übrigen Theile des Hauses, und die stufenweise Entwickelung derselben ist es, wodurch die lange Reihe der Uebergänge von Bauformen des Alterthums zu denen der Neuzeit recht eigentlich bedingt wurde.

Die einfachste Art von Feuerstätte war der Heerd. Er bestand aus einem viereckigen, mit Steinen rings umstellten Platz in der Mitte des Fussbodens; auf diesem brannte das Feuer. War der innere Raum mit Steinen belegt, so dass das Ganze sich etwas über den Fussboden erhob, so wurde es »Are«, oder »Arne« (vielleicht die Ara der Römer) genannt; war aber in dem eingeschlossenen Raume nur Erde, welche ursprünglich oder durch den Gebrauch ausgehöhlt wurde, so pflegte man dem Ganzen den Namen »Grue« (Grube) zu geben. Der Rauch des Feuers zog durch die gerade darüber gelegene »Lyre« im Dach.

Diese Form der Feuerstätte war im sechzehnten Jahrhundert, soweit unsere Kunde reicht, bei den Bauern im östlichen Norwegen[37], und ausserdem ohne Zweifel an manchen Orten in Schweden und Dänemark, wo die Verhältnisse es erlaubten, im Gebrauch. Sie setzte nämlich reichlichen Vorrath an Brennholz voraus; denn unablässig musste das Feuer mit neuen Bränden genährt werden, und eben so fleissig musste die Thür geöffnet werden, um den nöthigen Zugwind zu verschaffen und den beissenden Rauch zu zwingen, dass er durch das erwähnte Loch seinen Weg ins Freie suche. Decke und Wände mussten daher bald eine russige, schwarzbraune Farbe annehmen, und selbst wenn man das Gebälke umher scheuerte, brachte man es doch nur dahin, dass es blankem Ebenholze glich.

Die Unannehmlichkeiten, die eine solche Feuerstätte mit sich brachte, waren augenfällig. Die Hausbewohner lebten in einem beständigen Durcheinander von Rauch und Zug. Jedoch waren gewisse Vortheile auch hiermit verbunden. Konnte man doch jederzeit Speise am Feuer zubereitet bekommen; und wer durchnässt heimkehrte, konnte, bald die eine, bald die andere Seite dem Feuer des Heerdes zukehrend, sich sowohl trocknen als gründlich durchwärmen lassen. Hierzu kam, dass, wenn es draussen finster ward, die Stube vom Heerde aus erhellt wurde; rings um die Gluth desselben konnte manche Arbeit ausgeführt werden, und selbst zur Zeit der Mitternacht, wenn überall die Mächte der Finsterniss herrschten, lagen traulich noch die glühenden Kohlen des Heerdes da und hielten halboffnen Auges Wacht.

In einer Stube wie diese musste nothwendig Alles, Lebendes wie Lebloses, sich um den Mittelpunkt, von welchem Licht und Wärme ausströmte, zusammendrängen. Deshalb waren die Bänke auf den Langseiten der Stube längs den Wänden angebracht, und der »Hochsitz« befand sich in der Mitte. Das Ansehen, das man einem Gaste einräumte, liess sich nach dem Abstand vom Feuerheerde bemessen. Auch galten die nächstgelegenen Schlafstellen als die besten. Der Heerd beherrschte Alles: selbst der Todte wurde zum Abschied noch dreimal um denselben getragen, ehe er seiner letzten Ruhestatt zugeführt wurde [38]).

Indessen waren doch die Mängel und Uebelstände bei dieser Art von Feuerstätte allzu gross, als dass man nicht auf ihre Abstellung mit der Zeit Bedacht genommen hätte. Wo es keine reicheren Waldungen gab, konnte man unmöglich ein so gefrässiges Ungeheuer, wie den Heerd, welcher überdies dafür nur mässige Wärme gewährte, auf die Länge fort und fort füttern. Daher hatte man denn schon frühe eine andere, neue Einrichtung erfunden, welche im sechzehnten Jahrhundert wenigstens längs der Westküste Norwegens [39]) allein und überall in Geltung war, und gewiss auch in Dänemark und Schweden vorherrschte [40]). Dieses war der sogenannte »Ovn« (Ofen).

Der Fortschritt bestand darin, dass man oben über dem Heerd eine hohe und weite Grotte von Lehm aufbaute. War nun das Feuer angezündet, so erhitzte diese Grotte sich allmählich, und selbst wenn die Gluth erlosch, bewahrte die Lehmmasse ihre eingesogene Wärme, und gab sie nur langsam in milder Ausstrahlung wieder von sich. Hiermit war viel gewonnen. Man brauchte höchstens zweimal des Tages in der lehmernen Höhle einen Holzstoss anzuzünden; war sie durchwärmt, so schob man die glühenden Kohlen heraus in die »Grue«, wie man den offengebliebenen vorderen Rand des Heerdes, vor dem Ofen, benannte, und alsdann konnte man sein Essen über denselben kochen [41]).

Eine nothwendige Folge dieser Verbesserung war, dass der Platz der Feuerstätte verändert werden musste. Das Feuer des Heerdes wärmte gleichmässig nach allen Seiten, weshalb er mitten in der Stube angebracht war; aber ein Unterschied war zwischen der schwächeren Wärme, die von dem Nacken des Ofens ausging, und jenem, aus seinem offenen Schlunde hervorströmenden glühenden Athem. Ausserdem bedurfte der Ofen, um in Brand zu kommen, stärkeren Luftzuges. Daher wurde er nach der südwestlichen Ecke der Stube, rechts von der Eingangsthüre, verlegt, wo er erstens dem aus- und eingehenden Zuge am nächsten war, dann aber auch, mit dem »Ofenmunde« gegen die Stube gerichtet, diese im ganzen Umfange erwärmen konnte.

Hierdurch wurde die alte Ordnung der Stube verrückt. Die wichtigsten Plätze der Stube zogen gleich wie der Ofen von der ursprünglichen Centralstelle fort, und neue Lebensgewohnheiten bildeten sich in Uebereinstimmung mit den veränderten Zuständen.

Der Ofen entsprach unstreitig mehrfachen Bedürfnissen. Man konnte Brot in demselben backen, auf seinem erhitzten Rücken Korn dörren; obendrein bot er einem durchfrornen oder vom Regen durchnässten Wanderer ein behagliches Lager, und goss man Wasser in sein gluthheisses Innere, so konnte man sich ohne Umstände ein Dampfbad verschaffen, welches die Nordländer besonders werthschätzten.

Aber keineswegs waren hiermit alle Unannehmlichkeiten überwunden. Wie bisher, verbreitete sich noch immer, sobald das Feuer angezündet wurde, ein sehr lästiger Rauch, und die Flammen schlugen aus dem Buschholze, womit man anzuheizen pflegte, wie glühende Zungen unter's Dach hinauf, höchst feuergefährlich, wenn dieses etwa von Stroh war. Als Schwedens berühmtester Naturforscher in Schonen einer solchen Feuerstätte ansichtig ward, hatte er wohl allen Grund auszurufen: »Hier muss wohl unser Herr Gott selbst der Thoren Vormund und Hüter sein! Hier möchte wohl Niemand Assecuradör sein, auch nicht gegen eine Prämie von 99 Procent!«[42]). Wäre er in Jütland Zeuge gewesen, wie das Feuer mit Heidekraut angezündet wurde, so dass die brennenden Theile umherflogen und die Funken weit hinaus sprühten, so würde sein Urtheil schwerlich milder ausgefallen sein[43]). Auch in diesen Stuben war dazu das ganze Innere mit einer Lage von Soden überzogen; wenn das Dach mit Stroh gedeckt war, von welchem die einzelnen Halme herabhingen, glich es einem Bärenfell[44]).

Hierzu kamen noch etliche neue Unbequemlichkeiten. Allerdings mochte der Rauch aus den Ofenstuben rasch hinausziehen, und man brauchte nicht, wie in der Feuerheerds-Stube, beständig die Lyre offen zu halten; sobald man aber die Lyreklappe schloss, so verbreitete sich aus dem »Munde« des Ofens, sowie von den nach vorne gefegten Kohlen (also von der »Grue«), ein arger Dunst, wenn auch dem Auge nicht wahrnehmbar, aber peinlich und im höchsten Grade ungesund.

Hierin hätte man sich vielleicht gefunden, denn die damalige Zeit war nur wenig verwöhnt; auch mochte man vielleicht schweigend den Schwarm von allerlei Ungeziefer über sich ergehen lassen, welches in den warmen Räumen wie in einem warmen Pelze erzeugt wurde, zumal der frühere Zugwind des Heerdfeuers sie nicht mehr verjagte. Was man aber nicht gut entbehren konnte, war die vom Heerde ausgehende Helle. Diese Oefen gewährten nur Wärme; aber mit Ausnahme der wenigen Augenblicke, wo das Feuer auflodertete, lag die Stube in tiefem Dunkel. Daher waren solche Oefen nur in denjenigen Gegenden zu benutzen, wo die Beleuchtung auf irgend eine andere Art zu beschaffen war. An der Seeküste hatte man Thran, welcher in kleinen, länglichen Lampen, zuweilen mit einem Dochte aus Schilfrohr, brannte. Im Inneren des Landes gebrauchte man vieler Orten ausgegrabene Kienholz-Wurzeln und -Spähne, welche ihrer Harzhaltigkeit wegen einem Lichte ähnlich brennen. Wo diese aber fehlten, war man ungeachtet aller Vorzüge, durch welche die Oefen sich empfahlen, dennoch verhindert sie in Gebrauch zu nehmen [45]).

Hierin lag ohne Zweifel der Grund, weshalb man in so vielen Gegenden des Binnenlandes sich hartnäckig an die alte Einrichtung der Feuerheerde hielt. Bis dahin war noch die Auskunft nicht gefunden, um allen den alten Uebelständen abzuhelfen, ohne zugleich neue zuwege zu bringen; oder, wenn sie auch gefunden war, so hatte sie doch immer noch nicht bis zu den Wohnungen der Bauern ihren Weg gefunden. Denn allerdings war in den höheren Gesellschaftsklassen eine bessere Einrichtung längst bekannt. Diese concentrirte sich in dem einen Worte: »Schornstein«.

Wann der Schornstein erfunden, oder wann diese Erfindung in den Norden gedrungen ist, weiss man nicht mit Gewissheit [46]). In irgend einem Zeitpunkte des Mittelalters muss es ja geschehen sein. Dürfen wir in dieser dunklen Sache eine Hypothese aufstellen, die durch Abbildungen italienischer und südfranzösischer Küchengebäude bekräftigt wird, so ist die Erfindung in folgender Weise vor sich gegangen: Zunächst hat man des Zuges wegen im Scheitel des Ofens ein Loch gemacht, und später nach und nach dieses Loch röhrenförmig in die Höhe verlängert, bis endlich die Röhre aus dem Dache ins Freie emporstieg. Im sechzehnten Jahrhundert hatte diese Erfindung noch nicht von den Städten des Nordens völlig Besitz genommen; also konnten es nur die alleräussersten Vorläufer derselben sein, die während des genannten Jahrhunderts bis zu den Bauern gelangten.

Das Neue, was damals ihnen gebracht wurde, war jedoch ganz geeignet, sich in kurzer Zeit überall geltend zu machen.

Es bestand in nichts Geringerem, als in der Erlösung vom Stubenrauch und der Verstärkung des Lichtes, zum Theil auch der Wärme. Diese, so klüglich ausgesonnene und geschickt ausgeführte steinerne Vorkehrung wirkte nach beiden Seiten, leitete den Rauch nach oben hinaus und verstärkte nach unten den Zug. Solche Vorzüge mussten genügen, um der Neuerung den Sieg zu sichern. Unter den verschiedenen Benennungen: »Pesel« in Schleswig[47]), »Peis« oder »Speis« in Norwegen, und »Spis« in Schweden — lauter Namen, die ihre gemeinsame Abkunft von dem französischen *poisle* (im Neufranzösischen *poêle*) an der Stirn tragen, vielleicht ein Zeichen der eigentlichen Heimat der Erfindung[48]) — drang diese auch während der zwei folgenden Jahrhunderte mehr und mehr unter den Bauern des Nordens durch. Wenn sie dennoch an der norwegischen Westküste, also in den am wenigsten bewaldeten Gegenden des Landes, nicht recht festen Fuss fassen wollte, so trug die Schuld davon eben der schlimme Umstand, dass sie Brennmaterial in grosser Menge verzehrte.

Die Veränderung, welche der Schornstein in seinem Gefolge hatte, war schon hinsichtlich der reineren Luft und der neuen Form der Feuerstätte keine geringe; aber weit grösser war die Revolution, welche im Bereiche des Hausbaues im Ganzen dadurch hervorgerufen wurde. Fortan bedurfte es nicht mehr des Rauchloches im Dache; die »Lyre« wurde für immer geschlossen, dagegen in den Wänden des Hauses die Lichtöffnungen angebracht. So bedurfte es aber auch nicht mehr des offenen Raumes zwischen den Balken und dem Dachrücken, oder der First des Hauses, jenes Raums, der nunmehr besser benutzt werden konnte. Man legte die Zimmerdecke, einen neuen »Boden« über dem Haupte, wodurch der Vortheil und die Bequemlichkeit des Bodenraumes gewonnen wurde. Aber was stand weiter im Wege, diesen ähnlich der unten gelegenen Stube auszubauen, nicht mit schrägen, sondern mit aufrechtstehenden Wänden? Der Schornstein ging ja hindurch und konnte auch hier oben behufs der Erwärmung gebraucht werden. Auf diese Weise entstand das zweite Stockwerk. Und was hinderte ferner, in dem unteren wie in dem oberen Raume so viele Stuben, wie man wünschte, neben einander anzulegen? Konnten doch füglich mehrere Schornsteine in demselben Hause sein. So war die Verwandlung vor sich gegangen: die eine Stube war zu einem ganzen Hause geworden, welches sich auf den Seiten verbreiterte und in die Höhe emporstieg. So lag es mächtig da, als ein aus mehreren Bestandtheilen zusammengesetztes Ganzes, als eine neue, ungewohnte, Verwunderung erregende Erscheinung. Nur der Name »Stube« für die untere Wohnung, oder das Erdgeschoss, erinnerte noch an die geringe Herkunft des Hauses.

Diese Zeit der Verwandlung war es, welche die Bauernhäuser des sechzehnten Jahrhunderts zwar aufdämmern, aber noch nicht völlig anbrechen sahen. Das Jahrhundert ging zu Ende, bevor die ersten Lichtstreifen Macht gewannen, und nach der Weise des Nordens ging im Verlaufe der folgenden Jahrhunderte der volle Tagesanbruch nur langsam vor sich. Sollen wir also die Bauernstuben des sechzehnten Jahrhunderts im Allgemeinen beschreiben, so haben wir für dieselben nur eine Benennung: Rauchstuben, theils mit Feuerheerd, theils mit Ofen; denn Schornsteinstuben gehörten damals noch zu den Seltenheiten.

Durch ein ·Paar Beispiele wollen wir die Wahrheit unseres Resultates nachweisen. Als Christiern II (König seit 1513) einmal zur Winterzeit auf Seeland reiste, musste er den Befehl vor sich herschicken: man solle ihm ein Nachtlager besorgen, und zwar an einem Orte, »wo es Schornsteine gebe.«[49]). Die Pfarrhäuser waren es, die in der Regel den anderen in baulicher Beziehung vorangingen. Im Jahre 1518 bekam der Pastor zu Fane bei Bergen, nachdem sein Pastorat abgebrannt war, 300 Mauersteine als Geschenk von dem Lehnsmann, um sich einen Schornstein aus ihnen aufzuführen[50]). Erst im Jahre 1779 fingen die Bauern desselben Kirchspiels an, dergleichen auch für sich zu bauen⁵¹). Im Jahre 1656 wurde im Pfarrhause zu Lyngdal in Norwegen eine Zimmerdecke gelegt⁵²), und bis auf diesen Tag ist noch nicht jede Rauchstube in diesem Kirchspiel verschwunden⁵³). Höchst charakteristisch ist der besondere und unbedingte Respekt, mit dem die Schornsteine während des sechzehnten Jahrhunderts erwähnt werden. Ein weitgereister und verständiger Mann, welcher am Schlusse des Jahrhunderts einige Baustellen auf den norwegischen Inseln Röst und Verö beschreiben will, drückt sich folgendermassen aus: »Hier haben sehr reiche Männer gewohnt, wie man noch sehen kann an den trefflichen Gebäuden und herrlichen Häusern, die hier mit gemauerten Schornsteinen und anderem dergleichen aufgebaut worden sind.«⁵⁴).

Lauter aber, als alles Andere, redet der Umstand, dass erst in so später Zeit hier im Norden die Rauchstuben in Abgang gekommen sind. Und dies gilt nicht von Schweden und Norwegen allein, sondern zugleich von Dänemark. Man wehrt sich beinahe gegen die Vorstellung und will es nicht glauben, dass der ganze Zustand des häuslichen Lebens, den unser Geschlecht wie einen altväterlichen, durch Jahrhunderte vererbten anzusehen geneigt ist, ein neumodischer Fortschritt von sehr jungem Datum sein sollte. Und doch verhält es sich nicht anders.

Noch im Jahre 1684 heisst es von den Bauernhöfen auf Möen, dass »nur an wenig Orten Schornsteine zu finden seien«⁵⁵). Im Jahre 1692 beschreibt ein Reisender das Land nördlich vom Limfjord so: »Keine Schornsteine auf den Häusern in der Mehrzahl der Dörfer«⁵⁶). Erst im Beginn des vorigen Jahrhunderts bekamen die Bauernhöfe bei Vemmetofte auf Seeland ihre Schornsteine⁵⁷). Und noch in der Mitte desselben Jahrhunderts werden in Holstein⁵⁸) und im nördlichen Jütland⁵⁹) Rauchhöfen, nebst der »Lyre« im Dache, erwähnt, und selbst im Jahre 1795 berichtet der Pastor von Vium in Jütland, dass in seinem Kirchspiele nicht nur manche Hausleute (Käthner), sondern sogar Hofbesitzer noch immer in »Rauchstuben« wohnten, und er beschreibt den unheimlichen Anblick, wenn die Funken von dem langen, dürren Heidekraut bei einigem Zugwinde unter dem leicht entzündlichen Dache nach allen Seiten umherjagten[60]).

Wenn es so aussah in unserem Süden, so war in Schweden und Norwegen die Entwickelung der Dinge natürlich noch viel langsamer. Nicht nur in Westgothland[61]), sondern selbst in dem so viel weiter südlich gelegenen Schonen[62]) fand Linné auf seinen Reisen um die Mitte des vorigen Jahrhunderts noch Rauchstuben. In dem südwestlichen Küstenstriche Bohuslehn verschwanden sie erst in dem gegenwärtigen Jahrhundert[63]), und — um uns auf Mittel- und Süd-Schweden zu beschränken — auch in Dalsland, Wermland und Halland[64]) hauset noch heute das Volk hin und wieder in solchen Stuben.

Jedoch ist in dieser Hinsicht Norwegen unter den drei nordischen Reichen das am wenigsten fortgeschrittene. Hier brauchen wir nicht bis zum Jahre 1672 zurückzugehen, um einen Ausländer erzählen zu hören, dass ganz nahe bis Christiania sich noch »Rauchstuben« fanden[65]). Längs der Westküste sind sie bis auf diesen Tag an vielen Orten im Gebrauch[66]). Ja, selbst Stuben mit offenen Heerden, also nach der alterältesten Form (die Feuerstätte mitten auf dem Fussboden des Wohnzimmers), werden heute noch in Sätersdalen bewohnt[67]).

Wir haben bei der wichtigsten Partie der bäuerlichen Wohnungen, der Feuerstätte, uns länger aufgehalten. Wir werfen im Folgenden einen Blick auf die übrigen Theile der Stube.

Der nächste, allgemeine Eindruck, den man von der Stube im Ganzen empfing, war gerade nicht ansprechend. Alles trug den Stempel der Armseligkeit, ebensowohl hinsichtlich der socialen Lage, als des Geschickes und der gewerblichen Erfindsamkeit der Bewohner. Nur die allereinfachsten Bedürfnisse, die rohesten Anforderungen an das Leben, waren befriedigt: von Gefälligkeit und Anmuth zeigte die häusliche Einrichtung fast keine Spur. Der Fussboden bestand aus Erde oder Lehm; die Balkenwände waren mit Moos oder Kuhmist ausgefüllt und gedichtet [68]), Alles ringsum von dem beständigen Rauch geschwärzt.

Die Sitzplätze waren längs der Wand angebrachte, feste Bänke, der Tisch eine schwere Platte, häufig so lang, wie die Stube breit war, und in vielen Fällen in dem Fussboden befestigt. Die Stelle, die er einnahm, wurde, wie oben bemerkt, durch die der Feuerstätte bestimmt. In s. g. Heerdstuben stand er längs der Langwand, in Ofenstuben an der Giebelwand.

Der vornehmste Sitz war der Platz des Hausherrn, der Hochsitz, welcher zuweilen durch ein Paar Pfosten am Rande der Bank ausgezeichnet wurde, eines von den wenigen Dingen in der Stube, die lediglich als Zierath dienen sollten. Der Hochsitz wurde verschieden angebracht. In Stuben mit Feuerheerd hatte er seine Stelle in der Mitte der längs der nördlichen, »der Sonne zugewandten« Langwand sich erstreckenden Bank [69]). In Stuben mit einem Ofen war er so weit wie möglich an das Ende dieser Bank gerückt, so dass seine Stelle sich nun in der nordöstlichen Ecke der Stube befand. In der Heerdstube sass also der Herr gerade vor der Mitte des Tisches, in Ofenstuben vor dem Tischende. Der letztgenannte Platz des Hochsitzes, in der Ecke der Stube an der linken Langwand, am fernsten von der Eingangsthür, hat sich bis auf unsere Tage in den Bauernwohnungen des Nordens erhalten [70]). Aber der bei Verlegung des Hochsitzes entstandene Streit hat sich heutigen Tages noch nicht bei den übrigen Volksklassen gelegt. Während die höheren Kreise der Gesellschaft, was den Platz des Wirthes an der Mitte des Tisches betrifft, die älteste Tradition bewahrt haben, bleibt die Erinnerung der Mittelklassen bei jener Sitte der Ofenstuben stehen, wo nämlich der Wirth am Ende des Tisches sass.

Besondere Bettstellen fanden sich sehr selten. In der Regel wurden die Bänke zu Schlafstellen benutzt: der Hausherr und seine Ehefrau lagen in dem Hochsitze, die Kinder und Dienstboten auf den übrigen Bänken. Die Bekleidung der Betten war eine höchst dürftige, loses Stroh als Unterlage und einige Felle als Decke. In der »Ofenstube« bedurfte man nicht vieler Dinge zum Zudecken; denn die Stube hielt sich durch vierundzwanzig Stunden ziemlich warm, so dass die Bewohner sogar Winters in der Regel halbnackt da sassen[71]). Schlimmer war's in den Stuben mit Feuerheerd. Jedoch gleich unbehaglich ward es in beiden, wenn am frühen Morgen, im Winter noch volle drei Stunden vor Tagesanbruch[72]), eingeheizt werden musste, wobei die »Lyre« und die Thüre geöffnet wurden, um Zug zu machen. Das mussten jedenfalls kerngesunde Leute von festem Schlafe sein, die bei Rauch und Zugwind ruhig fortschlafen konnten.

Kehrten fremde Gäste ein, die im Hause übernachten sollten — was Winters leicht geschehen konnte, da Reisende häufig ihres Weges verfehlten[73]) — so war es keine leichte Sache, Nachtquartier für sie zu schaffen; denn die Bankplätze waren in der Regel alle besetzt. Man half sich alsdann, indem man Gästen geringerer Art den nackten Fussboden anwies, vornehmeren aber oben auf dem Tische ein Lager bereitete[74]). Und dieser Platz war garnicht übel. Etwas über das Bankstroh und seine ungezählten Bewohner erhoben, genoss man hier einer ungestörten Ruhe, es wäre denn, dass die Ratten oben auf den Balken Kampfspiele hielten, in welchem Falle der auf dem Tische gelagerte Gast freilich Gefahr lief, dass die verlierende Partei ihm gerade aufs Gesicht fiel[75]).

Rechnet man etwa ein Paar freistehende Bänke hinzu, so ist das Mobiliar der Stube hiermit aufgezählt. Zuweilen fügte es sich jedoch, dass auch eine besondere Wiege hinzukam, welche dann, wenigstens im südlichen Schweden und Blekingen, eine eigenthümliche Gestalt hatte. Neben der Ofenbank, dem wärmsten Stubenplatze, welcher den Kindern angewiesen war, schwebte ein plump geformter, ausgehöhlter Block, von dem Ende einer Stange herabhangend, welche auf den Querbalken ruhte. Dieses frei schwebende Lager war das des jüngsten Kindes; die biegsame Stange liess die Wiege auf und ab schaukeln, hielt aber zugleich den Säugling hoch genug, dass nicht unberufene Neugier von unten her ihm zu nahe kam [76]).

Diese Massregel war nichts weniger als überflüssig; denn die Anzahl der berechtigten Hausbewohner beschränkte sich keineswegs auf die Menschen. Ausser den Hühnern, die aus der Vorstube (Hausflur) hereinschlüpften, gehörten zu der vollen Besatzung der Stube auch noch die Gänse unter der Gänsebank, ferner ein Hund, zuweilen eine Katze, Enten, Tauben, unfehlbar aber während der ganzen Winterzeit die vierbeinige Jugend des Bauernhofes: Kälber, Lämmer, Zicklein und Ferkel [77]). Die Erwachsenen mussten ihre Plätze gegen diese niedere Bevölkerung mit Aufwand von Kraft und Klugheit vertheidigen. Der Säugling nahm eine kunstreich hergestellte Lage ein, die gegen jeden Angriff gesichert war; denn selbst eine auf den Hinterbeinen stehende Ziege brachte es nicht weiter, als dass sie die Wiege in sanfte Schwingungen versetzte.

Nur eine Klasse blieb schutzlos: es waren die armen Reisenden, die auf dem Fussboden ihr Nachtlager suchen mussten. Mit unbestrittenem Rechte betrachteten die Thiere den Fussboden als ihr Terrain — der Mittelpunkt der Stube war der begünstigte Lieblingsplatz, wo der Tropfenfall von der »Lyre« herab zu Zeiten einen artigen Pfuhl zuwege brachte, der den Ferkelchen vorbehalten war — und es war in der Ordnung, dass sie Jeden, der unter ihnen seinen Platz einnahm, als ihren Kameraden betrachteten und demgemäss behandelten. Mit den lebhaftesten Farben schildert ein Reisender die Schrecken einer Nacht unter solchen Umgebungen, den ganz eigenthümlichen Dunstkreis des Ortes, diesen üblen Geschmack, den man nicht einmal im Freien wieder los werden konnte, und der mehr »sättigte, als eine Mahlzeit«, jene eigenthümliche Empfindung, wenn die Schweine über Einem grunzten und gelegentlich das Angesicht beleckten [78]).

Fassen wir alle diese Züge zusammen, so wird der Haupteindruck der Zustände, in denen die Bauernstuben jener Zeit sich darstellten, uns wenig anmuthen. Schwerlich wäre Jemand in der Gegenwart geneigt, mit der Vorzeit zu tauschen. Um aber die beschriebenen Wohnungen nach ihrem Charakter ganz verstehen zu können, dürfen wir uns nicht begnügen, den Unterschied zwischen ihnen und unseren häuslichen Einrichtungen uns auszumalen: wir müssen uns zugleich hinein zu leben suchen in Das, was jene dennoch für die damaligen Menschen Ansprechendes in sich bergen mochten, welches die immerhin unbestimmten und doch starken Eindrücke waren, durch welche die Bewohner sich Jahrhunderte hindurch bestimmen liessen, auch nachdem die Wahl ihnen freigestellt war, die alten Wohnungen den neuen vorzuziehen. Es genügt hier nicht, nur die Anhänglichkeit an das Gewohnte anzuführen und als einzigen Grund geltend zu machen; solcher zähen Anhänglichkeit liegen sonst immer bewusste oder unbewusste Eindrücke zu Grunde.

Und in unserem Falle ist es garnicht so schwer zu verstehen, was sie dennoch an ihre altgewohnten Stuben fesseln konnte. Aller ihrer Mängel ungeachtet besassen sie eigenthümliche Schönheiten, welche sich dem, der von Kindesbeinen unter ihnen gelebt hatte, unauslöschlich einprägen mussten. Welche eigenthümliche Wärme, Innigkeit und Tiefe besass jenes Licht, das wie gerade vom Himmel herab durch die »Lyre« hereinströmte, geheimnissvoll und dennoch so sonnig klar und intensiv stark! Hier bedurfte es keiner Uhr: die Stube selbst vertrat die Stelle derselben; der ans Haus gewöhnte Einwohner las die Stunden des Tages in den Sonnenstrahlen, wie diese jetzt aufs Gebälke, jetzt auf den Ofen, jetzt auf die Pfosten des Hochsitzes fielen[79]). Welches unvergleichliche Behagen, auf dem Rücken liegend, von einer dieser Bänke halbwach aufzublicken und mit den Blicken den ziehenden Wolken zu folgen, wie sie über die offenstehende »Lyre« vorüber schwebten, oder um die Abendstunde, durch und durch warm und wohl, nach der Tagesarbeit sich hinzustrecken und sich's bequem zu machen, während die Frauen beim Feuer zu schaffen hatten! Und wie mochten diese Stuben sich in festlichen Zeiten ausnehmen! Pfingsten mit grünen Maien von der Bank hinauf bis zur »Lyre«, so dass die Stube zur Laubhütte ward, und zu Weihnachten die schwarz geräucherten Balken mit Strichen und Figuren von aufgelöster Kreide übermalt [80])! Unvergesslich blieb der Eindruck von Freude und Wohlsein, ein mit dem Wesen des Festes so trefflich übereinstimmender Eindruck, den man empfing, wenn man an einem heiligen Christabend aus dem Schneegestöber draussen in diese warme, vom flackernden Feuer erleuchtete Stube eintrat — immerhin recht unansehnlich, aber dabei reich an Leben und an Freude, Alles in ihrem Raume umfassend und Alle, gleich der Arche, in welche der fromme Noah hineingegangen war.

Wo nun solche Eindrücke und solche Erinnerungen besonders lebendig vorhanden waren, da musste wohl die Folge sein, dass die neuen Häuser kaum durchzudringen vermochten, sie mit ihren niedrigen, flachen Decken, drückend wie Sargdeckel, mit ihrer stolzen, dabei aber so engherzigen Sonderung des Raumes zwischen Menschen und Thieren und unter den Menschen selbst, mit ihren unvernünftigen Fenstern zur Rechten und zur Linken, wodurch die Stube zu einem Allerwelts-Raume ward, in welchen jeder Landstreicher nicht nur hineingucken, sondern auch Kopf und Arme hineinstecken und, gelüstete es ihn, auch selber nachfolgen konnte. Kein Wunder also, dass jene vorzeitlichen Stuben sich so lange hielten und selbst, da man aufhörte sie zur Wohnung zu benutzen, doch fortbestehen durften, ja sorgsam gehütet wurden, als die Orte, an denen eine Festlichkeit sich allein würdig feiern lasse.

Bisher liessen wir noch ganz unerwähnt die hinten bei der Wohnstube gelegene kleine Kammer, mit einem Eingange von der eigentlichen Wohnstube aus, gemeiniglich »Klewe« oder »Kowe« genannt. Sie bedeutete nicht viel, da sie niemals zu bleibendem oder längerem Aufenthalte benutzt wurde, war aber doch unentbehrlich, indem sie den einzigen Raum ausmachte, wo man Dinge aufbewahren konnte, die dem beständigen Rauch der Stube nicht ausgesetzt werden durften. Hier war die Hausfrau Alleinherrscherin; hier wurden die Speisen bewahrt; hier standen die Kisten mit den besten Kleidern des Hauses, welche nur an Festtagen sichtbar wurden und daher mit gleichem Rechte Festtags- oder auch Kistenkleider genannt wurden; hier lag, sorgfältig verwahrt, die kostbarste Habe des Hauses, der Silberbecher und die silbernen Löffel.

Die Grundidee, die in den Bauernwohnungen zur Geltung kam, ist uns deutlich entgegengetreten, nämlich die Einheit des Aufenthaltsortes für alle Hausgenossen ohne Ausnahme. Den beherrschenden Mittelpunkt bildete die Feuerstätte, welche innerhalb dieses Kreises ihre mütterliche Fürsorge über Alle erstreckte, aber auch jeden Versuch, besondere Räume für eigenen Gebrauch abzusondern, unter den Bann stellte und mit Ausschliessung von ihrer Wärme strafte. Es war eine Schranke gezogen, über welche man nicht hinausgehen durfte. Aber das Bedürfniss, weiter zu gehen, war doch gleichfalls vorhanden. Nicht allein wurde es durch die Verhältnisse immer aufs Neue geweckt, sondern es musste ebensowohl gereizt und genährt werden durch den eigenen Trieb des Menschen, sich vorwärts zu versuchen und alle die Möglichkeiten einer gegebenen Construktion zu erschöpfen. So probirte man denn neue Formen.

Diese so zu sagen wilden Schösslinge sind es, bei denen wir einen Augenblick verweilen wollen. Sie haben besonderes Interesse, weil in ihnen sich uns kräftige Versuche zeigen, neue Formen gleichsam zu erzwingen, welche einen bleibenden Werth nur alsdann bekommen konnten, wenn es gelang, andere Erwärmungsmittel zu schaffen; sie zeigen uns ein keckes Anticipiren dessen, was erst die Zukunft bringen sollte. So bilden sie den natürlichen Uebergang zu den städtischen Wohnungen und den Herrensitzen. Bei flüchtiger Beobachtung nehmen sie sich aus wie Nachahmungen der beiden eben genannten; aber ihre Bedeutung liegt gerade darin, dass sie es nicht sind. Ihr durchaus selbständiges Leben lässt sich weit zurück verfolgen; und sie stellen uns demnach die erste Entwickelungsstufe dar, die unsicheren Experimente, welche in früheren Zeiten voraus gegangen waren, und welche überall da, wo das Neue noch nicht völlig angeeignet war, auch nachher sich wiederholten.

Die erste dieser neuen Formen lag nahe. Der Bodenraum oberhalb der Vorstube und des »Klewe« (Kowe) war ja eigentlich zu keinem Nutzen, da es hier keinen Rauch gab, der zum Dache hinaussteigen sollte. So hinderte denn nichts, über diesen zwei Kammern eine flache Decke anzulegen, um so den Raum zwischen diesen und dem Dache nutzbar zu machen. Der hierdurch gebildete Bodenraum konnte entweder nach der Stube zu offen sein, so dass man freie Aussicht hatte auf alles, was in dieser vorging; oder er konnte, was gewiss am häufigsten der Fall war, gegen die Stube durch eine Wand abgesperrt sein. Sonst würde der Stubenrauch den Aufenthalt dort oben unleidlich gemacht haben. Auf solche Art eingerichtet, gewährte dieser Bodenraum — »Ramloft« in Norwegen genannt — eine sehr brauchbare kleine Schlafkammer[81]). Nun aber lag es sehr nahe, diese etwas zu erhöhen, indem man ein Paar Balken oben auf die Aussenwände an diesem Ende des Gebäudes setzte, so dass man dort oben aufrecht stehen konnte. Und noch nöthiger musste es erscheinen, für Lichtöffnungen zu sorgen, welche hier, wo es nicht rauchte und wo man sich hoch über dem Erdboden befand, natürlich an den Seiten in der Wand angebracht wurden. So stand, ehe man sich dessen versah, eine Art neues Gebäude da. Es war im Grunde die alte Stube, aber weit mehr entwickelt. Wie erwachend richtete sie sich gleichsam halbwegs empor und blickte um sich mit den geöffneten Guckaugen [82]).

Während diese »Ramstuben« vorzugsweise sich freilich nur in Norwegen und Schweden fanden, so gab es eine andere

Bauart, welche sich gleichmässig über den ganzen Norden verbreitet zu haben scheint. Bei derselben war es nicht das Verlangen nach einer neuen Schlafstelle, sondern das Bedürfniss einer gesicherten Zufluchtsstätte und grösserer Schutzfähigkeit, was als leitender Gedanke zu Grunde lag. Um diesen Zweck zu erreichen, wurde die Vorstube ausserhalb des Hauses, als ein kleiner Auswuchs an der Mitte seiner Vorderseite, gebaut, und oberhalb der Vorstube wieder ein kleines Zimmer angebracht, zu welchem der Aufgang nur mittels einer Leiter von der Vorstube aus, und einer Luke im Fussboden führte. Hierdurch war des Hauses Wehr um vieles verstärkt. Der Eingang war nicht länger den Angriffen des Feindes preisgegeben; sondern von den Guckfenstern in dem Thurmzimmer der Vorstube herab konnte man mit Pfeilschüssen Jeden in gehöriger Entfernung halten. Und wurde die Thür gesprengt, alsdann gab jene Thurmkammer mit verschlossener Luke und emporgezogener Leiter einen letzten, vorzüglichen Zufluchtsort.

Derartige Häuser waren es, welche unter dem allgemeinen Namen »Barfred«, oder »Barfrö«, in allen drei nordischen Reichen vorkamen. Der Name deutet auf einen sehr alten Ursprung. Sicherlich wird er mit Recht von dem altdeutschen Worte »berkfrit« abgeleitet, welches im Altfranzösischen zu »berfroit« (neufranzösisch »beffroi«), im Englischen zu »belfry«, im Italienischen zu »battifredo« geworden ist, und in allen Sprachen die Bedeutung eines Wachtthurmes bekommen hat[83]). In derselben Bedeutung kommt das Wort »Barfred« das ganze Mittelalter hindurch in Dänemark vor[84]). Noch im sechzehnten Jahrhundert führte einer der Thürme der Befestigung Kopenhagens den Namen »Kjöge Barfred«[85]).

Was Dänemark betrifft, so wissen wir, dass solche »Barfred«-Häuser ziemlich oft bei den Pastoraten vorkamen und hier zuweilen dem Könige zum Nachtquartier dienten, wenn er in Gegenden reiste, wo kein königliches Schloss in der Nähe war[86]). Vielleicht besass der König sie geradezu als sein Eigenthum, oder munterte die Bevölkerung wenigstens auf, sie bereit und in gutem Stande zu erhalten. In Norwegen und Schweden [87]) gediehen sie ohne solche königliche Fürsorge, und dienten den eigenen Bewohnern des Hauses zur Schutzwehr. Aber in allen drei Ländern bietet diese Bauart dasselbe Interesse. Die Aehnlichkeit mit den befestigten Ritterburgen ist unverkennbar. Die »Barfred«-Häuser stellen uns nur eine frühere Entwickelungsstufe dar, welche im Verlaufe der Zeit stehen geblieben ist, während die Entwickelung selbst über sie hinausgegangen ist. So wie sie unter den Bauernhäusern des Nordens vorkommen, muss man sie nicht als neugepflanzte und missrathene Ableger ansehen, sondern als eine im Laufe der Jahrhunderte ausgebildete selbständige Zwergart.

In den meisten Fällen war es doch gewiss das Bedürfniss von Vorrathskammern, wodurch die Neigung geweckt wurde, Erweiterungen und Neubauten vorzunehmen. Hierbei übte auch die überwiegende Bedeutung, ja Alleinherrschaft der Feuerstelle den geringsten Druck aus; denn, während ein »Ramloft« (Bodenstube), oder eine »Barfred«-(Thurm-) Kammer bei klingendem Froste höchst unbehagliche Schlafstätten waren, litten Mehl und Stockfische beim Froste wenig.

Allein die Nachrichten, die wir von diesen, für Vorrathskammern erweiterten Wohnhäusern haben, fallen in Betreff der verschiedenen Länder sehr ungleich aus. Seltsamer Weise hören wir davon am wenigsten gerade in dem Reiche, wo das Bedürfniss doch das stärkste sein musste, nämlich in Dänemark mit den fruchtbaren Landschaften sowohl der Inseln als Schonens. Der Grund liegt allerdings darin, dass die Erweiterungen hier geräuschloser vor sich gegangen sind, als in den übrigen Ländern. Wer kümmerte sich hier sonderlich darum, dass irgendwo ein neuer »Ausschub« (Halbdach) aufgeführt, dort eine Erdhöhle ausgegraben war, die als Keller dienen konnte? Ausserdem hat man in Dänemark allezeit mehr Neigung gehabt, sich durch Verlängerungen nach der Seite hin auszudehnen, als in die Höhe hinauf zu bauen. Die Form der Bauerngehöfte erlaubte damals solche Verlängerungen, indem sie nicht, wie heutigen Tages, im Viereck gebaut waren — was erst an den Herrenhäusern des sechzehnten Jahrhunderts gelernt werden sollte — sondern mehr, wie's sich zufällig machte, vertheilt waren. So ist denn anzunehmen, dass das Bedürfniss der Erweiterung sich hier in Anbauten Luft gemacht hat.

Aber in Schweden und Norwegen war es theils der Reichthum an Holz, theils die Baulust der Bevölkerung selbst, welche die Aufführung neuer, selbständiger Gebäude veranlasste. So entstanden denn hier die sogenannten •Bure•, oder •Boder• (Buden) zur Aufbewahrung von Speisen und Kleidern. Ausser der Feuchtigkeit waren besonders Ratten und Mäuse die Feinde, gegen die man sich hier zu schützen hatte. Die •Buden• richtete man daher nicht auf der blossen Erde auf, sondern mit Luftzug von unten, und in der Regel so, dass sie auf Pfosten ruhten, welche in Gestalt von gedrechselten Beinen nach oben hin dicker wurden, so dass die ungebetenen Gäste sie nicht ersteigen konnten[88]). Aus demselben Grunde liess man zwischen der •Bude• und der zu ihr führenden Treppe einen leeren Zwischenraum, so dass auch auf diesem Wege den Feinden der Zugang verwehrt war.

Die ältesten •Buden• bestanden sicher nur aus einem Raum; aber warum sollte man nicht ein zweites Stockwerk hineinfügen, so dass für die Speisen unten, und die Kleider oben ein besonderer Raum bestimmt wurde? Das obere Stockwerk erforderte seinen eigenen Treppen-Aufgang. Konnte die Holzwand oben gegen die sengenden Sonnenstrahlen verwahrt werden, so war das ein besonderer Vortheil; denn in dem lauwarmen Raume gedeiht nur allzu wohl die Brut der Milben, weshalb man oben ringsum einen Söller, oder eine geschützte Gallerie anlegte. Den ganzen Bau behandelte man mit besonderer Vorliebe. Sauber im Inneren eingerichtet, wurde er häufig noch überdies mit Schnitzwerk ausgeschmückt, und bildete gewiss, sowie heute, auch damals den schmuckesten Bestandtheil des ganzen Bauernhofes.

Unter solchen Umständen war es in Fällen, wo ein Gast sich einfand, dem man besondere Ehre erweisen wollte, natürlich, dort oben auf dieser »Kleiderbude« für ihn zuzurichten, anstatt auf dem Tische in der gemeinsamen Wohnstube. Die zum Zudecken dienenden Felle hingen ja schon im Voraus droben. Auf diese Weise ward denn allmählich der oberste Raum der »Bude« zugleich zu einer Schlafkammer[89]).

Auf diesem Punkte angelangt, stand die Entwickelung der betreffenden Bauform hinsichtlich der Bauernwohnungen stille. Bei dem wohlhabendsten Theile der Landbevölkerung war sie dagegen weiter fortgeschritten und hatte Häuser ins Leben gerufen, die sowohl durch ihre Ausbildung wie durch ihren Umfang sich auszeichneten. Es lag nämlich nahe, zwei »Buden« neben einander zu stellen und diese von oben her zusammenzufügen, so dass sie Eins wurden, oder auch im Ganzen das Haus so hoch und lang auszubauen, wie man eben wollte, und zwar so, dass es auf einer mächtigen Steinunterlage ruhte und in jedem einzelnen Stockwerk mehrere Gelasse bekam. Die zwei vorzüglichsten, bis heute erhaltenen Gebäude dieser Art findet man auf den herrschaftlichen Höfen: Finne, auf Voss in Norwegen, und Ornäs in Dalekarlien. In dem sehr alten Hause auf Finne besteht das untere Stockwerk aus zwei finsteren »Buden«, welche durch einen Gang von einander getrennt sind, während man von der obendrüber gelegenen Gallerie in zwei helle, stattlich eingerichtete Zimmer tritt[90]). Der Bau auf Ornäs ist noch prächtiger ausgestattet. Oberhalb des mit Steinen ausgebauten Kellerraums liegen im ersten Stockwerk drei Vorrathskammern; steigt man aber die Wendeltreppe zum zweiten Stockwerk hinauf, welches ziemlich über das untere hinausragt, so findet man daselbst nicht weniger als sechs Zimmer: zwei kleine »Lusthäuser«, jedes an einem Ende des Söllers, und vier grössere Stuben längs desselben. Hierzu kommt noch der eigenthümlichste Raum des Hauses, durch welchen Gustav Wasa seiner Zeit (1520) entkam, unter Führung seiner edlen Wirthin, während der Hausherr darauf aus war, seinen Gast den Feinden desselben zu verrathen.

Das Haus auf Ornäs ist nicht allein eines der merkwürdigsten Denkmäler Schwedens, mit Recht als ein geschichtliches Heiligthum unter die Obhut des Staates gestellt, sondern, wie es braunröthlich da liegt, der Zeit trotzend, mit frischen Balken und diesem zierlichen Schwung, welcher es ungeachtet der Jahrhunderte jung erscheinen lässt, gleichwie die alte Birke an seiner Seite, zeigt es uns jene Bauart in ihrer edelsten Entfaltung. In diesen Räumen begegnet uns nichts Schwerfälliges, nichts Drückendes, obgleich das Zimmerwerk derbe und Alles nur einfach und dürftig ist. Die grosse Stube, in der Gustav Wasa's Bettstelle steht, ist hell und freundlich, und der Söller mit seinen »Lusthäusern« fordert noch heutigen Tages zur Ruhe auf, eine schattige Veranda mit der entzückendsten Aussicht über grüne Wiesen und Birken und die spielenden Wellen des Runn-Sees [*1]).

Aber trotz alledem litt die ganze Bauart an einem fühlbaren Mangel. Der Bau auf Ornäs theilte dasselbe Loos mit seinen armen Brüdern, den »Bettbuden« (Schlafkammern) auf den Bauernhöfen Norwegens und Schwedens, und mit den entfernteren Verwandten, den »Ram«-Bodenstuben und den Thurmkammern der »Barfred«-Häuser — sie alle trugen den gemeinsamen, unvertilgbaren Geschlechtszug. Sämmtlich entsprungen aus dem Hause mit der einzigen Wohnstube, in welcher der Rauch bei Tag und Nacht zum Dache hinaufstieg, mussten sie seit dem Aufgeben des ursprünglich heimischen Central-Heerdes, unter einem gemeinsamen Banne leiden, nämlich ausgeschlossen zu sein von der Wohlthat der Wärme. Ihr Charakter, als Neubildungen im Verhältniss zu dem Alten und Herkömmlichen, zeigt sich darin, dass sie alle der Feuerstätte entbehren. Sobald die Winterkälte eintrat, musste man sie als Wohnungsraum verlassen und wieder, sei es hinunter oder hinauf, seine Zuflucht zu der alten, russigen Rauchstube nehmen. Diese Rückkehr zum Alten zeigt uns die Grenze, über welche die Bauernwohnungen im sechzehnten Jahrhundert nicht hinauskommen sollten. Aber selbst jene Versuche veranschaulichen uns das Verlangen, das jedenfalls vorhanden war, über so beengende Zustände hinauszukommen. Das Folgende wird uns zeigen, in welcher Art und Weise dieses Verlangen bleibend gestillt worden ist.

Städtische Wohnungen.

Von allen Beweggründen, welche ursprünglich die Menschen dazu geführt haben, sich in Städten ein- und enger an einander zu schliessen, war sicherlich einer der entscheidendsten das Bedürfniss gemeinsamer Wehr. Das Dach über der einsam gelegenen Wohnung mochte noch so unzugänglich und die Thür so fest sein, dass die gewöhnlichen Kräfte eines Mannes sie zu sprengen nicht taugten: dennoch konnte die Vertheidigung immer nur von kurzer Dauer sein, sobald der Feind mit gehöriger Mannschaft heranrückte. Half weiter nichts, so dienten Flammen dazu, die Bewohner herauszutreiben. Ganz anders konnte die Schutzwehr sich behaupten, welche die vereinigten Bewohner einer Menge von Häusern rings um die gemeinsame Heimat errichteten.

Die erste Aufgabe, die sich also für die Städte ergab, war diese, die Vertheidigungsmittel und -kräfte zu einer Gesammt-Einheit zusammenzufassen. Aber in demselben Masse, wie es gelang, diese Aufgabe zu lösen, drängte sich eine neue auf: die Regelung des Verhältnisses unter den vielen, dicht neben einander liegenden Wohnungen. Diese waren ja nicht länger in bisheriger Weise von einander unabhängig, sondern bildeten eine Gemeinschaft, deren Leben anderen Gesetzen unterworfen war, als das der einzelnen Wohnung. Die Lösung dieser beiden Aufgaben übte entscheidenden Einfluss sowohl auf Form und Einrichtung der Stadthäuser, als insbesondere auf ihren Werth als Wohnungen.

Wollen wir uns daher ein vollständiges und wahres Bild der städtischen Wohnungen machen, nicht allein ihre Bauart verstehen, sondern uns auch veranschaulichen, wie sie bewohnt wurden, so gilt es, die ersten Voraussetzungen dafür uns deutlich zu machen. Daher werden wir im Nachfolgenden zuerst das allen Wohnungen Gemeinsame betrachten, das heisst, die gemeinsamen Vertheidigungsanstalten und die Bedingungen des städtischen Beisammenwohnens, dann aber übergehen zur Betrachtung des Aeusseren und des Inneren der einzelnen Wohnungen.

Vertheidigungsanstalten. Die alte Bezeichnung für die Stadtbewohner, nämlich »Bürger«, hatte ursprünglich durchaus nicht einen so friedlichen Klang, wie sie im Verlaufe der Zeit erhalten hat. Der Name stand in offenbarem Zusammenhange mit dem Worte »Burg« und bezeichnete also die Bewohner als eine wehrhafte und kriegsbereite Besatzung. Der gegenseitige Schutz war damals die Allen gleich obliegende erste Pflicht; aber im Gegensatze gegen das, was bei frei gelegenen Wohnungen stattfand, wurde dieser Schutz nicht darin gesucht, dass man die einzelnen Häuser in Festungen verwandelte, sondern darin, dass man einen befestigten Ring um sie alle zusammen legte. Diese Form der Schutzwehr erhielt eine entscheidende Bedeutung für die ganze Bausitte der Städte. Jeder einzelnen Wohnung konnte nur ein sehr begrenzter Baugrund eingeräumt werden; aber zugleich bekam sie die Befugniss, auf diesem ihrem Terrain sich frei zu entfalten, unabhängig von dem Zwecke der Vertheidigung. Betrachten wir einige Augenblicke jede dieser beiden Seiten der Sache besonders, einerseits das Befestigungswesen, andrerseits die Folgen desselben für die Häuser der Stadt, so wie das Eine und das Andere im sechzehnten Jahrhundert zu Tage trat.

Im sechzehnten Jahrhundert war es mit der Befestigung der Städte ebenso gegangen, wie mit dem Namen »Bürger«;

beide hatten einen Theil ihres vormaligen kriegerischen Gepräges verloren. Es war nicht mehr etwas Ungewöhnliches, auf Städte zu stossen, welche, wenigstens nach heutigen Begriffen, offene Städte waren. Wirkliche Festungen konnten um jene Zeit nur die allerwenigsten heissen, wie Stockholm, wo die Natur so viel gethan hatte, Kalmar, Kopenhagen, Nyborg[92]), und zum Theil eine Reihe von Festungen, welche auf die Vertheidigung der Grenze berechnet war, wie Varbjerg[93]), Halmstad[94]), Landskrona[95]) und Malmö[96]). An einer anderen Stelle werden wir die kriegerische Bedeutung dieser Festungswerke ins Auge fassen; hier darf die Bemerkung genügen, dass sie mit ihren Mauern, Wällen und Rondelen einen festen Ring um die Stadt schlossen, eine scharfe Grenze bildend zwischen Stadt und Land.

Nun sollte man meinen, der Zustand der Dinge sei dort ein völlig anderer geworden, wo die Befestigung mit der Zeit aufgegeben und die Städte allmählich zu offenen geworden waren. Indessen war der Unterschied durchaus nicht ein so grosser, als es auf den ersten Blick den Anschein hat. Noch ruhte nämlich auf den Städten die Erinnerung der Festung wie ein fortwirkender Druck. Das alte Bedürfniss einer Befestigung hatte nur seinen Charakter etwas gewechselt und war von einem Erforderniss des Krieges zu einem solchen des Friedens übergegangen. Wie vormals, führten nur wenige Zugänge zur Stadt; Jedermann musste durch das Stadtthor gehen, welches ungastlich und eng dalag, mit einer Wache besetzt, gerade wie in früheren Tagen, da sich hohe Mauern zur Rechten und Linken ihm anschlossen; und ausserdem lief um die Stadt herum der letzte Rest des »Bollwerks«, eine Pallisaden-Einfriedigung, welche jeden unerlaubten Zugang absperrte.

Diese Massregeln waren mehr als blosse Ueberreste veralteter Zustände und Sitten. Noch im Jahre 1541 wurde an alle Städte Dänemarks ein königlicher Befehl erlassen, ihre »Stackete«, oder Pfahlwerke, in gutem Stande zu erhalten und an den Thoren recht wohl aufzupassen, damit sie nicht von ausgesandten Mordbrennern überlistet würden [97]). Wie dürftig der Schutz im Grunde auch war, so konnten doch diese Pallisaden, wenn einigermassen vertheidigt, einen zusammengelaufenen Haufen draussenvor halten; und jedenfalls waren sie unentbehrlich als Zollgrenze, eine geschlossene Reihe von Warnern, die allem Verkehr zwangsweise den Weg durch's Stadtthor anzeigten, wo das Auge des Zöllners wachte.

Die Folge war, dass die Zustände in den sogenannten offenen Städten sich nicht wesentlich von denen der Festungen unterschieden. Die geraden, ungehinderten Verkehrswege zwischen Stadt und Land, wie die heutigen Städte sie darbieten, sah man ebenso wenig, wie diese allmählichen Uebergänge, wie wir sie in unseren Tagen überall sehen, vorstädtische Wohnungen, welche gleichsam »vors Thor« gezogen und ausgewandert sind, sei es um frischere Luft zu schöpfen, sei es um im Voraus Kunden wegzufangen. Nur zeitweilig benutzte Lusthäuser und Gärten durften damals ausserhalb des Thors angelegt werden; eine einzelne kleine, ärmliche Wohnung konnte sich zwischen ihnen verbergen; aber Wälle und Pallisaden sperrten alle Uebrigen drinnen ein.

Mochte also die Stadt befestigt sein, oder eine offene heissen, immer war der Ort innerhalb der gezogenen Schranken gleich enge. Es galt, sich längs den einzelnen Hauptstrassen zusammenzudrängen; die verschiedenen Baugründe erstreckten sich, gleich langen Zipfeln, seitwärts von diesen, und die Gestalt des Gebäudes musste sich nach der zufälligen Ausdehnung und Form des Baugrundes richten. Unter solchen Verhältnissen war das Natürlichste, jedes Haus mit dem Giebel gegen die Strasse gerichtet anzulegen. Der Regel nach stiess jeder Baugrund gegen zwei Strassen: seine Vorderseite lag gegen die Hauptstrasse, während die Rückseite einer schmalen Gasse zugekehrt war, welche hinten vorüberlief und ursprünglich kaum bestimmt war, »zur Strasse zu dienen, sondern eben nur eine Grenze zu bilden. Die Strasse und die Hintergasse waren durch zahlreiche Gänge und enge Durchgänge verbunden, welche zwischen den Baugründen hinliefen und sie von einander trennten. Da nun die Form dieser Gründe selten ganz regelmässig war, so bildeten diese Gänge, Durchgänge und Winkel ein wirres Netz von Schlupflöchern, in welchen nur der Auswurf der Stadtbevölkerung sich ganz zurecht finden konnte.

Nur im Vergleich mit solchen Quer- und Durchgängen nahmen die Hauptstrassen sich breit aus; an und für sich waren sie eng und schmal. Unsere Zeit würde sie kaum mit dem Namen von Strassen beehrt haben. Waren nun die Häuser überdies zwei Stockwerke hoch gebaut, so musste der Mangel an Luft und Licht unten in der Strasse recht fühlbar werden. Von hieraus gesehen nahmen die Häuser mit ihren hervorspringenden Oberbauen, ihren »Beischlägen« (dachförmigen Vorbauten über den Eingängen) und ihren Erkern, sich wie die Seiten eines Brunnens aus, der sich über Gebühr hervordrängte. Sehnsüchtig suchte das Auge droben eine Ritze blauer Luft. Dass übrigens Solches keineswegs nur eine Eigenthümlichkeit Skandinaviens war, ersieht man daraus, dass ein gleichzeitiger Reisender aus England berichtet, wie die Bewohner in den oberen Stockwerken der Nachbarhäuser einander über die Strasse hinüber die Hände reichen konnten[93]).

Obgleich diese Zustände beinahe gänzlich aus den Städten des Nordens verschwunden sind — Feuersbrünste waren in dieser Hinsicht die besten Gehülfen — so sind doch einzelne kleine Partien hier und dort der allgemeinen Umgestaltung entgangen und bewahren bis auf diesen Tag die Physiognomie der Vorzeit. Keine Stadt lässt sich in dieser Beziehung mit Stockholm vergleichen. In seinem ältesten Stadttheile, der s. g. »Stadt« (Staden), wo jeder Zoll Bodens kostbar ist, hat man nach grossen Feuersbrünsten den Strassen in hohem Grade ihre alte Engigkeit gelassen. Wenn man daher in diesen s. g. »Gränder« wandert, wird man lebendig in's sechzehnte Jahrhundert versetzt. Zwar sind die Häuser in neuerem Styl; Erker, Beischläge, hervorspringende Oberbaue fehlen; aber die Höhe der Gebäude bringt eine ähnliche Wirkung hervor, indem sie beständig zu drohen scheinen, die tiefe Spalte der Strasse zusammenzudrängen und sich über dem Fussgänger zu schliessen.

Was indessen damals oft ein Gegengewicht gegen die Enge der Strassen bilden, und mitunter sogar einen gewissen Eindruck von Freiheit und Freundlichkeit hervorbringen mochte, war der Sinn für Gartenpflege, welcher jener Zeit eigen war, und zugleich ihre Unlust an geradliniger Regelmässigkeit. Die Häuserreihe lag selten in einer Linie, sondern bald traten die Gebäude allzu tief in die vorher schon schmale Strasse hinein, bald wichen sie plötzlich zurück und gewährten Platz für einen vor dem Hause anzulegenden Garten. Kamen hierzu noch ziemlich häufige, seit der letzten Feuersbrunst unbebaut gebliebene Plätze, wo zwischen verfallenden Resten von Lehmwänden das Unkraut sich ausbreitete, dann konnte der Eindruck des ängstlich Beengenden für eine Zeitlang ganz weichen, jedoch gewiss nur, um bald nachher sich mit erhöhten Stärke wieder zu melden.

Die Befestigung der Städte führte also eine Beschränkung des Raumes mit sich, welche einwirkte auf die Form des Bauterrains, die Lage der Häuser und die Breite der Strassen; zugleich aber war sie es, welche jedem einzelnen Hause eine bisher unbekannte Freiheit verschaffte. Die Vertheidigung war ja dem die Stadt umschliessenden Kreise zugewiesen; so durften die einzelnen Häuser alle jene drückenden Rücksichten abschütteln, die früher einem jeden derselben es auferlegt hatten, sich selbst zu kleinen Burgen zu machen. Die Hausthür brauchte jetzt nicht länger Zweierlei zugleich zu sein, Oeffnung und dabei doch eine feste Wand, um dem Eintretenden nach der Stirne zu zielen und nicht weniger ihm ein Bein zu stellen; friedlich und ohne Ränke konnte sie nun einladen, ins Innere einzutreten. Einen zweiten Ausgang nach dem Hofe hin konnte man ruhig anlegen. Das blockhausartige Gepräge durfte wegfallen, die Lichtöffnungen in der Wand nach der Strasse zu angebracht werden, sowie auch gegen den Hof, um gesunde Luft in die Wohnung zu leiten und zugleich Neues zu erfragen von dieser und jener Seite. Kurz, die Wohnung selbst durfte unter diesen Umständen eine andere werden. Sie war in eine neue Welt eingetreten, wo Bequemlichkeit und Anmuth das Massgebende wurden.

Die Bedingungen des städtischen Beisammenwohnens. Wollten die Einwohner jedes einzelnen Hauses in einer Stadt sich dieselben Freiheiten erlauben, die in und bei einer einsam gelegenen Wohnung nichts Befremdendes haben, so würde bald der Aufenthalt in einer Stadt zu einer Unmöglichkeit werden. Diese einfache Wahrheit hat Jahrhunderte erfordert, um allgemein einzuleuchten; das sechzehnte Jahrhundert war in dem Verständniss derselben nicht sonderlich weit gekommen. Man ging damals noch von der im Stillen gehegten Vorstellung aus, dass alle öffentlichen Anordnungen, die auf Reinlichkeit und Ordnung abzielten, ebenso viele Eingriffe seien in die Rechte des Einzelnen und daher, sobald man seinen Vortheil dabei fand, schon übertreten werden dürften. Um dieselbe Zeit wurde von obenher treulich gestrebt, den vielen in jene Kategorie gehörenden Uebeln abzuhelfen. Diese zwei entgegengesetzten Strömungen mussten dem ganzen Zustande ein sehr eigenthümliches Gepräge geben. Wir werden im Folgenden ein Bild davon zu zeichnen suchen, indem wir nach einander in Betracht ziehen: die Pflasterung der Strassen, ihre Reinhaltung, die Abtritte, den Zustand der Kirchhöfe, die Versorgung mit Wasser und die Strassenbeleuchtung.

Die Sitte, Strassen zu pflastern, scheint ungefähr ums Jahr 1500 aus Holland in den Norden eingeführt zu sein. Vor dieser Zeit wird in Betreff Kopenhagens des Strassenpflasters garnicht erwähnt[**]); und wir besitzen ein ausdrückliches Zeugniss, dass Frau Sigbrit[*]) es gewesen ist, welche

---

[*]) Eine Holländerin, die wegen bürgerlicher Unruhen von ihrer Heimat geflohen war, und sich als Gastwirthin in Bergen niederlassen hatte.

während des Aufenthalts Christiern's II in Norwegen, wo seine Neigung zu Dyveke erwachte, ihren damals beginnenden Einfluss benutzend, einen königlichen Befehl erwirkte, die Stadt Bergen pflastern zu lassen [100]). In ziemlich kurzer Zeit drang darauf dieser Brauch in den übrigen Städten durch; und schon um die Mitte des sechzehnten Jahrhunderts konnte der Befehl an alle Städte im Königreich Dänemark ergehen, dass sie ihr Strassenpflaster in Ordnung halten sollten [101]).

Jedoch ist es unzweifelhaft, dass, was jene Zeit unter Pflasterung, und selbst unter guter Pflasterung verstand, sehr weit verschieden war von dem, was wir darunter verstehen würden. Wir werden uns daher klar zu machen suchen, worauf es in jener Zeit abgesehen war und wiefern man dieses Ziel erreichte.

Soweit es sich übersehen lässt, hat die Pflasterung in den Städten des Nordens drei Entwickelungsstufen durchlaufen. Der erste Zeitraum erstreckt sich vom Jahre 1500 bis in die Mitte oder gegen den Schluss des siebenzehnten Jahrhunderts. Während dieser Zeit liefen zwei Rinnsteine (Gossen), einer längs jeder der Häuserreihen, in einem Abstande von ein Paar Ellen von den Häusern entfernt. Das Stück Strasse zwischen den Häusern und den Rinnsteinen nannte man »Fortaa« (oder Fortov); es gehörte häufig dem Hausbesitzer zu eigen [102]), und pflegte mit Schuppen, Bei-

---

Christiern II lernte als Kronprinz während seines Aufenthalts in Norwegen ihre Tochter Dyveke kennen, die später seine Maitresse wurde. Der Einfluss Sigbrits auf den König beruhte besonders auf ihrem klaren Verstande und ihrer ausgezeichneten Einsicht, speciell in Handelsangelegenheiten. Daher verlor sie auch nicht ihren Einfluss nach dem Tode Dyvekes (1517), den man als durch vergiftete Kirschen verursacht ansah. Bis zu der Flucht des Königs nach den Niederlanden (1523) verblieb sie seine vertraute Rathgeberin und war u. a. die oberste Vorsteherinn des ganzen Zollwesens. Sie war in Kopenhagen so verhasst, dass sie bei der Abreise des Königs heimlich in einer Kiste an Bord des Schiffs getragen werden musste.

schlägen, Treppenstufen, Bänken dergestalt besetzt zu sein, dass es zum Fusssteig sich nicht eignete. Die Vorübergehenden hielten sich denn auch draussen in der Mitte der Strasse, welche in die Höhe stieg und sich einem Gebirgskamm ähnlich zuspitzte, wo aber doch eine Reihe grösserer flacher Steine, die sogenannten »Burgermeistersteine« [103] andeuteten, wo am besten aufzutreten sei. Diese Ordnung entsprach gerade dem Bedürfniss der Zeit. Längs des »Fortaa« war der Dachtraufen wegen nicht zu gehen, dagegen mitten in der Strasse der am wenigsten angefochtene Ort: denn Wagen begegnete man nur wenig; wovor man sich hier in Acht zu nehmen hatte, waren nur andere Fussgänger, daneben freilich auch die Wasserstrahlen aus den drachenförmigen Traufen, wie sie von den vornehmeren Häusern weit hervorragten.

Sobald aber die Wagen gewöhnlicher wurden, hörte die Mitte der Strasse auf, für die Fussgänger bequem zu sein. Um dieselbe Zeit eignete die Regierung sich ein grösseres Verfügungsrecht über die bisher privaten »Fortove« an. Im Jahre 1683[104] wurde es in Kopenhagen verboten, Häuser mit vorspringenden oberen Stockwerken und Erkern zu bauen; und ungefähr um dieselbe Zeit wurden die den Häusern anliegenden Dachrinnen immer allgemeiner. Jetzt wurden denn die »Fortove« der natürliche Steig für die Fussgänger. Im Laufe der Zeit hatten sie sich mehr gehoben; die »Burgermeistersteine« inmitten der Strasse bildeten jetzt die niedrigste Partie derselben, demnach den allgemeinen Rinnstein. Diese Ordnung: offener Rinnstein in der Mitte, gemeinsame Bahn für Fussgänger und Wagen bis an die Häuser hinauf, war also im achtzehnten Jahrhundert das Muster einer richtigen Strassenpflasterung. Auf diese Weise war die Hauptstrasse in Bergen noch im Jahre 1820 gepflastert[105]; und der letzte derartige Steindamm wurde in Kopenhagen erst in der Mitte des gegenwärtigen Jahrhunderts beseitigt[106].

Die Unannehmlichkeiten für die Fussgänger bei der beschriebenen Strassenordnung, bei welcher ihnen keine sichere Zuflucht vergönnt wurde gegen die vorüberfahrenden Wagen, musste sich indessen allzu fühlbar machen, je mehr der öffentliche Verkehr zunahm. Schon ungefähr ums Jahr 1770 wurde daher in der Östergade, einer der lebhaftesten Strassen Kopenhagens, eine neue Art der Anlage eingeführt[107], wesentlich die nämliche, die jetzt über den ganzen Norden hin gesiegt hat. Zwei, ausschliesslich für Fussgänger bestimmte, Steige wurden zu beiden Seiten der Strasse angebracht, und zwar mit Fliesen belegt und gegen ungehörige Benutzung anfangs durch Prellsteine, später durch die nun wieder zweigetheilte Gosse geschützt, welche tief und breit, zu gleicher Zeit als Abflussrinne und als Festungsgraben dienen musste. Die Benennung dieser Fussteige, »trottoir«, welche auf das Land hinwies, dem diese neue Einrichtung entlehnt war, wurde in Dänemark übrigens bald durch den alten Namen für diesen Strassentheil, auf dem sie hergestellt wurde, verdrängt, nämlich »Fortov«.

Die Strassenpflasterung des sechzehnten Jahrhunderts gehörte also zu den ersten der drei hier besprochenen Arten, nämlich: der Fussteig mitten auf dem Rücken der Strasse und zwei Gossen an der Grenze zwischen Strasse und eigenem Grund und Boden des Hausbesitzers. Bezeichnend für die Bedeutung dieser Grenze war jener Befehl, der während des siebenjährigen Krieges (1563—70) in Betreff der, nach Viborg, Lemvig und Varde vertheilten, schwedischen Gefangenen ertheilt wurde: es wurde ihnen nämlich strenge verboten, über die Rinnsteine hinüberzutreten[108].

Wäre diese Pflasterung nur gewesen, was sie sein sollte, so hätte sie bescheidenen Ansprüchen genügen können, und hätte zwar eine schlechte Fahrstrasse, aber einen recht guten Fussteig nach der Mitte der Strasse hin abgegeben. Allein das Unglück war, dass man aller Anstrengungen und aller Geldopfer ungeachtet nur ein sehr ungünstiges Resultat erzielte. Man arbeitete und rührte sich genug. Als z. B. in Kopen-

hagen der Altmarkt, gelegentlich der Krönung Friedrich's II.
in eine Rennbahn verwandelt werden sollte, wurden nicht
weniger als 930 Ladungen Pflastersteine von dem Platze fort,
und ebensoviele, nebst 767 Fudern Sand, dahin zurückgefahren[109]). Als Helsingör in den Jahren 1584 und 85 den
Anfang einer Neupflasterung machte, wurden ungefähr 3000
Fuder Sand und an 2000 Fuder Feldsteine in die Strassen
hinaufgeschleppt[110]). Die Arbeit wie die Ausgaben setzten
sich eine Reihe von Jahren fort, aber es scheint gleichviel geholfen zu haben. Der Hauptfehler war dieser, dass
man jedem Hauseigenthümer die Sorge überlies, sein Stück
Strasse gepflastert zu bekommen[111]). Hiervon war ein für
allemal die Folge, dass das Steinpflaster uneben werden musste.
Klagen über Pflaster mit »schlimmen, schmutzigen Lachen
und kothigen Gruben«[112]) waren daher der beständig wiederkehrende Refrain in den Schreiben, die von der königl.
Regierung an die Städte ergingen. Die Regierungsräthe gaben
im Jahre 1589 folgende wenig ansprechende Schilderung des
Strassenpflasters in Kopenhagen: »Fast überall in der Stadt
sind die Strassen und Steindämme sehr uneben, so dass es
auf der einen Seite hoch, auf der anderen niedrig ist, an
manchen Stellen auch ein Stein oder mehrere über einander
liegen, daher man unter grosser Beschwerde darüber fährt,
zuweilen auch Wagen zerbrechen, wenn zwei sich begegnen
und auf so holperichtem Wege einander ausweichen sollen«[113]). Einen sehr komischen Ausdruck gab sich das böse
Gewissen einer Magistratsbehörde im Jahre 1577 in Helsingör. Hier hatten nämlich Bürgermeister und Rath auf
Veranlassung der Taufe Christian's IV den König, Herzog
Ulrich von Mecklenburg, Herzog Hans und mehrere andere
hohe Personen zum Frühstück aufs Rathhaus der Stadt eingeladen; aber hinterher fiel es ihnen ein, dass die Strassen
so zerfahren, so »voll von Sümpfen und Koth« waren, dass
man sich unmöglich durfte nachsagen lassen, auf einem
solchen Wege die fürstlichen Personen reiten zu lassen. Hier
war guter Rath theuer. Man fand indess einen Ausweg.

Massen von Sand wurden in kürzester Zeit auf die zum Rathhaus führenden Strassen gefahren, Rinnsteine, Sümpfe, Gruben und Löcher, Alles wurde ausgefüllt, so dass die ganze Frage für einige Stunden aus der Welt geschafft war [114]).

Bei dieser festlichen Gelegenheit geschah es also, dass man das Steinpflaster zudeckte; sonst galt es vielmehr als Regel, dass man eben nur bei festlichen Gelegenheiten es bloss legte. Für die Wochen- und Werktage war es nämlich mit einer eigenthümlichen Schicht bedeckt, deren fortgesetztes Anwachsen nur an jedem heil. Festabend für kurze Zeit ein wenig gehemmt wurde. Diese fast ununterbrochene Anhäufung von Schmutz, welche in unseren Tagen durch die gesetzliche Reinhaltung der Strassen unmöglich wird, ist einer der bezeichnendsten Züge der städtischen Zustände jener Zeit.

Man denke sich Strassen, durch welche das Hornvieh der Stadt oft mehrere Male des Tages getrieben wurde. Man vergegenwärtige sich ferner den Hang der damaligen Bevölkerung, die Strasse als den Ort zu betrachten, auf den man mit vollem Rechte Alles hinauswarf, was man im Hause nicht weiter zu behalten wünschte, Abfälle, Asche, altes Stroh, todte Thiere und noch Aergeres. Man erinnere sich endlich, dass dieses Durcheinander von Gerümpel und Schmutz nicht auf ebenem Steinpflaster ruhte, mit einer Neigung zur Gosse hinab, sondern auf einem steinigen Grunde mit Löchern und Senkungen an verkehrter Stelle: dann wird man begreifen, welche Landkarte hier ein einziger Regenguss hervorbringen konnte mit Festland, schwimmenden Inseln, Meerstrudeln und stehenden Sümpfen; man wird sich die Gefahr denken können, die in den niederen Partien der Strasse drohte, wenn der Strom stieg, noch genährt durch die bräunlichen Zuflüsse aus den Höfen, und man wird einsehen, wie bedachtsam es war, unter solchen Verhältnissen den Steindamm in der Mitte mit einem kleinen Gebirgskamm für Fussgänger auszustatten.

Die Regierung suchte das Uebel nach Kräften zu bekämpfen. Käme es allein auf Verordnungen und gesetzliche Bestimmungen an, so hätten die Städte des Nordens an Reinlichkeit selbst mit den holländischen wetteifern können. Aber leider wurden die Gesetze nicht beobachtet; alte Gewohnheiten waren nicht so leicht abzustellen. In der Sprache der dänischen Gesetze giebt sich gewissermassen ein schwaches Bewusstsein zu erkennen von der Hoffnungslosigkeit ihres Kampfes. Die Gesetze sind es, die nachgeben müssen. Während Christoph von Bayern noch im Jahre 1443 frischen Muthes verlangte, dass der Strassenschmutz in Kopenhagen jeden dritten Tag fortgeschafft werde [115]), so erlaubte man beim Schlusse des Jahrhunderts, dass Mist und anderer Unrath in den Strassen liegen bleiben dürfe, bis an jedem Freitag Fuhrleute kämen und ihn fortschafften [116]). Diese letzterwähnte Ordnung, nach welcher einmal wöchentlich eine Reinigung der Strassen stattfand, suchte man dann das sechzehnte Jahrhundert hindurch aufrecht zu halten. Allein es ist kaum zweifelhaft, dass sie nur während der kräftigen Verwaltung Christiern's II und der vorhin genannten Sigbrit wirklich durchgeführt wurde. Gewiss war es ein grosser Missgriff, dass Christian III (1534—59) und Friedrich II (1559—88) die frühere Verfahrungsweise: die Fuhrleute für die Entfernung des Strassenschmutzes verantwortlich zu machen, aufgaben [117]) und es jedem einzelnen Hausbesitzer überliessen, die Abfuhr besorgen zu lassen [118]). Hierdurch wurden einer Unzahl von Entschuldigungen Thür und Thor geöffnet, ebenso der Gewohnheit, dem Nachbar die Schuld zuzuschieben u. s. w., womit der Sache selbst wenig gedient war. Offenbar spricht sich eine Anerkennung der guten alten Zeit in jenem Herzensseufzer aus, den wir von einem der vertrauteren Räthe Christian's III hören: «Hätte Sigbrit sich bloss begnügt, eine Gassenkehrerin zu sein, so wäre sie ein nützliches Weib gewesen; denn einer solchen bedarf man heute noch in den Städten Dänemarks» [119]). Aber leider lag eine nur allzu augenscheinliche Concession an die

Gegenwart in einer Bestimmung des Helsingörer Magistrats vom Jahre 1574, welcher die Erlaubniss ertheilte, dass ein Dunghaufen, der auf Jemands »Fortov« lag, »Niemandem zum Verdruss«, noch vierzehn Tage liegen bleiben möge [120]).

Alles wäre noch einigermassen gut gegangen, hätte man nur diese Bestimmungen, immerhin bei weitgehenden Concessionen, wirklich durchgeführt. Das war aber bei Weitem nicht der Fall. Ein Paar Beispiele werden uns davon überzeugen. Zwei Jahre nach der angeführten Concession musste derselbe Magistrat zu Helsingör die Bürger ersuchen, doch wenigstens die Strasse, durch welche der König zu reiten pflegte, in Ordnung zu halten. Im Jahre 1579 verfielen die Leute sogar darauf, rings um den Brunnen der Stadt den Mist aufzuhäufen. Nachdem lange genug ermahnt und gewarnt worden war, ermannte sich im Jahre 1582 der Magistrat zu dem Entschlusse, Jeden, der nicht bis zum nächsten Sonnabend sein Stück Strasse rein schaffen werde, mit Verlust seines Vermögens zu bedrohen. Im Jahre 1591 aber wuchsen die Misthaufen über die Strasse zusammen [121]).

Um die Mitte jenes Jahrhunderts klagte der König darüber, dass in den Städten auf Fünen Niemand aus der Stelle kommen könne, wegen der in den Strassen herrschenden Unsauberkeit [122]). Im Jahre 1563 fuhren die Trandruper Bauern 80 Fuder Mist aus der Marktstrasse in Skjelskjör [123]). Erst im Jahre 1584 wurde in Kopenhagen dem Spülwasser ein Abfluss unter dem Walle durch geöffnet: früher hatte es längs des Walles stehen bleiben und versumpfen dürfen [124]). Davon schrieb sich die Redensart her: »das stinkt wie der Rinnstein bei der Münze« — eine Redensart, die einem späteren Zeugniss zufolge sich auf die meisten Strassen der Residenz anwenden liess [125]). Aber mit besonderer Bedenklichkeit stellt man sich doch den Zustand in der schlimmsten Gasse, der sogenannten Skidenstræde (d. h. Dreckgasse) vor — deren Nachruf man später mit den sauberen Namen: Krystallgasse und Fiolstrasse zugedeckt hat [126]) — wenn man hört, dass noch im Jahre 1678 aus einer der Hauptstrassen Kopenhagens ein Misthaufen, »welcher sich in mehreren Jahren hier angesammelt hatte«, im Ganzen nicht weniger als 214 Fuder, fortgeschafft werden musste [127]).

Unter solchen Umständen scheut sich beinahe unsre Phantasie, vollends die Zustände sich vorzustellen, wie sie auf den Höfen, die an solche Strassen und Gassen angrenzten, herrschen mochten. Man hat genug, wenn man den Professor Albretsen erzählen hört, dass ihm (in der St. Petersstrasse in Kopenhagen) von einigen »alten Weibern« der Nachbarschaft eine solche Masse des Unrathes auf seinen Hof geworfen sei, dass sie bei der Abfuhr wenigstens 24 Fuder ausmachte [128]). In einem Königsbriefe von 1591 werden wir ferner unterrichtet, dass es bei dem reichsten Bürger der Stadt Middelfart ganze dreissig Jahre hindurch Brauch gewesen sei, allen Schmutz von seinem Hofe in eine Nebengasse, genannt Mörkegyde (d. h. Düstre-Gasse) hinauszuwerfen. Jetzt endlich hatte der Magistrat dies Verfahren gerügt. Da aber, ebenso wie der verstorbene König, auch der junge Christian IV jedes Mal bei ihm einzukehren pflegt, wenn er nach Middelfart kommt, und zu befürchten ist, dass, wenn besagte Benutzung der Nebengasse ihm verwehrt wird, dem Könige der Aufenthalt in seinem Gehöfte »wegen Gestankes und anderer Uebelstände unbequem« werden möchte, so wird es dem Manne ferner gestattet, fortzufahren, wie er gewohnt ist, und der Magistrat hat dafür zu sorgen, dass derselbe seinen Platz in der »Düstren-Gasse« unbehelligt behalte [129]).

Wollen wir von dem Zustande der Strassen jener Zeit einen starken Ausdruck gebrauchen, so könnten wir sagen, dass sie nicht wie Strassen aussahen, sondern wie Schweineställe. Die damaligen Zeitgenossen hätten diesen Ausdruck auch gerade nicht übel genommen. Man ging damals selbst weiter: man hielt wirklich Schweine auf den Strassen.

Wenn man's nicht besser wüsste, so müsste man annehmen, dies sei eine einzeln stehende Thatsache gewesen, vielleicht nur ein Volkswitz, schlecht und recht. Die Sache wird aber nur von allzu vielen Seiten bestätigt. Nicht in

Helsingör allein — dessen innere Zustände wir, auf Grund der aufbewahrten merkwürdigen Gerichtsprotokolle, beinahe von Woche zu Woche verfolgen können — war es also gebräuchlich; sondern dasselbe fand statt in Kopenhagen, Odense, Aalborg[130]), und also wohl in allen Städten. Nur von einer einzigen Stadt des Nordens wissen wir mit Gewissheit, dass sie eine ehrenvolle Ausnahme in dieser Hinsicht machte: das war Stockholm[131]).

Die Regierung stellte gegen diese Unsitte einen Erlass über den anderen aus; aber als das Jahrhundert zu Ende ging, durfte man dennoch sagen, dass die Schweine zunächst die siegreiche Partei waren und das Feld behaupteten. Von den vier uns bekannten Stellungen hatten sie zweifelsohne noch drei inne.

In Kopenhagen war es Friedrich II, welcher im Jahre 1564 den Feldzug eröffnete, indem er den Schweinen verbot, den St. Nikolai-Kirchhof fortan als ihr Gebiet zu betrachten[132]). Zwölf Jahre nachher ging er einen bedeutenden Schritt weiter, indem er das Verbot erliess, überhaupt in Kopenhagen Schweine zu halten, sei's in geschlossenen Ställen, sei's auf offener Strasse[133]). In ihrer Noth scheinen die Schweine auf die ringsum die Stadt gelegenen Felder ausgewandert zu sein. Auch hier draussen verfolgte sie indess der König, und im Jahre 1585 erging ein Königsbrief gegen alle gesetzwidrigen Schweine, die auf den eingehegten Stadtfeldern umhergingen und Schaden stifteten; sie wurden als dem Könige und der Stadt verfallen erklärt[134]). Diese harte Massregel bewirkte indess das Gegentheil von dem, was sie bezweckte. Ueberall verfolgt, drangen sie aufs Neue in die Stadt hinein. In dem nachfolgenden Königsbrief vom Jahre 1587 spricht sich eine eigenthümliche Bitterkeit aus, während er diese Thatsache eingesteht; er klagt dabei über Muthwillen und Geringschätzung und schärft für das Halten von Schweinen die bedeutende Busse von 40 M. ein. Falls Bürgermeister und Rath mit irgend Jemanden durch die Finger sehen sollten, sollen diese die genannte Geldstrafe büssen und ausserdem wegen Muthwillens, gegen des Königs Majestät begangen, vor Gericht gestellt werden [135]).

Unleugbar will es viel sagen, wenn einem solchen Verbote gegenüber noch an die Möglichkeit gedacht werden konnte, in Kopenhagen Schweine zu halten. Dennoch zwingen uns die eigenen Worte der Regierung, Solches anzunehmen. Der letzte hierauf bezügliche Königsbrief aus dem sechzehnten Jahrhundert (1596) malt uns mit deutlichen Farben den Sieg der Schweine, wenn es heisst: »Uns kommt zur Kunde, dass diese unsere Verordnung fast gering geachtet wird.« [136]).

In Aalborg wurde um die Mitte des Jahrhunderts ein Waffenstillstand geschlossen, welcher unbedingt den Schweinen zum Vortheil gereichte. Allerdings durften Schweine nur dann die Strasse passiren, wenn der Hirte sie hinein, oder wieder zurück trieb. Wurde aber eines ertappt, das sich zur unrechten Zeit dort erging, so hatte es zwar das Leben noch nicht verwirkt, musste aber doch gegen 1 Schilling Lösegeld eingelöst werden. Der vortheilhafteste Punkt des Vergleichs war jedoch sicherlich der, welcher neugekauften, sowie kranken Schweinen, auch einer Sau mit Ferkeln, welche zu zart waren, um sich bei der Heerde zu halten, es gestattete, ganz ungestört auf der Strasse zu wandeln. Es durfte wohl nicht daran gezweifelt werden, dass man jedes Schwein, das seit dieser Verfügung etwa angetastet wurde, für neugekauft, irgendwie krank oder noch unmündigen Alters erklären werde [137]).

Endlich hatte man in Helsingör auf der Strasse selbst, oder genauer ausgedrückt, auf den hauseigenen »Fortoven« Schweineställe etablirt, da nämlich abgetheilte Räume unterhalb der Fenster, und unmittelbar neben den Hausthüren, zu gleicher Zeit den Schweinen zu ihrer häuslichen Einrichtung, und den Hausbewohnern als Schmutzkiste dienten [138]). Hierdurch wurden eigenthümliche Zustände geschaffen. Als die Hausbewohner im Jahre 1571 während einer Viehseuche zu dem natürlichen Mittel griffen, die verendeten Schweine auf die Strasse hinauszuwerfen, so fielen die Kameraden derselben über diese her, frassen sie und verpflanzten so mit dem Verwesungsgeruch auch die Ansteckung über die ganze Stadt [139]).

In Helsingör gingen die Schweine offensiv zu Werke. Als Friedrich II eines Tages zu Pferde daher kam, um nach den Bau-Arbeiten auf Kronborg zu sehen, stürzte eine ganze Heerde auf die Reiter los, so dass die Pferde des Königs und seines Hofgesindes scheu wurden [140]). Die Folge hiervon war, dass der Amtmann auf königl. Befehl alle Schweinezucht in Helsingör untersagen liess; in Zukunft sollten die Thiere in den Hölzungen gehalten werden. Dieser Befehl wurde viermal im Gerichtshause und von den Kanzeln verkündigt [141]). Die Antwort der Schweine auf diese feindselige Massregel war, dass sie die Düngerhaufen und einige andere feste Punkte auf Kronborg besetzten [142]). In gerechter Entrüstung stellte der neuantretende Amtmann einen Befehl aus, des Inhalts: jedes Schwein, welches man auf dem Grund und Boden von Kronborg betreffe, solle verfallen sein, beide Ohren verlieren und nach Esrom getrieben werden [143]). Zur selben Zeit wurde in der Stadt der Kampf mit erneuter Energie aufgenommen. Die Stadtobrigkeit liess wiederum ein Verbot ausgehen; und es wurde den Stadtdienern anbefohlen, alle frei umherlaufenden Schweine auf's Hospital zu jagen, wo sie auf besagte Weise gebrandmarkt und überdies ihren Eigenthümern nicht wieder ausgeliefert werden sollten [144]).

Aber nichts wollte bei dieser Race verschlagen. Die Schweine schlossen ein Bündniss mit dem niederen Volke der Stadt, welches nun durch hunderterlei Hindernisse den Stadtdienern ihre Jagd verleidete und mit Halloh und Hurrah den vierbeinigen Flüchtlingen forthalf. Vergeblich bedrohte die Obrigkeit diese Hülfstruppen mit nächtlicher Einsperrung im Keller des Stadthauses, und, falls es Gewerbtreibende waren, mit Verlust ihrer Habe und ihres Bürgerrechts [145]). Die Schweine behaupteten ihre Stellungen in den Dungkisten unterhalb der Fenster. Im Jahre 1581 hiess es von ihnen, dass sie »Jedermann in die Hausthür liefen«; im selben Jahre gab der vormalige Bürgermeister und meist angesehene Mann der Stadt, »kläglich (beschwerdeführend) zu erkennen, dass sowohl auf der Zollbude als auch auf seinem eigenen Hofe ein solcher Ueberlauf fremder Schweine stattfinde, dass es nicht zum Aushalten sei«[146]). Im Jahre 1585 ging das Unwesen so weit, dass sie die Leichen auf dem Kirchhofe herauswühlten[147]).

In ihrer Verlegenheit übertrug nun die Obrigkeit die Schweinejagd einer neuen Behörde, dem Scharfrichter, mit dem Versprechen, Alles behalten zu sollen, was er einfangen könne[148]). Hiermit war vollends das Geschick des Kampfes entschieden. Denn jetzt war's freilich keine Frage, mit welcher Partei jeder rechtliche Mann es halten sollte, mit den unschuldigen Schweinen oder mit dem aus der guten bürgerlichen Gesellschaft ausgestossenen Büttel. Nunmehr musste die Jagd misslingen. Sie war zu dem Range einer öffentlichen Lustbarkeit degradirt. Kein Zuschauer derselben war so gesetzt, dass er nicht herzlich lachte, wenn es dem Wild gelang, in kurzem Galopp durch die hoch aufspritzende Pfütze seinem Jäger zu entwischen. Das Erste, was wir im nächsten Jahrhundert von der Sache hören, ist daher, dass die Schweine unbeirrt in ihren Dungkisten hausten[149]).

Mit Recht könnte Jemand fragen, wie doch solche Zustände unter übrigens einigermassen civilisirten Verhältnissen möglich waren? Die Antwort liegt nahe. In einer Zeit, wie jene, wo die Mast eine Haupteinnahme für das Land war, mochte man, soviel man wollte, das Schweinehalten verbieten: Niemanden fiel es im Ernste ein, es abzuschaffen. Daher ist es ganz charakteristisch, dass zu eben der Zeit, da Friedrich II den Leuten in Kopenhagen untersagt, Schweine zu halten, er selbst das Verbot übertritt, indem er auf dem Schlosse deren hält[150]). In den Wäldern musste es ja nothwendigerweise Schweine geben. Aber wollte man sie dort haben, so mussten die Besitzer

sie vorher züchten, bis die rechte Zeit zur Mästung kam;
mit anderen Worten, nur während des dafür bestimmten
Halbjahres durfte man verlangen, dass man sie nicht bei
ihren Besitzern drinnen in der Stadt antraf. Was namentlich Helsingör betrifft, so wurde die Schwierigkeit durch den
Umstand erhöht, dass gerade damals die Stadt sich sehr erweiterte und daher schwerlich ihre Pallisadeneinschliessung
in gehöriger Ordnung hatte. Sollten nun die Schweine
— welche einmal das behagliche Leben in der Stadt dem
noch ungewohnten Aufenthalt in dem Walde vorzogen —
wirklich draussen gehalten werden, so konnte das nur geschehen, indem man alle Zugänge zur Stadt besetzte, eine
Massregel, die eine über die Frage eingesetzte Commission
von Bürgern auch vorschlug[131]), welche aber aus mehr als
einem Grunde nicht in Anwendung kam.

Ausser den Geschöpfen, die wir bisher besprochen haben,
Menschen, Triften von Vieh und den frei umherlaufenden
Schweinen, trieb noch eine Schaar auf den Strassen ihr Wesen, welche diesen erst das rechte Leben gab. Das war nicht
das Federvieh aus den Höfen, das unvermuthet einmal von
dorther zum Vorschein kam: es war ebenso, wie jene,
anderswo zu Hause und hatte doch, wenn es wollte, ein Obdach über seinem Haupte; aber die eigentlichsten Bewohner
der Strasse, deren Daheim nur die Strasse war, das waren
die herrenlosen Hunde.

Sie müssen eine der schlimmsten Plagen jener Zeit gewesen sein. In Schmutz aufgezogen, von Abfällen und allerlei
Aas lebend, streiften sie heimath- und obdachlos umher,
überall zur Stelle, wo Etwas los war. Ohne Freunde, im
Kampfe mit Allen, von ihren ersten Tagen her ausgelernt
und eingeübt, vereinigten sie die Schlauheit und Kraft des
Raubthiers mit der Dreistigkeit des zahmen Hundes.

Kein Wunder also, dass man sie nach Kräften verfolgte,
und der Kampf hitzig ward. Auch hier war man gezwungen, dem Büttel die Anführung zu überlassen: seine
Aufgabe wurde ihm indess dadurch erleichtert, dass die

öffentlige Meinung in diesem Falle theilweise auf seiner Seite war. Jeder, dessen Vieh zu Schanden gebissen war, oder dessen Andacht während des Gottesdienstes von den Hunden gestört wurde, die im Hintergrunde der Kirche unter sich eine Schlacht lieferten [152]), begriff es, dass hier eingeschritten werden musste.

Wie in anderen Beziehungen, so kennen wir auch in dieser die Verhältnisse am besten in Helsingör [153]). Hier wurde es bei vier Kronen Brüche und zwei Nächten Haft im Keller des Stadthauses verboten, den Hunden ein Obdach zu gewähren [154]). Der Büttel erhielt für jeden Hund, den er aufgreifen konnte, anfangs 50 Oere (= 55 Pf.), später nur 25, zuletzt aber sogar eine Krone (1 R. M. 11 Pf.) [155]). Wir kennen die Ausbeute seiner Jagden aus einzelnen Jahrgängen. Im Jahre 1582 tödtete er in dem Zeitraume vom 1. September bis zum 16. Oktober 175 Hunde, im Jahre darauf in derselben Zeit 185 und im folgenden Jahre 160 [156]). Bezeichnend ist für die Art des Kampfes, dass er keinen Hund in irgend einem Privathause todtschlagen durfte; aber, vertheidigten die Bewohner ihre Hausthür und wollten das hineingeflüchtete Thier nicht fortjagen, dann hatte er das Recht, den Beistand des Stadtvogts zu verlangen [157]). Noch bis in die Mitte unseres Jahrhunderts erhielt sich in Kopenhagen die Hundejagd des Schinders.

Man suchte also die Hunde auszurotten, und doch bildeten sie in dem Stadtleben jener Zeit ein nothwendiges Glied. Sie waren es, welche die Aufgabe übernommen hatten, der die Einwohner sich entzogen: die Strassen rein zu halten. Gerade so, wie in den Städten des Südens die Geier, bildeten sie die eigentliche Ordnungspolizei und beseitigten geschwinder, als die Bürgersleute in ihrer Sorglosigkeit, alle Arten von Abfällen und Aas. Um zu verstehen, wie nützlich sie waren, braucht man sich nur zu erinnern, dass es damals allgemeiner Brauch war, die Schlachthäuser innerhalb der Stadt zu haben [158]). Was bei diesen abfiel, genügte, um ein ganzes Heer von

Hunden zu sättigen und dazu die Gossen in weitem Umkreise rothzufärben.

Der damalige heillose Zustand der Strassen afficirte noch andere Sinne, als nur das Gefühl und das Gesicht. Während die über sie ausgebreitete Schicht von Koth und Unrath zwar die Ohren gegen den Wagenlärm schützen mochte, war sie desto angreifender für das Geruchsorgan. Von dem Eintreten des Thauwetters im Frühjahr bis in die Hundstage hinein ward der Gestank von einem Tag zum andern ärger und ärger und konnte sich zuletzt bis zur Unleidlichkeit, bis zu einem gesundheits- und lebensgefährlichen Grade steigern. Hierzu wirkten in nicht geringem Masse mit: die damaligen sehr eigenthümlichen Renovations-Zustände (oder die Reinigung der Aborte.)

Seitdem man angefangen hatte, in Städten zusammenzuwohnen, hatte sich das Bedürfniss geltend gemacht nach einem abgesonderten Orte, wo der Mensch allein und unbeachtet sein konnte. In den Städten des sechzehnten Jahrhunderts war man diesem Bedürfniss im Allgemeinen entgegengekommen. Nur die Leute der ärmsten und niedrigsten Klasse lebten noch im Naturzustande; bei allen Bessergestellten dagegen zeugte das Vorhandensein kleiner Häuser von einer fortgeschrittenen Cultur. Die Benennung derselben — welche im Verlaufe der Zeit gewechselt und nach und nach alle heimischen und fremdsprachigen Bezeichnungen des Oertlichen und Zurückgezogenen verbraucht hat — war damals: »Geheimer Ort«, »Häuschen« und »Privet«. Von diesen Benennungen waren sowohl die dänische (»hemmeligt Hus«) als die deutsche (»Hysken«) damals in Abnahme begriffen, während die französische immer mehr aufkam. Eine alte Forderung in Betreff solcher Häuser, dass sie über fliessendem Wasser angelegt sein sollten, hatte man an den meisten Orten aufgeben müssen. Eine Erinnerung daran ist in Kopenhagen geblieben in dem Namen »Hyskensträde«, der ursprünglichen Benennung einer Winkelgasse, die zu solchen, am Strande angelegten Häuschen hinabführte. Als dieses Gässchen später bebaut wurde, behielt es, trotz des Protestes der Bewohner, seinen widerwärtigen Namen; und dieser hat sich bis auf den heutigen Tag behauptet, während die ursprüngliche Bedeutung allmählich in Vergessenheit gerathen ist [159]).

Die diesen Häusern gewidmete Fürsorge war in dem einen und dem anderen der nordischen Länder eine sehr verschiedene. Schweden scheint in dieser Beziehung am höchsten gestanden zu haben. In Stockholm war es z. B. Sitte, für beide Geschlechter besondere bauliche Einrichtungen zu haben [160]), sowie man überhaupt in diesem Lande an die Ansehnlichkeit des Ortes grosse Anforderungen stellte, freilich dabei von der eigenthümlichen Voraussetzung ausgehend, es dürfte zu gleicher Zeit Mehrere aufnehmen können [161]). In Dänemark und Norwegen scheint man in ein entgegengesetztes Extrem gerathen zu sein, und aus einer gewissen faulen Verschämtheit das Ganze möglichst verschwindend gemacht zu haben. Da diese sociale Frage sich indess nicht durch einen Machtspruch aus der Welt schaffen liess, so wurden durch besagte Prüderie Folgen von sehr bedenklichem Charakter herbeigeführt.

Je enger der Raum begrenzt war, und je weniger für die Behaglichkeit des Ortes gethan wurde, desto unangenehmer musste dieser für die Umgebungen werden. Kam alsdann noch mangelnde Fürsorge für die Reinlichkeit hinzu — eine Versäumniss, die auf diesem Gebiete gewissermassen autorisirt war durch das herrschende Vorurtheil, dass solche Fürsorge und die dazu erforderliche Thätigkeit etwas Entehrendes habe — so mussten begreiflicherweise manche Uebelstände die Folge sein. Nicht einmal die mässigsten der vom Gesetze aufgestellten Forderungen: solche Häuschen sollten eine Elle von der Strasse und dem nächsten Nachbar entfernt liegen, und überdies mit einer Erdgrube versehen sein, wurden überall erfüllt [162]). Gebannt wie öffentliche Uebel, welchen Abhülfe zu schaffen als unschicklich angesehen wurde, lagen diese Aborte über die ganze Stadt zerstreut, jeder ein Mittelpunkt des Gestanks, jeder an seinem Theil den Unflath in den Strassen vermehrend. Nur Einer war der gesetzlich verordnete Aufseher, der Alleinherrscher über diese Häuser, welche als der Auswurf aller Gebäude galten, und das war der Gegenstand der allgemeinen Verachtung: der Büttel. In seiner Person erblickte das damalige Geschlecht nur den widerwärtigen Ausdruck aller Unsauberkeit, die seinem Geschäfte anhaftete. Die Geschichte ist ihm das Zeugniss schuldig, dass er auf diesen Gebieten, wo er allein verfügte, ein milder Herrscher war, der es durchaus nicht genau nahm.

Man fühlt sich versucht zu der Frage: was hätte wohl ein Kind unserer Tage angefangen, wenn es plötzlich mitten unter solche Verhältnisse versetzt wäre? — Wir bekommen wenigstens eine theilweise Antwort auf diese Frage, wenn wir sehen, wie es Ausländern ging, die, andere Zustände von ihrer Heimath her gewohnt, auf nordischen Boden versetzt wurden. Nichts ist in dieser Hinsicht so belehrend, wie das Schicksal, von dem ein Holländer, Namens Bernt, in Helsingör betroffen wurde. Nachdem er sich vergeblich bemüht hatte, den Hof seines Hauses so rein zu halten, wie's in seinem Vaterlande Brauch und Sitte war, und überdies von der Obrigkeit in diesem Stücke völlig im Stiche gelassen wurde, so schritt er zuletzt zur Selbsthülfe und liess auf eigene Hand die Grube unterhalb des »Häuschens« reinigen. Hiermit war sein Schicksal entschieden; wie ein Lauffeuer ging's durch die Stadt, und Alle standen für Einen mit der Forderung, dass Solches nicht zu dulden, sondern der Betreffende aus der Stadt auszuweisen sei. Der Holländer war indess nicht aufgelegt, bloss vor der öffentlichen Meinung das Feld zu räumen, und selbst, als einer der Bürgermeister ihm zu erkennen gab, dass ihm nichts übrig bleibe, als fortzuziehen, weigerte er sich, es wäre denn, dass man ihm mit klaren Worten schriftlich darlege, aus welcher Ursache der Aufenthalt in der Stadt ihm verboten sei.

Solch unwürdiges Verhalten, dazu mit einer so schamlosen Frechheit gepaart, verdiente öffentlich mit dem rechten Namen gestempelt zu werden. Feierlich berief man daher alle Bürger zu einer Gerichtsversammlung, und in Gegenwart des Holländers Bernt, legten Bürgermeister und Rath einer ehrliebenden Bürgerschaft die Frage vor: ob dieselbe nach dem Geschehenen Willens sei, dem Manne ferner zu gestatten, dass er Bürger der Stadt sei. Da bewies die Versammlung, dass der rechte Geist noch die Herrschaft hatte; und mit edlem Selbstgefühl stimmten Alle ein: »sie würden keinenfalls ihn als ihren Mitbürger anerkennen, nach einem Verhalten seinerseits, durch welches er dem Schinder ins Amt gegriffen und dadurch sich selbst zu einem Schinder gemacht habe«. Das Volk hatte sein Urtheil gesprochen, worauf Bürgermeister und Rath sich zu dem Verbrecher wandten, ihm geboten, sich schleunigst aus der Stadt zu entfernen, und dem Befehle höhnisch hinzufügten, »dass, wenn er schriftlich Ursache und Grund desselben haben wolle, man diese gern ihm zustellen wolle.« [163]).

Wir haben die Zustände der Strassen und Höfe betrachtet: nur eine Partie des Stadtbereiches bedarf noch einer näheren Untersuchung, nämlich die weiten Räume, die theils von Kirchen, theils von Kirchhöfen eingenommen waren. Wenn an irgend einem Orte, so hätte man hier erwarten dürfen, Spuren von Ordnung, Ruhe und Frieden anzutreffen, als einen Ausdruck der Ehrfurcht und der freigebigen Fürsorge, welche jene Zeit ihren Heiligthümern widmete.

Und sicherlich waren diese Gefühle auch vorhanden: nur gaben sie sich einen anderen Ausdruck, als wir gewohnt sind, äusserten sich in der Ausstattung der Gebäude, der Pracht der Grabdenkmäler, spotteten aber dabei jeder Rücksicht auf Reinlichkeit, jeder Anforderung der Gesundheitspflege. So waren denn in der Stadt der Todten die Zustände nicht besser, als in der der Lebenden.

Die Kirchhöfe machten daher ein höchst unheimlichen Eindruck. Die Gräber wurden nicht eingefriedigt; theils niedergetreten, theils mit Unkraut überwuchert, dienten sie zu Spielplätzen für die Stadtjugend, zur Freistatt für Schweine und Hunde, zur Heerstrasse für Fahrende und Reiter. So hören wir z. B. von dem St. Nikolai-Kirchhofe zu Kopenhagen, dass vorzugsweise hier Schweine und Vieh weideten, dass Jedermann ungestört darüber fuhr oder ritt, ja, dass der Ort mit der Zeit zum Mittelpunkt für allerlei Nothdurft geworden war, zugleich aber auch zum Lagerplatz für Balken und Bretter, sowie zum Bauplatz, wo Holz zugehauen wurde für die Häuser der ganzen Stadt [164]). Der Liebfrauen-Kirchhof musste ein Paar Male jährlich vom Schinder gereinigt werden [165]). Von dem Kirchhofe zu Helsingör wird berichtet, dass Schafe, Ziegen und Hunde sich auf demselben tummelten, und die Schweine es so arg trieben, dass sie sogar die Leichen aus den Gräbern herauswühlten [166]). Ungefähr denselben Eindruck bekommt man, wenn man die Gegenprobe macht und hört, wie Bischof Palladius einen Kirchhof beschreibt, wie dieser sein sollte: »Kein Mist- und Dungplatz für das Vieh der Stadt; der wilde Hollunder und das Nesselgestrüppe fortgeschafft; Rasen auf allen Gräbern, dazu dreimal des Sommers gemäht.« [167]).

Aber weit unerquicklicher noch war der Eindruck, den man empfing, wenn man ins Innere der Kirchen selbst eintrat. Es fehlte durchaus nicht an Pracht; vielmehr nahm das Ganze sich als ein reich ausgestatteter Raum, fast überfüllt, aus, mit dem Gewimmel von Leichensteinen, den hohen geschnörkelten Stühlen und Pfeilern, den ringsum an den Mauern prangenden Epitaphien, Gedenktafeln und Wappenschilden [168]). Der üble Eindruck rührte auch nicht bloss von dem seltsamen, weltlichen Gebrauche her, der zuweilen von den Kirchen gemacht wurde, wie z. B. wenn man in Helsingör in einer seiner Kirchen die Kanonen-Lavetten zuzuhauen pflegte [169]), oder anderer Orten im Lande des Winters Segel und sonstiges Schiffsgeräth am Gewölbe aufhängte und mit Wagen und Pferden in das Gotteshaus hineinfuhr, um sie abzuladen oder sie seiner Zeit wieder abzuholen¹⁷⁰). Das Widerwärtige und Zurückstossende lag besonders in der Luft, die Jedem entgegenschlug, sobald man die Thür öffnete. Es war Grabesluft, Leichengeruch, welcher sich nicht verdrängen liess, weder durch Zugwind noch durch Sprengen mit Wasser, sondern aus den Kapellen der Seitenschiffe hervorströmend, aus dem Umgang des Chors aufsteigend, unter den Leichensteinen des Fussbodens hervorquellend, die Kirche füllte und sich erstickend auf alle die legte, welche der Gottesdienst dort versammelte.

Auf keinem Gebiete hat ein Geschlecht nach dem anderen so theuer erkaufte Erfahrungen gesammelt, als auf diesem. Obschon die Thatsachen schrieen, so ist doch jede Zeit immer von demselben Gesichtspunkte wieder ausgegangen: »was die Kirche für richtig erklärt, kann unmöglich aus Gesundheitsrücksichten verwerflich sein«. Jedoch ist schwerlich irgend eine Generation in dieser Hinsicht auf eine so schwere Probe gestellt worden, wie die damalige.

Denn was konnte wohl schöner und tröstlicher sein, als die Vorstellung, dass, was der Tod getrennt, die Kirche wieder vereinte? Draussen im Leben stand der Platz, den der Verstorbene eingenommen hatte, leer; im Hause Gottes war man ihm wieder nahe. Der Gottesdienst gewann unter solchen Umständen eine ganz eigene, tiefe Bedeutung. Friede verkündend und schirmend klangen die Orgeltöne über der Ruhestatt der Vorangegangenen; eine unsichtbare Gemeinde, zahlreicher als die, welche die Kirchenstühle füllte, bevölkerte diesen Raum, und — wer konnte es wissen? — lauschte vielleicht der Verkündigung des Wortes. Der Stachel des Todes war zerbrochen; das Grab war nur der reiche Mutterschooss der Kirche, welcher sich dereinst wieder öffnen sollte; die Kirche selbst war Schirm und Bürgschaft dafür, dass das Vergängliche anziehen sollte die Unvergänglichkeit.

Wie armselig, ja beinahe anstössig erschien es dagegen, Andere nur auf dem Kirchhofe beerdigt zu wissen! Eingegraben zu werden, wie irgend ein verendetes Thier, draussen in Sturm und Platzregen liegen zu sollen, ferne von dem Gesang der Gemeinde und dem Schirm der Kirche, aufgelöst und vielleicht einmal bei Seite geworfen zu werden mit ein Paar Spatenstichen! Wie war es möglich, dass unter solchen Umständen die Seele in Frieden ruhen konnte? und wo blieb der heilige Keim, aus welchem der Leib wieder auferstehen sollte?

Kein Wunder denn, dass Alle wetteiferten, in den Räumen der Kirche einen Platz als letzte Ruhestatt zu bekommen, oder in Ermangelung eines solchen, doch so nahe bei derselben, wie irgend möglich. Eigentlich sollte diese Gunst nur Adeligen und den bei der betreffenden Kirche Angestellten zukommen; aber für gute Worte und Bezahlung konnten auch Andere dazu gelangen, hier zu ruhen. In Odense kostete es acht Thaler, in einer der dortigen Kirchen begraben zu werden, und vier Thaler auf einem Kirchhofe mit angrenzender Kirche; dagegen wurden die, welche kostenfreie Erde haben sollten, auf einen Begräbnissplatz entweder ausserhalb der Stadt oder doch ferne von jedem kirchlichen Gebäude, verwiesen [171]). In der Frauen-Kirche zu Kopenhagen betrug der Preis für einen Platz im Schiff, oder in den Umgängen der Kirche, einige Thaler, im Chore aber zwanzig Thaler und darüber, während der Preis auf dem Kirchhofe sich nur auf ein Paar Mark belief [172]). Von dem Werthe, der »den besten Plätzen« beigelegt wurde, bekommt man einen Begriff, wenn man hört, wie der Pastor zu Nyborg (Insel Fünen), welcher innerhalb des Kirchen-Chors begraben war, auf Befehl des Amtmanns wieder ausgegraben werden musste, damit er Standespersonen nicht den ihnen gebührenden Platz vorwegnehme. Jedoch wurde durch ein nachträgliches Erkenntniss des Reichsgerichtes dem in seiner Grabesruhe gestörten Pastor das Recht zugesprochen, dort zu ruhen, wo er zuerst eingesenkt worden [173]).

So füllten sich denn allmählich die Kirchen mit Gräbern. Das Gedränge und der ehrgeizige Wetteifer unter dem Fussboden der Kirche war ebenso stark, wie in den Kirchenständen droben. Uebrigens war es nichts Leichtes, über diese ganze Gemeinde der Todten ein Register zu führen und die Einzelnen nachzuweisen: denn ein Leichenstein konnte als Merkzeichen nur an den wenigsten Stellen angebracht werden. So bildete sich denn eine eigene Karten-Kenntniss der Kirche und ihrer Gräber, mit besonderen Bezeichnungen für alle die Stellen, wo der Eine oder der Andere ruhte. »Unten vor der Pritsch-Thür unter einem weissen Stein«[174]), »beim Chor, wo heute der neue Taufstein steht«[175]), »an der linken Seite des Hochaltars«[176]), »draussen vor dem Kirchenstuhl meiner Frau«[177]), »in dem breiten Gang neben Bürgermeister Jens unterhalb der langen Frauenstühle«[178]), »in der Domkirche hart bei der grossen Laterne«[179]) — dies sind einzelne Ausdrücke aus jener eigenthümlichen Lokalkunde in der Welt der Todten.

Hiervon schreibt sich der Aberglaube her, der die Kirchen mit den Geistern der Verstorbenen bevölkerte. Alle die unheimlichen Gefühle, alle Gespensterfurcht, die eine spätere Zeit an den Kirchhof heftete, waren damals mit Fug in der Kirche selbst heimisch. Sobald die Dunkelheit eintrat, begannen dadrinnen die Todten ihr Wesen, und wehe dem, der Zeuge ward ihres nächtlichen Treibens.

Aber die geschilderten Zustände übten nicht bloss ihren Einfluss auf die Frömmigkeit und den Aberglauben: sie erhielten eine noch eingreifendere Bedeutung. Jeder wird einsehen, wie verderbliche Folgen entstehen mussten. Man stelle sich nur die gewöhnliche Lage der Dinge vor, wenn durch das ganze Jahr die verpestete Luft in der Kirche durch die dazu nöthige Anzahl der Bestattungen gleichmässig unterhalten wurde, und versetze sich dann in Pestzeiten, wo der Fussboden der Kirche, kaum geschlossen, sich wieder öffnen musste, um neuen Todten Einlass zu gewähren, wo die im ganzen Gotteshause verbreitete Atmosphäre so dumpfig und voll Giftstoffes ward, dass sie, beinahe dem Auge sichtbar, gleich einem Dunstschleier über der Kirche und ihrer nächsten Umgebung brütete. Um von vielen Beispielen nur ein einziges zu erwähnen, in der Frauen-Kirche zu Kopenhagen und auf dem rings um sie her gelegenen Kirchhofe wurden unter gewöhnlichen Verhältnissen jährlich 60 bis 70 Leichen beerdigt; aber im Jahre 1564 wurden daselbst zwischen 700 und 800 beigesetzt [180]).

Vergebens bemühte sich die Regierung, dem Uebel dadurch zu steuern, dass sie Begräbnissplätze ausserhalb der Stadt anlegte. So war schon im Jahre 1546 vor dem Norderthor von Kopenhagen ein Kirchhof angelegt worden [181]); und wenige Jahre nachher wurde der Stadt Ribe (Jütland) ein, nur wenig von der Stadt entlegener, Kirchhof geschenkt, mit dem Befehl, bei eintretender Pest nur an diesem Orte zu beerdigen [182]). Das Vorurtheil liess sich nicht so leicht beseitigen. Die ärmeren Leute wurden wohl genöthigt, sich an solchen Orten genügen zu lassen; aber jeder besser Gestellte und wer ein regeres Gefühl für das religiös Geziemende hatte, liess sich durch Regierungserlasse der Art nicht verführen. Oeffentliches Sündenbekenntniss, allgemeine Buss- und Bettage waren würdige Gegenmittel gegen Strafgerichte Gottes, wie die Pest; aber ungläubige, ärgerliche Verhaltungsmassregeln, wie jene, die mit dem geheiligten Herkommen der Väter und den Verheissungen der Kirche stritten, konnten nur dazu dienen, noch härtere Strafen herbeizuführen.

So erhielt sich denn die alte Sitte. Irregeleitete Gottesfurcht und die Pest schlossen mit einander einen Bund und übernahmen die gesundheitliche Pflege der Stadt und ihrer Bewohner. Die Strassen mit allem ihrem Schmutz waren nur etwas Alltägliches und gering anzuschlagen im Vergleich mit den Festen des Heiligthums. Mitten in der Stadt, auf geweihtem Boden, thronte das stadtbeschirmende Pesthaus. Gen Himmel zeigend, rief es an jedem Sonntag mit seinen Glocken die Gemeinde zusammen und führte auf zwiefache Art Alles, Arm und Reich, den Weg in die andere Welt.

Unter städtischen Verhältnissen, wie die angeführten

waren, für einigermassen gutes Trinkwasser zu sorgen, war gewiss keine Kleinigkeit. Wo man die Brunnen auch anbringen mochte, überall kamen sie in bedenkliche Nachbarschaft anderer Ansammlungen, und es hing vom Zufall ab, wenn das Wasser keinen misslichen Beigeschmack erhielt. Die natürliche Folge war, dass man nur ungern und im äussersten Nothfalle Wasser trank. Ein Mitglied der französischen Gesandtschaft, die im Jahre 1634 den Norden besuchte, äussert sein Befremden darüber, dass es als Verstoss gegen die dänische Sitte erschienen sei, als diese Ausländer ausser Wein auch Wasser tranken [183]). Heinrich Ranzau giebt seinen Kindern den Rath, niemals Wasser zu trinken, es möge gut oder schlecht sein. Und falls sie sich dennoch dazu genöthigt sehen sollten, so müssten sie die Vorsichtsmassregel beobachten, dass sie das Wasser zuvor an einem gelinden Feuer kochten, wodurch es von seinen üblen Eigenschaften befreit werde [184]). Ein väterlicher Rath dieser Art im Munde eines so vielerfahrenen Mannes dürfte das zuverlässigste Urtheil über das damalige Trinkwasser enthalten.

Indess, wenn auch das Wasser nicht zum Trinken gebraucht wurde, war es jedenfalls unentbehrlich zur Bereitung der Speisen [185]), wie zu vielem Anderen, so dass man es herbeischaffen musste. Am glücklichsten waren diejenigen Städte daran, die an fliessenden Gewässern gelegen waren, oder, wie Roeskilde (worauf schon sein Name hinweist) natürliche Quellen besass. Wo aber die Natur nicht in solcher Weise entgegenkam, musste für Brunnen gesorgt werden, und diese gaben, wie oben angedeutet worden, zu mancherlei Missständen Anlass.

Waren diese Brunnen doch wie dazu geschaffen, die herrschende rücksichtslose Unreinlichkeit zu verklagen. Unerbittlich gaben sie den Einwohnern die Folgen derselben zu schmecken; und gewiss musste es verdriesslich sein, so für längere Zeit, einen Tag nach dem anderen, daran erinnert zu werden, vielleicht einen ganzen Brau verdorben zu bekommen, bloss darum, weil der Brunnen einen einzigen Tag offen gestanden, oder die Mistlache eine falsche Richtung genommen hatte.

Aber die Cur war von guter Wirkung. Auf wenig anderen Gebieten des Communalwesens spürt man eine solche Regsamkeit, eine solche Opferwilligkeit für das allgemeine Beste, als gerade auf diesem. Wie gewöhnlich der Fall war, ging auch hierbei die Regierung voran, und sowohl Friedrich II (1559—1588), als sein einflussreicher Rentmeister Walkendorf zeichneten sich durch den Eifer aus, mit welchem sie sich der Sache annahmen. Ein glücklicher Umstand war es, dass zur selben Zeit die Einrichtung künstlicher Springbrunnen, sowie von Wasserbehältern in den Küchen, Badestuben und Schlafkammern, zu einer Modesache auf Schlössern und Herrenhöfen geworden war, so dass Beispiele von ordentlicher Versorgung mit Wasser überall in der Nachbarschaft, und überdies zur Ausführung der betreffenden Arbeiten eingeübte Leute zur Hand waren [186]).

Die Aufgabe der städtischen Verwaltung bestand darin, die Bürger mit Wasser zu versorgen, der überall herrschenden Unsauberkeit zum Trotze. Am leichtesten liess sich das dadurch ausführen, dass man das bisherige Brunnensystem aufgab und eine Leitung anlegte, welche das Wasser aus einem nahegelegenen Landsee oder einer reichen Quelle der ganzen Stadt zuführen sollte. An einzelnen Orten, z. B. in Kopenhagen, scheint man zunächst die Sache so angegriffen zu haben, dass man in einer offenen Rinne das Wasser aus dem Stadtgraben in die Stadt hinein leitete [187]). Durch diese Massregel wurden indessen die fühlbar gewordenen Uebelstände nur zu sehr geringem Theile überwunden. Es lag die grösste Wahrscheinlichkeit vor, dass eine solche offene Wasserleitung bald zu einem öffentlichen Rinnstein dienen würde. So wurde denn der zweite Schritt gethan, und verfügt, geschlossene unterirdische Röhren anzulegen.

Schon Christian III (1534—1559) hatte einen dahin gehenden Plan entworfen. Seine Absicht war, eine unterirdische Wasserleitung aus dem Fursee nach Kopenhagen hineinzuleiten. Aber dieser Plan erwies sich als zu grossartig; auch regierte der König nicht lange genug, um ihn auszuführen[188]). Im Jahre 1561 traf Friedrich II mit der Bürgerschaft von Kopenhagen eine Uebereinkunft, nach welcher er von den unfern der Residenz gelegenen Landseen das Wasser herüberführen wollte und es übernahm, das Ganze gegen eine einmalige Zahlung von 12,000 Kronen (c. 13,300 R. Mk.) zur Ausführung zu bringen[189]). Aber auch dieses Unternehmen gerieth ins Stocken; der siebenjährige Krieg mit Schweden kam dazwischen, und die Gelder der Stadt mussten lange Zeit andere Wege gehen. So war es denn Kopenhagen nicht beschieden, in dieser Angelegenheit voran zu gehen.

Im Jahre 1570 kam Friedrich II den Bürgern von Helsingör mit dem Vorschlage entgegen, ein Wasserwerk, eine s. g. Wasserkunst, zu errichten, und bot ihnen zur Ausführung eine bedeutende Beihülfe an[190]). Dass die Sache dem König am Herzen lag, ging aus den Vorstellungen hervor, durch welche er die Stadt zur Annahme des Vorschlags zu überreden suchte. Er bedeutete dem Bürgermeister, wie Solches der Stadt zu grosser Ehre gereichen werde; zugleich bezeichnete er die Helsingörer Brunnen mit einem zwar altväterischen, aber die Sache sehr bezeichnenden Ausdrucke als »Sylte« (Pfütze).

Die Kasse war zufällig gut versehen, das Anerbieten verlockend, und die Bürger gingen darauf ein. Aber kurze Zeit darauf erging ein königlicher Befehl, eine ausserordentliche Steuer zu anderem Zwecke zu entrichten, und die Bürger beschlossen, die Anlage des Wasserwerkes aufzugeben und ihren Kassensaldo zur Bezahlung der Steuer zu verwenden. Da der König that, als verstehe er die hierdurch gegebene feine Andeutung nicht, so blieb die Sache vorläufig ruhen.

Als der König ein Paar Jahre später aufs Neue zu dem Bürgermeister davon geredet hatte, ertheilten die Bürger die Antwort, dass die Bauanlage ihnen zu grosse Kosten machen werde. Erst im Jahre 1576 schien der König ihres Herzens Meinung ganz verstanden zu haben; denn da er wieder in einer Unterhaltung mit Heinrich Mogensen, dem Bürgermeister von Helsingör, auf die Sache zurückkam, so fing er damit an, den Bürgern die Freiheit von einer damals ausgeschriebenen allgemeinen Steuer anzubieten. Zugleich stellte er dem Bürgermeister vor, wie vortheilhaft es sei, gerade diesen Augenblick zu benutzen, da er selbst, der König, im Begriff stehe, eine Wasserleitung durch die Stadt bis zu der angrenzenden Festung Kronborg hinaus zu legen.

Die Vortheile waren zu einleuchtend, als dass man diesmal mit Nein antworten konnte. Zwei Tage, nachdem der Vorschlag mitgetheilt war, wurde daher der Kontrakt unterschrieben, welchem zufolge die Bürger im Ganzen 3600 Kronen (c. 4000 R. Mk.) an den König zahlen sollten, wogegen dieser die Arbeiten besorgen liess. Es war der »Wasser-Kunstmeister« Hans, welcher die Ausführung übernahm, und er scheint sie zu allgemeiner Zufriedenheit verrichtet zu haben. Von der »Rossquelle« an, welche draussen im Walde gelegen war, legte er eine Reihe Röhren bis in die Stadt hinein, auf deren Marktplatze eine Pumpe mitten in einer Schale zu prangen kam, und ausserdem an verschiedenen geeigneten Orten fünf solcher Pumpen, jede mit einem kupfernen Hahne versehen. Acht der wohlhabendsten Bürger der Stadt wurden, gegen eine geringe jährliche Abgabe, besondere Leitungen von dem Hauptrohr aus in ihre Höfe hineingelegt. Alles war vortrefflich. Blieben auch noch die unumgänglichen Misthaufen, so zeigten diese sich doch dazu dienlich, um bei strengem Froste den Fuss der Pumpen zu schützen.

Im darauf folgenden Jahre kam denn Kopenhagen auch an die Reihe. Die Verhandlungen und das Uebereinkommen von 1561 wurden erneuert. Auch diese Arbeit wurde von demselben Meister Hans ausgeführt, und zwar mit grosser Kunstfertigkeit, indem er aus einem der benachbarten Seen das Wasser in die Stadt leitete, und trotz des ziemlich aufsteigenden Erdreiches einen solchen Druck auf die Wasserader anzubringen wusste, dass es in drei stolzen Springbrunnen emporsteigen konnte, deren einer auf dem Altmarkt war, der andere auf dem Amagermarkt und ein dritter in der Kjöbmagergade [191]). Mit Hülfe eines Schlüssels konnte man die Leitung verschliessen, wenn man's nicht nöthig fand, das Wasser springen zu lassen [192]). Durch dieses Wasserwerk konnten die Bedürfnisse wohl befriedigt erscheinen. Als Walkendorf dessenungeachtet einige Jahre nachher weiter gehen, und auf königlichen Befehl auf dem, an der Ostseite der Stadt gelegenen Walle einen Brunnen aus behauenen Steinen aufführen wollte, stiess er auf Widerstand, indem nämlich einer der Rathsherren die Fortsetzung der Arbeit verbot, eine Widersetzlichkeit, die ihm jedoch theuer zu stehen kam [193]). In eigenthümlicher Weise gaben mehrere Hausbesitzer ihre Anerkennung des schon Errichten zu erkennen: insgeheim gruben sie sich bis zur Hauptrinne durch und brachten sie mit ihren eigenen Grundstücken in Verbindung. Als es entdeckt wurde, war die Folge, dass man sie zu einer bedeutenden Abgabe verurtheilte [194]).

Nicht lange nachher wurden ähnliche Wasserwerke sowohl in Malmö als in Odense eingerichtet [195]).

Die bessere Ordnung des Wasserwesens bildet unbedingt in dem communalen Leben jener Zeit den Lichtpunkt. Aber wie gross der Fortschritt auch war, der hierdurch bezeichnet wurde, so stand er doch allzu vereinzelt da, als dass er dem Zustande des städtischen Lebens im Ganzen ein anderes Gepräge geben konnte. Der Haupteindruck, der bei Betrachtung der damaligen Städte sich mit Nothwendigkeit aufdrängt, kommt auf Folgendes hinaus: Unsicherheit bei den Regierenden, Gleichgültigkeit bei der Menge, und als Resultat ein hoher Grad von wüster Unreinlichkeit und Unannehmlichkeit.

Damals waren die Nachbarschafts-Verhältnisse und Pflichten, wie oben bemerkt worden, noch nicht zu voller Anerkennung gekommen; jeder einzelne Einwohner nahm auch in der Stadt dieselbe Freiheit in Anspruch, wie in einzeln liegenden Wohnungen.

Wir können hiervon gleichsam eine Probe machen, indem wir eine andere Seite des Lebens betrachten. Die Natur spielte in den Städten jener Zeit eine weit grössere Rolle, als heutiges Tages der Fall ist. Die Städte waren in der That ein günstigerer Aufenthalt für Thiere und Pflanzen, als für Menschen. Das höhere Thierleben, wie es sich damals zeigte, hatten wir schon Gelegenheit in einigen seiner sprechendsten Züge zu schildern; und welches Gewimmel von Ungeziefer unter so glücklichen Bedingungen ausgeheckt werden konnte, wird Jeder sich selbst vorstellen können. Das Nämliche galt von dem Pflanzenleben. Bäume und Kräuter aller Art gedieh in den Stadtgärten ungemein. Zwar waren die Räume von beschränktem Umfang; aber man friedete und pflegte diese Flecke Natur mit ausgesuchter Fürsorge, und der viele Unflath kam den Pflanzen zugute. Hier gab's keine Gasleitung, das Baum- und Pflanzenleben zu vergiften; eingesenkte Kloaken-Röhren durchrissen nicht auf einmal die Hälfte der Wurzeln; dem Herabsickern des labenden Regens that keine Pflasterung Eintrag. Die Stadt war wie ein ungeheures Treibhaus, durch die dazwischen stehenden Häuser in unzählige Räume eingetheilt, genährt und erwärmt durch den reichlichen Strassendung.

Dieses Uebergewicht der Natur wirkte einflussreich auch noch in einer anderen Richtung; und erst, indem wir hierauf unsre Aufmerksamkeit richten, lernen wir die städtischen Verhältnisse jener Tage recht verstehen. Die Reinlichkeit hing ja nur in geringem Grade von jenen ohnmächtigen Gesetzen ab, welche hin und wieder von Bürgermeister und Rath kundgegeben wurden: die Natur selbst war die eigentliche Gesetzgeberin und Aufseherin, die äusseren Verhältnisse und Umgebungen waren es, welche den Grad der

Reinlichkeit in jeder Stadt bestimmten. Wenn wir diesen Gesichtspunkt festhalten, ist es nicht ohne Interesse, ein Paar der wichtigsten Städte des Nordens mit einander zu vergleichen.

Von vornherein darf man wohl sagen, dass von Seiten der Menschen ungefähr gleich viel für die Reinlichkeit geschah, sei es in Kopenhagen, oder in Bergen, oder in Stockholm. Unter Christoph Walkendorf's energischer Verwaltung stand Kopenhagen jedenfalls kaum hinter den anderen zurück. Fragen wir aber nach der, thatsächlich in einer jeden dieser Städte herrschenden, Reinlichkeit, so kann die Antwort garnicht zweifelhaft sein. Kopenhagen stand in dieser Hinsicht entschieden am niedrigsten. Hier half nämlich am wenigsten die Natur. Die Stadt lag zum Theil auf niedrigem Boden, welcher alle unreinen Flüssigkeiten sogleich aufsog; dazu fehlte den meisten Strassen jede Senkung zum Meere hin. Auch war die Stadt ringsum von Wällen eingeschlossen, die dem Abfluss des Schmutzwassers in den Weg traten und es entweder zum Versumpfen brachten, oder bestenfalls ihm den Weg nach dem Stadtgraben offen liessen, dessen theilweise Verwendung als Wasserversorger nicht völlig aufgegeben war. Und endlich die Strandseite der Stadt, der natürliche und gewiesene Ablagerungsplatz für den Unrath, den man wirklich auf die Seite zu schaffen wünschte, erlaubte eine solche Benutzung darum nicht, weil man Ueberfüllung zu fürchten hatte.

In Bergen waren die lokalen Verhältnisse weit günstiger. In vielen Strassen fand ein natürlicher Fall nach der Seite des Fjords statt. Der häufige Regen diente wenigstens dazu, den Inhalt der grossen Strassenpfützen zu verdünnen; und wo ein neugebildeter Strom vom »Flügelberge« herab sich durch die Enggassen herabstürzte, war er schon geeignet, den angesammelten Schmutz ins Treiben zu bringen. Hierzu kam der Umstand, dass man der Verhältnisse wegen nicht so grosse Scheu trug, den Strassenschmutz nach dem Meere hin zu dirigiren: denn entweder wurde er zur Fluthzeit fortgespült, oder er half an seinem Theile zu der Landbildung mit, die stufenweise in dem innersten Theil des Meerbusens (Waag) vor sich ging.

Jedoch war unter allen grösseren Städten des Nordens Stockholm diejenige, welche von der Hand der Natur am besten ausgestattet war. Der Felsengrund gestattete nicht den unreinen Stoffen, die Unterlage zu durchsickern. Die Neben- und Quergassen (»Gränder«) liefen fast alle nach dem Seegestade hinunter. Der beschränkte Raum der besonders stark angebauten Stadt-Insel verbot von selbst, das Vieh in grösseren Menge hier zu halten, und nöthigte zugleich, die Begräbnisse, ihrer Mehrzahl nach, in die Gebiete des Norder- und Südermalms zu verweisen [196]). Was aber Stockholm besonders auszeichnete und unter den Städten des Nordens ihm einen einzigen, unvergleichlichen Vorrang anwies, war seine vorzügliche Lage an verschiedenen Gewässern: auf der Seite des Ritterholms die immer frischen Wellen des Mälar, eines unerschöpflichen Wasserbehälters, mit der Tiefe eines Landsees und der sprudelnden Strömung eines Bergflusses, welche jedes Ansatzes von schmutzigem Bodensatz spottet; im Osten das Meer, und in der Mitte der Norder- und der Süderstrom mit ihren beständigen Schaumwirbeln, welche, die Luft erfrischend, die anliegenden Stadttheile reinspülend, allen Unrath fortwirbelten, der zu Boden zu sinken drohte. Eine solche Lage bedeutete mehr, als eine ganze Menge obrigkeitlichen Verordnungen.

Die Natur war es also, welche den Dienst der Strassen- und Ordnungspolizei verrichtete; allein, mochte sie noch so unentbehrlich sein, eine ganz zuverlässige Gehülfin war sie doch nicht. Sie verfolgt nun einmal andere Zwecke, als nur die Fürsorge für die Wohlfahrt der Menschen. Dieselben Gesetze, die das Regenbad der Gewölke hervorbrachten, liessen zur Sommerzeit aus den beschmutzten Strassen die Dünste aufsteigen und verbreiteten mit gebieterischer Nothwendigkeit ansteckende Giftstoffe, wie einen unsichtbaren

Regen, über die ganze Stadt hin. Die Folge waren häufige und sehr bösartige Landseuchen.

Etwas sehr Unheimliches hat jene pünktliche Genauigkeit, mit der solche Folgen sich einfanden, jene immer wiederholten harten Geisselhiebe, durch welche der Mensch aus seinem Naturstande herausgetrieben werden musste. Die Zahlen reden hier nur allzu laut. In dem kurzen Zeitraume zwischen 1550 und 1600 wütheten im weiten Norden Epidemieen in folgenden Jahrgängen:

Von 1550 bis 1554 herrschte eine sehr heftige Pest, welche zwar theilweise auch in Norwegen und Schweden, namentlich in seinen grösseren Städten auftrat[197], aber doch vorzugsweise Dänemark verheerend durchzog, wo Universität und Schulen geschlossen werden mussten, der ganze Hof aus der Residenz entfloh, und die Seuche so Viele fortraffte, dass »man fürchtete, das Land möchte entvölkert werden«[198]. In den Jahren 1563 bis 1566 trat dieselbe Krankheit vom Neuem auf, mit typhösem Blutgang verbunden, und setzte langsam von Süden her ihren Weg durch alle Länder des Nordens fort. Und dieses Mal erheischte sie noch zahlreichere Opfer. Wenn auch die Kopenhagener Universität geschlossen werden, der König flüchten konnte, so musste doch Heer und Flotte des Krieges wegen beisammen bleiben. In Einer Nacht starben in Kopenhagen nicht weniger als sechzig Menschen, in Daniel Ranzau's Armee sogar dreihundert[199]. Auf der Insel Lolland sollen im Ganzen 13,000 Menschen umgekommen sein[200]. Auch Bergen und Drontheim wurden stark mitgenommen; aber Stockholm scheint am meisten gelitten zu haben. Hier gedachte man noch lange nachher dieser Seuche unter dem Namen »der grossen Pest«. Zur Beerdigung der Todten reichten die Tage nicht aus: die Nächte musste man zu Hülfe nehmen. Man warf ganze Haufen Leichen in grosse gemeinsame Gräber, oder begrub sie auch garnicht, so dass die Luft immer mehr verpestet wurde, und man in solchen Gegenden Vögel, die darüber hinflogen, todt zur Erde herab stürzen sah. Auch unter den Thieren scheint gleichzeitig eine Krankheit ausgebrochen zu sein; zuweilen sah man, wie sie gegen einander losfuhren und sich gegenseitig zerrissen, ja tödteten. Nur ein einziger Ort in ganz Schweden blieb während dieser, wie aller nachfolgenden Seuchen, verschont: das war das Schwefel-Bergwerk Dylta in der Provinz Nerike. Die Schwefeldünste reagirten gegen die Ansteckung, weshalb dieses Stück Landes nachher, so oft wieder die Pest eintrat, für den königlichen Hof als Zufluchtsort diente [201]).

Im Jahre 1568 brach in Kopenhagen die Pest vom Neuem aus. Die dorthin des Friedensschlusses halber berufene Conferenz musste nach Roeskilde verlegt [202]), und die Universität geschlossen werden [203]). Indessen scheint die Ansteckungskraft der Krankheit dieses Mal geringer gewesen zu sein; sie verbreitete sich weniger und scheint sich, soviel aus den Berichten der Zeit zu ersehen, wesentlich auf die Hauptstadt beschränkt zu haben [204]). Dasselbe galt von der Pest, welche im Jahre 1572 in Stockholm wüthete [205]).

Aber im Jahre 1575 zeigte die Seuche sich mit erneuter Heftigkeit. Zuerst trat sie in Dänemark, und zwar bei einem mehrere Monate anhaltenden Südwinde, auf, nahm an Bösartigkeit beständig zu und breitete sich so von Kopenhagen über ganz Dänemark aus, drang im folgenden Jahre auch in Schweden ein, wo sie eine grosse Anzahl von Opfern forderte. Die Erscheinung der Krankheit wird dieses Mal so beschrieben, dass der Körper mit Pestbeulen bedeckt wurde, begleitet von Mattigkeit, Aengstlichkeit, die an Wahnsinn grenzte, heftigem Kopfweh und Seitenschmerzen [206]). Im Ganzen herrschte diese Krankheit vier Jahre lang von 1575 bis 1578, während welcher Zeit die Universität zu Kopenhagen mehrere Male musste geschlossen werden. Zuletzt scheint die Krankheit, sowohl in Dänemark als in Schweden, zu einer Art Pocken ausgeartet zu sein. In Dänemark beobachtete man zur selben Zeit bei den Thieren eigenthümliche Krankheitszustände: die Vögel fielen leblos aus der Luft; Füchse fand man todt auf den Feldern liegen; Hunde und Katzen stürzten plötzlich zu

Boden, und Häringe sah man in grosser Anzahl todt in den Meerbusen umhertreiben [207]).

Diese Seuche war kaum vorübergegangen, als schon, etwa ein Jahr nachher, eine neue mit anderem Gepräge, aber anscheinend nicht weniger bösartig, auftrat. In Schleswig nannte man sie den »spanischen Pipps«; in anderen Gegenden wurde sie bezeichnet als »Katarrh, mit Fieber auf die Brust fallend«, oder als »Kopfkrankheit mit Brustschmerzen«[208]). Sie grassirte im ganzen Umfange des Nordens zwei Jahre lang, nämlich 1580 und 1581. Auf der (im folgenden Jahrhundert durch Sturmfluthen zerrissenen) Insel Nordstrand, an der Westküste Schleswigs, starb ein Drittel der Bevölkerung[209]); von Jütland heisst es, dass »schier so gut wie kein Mensch, adelig oder bürgerlich, Mann oder Weib, arm oder reich, verschont blieb; sondern die Seuche alle Menschen überfiel, und viele von ihnen hin starben.«[210]). In Schweden scheint die Krankheit einen pestartigen Anstrich gehabt zu haben; besonders wurde Upland heimgesucht, auch die Universität Upsala auseinandergesprengt; sie wüthete aber auch heftig in Kalmar und Umgegend[211]).

Nachdem der Norden in zwei Jahren Ruhe gehabt hatte, brach »die Pest« im Jahre 1583 in Kopenhagen mit besonderer Heftigkeit wieder aus, und suchte Dänemark während drei schwerer Jahre, 1583—1585, heim. Dieses Mal äusserte sich die Seuche als ein typhöser Blutfluss und ergriff besonders Menschen, die im kräftigsten Lebensalter standen[212]). Schon im Mai des Jahres 1583 musste an den Kanzler Niels Kaas das schriftliche Ansuchen gerichtet werden, dass er den König bitte, die Universität aufzulösen[213]). Im August starben in Kopenhagen täglich 46 Menschen. Die Flotte, welche eben gerüstet dalag zu einer Expedition gegen die Rostocker, musste abgetakelt werden, aus Furcht, sie möchte auf ihrer Fahrt, gelegentlich der einen oder anderen Landung, die Seuche über das Land verbreiten[214]). Die Seuche in ihrem Laufe aufzuhalten, war jedoch unmöglich: denn um dieselbe Zeit drang sie von Nord-Deutschland nach Schleswig[215]) hinauf, so dass der König von hier nach dem königl. Schlosse Koldinghus ziehen musste. Die ärgsten Verheerungen richtete sie aber während der genannten Jahre in Kopenhagen an, sowie in Helsingör, wo alle Bauarbeiten auf Kronborg aufgegeben werden mussten, und in Malmö[216]). Im Jahre 1584 überschritt sie den Grossen Belt, suchte Fünen[217]) und Jütland heim, wo z. B. in der Stadt Veile 500 Menschen fortgerafft wurden[218]). Ein nach Odense (Fünen) berufener Herrentag musste nach Andvorskov (Seeland) verlegt werden[219]). Seeland ward nun der verhältnissmässig sicherste Aufenthalt, wo daher der König mit seinem Hofe verweilte. Im letzten Jahr der Seuche war aber die Gefahr der Ansteckung überall dieselbe: denn die Krankheit trat sporadisch auf[220]), erschien u. A. auch in Norwegen[221]), jedoch, wie's scheint, überall in milderer Form auftretend. Sowohl der minderjährige Christian IV, sowie sein Bruder Ulrich, welche erkrankt, und deshalb von Sorö nach dem königl. Schlosse Frederiksborg gebracht waren[222]), erholten sich beide wieder.

Jetzt kam Schweden an die Reihe. Im Jahre 1588 kam die Pest auch in Stockholm zum Ausbruch. Viele erlagen ihr, so u. A. sämmtliche rüstige Handwerksleute, die König Johann III beim Schlossbau verwandte, so dass dieser völlig ins Stocken gerieth[223]), (ebenso wie König Friedrich II seiner Zeit aus demselben Grunde der Aufführung von Kronborg Einhalt thun musste). Zwei Jahre hindurch suchte die furchtbare Seuche ganz Schweden heim, am meisten gerade diejenigen Gegenden fort und fort verheerend, die vorher in den Jahren 1580 und 1581 verschont waren, wogegen Upsala dieses Mal der sicherste Aufenthalt war, wohin der König und der ganze Hof ihre Zuflucht nahmen[224]).

Nachdem Dänemark und Norwegen bis zum Jahre 1591 Ruhe genossen, hatte sich in beiden Ländern wieder des bösen Ansteckungsstoffes genug angesammelt, so dass eine Pest mit voller Wirkung ihren Kreislauf von Neuem beginnen konnte. In beiden Ländern führte sie sich anders ein, in Norwegen nämlich mit einer Hungersnoth und hieraus entspringender sehr grosser Sterblichkeit[225]), in Dänemark mit einer bösartigen Pockenkrankheit, welche sowohl den noch unmündigen König Christian IV, sowie seine zwei Brüder beinahe hinweggerafft hätte[226]).

Nach diesem Vorspiel traf die eigentliche Pest ein, und zwar von Livland nach Kopenhagen hinübergeführt. Hier begann sie sich um Ostern 1592 zu zeigen, und gewann an Stärke mit der zunehmenden Sommerwärme, während sie sich zugleich über die anderen Städte von Seeland ausbreitete, und den jugendlichen König nöthigte, unaufhörlich seinen Aufenthalt zu wechseln[227]). Die Universität musste schon wieder geschlossen werden[228]). Man traf ausserdem einige, allerdings höchst nothwendige Vorsichtsmassregeln, indem man den Leichengefolgen verbot, das Trauerhaus, wo die Leiche sich befand, zu betreten, vorläufig auch allem Handel mit den Kleidern des Verstorbenen entgegentrat[229]). Allein mit so schwachen Mitteln liess die Ansteckung sich nicht aufhalten. Sie drang hinüber nach Fünen, ebenso nach Norwegen, wo sie zahlreiche Opfer gefordert zu haben scheint, was sich abnehmen lässt aus dem ihr beigelegten Namen »der grossen Pestilenz«[230]).

Wiederum durfte sich der Norden der Ruhe von einigen Jahren erfreuen. Da trat in Schweden während der Jahre 1596 bis 1598 die rothe Ruhr (Blodsot) sehr heftig auf. Hervorgerufen war sie ursprünglich durch die Folgen einer Missernte, namentlich durch den entstandenen Mangel an gesunder Nahrung[231]). Dänemark ging diesmal frei aus, wofür aber im Jahre 1599 in Kopenhagen die Pest mit solcher Gewalt auftrat, dass die Anzahl der Gestorbenen — immerhin etwas übertrieben — auf 8000 angegeben wird[232]). So ging das sechzehnte Jahrhundert zu Ende; das neue Jahrhundert fuhr in der nämlichen Weise fort.

Fassen wir alle diese Thatsachen zusammen, so zeigt es sich, dass der Norden im Laufe eines halben Jahrhunderts von nicht weniger als dreizehn bedeutenden Epidemieen heimgesucht worden ist, von welchen mehrere ganze zwei bis drei Jahre hindurch gewüthet haben. Mögen nun auch einzelne dieser Seuchen von anderen Weltgegenden her dorthin eingeführt worden sein, oder sich auf besondere Ursachen zurückführen lassen, so kann man doch keineswegs alle auf diese Weise erklären, und jedenfalls bleibt, als eine auffallende Erscheinung, die ganz ausserordentliche Empfänglichkeit der Bevölkerung zurück. Die damalige Zeit erblickte in diesen Vorkommnissen göttliche Strafgerichte, in der Regel vorher angekündigt durch besondere Zeichen vom Himmel her, wie Erscheinung von Kometen, Blutregen, Missgeburten, etwa ein Stück Lammfleisch, das, obgleich gekocht, dennoch blutig geblieben war, u. dergl. m. Ein Geschichtsforscher unserer Tage wird die nächstliegende Ursache in der Bevölkerung selbst suchen. Zustände, wie die oben geschilderten, betreffs der Reinhaltung von Haus, Hof und Strasse, in Verbindung mit einer Lebensweise, welche durch ihre herausfordernde Verletzung aller Regeln und Rücksichten auf die Gesundheit hinter jenen Zuständen um nichts zurückblieb, mochten wohl genügen, nicht nur die Krankheiten herbeizurufen, sondern ihnen auch reichliche Nahrung zu geben. Bezeichnend ist in dieser Hinsicht der Umstand, dass sie vorzugsweise Kopenhagen heimsuchten und in der Regel zur Sommerzeit an Stärke zunahmen.

Jene Zustände sind es, die den dunklen Hintergrund des damaligen Lebens bilden. Nur dadurch, dass wir im Folgenden dieselben unverwandt im Auge behalten, werden wir das rechte Verständniss der Lage gewinnen, in welcher die Städte sich befanden. So angesehen, scheinen uns alle jene Gebäude mit ihren kühnen Formen, mit ihrer weit fortgeschrittenen Einrichtung, ihrer Freundlichkeit und Behaglichkeit, wie sie aber mitten in allem Schmutz und aller Ansteckung da standen, — in Einklang mit dem Geschlechte selbst, das sie bewohnte, einem lebenskräftigen und lebensfrischen Geschlechte, wiewohl der Tod unablässig unter ihm seine Ernten hielt — Kindern zu vergleichen, die an einem

Abgrunde sich tummeln, und mit tödtlichem Gifte spielen. Jedoch würde man Unrecht thun, wenn man das damalige Geschlecht mit dem Massstab einer späteren Zeit messen und ihm einen Vorwurf machen wollte aus dem Mangel an Dem, was es noch nicht besitzen konnte. Es war noch ein Kind, das im Begriff stand, zu lernen in der harten Schule der Erfahrung. Während es von ganzem Herzen sich mit der Natur einliess und bald ein Gegenstand ihrer Liebkosungen, bald ihrer Misshandlungen ward, wurde es unvermerkt dazu erzogen, seine Kräfte zu gebrauchen, als die einzige Bedingung, um dereinst siegen zu können.

Ueber alle diese Verhältnisse und Zustände, mit ihren Licht- und Schattenseiten, breitete die Finsterniss ihren Schleier aus, sowie der Tag zur Rüste ging und die Natur den Menschen ihr Gutenacht entbot. Während der halben Zeit lagen die Städte in tiefem Schlummer, besiegt von der herrschenden Dunkelheit.

Stellen wir uns vor, dass wir an einem finstren Novemberabend durch eine jener Strassen wanderten, wo öffentliche Beleuchtung ein unbekanntes Ding war, und die sorgsam vorgesetzten Läden das Licht absperrten, das etwa durch die Fenster dringen konnte. Die Wanderung wäre nicht ungefährlich. Es gehörte eine ungemein genaue Lokalkenntniss dazu, um nicht gegen vorstehende Schuppen und Beischläge anzurennen, sich nicht auf unbebauten Boden zu verirren oder endlich in einen Kellerhals zu verschwinden. Jeder Schritt musste das Gepräge behutsam erprobender Vorsicht tragen, welche nur sachte und leicht den Fuss hier auf einen Misthaufen, dort hinab in eine Lache setzte, oder ebenso hastig ihn vor einem aufgeschreckten, knurrenden Hunde zurückzog. Es mochte noch gehen, wenn man der einzige Nachtwandler war; aber unglücklicherweise kreuzte man sich beständig mit Anderen. War die Sache zu aller Zeit schwierig, so ward sie an manchen Stellen geradezu lebensgefährlich, besonders in der Gegend, wo der Rathsweinkeller lag und mancher Segler mit unsicherm Kompass umher trieb, einen gezogenen Haudegen durch die Luft schwingend, oder mit gefälltem Spiess seinen Weg ausspürend.

Hier musste Etwas geschehen; aber was? Offenbar gab es zwei Wege, die man einschlagen konnte. Entweder konnte man den Leuten verbieten, in der Finsterniss auszugehen, oder es darauf anlegen, die Dunkelheit in Licht zu verwandeln. Spuren der ersteren Vorstellungsweise lassen sich in der alten Verordnung nachweisen, welche noch in jenen Tagen wiederholt ward, dass nach neun Uhr Abends Niemand sich auf der Strasse solle antreffen lassen. Fand der Wächter Jemand auf der Strasse schlendernd, nachdem es neun geschlagen hatte, so sollte er ihn bis an seine Hausthür begleiten, oder falls er keine Wohnung hatte, ihn ins städtische Verwahrsam bringen, wo er Tages darauf Rede stehen sollte, warum er zu so später Stunde draussen gewesen sei [233]). Diese Art, die Dinge zu nehmen, stritt jedoch zu auffallend mit dem Charakter des städtischen Lebens und Verkehrs, als dass sie durchzuführen gewesen wäre.

So blieb denn weiter nichts übrig, als für Strassenbeleuchtung zu sorgen. Dieses war aber eine sehr schwierige Sache. Unter freiem Himmel Licht anzubringen, musste bei den Beleuchtungsmitteln von damals fast als eine Unmöglichkeit erscheinen. Die Lampen waren noch zu unvollkommen; die Lichter musste man beständig putzen. Soviel man weiss, machte man nur in einem einzigen Falle einen dahin gehenden Versuch in Kopenhagen, als nämlich im Jahre 1556 die Schwester König Christian's III, Elisabeth, ihre Hochzeit feierte mit Herzog Ulrich von Mecklenburg, zu einer für öffentlichen Festlichkeiten sehr ungeeigneten Jahreszeit, nämlich mitten im Februar [234]). Dem hohen Brautpaar zu Ehren, wurde dabei auf königliche Kosten die Stadt illuminirt, indem man über jeder Hausthür eine Laterne mit einem brennenden Lichte aufhängte [235]), wahrscheinlich um für die wenigen Augenblicke, in denen der Festzug sich von der Kirche zum Schlosse bewegte, ein Lichtmeer zu erschaffen. Eine solche Kraftverschwendung konnte selbstverständlich nur bei einer vereinzelten festlichen Gelegenheit entfaltet werden. Für gewöhnlich hatte Kopenhagen nur ein einziges Strassenlicht; und dies war draussen vor dem Stadthause auf dem Altmarkt, wo eine lange Eisenstange oberhalb der Thür an ihrem Ende einen eisernen Korb trug mit brennenden Holzscheiten [236]), eine Wärme-Zuflucht für die erstarrenden Hände der Wächter, ein Sinnbild, dass die Obrigkeit wache.

So wurde denn der Gedanke an öffentliche, stehende Leuchtfeuer aufgegeben, und jedem einzelnen nächtlichen Wanderer überlassen, selbst eine Laterne zu tragen. Ein eigentliches Gebot, mit Laternen über die Strasse zu gehen, scheint nirgends erlassen zu sein. Es konnte auch füglich nicht Jedermann auferlegt werden; wohl aber war's eine Vorsichtsmassregel, welche durch die Natur der Verhältnisse und altes Herkommen sich empfahl. Jeder einigermassen Wohlgestellte, der Abends zu Besuch gewesen war, liess sich daher von einem Boten mit einer Hornlaterne abholen [237]) — eine Sitte, die zugleich dies Gute hatte, dass immer zwei zusammen gingen [238]). Wo eine grössere Gesellschaft zu Gaste gewesen war, konnte die Schaar solcher Laternenträger eine recht ansehnliche werden; und es gab specielle Regeln, wie diese Leute sich zu verhalten hätten, wenn sie z. B. auf dem Amts- oder Gildenhause zusammentrafen, um den Meister oder die Frau Meisterin abzuholen [239]).

Allein durch diese Ordnung waren bei Weitem noch nicht alle mit dem Heimgange verbundenen Gefahren überwunden. Vielleicht ist es nur eine zufällige Sprachlaune, dass in Dänemark die Benennung »Lygtemand«, eigentlich den Laternenträger bezeichnend, mit der Zeit die Bedeutung eines Irrlichts bekommen hat; jedenfalls ist es ausgemacht, dass jener Diener nur eine geringe Bürgschaft dafür gewährte, ohne Schaden nach Hause zu kommen. Auch abgesehen von der Möglichkeit, dass er selbst zu stark vom Bierkruge genippt hatte: wie leicht konnte eine solche Laterne, bei feindlichem Ueberfall, entweder ihm aus der Hand geschlagen werden oder gerade dazu dienen, dass man dessen, dem sie zum Geleite diente, um so besser ansichtig ward? Es bedurfte wirksamer Anordnungen, um am späten Abend und bei Nacht den Strassenfrieden aufrecht zu erhalten.

Hierzu dienten die **Wächter**. Die Sitte, Leute zu halten, die zur Nachtzeit wachen sollten, um Leben und Eigenthum zu schützen, war vermuthlich so alt, wie die Städte selbst. Während des Tages konnte man den Wachtdienst grösstentheils auf die Stadtthore beschränken; zur Nacht musste aber überall aufgepasst werden. Sowie die Verhältnisse sich im sechzehnten Jahrhundert entwickelt hatten, scheint jener Dienst nach einer gewissen Ordnung unter den Bürgern abgewechselt zu haben. Die Noth hatte hier zu allgemeiner Wehrpflicht geführt[240]). Unter den dänischen Städten war es, soviel bekannt, nur Kopenhagen, welches, und vielleicht auch nur in Kriegszeiten, eine feststehende Mannschaft von hundert Mann, zur Besorgung sämmtlicher Wachen, beständig in Sold unterhielt[241]).

Wenn die Wachtglocke geläutet hatte, wurden die Stadtthore geschlossen. Alsdann konnte die Thorwache sich nach Hause verfügen; aber die zum Nachtdienst erschenen Bürger stellten sich beim Rathhause ein[242]). Man darf sich eigentlich nicht darüber wundern, dass, wer es irgend konnte, sich dieser Bürgerpflicht entzog, und dass man es als eine königliche Begnadigung von nicht geringem Werthe ansah, mit ihr verschont zu werden. In einigen Städten betrachtete der Magistrat sich als infolge seiner Stellung davon freigesprochen; in anderen, z. B. Helsingör, musste ein Rathsherr eine Zeitlang jede Nacht wachen, so dass die übrigen Vorzüge dieser Stellung sauer genug verdient wurden. Dagegen scheint man hinsichtlich eines Punktes etwas durch die Finger gesehen zu haben, nämlich ob die Angesagten sich persönlich einstellten, oder einen Stellenvertreter absandten. Auf diesem Wege schlichen sich dann häufig Missbräuche ein, und die städtische Nachtwache erhielt eine ziemlich bunte Zusammensetzung: zum Theil brave Bürgersleute, die sich freilich nach der häuslichen Ruhe sehnten und das Bett der nächtlichen

Wanderung weit vorzogen, zum Theil aber Burschen von zweifelhaftem Charakter, die selbst bedurft hätten, dass man ihnen aufpasste. In Helsingör musste der Magistrat das Verbot öfters erlassen, »lockere Kumpane« zum Wachtdienste nicht zu schicken[243]); und die noch aufbewahrten Rechtsakten erwecken nichts weniger als ein günstiges Urtheil über die Elemente der nächtlichen Wachtmannschaft. So wird u. A. daselbst mitgetheilt, dass Schiffer Sören, wenn ihm der Nachtdienst angesagt wurde, entweder damit anfing, witzig zu werden, und die Antwort gab, es werde ihm ein Vergnügen sein als der Selbvierte zu kommen, oder auch sogleich grob ward, in beiden Fällen aber ausblieb und an seiner Stelle »einen jungen Kerl schickte, der trunken und toll war und böse Worte gab nebst anderem Unfug«[244]).

War die Wächterschaar vor dem Rathhaus versammelt, so rückte sie aus. Die Anzahl war verschieden nach der Grösse der Stadt und mit Rücksicht darauf, ob Friede oder Krieg im Lande war. So betrug z. B. in Helsingör die Anzahl der Wächter unter gewöhnlichen Verhältnissen sechs, von welchen zwei den Auftrag hatten, die Strandseite der Stadt zu bewachen; aber im Krigsjahre 1568 wurde die letztere Abtheilung auf nicht weniger als 16 erhöht[245]). Allgemein scheint die Vorsichtsmassregel gewesen zu sein, dass man nicht allein ging. In Helsingör hatten sie den Befehl, zwei und zwei mit einander zu marschieren; in Ribe scheint man gemeiniglich truppweise umhergezogen zu sein[246]).

Ihre Thätigkeit war natürlich eine sehr verschiedene. Sie musste wesentlich abhängen vom Temperament und Charakter eines Jeden, und seine Wache währte ja niemals auch nur zwei Nächte nach einander. Die Hauptaufgabe bestand darin, auf Feuersbrünste achtzuhaben, ferner Diebstähle und Schlägereien zu hindern; aber ausserdem gab es nicht wenige Nebenbesorgungen. Am leichtesten machten sich jene Ruheliebenden davon, welche sich unter irgend einen Beischlag setzten, wobei es nur darauf ankam, auf zwei Zeitpunkte, nämlich um 11 und um 1 Uhr zu achten, weil sie alsdann beim Rathhause sich einfinden und Meldung machen sollten, ob sie Etwas »wahrgenommen«. Um diese Wächter am Schlafe zu hindern, führte man im Jahre 1582 in Helsingör die Ordnung ein, dass alle Wächter fortan »in der Nacht rufen sollten, wenn die Glocke schlage, und die Stunde nennen«. Wenn nun alle Viertelstunden die Thurmuhr schlug, so blieb zum Schlafen nicht viele Zeit übrig. Die Absicht war deutlich genug und wurde nur schwach verschleiert durch die angegebenen Gründe: »damit man sie hören könne, wo sie seien, so auch wie die Nacht fortschreite.« [247]).

Eine lebhaftere Beschäftigung war es, auf die Jagd zu gehen nach den umherziehenden Spielleuten [248]), welche ihre Musik in den Strassen erschallen liessen, um wo möglich zu irgend einem lustigen Gelage eingeladen zu werden, wo man Musik wünschen sollte. Solche Bursche im Finsteren einzufangen, brauchte man nur den Tönen ihrer Instrumente zu folgen, und Widerstand konnten sie schwerlich leisten; freilich liessen sich auch die Wächter mitunter fangen, wenn die Thür zu einem Gildehause sich öffnete und beide, Musikant wie Wächter, auf eine Kanne Bier eingeladen wurden.

Nicht ungefährlich, zugleich doch recht spannend war es, Arrestationen oder Haussuchungen vorzunehmen, mochte es nun gelten, eine Hexe zu überrumpeln, welche mit neulich vom Galgen geholten, abgerissenen Diebsfingern Werke der Finsterniss übte, oder mochte man eine Sittlichkeitsprobe anstellen und sich überzeugen, ob die Hausgenossen alle so vertheilt waren, wie's sich geziemte [249]).

Dagegen war es eine sehr unbehagliche Sache, sich in eine Schlägerei, wo es auf Leben und Tod ging, einzumengen, ohne Urlaub umherschwärmende Matrosen einzufangen [250]), die immer so bereit waren, das Messer zu gebrauchen, oder grössere Gesellschaften, die einen blutigen Kampf auf der Strasse auskämpften, auseinander zu treiben. Die Wächter waren ja friedliebende Menschen, welche keinen Grund hatten, Gesundheit und Leben in die Schanze zu schlagen, bloss darum, weil ein Anderer vielleicht zuviel getrunken hatte;

überdies war es ja auch nothwendig wohlbehalten zu sein, um Verwundete von der Strasse aufsammeln, und anderen Tages als Zeuge dienen zu können. Daher erfahren wir denn auch, dass sie sich in der Regel neutral verhielten und eine ähnliche Antwort gaben, wie jene Wächter zu Ribe, welche während einer nächtlichen Schlägerei zu Hülfe gerufen waren: »sie wüssten von ihrer Zänkerei nichts zu sagen« [251]). Nur wenn man ihnen selbst zu Leibe ging, betheiligten sie sich an dem Kampfe [252]). Etwas ganz Anderes war es, wenn man einen einzelnen Unruhstifter abfangen und gemächlich in's »Finkenbauer« abführen konnte — so nannte man in Ribe das Rathsstuben-Gefängniss — oder in die Behausung des Büttels, falls es ein Uebelthäter der niedrigsten Klasse war [253]).

Aber soviele Vorsicht die Wächter auch anwenden mochten, dennoch war es nicht immer möglich, sich vor Verwundung, ja vor Lebensgefahr genugsam zu hüten. Mit Recht mussten die Familien in Aengsten schweben, ob und wie die Hausväter heimkommen würden. Zwar mochten nicht alle Nachtschwärmer so unbändig sein, wie jener junge Mann zu Ribe, welchen die Wache in einer Winternacht aufgriff und Spiess sowohl als Degen ihm abnahm, womit er Unfug auf der Strasse getrieben, und welcher mit ein Paar kleinen Messern, die man ihm gelassen hatte, so unglücklich war, zwei Wächter zu tödten [254]). Aber ganz ohne blutige Schrammen ging es selten ab; und es diente doch nur zu geringem Troste, dass der Uebelthäter nachher mit dem Leben büssen musste [255]).

Einen Wächter des Nachts zu schlagen, galt als ein Verbrechen, auf das die Todesstrafe stand; aber ebenso musste der Wächter mit seinem Leben es büssen, wenn er ohne Grund Andere überfiel [256]). Und diese gesetzliche Bestimmung war ganz ebenso nothwendig, als jene. Denn sehr häufig waren die Handheber des Gesetzes solchen Schlages, dass man Alles von ihnen zu besorgen hatte. In dieser Hinsicht sind einige nächtliche Wacht-Scenen aus Helsingör lehrreich, und das um so mehr, als die Art und Weise, wie man sich dabei verhielt, uns erkennen lässt, dass sie nichts weniger als ungewöhnlich waren. Als ein Bürger, Namens Anders Pedersen, welchem der Wachtdienst in einer Winternacht 1584 angesagt war, sich dazu einfand, war er berauscht und führte laute Reden. Er redete mit sich selbst und sprach: »Wer hat mir die Wache angesagt? Das hat Paul, der Stadtknecht, gethan; hätte ich ihn hier, so sollte er niemals wieder des Bürgermeisters Haus betreten«. Der Wachtmeister nahm das Wort und bedeutete ihm, dass der Stadtknecht nur seine Pflicht gethan habe, laut Befehl des Magistrats; aber Anders Pedersen antwortete: er werde Bürgermeister und Rath verklagen, und das an einem Orte, wo sie den Hut abnehmen müssten, ebenso wohl wie er selbst«. Nach solchen Aeusserungen wurde er fortgewiesen; aber, plötzlich von Amtseifer ergriffen, verlangte er seine Wache zu leisten, wie die Anderen; und zweimal abgewiesen, setzte er es zuletzt durch, dass ihm ein Posten angewiesen wurde.

Um 12 Uhr hielt der Wachtmeister seinen Umgang, um nach den Wächtern zu sehen; aber Anders Pedersen's Posten stand leer. In Begleitung zweier Wächter ging er darauf nach der Wohnung des Mannes, welcher richtig da sass und mit seinen Gästen trank. Auf die Frage des Wachtmeisters: ob sein Posten denn hier sei? gab er bloss die Antwort: »Tausend Teufel! was willst du?« und blieb sitzen.

Sobald es draussen ruhig geworden war, verfügte sich Pedersen wieder auf seinen Posten, fing aber darauf mit den anderen Wächtern Streit an und stiess sogar nach einem derselben mit seinem Spiesse, welchen jedoch ein Anderer noch auffing und abwehrte. Nach dieser That ging er nicht weniger als dreimal zu dem Hause des Stadtknechts hin, tobte gegen die Fensterladen, hieb in die Hausthür und forderte ihn zum Zweikampfe heraus. Tages darauf wurde er arretirt und vor Gericht gestellt, wo er Alles eingestand. Und seine Strafe? Er wurde auf Fürsprache guter Leute freigesprochen, wogegen er nur das Versprechen gab, künftig sich nicht wieder vergehen zu wollen[257]).

Fassen wir schliesslich alle Eindrücke zusammen, die wir von den Strassen der damaligen Zeit zur nächtlicher Stunde bekommen, von ihrer unpassirbaren Bodenbeschaffenheit, der über ihnen ewig brütenden Dunkelheit, ihren verworrenen Engen, ihren Seiten- und Quergässchen, welche bei Nachtzeit allerlei Gesindel zum Versteck dient, von diesem Lärmen und Toben Berauschter, die blindlings auf einander, gegen die Läden, oder in die Luft schlagen; von den Musiken, welche bald freundlich einladend von irgend einem einsamen Spielmann herrühren, bald triumphirend erschallen an der Spitze einer wild jauchzenden Gesellschaft[258]); von jenem widerwärtigen Durcheinander lauten Singens, Geschreis und wüsten Donnerns gegen die Hausthüren; von Wächtern hier auf der Flucht, dort im Kampfe — ohne dass eine Möglichkeit da ist, Klarheit in dieses ganze Chaos zu bringen, es müsste denn zufällig einmal der Mondschein die Scene erhellen: so gewinnen wir das Bild des eigenthümlichen Lebens, das zum Theil durch die unvollkommene Strassenbeleuchtung hervorgerufen wurde, jedenfalls ihr entsprach.

Das Aeussere der Stadtwohnungen.

Was die Aufmerksamkeit jedes Beobachters aus unseren Tagen bei den Städten des sechzehnten Jahrhunderts auf sich ziehen würde, war der wunderliche Mangel scharfer Abgrenzung zwischen Strasse und Haus. Dieser Mangel sprach sich schon darin aus, dass die Fortove, also die Fusssteige, in der Regel nicht städtisches Eigenthum waren, sondern den Hausbesitzern zu eigen gehörten; aber deutlicher trat er in einem Gewimmel von Aussenwerken zu Tage, die den Uebergang bildeten zwischen eigentlicher Strasse und den Wohnungslokalitäten. Zu diesen Uebergangsformen gehörte nicht allein die kleinere Aufstellung von Bänken, Schmutzkisten und vielerlei Anderem, was aussen vor den Fenstern seinen Platz fand, sondern ganz besonders eine verworrene Menge von Beischlägen, erkerartigen Ausbauten, Buden und Schuppen, welche wie Haus-Unkraut rings um den Fuss der Häuser wucherten und kühnlich sich bis in die Strasse hinein ausdehnten.

Diese Unsitte beruhte auf altem Herkommen. Bald war es der Magistrat, bald die nächstwohnenden Hausbesitzer, welche von diesen Schuppen ihren Nutzen zogen, da man sie nämlich an Handelnde der einen oder anderen Art zu vermiethen pflegte[269]). Wie alle solche Uebergriffe, überschritten auch diese allmählich jedes Mass; und was Kopenhagen betrifft, musste König Friedrich II zu wiederholten Malen dagegen Verbote erlassen ²⁶⁰). Indessen enthielten selbst diese Verbote noch manche Concessionen. Auch ferner wurde es Jedermann erlaubt, innerhalb des Tropfenfalls seines Daches aufzuführen, was ihm beliebte; und da das erste Stockwerk öfter weit über das Erdgeschoss hinausragte, und das Dach noch weiter vorsprang, so bedeutete diese Concession ziemlich viel. Ausserdem wurde aber auch erlaubt, die angeflickten kleinen Hütten und Schuppen, wo sie dem Strassenverkehr nicht allzu sehr in den Weg traten, beizubehalten. Als Massstab für die angeführte Beschränkung galt, dass zwei Wagen auf dem freigebliebenen Rest der Strasse einander vorbeikommen könnten. Da nun überdies der Magistrat regierungsseitig aufgefordert wurde, für solche eigentlich gesetzwidrige Anbauten eine Abgabe einzutreiben, und das auch nicht unterliess, so wird sein Eifer, sie aus dem Wege zu schaffen, schwerlich sehr gross gewesen sein.

Die Häuser waren natürlich je nach dem Vermögen der Besitzer höchst verschieden. Die Städte zählten ja unter ihren Bewohnern eine bunte Reihe, von den am meisten begüterten Adeligen des Landes bis hinab zu denen, die nicht einmal aus der Hand in den Mund zu leben hatten. Ebenso umfasste die Menge der städtischen Häuser ähnliche Extreme von schlossartigen Gebäuden mit Spitzen und Thürmen ²⁶¹) bis zu den elendesten Wohnungen. Die Mittelklasse war jedoch die zahlreichste, sowohl was Bewohner als Gebäude betrifft, weshalb wir denn vorzugsweise diese betrachten werden.

Damals war noch die alte Sitte, den Giebel der Häuser nach der Strassenseite zu legen, im ganzen Norden die herrschende. Hierzu gab, wie oben erwähnt worden ist, die Form des Baugrundes die nächstliegende Veranlassung. Jedoch zeigten sich in Dänemark schon die Vorläufer des neuen Baustils, welcher seitdem hier so entschieden die Oberhand gewinnen sollte, wonach nämlich die Langseite des Hauses der Strasse zugekehrt, und der Hofraum soviel als möglich von vier Mauerseiten umschlossen wurde. Dieser neue Baustil, dessen

Vorbild ohne Zweifel in den gleichzeitigen Bauten herrschaftlicher Gehöfte zu suchen ist, musste indessen, wie die Natur der Sache es mit sich brachte, sich auf die geringste Zahl der Häuser beschränken. Er verlangte u. A. entweder den Besitz eines sehr grossen Terrains, oder die Erwerbung zweier nachbarlicher Baugründe. Er wurde daher während dieses Jahrhunderts nur von einzelnen reichen Leuten durchgeführt. Unter diesen wirkte kein einziger mit solchem Eifer und Erfolg, wie der bekannte Bürger von Odense, Ole Bager, welcher, von erstaunlicher Baulust beseelt, der jüngst aufgekommenen Sitte bei allen seinen Bauten folgte[262]).

Was das Baumaterial betrifft, so können wir im Allgemeinen als geltende Regel bezeichnen, dass in Dänemark die Häuser meistens aus Fachwerk bestanden, mit Lehm oder Mauersteinen als Füllung, in Schweden und Norwegen dagegen ganz aus Holz. Jedoch fand diese Regel, wie wir sehen werden, nicht wenige Ausnahmen.

In den dänischen Städten hatten schon vor längerer Zeit die aus Holz erbauten Häuser angefangen, denen aus Fachwerk Platz zu machen. Obgleich im sechzehnten Jahrhundert jene noch nicht völlig verdrängt waren, so war es doch gewiss nur die ärmste Bevölkerung, welche sich zu der Zeit noch mit solchen Wohnungen begnügte. Niedrig und klein, dazu baufällig, schienen sie nur zu warten, bis die nächste grössere Feuersbrunst sie vollständig aus dem Wege räumen sollte: denn die steigenden Preise des Bauholzes machten eben keine Lust, dergleichen von Neuem aufzuführen. Dagegen verwandte man noch häufig Holz allein zu Hintergebäuden, Hofschuppen und ähnlichen Bauten, welche nicht zu Wohnungen dienen sollten und daher nicht so schweres Gebälke erforderten. Ebenso waren die oben erwähnten, in die Strassen hinaus gebauten Buden in der Regel aus blossem Holz. Wir sehen also, dass die hölzernen Häuser zwar an Ansehen verloren hatten und beinahe schon, wenigstens als Wohnungen, verdrängt wurden, aber doch in bescheidenerer Stellung noch immer eine zahlreiche Klasse von Gebäuden ausmachten. Dass dem also war, sollte man bei eintretenden Feuersbrünsten nur allzu sehr erfahren.

Der weit überwiegende Theil der städtischen Wohnungen war aus Fachwerk erbaut. Was sofort an diesen in die Augen fallen musste, war das vortreffliche Zimmerholz, aus dem sie bestanden. Die Beschwerden, die sich mitunter über Rückgang und Armuth in dieser Hinsicht hören liessen, dienen uns nur als Zeugniss dafür, wie verwöhnt man gewesen war. Selbst in den dürftigsten Häusern konnte man Eichenplanken antreffen, so solider Art, wie man sie heutiges Tages kaum aufzutreiben vermöchte, während sie damals mit einer Verschwendung verwandt wurden, vor der unsere Zeit sich wohl hüten würde.

Abgesehen von diesem, allen damaligen Bauten gemeinsamen Gepräge, mussten dem Beobachter bald gewisse Kennzeichen in die Augen fallen, durch welche die Fachwerk-Gebäude unter sich in zwei sehr verschiedene Klassen zerfielen. Die ärmlichere Ausstattung zeigte sich darin, dass der Raum zwischen den Balken nur mit Lehm ausgefüllt, bei den vornehmeren Häusern dagegen die Felder mit Mauersteinen gemauert waren. Dieser Unterschied bezeichnete zugleich zwei verschiedene Stufen in der Entwickelung der Baukunst. Obgleich beide noch gleichzeitig und neben einander auftraten, gehörten sie doch, was ihrer Ursprung betrifft, jede ihrem eigenen Zeitraume an.

Der Uebergang von den früheren Blockhäusern zu etwas Weiterem war nämlich seiner Zeit dadurch geschehen, dass man theilweise Lehm an die Stelle des Holzes treten liess, und die Wand des Hauses nicht mit Zimmerholz füllte, sondern offene Räume darin anbrachte, welche mit Lehm gespickt wurden. Anstatt der alten, schlichten Bauform, nach welcher die Holzstämme über einander gelegt wurden, beobachtete man fortan ein entgegengesetztes Verfahren, stellte die wichtigsten Balken (Tragbalken) auf die hohe Kante und führte ein Holzgerüste auf, dessen Zwischenräume mit Lehm ausgefüllt und gedichtet wurden.

An diesen Häusern liessen sich die Spuren ihrer Verwandtschaft mit den Blockhäusern noch nachweisen. Sie zeichneten sich dadurch aus, dass augenscheinlich die Neigung verwaltete, überall, wo es sich thun lies, Holz zu verwenden. Die Giebel waren häufig noch durchaus von Holz; der Abstand zwischen den Pfosten in der Wand war ein kürzerer, als heutiges Tages, und zwischen den Pfosten lief nicht bloss ein Querholz, sondern eine Menge schräge stehender Streben, in solcher Stellung, dass der mit Lehm auszufüllende Raum überall die Form eines Dreiecks bekam, während das Holzwerk der Wand, in einiger Entfernung gesehen, sich wie ein verworrenes Durcheinander von Kreuzen und Sägeböcken ausnahm [263]).

Diese Bauart mit lehmgefüllten Wänden scheint bis ungefähr 1500 die vorherrschende in den Städten Dänemarks gewesen zu sein. Um diese Zeit ward der Gebrauch von Mauersteinen gewöhnlicher, namentlich in Kopenhagen durch den Umstand befördert, dass gerade damals hier eine Ziegelei angelegt wurde [264]). Dem Beispiele Kopenhagens folgten die übrigen Städte; und ehe das sechzehnte Jahrhundert zu Ende ging, hören wir von so vielen Ziegelöfen ringsum im Lande, dass es in keiner Stadt Schwierigkeit gehabt haben kann, zu Mauersteinen zu gelangen. Allerdings scheint man in der Kopenhagener Ziegelei anfänglich es darauf angelegt zu haben, Dachziegel zu brennen [265]); aber schon im Jahre 1520 konnte Christiern II den Bürgern der Hauptstadt auferlegen, dass innerhalb eines halben Jahres alle mit Lehm gedichteten Wände, die auf der Strassenseite lagen, verschwinden, und an ihre Stelle Fachwerk, mit Mauersteinen als Füllung, treten sollte [266]).

Dieser königliche Befehl bezeichnet den Uebergang in die neue Zeit. Dürfen wir auch so wenig hier, wie in anderen Fällen, von der Voraussetzung ausgehen, dass einem solchen Befehl im ganzen Umfange nachgekommen sei, so kann es doch kaum einem Zweifel unterliegen, dass derselbe die Richtung angiebt, in welcher die Entwickelung von diesem Zeitpunkte an vor sich ging. Im Jahre 1549 erschien ein Verbot der hölzernen Giebel, sogar an der nicht strassenwärts gelegenen Seite des Hauses, weil dieselbe bei Feuersbrünsten als in hohem Grade gefährlich erscheinen mussten²⁶⁷). So wurde die alte Sitte Schritt für Schritt zurückgedrängt. Hieraus aber dürfen wir keineswegs schliessen, dass die aus Fachwerk bestehenden und durchweg mit Mauersteinen ausgesetzten Häuser sich in demselben Verhältniss Bahn brachen. Am Ausgang des Jahrhunderts war gewiss die gewöhnliche Bauart in allen einigermassen bemittelten Städten folgende: Fachwerk, nach der Strasse zu mit einer zierlichen Front, deren Getäfel mit Mauersteinen gefüllt war, während die drei anderen Hausseiten sich nach alter Weise mit lehmgefülltem Getäfel begnügten. Selbst die Universität baute in dieser Weise damals die Professorenwohnungen. So wurden bei der, im Jahre 1542 aufgeführten, »Residenz« des Professors Peter Litle einige Mauersteine verwandt, die man aus der abgebrochenen Bagsvär-Kirche geholt hatte, ausserdem aber 151 Fuder Lehm²⁶⁸).

Mit dem Gesetze für die Entwickelung der Bauzustände stimmt es auch völlig überein, dass zur selben Zeit, als die Lehmwände des Fachwerks im Allgemeinen an Kredit verloren und aus den Wohnungen zu verschwinden anfingen, dieselben in den Nebengebäuden desto mehr zur Geltung kamen. Gerade um diese Zeit hören wir davon reden, dass die altherkömmlichen Formen für Verschläge, als Plankenwerk, Stackete, Zäune, und was sonst für solche Zwecke verwandt worden, dass alles das nunmehr gegen feinere Formen zurücktrat, zwar nicht aus vollem Mauerwerk, was viel zu kostbar geworden wäre, sondern mit Lehm verklebte Pfosten-Wände, »Lergaarde« (Lehmhöfe), wie jene Zeit sie nannte. Von den letztgenannten fanden sich ziemlich viele in Kopenhagen, besonders in dem ringsum die Universität gelegenen Stadtgebiete²⁶⁹).

Indem man also theilweise die mit Lehm gefüllten Wände ausser Brauch setzte und Mauersteine dafür einführte, wenigstens beim Getäfel der einen Wand, entfernte man sich bedeutend von der alten Einfachheit der Bauart. Früher galt der ganze Bau so ziemlich als vollendet und fertig, wenn das Bauholz gehörig behauen und aufgestellt war. Sobald das Zimmerwerk gerichtet war, konnte man das Richtfest («Reisegilde») halten[270]). Was alsdann noch übrig blieb, war nichts weiter, als was im Handumdrehen durch weibliche Kräfte allein zu Stande zu bringen war, oder was gute Freunde und Nachbaren mit einander fertig brachten: die Einen kneteten den Lehm, die Anderen schmierten ihn in die engen Felder zwischen den Pfosten. Eine fröhliche Verklebungsfeier («Klinegilde») hinterher mochte genug sein zum Danke für geleistete Hülfe und zugleich zur Einweihung des neuen Hauses[271]). Nach der neuen Mode dagegen musste man erst einen Maurermeister dazu haben, mit Kalk und Ziegelsteinen, wozu sowohl Geld als Zeit erforderlich waren. Die vollständige Aufführung des Hauses war also von fremder Arbeit noch in einem Punkte mehr als sonst abhängig geworden.

Man darf als ausgemacht annehmen, dass viele dieser Fachwerk-Häuser wenigstens zwei Stockwerke hoch waren. Das Domkapitel der Frauenkirche zu Kopenhagen legte Jedem, der in dem Bereiche desselben bauen wollte, ausdrücklich die Bedingung auf, in besagter Höhe zu bauen[272]). Auch hatte es gewiss seinen guten Grund, wenn das zu leistende Meisterstück der Zimmerleute in Kopenhagen darin bestand, dass «ein Haus von zwei Höhen» (Stockwerken) im Holzwerk hergestellt werden musste[273]). In diesem Falle war das obere Stockwerk häufig niedriger, als «die Stube» (Erdgeschoss)[274]), ragte aber dafür auch über die letztere hinaus, und alsdann wiederum das Dach über beide Geschosse.

Es war eine echte Zimmerwerk-Construktion, sehr verschieden von unseren ebenen, geradlinigten Wänden, welche, auch wenn sie aus Fachwerk bestehen, doch den für Stein-

mauern gültigen Regeln angepasst sind. Jener Baustil —
später genannt Consolstil, nicht unähnlich dem der Schweizer-
Häuser — stand in inniger Harmonie sowohl mit der Beschaffenheit des angewandten Baumaterials als auch mit den
Anforderungen der häuslichen Bequemlichkeit. Die weit-
hinaus ragenden Dächer und oberen Stockwerke dienten dazu,
sowohl das obere Gebälke mit den frei stehenden Balkenköpfen
als die Schwelle gegen Regen und Dachtraufen zu schirmen;
unterhalb derselben konnte man Buden aufschlagen, konnten
Bänke auf der Strasse unbehelligt stehen, endlich auch ein
offener Söller, an der Hofseite, zweckmässig angelegt werden. In welchem Grade man indessen die Sache übertreiben
konnte, was ohne Zweifel in Skandinavien gerade so gut
geschehen ist, wie anderer Orten, davon bekommen wir eine
Vorstellung durch einen gleichzeitigen Bericht aus England.
In der Stadt York gab es ein Wohnhaus, dessen oberstes
Stockwerk nicht weniger als fünfzehn Fuss über die Schwelle
hinüber ragte[275]. Erst durch eine Verordnung von 1683
wurde in Kopenhagen diese Bauart verboten[276]), und zwar
wegen der dadurch entstehenden Einengung der Strassen.
Wie zweckmässig sie aber an und für sich gewesen ist, kann
man daraus ersehen, dass sie bis auf diesen Tag bei hoch
aufgestapelten Bretterschichten in Anwendung ist, wo es
darauf ankommt, die niederen Lagen gegen Feuchtigkeit zu
schützen.

Alle bisher besprochenen Wohnungen besassen eine gewisse Eigenschaft, die unsere Zeit eben nicht gewohnt ist
den Häusern beizulegen, nämlich diese, ohne grosse Schwierigkeit sich von einer Stelle an die andere versetzen zu
lassen. Sie bestanden ja entweder ausschliesslich aus Holz,
oder doch war das Gerippe derselben Zimmerwerk; dieses
konnte aber bei einiger Vorsicht aus einander genommen,
versandt und wieder zusammengefügt werden. Hiervon
erhält man einen lebendigen Eindruck, wenn man liest, dass
Friedrich II, nach seinem Feldzuge gegen Elfsborg (im südwestlichen Schweden), im Jahre 1563 den Befehl gab, dass

das neueste und beste Blockhaus aus dem alten Lödöse daselbst nach Seeland heruntergeschafft und hier als Denkmal des Feldzuges errichtet werden sollte[277]); oder wenn der nämliche König im Jahre 1582, als es sich darum handelte, ein Hauptgebäude auf Bidstrupgaard bei Roeskilde aufzuführen, befahl, ein hierzu passendes zwei Stockwerke hohes Haus, welches gerade in Helsingör zum Verkaufe stand, käuflich zu erwerben[278]). Zwölf Jahre später wurde dieses Hauptgebäude wieder niedergerissen und der Universität zum Collegienhaus angeboten, ein Anerbieten, das man jedoch von dieser Seite nicht annahm[279]).

So ansehnlich auch die grössten Fachwerk-Bauten sich ausnahmen, und ein so stattliches Gepräge sie mit ihren ausgeschnittenen Gebälke-Capitälern und ihrem Schnitzwerk in den schräglaufenden Streben, Thürpfosten und überliegenden Querbalken tragen mochten[280]), so repräsentirten sie unter den Gebäuden dennoch nur die bürgerliche Klasse. Die vornehmste Klasse bildeten unbedingt die mit Grundmauern versehenen Häuser. Aber die Anzahl derselben war äusserst geringe. Die damalige Zeit nannte sie immer nur mit besonderer Achtung und ehrte sie mit der Bezeichnung: »Steinhäuser«. In einzelnen Fällen ist man darüber in Zweifel gewesen, ob die also benannten Gebäude in Wirklichkeit ihrem Namen entsprachen, oder vielleicht nur Fachbauten waren, mit Steinen in sämmtlichen Feldern, sowohl nach der Strassen- als nach der Hofseite hin[281]) — ein Luxus, welchen vielleicht die Bewohner der Provinzen in ihrer Bewunderung mit jenem Ehrennamen auszeichnen wollten. Möglich; jedoch darf man im Allgemeinen gewiss annehmen, dass »Steinhäuser« das bedeuteten, was wir heute grundgemauerte Häuser nennen.

Dass die Steinhäuser nur selten sein mussten, liegt in der Natur der Sache. Der vielen neuerrichteten Ziegeleien ungeachtet, waren nämlich die Mauersteine sehr theuer. Im Jahre 1575 wurden die für den Aufbau von Kronborg gelieferten Mauersteine mit c. 24 R. M. (5 alte Thaler 1 Ort) für das

Tausend bezahlt[282]), ein Preis, nicht viel geringer als der heutige, obgleich der Werth des Geldes seitdem so bedeutend gesunken ist. So konnte denn freilich nicht jede Stadt mit einer solchen Merkwürdigkeit prangen. Die meisten derartigen Wohnhäuser gab es in Kopenhagen, Helsingör, Odense und Aalborg; aber noch im achtzehnten Jahrhundert gab es in Middelfart (auf Fünen)[283]) nur ein einziges Haus mit Grundmauern, ebenso nur eines in Skelskjör, von welchem letzteren doch der Geschichtsschreiber der Stadt, nicht ohne Selbstgefühl, vermelden kann, »dass dasselbe an beiden Enden eine grundgemauerte Brandmauer habe«[284]). Sogar noch im Anfang des gegenwärtigen Jahrhunderts war in Maribo (auf Lolland) die Apotheke das einzige Gebäude mit Grundmauern[285]).

Die Steinhäuser mussten sich natürlich nach den Anforderungen des Baumaterials richten und lothrechte Mauern haben. Der hierdurch hervorgebrachte Eindruck von Festigkeit und Stärke gab ihnen gerade ihren Stempel von Vornehmheit. Indessen liessen sich vorspringende Treppen, Beischläge und Erker ebenso gut, wie bei Fachbauten, anlegen, und gaben auch diesen Häusern ein von den unsrigen weit verschiedenes Aussehen.

Also weisen uns die Städte Dänemarks im sechzehnten Jahrhundert durchweg die vier Stufen auf, welche die Gebäude des Landes in ihrer Entwickelung seit der ältesten Zeit bis in unsere Tage herein durchlaufen sind: Häuser aus Holz, Fachwerkbauten mit Lehm, solche mit Mauersteinen, Grundmauern. Zum letzten Male treten sie hier noch neben einander auf: denn schon im siebenzehnten Jahrhundert sind die Holzbauten jedenfalls aus den Städten völlig verschwunden. Indem sie so noch gemeinsam auftreten, gewähren sie uns ein Bild des Weges, den der menschliche Erfindungsgeist sich trotz aller Hindernisse zu bahnen gewusst hat. Da das natürliche Baumaterial, das die Urwälder selbst anwiesen, auszugehen anfing, haben die einzelnen Völker sich weiter experimentirt, bis jedes derselben das Ersatzmittel fand, das ihm die besten Dienste that. Was Dänemark angeht, so war der Gang, den die Entwickelung nehmen musste, deutlich gewiesen. Von den Blockhäusern einmal fortgedrängt, hat man schliesslich in dem Mauerstein dasjenige Baumaterial gefunden, welches, der Natur des Landes entsprechend, leicht herzustellen, dazu hart und fest, in mancher Hinsicht sogar dasjenige noch übertrifft, an dessen Stelle es treten musste.

Wenn aber auch die vier Bauarten im sechzehnten Jahrhundert sich noch begegneten, so war doch die eine derselben eben im Aufgang, die andere im Niedergang begriffen. Sollen wir demnach die jener Zeit eigenthümliche Entwickelungsstufe näher bezeichnen, so müssen wir uns an diejenige halten, die in der Mittagshöhe stand. Wir haben im Vorhergehenden gesehen, wie die Bauernhäuser sich auf der Uebergangsstufe befanden vom Holzbau zum lehmgefüllten Fachwerk. Die Städte waren in ihrer Entwickelung um einen Schritt weiter: sie befanden sich im Uebergange vom Lehm-Fachwerk zum Fachwerk mit Mauersteinen in den offenen Feldern.

Die norwegischen Städte hatten ein, von dem der dänischen weit verschiedenes Aussehen, indem hier so gut wie alle Wohnungen aus Holz waren. Hiervon zeugen nicht allein die Berichte der Zeitgenossen[286]), sondern eine augenfällige und leibhafte Urkunde hat man unlängst in den bemerkenswerthen Ueberresten des alten, im Feuer untergegangenen Oslo entdeckt, welche die Erdarbeiten beim Bau der Eisenbahn unfern Christiania ans Tageslicht gefördert haben[287]). Auf den ersten, flüchtigen Blick könnte es scheinen, als spiegle sich in dem hier Aufgefundenen nur der Abstand, der hinsichtlich der Culturentwickelung zwischen den Städten Dänemarks und Norwegens stattfand. Diese Ansicht würde aber nur wenig mit dem hohen Range übereinstimmen, den z. B. Bergen, in Betreff seines Wohlstandes, Verkehrs und gewerblichen Betriebens, unter allen Städten jener Zeit einnahm.

Die Ursache der Bauart lag durchaus nicht in einem Mangel an Betriebsamkeit und Geschmack bei den Bürgern, sondern in der Beschaffenheit des Landes selbst. In Norwegen lag die Nothwendigkeit, das Holz als Baumaterial aufzugeben, damals noch nicht in der Weise vor, wie in Dänemark. Die Waldungen Norwegens konnten das ganze Land für lange Zeiten mit Bauholz versorgen. Also war kein Grund vorhanden, der alten bequemen und gewohnten Verfahrungsweise zu entsagen.

Jedoch auch unter solchen Umständen hätte dort vielleicht die Lust erwachen können, die südlichere Entwickelung nachzuahmen; die Macht der Mode konnte die Gemüther mit sich fortreissen. Der hohe Preis der Mauersteine wäre kaum im Stande gewesen, einen Trieb der Art zu hemmen (im Jahre 1577 wurden in Bergen die Mauersteine mit 36 R. M., im Jahre 1566 sogar mit 45 R. M. für das Tausend bezahlt [288]); die hohen Preise würden vielleicht für die Reichen eine Versuchung mehr gewesen sein, zu zeigen, was sie konnten. Was aber hier auf alle solche Versuche als Dämpfer wirkte, waren die Naturverhältnisse selbst. Die Mauersteine konnten in Lübeck und Kopenhagen ein zweckmässiges Baumaterial sein; aber in Bergen passten sie nicht. Bei der feuchten Witterung des westlichen Norwegens konnten mehrere Jahre hingehen, ehe ein mit Grundmauern aufgeführtes Haus gehörig ausgetrocknet und wohnlich ward; und es erreichte niemals die Trockenheit und Wärme eines Holzbaues. Noch heutigen Tages, wo das Zimmerholz so beträchtlich im Preise gestiegen ist, und der Feuersgefahr halber das Gesetz in Kraft steht, dass alle Gebäude Bergens wenigstens auf ihrer Strassenseite eine Grundmauer haben sollen, sieht man, gerade so wie vormals, Häuser gänzlich aus Holz aufführen, welche bloss nach der Strasse hinaus mit einer Schale von Mauersteinen überkleidet werden.

In Schweden machten sich zum Theil ähnliche Verhältnisse geltend. Der Ueberfluss an Bauholz, die Strenge des Klimas, hielten die Bewohner der Städte in den alten Gewohnheiten fest. Einzelnen von oben her gemachten Versuchen, eine Veränderung herbeizuführen, zum Trotze [289], blieben deshalb beinahe alle Häuser Holzbauten, die der Reichen ebensowohl wie die der Armen. Es waren nicht allein die entlegneren Städte, wie Wiborg in Finland, wo die Steinhäuser unbekannt blieben [290]; sondern als sogar noch im Jahre 1634 einer französischen Gesandtschaft in der eigenen Wohnung der Königin Christine zu Telge eine Herberge angewiesen wurde, fand jene nur ein aus Holz erbautes Haus vor [291]. Diese Bauart besass, wie erwähnt, den Vortheil, dass die Häuser mit Leichtigkeit versetzt werden konnten. Einen sprechenden Beleg dafür gab der Besuch, den im Winter 1572—73 der schwedische König in Elfsborg abstattete. Da in Folge des erst vor Kurzem beendeten Krieges die Wohnungsgelegenheiten im Schlosse sehr beschränkt waren, so befahl er, nur ein paar Monate vorher, dem Lehnsmann, zwanzig Häuser in den benachbarten Harden anzukaufen und sie neben dem Schlosse zu Wohnungen für sein Hofgesinde aufzurichten [292].

Eine merkwürdige Ausnahme, welche allen Regeln widerstritt, bildete jedoch Stockholm. Hoch gen Norden gelegen, dazu in der Lage, Bauholz sich mit grösster Leichtigkeit zu verschaffen, übertraf es dennoch, was den Fortschritt der Neuzeit betraf, alle nordischen Städte. Hier machten die mit Grundmauern versehenen Häuser nicht, wie in Kopenhagen, eine kleine Auswahl, sondern die Mehrzahl der Wohnungen aus.

Diese Erscheinung erklärt sich nicht aus inneren Gründen: man muss sie verstehen als das, was sie thatsächlich war, nämlich als Werk eines äusseren Machtspruches, eines königlichen Willens, welcher hier zur Wirklichkeit geworden war. Schon Gustav Wasa hatte nach einer grossen Feuersbrunst in Stockholm befohlen, dass alle Holzbauten abgebrochen und Steinhäuser an ihrer Stelle aufgeführt werden sollten [293]. Es unterliegt aber kaum einem Zweifel, dass der, welcher eigentlich diese Neuerung durchführte, sein Sohn gewesen ist, welcher an Baulust allen Königen Schwedens voranging, nämlich Johann III [294]. Er hat sich selbst in jener Antwort geschildert, die er einst dem Zollschreiber zu

Stockholm gab. Als die Rechnungen bei diesem Beamten zusammenströmten, hatte er gewagt, neben vielen anderen unbezahlten auch diejenigen für die königlichen Bauunternehmungen bei Seite zu legen. »Es wird dir nichts helfen«, schrieb der König, [dich darauf zu berufen], »dass du der Anweisungen zu Geldzahlungen so gar viele erhaltest; denn sintemal du weisst, welche Lust wir zu Bauten haben, so musst du auch begriffen haben, dass die Ausgaben, die dazu dienen, unsere Lust und sonderliche Begehr zu pflegen, allen anderen vorangehen sollen. Richte dich fortan hiernach, oder es wird etwas Anderes nachfolgen!«[295]).

Mit demselben Eifer, mit welchem der König seine eigenen Baupläne durchführte, drang er auch in Bürgermeister und Rath zu Stockholm und nöthigte sie, die grosse Veränderung vorzunehmen. Im Jahre 1572 erliess er den Befehl, in Betreff der Hauptstrassen, 1576 und 1581 zugleich wegen der übrigen Strassen; Kalkbrüche und Ziegeleien wurden den Bürgern zu Gebote gestellt, und Jeder, der bauen wollte, wurde hierzu ermuntert, indem er in Betreff aller Baumaterialien völlige Zollfreiheit genoss. Im Jahre 1587 ging der König einen Schritt weiter und richtete einen direkten Angriff gegen die noch übrig gebliebenen Fachwerk-Häuser, indem er verfügte, dass diese sämmtlich mit Stein bekleidet würden, so dass alles Holzwerk dem Anblick entzogen wurde[296]).

Wir besitzen einen Massstab, um zu beurtheilen, in welchem Umfange es König Johann III gelungen ist, seinen Willen durchzusetzen. Im Jahre 1582 war das grosse Unternehmen so weit ins Werk gerichtet, dass von 658 Wohnungen in Stockholm nicht weniger als 429 Steinhäuser, 83 Fachwerkbauten, die übrigen aus blossem Holz errichtete Wohnhäuser waren[297]). Diese Zahlenangabe schreibt sich von einem Zeitpunkte her, wo die Sache noch in vollem Gange war; aber schon der bezeichnete Erfolg war ein so grossartiger, dass Stockholm in dieser Beziehung unter den Städten von Nord-

Europa einzig dastand. Nicht einmal London konnte eine solche Anzahl von Steinhäusern aufweisen[298]).

Die Dachbekleidung bei den Stadthäusern war, Alles in Allem, jedenfalls der Punkt, bei welchem in den Bauzuständen des sechzehnten Jahrhunderts am wenigsten ein Fortschritt zu verspüren war. In allen drei Ländern hielt man hierin an der alten Sitte hartnäckig fest. In Norwegen und Schweden waren die Dächer entweder mit Holzschindeln, oder, was das Häufigste war, mit Birkenrinden und Grassoden bedeckt[299]). Ein wunderlicher Anblick, dieser Naturteppich, der über die Häuser ausgebreitet war. Unbekannt mit der Lebhaftigkeit und Frische der rothen Ziegeldächer, folgte er, wie im Schlafe, dem Gebot und Vorbild der Umgebungen, im Winter unter einer Schneedecke, während des Frühlings und Herbstes in trüber, grauschwarzer Farbe, nur während der kurzen Sommerzeit mit dichtem Grün und Blumen überzogen. Aus einigem Abstand angesehen, schien die Stadt mit der umgebenden Landschaft in Eins zu verschwimmen; nur die Kirchen deuteten an, dass unter der Erddecke sich menschliches Leben rege.

Aber die Einwohner waren mit dieser Einrichtung ihrer Dächer ganz zufrieden. Waren diese doch haltbar, hielten auch vorzüglich warm. Dazu verkündeten sie so zuverlässig, wie ein Kalender, den Wechsel der Jahreszeiten, lieferten einen Zuwachs zum Grasplatze, und man wusste davon zu erzählen, wie solche Dächer während einer Belagerung geeignet sein würden, die Stadt zu retten, indem man daselbst das Vieh derselben am Leben erhalten könne[300]).

In Stockholm verfolgte Johann III. was auffallend genug ist, diese Dächer nicht mit dem Eifer, welchen er doch den mit ihnen gewissermassen verwandten Holzbauten gegenüber bewiesen hatte[301]). Noch lange nachher blieben daher die grasbewachsenen Birken-Dächer in der Hauptstadt im Gebrauch[302]). Ziegel scheinen damals keine weite Verbreitung für die Bedachung der Häuser gefunden zu haben. Reiche Leute, die Lust und Vermögen besassen zu einer kostspieligeren Bekleidung ihrer Dächer, wandten dagegen hierzu in grösserem Massstabe, als in irgend einer anderen nordischen Stadt geschah, das Kupfer an, das eigene Produkt des Landes³⁰³).

Dänemark besass in den Strohdächern eine Bedachung, die ein Jahrhunderte altes Herkommen und zugleich die volle Vorliebe der Bevölkerung für sich hatte. Sie waren im Sommer kühl, im Winter warm, ohne viele Umstände auf die Häuser zu legen; auch waren Strohbündel und ›Firsttorf‹ (Mønningstørv) immer zur Hand³⁰⁴). Aber leider eigneten sie sich, ihrer Feuergefährlichkeit wegen, wenig zur Anwendung bei den Stadthäusern. Die Regierung verbot sie daher. Hiermit war aber die Sache bei Weitem nicht abgemacht.

Ein Punkt, wie der hier besprochene, lässt uns am besten erkennen, welche Gefahr der Geschichtsforscher läuft, wenn er von dem gesetzlich Vorgeschriebenen sogleich den Schluss zieht auf die Wirklichkeit und ihre thatsächlichen Zustände. Nach den öffentlichen Verordnungen zu urtheilen, durfte sich nach der Mitte des Jahrhunderts kein einziges Strohdach mehr in irgend einer dänischen Stadt vorfinden, während es in Wirklichkeit allenthalben von ihnen wimmelte.

Ein paar einzelne Züge werden genügen, um uns über die betreffenden Zustände zu orientiren. Im Jahre 1496 forderte König Hans die Bürger der jütländischen Stadt Viborg auf, ihre Strohdächer gegen Ziegeldächer zu vertauschen³⁰⁵). Im Jahre 1569 war man noch nicht weiter gekommen, als dass man nach einer furchtbaren Feuersbrunst, welche einen grossen Theil der Stadt zerstört hatte, wieder mit Stroh deckte, ungeachtet Jedermann wusste, dass insbesondere die Strohdächer zur Fortpflanzung des Feuers beigetragen hatten. Da kam Friedrich II und befahl, dass alle Strohdächer alsbald entfernt würden, und Niemand sich künftig erdreisten solle, dergleichen aufzuführen³⁰⁶). Zehn Jahre nachher wurde in einem Königsbriefe³⁰⁷) eingeräumt, dass, was der König befohlen habe, ›nicht sobald zustande gekommen sei, auch nicht so bald zustande kommen könne‹. Man lässt sich daher auf einen Akkord mit den Bürgern ein: sie sollten jedes Jahr einige Dächer umlegen. Im nächsten Jahre muss dieser Befehl aufs Neue proklamirt werden [308]); hundert Jahre nachher, 1668, befindet man sich genau auf demselben Punkte wie vorhin [309]).

Im Jahre 1546 erhielt die Stadt Aarhus den Befehl, dass alle ihre Häuser, welcher Art sie sein möchten, mit Ziegeldach gedeckt werden sollten; wer den Befehl überträte, habe 40 Mark Brüche an den König und 40 desgl. an die Stadt zu zahlen [310]). Fünfzehn Jahre nachher bekamen die Uebertreter die erbetene Erlaubniss, »bis zum Frühjahr zu warten«, da alsdann die Steine sicherlich von Holland ankommen würden [311]).

Nach wiederholten Warnungen wurden endlich im Jahre 1561 die letzten Strohdächer in Odense beseitigt [312]). Acht Jahre nachher waren sie wieder da, und der König machte in seinem Verdrusse Bürgermeister und Rath für allen möglicherweise daraus entstehenden Schaden verantwortlich [313]).

In Helsingör brach zuletzt doch des Königs Geduld; und er erliess die Ordre, dass, wenn nach Pfingsten des Jahres 1580 noch irgend ein Strohdach sich fände, ein Loch hinein gerissen, und der Hausherr wegen Ungehorsams bestraft werden solle [314]). Im Jahre danach musste den Säumigen weiter »einige Zeit und Respit« gewährt werden [315]).

Diese Beispiele liessen sich ins Unendliche vermehren. Die hier angeführten sind hinreichend, um den hartnäckigen, nie ermüdenden Widerstand gegen die Neuerung anschaulich zu machen. Unter solchen Umständen kann es uns nicht wundern, zu hören, dass nicht allein einzelne Dorfkirchen in Dänemark mit Stroh gedeckt waren [316]), sondern dass sogar drei der berühmtesten Domkirchen Schwedens, nämlich in Strengnäs, Westeräs und Linköping [317]), sich lange Zeit mit einer so dürftigen Bedachung begnügen mussten.

Wie mühevoll und schwierig der Kampf gegen die städtischen Strohdächer in Dänemark gewesen sei, lässt sich aus der ungemein langen Dauer desselben ermessen. Noch im

Jahre 1825 musste die königl. Kanzlei eine weitere Frist zur Beseitigung derselben einräumen[318]). Im Jahre 1817 waren in Ringkjöbing (westl. Jütland) die Häuser aller kleineren Strassen noch mit Stroh bedeckt, und dasselbe galt von den Seiten- und Hinterhäusern in den grösseren[319]); in Thisted (nördl. Jütland) hielten die Strohdächer sich bis tief in unser Jahrhundert hinein[320]; in dem oben angeführten Maribo (Lolland) verschwanden sie erst durch den grossen Brand im Jahre 1832[321]). Viertehalb hundert Jahre, und die Regierungsgewalt von dreizehn Königen haben dazu gehört, die Strohdächer aus den dänischen Städten zu verdrängen.

Balkenwände und Birkendach, Fachwerk und Strohdächer — welche Nahrung für die Flammen! Alles war wie zurecht gelegt für grosse Feuersbrünste; und diese blieben denn auch nicht aus. Mit pünktlicher Regelmässigkeit gingen sie zerstörend in allen Städten des Nordens um, indem sie auf ihre eindringliche Weise gegen die unbesonnene Bauart predigten, und zugleich die Städte von allem dem Schmutz und Giftstoff säuberten, den die Bewohner für die nächste Pest aufgehäuft hatten. Solche Schadenfeuer waren gestrenge Lehrmeister, als solche gefürchtet und verflucht, nichts desto weniger die wahren Wohlthäter des Zeitalters.

Es musste doch einen ganz eigenen Blick auf das Leben gewähren, so zu wissen, dass aller Wahrscheinlichkeit nach die Vaterstadt, wenigstens einmal während der Lebenszeit eines Menschen, verurtheilt war in Asche gelegt zu werden. Die Wirkung dieser und ähnlicher Zustände lässt sich im Allgemeinen auch in der Denkweise jenes Geschlechts verspüren; unverkennbar ist ihr Einfluss ausgeprägt in der herrschenden Neigung, sein Vermögen in leicht zu rettenden Dingen anzulegen. An einer anderen Stelle werden wir die Folgen jener häufigen Feuersbrünste näher untersuchen; hier wollen wir uns vorläufig nur von ihrer Häufigkeit überzeugen.

In dem Jahrzehnt von 1540 bis 1550 brannten folgende Städte nieder: Aarhus[322]), Upsala[323]), Varbjerg in Halland[324]),

Vejle[325]), Aarhus, nämlich zum zweiten Mal[326]), Linköping in Ostgothland[327]), Aahus in Schonen[328]) und Maribo[329]).

In dem nächstfolgenden Jahrzehnt fanden in Stockholm nicht weniger als drei schwere Brandschäden statt[330]); und ausserdem wurden heimgesucht Strengnäs in Südermannland[331]), sowie Aarhus zum dritten Mal[332]).

Von 1560 bis 1570 gingen, während des siebenjährigen Krieges zwischen Dänemark und Schweden so gut wie alle Städte, die von demselben berührt wurden, durch Feuer zu Grunde; ausserdem aber durch ausbrechende Feuersbrünste folgende Städte: Nykjöbing auf der Insel Mors (nordwestl. Jütland)[333], Bergen[334]), Viborg[335]), Arboga in Westmannland[336]), Örebro in Nerike[337]), Westeräs in Westmannland[338]) und Bogense[339]).

In den zehn folgenden Friedensjahren brannten: Westeräs[340]), Enköping in Upland[341]), Upsala[342]), Bogense[343]) und Ribe[344]).

Von 1580 bis 1590 zerstörte das Feuer die Städte: Bergen[345]), Skien in südl. Norwegen[346]), Mariager[347]), Marstrand in Bohuslehn[348]), und dasselbe Bergen noch einmal[349]). In dem letzten Jahrzehnt des Jahrhunderts endlich wurden auf die nämliche Weise heimgesucht: Varde[350]), Veile[351]), Maribo[352]), Trondhjem (Drontheim)[353]) und Roeskilde[354]).

Im Laufe von sechsig Jahren waren also 36 Städte abgebrannt, und mehrere unter ihnen nicht weniger als dreimal.

Solcher ungeheuren Feuersgefahr hatte die damalige Zeit nur wenig entgegenzustellen. Spritzen wurden nicht gebraucht[355]). Die einzigen Löschmittel, die man anwandte, bestanden darin, dass man aus Eimern Wasser ins Feuer goss, sodann im Nothfalle die Nachbarhäuser niederriss, um hierdurch der Verbreitung des Feuers zu wehren. Daher war es in einzelnen Städten Gesetz, dass man in der wärmsten Jahreszeit gefüllte Wassergefässe auf der Strasse stehen haben[356]), sowie auch lederne Eimer, Leitern und Feuerhaken in Ordnung halten solle. Unzweckmässig genug lagen in Helsingör[357]) und Kopenhagen[358]) die ledernen Eimer unter

Schloss und Riegel auf der Rathsstube; dagegen in Aalborg sollte Jedermann solche selbst in Bereitschaft haben [359]).

Als ein jener Zeit noch unbekanntes Beruhigungsmittel gegen Feuersgefahr und ihre Folgen ist die Feuerversicherung zu bezeichnen. Hier und dort tauchten die ersten äusserst schwachen Versuche auf, eine Art Gemeinschaft aufzurichten, wie z. B. in der Ordnung und Sitte, wonach die Nachbaren dem Geschädigten mit etwas Bauholz und Stroh zum Wiederaufbau seines Hauses behülflich sein sollten, oder der, dessen Haus zur Hemmung der Feuersbrunst niedergerissen war, von Seiten der Stadt eine Vergütung zu gewärtigen hatte [360]). Aber als Regel konnte man wohl voraussetzen, dass, was ein Raub der Flammen geworden, unwiederbringlich verloren war. So stand denn Glück und Wohlstand jedes Einzelnen bei Tag und Nacht stündlich auf dem Spiele.

Kein Wunder daher, dass eine Feuersbrunst die ganze Stadt in Aufruhr brachte. Auf den Ruf »Feuer!« wurde mit den Kirchenglocken geläutet. Jeder liess liegen und stehen, was er vorhatte, und bekam neue Pflichten. Den zunächst für Kopenhagen verfügten Bestimmungen zufolge [361]), mussten die Zimmerleute, Maurer und alles Schiffsvolk augenblicklich auf der Brandstätte erscheinen, Leitern anlegen, und von dem brennenden Hause aus, oder von den Dächern der Nachbarhäuser mit Feuerhaken versuchen, der Gewalt des Elementes Einhalt zu thun. Dem Rottenmeister und Wachtschreiber lag es ob, nach den ledernen Eimern auf dem Rathhause zu laufen; die Bewohner der Strasse, in welcher das Feuer ausgebrochen war, hatten Wasser herbeizuschaffen, diejenigen derselben, die Brunnen besassen, unausgesetzt heraufzuziehen, die Uebrigen aber Bierfässer zum Füllen herbeizurollen und beim Reichen der Wassereimer hülfreiche Hand zu leisten. Der Aeltermann der Fuhrleute war verpflichtet, umherzulaufen und der ganzen Zunft anzusagen, damit sie sich zum Wasserfahren einfänden. Alle übrigen Bürger mussten bewaffnet erscheinen, ein Theil derselben sich auf dem Markte aufstellen, die Anderen nach den Thoren und Wällen eilen, um allerlei

Gefahr abzuwehren, falls sich ergeben sollte, dass das Feuer angelegt sei, vielleicht von ausländischen Mordbrennern oder ähnlichem Gesindel, von welchem man Alles zu befürchten hatte. Nur Frauen und Kinder konnte man nicht brauchen: sie sollten sich von der Brandstätte fern halten, oder selbst den Schaden tragen. In Aalborg war es jedoch nur solchen Frauen, die einen Mantel trugen, verwehrt, bei dem Feuer sich zu zeigen, vermuthlich, weil diese Tracht das Fortschleppen gestohlenen Gutes erleichterte, oder weil sie erkennen liess, dass jene nicht gekommen seien, um Wassereimer zu reichen. Erschien aber dennoch Eine in solcher Kleidung, so sollte der Mantel verwirkt sein und auf's Rathhaus gebracht werden[862]). Auch war der gewiesene Platz der Frauen ohne Zweifel zu Hause, unter ihren Kindern, von wo sie, falls das Feuer näher rückte, hinaustragen konnten, was zu retten war.

Alle diese Unruhe, Verwirrung und Noth, zu welcher eine solche Feuersbrunst Veranlassung gab, wenn sie weiter um sich griff und am Ende die halbe oder ganze Stadt in Asche legte, wurde natürlich noch gesteigert, wenn sie in einer Winternacht entstand, während Alles schlief, und die Finsterniss auf den Strassen jede Ordnung und jede Leitung unmöglich machte, vielleicht gar der Fjord oder sonstige nächstliegende Gewässer mit Eis bedeckt waren. Unter solchen Umständen brach im Jahre 1589 die Feuersbrunst in Bergen aus[863]); und wenigstens eine auffallend grosse Zahl der übrigen schlimmeren Feuersbrünste, z. B. alle drei Bergenschen, entstanden zur Winterzeit. Unter solchen Umständen wurde die Aussicht, seine Habe zu retten, ungemein verringert, und zugleich die Noth der Obdachlosen doppelt fühlbar.

Die Hülflosigkeit und Angst, in welcher man sich diesen Gefahren gegenüber befand, malt sich unter Anderem ab in der beständigen Furcht, von der nicht allein die Bevölkerung, sondern zugleich die Regierung beherrscht wurde, vor geheimen Mordbrennern. Dreimal stellte die dänische Regierung einen besonderen Befehl an die Bürger aus, dass sie vor solchen Banden auf ihrer Hut sein und die Pallisaden rings um die Städte in Ordnung halten, auch jederzeit Wasser zur Hand haben sollten[364]). Und von der ganzen Unruhe und unheimlichen Betäubung, wie sie in solchen Stunden die Gemüther überwältigen mochte, schimmert Etwas sogar in den gesetzlichen Verordnungen von damals durch, und macht diese zu einem lebendigen Bilde der Gesetzlosigkeit, welche sie bekämpfen sollten. Wie leidenschaftlich, und zugleich wie unklar lautet jene Bestimmung, dass, so Jemand mit einem Feuerhaken mithelfe, ohne »hierbei berathen zu sein von denen, die Verstand haben«, er des Todes sein soll; und welche Wildheit lodert auf in jenem Gebote, dass der oder die, durch deren Unvorsichtigkeit der Brand entstanden sei, »sogleich ohne Gnade ins Feuer geworfen werden solle, nach dem Wortlaut der Privilegien«![365]) Und dass solche Gebote kein Scherz waren, davon bekommt man einen Eindruck, wenn man erfährt, dass der Mann, in dessen Hause die Feuersbrunst zu Aarhus im Jahre 1541 ihren Anfang nahm, für ehrlos erklärt wurde und erst alsdann seine bürgerliche Ehre wieder erhielt, nachdem derjenige, der Schuld gewesen an der Entstehung des Feuers, hingerichtet worden war[366]).

Sowohl in Dänemark als in Schweden waren wenigstens die Regierungen sich vollständig darüber klar, was die Hauptschuld der häufigen und so zerstörenden Feuersbrünste war. In Stockholm war man daher aufs Ernstlichste bemüht, die Holzbauten, sowie in Dänemark, die Strohdächer auszurotten. Norwegen aber stand, wie wir im Vorigen gesehen haben, ausserhalb dieser Bestrebungen: die Verhältnisse des Landes eigneten sich einmal nicht für den Aufbau steinerner Häuser. Etwas musste indessen auch hier geschehen. Man wandte also ein Mittel an, das ebenso wirksam war, wie jene; und sowie es mit einer gewissen Energie durchgeführt wurde, gebührt ihm das Verdienst, dass die norwegischen Städte für einen äusserst wichtigen Fortschritt im Norden die Bahn gebrochen haben.

Das Mittel bestand einfach darin, dass man die Städte mit offenliegenden, unbebauten Streifen durchzog, »Almenninger« genannt, um der Verbreitung des Feuers eine Grenze zu setzen und im schlimmsten Falle es wenigstens auf ein einzelnes Quartier zu beschränken. Bergen war es, welches hierin voran ging. Dort war dasselbe Mittel schon während des Mittelalters angewandt worden; aber ruhige Zeiten hatten die Bedeutung des Mittels theilweise in Vergessenheit gebracht, als die Feuersbrunst des Jahres 1561 die Bevölkerung wieder aufschreckte. Die Regierung ordnete sofort die Errichtung neuer ausreichender Almenninger an, und stellte die der Krone gehörigen Grundstücke zur Verfügung, theils um die Durchführung der Massregel zu fördern, theils um Solchen, die hierbei ihre eigenen Grundstücke einbüssen sollten, einen Ersatz zu schaffen [367]). Kaum war aber die Gefahr vorüber, als die getroffene Anordnung auf Opposition stiess, infolge deren Alles beim Alten geblieben zu sein scheint [368]).

Aber da kam die Feuersbrunst vom Jahre 1582, und sieben Jahre nachher wieder eine ebenso furchtbare. Beide führten einen nur allzu deutlichen Beweis für die Unhaltbarkeit des Bestehenden; und dieses Mal sollten die Veranstaltungen der Regierung nicht gänzlich zu leeren Worten werden. Nehmen wir auch an, dass der Plan derselben, nach welcher die »Almenninger« bis zur Breite von 38 Ellen angelegt werden sollten, nicht zu völliger Durchführung gekommen ist [369]), so konnte Bergen jedenfalls, der neuen Ordnung zufolge, offene Plätze und breite Strassen in einem Umfange aufweisen, welcher den baulichen Charakter der übrigen Städte des Nordens weitaus übertraf.

In Marstrand [370]) und Drontheim [371]) wandte die Regierung ganz dieselbe Massregel an, und befahl nach den dortigen grossen Feuersbrünsten, »Almenninger« anzulegen und die Strassen zu erweitern. So wurde denn in Drontheim befohlen, dass die Stadt mit zwei Hauptadern durchschnitten würde, von welchen die eine sogar 42 Ellen breit sein sollte.

Wiewoit diese Anordnung damals ins Werk gesetzt worden ist, lässt sich schwer entscheiden. Dass aber hierdurch die Richtung bezeichnet wurde, in welcher die spätere Entwickelung sich bewegt hat, unterliegt keinem Zweifel. Drontheim zeichnet sich heutigen Tages durch Hauptstrassen aus mit einer Breite von 50 bis 60 Ellen [372]).

Wir haben früher die Beschaffenheit theils der Wände, theils der Dächer der städtischen Wohnungen betrachtet. Wir werden jetzt bei ein paar Einzelheiten etwas verweilen, die für das Aeussere derselben charakteristisch waren.

Was an diesen Häusern sicherlich auf einen Beobachter aus der Neuzeit einen wenig anmuthenden Eindruck gemacht hätte, waren ihre Fenster. Klein, mit Blei eingefasst, halb undurchsichtig, zuweilen mitten in dem grünen Glase mit einem Buckel versehen, wie der Boden einer Flasche, stierten sie Einem trübe und matt, fast gefängnissartig entgegen. Und dennoch bildeten die Fenster den eigentlichen Stolz jener Zeit. Sie bezeichneten einen der grössten Fortschritte, die das Geschlecht gemacht hatte, und liessen den grossen Abstand erkennen zwischen dem dürftigen, armseligen Loose der Vorväter und dem fast bedenklich weitgetriebenen Luxus jener Zeit.

Denn man brauchte kaum über fünfzig Jahre zurückzugehen, um einer Zeit zu begegnen, wo alles das unbekannt war. Damals waren die Fensterscheiben in den Stadthäusern von Thierhäuten, Papier oder Horn, oder fehlten auch ganz, indem das Fenster nur aus einer hölzernen Luke bestand [373]). In jenen Tagen war's, wo man bei dem Brande des Roeskilder Doms es als einen besonders schweren Verlust beklagt hatte, dass die Glasfenster der Kirche zerstört waren [374]). Es waren Erinnerungen aus jener Zeit, wenn ein Geistlicher zu Kopenhagen, noch im Jahre 1521, in seinem Testamente bestimmte, wer nach seinem Tode Besitzer seines Glasfensters sein sollte [375]).

Seitdem hatten die Verhältnisse sich geändert. Jetzt waren Glasscheiben allgemein geworden. Das sechzehnte Jahrhundert hatte es gesehen, wie auch auf dem Gebiete der rein äusserlichen Aufklärung das Volk in das Erbe der Kirche eintrat. Hier, wie nach anderen Seiten hin, verhielt sich Skandinavien bloss empfangend. Die Umwälzung war keine Frucht des eigenen Erfindungsgeistes im Volke: es waren die sinkenden Preise des Glases im Auslande, von wo es bezogen wurde, wodurch die weiteingreifende Veränderung ermöglicht wurde.

Dessenungeachtet war diese Veränderung eine willkommene. Und Niemand, der sich der früheren Zeit erinnerte, die er als Kind an den Wintertagen im Finsteren, oder höchstens hinter einer blinden Fensterscheibe gesessen hatte, konnte so stumpfsinnig sein, dass er nicht manchmal ein inniges Behagen empfand, wenn das durchsichtige Glas ihm erlaubte, zu sehen, was draussen vorging, oder wenn die Sonnenstrahlen nicht, wie vormals, abprallten, sondern in allen Farben sich brechend und funkelnd, die Scheibe in einen Diamant verwandelten und in einem goldenen Strome sich über den Fussboden ergossen.

Es ist begreiflich, dass, wer irgend konnte, gern an dieser Verbesserung theilnehmen wollte. Anfangs waren es natürlich nur die Wenigsten, die sich in der Lage befanden, diese ebenso zerbrechlichen als kostspieligen Dinge anzuschaffen; aber mit reissender Schnelligkeit schritt die Entwickelung vorwärts. Es ist nicht ohne Interesse, einzelne Züge dieses Fortschrittes näher zu beobachten. Im Jahre 1510 hören wir, wie Königin Christine in ihrem Hofe zu Odense eine neue Papier-Scheibe einsetzen liess. Ebendaselbst wird ein »loghvindhu« erwähnt, worunter gewiss nichts weiter als eine Luke zu verstehen ist[376]). Noch im Jahre 1554 befahl König Christian III, dass in dem neuerbauten Flügel des Kopenhagener Schlosses Glasscheiben nur in »einem Theil« der Fenster eingesetzt werden sollten, also nicht in allen[377]). Am Ausgange des Jahrhunderts endlich war es eine beliebte Abendunterhaltung geworden, und zwar sowohl in Kopenhagen[378]), als in Viborg und Ribe[379]), den

Leuten die Fenster einzuschlagen. Selbst des Büttels Haus zu Helsingör war um jene Zeit mit Glasfenstern versehen [380]). Im Jahre 1549 gab es in Ribe drei Glasermeister, im Jahre 1591 die doppelte Anzahl [381]). Ein kleiner, aus England uns mitgetheilter Zug wird uns zeigen, dass in Westeuropa die bezügliche Entwickelung nicht eben viel raschere Fortschritte machte, als im Norden. Ein reisender Franzose, welcher unter der Regierung der Königin Elisabeth das Land besuchte, betrachtet es als eine der Aufzeichnung werthe Erscheinung, dass in den englischen Städten die Wohnhäuser der Kaufleute nicht nur im Erdgeschoss, sondern auch in den oberen Stockwerken mit Glasscheiben versehen waren [382]).

Die Preise des Glases sanken in entsprechendem Verhältniss. Während in früherer Zeit Fensterglas als ein purer Gegenstand des Luxus galt, konnte es schon im Jahre 1577 für die Aufführung der Festung Kronborg zu 42 Pf. (3 Schilling) für jede kleine Scheibe geliefert werden [383]), ein Preis, der allerdings nur scheinbar mit dem heutigen übereinstimmt, sofern ja der Werth des Geldes damals ein weit grösserer war, der aber doch nicht länger den allgemeinen Gebrauch der Glasscheiben ausschloss. In England berechnete man um's Jahr 1580, dass Glasfenster und Verschlüsse von altherkömmlichem Flechtwerk ungefähr gleich theuer zu stehen kamen [384]). Bis dahin war alles Fensterglas nach dem Norden vom Auslande her verschrieben worden; im Jahre 1576 konnte Friedrich II eine im Lande selbst hergestellte grössere Partie, von dem Edelmann Sten Bille in Schonen, kaufen [385]). Spätestens war es im Jahre 1591, dass auch im Königreich Schweden die inländische Bereitung von Fensterglas ihren Anfang nahm [386]). Im Anfang des Jahrhunderts war eine Glasscheibe, selbst wenn sie grün und dazu buckelig war, ein besonderer Zierrath gewesen. Im Jahre 1576 konnte Johann III eine grössere Partie Glas, welche für das Stockholmer Schloss bestellt war, aber angeblich hier sich nicht sonderlich ausgenommen hätte, verwerfen und dafür eine andere bestellen von dem klaren, französischen Glase [387]).

Eine Folge der Einführung der Glasscheiben, welche jedoch in diesem Jahrhundert sich wohl kaum in den Wohnhäusern der Städte bemerkbar machte, sondern sich auf Schlösser und einzelne gutsherrliche Gehöfte beschränkte, bestand darin, dass die Fenster, sowohl an Grösse wie an Zahl, bedeutend zunahmen. Das Verlangen nach reichlicherem Licht — ein Verlangen, das sich seit jener Zeit fortwährend, bis in unsere Gegenwart, in immer stärkerem Grade geltend gemacht hat — war einfach bedingt durch die neue Anwendung des Glases. Es gab sich in allen Bauunternehmungen Friedrich's II und Johann's III zu erkennen; einen deutlichen Ausdruck erhielt es in dem Befehl Johann's III, als dieser mit seinem Hofe in Enköping sich niederzulassen beabsichtigte: die Fenster in den hierzu erforderlichen Bürgerhäusern sollten vor Ankunft des Königs vergrössert werden, so dass die Stuben das genügende Licht erhielten [388]).

Aus den hier mitgetheilten Zügen könnte man geneigt sein den Schluss zu ziehen, vor dem Ausgange des sechzehnten Jahrhunderts müssten wohl in den Städten sämmtliche Wohnhäuser mit Glasfenstern versehen worden sein. Ein solcher Schluss wäre jedoch unstreitig als ein voreiliger zu bezeichnen. Sowohl der Mangel an Mitteln, als auch das zähe Festhalten am Ererbten und Gewohnten, waren Ursache, dass es fortwährend viele säumige Nachzügler gab. Die Gefahr, dass die neumodischen Fensterscheiben durch Unvorsichtigkeit, oder aus Muthwillen eingeschlagen wurden, konnte wohl auch Manchen bedenklich machen; und sollte man, wie die Verhältnisse es eigentlich geboten, Laden vor die Glasfenster gegen die Strasse hin vorsetzen, so steigerte ja ein solcher zwiefacher Verschluss, der eine von Glas, der andere von Holz, die Ausgaben in erheblichem Masse. Daher kommt es, dass wir Fenster vom alten Schlage bis zuletzt finden, nämlich blosse Holzluken. An solche müssen wir denken, wenn z. B. von einem Hause zu Ribe, welches überfallen worden war, gesagt wird: in dem einen Fenster hätten sich Risse gefunden [389]); oder wenn in Bergen Jemand sich beschwerte: ein Anderer »habe in sein Fenster hinein gehauen und gestochen« [390]). Und wir dürfen gewiss voraussetzen, dass die meisten Ladenfenster die alte zweckmässige Form beibehielten: eine hölzerne Luke, welche, wenn sie niedergeschlagen wurde, wahrscheinlich als Tisch diente — der Käufer stand draussen auf der Strasse — und, war sie zugeschlagen, deutlich zu verstehen gab, dass der Laden jetzt geschlossen sei.

Eine Sitte, zu welcher die Glasscheiben bei ihrem ersten Aufkommen Veranlassung gaben, welche aber jetzt beinahe ganz verschwunden ist, war diese, dass man Jahreszahl, Namen und Figuren den Scheiben einbrannte, aufmalte, oder auch geradezu mit verschieden gefärbtem Glas einsetzte. Ein solches buntes Bild, wie es heutigen Tages nur noch die Schilder der Glasermeister zeigen, war damals eine Aufgabe, die häufig im gewerblichen Leben vorfallen konnte, und diente nicht allein als Zeugniss für die Kunstfertigkeit des Meisters selbst, sondern auch für den Reichthum und den Geschmack des Besitzers [391]). Denn es scheint Sitte gewesen zu sein, solche Fensterscheiben als Geschenke bei Hochzeiten, oder bei Richtfesten, zur Einweihung eines neuen Hauses, zu verwenden [392]). Wie heutigen Tages die Photographien, erinnerten sie einigermassen an den Geber, indem sie, wenn auch nicht sein Bild, doch seinen Namenszug oder sein Wappen zeigten. Eine reichhaltige Sammlung solcher Scheiben, indess meistens aus etwas späterer Zeit, bewahrt das Museum zu Bergen, aus einer Menge norwegischer Bauernhäuser zusammengebracht, in welchen die Sitte im Verlaufe der drei letzten Jahrhunderte sich längere Zeit fortgepflanzt, aber auch hier wieder ausser Brauch gekommen ist [393]).

Ein Mangel haftete jedoch den Glasfenstern an, im Vergleich mit den alten hölzernen Luken. Sie liessen sich nur schwer öffnen. Zwar konnte man Hängen und Haken auch an ihnen haben; aber wer mochte sie einer neuen

Gefahr dadurch aussetzen, dass man sie in die Strasse mit allem ihrem Verkehr hinaus hängen liess? und warf einmal eine ungeübte Hand sie mit einem derben Griffe zu, wie man es etwa bei den Luken gewohnt geworden, so mussten wohl alle Scheiben dabei herunterklirren. Nein, die einfache Vorsicht gebot, sie tüchtig vernagelt zuzuhalten. Die neue Einrichtung hatte also nach innen eine sehr missliche Wirkung, welche wir weiter unten noch näher schildern werden: das vermehrte Stubenlicht wurde auf Kosten der frischen Luft erkauft. Aber auch nach aussen führte sie eine Entbehrung mit sich, welche neben den vielen gewonnenen Vortheilen sich doppelt fühlbar machte. Was nützte es doch, dass man jetzt bei geschlossenem Fenster sehen konnte, was draussen gerade vor dem Hause vorging? Vielleicht ereignete sich das Sehenswürdigste eben weiterhin auf der Strasse, und von dem allen war man abgesperrt: denn das Fenster liess sich ja nicht, wie früher, aufstossen.

Dieser Entbehrung liess sich indess abhelfen; und die Verbreitung, die das Hülfsmittel fand, beweist am besten, wie allgemein beliebt es war. Man konnte ja nicht allein an der Wandfläche des Hauses Fenster anbringen, sondern zugleich auch an dem thurmartigen Vorsprunge desselben; und fehlte etwa ein solcher, so konnte man ihn nachbilden, entweder indem man geradezu von Grund auf einen Ausbau aufführte, oder, was leichter ging, indem man das Fenster selbst zu einem Ausbau machte, ihm eine Gestalt gab, ähnlich der eines hinausgestellten Korbes, eines zwischengeklemmten Taubenschlags, eines angehängten Häuschens mit Fensterscheiben nach allen drei Seiten. Von diesen vorgeschobenen Posten aus konnte man Alles beobachten; ja, wie von einer Bastion vermochte man, selbst gedeckt, die ganze Strasse nach links und rechts zu bestreichen.

Unter dem gemeinsamen Namen »Karnapper« (das ist Erker) wimmelte es nun bald von solchen kleinen Ausbauten. Nicht als wären sie früher ganz unbekannt gewesen: das Recht, die Städte mit Thürmen auszustatten, stammte aus alter Zeit[394]); aber bisher hatten diese zu den Ausnahmen gehört und meistens anderen Zwecken gedient, häufig nur dazu, eine Treppe oder dergleichen einzuschliessen. Fortan wurden sie allgemein und kamen in allen Grössen vor, von den geräumigen und solide ausgebauten Eckstuben — »am 29. Juli 1564 war ich bei Professor Hans Frandsen zu Gaste in seinem hohen Karnap«, so schreibt Absalon Pederson von seinem Ausfluge nach Kopenhagen[395]) — bis hinab zu den unbedeutendsten Anhängseln, in denen nur ein vorgestreckter Oberkörper mit einem Paar neugierig spähender Augen Platz finden konnte. Der einem einzelnen solchen Karnap beigelegte Name — nämlich demjenigen, der sich auf dem Schlosse zu Kallundborg fand — ward bezeichnend für die ganze Gattung: er hiess »Glarborg«, d. i. Glasburg[396]). Ihnen allen war Diess gemeinsam, dass sie den Häusern ein höchst unregelmässiges Aeussere gaben. Was Kopenhagen betrifft, so fällt ihre Blüthezeit von der Mitte des sechzehnten Jahrhunderts bis zum Jahre 1683, wo das Verbot erging: ferner keine Karnapper und Aussen-Fenster zu bauen, da »sie die Zierlichkeit der Häuser verunstalten und den Nachbaren oft zum Präjudiz gereichen«[397]).

Nach innen, gegen den Hof, waren die ansehnlicheren Häuser häufig auf eine Weise ausgestattet, durch welche diese Seite des Hauses zu der gemüthlichsten ward. Hier war nämlich, aussen vor dem ersten Stockwerke, eine s. g. »Svale« (Kühlgang, oder Söller) angebracht. In den, nach neuerer Mode viereckig angelegten, Hofräumen konnte sie oft längs drei Hausmauern hinlaufen, was jedoch, wie solche Höfe selbst, zu den Ausnahmen gehörte. Die »Svale« konnte man mit Recht ein Erzeugniss des Fachwerkbaues nennen. Sie nahm den Raum ein zwischen den vorspringenden Deckenbalken des Erdgeschosses und dem hinausgebauten Dache. Indem sie die Balkenköpfe verdeckte und mit ihren freistehenden Aussenpfosten das Dach stützte, war sie zu gleicher Zeit offener Raum und dabei doch ein Bestandtheil des ganzen Gebäudes, stellte gleichsam das aufgeschlagene Visier des Hauses vor, wo Beides, die freie Luft und der häusliche Verschluss, einander begegneten.

Ursprünglich nur zu einem offenen Treppengang, mit einem Aufgang vom Hofe, bestimmt, war sie im Laufe der Zeit zu etwas Anderem und Bedeutenderem geworden. Sie bildete nicht bloss, wie heutigen Tages ein Korridor, die Verbindung zwischen verschiedenen Zimmern, sie war nicht bloss eine Art Wächtergang, mit einem Einblick und Ausguck nach allen Seiten; sondern ganz allmählich und wie von selbst war sie der gewöhnliche Aufenthalt der Frauen geworden, für so lange, wie die Jahreszeit ihn erlaubte. Hier konnten sie weit ungestörter, als auf der Bank draussen auf der Strasse, frische Luft schöpfen und doch zugleich die Hände rühren bei ihrer Arbeit; von hier konnte die Hausmutter ein waches Auge über Alles gehen lassen und ebensowohl das Federvieh auf dem Misthaufen, als die Mägde in der Brauerei und die im Hofe spielenden Kinder überwachen.

Auch die »Svale« erhielt, wie es scheint, durch die Einführung der Fensterscheiben eine Verbesserung. Schon der Einblick von dort in die daran liegenden Zimmer wurde durch dieselben bedeutend erleichtert; aber die »Svale« selbst genoss von der Neuerung ihren Vortheil: denn es scheint der Gebrauch aufgekommen zu sein, wenigstens einen Theil dieses Ganges mit Fenstern gedeckt zu halten[398]). Ohne Zweifel hatte man bisher dort vom Luftzuge zu leiden gehabt. So konnte denn ein durchsichtiger Schirm, vielleicht in eine nach Belieben herunterzunehmende Bretterbekleidung eingefasst, sehr dazu helfen, dass der Aufenthalt für längere Zeit des Jahres zu benutzen war.

Etwas anscheinend Geringes, was unser Blick an jenen Häusern vergebens gesucht hätte, waren die Hausnummern, sowie auch die Angabe der Strassennamen an den Ecken. Man mochte wohl von Jedermann voraussetzen, dass er den Namen der Strassen kenne; die Häuser aber hatten überhaupt keine Nummer. Sich in der Stadt zurecht finden und rathen zu sollen, in welcher Strasse man sich befinde, diese Forderung war am Ende, selbst für einen Fremden, nicht so schwierig, als sie im ersten Augenblick erscheint. Die Hauptstrasse war ja leicht zu erkennen; dazu hiess sie beinahe überall die »Algade« (All-Strasse); der »Markt« bezeichnete genugsam sich selbst. Welches die »Ostergade«, »Vestergade«, »Nørregade« und »Søndergade« (Ost-, West-, Norder- und Süderstrasse) war, davon konnte man sich leicht genug überzeugen, wenn man nur einen Blick nach der nächsten Wetterfahne richtete; ebenso erklärten sich völlig von selbst die Namen »Ved Stranden« (am Strande), »Aagade« (Austrasse), »Bag Slottet« (hinter'm Schloss), »Bag Graven« (hinter'm Graben) u. dgl.; und die meisten der nach gewissen Hantierungen benannten Strassen entsprachen in der That ihren Namen. So waren es denn nur solche Bezeichnungen, wie »Bøddelstræde« (Büttelgasse), »Kattesund« (Katzensund), »Sviegade« (Brennstrasse), »Skidenstræde« (Dreckgasse)[399]) und andere, welche auf mehr als eine passen zu können schienen; aber hierbei durfte es zum Troste gereichen, dass die Bewohner der Stadt selbst häufig dieselbe Strasse mit verschiedenen Namen benannten. Die spätere Zeit beseitigte die letztgenannte Schwierigkeit, indem sie für jede Strasse einen bestimmten Namen fixirte. Aber selbst die zurechtweisende Bedeutung der Namen hat sich verloren, seit man aufhörte, sie von örtlichen Eigenthümlichkeiten abzuleiten. Seitdem mussten die Strassen ihre Namen auf Borg nehmen, im siebenzehnten Jahrhundert von Thieren und Pflanzen, im achtzehnten von Ständen, Theilen des Reiches und allgemeinen Begriffen, in unserer Zeit endlich von geschichtlichen Personen, die zu ihnen ganz und gar keine Beziehung haben.

Die Numerirung der Häuser ist eine Erfindung ziemlich später Zeit. Sie wurde erst im vorigen Jahrhundert in den Städten Europa's eingeführt, und stiess überall auf lebhaften Widerstand. In Kopenhagen wurde sie im Jahre 1771, in Odense 1789 durchgeführt[400]). Im sechzehnten

Jahrhundert war sie überflüssig, da in der Regel der Bewohner zugleich Besitzer war, oder doch das ganze Haus bewohnte und in der ganzen Strasse wohl bekannt war. Des Bewohners Namen war die Nummer des Hauses. Noch im Anfange unsres Jahrhunderts gab es in der Hauptstrasse von Horsens nur Einen, der einen Theil seines Hauses vermiethete [101]). Selbst da, wo ärmliche Verhältnisse und beengter Raum es mit sich führten, dass Mehrere in denselben »Buden« wohnten, war doch die Absonderung der einzelnen Familien von aussen her ziemlich leicht erkennbar.

Die Häuser wurden also nach dem Besitzer, oder Bewohner, beide meistens dieselbe Person, benannt. Aber die Bildersprache, welche dem Hause als solchem, abgesehen von seinem Bewohner, einen Namen zutheilte, und so den Uebergang bildete zu den regelrechten Hausnummern, kam damals schon stark in Gang. Allmählich, jenachdem solidere Fachbauten und steinerne Häuser aufkamen, welche geeignet waren, mehrere Eigenthümer zu überleben, musste natürlich auch der Name von diesen vielmehr auf das Gebäude des Hauses übergehen und an ihm haften. Die Balkenhäupter und die Thürrahmen forderten gleichsam dazu heraus, dass man sie auf die eine oder andere Weise ausschnitt; die lebendige Einbildungskraft der Zeit, dazu der erwachende Sinn für gelehrte Kenntnisse, machten allerlei Bilder und Inschriften zu beliebten Zierrathen.

Die Bilder waren anfänglich Wappen und Embleme, oder sinnbildliche Bezeichnungen der Thätigkeit des Eigenthümers. Sie wechselten ihren Ort nicht, wie die Schilder in unserer Zeit, sondern mit dem Hause verknüpft, gaben sie zuletzt demselben seinen Namen, nachdem ihr Ursprung oft schon längst vergessen war.

Die Inschriften bestanden entweder bloss in Jahreszahlen und Anfangsbuchstaben, oder häufig in Bibelsprüchen und Versen erbaulichen oder geschichtlichen Inhalts. Zu der letzteren Gattung gehörten besonders Angaben von Feuersbrünsten, denen das Haus, oder die Stadt ausgesetzt gewesen war. Als Beispiel der letzteren Art kann man eine Inschrift anführen, die sich in Bogense an einem Hause findet und ihrem Sinne nach also lautet:

> „Als man schrieb 1500 und siebenzig,
> Den ersten Oktober — nicht lüge ich —
> Da brannte Bogense nieder in Einer Gluth.
> So helfe Gott uns in allem Jammer und grosser Noth!"[403]

Unter den Inschriften von mehr allgemeinem Inhalt gab es einzelne, die dem damaligen Geschlechte besonders zugesagt zu haben scheinen, daher öfter angewendet wurden. Hieher gehören namentlich die zwei Zeilen:

> „Gott helfe uns, so bauen und wohnen hienieden,
> Dass wir erlangen den ewigen Frieden."

Sie kehren hier und dort unter verschiedenen Formen wieder, allerdings nicht immer mit gehöriger Rücksicht auf die Regeln der Dichtkunst. Als eine der wohllautendsten Versionen verdient folgende verzeichnet zu werden, wie sie auf dem Markte zu Odense, an dem Gehöfte des seiner Zeit angesehenen Ole Bager, also zu lesen ist:

> Gott Vater, Sohn und Heiliger Geist,
> Wider Noth und Feuer uns Beistand leist'!
> Hilf uns, also zu bauen und wohnen hienieden,
> Dass wir erlangen den ewigen Frieden!
> Ihm sei Ehre, uns Heil bereit,
> Im Namen derselben Dreifaltigkeit![403]
> 1581.

Selten nur kam es vor, dass von dem Grundgedanken dieser Inschriften, das Haus in Gottes Obhut zu befehlen, abgegangen wurde. Indessen trifft man doch mitunter auf Verse von mehr allgemein moralischem Inhalt, z. B.:

> Wie kann uns geheimer Kummer beschworen!
> Gottes Gabe ist Ruhe mit Ehren.

Oder:

> Wie Gott und Glück es für dich fügen,
> Sei dankbar dem Herrn und lass dir gnügen.[404]

Das Gewöhnlichste jedoch war die Anbringung von Bibelsprüchen [405]). Diese wurden, in der treuherzigen Weise jener Zeit, angewandt, wo es irgendwie geschehen konnte, manchmal freilich in einem Zusammenhange, der uns weniger passend erscheinen dürfte. Ueber dem Weinkeller zu Odense, bei dem von Ole Bager aufgeführten Hause »Jordan«, sogenannt als Hindeutung auf die Weintrauben Kanaans, und Versammlungsort für eine äusserst bunte Gesellschaft, hatte der Erbauer die alttestamentlichen Worte anbringen lassen: »O Gott, nach dir verlanget mich, mein Herr und mein Gott! Ich hoffe auf dich« u. s. w. Die im Inneren des Kellers stehende deutsche Inschrift: »Der Wein ist Gottes Gabe« bezeichnete wohl besser das Höchste, was an religiöser Stimmung bei den Gästen des Hauses erwartet werden durfte [406]).

Das Innere der Stadtwohnungen.

Wollte man in eines dieser Häuser eintreten, so musste man, bei Hohen wie bei Niederen, unmittelbar von der Strasse aus, durch eine Hausthür gehen. Selbst wenn sich eine Pforte in der Mitte befand, so mündete doch in dieselbe keine Vorstubenthür, kein Treppengang; sie führte ausschliesslich auf den Hofplatz. Bei den Wohlhabenderen führte eine Treppe zur Hausthür hinauf; bei den Aermeren trat man gerade hinein. Alle ohne Unterschied hatten aber ein Schirmdach, oder einen Beischlag oberhalb der Hausthür, und ein Paar Seitenplätze unter dem Beischlag — trauliche Erinnerungen an jene Zeit, wo die Glasfenster noch etwas Unbekanntes waren, und man allein auf diesen Bänken der Aussicht auf die Strasse hinaus geniessen, oder, wenn das Tagewerk vorüber war, hier mit Nachbaren von rechts und links, oder von drüben, sich in ein gemüthliches Geplauder einlassen konnte. Der Beischlag wurde zuweilen von Pfosten getragen, die mit Bildschnitzerarbeit geschmückt waren, und erschien wie eine Art Hochsitz im Freien. Treffend verglich ein Ausländer diese überschirmten Ausbaue, welche in seiner Heimat schon ausser Brauch gekommen waren, mit kleinen Kartenhäusern, die man vor die eigentliche Wohnung gestellt habe [407]).

Die Hausthür, sowie zuweilen auch die Hofpforte, war bei Einigen mit einem Hammer ausgestattet [408]), welcher, wie heutigen Tages eine Hausglocke, ankündigen konnte, wenn Jemand hereinwolle. Ein überflüssiger Zierath: denn Tages blieb die Thür gewöhnlich unverschlossen, und zur Nachtzeit öffnete man nicht, wenn auch zehnmal mit dem Klopfer gegen die Thür, oder sonstwie gegen die Läden gedonnert wurde. Die Hausthür war in den allermeisten Fällen einfach und von tüchtigem Eichenholz. Flügelthüren wurden selten oder nie angebracht. Dagegen war es eine sehr allgemeine Sitte, jene einfachen Thüren querüber in zwei Halbthüren getheilt zu haben, so dass man die obere öffnen konnte, ohne zugleich die untere aufzuschliessen. Hierdurch wurde der Vortheil erreicht, dass man gegen etwaige Angreifer in offener Thür stehen und doch von unten gedeckt bleiben konnte; und sass man draussen auf der Bank, so konnte man durch die geöffnete Oberthür hören, was drinnen im Hause vorging, ohne dass darum Hühner und kleine Buben heraus brechen, oder frei umherlaufende Schweine und Hunde hinein schlüpfen konnten. Die Thür wurde meistens nach innen geöffnet, und inwendig sass an der Oberthür die Klinke, an der unteren Thür der Haken. Jedoch werden auch Schlösser erwähnt. Wollte man vor der Nacht die Thür abschliessen, so nahm man nur die Klinke oder den Schlüssel ab und warf die Thür zu. Sie konnte alsdann nur von innen geöffnet werden [409]).

Der erste Raum, in den man eintrat, war die Vorstube. In der Regel war sie freilich etwas umfangreicher, als sie heute zu sein pflegt, bildete übrigens damals, ebenso wie jetzt, einen letzten Vorhof zum Heiligthum des Hauses. Stand, wie es Sitte war, die Aussenthür unverschlossen, so hatte man Zeit, durch ein Guckloch, welches in der Thür der täglichen Stube angebracht war [410]), zuzusehen, wer der eingetretene Gast sei, bevor dieser in die Stube selbst eintrat. Draussen war es nämlich üblich, den Mantel abzulegen, und — was jeder Nüchterne und wegen Lebensgefahr Unbesorgte that — auch seinen Spiess bei Seite zu stellen [411]). Das Schwert, und jedenfalls das Messer, hatte man ja auch alsdann noch zur Hand.

In bürgerlichen Häusern führten gemeiniglich aus dem

Flur zwei Thüren weiter, eine nach jeder Seite. Durch die eine kam man in das eigentliche Gebiet des Mannes, »die Bude«, oder den Laden [412]). Ein solches Zimmer nahm sich nach unsren Begriffen sehr sonderbar aus. Ihm fehlte Alles, was wir in einem Kaufladen glauben erwarten zu dürfen: Tisch, ausgestellte Waaren u. s. w. Der Handel ging ja durch das Fenster auf die Strasse hinaus, wo ein besonderer Beischlag dem Käufer, welcher draussen stehen musste, als Schutz diente; und höchstens waren es ein paar im Fenster ausgelegte Gegenstände, die bescheiden genug andeuteten, was hier zu kaufen war. Alle weitere Ausstellung betrachtete die damalige Zeit als unwürdige Marktschreierei. War es doch allgemein bekannt, wo ein Jeder wohnte und welcherlei Dinge bei ihm zu haben waren. Etwas ganz Anderes war es, wenn ein alter Freund in den Laden selbst hineinsehen wollte und vielleicht Lust empfand, den vorhandenen Kram in Augenschein zu nehmen. Ihm zu Gefallen konnte man alsdann wohl eine Kiste oder zwei öffnen, oder der Handwerker einem Solchen zeigen, welche Arbeit er eben jetzt unter Händen habe. Aber weiter trieb man die Sache nicht. Waaren und Arbeit sollten im Uebrigen für sich selber sprechen.

Der Kaufladen ward unter solchen Umständen zu einem blossen Waarenlager, oder einer Werkstätte. In diesen Umgebungen war selbst der reichste Kaufmann nur der erste Geselle des Kramladens; den Meister konnte man nur daran erkennen, dass sein Platz das beste Licht hatte. Die Arbeit hatte dabei ihren Fortgang, und der Einzige, der als überflüssige Person erschien, jedenfalls durch sein Kommen einige Störung verursachte, war der Käufer.

Hinter der »Bude« (Laden) befand sich manchmal noch ein Raum, der ähnlich verwandt wurde. Wo der Betrieb von grösserem Umfang war, konnte es ja im Zimmer selbst an Platz fehlen; Waarenkisten sowohl als Lehrburschen konnten immer nur bis zu einer gewissen Grenze zusammengedrängt werden. Aber über zwei Räume hinaus erstreckte sich gewiss nur in seltenen Fällen der Bereich der »Bude«. Die Grösse der Waarenlager war, wie wir in einem anderen Zusammenhange sehen werden, verhältnissmässig gering; und die Zunftordnungen verhinderten es, dass etwa ein rascher und strebsamer Meister zu viele Gesellen in seinem Brot habe.

Eine andere Thür führte aus der Vorstube, oder dem Flur, in die Wohnstube, welche in der Regel ebenso, wie der Laden, an der Strassenseite lag. Hinter der Wohnstube lag wieder die Küche, und die übrigen Zimmer, soviele ihrer das Haus enthielt. Selbstverständlich musste Grösse, Anzahl und ganze Ausstattung dieser Räume hauptsächlich von den Vermögensumständen des Hausbesitzers abhängen. Insofern könnte eine wahre und deutliche Beschreibung, welche auf die Wohnung des ärmsten Handwerkers wie des reichsten Kaufmanns zugleich passte, als eine Unmöglichkeit erscheinen. Jedoch waren die Verhältnisse in dieser Hinsicht damals andere, als sie jetzt sind. Schlicht und ungekünstelt, jenen Stempel der Einfalt an sich tragend, welcher der Vorzeit eigen war, zeigten sie alle eine unverkennbare Familienähnlichkeit. Selbst die wildesten Schösslinge trugen Spuren ihres Ursprungs; selbst in dem, was die Zeitgenossen als neumodischen Luxus, als unerhörte Einfälle verurtheilten, würde die Jetztzeit lächelnd die gemeinsamen Züge wieder erkennen. Wenn wir nun im Folgenden ein Bild dieser Verhältnisse zu zeichnen suchen, nicht in ihren üppigsten Ausartungen, auch nicht wo sie durch Armuth und Noth in ihrer Entwickelung gehemmt waren, sondern nach den Grundformen, in denen der Charakter der Gattung am reinsten ausgeprägt war, so werden wir dadurch einen Eindruck von dem Heim eines schlichten Bürgers bekommen und von dem Ziele, welchem die Niedriggestellten zustrebten und von welchem auch die der günstigsten Lage sich Erfreuenden kaum im Stande waren sich zu entfernen.

Allen zuletzt genannten Räumen war Eines gemeinsam, nämlich dass sie zunächst zu dem Herrschaftsgebiet der Hausmutter gehörten. Betrachten wir denn vor Allem denjenigen, wo ihre Machtvollkommenheit am unbestrittesten war: die **Küche**, oder, wie jene Zeit sie gewöhnlich nannte, »Stegerset« (d. h. der Ort, wo gebraten wird).

Eine besondere Küche, zwar unter demselben Dache mit den übrigen Räumen des Hauses und doch von ihnen abgesondert — wieviel liegt hierin für Jeden, der einen Rückblick wirft auf die schwerfällige Entwickelung der Feuerstätte des Hauses von dem Heerde in der Mitte des steinernen Stubenbodens bis zur endlichen Einführung des Schornsteins! Dieser war's, der die städtischen Wohnhäuser erst zu Dem machte, was sie wurden. Ihm war es zu verdanken, dass die vielen Räume, die oberen wie die unteren, sowohl Winters als Sommers bewohnt werden konnten; diese zwei viereckigen, weiss angestrichenen und doch rauchschwarzen, gemauerten Pfeiler im Dache waren es, die dem Hause den Adelsrang gaben, es gleichsam zu einem warmblütigen und lebenskräftigen Gebilde machten, im Gegensatze zu allen den oben geschilderten, kalten Zweigeschoss-Häusern, welche, auch wenn sie stattlich waren, wie jenes Haus auf Ornäs (S. 37), und Stadtwohnungen ähnlich sahen, doch beim Nahen des Winters ihre niedere Natur verriethen und aus Mangel an innerer Wärme erstarrten.

An alles Dieses dachte indess die Hausmutter kaum, wenn sie an ihrem Schornsteine stand. Oder es mussten gerade die Feuerstätten im Hause nachgesehen werden, und der Magistrat oder seine Beamten erschienen sein, um zu prüfen, ob Alles in rechter Ordnung sei. Solche Inspektionen pflegten einmal des Jahres stattzufinden [413]), und scheinen ebenso nothwendig gewesen, als ungern gesehen worden zu sein. Es handelte sich nämlich darum, sich dessen zu versichern, dass die Bewohner der Stadt theils überhaupt Schornsteine hielten und sich nicht mit den altherkömmlichen Rauchlöchern begnügten, deren Feuergefährlichkeit nur allzu einleuchtend war, theils ihre Schornsteine in gutem Stande erhielten und nicht wieder verfallen liessen. In vielen Häusern war der Schornstein das einzige Mauerwerk des ganzen Gebäudes ⁴¹⁴); aber Mauersteine waren theuer, und eine geflickte und löcherige Feuerstätte, die man vielleicht nur mit halb zerbröckeltem Lehm, oder, wo es des Feuers wegen einigermassen thunlich schien, wohl gar mit einem Tuchlappen oder einem Strohwisch verstopft hatte, war für die leicht in Brand gerathenden Pfosten eine äusserst gefährliche Nachbarschaft. Die Aufseher hatten daher den Befehl, alle »bösen« Feuerstätten, die sie antreffen möchten, sofort niederzureissen — eine weit ausgedehnte Vollmacht, deren Handhabung mitunter für die, welche auf das Mittagsessen warteten, ziemlich brüske Störungen herbeiführen konnte.

Die Einrichtung der Feuerstätte war in hohem Grade einfach, verlangte aber gerade deshalb bei dem, der dabei zu arbeiten hatte, besondere Tüchtigkeit. Da fand sich keine der Bequemlichkeiten der Jetztzeit, Sparheerd mit Zügen, Kochlöchern und Bratöfen. Alles ging droben vor, wo das Feuer auf dem blossen Steinaltar brannte, und wo ein Gewimmel von stummen Dienern lag, stand und hing, um im rechten Augenblicke ins Feuer geführt zu werden. Da war der mächtige Kessel auf seinem Schwunghaken, einer Weltkugel gleich schwebend, unter seinem kupfernen Deckel brodelnd und puffend, niemals aber seinen Inhalt selbst dem längsten Halse verrathend. Da waren alle die vielen Grapen, grosse und kleine, mit niedrigen oder auch keinen Beinen, bestimmt, auf Dreifüsse gesetzt zu werden; da waren die kleineren Kessel, Kasserollen und Pfannen, und endlich die eigenthümlichste Waffe jener Zeit: die Bratspiesse, welche immer etwas Ausserordentliches ahnen liessen, wenn sie in Gebrauch genommen wurden, aber auch geeignet waren, die Harrenden ungeduldig, den Arm der Hausmutter müde und ihre Wangen glühend zu machen, bis endlich der Braten völlig gar war ⁴¹⁵).

Forderten schon alle diese Werkzeuge zu ihrer Handhabung eine kundige Hand, und gehörte längere Erfahrung, sowie Geistesgegenwart und starke Nerven dazu, die Zeitfolge der Zubereitung zu ordnen, den rechten Augenblick, ungeachtet des Rauches, des Qualmes und der heissen Gluth wahrzunehmen und dabei fort und fort den Spiess zu drehen, ihn dicht und doch wieder nicht zu dicht ans Feuer zu halten, auch wenn die Hofthür ging und das Feuer die Zunge ausstreckte: so machte alles Dieses doch nur die halbe Summe der Schwierigkeiten aus, welche die Feuerstätte mit sich führte. Glücklich, wer's dahin gebracht hatte, dass das Feuer in Brand, die Grapen in's Kochen, der Braten in's Schmoren kam. Dem war ein langwieriges und höchst ermüdendes Vorspiel vorausgegangen, über welches das heutige Geschlecht in einer glücklichen Unwissenheit lebt.

Das Anzünden selbst war es nämlich, was die meiste Noth machte. Zündhölzchen kannte man nicht. Zwar waren in Deutschland, und wahrscheinlich auch im Norden, •Schwefelhölzlein• eine beliebte Waare bei den Kleinhändlern, die mit Aepfeln und Pfeffernüssen handelten [416]; aber diese Schwefelhölzchen waren nichts als eine Nachbildung der bei dem gemeinen Mann im Gebrauch befindlichen Beleuchtungsmittel, jener harzhaltigen Kienspähne, und liessen sich nur an einem anderen Feuer entzünden. Zündhölzchen, die durch Streichen Feuer fingen, sind erst ein paar Jahrhunderte nachher erfunden worden. Damals war man auf jenes langsame Verfahren hingewiesen, Flintstein und Stahl an einander zu schlagen und den Funken in Zunder oder Feuerschwamm aufzufangen. In Norwegen verwandte man häufig hierzu ein Paar Schwammarten, die auf Birken [417] wachsen. Als weitere Zündmittel pflegte man Holzkohlen zu gebrauchen, welche folglich in keiner Haushaltung fehlen durften, sowie denn Kohlenbrennen und Handel mit Holzkohlen den Haupterwerb der Bauern ausmachten. Bloss an das königl. Schloss zu Kopenhagen wurden im Jahre 1536 über 500 Last Holzkohlen geliefert [418], im Jahre 1563 wenigstens 350 Last [419]; im Jahre 1566 wurde jedem Bauer im nördlichen Seeland auferlegt, eine Last Holzkohlen dorthin zu liefern [420]; und bei der Krönung

Christian's IV verbrauchte man nicht weniger als 200 Last ⁴²¹). Im Jahre 1545 wurde verfügt, dass jedes Fräulein in den verschiedenen Klöstern Dänemarks jährlich 10 Fuder Brennholz und eine halbe Last Holzkohlen erhalten solle ⁴²²). Ein ähnlicher starker Verbrauch von Holzkohlen lässt sich in England nachweisen ⁴²³), und wohl über ganz Europa hin.

Fing die Holzkohle denn endlich Feuer, so war hiermit die Sache bei Weitem nicht zu Ende. Die Feuerstätte entbehrte der Zuglöcher; man musste daher mit Hülfe von Blasebälgen ⁴²⁴), oder allein mit dem Munde, die Gluth so lange anblasen, bis es endlich glückte, Flammen aus dem eigentlichen Brennholze hervorzulocken.

Dies war eine langwierige Morgenbeschäftigung, niemals angenehm, am schlimmsten jedoch an einem Wintermorgen bei Kälte und dichter Finsterniss. Es könnte scheinen, als wäre die hiermit verbundene Beschwerde für Alle, Reiche und Arme, dieselbe gewesen. Das war indessen bei Weitem nicht der Fall. Wir haben schon gesehen, wie die Bauern ihr in der Regel dadurch entgingen, dass sie Nachts das Feuer auf dem Heerde brennen liessen, so dass am Morgen noch ein paar glühende Kohlen hier zu finden waren. Aber dieser Brauch, der sich ganz natürlich dort machte, wo kein Mangel an Brennholz, und wo die Feuerstätte in dem gemeinsamen Schlafraum der Familie angebracht war, musste von selbst hinfällig werden, wo das Brennholz bezahlt werden musste, und wo die Küche einen Raum für sich ausmachte. Wir begegnen besagtem Brauche erst bei den besonders Wohlgestellten wieder, wo man, ungeachtet der Brand Niemanden zugute kam, vom Abend bis zum Morgen das Feuer fortbrennen liess, damit man der Mühe überhoben sei, von Neuem Feuer anzumachen. So wurde es in Christiern's II Hofordnung dem Küchenmeister vorgeschrieben, darauf zu achten, dass zwischen Mittag und Abend, und von Abend bis Morgen, nicht mehr Holz in der Küche brennen möge, als nöthig sei, um das Feuer zu unterhalten ⁴²⁵).

Also waren es eigentlich nur die Städter, welche die

Schwierigkeiten des Feuermachens recht zu empfinden hatten. Hier musste nämlich gespart werden; oft mochte es schwer genug fallen, Brennholz aus den benachbarten Waldungen angewiesen zu bekommen [426]); und es war ein kostspieliges Ding, wenn die Feuerung so ganz und gar gekauft werden musste: 50 bis 60 Pf. für das Fuder zu zahlen, war auf die Länge kein Spass [427]). Während auf den herrschaftlichen Gütern und Schlössern ungeheure Massen Brennholz, hunderte, ja tausende von Fudern, aufgehen konnten [428]), hören wir in Betreff der städtischen Bevölkerungen und sonstiger Gleichgestellten nur weit bescheidenere Summen erwähnen. Hier scheinen 25 bis 50 Fuder jährlich das Gewöhnliche in einer Haushaltung gewesen zu sein [429]). Es waren besondere Ausnahmen, wenn z. B. die Königin-Wittwe Sophie einer alten Wittwe zu Nykjöbing auf Falster zwei bis drei Fuder Brennholz für jede Woche [430]), und einem Bürger ebendaselbst eine ähnliche reiche Versorgung bewilligte [431]). Wo aus dem einen oder anderen Grunde das Brennholz schwer herbeizuschaffen war, musste Torf an die Stelle treten [432]), wogegen Steinkohlen niemals in Haushaltungen gebraucht wurden [433]): sogar in England, der Heimath der Steinkohlen, begann man erst um's Jahr 1560, dieselben zu haushälterischen Zwecken zu verwenden [434]).

Es ging zwar so leidlich mit diesen zwei Auswegen, entweder die Nacht hindurch Feuer zu halten, oder dasselbe des Morgens wieder mühselig anzuzünden; aber die menschliche Natur müsste wenig sich selber ähnlich gewesen sein, wenn nicht die Anzahl derer, die weder für das Erstere Rath wussten, noch zu dem Anderen aufgelegt waren, die grösste gewesen wäre. Wie half sich nun diese Mehrzahl? Sie zogen den bequemeren Ausweg vor, bei den Nachbaren hüben und drüben rings umher zu laufen und »Feuer zu leihen«. Diese Unsitte war ausserordentlich verbreitet [435]), und ebenso gefährlich. Zwar war es verboten, Feuer anders als in einem verschlossenen Behälter, mit einem Deckel darüber, zu tragen [436]); aber in aller Eile, wenn

Niemand es sah, konnte Einer recht wohl einige glühende Kohlen auf einem Scheit Holz forttragen; und alle Tage war's ja auch nicht windig, sowie denn auch nicht jeder Funke sogleich in's Strohdach flog!

Wenige Züge sind so geeignet, den Unterschied zwischen damals und jetzt uns anschaulich zu machen, wie diese an allen Wintermorgen sich wiederholenden Scenen: verfrorne Leute, auf den stockfinsteren Strassen sich fort tastend, um etwas Feuer sich zu erbetteln bei dem einen oder anderen Nachbaren, welcher vielleicht zu diesem Zwecke selbst draussen war.

Ein besonderer Ausguss (»Vadsk«) mit einer durch die Mauer gehenden Abzugsrinne gehörte gewiss zu den seltner vorkommenden Verfeinerungen. War es doch ebenso bequem, das Spülwasser zur Küchenthür hinauszugiessen. Dagegen schmückte man die Wand damals, wie heute, mit Schüsselbänken, von wo Teller und Gefässe wie Wappenschilde herabschauten. Ueberall, wo die Umstände es erlaubten, war diese Abtheilung der Küche noch weiter ausgebildet zu einem selbständigen Raum, zur Speisekammer (genannt »Fadeburet«, der Gefäss-Verschlag). Wenn unsere Darstellung zu der Speisebereitung jener Zeit kommen wird, so werden wir alle diese Fässer, Teller, Kannen und Schalen in Betracht ziehen. Hier müssen wir uns mit dem allgemeinen Eindruck begnügen, dass sie aus zwei scharf geschiedenen Klassen bestanden, nämlich den, gewöhnlich rothgemalten, ärmlicheren Holzsachen und dem stattlicheren, neumodischen Zinngeräthe. Letzteres diente als Massstab für den Wohlstand und die Sauberkeit des Hauses.

Das »Fadebur« war indess mehr, als ein blosser Aufbewahrungsort für Küchengeräthe: es enthielt solidere Gegenstände, als dergleichen. In jener Zeit richtete man die Versorgung nicht auf einzelne Monate, geschweige auf Wochen und Tage ein; der geringste Massstab war das Halbjahr, und ein wohl versorgtes Haus liess seine Vorräthe nicht von Oktober bis Oktober aufzehren. Daher vermochten die Wände der Speisekammer nicht den ganzen zusammengehäuften Vorrath des Hauses in sich aufzunehmen. Ihre Mehl- und Grütztonnen, ihre Gewürzbeutel, Butterviertel, Speckfässer, die aufgehängten Würste, die Lägel mit altem Bier, Meth und Fruchtwein, bildeten nur das Officiercorps und die zu jeder Zeit eben einberufene Mannschaft: eine zahlreichere Verstärkung und Reserve lag unangerührt in dem kühlen Vorrathskeller, oder schlummerte auf dem Bodenraum des Hauses unter dem allezeit warmen Strohdach. Mochte auch sonst die bürgerliche Zeitrechnung gelten, so wurde doch ihre Macht gebrochen innerhalb der Schranken der Speisekammer. Hier rechnete man das Jahr nach kirchlicher Sitte von Spätherbst bis Spätherbst. Die Schlachtzeit war der vorbereitende Advent, und die Weihnacht das erste Fest des Jahres. Hieran muss erinnert werden, um z. B. zu verstehen, wie im Jahre 1658 während der Belagerung Kopenhagens so bald die Gefahr der Hungersnoth eintreten konnte. Die Sache war einfach diese, dass die Belagerung im Monat August ihren Anfang nahm, als die Jahresvorräthe der Speisekammer überall auf die Neige gingen.

Eine Unterabtheilung der Küche — in allen grösseren Häusern ein abgesonderter Raum, oft in einem anderen Gebäude befindlich, als dem eigentlichen Wohnhause — war die Brauerei. Wenn man bedenkt, dass die damalige Zeit auf jede erwachsene Person wenigstens zwölf Tonnen Bier jährlich rechnete, so wird man leicht einsehen, dass selbst der grosse Kessel, der über der Feuerstätte der Küche hing, zu klein werden konnte für einen Brau. Wer es konnte, hatte und unterhielt daher gern eine besondere Brauerei, welche gehörig ausgestattet war mit Braukesseln, Kühlfässern, Zapfenfass, Malzdarre, Kräuterkesseln [437]), und wie alle jene Dinge hiessen, welche in der Gegenwart nur einzelne Eingeweihte kennen, von welchen aber damals jeder halberwachsene Knabe Bescheid wusste.

Die Anzahl der eigentlichen Zimmer hing natürlich von den Verhältnissen des Bewohners, der Grösse des Hauses u. dergl. ab. Aber ungeachtet der hierdurch bedingten Unterschiede herrschte doch eine weitaus überwiegende Gleichheit, welche sich nur aus der Allen gemeinsamen Entwickelung verstehen lässt. Die Neigung, das Haus in viele Räume einzutheilen, war dem entsprechenden Bedürfniss, sie wirklich in Gebrauch zu nehmen, vorausgeeilt. Die Benutzung der Zimmer fusste noch in dem Kreise der von Alters her vererbten Vorstellungen.

Das Ursprüngliche war ja die gemeinsame Stube gewesen, wo Alles beisammen war: Küche, Speisezimmer, Schlafkammer, Aufenthalt bei Tag und Nacht. Das Bedürfniss einer Gliederung dieses Raumes hatte sich schon geltend gemacht, ehe die Mittel hierzu gegeben waren. Versuche, die gemeinsame Halle in drei gesonderte Gebiete einzutheilen: die Küche an dem einen Ende, der tägliche Aufenthalt in der Mitte, der Festraum an dem anderen Ende, lassen sich an mehreren Orten nachweisen, besonders in den schwedischen Bauernstuben[439]). Erst die Erfindung des Schornsteins jedoch, die Vervielfältigung der Feuerstätten, gewährte die volle Bedingung, um dem Hause eine rechte Eintheilung geben zu können. Die Stadtbewohner genossen in hohem Grade die Vortheile der hiermit verliehenen Freiheit, und viele Häuser wimmelten oben und unten von gesonderten Räumen. Aber das Bedürfniss wirklicher Benutzung erstreckte sich noch nicht weiter, als auf diese drei: die Küche, die tägliche Wohnstube und den Festraum.

Dieses Missverhältniss zwischen Möglichkeit und Geneigtheit ist einer der bemerkenswerthesten Züge der Entwickelung des nordischen Hausbaues. Treue gegen das Alte, im Verein mit zwei natürlichen Schwächen der Völker: der Furcht vor Verspottung, und einer gewissen selbstzufriedenen Bequemlichkeit, dieses alles hat hier zusammengewirkt, um die Entwickelung des Neuen zwar nicht gänzlich auszuschliessen, aber doch in ihrem Fortgange zu hemmen, so dass die nämlichen Leute, welche im Stande waren, die Häuser zu bauen, dennoch nicht wagten, durch Bewohnung derselben sich zu dem Plane zu bekennen, den sie in der Anlage kundgegeben hatten.

Jahrhunderte waren erforderlich, ehe die Volkssitte den Einwohnern erlaubte, das Haus völlig in Gebrauch zu nehmen. Während die Räume im sechzehnten Jahrhundert sämmtlich vorhanden waren, verstand man sich erst im siebzehnten und achtzehnten dazu, noch einen derselben in Gebrauch zu nehmen, indem man das Speisezimmer von der Schlafkammer absonderte; und erst in unserem Jahrhundert ist man soweit gekommen, »den Saal« in den täglichen Gebrauch hineinzuziehen. Was die Bewegung lähmte, war nicht ein äusserer Grund, sondern ein innerer. Wir werden daher gerade bei den herrschaftlichen Gehöften und den Schlössern dieser gehemmten Entwickelung in ihrem Extrem begegnen, dem stärksten Missverhältniss zwischen der Anzahl der Zimmer, die jene Zeit verlangte, und dem beschränkten Masse, in welchem man sie in Gebrauch nahm.

Die zwei wichtigsten — man möchte beinahe sagen, einzigen — Zimmer in den städtischen Wohnhäusern waren also die Wohnstube, welche zugleich auch als Esszimmer und Schlafkammer diente, und die Staatsstube oder »Grossstube«, welche nur bei festlichen Gelegenheiten benutzt wurde. Um diese beiden Räume concentrirt sich daher alles Interesse.

Der nächste, allgemeine Eindruck, den unser Einer bekommen hätte, wenn er in eine Wohnstube jener Tage einen Blick warf, würde der Eindruck von etwas Buntem, Ueberfülltem, Gedrücktem gewesen sein. Wenn der Umfang dafür doch nicht zu gross erschienen wäre, und der Lehmfussboden nicht dagegen gesprochen hätte, so würde man gemeint haben, in eine Kajüte versetzt zu sein, wo man jeden Zoll der Wände benutzt hatte, um Dieses oder Jenes aufzubewahren, um Bänke oder feste Kojen anzubringen, und wo die kleinen Fensterscheiben wohl vernagelt waren, aus Furcht vor dem Andrang der Meereswogen. Es ist völlig derselbe Eindruck, den man heutiges Tages überall im Norden empfängt, wenn man die altväterische Stube eines wohlhabenden Bauern betritt.

Die Ausstattung des Zimmerraumes selbst war in hohem

Grade dürftig. Wiewohl die Höhe nach damaligen Begriffen ansehnlich genug sein mochte, und man kaum Gefahr lief, wie in Bauernstuben jener Zeit, mit der Stirn gegen die Balken anzustossen, so wäre uns doch in den meisten Fällen die Stube niedrig vorgekommen. Die Decke war niemals, oder doch nur selten gegipst; das Gebälke aber lag zu Tage. Der Fussboden war fast ausnahmslos von Lehm. Das damalige Geschlecht betrachtete alle bretternen Fussböden ihrer Feuergefährlichket halber mit einem gewissen Unwillen. Daher bestand in Kopenhagen die gesetzliche Vorschrift, dass man sogar in den oberen Stockwerken lauter Lehmfussböden haben solle, damit sie nicht bei einem Brandunglücke dem Feuer Nahrung gewähren möchten[439]). Die Wände waren nur unterwärts, so hoch als der Kopf eines Sitzenden reichte, mit Getäfel gedeckt; das Uebrige war gänzlich rohe Wand, mit Lehm gefülltes Fachwerk. Nimmt man hierzu die kleinen, mit Blei eingefassten, dürftigen Fensterscheiben, ohne Gardinen davor, so wird man begreifen, dass der hauptsächliche Eindruck der Stube selbst ein trister und armseliger war. Was sie Heiteres und Buntes hatte, haftete allein an den Möbeln.

Diese waren zu jener Zeit nicht mehr, wie in der Halle der Vorzeit und ihrer etwas dürftigen Nachahmung, den damaligen Bauernstuben, bloss befestigte Bestandtheile von Wand und Fussboden. Sie waren auch nicht alle, wie in unseren Tagen, leicht transportabel. Sie befanden sich in einem Uebergangsstadium.

Der nämliche Drang der Freiheit und der Vervielfältigung, welcher in die Wohnungen gefahren war, sie in die vielen Räume und mehrere Stockwerke theilend, hatte sich nämlich auch auf das Hausgeräth verpflanzt. Hierdurch war die Bewegung entstanden, deren Nachwirkungen sich noch immer nicht völlig gelegt haben, jene grosse Umwälzung, welche darin bestand, dass das Hausgeräth sich löste und in »Möbel« verwandelte.

Zunächst rückte der bisher verschlossene Alkoven von

seiner Stelle, als Himmelbett auf vier Beinen. Darnach kam die Reihe an die längs der Wand stehende Bank, einen mit Deckeln und Klappen versehenen Behälter, der Sitzplätze darbot. Sie wurde Stück für Stück auf freien Fuss gestellt, zuerst als Lade, später als Stühle. Das letzte Stück Bank wurde in das Sopha des achtzehnten Jahrhunderts umgeschaffen. Schon vorher hatte die Bewegung den feststehenden Tisch erfasst. Am frühesten war die Platte gelöst; die Beine folgten nach: der Tisch war frei. Die Bewegung ward immer unruhiger. Während einzelne Theile der Bank herausfuhren in Gestalt von Laden und wieder Laden, richteten sich einige der letzteren auf ihren Hinterbeinen auf und standen als Schränke da. Die Racen kreuzten sich: Schränke traten auf mit Auszieh-Tischen, bald grössere, als Schubladen, bald kleinere, als Kommoden. Und unter allen Dem schrumpfte das Getäfel der Wände zusammen, oder schälte sich in einzelnen losen Schirmbrettern ab.

Das sechzehnte Jahrhundert befand sich im Anfange dieser Entwickelung. Wichtige Stücke des Hausgeräths hatten sich bereits gelöst, waren aus Reihe und Glied getreten und standen zum Aufbruch bereit. Aber noch wurde gewartet auf das Signal zum Abmarsch, und auf die leitende Hand, welche für die Zukunft Jedem seinen Platz in den noch unbesetzten Umgebungen anweisen sollte. Daher das seltsame Aussehen, das die Wohnstube darbot. Trotz aller ihrer würdigen Ruhe glich sie, überfüllt und bepackt wie sie war, einer bloss vorläufigen Ordnung bei einer zahlreichen Familie. Wüsste man's nicht besser, so sollte man glauben, dass in den übrigen Zimmern beständig Handwerksleute zu schaffen hatten oder ein Haupteinmachen stattfand.

Suchen wir uns nunmehr unter allem diesem Zubehör der täglichen Stube zurechtzufinden, so wenden wir uns zuerst zu dem solidesten Bestandtheil desselben, dem Kachelofen.

Der Schornstein war ja damals in den Städten schon ein alter Hausgenosse. Wer hierüber in Zweifel wäre, brauchte nur darauf zu achten, wie schon lange vor jener Zeit die obrigkeitlichen Bestimmungen wegen Reinhaltung desselben in Ordnung gebracht waren. Der Büttel war es, welcher auch als Schornsteinfeger fungirte. Jeder konnte da sehen, dass solche Arbeit sich nur eigne für einen unehrlichen Mann. Ein zweites Kennzeichen seines Alters war, dass der Name, den er und seine Feuerstätte ursprünglich in Dänemark, wie auch in einem grossen Theil Schwedens trug, durch einen neuen verdrängt war. Eine solche Feuerstätte, mit einem durch's Dach gehenden Rauchrohr, nannte man nicht mehr »Pesel«, »Peis« oder »Spis« (nach dem französischen: *poisle* = *poéle*); diese Benennung (nämlich »Pesel«) gebrauchte man, was Dänemark betrifft, nur noch im Schleswigschen, in den übrigen Gegenden des Landes war sie verdrängt durch den deutschen Namen und lautete »Skorsten«[440]).

Aber soviele Jahre der Schornstein auch schon bei den Stadtbewohnern das Hausrecht besass, so hatte er sich doch bei Weitem noch nicht die ruhige Gesetztheit des Alters angeeignet. Das ganze sechzehnte Jahrhundert hindurch fuhr er mit jugendlicher Beweglichkeit fort, seinen Balg zu wechseln, so dass man beinahe Mühe hat, unter den vielen Verkleidungen ihn wieder zu erkennen. Er begann als Schornstein und endete als Kachelofen.

Wenn wir vom »Schornstein« reden, so verstehen wir darunter den gemauerten Rauchfang, dessen Spitze über's Dach emporragt. Die damalige Zeit verstand darunter Anderes und mehr. »Schornstein« war der vornehmere Name für die Feuerstätte der täglichen Wohnstube. Gleichbedeutend mit dem, was heutigen Tages »Kamin« heisst, nahm er in der Stube einen Ehrenplatz ein und war unleugbar ein wahrer Segen im Vergleich mit den alten »Rauchöfen«, welche den Rauch im Zimmer zurückgelassen hatten. Zierlich nahm er sich dabei aus mit seiner, mit Steinen umsetzten Thüröffnung und allem seinem traulichen Zubehör von Feuereisen, Feuergabel, Kohlenschaufel und Blasebalg[441]). Waren diese auch nur von polirtem Messing, so konnten sie doch glänzen, vollends wenn das Feuereisen, wie Christian IV sich eines anschaffte, von reinem Silber war[442]), oder der Blasebalg, wie bei dem reichen Peter Oxe, mit vergoldeter Arbeit ausgelegt war[443]). Endlich gewährte der Schornstein, oder Kamin, den Vortheil, dass er die Stube nicht nur erwärmte, sondern auch erhellte. Um den Kamin sammelte sich daher, sobald die Dunkelheit eintrat, die ganze Familie; lose Bänke oder Stühle, wenn diese letzteren vorhanden waren, wurden rings umher gestellt; Jeder hatte um diesen Mittelpunkt des Hauses seinen bestimmten Platz[444]). Solch ein behaglicher Kreis war es, wo Heinrich Ranzau seine Kinder anwies, die Kleider abzulegen und die blossen Füsse gegen die Wärme vor sich hinzustrecken[445]).

Ein Luxus, welchen bei diesen Kaminen anzuwenden nicht Jedermann gegeben war, bestand darin, sie mit wohlriechendem Holz zu heizen. Auf diese Weise seine Stube zu erwärmen, galt als ein angemessenes Zeugniss des Wohlstandes, sowie man es auch für ungemein gesund hielt. Als besonders wohlriechende Feuerung nannte man Wachholder, Myrthen, Terebinthen und Lorbeerholz, sowie es auch empfohlen wurde, gedörrten Salbei, Rosmarin oder Lavendel auf die brennenden Eichen- oder Buchenscheite zu streuen. Dagegen verwarf man es durchaus, qualmendes Holz, wie Pappeln, Ahorn, Dornsträucher, zu verbrennen[446]). Somit klingt die alte Sage garnicht so unglaublich, dass Ole Bager zu Odense im Jahre 1580, als Friedrich II sein Gast war, geradeso wie vierzig Jahre früher Anton Fugger zu Augsburg für Kaiser Karl V, mit Kaneelrinde den Kamin heizen liess[447]).

Ein merkwürdiger Beweis dafür, in welch hohem Grade man damals duftendes Brennholz anwandte, ist neulich zu Tage gekommen, da bei der Reparatur eines Kamins auf dem Rosenborger Schloss zu Kopenhagen die Arbeiter von selbst aufmerksam wurden auf den eigenthümlichen Wohlgeruch des vorgefundenen alten Russes[448]).

Neben dieser vornehmeren Art der Luftreinigung wirkte indess der Kamin hierfür auch auf eine andere Weise, welche

Allen gleich sehr zugute kam. Er war, der Natur der Sache nach, der trefflichste Lufterneuerer. Was schadete es, dass die Fenster fest vernagelt waren, wenn der offene Schlund des Kamins beständig die verdorbene Luft verschluckte, und wie ein ungeheures Ventil durch Ritzen und Spalten frische Luft von aussen her ansaugte? Jedoch wurde diese seine Wohlthat wenig anerkannt. Die damalige Zeit war geneigt, nur einen Mangel hierin zu sehen, einen Beweis dafür, dass der Kamin nur ein höchst unvollkommenes Erwärmungsmittel war, an dessen Stelle etwas Anderes treten musste.

Und freilich liess es sich nicht leugnen, dass er seinen eigentlichen Hauptzweck nur in geringem Grade erfüllte. Man mochte dieses gefrässige Ungeheuer mit Klafter auf Klafter füttern, ohne dass es an einem kalten Wintertage gelang, die Stube warm zu bekommen. Die Wärme fuhr durch den Schornstein hinauf, und selbst behielt man nur das Leuchten und Knistern der Flamme. Das war verdriesslich genug, zumal wenn zu gleicher Zeit das Feuerungsmaterial im Preise stieg. Man musste eine bessere Methode ausfindig machen, eine Feuerstätte zu erbauen.

Der Weg, welchen man einschlug, war gewissermassen ein Zurückkehren zu einer früheren Methode. Wir haben früher (S. 21) die wahrscheinliche Hypothese aufgestellt, dass der Schornstein aus dem sogenannten »Rauchofen« (der mit einer Lehmgrotte überbauten Feuerstätte des Heerdes) hervorgegangen ist, indem man des Zuges wegen im Scheitel des »Rauchofens« ein Loch gemacht, und später nach und nach dieses Loch röhrenförmig in die Höhe verlängert hat, bis endlich die Röhre aus dem Dache ins Freie emporstieg. Im Laufe der Zeit war indessen die Grotte immer kleiner geworden und zuletzt im Kamin verschwunden. Jetzt kehrte man zum früheren Princip zurück und fügte dem Kamin einen ofenartigen Ausbau hinzu, um in diesem erhitzten Gewölbe die Wärme festzuhalten. Das eigentlich Neue und Sinnreiche in der Verbesserung bestand aber darin, dass man das Ganze in einen »Beileger« (Bilæggerovn) verwandelte, so dass die Feuerstätte selbst mit ihrem gemauerten Rauchfang draussen in der Küche verbleiben konnte, während nur der erhitzte hintere Theil des Ofens sich in die Wohnstube hineinstreckte.

Von diesem ältesten Backstein-Ofen wissen wir nur wenig. In der Stube muss er sich wie ein plumper, vierkantiger, aus Backsteinen aufgebauter Kasten ausgenommen haben; er ruhte auf einer gemauerten Erhöhung, welche dazu diente, ihn mit der Schornsteins-Feuerstätte der Küche in gleiche Höhe zu bringen. Dass er ungefähr dies Aussehen gehabt hat, lässt sich aus der Verbesserung schliessen, welche jedenfalls schon seit dem Anfang des sechzehnten Jahrhunderts bei ihm zur Anwendung gebracht war, und durch welche er den Namen: »Kachelofen« erhielt [449]). Unter »Kachel« verstand man zu jener Zeit einen kleinen Topf aus gebranntem Thon, etwa von der Grösse eines gewöhnlichen Blumentopfes, aber viereckig und ohne eine Oeffnung im Boden. Man fing nun an, mit solchen Kacheltöpfen die Seitenwände und den oberen Theil des Ofens aufzumauern. Die Ecken, sowie die untersten Bestandtheile des Ofens wurden nach wie vor aus Backsteinen hergestellt: denn die spröden Kacheln waren nicht im Stande, weder den Püffen, denen die Ecken ausgesetzt waren, noch der starken Hitze so nahe bei dem Feuer zu widerstehen. Der Kachelofen glich also einem viereckigen Stapel von etwas plattgedrückten Blumentöpfen, alle mit dem Boden einwärts, insgesammt unten auf einem solide gemauerten Unterbau ruhend.

Die Vortheile dieser Construktion waren augenfällig genug. Die Kachelöfen waren sparsamer hinsichtlich des Brennholzes, als die alten, aus Backsteinen aufgeführten, indem die dünnen Kacheln sich leichter, als die massiven Backsteine, durchwärmen liessen. Hierzu kam der wichtigste Vortheil, nämlich die mannigfachen Bequemlichkeiten, welche sie boten. In den obersten Töpfen konnte man zur Noth sein Bier wärmen, oder selbst sein Essen kochen;

und in allen Seitentöpfen konnte Abends selbst der zahlreichste Familienkreis für frierende Hände und Füsse ein Unterkommen finden[450]). Ohne Zweifel schreibt es sich von diesen steinernen »Müffchen« her, dass noch heute der gemeine Mann, wie in Dänemark, so auch im nördlichen Deutschland, für den höchsten Grad behaglicher Wärme die Bezeichnung: »pottwarm« hat.

Und da war Platz für alle Grössen von Händen und Füssen. Für einen grösseren Kachelofen wurden nämlich siebenzig bis hundert Kacheltöpfe verbraucht[451]), von welchen einige gewöhnlich doppelt so gross waren, wie die übrigen. Der Preis der Kacheln wechselte zwischen 9 und 41 Pfennig für das Stück[452]). Da somit ein vollständiger Kachelofen ziemlich kostspielig war, so muss man annehmen, dass weniger Bemittelte die Einrichtung sparsamer machten, indem sie durch Verbreiterung der Ofenecken die Anzahl der erforderlichen Kacheln beschränkten. Hierdurch sind wahrscheinlich eine Menge Uebergangsformen aufgekommen, hinsichtlich deren es schwierig sein möchte zu entscheiden, ob sie Stein- oder Kachelöfen heissen durften. Unter dem Landvolk in Jütland konnte man noch im Anfang unseres Jahrhunderts bei den allerärmsten Leuten Oefen aus Backsteinen antreffen, mit einem einzigen Kacheltopfe oben, um Essen zu kochen, und einem entsprechend angebrachten in der Vorderseite, um Hände und Füsse zu wärmen[453]).

Damals war das goldene Zeitalter der Töpfer. Ein völlig neues Arbeitsfeld war für sie gefunden, und wir hören denn auch überall von Töpfermeistern: Jörgen und Hans Töpfer zu Malmö, Daniel Töpfer zu Helsingör[454]), Hans Krukenmacher auf Norrmalm[455]) u. s. w. u. s. w. Recht seltsam klingt eine Rechnung aus jenen Tagen für einen Kachelofen, fertig und gesetzt: »Für eine Tonne Viehhaare, welche der Töpfer in den Lehm schlug für den neuen Kachelofen: 10 β. — 19 grosse Kacheltöpfe: 25 β 1 Hvid. — 50 kleinere Kacheltöpfe: 2 ℳ 1 β 1 Hvid. — Für das Aufsetzen des Kachelofens: 1½ ℳ. Für das Anstreichen desselben Kachelofens mit eigener Farbe:

8 β. ⁴⁵⁶). Man ersieht hieraus, dass es Gebrauch gewesen ist, die Kachelöfen zu malen. Die Farbe, die man anwandte, hiess gemeiniglich »Eisenfarbe«, mag hiermit nun ihr eisenartiges Aussehen bezeichnet worden sein, oder ihre Eigenschaft, die Hitze besser als Wasser- und Oelfarbe zu vertragen ⁴⁵⁷).

Der Kachelofen bedeutete in einer Hinsicht einen namhaften Fortschritt. Zum ersten Mal war es gelungen, ein Mittel ausfindig zu machen, um billig und ohne grosse Anstrengung die Stube vollständig zu erwärmen und sie längere Zeit in demselben Zustande zu erhalten. Dieser Gewinn war aber mit nicht unbedeutenden Opfern erkauft.

Eine höchst unangenehme Wirkung war schon der gehemmte Luftwechsel. Der Kamin hatte zu seiner Zeit die lebhafte Verbindung zwischen der Stube und der freien Natur unterhalten: jetzt hörten plötzlich diese Wirkungen des Ventils auf. Sowohl die Stein- als die Kachelöfen waren ja nämlich s. g. Beileger, welche jeden Verkehr zwischen der Stubenluft und dem Feuer, innerhalb des geschlossenen Ofenkastens, absperrten. Da nun die Fenster, wie oben gemeldet, zugenagelt blieben, so musste allmählich die Luft in der Wohnstube in einen ganz eigenen Zustand gerathen. Gesättigt mit Speisegeruch, Schlafstubenluft, Lichtqualm, gelegentlich auch mit der Ausdünstung durchnässter Kleider, füllte sie nebelhaft den Raum, um abwechselnd von den vollzähligen Bewohnern eingeathmet zu werden, oder an den heissen Seiten des Ofens zu verbrühen. Erst mussten ein paar Jahrhunderte darüber hingehen, ehe die Bevölkerungen des Nordens zu begreifen anfingen, dass, nachdem die Kamine abgeschafft waren, die Nothwendigkeit vorlag, die Fenster mit Haken und Hängen zu versehen, damit auf diesem Wege die Luft erneuert werden könne.

Ein anderer, mit diesen Oefen verbundener Uebelstand, welcher die damalige Zeit noch ganz anders störte, war der Mangel an Licht. An Stelle des munter lodernden Kaminfeuers hatte man jetzt nur die ringsum geschlossenen Wände des Ofens. Im Dunkeln konnte man sich an ihnen verbrennen, ohne sie dennoch zu sehen. Dieses war kein geringer Mangel für eine Zeit, deren übrige Beleuchtungsmittel so unvollkommen waren.

Das Schlimmste von Allem, und was den Kachelöfen den Gnadenstoss gab, war indessen ihre Gebrechlichkeit. War man doch nicht gewohnt, behutsam mit ihren Vorgängern umzugehen; überhaupt war jenes Geschlecht nicht gerade zart und leicht in seinen Handbewegungen, und dazu war bei dieser Art von Oefen eine zwiefache Vorsicht nöthig. Theils musste man den langen Ofenschürer sehr behende handhaben, um im Inneren des Ofens nicht einem oder zwei Kacheltöpfen den Boden auszustossen; theils galt es, den Hitzegrad innerhalb gewissen Grenzen zu halten, damit nicht die Töpfe in zu heftiger Gluth spröde werden und springen möchten. Und es war garnicht möglich, das Eine wie das Andere so genau zu beobachten. Die Folge war ein reichlicher Abgang an Töpfen.

Hier traten nun die Mängel von einer neuen, recht unangenehmen Seite zu Tage. Der Preis der einzelnen Kacheltöpfe war freilich kein so hoher, dass man die zersprungenen nicht ersetzen konnte, wiewohl auch diese Sache auf die Länge theuer genug zu stehen kam; aber das Unglück war, dass es bei Weitem nicht genügte, dass man Stellvertreter herbeischaffte. Nicht Jeder verstand es, die alten Scherben herauszunehmen und die neue Kachel einzufügen: man musste den Töpfer hierzu haben, vielleicht den halben Ofen abbrechen, um ein paar Löcher auszufüllen. Unterliess man dies aber, so hatte man die Stube täglich voll Rauch und Dunst und dazu keine Wärme: denn der von vornherein nur schwache Zug des Ofens hörte ganz auf, und der Rauch zog natürlich nicht durch den gewiesenen Weg im Schornstein, wenn er sich vorher zwischen den zerborstenen Töpfen durchdrängen konnte.

Häufige Reparaturen mit Unkosten und Unbequemlichkeiten, oder auch Qualm und Rauch waren also die üblen Eigenschaften der Kachelöfen, wie das tägliche Leben sie den Hausbewohnern offenbarte. Die Klagen hierüber lassen sich seit jener Zeit vernehmen, da solche Oefen eine Zierde der Burgen und Schlösser waren, bis in die Mitte unseres Jahrhunderts, wo sie bei der armen Bevölkerung der jütländischen Haidegegenden eines unbeachteten Todes starben[458]). Man braucht nur die häufig wiederkehrenden Fälle zu beachten, in denen z. B. auf Malmöhus[459]) die Kachelöfen im Laufe weniger Jahre zum Theil oder völlig erneuert werden mussten, um es zu verstehen, wie trifftiger Grund zu Klagen vorhanden war.

Die Noth führte zu einer neuen Verbesserung. Man panzerte das Innere der Kachelöfen mit Eisenplatten, so dass der Feuerschürer mit dem gebrechlichen Boden der Kacheln nicht mehr in Berührung kam; und falls diese von aussenher zerbrochen wurden, so verhinderte doch der Eisenpanzer den Rauch, durch das entstandene Loch hinauszudringen. Diese neue Form erlaubte ferner mehrere Veränderungen. Der hohle Binnenraum des Ofens war nunmehr ja ein eiserner Kasten, welchen man auf vier Beinen aufstellen konnte, anstatt auf dem plumpen Plattfuss von Backsteinen, auf dem er früher geruht hatte. Und da das Eisen sich bearbeiten lies, konnte man jetzt eine kleine Thür in den Ofen setzen nach der Stube zu, das hinten gelegene Heizloch verschliessen und anstatt des Rauchfanges ein Rohr nach dem Schornstein hinein leiten, mit anderen Worten, den Zug verbessern und den »Beileger« in einen Kachelofen verwandeln, der in der Stube selbst geheizt wurde.

Ob alle diese Verbesserungen auf einmal, oder, was wahrscheinlicher ist, stufenweise eingeführt worden seien, lässt sich jetzt kaum mit Sicherheit entscheiden[460]). Gewiss ist es, dass um das Jahr 1560 diese neue Art von Oefen unter dem Namen von »Eisenkachelöfen« auftauchte, und alsbald grosses Glück machte[461]). Anfangs waren sie sehr kostbar. Mochten auch vielleicht die Lübecker den Mund etwas zu voll nehmen, da sie als Vergütung für einen Eisenkachelofen, den sie auf Hammershus (Bornholm) hatten aufsetzen lassen, 450 R. Mk. verlangten [462]), so wissen wir doch, dass z. B. an dem Eisenkachelofen, der im Jahre 1582 in dem Frauengemach auf Malmöhus aufgestellt wurde, allein die Eisenplatten ungefähr 110 R. Mk. kosteten, während die übrigen Ausgaben für Kacheln, »Eisenfarbe«, Aufsetzen u. s. w. nicht viel weniger betrugen, als was man früher für den ganzen Kachelofen bezahlt hatte [463]).

Ungeachtet ihres hohen Preises drangen die neuen Oefen dennoch, namentlich in Dänemark, durch. So gab es auf Kronborg am Schlusse des Jahrhunderts nicht weniger als elf Eisenkachelöfen. Das Zimmer des Königs Jakob von Schottland wurde sogar mit zwei solchen geehrt [464]). Weniger Glück scheinen sie in Schweden gemacht zu haben; wenigstens liessen sowohl Erik XIV, als Johann III auf dem Stockholmer Schlosse Kachelöfen in alter Form aufsetzen, lange Zeit nachdem die neue Form in Dänemark Verbreitung gefunden hatte [465]).

Das Aeussere, das diese Eisenkachelöfen darstellten, wich in mehrfacher Hinsicht von dem der altväterischen Oefen ab, und war auch von der Gestalt, unter der unsere Zeit sich einen Kachelofen vorstellt, sehr verschieden. Gleich jenen alten, streckten auch sie sich in die Stube weit hinein, am ganzen Leibe mit Kacheln bekleidet; aber auf ihren vier neuen Beinen ruhend, mit dem aufwärts gerichteten Eisenrohr als Schweif und dem bisher ungewohnten, offenen Eisenmunde, aus welchem das Feuer hervorglühte, konnten sie füglich an ein lebendiges Ungeheuer erinnern, und den, welcher ihrer zum ersten Mal ansichtig ward, erschrecken.

Trotz ihres furchterregenden Aussehens waren sie indess, wenn man sie genauer betrachtete, nur ein Unding, dessen Leben wenigstens in dieser Form unmöglich von langer Dauer sein konnte. Denn Jeder konnte sich selbst sagen, dass es unnatürlich sei, gerade das Kostbarste auf solche Weise vor Jedermanns Blicken versteckt anzubringen. Hatte man die

Eisenplatten sich so viel kosten lassen, so musste man auch wünschen sie sichtbar zu machen. Mit Kacheln bekleidet, nahm sich der Eisenkachelofen gerade so lächerlich aus, wie etwa ein Ritter in voller Rüstung, der über seinen Brustharnisch ein wollenes Kamisol gezogen hätte. Es musste die Zeit kommen, wo der Eisenofen die Kacheln von sich schüttelte und sich unverhüllt in seiner ganzen Pracht zeigte, das nothwendige Mauerwerk aber auf eine innere Bekleidung eingeschränkt wurde.

Dieser Zeitpunkt trat schon im nächsten Jahrhundert ein, und hiermit war die Geschichte der eigentlichen Kachelöfen zu Ende. Seitdem hat die Entwickelung sich in zwei Richtungen getheilt. In Dänemark und Norwegen hat man den Eisenofen weiter vervollkommnet und seine zweckmässigste Form bald in dem ursprünglich viereckigen Kasten gefunden, bald in mehreren solchen, kleiner und kleiner über einander gesetzten, endlich in unserem Jahrhundert in der runden Säule. In Schweden dagegen, wo der Eisenkachelofen niemals rechten Eingang fand, ist man in der ältesten Spur fortgegangen und hat die alten Lehmöfen weiter ausgebildet. Auffälligerweise hat sich der Name »Kachelofen« hartnäckig auch in Dänemark und Norwegen gehalten, obgleich hier diese Benennung nur irreleitend ist. Der rechte Name »Eisenofen«, welcher während des siebzehnten Jahrhunderts beinahe schon die Oberhand gewonnen hatte[466]), ist wieder verdrängt worden, und die alten eigentlichen Kachelöfen sind, zur Verhütung von Missverständniss, in »Pottöfen« umgetauft worden[467]).

Die Wohnstuben des sechzehnten Jahrhunderts wiesen also nicht weniger als vier Hauptformen der Feuerstätte auf: Kamin, gemauerte Oefen, Kachelöfen und Eisenkachelöfen. Nimmt man hierzu die kleinen beweglichen Abarten: Feuerkieken und Wärmtöpfe[468]), welche wohl noch an einem strengen Wintertage bei mancher Familie alten Schlages hervorgeholt wurden, um dem Kamin bei seinen missglückten Bestrebungen als Sukkurs zu dienen, so muss man zugeben, dass das ganze Geschlecht der Erwärmungsmittel zahlreich repräsentirt war.

Wir haben die geschichtliche Entwickelung und Reihenfolge dieser Formen verfolgt; wir würden aber sicherlich fehlgehen, wenn wir aus derselben auf eine entsprechende Reihe von Uebergängen innerhalb jeder einzelnen Wohnstube schliessen wollten. Hier kam nämlich eine Menge sich durchkreuzender Rücksichten zur Geltung. Abgesehen von der Kostspieligkeit der Sache, welche allein es Manchen verleiden konnte, mit der Zeit Schritt zu halten, kam auch der verschiedene Geschmack hierbei in Betracht. Z. B. Kamine, welche schon im Anfang des Jahrhunderts von den Oefen überflügelt waren, hielten sich dennoch an vielen Orten; ja, bis zum Schlusse des Jahrhunderts führte man wieder neue auf, gerade weil sie alt waren und Vielen als die schönsten erschienen. In jenen Tagen war es ja eben, wo in den südlicheren Ländern die Kamine ihren Ruf erlangten, als die anmuthigsten Bestandtheile der Stube, als die Stelle, an welche der meiste Luxus verwandt wurde. Heinrich's IV grossartiger Kamin in Fontainebleau, 20 Fuss breit, 23 Fuss hoch, überall mit Bildhauer-Arbeit geschmückt[469]), zeigt uns den Geschmack der Zeit in dieser Hinsicht. Diese Zustände mussten nothwendig auch auf die des Nordens von Einfluss sein. Wir sehen denn auch, dass z. B. Ole Bager noch im Jahre 1580 in seiner Stube einen Kamin hatte; im Jahre 1591 wurden auf Nörlund in Jütland zwei besonders schöne aufgeführt[470]); Friedrich II, welcher Kronborg mit Eisenkachelöfen ausstattete, liess dennoch in dem grossen Schloss-Saale zwei Alabaster-Kamine setzen[471]); Christian IV brachte in dem neugebauten Lusthause bei Kopenhagen mehr als vier solche an[472]), und Johann III versah das Schloss zu Stockholm gewiss vorzugsweise mit Kaminen[473]). Dagegen zwang ihn die Kälte des Winters freilich, einen der eben erwähnten Kamine wieder abbrechen, und an seine Stelle einen Kachelofen setzen zu lassen[474]); und auf manchem herrschaftlichen Gute sah man in einer und derselben Stube den Kamin, und daneben gebaut den Kachelofen, in brüderlichem Vereine[475]).

Lässt sich somit das Verhältniss, in welchem die verschiedene Formen zu einander standen, nicht auf Zahlen reduciren, so ergiebt sich dagegen mit vollkommener Sicherheit eine andere Zahl. Die Summe der Erwärmungsapparate war in erstaunlichem Masse gewachsen. Die Einführung der Kachelöfen hatte das Geschlecht so empfindlich gegen Kälte gemacht, dass man gegen Ende des Jahrhunderts nicht allein in der täglichen Stube der Familie Kachelöfen verlangte, sondern auch in solchen Räumen, an deren Erwärmung man früher niemals im Traume gedacht hatte. Auf Frederiksborg, dem Schlosse Christian's IV, wurden z. B. nicht nur in allen Bedienten-Zimmern Kachelöfen aufgeführt, sondern zu gleicher Zeit auch in der Milchkammer, dem Keller des Küchenschreibers, dem Pferdestall, ja im Schweinestall[476]). Was die Kleidertracht betrifft, so wurde hierin durch die geschilderten Neuerungen eine Veränderung von bleibenden Folgen herbeigeführt. Die aus alten Tagen vererbte Sitte, Kleider zu tragen, die mit Thierfellen gefüttert waren — eine Sitte, welche der schwachen Wärme der Kamine noch entsprach — verlor ihre äussere Veranlassung und verschwand rasch nach dem Jahre 1600.

Ein letzter Punkt von Interesse, welchen wir nur kurz berühren werden, ist der Platz in der Stube, den der Kamin oder der Ofen einnahm. In dieser Hinsicht lassen sich deutlich drei gesonderte Stufen der Entwickelung nachweisen.

Der älteste Platz war an einer Aussenwand, also entweder zwischen den Fenstern, oder an der Giebelmauer. Hier brauchte man keinen besonderen Schornstein zu bauen, sondern konnte, wenn man es wollte, nur die Rauchlöcher lothrecht gerade durch die Mauer hinaufführen. So finden wir die Kamine noch in mehreren alten Gebäuden angebracht, z. B. auf dem Gute Skarholt in Schonen[477]), auf dem Schlosse Gripsholm[478]) u. a. m. Von der Stube aus gesehen, gewährte dieser Platz den Vortheil, dass die Wärme sogleich die von der Aussenmauer und den Fenstern herrührende Kälte brach, und überdies nunmehr die rings um den Feuerheerd angebrachten Sitzplätze recht günstig für das Tageslicht gelegen waren.

Aber seit den Tagen der Königin Elisabeth in England [479]), und etwas später in Skandinavien, ging man von dieser Art, die Kamine anzubringen, aus Schönheitsrücksichten ab. Die Schornsteinröhren, die längs des Dachgesimses liefen, entstellten den Bau; ihr rechter Platz war nur an der Rückseite des Daches. Aus diesem Gesichtspunkte wurde also die Feuerstätte an der Innenwand, gegenüber den Fenstern, angebracht.

Der letzte Platz endlich, den man der Feuerstätte anwies, war in einer Ecke der Stube. Dieses war für die Kachelöfen ein besonders zweckmässige Platz, da auf solche Weise vier derselben in vier verschiedenen Stuben stehen und doch nach demselben Schornstein hinausgehen konnten. Man behauptet, dass die Sitte zuerst in Schweden aufgekommen sei. Hier war sie gegen die Mitte des siebzehnten Jahrhunderts allgemein [480]). Dazu stimmt auch aufs Beste die Angabe, dass man gerade in jenem Lande zuerst den Kachelöfen eine runde Gestalt gegeben hat [481]), also die Gestalt, bei welcher die Wärme aus der Ecke des Zimmers am gleichmässigsten nach allen Seiten des Zimmers ausstrahlen konnte.

Die Entwickelung der Feuerstätte nimmt in der Culturgeschichte des Nordens eine bemerkenswerthe Stelle ein und giebt jener eine besondere Bedeutung. Theils lassen sich nämlich in Skandinavien die verschiedenen Stufen der Entwickelung deutlicher verfolgen, als in den meisten anderen Ländern; theils haben die Völker des Nordens, gezwungen durch die klimatischen Verhältnisse, auf diesem Gebiete alle ihre Kräfte angespannt, um voran zu gehen. Während somit die südlichen Länder Europa's, wie Frankreich, ja sogar England, beim Kamin stehen geblieben sind, und Deutschland nur bis zu dem eigentlichen Kachelofen gefolgt ist [482]), so haben die skandinavischen Völker die Versuche fortgesetzt, und sowohl das Material, als auch die Form und den angewiesenen Platz in der Stube betreffend, sich wesentliche Resultate erkämpft.

Das übrige Mobiliar der täglichen Wohnstube trug deutliche Spuren von der verschiedenartigen Anwendung des Zimmers. Wir getrauten uns, vielleicht sogar drei besondere Gebiete unterscheiden zu können, welche durch eine unsichtbare Grenze abgesteckt, schon die drei verschiedenen Zimmer andeuteten, die einmal aus diesem einen hervorgehen sollten. Indessen wäre es doch nicht eine so ganz leichte Sache, überall diese Grenze nachzuweisen; denn nach hergebrachter Weise mussten die allermeisten Möbel für mehrere Zwecke dienen, so dass man leicht getäuscht werden könnte, wenn man entweder nur ihren Tagesdienst, oder nur ihren Nachtdienst berücksichtigte.

Nicht fehlzugehen war jedoch bei dem grössten Möbel der Stube, dem mächtigen **Himmelbett**. Dieses zog sofort die Aufmerksamkeit des Eintretenden auf sich und verdiente sie; denn, wie eine Stube in der Stube, beherrschte es das Ganze, ein Zeuge von dem Wohlstand und Geschmack der Bewohner, das Vorbild, das ihnen im Stillen vorschwebte, wenn es sich darum handelte, das ganze Zimmer zum Feste zu schmücken.

Nicht ohne Grund machte es den Eindruck, dass es etwas mehr vorstelle als ein blosses Möbel, dass es ein häuslicher Raum für sich war: denn die Zeit, wo es wirklich ein besonderes kleines Zimmer, einen Alkoven mit festen Wänden, Decke und Thür ausgemacht hatte, lag nicht so weit zurück. Diesem seinem Ursprunge gemäss, wurde es gemeiniglich noch mit der Seite gegen die Wand angebracht, nicht, wie in südlicheren Ländern, nur mit dem Kopfende [493]). War es nun, was häufig vorkommen mochte, mit Panelwerk aus Eichenholz und einer Thür, dazu einem Himmel mit vollständiger Decke ausgestattet, so konnte, selbst wenn es frei in der Stube stand, auch vielleicht mit Hülfe gehöriger Mannschaft von seiner Stelle zu rücken war, immer noch der Zweifel sich erheben, ob es den Namen »Möbel« verdiene, oder vielmehr Zimmer heissen müsse. Von solchen verschlossenen Bettstellen hören wir nicht allein das ganze sechzehnte Jahrhundert hindurch reden — »er schloss seine Betthür zu und schlug einen langen Eisenhaken vor«, heisst es im Jahre 1593 von einem Manne zu Bergen, welcher ungestört zu sein wünschte[484]); sondern noch im Jahre 1653 wurde in Dänemark »zu Diensten Seiner Gnaden des Prinzen« ein Himmelbett hergestellt mit nicht weniger als fünf Thüren rings herum. Der Gemüthlichkeit wegen waren diese jedoch mit Gitterwerk versehen, so dass man durch dasselbe hinausgucken konnte[485]).

In der Regel waren jedoch, ausser dem niederen Theile des Bettes, nur die Pfosten und Rähme von Holz, das Dach und die Seitenwände wurden aus dem Umhang gebildet. Letzterer machte dann nach aussen den wichtigsten Bestandtheil des Bettes aus, und war daher auch das, worauf das Meiste verwandt wurde. War er völlig so, wie es sich gehörte, so bestand er wenigstens aus drei Stücken: oben der Himmel, ringsum denselben ein Umhang mit herabhängenden Fransen und Quästen, und endlich der eigentliche Vorhang, oder die Gardine (Spärlagenet). Diese war entweder in zwei Gardinen getheilt, zwischen welchen man ins Bett hinein steigen konnte, oder bestand aus Einem Stücke, welches sich auf Ringen zur Seite ziehen liess. »Er begehrte, dass man die Gardine vor dem Bette zuziehen und ihm Ruhe vergönnen solle«, heisst es von Hak Ulfstand[486]), während seiner letzten Krankheit. Eigentlich war der Himmel nur für den sichtbar, der sich im Bette befand; um diesem Mangel abzuhelfen, scheint man ihn häufig, wenn auch nicht gerade gewölbt, aber doch so weit erhöht zu haben, dass man auch von der Stube aus ihn sehen konnte.

Schwache Spuren weisen darauf hin, dass im Anfang des Jahrhunderts, zu der Zeit als die Leinewand noch als Kostbarkeit galt, weisse Umhänge für das Schönste gehalten wurden. Dieser Geschmack konnte sich indess auf die Länge nicht halten, und wurde bald verdrängt durch die überwiegende Vorliebe der Zeit für das Bunte. Brandgelbe, grüne, hochrothe Vorhänge kamen jetzt in Mode; und öfter blieb man auch hierbei nicht einmal stehen, sondern mischte die Farben, so dass sie möglichst grell von einander abstachen: brandgelb und blau mit durchgezogenen Gold- und Silberdrähten; »veilchenbraune« Gardinen mit blauem Ueberzug; weiss, braun und roth verbrämt mit »Bliant«; schwarz und gelb; grün, roth und »veilchenbraun« u. s. w.[487]). Das Zeug selbst war in der Regel gemustert, entweder in Rauten, oder Laubwerk, oder in »Angesichtern«, wie die damalige Zeit es nannte. Kamen hierzu noch, was häufig der Fall war, Wappen, Namenszüge und dergl., so wird man begreifen, dass das Ganze einen sehr bunten Eindruck gemacht haben muss.

Der benutzte Stoff war im Anfang des Jahrhunderts nur dürftig gewesen, bei den Bürgersleuten gewiss nie etwas Anderes als Wolle oder Baumwolle, und selbst Dergleichen war als grosser Luxus angesehen worden. Aber die Zeit schritt mit reissender Eile vorwärts. Schon im Jahre 1524 hören wir bei einer Familie des Mittelstandes von Seiden-Gardinen[488]); und um die Mitte des Jahrhunderts verlangte die gute Sitte, dass in einem wohlhabenden Bürgerhause das Bett mit silberdurchwirktem Damast oder mit Zeug aus einer der berühmten Fabriken von Arras, oder doch wenigstens aus Nürnberg, umhängt sein solle. Bei der Krönung Friedrich's II 1559 konnte man es als etwas Selbstverständliches voraussetzen, dass der König bei den Bürgern von Malmö und Landskrona flamländische Bettüberzüge und Vorhänge leihen könne, die für des Königs Gäste geeignet wären[489]).

Unter solchen Umständen mochte es für weniger Bemittelte schwierig genug sein, mit der Zeit Schritt zu halten. Solchen kam es zu Statten, dass damals eine lebhafte Verfälschung der flamländischen Waaren ihren Anfang nahm. Zu geringerem Preise wurden sie nicht allein in England und Deutschland, sondern sogar in Dänemark nachgemacht. Für wenig Geld konnte man nunmehr »dänische flamländische« Stoffe bekommen, und zwar, wie man sie wünschen mochte, entweder in Rauten, oder in Laubwerk, oder in »Angesichtern«.[490]).

Einschränkungen konnten hierbei wohl nöthig sein: denn es klingt unglaublich, was für einen Vorhang aufging. Ein Bett, welches die Königin Katharina von Schweden im Jahre 1559 ausstatten liess, erforderte allein für die Gardine 87 Ellen Seidenbrokat, und für den Himmel 93 Ellen[491]). Ihre Zeitgenossin, Dorothea, Königin von Dänemark, hinterliess einen Bettvorhang, für dessen Gardine ebenfalls 80 Ellen Seidendamast aufgegangen waren. Gewiss gab es unter ihrem Nachlass auch Bettzubehör von geringerem Ellenmass; aber der hohe Preis der hierzu verwandten Stoffe, 22 R. Mk., ja 35 R. Mk. für jede Elle, macht es wahrscheinlich, entweder dass dieselben doppelte Breite gehabt haben, oder dass schon ihre Kostbarkeit zur Beschränkung des Umfanges genöthigt hat. Einer dieser Bettvorhänge wurde nach dem Tode der Königin auf ungefähr 1900 R. Mk. geschätzt, eine Summe, welche nach dem gegenwärtigen Geldwerthe ungefähr 5500 R. Mk. gleich kommt[492]). Und doch musste der Bettvorhang der Königin Dorothea für dürftig gelten im Vergleiche mit denen anderer Fürstinnen. Sowohl die schwedische Prinzessin Anna, welche im Jahre 1562 Hochzeit hielt, als auch die eigenen Enkelinnen der Dorothea, deren Hochzeit dreissig Jahre später gefeiert wurde, erhielten goldbrokatene Bettvorhänge, zu einem Preise von mehr als 66 R. Mk. für die Elle[493]).

Was gegen Ende des Jahrhunderts die Zurüstung der Betten noch mehr vertheuerte, waren die neuen Forderungen, welche die Mode stellte. Himmel, Umhang mit Fransen und die Gardinen genügten schon nicht mehr: der untere Theil der Bettstelle musste überdies mit einem Ueberzug so umhüllt werden, dass gar kein Holzwerk mehr zu sehen war; und zu gleicher Zeit scheint man doppelte Gardinen eingeführt zu haben, indem s. g. »Forlader« angebracht wurden, welche halb zur Seite gezogen den Beschauer sowohl diese selbst als die nur zum Theil zugedeckte Gardine bewundern liessen [494]).

Unter solchen Umständen war es fast unmöglich, fort und fort sich auf der Höhe dessen, was die Mode verlangte, zu behaupten. Daher muss man als das Wahrscheinliche annehmen, dass die meisten Hausfrauen für gewöhnlich jenen Anforderungen sich entzogen und nur bei einzelnen festlichen Veranlassungen das Bett in seiner vollen Pracht erscheinen liessen. An solchen Festtagen prangte es denn aber auch als etwas Grosses, Reiches, Ehrfurchtgebietendes, als der Thron des Hauses, an sich selbst ein Haus, jedenfalls ein Hausgeräth, dem unsere Zeit nichts an die Seite zu stellen hat.

Hatte das Aeussere des Himmelbettes eine Reihe von Veränderungen erfahren und im Verlaufe des Jahrhunderts sich entwickelt, so war dies in bei weitem höherem Grade mit dem Inneren desselben der Fall. Zwei Verbesserungen wurden noch in diesem Jahrhundert dem Lager zutheil, für welche die nachfolgende Zeit garnicht dankbar genug sein kann, nämlich die Einführung des Gebrauchs von Laken (Betttüchern) und Dunen (Federn).

Dass diese beiden Vortheile auch schon vor dem Jahre 1500 im Norden bekannt waren, versteht sich von selbst; aber bis zu diesem Zeitpunkte waren sie mit Recht als etwas so Kostbares und Luxuriöses betrachtet, dass nur die Allerwenigsten in der Lage waren, sie sich zu verschaffen. Der Fortschritt, den das sechzehnte Jahrhundert machte, bestand darin, sie allgemein zu machen, sie für den Bürgerstand zu erkämpfen. Ehe sie aber auch bei den Bauern durchzudringen anfingen, vergingen noch viele Jahre.

Um's Jahr 1500 war in einem einfach bürgerlichen Hause — mochte man sich in Skandinavien befinden, oder in England, wo in dieser Hinsicht die Zustände die nämlichen waren [495]) — das Bett auf die alte Weise ausgestattet, nämlich mit loser Streu als Unterlage, (nach dem Pflanzennamen: »Unsrer Frauen Bettstroh« [496]) zu urtheilen, sollte man glauben, dass das Volk sich nicht einmal die Himmelskönigin besser gebettet vorstellte), dazu einem groben Beutel mit Häcksel als Kopfkissen, welche letztere Zugabe jedoch als eine Verfeinerung galt, endlich einer eigengemachten Decke, oder zur Winterzeit zusammengenähten zottigen Fellen, als Oberbett. Pfühle gebrauchte man nicht, mochte sie aber auch nicht vermissen; dagegen waren eine wollene Decke über das Stroh, und besonders ein bescheidenes Stück Leinwand unter dem Haupte, in Ermangelung eines Kopfkissens, berechtigte Wünsche: denn das Stroh stach, und das Gesicht war während des Schlafes nicht gut zu schützen. Natürlich war man solchen kleinen Stichen am meisten ausgesetzt, wenn die Streu frisch war; jedoch kam dies nur selten vor. Ein bekannter norwegischer Reisender, welcher oft Gelegenheit gehabt hat, auf einem solchen Lager seine Nachtruhe zu halten, spricht sich darüber mit diesen Worten aus: »Sind diese Thierfelle ganz neu, und das Bett nicht in täglichem Gebrauch, so ruht man darin ganz behaglich; im entgegengesetzten Falle hat es seine Unbequemlichkeiten« [497]).

Diese Unbequemlichkeiten waren doppelter Art. Der Angriff konnte von zwei Seiten her kommen. Nach unten hin musste man sich vor dem Bettstroh in Acht nehmen, welches, selbst dann, wenn es durch jahrelangen Gebrauch seine Straffheit verloren hatte, dafür von den vielen Personen, mit denen es in Berührung gekommen war, garzu bleibende Eindrücke bekommen haben konnte, so dass es zuletzt, zerdrückt und muffig, alles erwarten liess, möglicherweise auch allerlei beherbergte.

Hiergegen kannte man ein Mittel, welches zwar kostspielig, aber zuverlässig war. Ueber die ganze Unterwelt der Bettstreu breitete man ein Bettuch aus, nicht von Seide oder Leinwand, welches beides zu dünn war, sondern von Leder. Geschützt durch das Lederwams, schlief man alsdann ungestört; eine Zeitlang überlistete man Alles, was sich in der Tiefe regen mochte, indem man gleichsam einen Kofferdeckel darüber schlug und sich selbst als Druck auf denselben legte.

Zumal auf Reisen war ein solches Laken unbezahlbar, daher ein unabweisbares Bedürfniss für den König und seine vornehmsten Hofleute, welche bald hier, bald dort verkehrten. Aber es war kostspielig; denn, sollte es verschlagen, so musste es sechs Ellen breit und vier Ellen lang sein, so dass es hinreichte, ein doppeltes Bett zu überdecken, ja vielleicht auch unterhalb des Bettes festgeknöpft zu werden, damit es nicht bei einer raschen Wendung auf die Seite gerissen würde [498]); aber ein so grosses Stück Leder kam so theuer zu stehen, wie viele Paar Stiefel. Für ein ledernes Laken der einfachsten Art gingen nicht weniger als 33 gegerbte Lammfelle auf [499]). Wer hierzu nicht Rath zu schaffen wusste, musste schweigen und leiden, und durfte sich etwa damit trösten, dass, sperrte man auch die Verbindung nach unten hin ab, hiermit noch keineswegs Alles gewonnen war.

Denn von obenher drohte eine andere Gefahr. Diese Pelzdecken mochten gut genug sein; aber zu trauen war ihnen doch nicht. Kehrte man die rauhe Seite nach aussen, so wärmten sie nicht; und kehrte man sie nach innen, so war man niemals sicher, ob die Wärme nicht neues Leben im Pelze erwecken und ein ganzer Landsturm sich über den Schläfer her stürzen konnte.

Und leider waren alle die Mittel, die man gegen das Geschmeiss kannte, lauter Sommermittel. Konnte man — was noch heutigen Tages Brauch und Sitte in Norwegen ist — das Fell in einen Ameisenhaufen hineinlegen, so musste schon die ganze Brut verzehrt werden; oder konnte man es in die Sonne legen, so dass alles Lebendige durch die Wärme herausgelockt wurde und auf die Haarspitzen kroch, so war es rein zu klopfen [500]); aber zur Winterzeit, wenn das Fell gebraucht werden sollte und man eben seiner Hülfe zumeist bedurfte, war man ganz preisgegeben.

Jeder wird einsehen, welch ein Segen es sein musste, als das sechzehnte Jahrhundert gegen diese Uebel Rath schaffte. Wie so häufig in ähnlichen Fällen, begreift man kaum, wie das Neue, was aufkam, wirklich neu heissen konnte:

denn, genau genommen, war es alt und wohlbekannt, und hatte gewiss schon lange vorher, wenn auch langsam, sich Bahn zu brechen gesucht. Das Neue bestand eigentlich nur darin, dass die bisherigen Hindernisse auf einmal beseitigt wurden, so dass es jetzt mit raschen Schritten vorwärts ging. Die Preise auf Leinwand und gewebte Zeuge jeder Art sanken, so dass Jedermann sich anschaffen konnte, was bis dahin nur reiche Leute besessen hatten.

Hand in Hand mit den herabgehenden Preisen drang damals vom Süden her nordwärts die zwar neue und dennoch wohlbekannte Sitte, das Bett mit Pfühlen, Leinwand-Laken und Decken zu versehen. Mit dieser Sitte ging's, wie mit dem Gebrauch der Fensterscheiben, welcher seit Jahrhunderten bekannt gewesen war und dennoch dem sechzehnten Jahrhundert zuzuschreiben ist, weil er damals erst durchdrang. Beide Sitten hatten dieses gemein, dass sie vom Süden eingeführt wurden und die Herabsetzung der Preise zu ihrer Voraussetzung hatten; während aber die Fensterscheiben gleichmässig über den ganzen Norden hin in Aufnahme kamen, lässt sich hinsichtlich der Ausstattung der Betten eine immer stärkere Opposition nachweisen, je höher man gen Norden hinauf geht. Dänemark war das einzige Land, wo die Sitte im sechzehnten Jahrhundert ganz durchdrang.

Es ist interessant, sie in diesem Kampfe durch das Jahrhundert hindurch zu begleiten. Schon gleich Anfangs, sowie sie die dänische Grenze überschritt, erfuhr sie eine höchst bezeichnende Aenderung. Im Süden gebrauchte man als Unterlage Matratzen, die mit Baumwolle oder mit Krollhaaren gestopft waren[501]); in Dänemark gab man diess sofort auf und richtete sich auf Pfühle ein, die mit Federn gestopft waren, auf Unterbetten, welche eine viel behaglichere Wärme gaben. Schon ums Jahr 1535 waren in Dänemark Unterbetten so allgemein, dass man z. B. auf dem herrschaftlichen Gute Lindholm deren 44 hatte[502]), und allein Knud Rud während der Grafenfehde (1534—36) ebenso viele »Herren-Unterbetten« (Herredyner) verlieren konnte[503]) — eine Benennung, die anzudeuten scheint, was, wie wir bestimmt wissen, ungefähr zwanzig bis dreissig Jahre später allgemeiner Gebrauch ward, dass auch die Lager der Knechte, ja auch die der Tagelöhner mit Unterbetten ausgestattet wurden [604]).

Zu jedem Unterbett gehörte ein Kopfkissen. In der Regel waren beide von grobem Stoff, meistens blau oder doch blaugeränderter Zwillich für Herrenbetten, Fries oder Segeltuch für den einfacheren Gebrauch [605]). Als im Jahre 1541 die Königin sich auf Malmöhus aufhielt, und in dieser Veranlassung dort Bettüberzüge für ihre Mädchen geschafft werden sollten, verfertigte man solche aus Hopfensäcken [606]).

Das Bedürfniss einer Unterlage hatte sich anfangs durch diese zwei Stücke befriedigt gefühlt: ein Unterbett und ein Kopfpfühl; aber schon in der Mitte des Jahrhunderts ging man weiter. Jetzt begehrte man überdiess ein Federkissen, welches man nach Belieben anbringen konnte, in der Regel wohl als Rückenkissen. Als Friedrich II im Jahre 1559 zu den Krönungsfeierlichkeiten von den Bürgern zu Malmö und Landskrona Betten entlehnte, so verlangte er ausdrücklich, dass ein solches Federpfühl bei jedem Bett sein sollte; und die Aebtissin des Mariboklosters, welche bei derselben Gelegenheit mit den Bürgern von Maribo (auf Lolland) über die leihweise Ueberlassung von zehn Betten unterhandelte, stellte eine ähnliche Forderung [607]).

Hierdurch war jedoch die in Gang gesetzte Entwickelung noch bei Weitem nicht zum Stillstand gebracht. Am Schlusse des Jahrhunderts verlangte man schon zu einem Bette wenigstens zwei Unterbetten, ein Federkissen und ein oder zwei Kopfpfühle [608]); und das Ende war, dass das Bett sich in einen ganzen Berg von Federn oder Dunen verwandelte. In dem Feldbette Christian's IV auf Frederiksborg, welches gerade als Feldbett schwerlich mehr enthalten haben mag, als was höchst nothwendig erschien, befanden sich nicht weniger als vier Unterbetten, drei grüne und ein blaues, zwei grüne Kopfpfühle, ein blaues Federkissen und ein brandgelbes

Oberbett⁵⁰⁹). Diess war jedoch für garnichts zu rechnen im Vergleich mit dem Ueberflusse, mit dem man die Fremdenbetten ausstattete. Hier sollte ja nach zwei Seiten hin ein Zeugniss ausgestellt werden, theils für den Wohlstand des Hauses, theils dafür, wie willkommen der Gast war. Ein französischer Gesandter, welcher im Anfang des nachfolgenden Jahrhunderts nach Dänemark kam, und von der langen Seereise ermattet, sich auf die nächtliche Ruhe in Helsingör freute, schildert mit Entsetzen den Augenblick, als er in das Dunenmeer versank, welches weich, wie es war, beständig nachgab und sich tiefer und tiefer senkte, während zugleich ein gewaltiges Oberbett, obgleich es Sommerzeit war, mit seinem Gewichte ihn hinabdrückte. Nachdem er einige Zeit in dieser Hitze ausgehalten hatte, vom Brennen und Prickeln in der Haut gemartert, musste er zuletzt halbgebrüht auf den Schlaf verzichtleisten⁵¹⁰).

Diese Sitte, auf einem Unterbette anstatt der früheren Streu zu liegen, scheint ebenso grosse Verbreitung in Schweden gefunden zu haben, wie in Dänemark. Um nur Eines anzuführen: auf Gripsholm befanden sich im Jahre 1548 Alles in Allem 106 Unterbetten und 216 Kopfpfühle⁵¹¹) — eine solide Aussteuer, welche zugleich anzudeuten scheint, dass man hier schon damals so weit gekommen war, zwei Kopfpfühle für jedes Bett zu verlangen, ein Brauch, welcher in Dänemark erst später allgemein ward⁵¹²). Dagegen war man in Schweden sehr abgeneigt, die zwei anderen Verbesserungen einzuführen: Laken von Leinwand und Oberbetten. In diesem Punkte zeigt sich ein auffälliger Unterschied der Entwickelung in den beiden Nachbarländern.

Beim Beginn des Jahrhunderts war der Zustand der Dinge über den ganzen Norden hin einer und derselbe. Wie oben erwähnt, schliefen nur die Allervornehmsten auf und unter seidenen Laken oder solchen von holländischem Leinen, und wer dazu Rath schaffen konnte, auf einem Lederlaken; die weitaus überwiegende Mehrzahl lag gänzlich ohne Laken. Aber obgleich also der Zustand im Allgemeinen der alther-

kömmliche war, kündigten doch in Dänemark schon deutliche
Zeichen an, dass etwas Neues im Anzuge war. Betrachten
wir eine der kostbarsten Aussteuern jener Zeit, z. B. die,
welche Jungfrau Magdalene Krognos in Schonen im Jahre
1500 zu ihrer Hochzeit erhielt, so befand sich allerdings in
derselben nur ein einziges Paar seidener Laken, wahrscheinlich zum Brautbett, für die drei Herrenbetten mit ihrer
übrigen kostbaren Ausstattung im Ganzen nur drei Paar
Laken von holländischer Leinwand, dazu lederne Laken für
die übrigen Betten; aber daneben finden wir hier zum ersten
Male eine nicht unerhebliche Versorgung mit Laken aus
grober Leinwand[613]). Diese neue Erscheinung war das Vorzeichen einer anbrechenden neuen Zeit: denn im Laufe des
Jahrhunderts sollten diese Leinwand-Laken in Aufnahme
kommen, die ledernen Laken völlig verdrängen und zuletzt
beinahe den holländischen an Feinheit gleichkommen.

Noch gegen die Mitte des Jahrhunderts scheinen in
Dänemark lederne Bettlaken bei Wohlhabenden in Gebrauch
gewesen zu sein. So gab es im Jahre 1534 auf Svanholm
fünf lederne Laken, auf Lindholm drei, auf Helsingborg ebenso
viele, zwanzig Jahre nachher im Ömkloster eines, während
Knud Rud in der Grafenfehde nicht weniger als 40 Stück
dieser Art verlor[614]). Wenn sie aber auch nach dieser Zeit
noch hier und dort anzutreffen waren[615]), so muss man hierin
mehr einen Beweis für ihre eigene Haltbarkeit erkennen, als
für den Fortbestand der Sitte. Neue wurden nicht weiter
verfertigt, die alten nur als eine Kuriosität aufbewahrt, oder
sie mussten ihre letzten Dienste in den Stuben armer Leute
verrichten.

Auch war kein wirklicher Grund vorhanden, sie beizubehalten. Leinene Laken konnte man jetzt billiger bekommen; dazu waren diese weit geeigneter zum Gebrauch,
als jene. Sie deckten ebensowohl von oben, als von unten,
und liessen sich waschen: zwei nicht gering anzuschlagende
Vorzüge. In welchem Masse und wie allgemein sie durchdrangen, das kann man aus dem Eifer schliessen, mit welchem

sie überall in den Häusern fabricirt wurden: feinere aus Flachsgarn, gröbere aus Werg. In den ersten Tagen des Jahrhunderts würde man seinen eigenen Ohren nicht getraut haben, wenn Jemand erzählte, dass im Jahre 1563 von jedem adeligen Fräulein, das in's Maribo-Kloster eintrat, gefordert werden durfte: sie solle zehn Paar Laken für ihr Bett mitbringen [516]); oder dass im Jahre 1586 der Befehl ergehen konnte: die Schul- und Pflegekinder zu Sorö sollten wöchentlich einmal in ihren Betten reine Laken bekommen [517]).

In Schweden schlug die Entwickelung eine andere Richtung ein. Gewiss wurde auch hier Leinwand jeder Art nicht nur vom Auslande eingeführt, sondern auch in den Häusern zu Laken zubereitet [518]); aber diese waren nicht im Stande, die ledernen Laken zu verdrängen und ihres althergebrachten Ansehens zu berauben. Noch im Jahre 1548 lagen die königlichen Kinder auf ledernen Laken [519]); auf dem Schlosse zu Nyköping steigerte sich in den Jahren 1556 bis 1566 der Vorrath derselben von vier bis zu zwölf [520]); und als Erik XIV im Jahre 1561 von Elfsborg in der Hoffnung absegelte, die Königin Elisabeth von England als Königin heimzuführen, und in dieser Veranlassung vorher Ordre gegeben hatte, dass bei seiner Heimkehr Alles im vollsten Putze sich darstellen solle, so lautete die Anordnung betreffs der Laken also: »Seiner Majestät Schlösser und Höfe sollen mit schönen Fellen und ledernen Laken wohl versorgt sein.« [521]). Selbst Herr Pontus de la Gardie, welcher übrigens seiner Zeit so weit voraus war, dass er sogar im Besitze einer brasilianischen Hängematte war, hinterliess dennoch bei seinem Tode, ausser Laken von holländischer Leinwand, zugleich eine Anzahl lederner Laken [522]).

Eine ebenso verschiedene Aufnahme ward in den nordischen Reichen endlich auch dem letzten Fortschritte der Zeit zutheil: den Oberbetten. Die alte Sitte war ja, Winters sich mit Fellen zuzudecken, und Sommers, wenn diese zu warm wurden, mit Decken. Diese letzteren nahmen indessen im Anfang des sechzehnten Jahrhunderts einen mächtigen Aufschwung. Die freistehenden Betten liessen sie mehr in die Augen fallen, und die Vorhänge der Himmelbetten führten die Versuchung mit sich, jene an Pracht mit diesen wetteifern zu lassen. Schlichtere Formen waren die selbstgesponnenen und -gewebten wollenen Bettdecken, auch die sogenannten »Ryer«. Aber schon drangen nürnberger, englische und flamländische Decken und Teppiche in Menge herein; und gewebt in den bekannten Mustern: Rauten, oder Laubwerk, oder »Angesichter«, oder auch, wenn's hoch kam, mit Darstellungen ganzer Scenen, in Gold und Silber gestickt, überstrahlten sie beinahe die samtenen und aus Goldstoff gearbeiteten[523]). War denn ein Bett gehörig ausgestattet, so bildete die Decke, oder das Oberbett, den letzten und besten Trumpf. Der Gardine des Himmelbettes entsprechend, oder richtiger dieselbe überschreiend, leuchtete sie als das köstlichste Stück, wie eine eingefasste Perle, zwischen den halb zur Seite gezogenen Gardinen des Vorhangs und seines Ueberzuges (»Forlade«) hervor. Will man einen schlagenden Eindruck davon bekommen, wieweit dieser Luxus in ausländischen Bettdecken sich ausbreitete, so braucht man nur auf einen kleinen Zug wie folgenden zu achten: Im Jahre 1586 setzte der königliche Kaufmann nicht weniger als 21 Stück Nürnberger Bettdecken nach der südlich von Island gelegenen Insel Vespenö ab[524]). Wenn es auf dieser entlegenen Insel so aussah, dann versteht man es vollkommen, dass die Bauern in England um das Jahr 1600 so gut wie ausnahmlos mit kostbaren Decken auf ihren Betten versehen waren[525]).

Aber während dieses ganzen Wettlaufes, in welchem sie den Vorhang zu überstrahlen suchten, verloren die Bettdecken nach und nach ihre ursprüngliche Bedeutung. Ursprünglich zur Decke für den Schläfer bestimmt, kamen sie dahin, dass sie nur prächtige Bettüberwürfe vorstellten, welche Sommers und Winters auf beiden Seiten herabhängen konnten — so war eine der flamländischen, eingewebte Thierfiguren darstellenden, Bettdecken Gustav Wasa's über fünf Ellen auf der einen Seite, und über zehn Ellen auf der anderen

breit⁵²⁶); — aber hart und steif von den vielen Gold- und
Silberdrähten eigneten sie sich nur wenig zum Zudecken.
Unterhalb derselben musste man daher die bescheideneren
Formen anbringen, die zu wirklichem Gebrauche bestimmt
waren: wollene Decken des Sommers, Pelzdecken des
Winters.

Hiermit war die Thür geöffnet für die neue Sitte,
während des Winters Federbetten zu gebrauchen. Denn wenn
das Aeussere hierbei gleichgültig war, indem es von dem
Teppich verhüllt wurde: welchen Vorzug hatte dann nicht
das warme, weiche Federbett vor dem steifen Felle! »Die
Dunenbetten«, wie jene Zeit sie nannte, behielten daher in
Dänemark bald die Oberhand. Um die Mitte des Jahrhunderts konnte man bei Leuten alten Schlages wohl noch eine
Decke von Wolfsfell oder anderem Fell antreffen⁵²⁷); aber
die Federbetten wurden mehr und mehr allgemein. Christian III lag unter Dunen, Friederich II gleichfalls⁵²⁸); Peter
Oxe scheint gar keine Pelzdecke mehr gehabt zu haben⁵²⁹).
Selbst im Felde wurden jetzt Federbetten gebraucht. Als
Christoph Göje während des siebenjährigen Krieges zwischen
Dänemark und Schweden (1563—70) an seine Ehegattin nach
Hause schrieb, dass sie ihm ein Feldbett zur Armee hinaufsenden möge, so gab er es ihr anheim, ob es nicht das Beste sein
möchte, ein Federbett zu senden und die Decke von Wolfsfell
daheim zu lassen⁵³⁰). Am Schlusse des Jahrhunderts endlich
wurde die Sitte dergestalt übertrieben, dass man sowohl
Sommers als Winters unter dem ausgestopften Federbett lag.
Bei der Krönung Christian's IV 1596 blieb keiner der unglücklichen Gäste aus dem Auslande mit seinem Federbett
verschont, wiewohl man sich im Monat August befand⁵³¹).

In Schweden und Norwegen hielt man auf diesem Gebiete nicht gleichen Schritt. Pelzdecken waren nun einmal
ein heimathliches Zubehör mit nationalem Gepräge; sie liessen
auch nicht so leicht aus Ländern, deren Reichthum in Pelzwild bestand, sich verdrängen. Oberbetten machten hier daher nicht ihr Glück. In Gustav Wasa's Hausrath auf dem

Schlosse Gripsholm, wo es im Jahre 1548 von Unterbetten und Kopfpfühlen wimmelte, befand sich nicht ein einziges Oberbett, dagegen ein reicher Vorrath von Pelzdecken, sowohl kostbaren als einfacheren [532]). Im Jahre 1581 erhielt die schwedische Prinzessin Elisabeth zu ihrer Aussteuer Bettdecken sowohl von Bären- als Marder-, Vielfrass-, Luchs-, Biber- und Zobelfellen, auf jeden Kältegrad berechnet, alle mit Seide, Sammet oder Atlas überzogen, aber nicht ein einziges Oberbett [533]). Auch bei den Bauern in Norwegen ist der Gebrauch der Oberbetten nur in geringem Grade durchgedrungen, und scheint überhaupt nur in Dänemark und Deutschland recht eingewurzelt zu sein. In England scheint die Sitte niemals Eingang gefunden zu haben. In Nordamerika dient noch heutigen Tages der Gebrauch von Oberbetten als sicheres Kennzeichen dafür, dass die Betreffenden von deutscher oder skandinavischer Herkunft sind [534]).

Die inneren Bestandtheile des Bettes hatten im Verlauf des sechzehnten Jahrhunderts grosse Veränderungen erfahren; aber noch erhielt sich aus der vergangenen Zeit eine Sitte, ein kleiner übersehener Rest, welcher gleichsam hängen geblieben war, nachdem der Nebel sonst vertrieben war. Dies war die Gewohnheit vornehmer Reisender, besonders des weiblichen Geschlechts, ihre Betten, oder wenigstens, was zur Herstellung derselben gehörte, selbst mitzubringen. Diese Sitte, welche ebenso leicht, als nothwendig gewesen war, solange das ganze Zubehör aus einem ledernen Laken und einem Felle bestand, welche man aus manchen Gründen für sich selbst zu haben wünschte, ward nunmehr äusserst beschwerlich, nachdem der Inhalt des Bettes zu einem Haufen von Bettdecken und Kissen angewachsen war; und zugleich verlor die Sitte jetzt ihre eigentliche Voraussetzung, da man überall auf reine leinene Laken rechnen durfte. Nichtsdestoweniger hielt sie sich das ganze Jahrhundert hindurch. Der erste Fall, in welchem sie unseren Nachrichten zufolge übertreten wurde, trat bei der Krönung Christian's IV 1596 ein. Die Kunde, dass die fremden fürstlichen Gäste bei dieser

Gelegenheit ihr Bettzeug, weder für sich selbst noch für ihr weibliches Gefolge, mitbringen würden, brachte eine unerwartete Verwirrung hervor und stellte die Geneigtheit des Adels, dem Könige ihre besten Betten zu leihen, auf eine harte Probe [535]). Die verwittwete Königin Sophie scheint bis an ihren Tod 1631 der alten Sitte, Betten für sich und ihre Leute bei sich zu führen, treu geblieben zu sein [536].

Nachdem wir so die Betten von aussen und innen betrachtet haben, wollen wir zum Schlusse nur noch untersuchen, wie denn in ihnen zu liegen war. Was zunächst den Platz angeht, so scheint sich der Norden einer Bewegung, die in den südlicheren Ländern, wie auch in England, längst eingetreten war, nicht so recht angeschlossen zu haben, nämlich der Neigung, die Betten immer geräumiger einzurichten. Dort im Norden hatte man nichts dawider, das Bett zu solcher Höhe anschwellen zu lassen, dass es, mit Decken, Pfühlen und Kissen überladen, sich nur mit Hülfe einer kleinen Leiter, oder wenigstens einer eingeschitteten Stufe in der Seitenwand der Bettstelle ersteigen liess [537]) — was noch an die Verwandtschaft des Bettes mit dem Alkoven in der Wand erinnerte —; man liebte auch, das Lager so breit einzurichten, dass es mehrere Personen aufnehmen konnte; dass man es aber ausserdem über Manneslänge hinaus verlängern sollte, kam den Skandinaven als etwas Unerhörtes und Widersinniges vor. Betten, wie das Heinrich's VII, Heinrich's VIII, Eduard's VI in England, welche jedes elf Fuss massen, sowohl in der Länge als in der Breite [538]), und wie zum Spotte solche Tiefen aufwiesen, in denen kein Menschenkind den Boden erreichen konnte, verleugneten nach ihrem Gefühl die Anforderungen, die man an ein gutes Bett stellen müsse. In einem solchen kam es ja gerade darauf an, das Fussende erreichen zu können, es bis auf den Grund zu durchwärmen; und von zwei Uebeln verdiente in ihren Augen bei Weitem das, krumm liegen zu müssen, den Vorzug vor der Unannehmlichkeit, unterhalb der Füsse beständig einen kalten Keller zu haben. Alle aus jenen Tagen noch erhaltenen Betten zeichnen sich daher durch ihre verhältnissmässige Kürze aus [539]), welche zumal, wenn jene mit schweren Kopfpfühlen ausgestattet waren, einer ausgewachsenen Person es unmöglich gemacht haben muss, völlig ausgestreckt in ihnen zu liegen. Unter den vielen Klagen, die der erwähnte französische Gesandte über die dänischen Betten ausstösst, ist eine der lebhaftesten diese, dass die Kürze derselben ihn nöthigte, entweder aufrecht zu sitzen, oder liegend einen stumpfen Winkel zu bilden [540]).

Selten wurde das Bett nur von Einem zur Zeit benutzt, sondern in der Regel von Mehreren. Ausser den Eltern pflegte in dem grossen Bette noch eine Anzahl der Kinder zu schlafen, welche wenigstens am Abend nach zwei Seiten, der »Schwert-« und der »Kunkelseite«, geordnet wurden, in der Mitte Vater und Mutter als Grenzscheide [541]). Ob überdies dann und wann auch noch ein werther Freund oder Anverwandter Aufnahme finden sollte, hing von Umständen ab. War in den Herzen Raum, dann fehlte es auch niemals an Raum im Hause.

Ganz ohne Gefahr war indess diese nächtliche Ordnung nicht. Hier, wo das freie Belieben eine so grosse Rolle spielte, war schlechterdings keine Sicherheit gegeben, dass gerade die schwersten Leiber zu unterst lagen; wurden aber die Personen in dieser Hinsicht unrichtig vertheilt, so konnte es unter Umständen ans Leben gehen. Kinder »zu Tode zu liegen«, das heisst im Schlaf zu ersticken, war eine sehr gewöhnliche Verschuldung, für welche zwar kirchliche Absolution gesucht werden musste, in welche aber in der That der Beste gerathen konnte. Eine Verordnung von 1606, welche dieses Uebel zu bekämpfen suchte, indem sie auf die Wiederholung einer solchen unabsichtlichen Tödtung Lebensstrafe setzte, hatte daher schwerlich grossen Erfolg. Die Schuld lag in der einmal herrschenden Sitte, zu Vielen im Bette zu liegen. Im Jahre 1569 hören wir von einem Weibe, das zum dritten Male ein Kind so getödtet hatte; in der Mitte des siebzehnten Jahrhunderts wurden allein in dem Stifte Aarhus durchschnittlich 38 Kinder jährlich »zu Tode gelegen.« [542]).

Unter solchen Umständen mussten in mehreren Hinsichten eigenthümliche Verhältnisse entstehen. Der Ton des Umganges zwischen den beiden Geschlechtern nahm ein freieres Gepräge an, als die neuere Zeit gutheissen würde [443]; zugleich aber wurden insbesondere die Rechte der Kinder auf das möglichst niedrige Mass eingeschränkt. Von den mancherlei neuen Pflichten, die aus solchen Verhältnissen hervorgehen mussten, bekommt man einen Begriff, wenn man gewisse Lebensregeln liest, die ein Rektor der lateinischen Schule zu Kopenhagen niedergeschrieben hat. Hier wird den Schulknaben die Vorschrift gegeben, sowohl zu Hause als in der Schule sich geziemend zu verhalten und z. B. Nachts sich nicht eigenmächtig im Bette umzudrehen, wodurch von zwei Folgen eine eintreten könne, entweder selbst der Bettdecke verlustig zu gehen, oder Anderen sie zu entziehen [444]. Dürfte man in dem Rathe, den Heinrich Ranzau seinen Söhnen ertheilte, die erste Hälfte der Nacht auf der rechten Seite, die zweite Hälfte auf der linken zu liegen [445], den Ausdruck eines allgemeiner geltenden Herkommens finden, so wäre vielleicht daraus zu schliessen, dass in einer wohlgeordneten häuslichen Gemeinschaft mitten in der Nacht, auf ein gegebenes Zeichen, eine Schwenkung auf der ganzen Linie stattgefunden habe.

Um den Wärmegrad in diesen Familienbetten zu bestimmen, ist es nicht unwichtig, die nächtliche Bekleidung der Schläfer ins Auge zu fassen. Sie war auf ein Aeusserstes reducirt, indem man althergebrachter Sitte zufolge, wenn man zu Bette ging, sich völlig entkleidete. Wie so vieles Andere, war dies eigentlich nur eine alte Gewohnheit, welche sich mit Unrecht erhielt. War sie in jener Zeit geboten, wo die Leinwand wegen ihrer Kostbarkeit etwas Unerschwingliches war, so war sie es doch durchaus nicht mehr unter den Verhältnissen des sechzehnten Jahrhunderts. Die Leute, die Nachts aus Sparsamkeit ganz nackt lagen, waren doch in der Lage, Tags mit dem Hemde bekleidet zu gehen und Nachts zwischen Laken zu liegen. Aber von alter Zeit her eingewurzelt, hielt die Sitte sich mit merkwürdiger Zähigkeit. In diese Zustände werden wir versetzt durch Redeweisen wie folgende: »Welch ein Teufel von Mann war er in seinem Hause! Wie oft musste seine Frau nackt aus ihrem Bette und hinaus zu Nachbaren, wenn er zu nächtlicher Stunde betrunken und voll nach Hause kam.«[646]). Oder: »Als vor sechzehn bis siebzehn Jahren Rugaard zur Nachtzeit abbrannte, da konnten Frau Anna und ihre Schwester, welche bei ihr war, kaum ein Hemd anbekommen, und mit dem Leben davon kommen.«[647]). Noch nach der Mitte des siebzehnten Jahrhunderts war die Sitte in Dänemark allgemein. Ein polnischer Officier, welcher im Jahre 1658 mit dem Hülfscorps seiner Landsleute dorthin kam, erzählt, wie Alle in diesem Lande nackt zu schlafen pflegten. Auf seine Frage, ob sie sich doch nicht schämten, ohne Rücksicht auf das Geschlecht sich in seiner Gegenwart zu entkleiden, antworteten sie: dessen, was Gott geschaffen, brauche man sich nicht zu schämen; ausserdem könne das Leinen, das den ganzen Tag dem Leibe treulich gedient habe, es wohl bedürfen, dass es wenigstens des Nachts geschont werde[648]). Bekanntlich hat sich die Sitte in manchen Gegenden Norwegens, ja selbst Jütlands, bis auf diesen Tag erhalten[649]).

Während man im Vertrauen auf die Bettwärme den ganzen übrigen Leib entblösste, musste man von einem Theile des Leibes annehmen, dass dieser, wenn Alles nach der Regel verlief, oberhalb der Bettdecke zu liegen kam und daher besonderer Wärme bedurfte: dies war der Kopf. Des Tages an Bedeckung gewöhnt, durfte er des Nachts nicht frieren. Alle setzten sich denn eine Nachtmütze auf; und erst, nachdem man auf diese Weise die alte Räthselaufgabe, nicht bekleidet und doch nicht nackt zu sein, gelöst hatte, tauchte man unter in's Dunenmeer. Die Nachtmützen, Nachthüte[650]) oder Nachthüllen, wie sie abwechselnd in Dänemark hiessen, waren zwar bei weniger Wohlhabenden von Wolle, bei Bemittelten aber von Leinen. So hinterliess Pontus de la Gardie wenigstens drei »stattliche Nachtmützen.«[651]), und Peter Oxe vier oder vielleicht acht weisse »Nachthäubchen«, ausserdem aber eine von Damast, mit Fell gefüttert, wahrscheinlich zum Gebrauch auf Reisen im Winter [552]). Heinrich Ranzau, welcher in dieser Beziehung, wie in so vielen anderen, sich durch seine Bedachtsamkeit auszeichnete, befahl seinen Söhnen: sie sollten feine leinene Nachtmützen gebrauchen, aber zugleich dieselben mit einer kleinen Oeffnung in der Spitze versehen, durch welche der Dampf wie durch einen Schornstein aufsteigen könne [553]).

Diese Sitte, mit bedecktem Haupte zu schlafen, welche natürlich war, solange die Kamine im Gebrauche waren, und die Stube also durch die Oeffnung des Kamins mit der Aussenluft in lebhafter Verbindung stand, verlor sich im Norden allmählich, als die Kachelöfen allgemein geworden waren. Aber noch bis auf den heutigen Tag hat sich der Gebrauch der Nachtmützen in Mittel- und Südeuropa erhalten, wo der Kamin nicht durch den Kachelofen verdrängt worden ist.

Der Brauch, Morgens sich zu waschen, ward, gleich so vielem Anderen, eine Folge der veränderten Verhältnisse des sechzehnten Jahrhunderts. Früher hatte man aus manchen Gründen den ganzen Reinigungsprocess auf die einzelnen Fälle beschränkt, wann man die Badestube besuchte. Sehr vornehme Leute wuschen ausserdem die Hände vor der Mahlzeit; dagegen begnügte sich das Volk im Allgemeinen, zwischendurch einmal, wenn's garzu arg ward, am Brunnen draussen im Hofe die Hände etwas abzuspülen und abzuscheuern; ein paar Striche an den Beinkleidern herunter genügten, um sie für den Hausbedarf abzutrocknen. Und wie sollte man sich wohl anders helfen? Wasserkannen, Waschbecken, Handtuch, alle diese Dinge waren ja Kostbarkeiten, die nur wenige Leute sich anzuschaffen im Stande waren.

Das sechzehnte Jahrhundert brachte hierin Wandel, indem es die erwähnten Güter zugänglicher machte. Sie scheinen in folgender Reihenfolge Eingang gefunden zu haben: zuerst das Handtuch, dann das Waschbecken und zuletzt die

Wasserkanne. Was jedoch die beiden letzteren betrifft, so
darf man kaum annehmen, dass sie um den Schluss des
Jahrhunderts allgemein im Gebrauch waren. Dass freilich
in einem wohl ausgestatteten Hause ein zierliches s. g. »Handgefäss« von Zinn, oder am liebsten von Messing, mitunter
auch eine dazu passende »Giesskanne« zu den Prunksachen
gehörte, war etwas Anderes.

Selbst das Handtuch hat in den meisten Familien sicherlich mehr zum Schmucke gedient, als zum Gebrauch. Es
wurde in der Regel an einer Winde aufgehängt und die
Enden zusammengefügt, so dass es herum gerollt und, in seiner
vollen Breite herabwallend, sich in seiner ganzen Pracht
zeigen konnte. Aus diesem Grunde waren die Handtücher
sehr lang. Von den Handtüchern auf dem Schlosse Nyköping in Schweden waren im Jahre 1556 die meisten ungefähr fünf Ellen lang[554]). Friedrich II bestellte im Jahre
1586 bei dem Zollverwalter zu Helsingör 672 Ellen Drell,
welche alle für 100 Handtücher aufgehen sollten[555]); und die
verwittwete Königin Sophie hinterliess 282 damastene und
drellne Handtücher, welche zum grossen Theil die ansehnliche
Länge von zehn bis zwölf Ellen das Stück hatten[556]). Man
liebte sie nicht ganz weiss; am liebsten hatte man sie mit
bunten Nähten; Namenszüge und Wappen bildeten hier die
häufigsten Muster[557]).

Dass Waschbecken und Kannen im sechzehnten Jahrhundert weit mehr zum Staat dienten, als zur täglichen
Morgenwäsche, ersieht man aus ihrem seltenen Vorkommen. Soweit unser Blick reicht, scheint ungefähr um die
Mitte des Jahrhunderts eine neue Form von Waschgeschirren
aufgekommen zu sein, welche anstatt des alten Namens:
»Mullu«, »Mollug« oder »Molling« (aus dem altnordischen
»mund«, d. h. Hand und »laug«, d. h. Wäsche) den neumodischen und verständlicheren: »Handgefäss« (Haandfad)
bekamen. Auf Gripsholm z. B. gab es im Jahre 1548
sowohl »Molliger« als »Handgefässe«[558]). Diese »Handgefässe«
und »Handbecken« scheinen am Schlusse des Jahrhunderts

die altherkömmlichen »Molluger« aus den Häusern der Vornehmen verdrängt zu haben. Man hatte sie sowohl von einfacherem Metall, als auch von Silber und Gold [559]). Aber irgend ein Anwachsen ihrer vorhandenen Zahl, welche darauf hindeuten könnte, dass sie aufgehört hätten, blosse Prachtstücke zu sein, die vor der Mittagsmahlzeit erscheinen sollten, und dass sie statt dessen nothwendig zur Schlafkammer gehörige Geräthe geworden wären, lässt sich nicht verspüren. Im Wasserbecken sich zu waschen, wurde noch als eine Kundgebung von Vornehmheit angesehen, welche Zuschauer und volle Beleuchtung erforderte. Erst im siebzehnten Jahrhundert treffen wir, und auch nur bei den Allerreichsten, sichere Zeichen, dass die Gäste des Hauses, sofern sie es wünschen mochten, dazu gelangen konnten, Morgens sich zu waschen. Im Jahre 1628 wurde z. B. für das Frederiksborger Schloss ein reichlicher Vorrath von Wasserbecken, Kannen und Nachtgeschirren angeschafft, alle von Zinn, mit Krone und Namenszug des Königs auf dem Boden [560]).

Der letztgenannte Bedürfniss-Gegenstand war gleichfalls schon im sechzehnten Jahrhundert bekannt, und auch gebraucht worden, aber nur von den Allerverfeinertsten. Die Meisten im Volke betrachteten ihn mit derselben schadenfrohen Geringschätzung, wie die andere neue Mode, nämlich Taschentücher zu gebrauchen. Zwangen ja doch beide Erfindungen dazu, dass man aus lauter Feinheit aufbewahrte, was ja, wie Jeder begreifen konnte, die Reinlichkeit gebot, von sich zu entfernen. Nicht einmal der fortgeschrittenste Theil der Gesellschaft war mit diesen Neuerungen einverstanden. Der Umstand, dass die Geschirre von Zinn waren, führte gewisse Unannehmlichkeiten mit sich. Heinrich Ranzau empfahl seinen Söhnen, sie mit Deckeln zu versehen [561]). Nicht Jedem war es gegeben, derartige Geschirre von purem Silber sich anzuschaffen [562]).

Bezeichnend, sowohl für ihr Aussehen als für ihre Mängel, ist ein Bild in Niels Hemmingsens Hauspostille, welches die

Erscheinung des Engels bei Joseph und Maria vorstellt. Joseph liegt hier ausgestreckt auf einer elenden Pritsche und hat eine Bierkanne neben sich stehen. Dagegen erblickt man Maria, wie sie in einem kostbar ausgestatteten Bette liegt, unterhalb dessen ein kleines Möbel mit einem Henkel Platz gefunden hat, aber umgekehrt, so dass der Boden nach oben steht[563]).

Die Bänke längs der Wand waren, ungeachtet ihres unansehnlichen Aeusseren, vielleicht der eigenthümlichste Hausrath der Stube. Nirgendwo sonst erschien der sichere Fortschritt der Entwickelung so deutlich und so taktfest, wie hier. Auf diesem Punkte, eine Kniehöhe vom Fussboden entfernt, hatte vor Jahrhunderten der erste Rand sich gebildet, als ein Zeugniss dafür, dass eine Menschenwohnung doch etwas mehr sei, als Wände und Feuerstelle. Und welche Entwickelung hatten alsdann die Bänke durchgemacht von den ersten flachen Beilhieben in einen Holzblock bis zu diesen sinnreich ausgedachten Sitzen des sechzehnten Jahrhunderts, welche, obgleich damals Theile der Wand, mit ihrem Paneel-Rücken, Deckel und Schubladen Dienste leisteten, die von einer Schlafstätte bis zu einer Kommode reichten!

Die Zeit war gekommen, wo die Entwickelung einen neuen Weg einschlagen sollte, wo jener Wandrand, welcher im Lauf der Jahrhunderte immer mehr ausgebildet worden, von der Fläche abbrechen, heraus geschleudert und zu besonderen Möbeln umgeformt werden sollte, jedes mit seinem Zwecke. Die täglichen Wohnstuben des sechzehnten Jahrhunderts zeigen uns diesen Durchbruch, wie für einen Augenblick festzaubert. Längs der Wand noch die festen Bänke mit ihrer so ungemein verschiedenen Verwendung, neben ihnen hier und dort die ersten Vorläufer der ungleichartigen Möbel, die aus ihnen hervorgehen sollten. Wir werden sie, soweit es sich thun lässt, zusammenzustellen, und die Familienähnlichkeit zwischen der Bank und ihren Abkömmlingen nachzuweisen suchen.

Nachts dienten die Bänke zum Lager für das Gesinde

und Jeden, der ungeachtet der Gastfreiheit des Himmelbettes keinen Raum in demselben fand. Diesem Zwecke genügten sie in sehr vollkommener Weise. Anstatt, wie vormals, nur mit Streu überdeckt und so zu Betten zu werden, waren sie nunmehr, wo es anging, entweder in »Schlagbänke« oder »Klappbänke« verwandelt.

Die Eigenthümlichkeit der Schlagbank bestand darin, dass der Sitz derselben wie ein Deckel aufgeschlagen werden konnte, während die Seite sich wie ein Schubfach herausziehen liess, so dass dadurch ein Bett ohne Füsse entstand. Herausgezogen und mit Dunen gefüllt, gab es ein bequemes Lager ab. Wann diese Schlagbänke erfunden worden sind, weiss man nicht. Im sechzehnten Jahrhundert waren sie sehr verbreitet. Bezeichnend genug wurde ihr Name, welcher sich ja davon herschrieb, dass die Bank sich aufschlagen liess, häufig in »Schlafbank« oder »Slopbank« verdreht. Wie beliebt sie waren, kann man am besten daraus ersehen, an welchen Orten sie vorkamen. Es war garnicht allein der alte verabschiedete Prior zu Odense, welcher in der Wohnstube eine Schlagbank hatte, auf welcher seine zwei Diener des Nachts schliefen[564]): dergleichen fanden sich bei Leuten aus allen Ständen. Selbst in der Stube der »deutschen Kanzlei« auf Kronborg gab es ausser drei Himmelbetten zugleich drei Schlagbänke — ein Mobiliar, welches, wüsste man's nicht besser, seltsame Vorstellungen erwecken müsste von dem, was man damals in einem Ministerium vornahm. Ja, selbst in den zwei Schlafkammern Friedrich's II und der Königin Sophia, auf dem nämlichen Schlosse, befand sich in jedem derselben sowohl eine Schlagbank als ein Himmelbett[565]).

Dieser Geschmack der Zeit an solchen Schlagbänken scheint es zu einem eigenthümlichen Extrem gebracht zu haben, nämlich einer Art von Doppelmöbeln, welche, wie es scheint, unter anderem auch auf Kronborg anzutreffen waren. Der Auszug-Schubkasten, vermittels dessen das Lager der Schlagbank zustande kam, brauchte sich ja nicht nothwendig in einer Bank zu befinden; er konnte ebensowohl in der Seite eines Himmelbettes angebracht werden. Welch ein Bild der Fülle und Kraft, wenn so das Himmelbett gleichsam »die glatte Lage gab«, indem aus seiner Seite ein niedriges Bett hervorschoss, wohlbesetzt mit einer zweiten Reihe von Personen! Von der Kammer des Apothekers auf Kronborg, in welcher zwei Schlagbänke und ein Himmelbett waren, wird es ausdrücklich und gewissermassen entschuldigend angeführt, dass das Bett ohne eine Schlagbank war [566]).

Bei der Schlagbank war es eine Schublade, welche das Bett bildete; sollte man aber nicht auf der nackten Diele liegen, so musste jene einen doppelten Boden haben, einen für die Bankbreite und einen für das ausgezogene Stück. Bequemer war es jedoch, wenn man den Banksitz selbst als Lager benutzen konnte. Und dieses war sicherlich bei den sogenannten »Falt«- oder Klappbänken der Fall. Sofern sie — was durchaus glaublich erscheint — Aehnlichkeit mit den ebenso benannten Schlafstellen hatten, welche noch heute hier und dort unter dem dänischen Landvolke im Gebrauche sind, so bestand bei ihnen der Kunstgriff darin, dass die Rückenlehne der Bank nicht in der Wand fest sass, sondern auf zwei beweglichen Armen ruhte, welche in der Mitte jedes Bankendes auf zwei Zapfen angebracht waren. Tages stand die Rückenlehne an ihrem natürlichen Platze aufrecht gegen die Wand; am Abend wurde sie auf ihren zwei beweglichen Armen herausgeworfen und bildete dann eine vortreffliche Bettwand, welche sowohl das auf dem Banksitz ausgebreitete Bettzeug als den Schläfer selbst festhielt und vor dem Hinuntergleiten bewahrte. Soviel bekannt ist, standen diese Klappbänke nicht in so hohem Ansehen, wie die Schlagbänke; vielleicht gefiel es nicht, dass ihre geringere Breite nur Einem zur Zeit erlaubte, in ihnen zu liegen. Sie scheinen meistens nur, wenn es an Raum fehlte, zur Anwendung gekommen zu sein. So stand z. B. bei Hans Herold zu Kopenhagen im Jahre 1524 in einer kleinen, nach dem Hofe gelegenen Hinterkammer eine Klappbank mit den dazu gehörigen Bettpfühlen [567]); bei dem obenerwähnten alten Prior zu Odense befand sich eine ähnliche, zugleich mit einem ordentlichen Bett, in der Kammer, in welcher seine Mädchen schliefen, kochten und ihre Wohnung hatten. [568]).

Es leuchtet ein, dass von diesen beiden Arten von Schlafbänken nur ein kurzer Schritt war zu den niedrigen, freistehenden Betten. Diese gingen gerade so aus der Bank hervor, wie das Himmelbett aus dem Alkoven entstanden war. Höchst bezeichnend ist es, dass eine der ersten Arten niedriger Betten, die damals aufkamen, diejenige war, die durch ihre Niedrigkeit am meisten an die ausgezogene Schlagbank erinnerte, nämlich das Korbbett. Auch der doppelte Gebrauch, der von diesem gemacht wurde, theils als Aufbewahrungsort, theils als Ruhestätte, erinnerte an seine Abstammung von der Bankschublade. Im sechzehnten Jahrhundert hören wir nur vereinzelt der Korbbetten erwähnen — eines stand z. B. in der Mädchenkammer auf Kronborg, eines befand sich auf Gisselfeld [569]) —; dagegen scheint im Anfang des siebzehnten Jahrhunderts eine Zeitlang eine wahre Manie für die Korbbetten geherrscht zu haben. Für das Schloss Frederiksborg z. B. wurden 19 Korbbetten auf einmal angeschafft [570]); und auf dem Residenzschloss zu Kopenhagen gab es solche in nicht weniger als sieben verschiedenen Gemächern, darunter in den Zimmern des englischen und des spanischen Gesandten, ja selbst in dem Schlafkabinett Christian's IV [571]).

Der Tagesdienst der Bänke war ein zwiefacher, theils zur Aufbewahrung von allerlei Dingen, theils zu Sitzplätzen.

Die Sitte, verschliessbare Räume unterhalb des Sitzes der festen Bänke anzubringen, war gewiss alten Ursprungs. Alles deutet darauf, dass man im sechzehnten Jahrhundert nur einen Brauch von alter Zeit her im Norden fortsetzte. Selbst diess, dass man solchen Behälter zu einem Ausziehbett umgestaltete, scheint vorauszusetzen, dass jener einfachere Brauch schon ein vieljähriger Bekannter gewesen sei. Aber es ist nicht zu bezweifeln, dass das sechzehnte Jahrhundert die erwähnte Benutzung vervielfältigte und zu einem hohen Grade von Vollkommenheit brachte.

Die einfachste Form für solche Bankbehälter war, an dem Sitze der Bank Hängen anzubringen, so dass er wie ein Deckel geöffnet werden konnte. Zusammengesetzter ward das Ganze, wenn man den Sitz fest bleiben liess, aber die Seite zu einer oder mehreren auszuziehenden Schubladen einrichtete. Dass der damaligen Zeit ein solches Verfahren nicht fremd war, kann man unter anderem aus den Schlagbänken ersehen, welche ja auf demselben Gedanken beruhten; und gewiss wird an dergleichen Schubfächer gedacht, wenn von Bänken mit doppeltem Raum die Rede ist [572]). Aber jene Zeit machte in der Art der Benennung zwischen diesen und den anderen, mit einem Deckel versehenen keinen Unterschied; beide Arten bezeichnete man mit dem gemeinsamen Namen »Kistenbänke«.

Kistenbänke waren in hohem Grade brauchbar, und fehlten in keinem wohlgeordneten Hause. Mit einem oder mehreren Schlössern versehen, gaben sie einen vorzüglichen Behälter ab, und waren fast ebenso zweckmässig, wie die Kommoden heutigen Tages. Auf Kronborg fanden sie sich in den meisten Zimmern; in der Kammer der Königin Sophia waren deren nicht weniger als zehn [573]).

Bei diesen war es indessen einleuchtend, dass ihre Brauchbarkeit sich noch um Vieles steigern musste, wenn sie von der Wand abgelöst und so eingerichtet wurden, dass sie von der Stelle zu rücken waren. Wie viel bequemer war es, wenn man auf Reisen, anstatt viele solche feste Kistenbänke aus- und einpacken zu müssen, eine und dieselbe ganz und gar bei sich führen konnte! Und selbst zu Hause — wieviele Vorrathsbehälter standen Einem zu Gebote, wenn man in Gängen und leeren Kammern, wo sonst Niemand je an Bänke gedacht hatte, Kisten an Kisten aufstellte! Bewegliche Kisten wurden daher das erste Möbel, das sich aus der Bank entwickelte.

Will man einen Beweis dafür haben, wie weit das

sechzehnte Jahrhundert in dieser Hinsicht fortgeschritten war, so braucht man nur auf die vielen Namen achtzugeben, die alle für Kisten verschiedener Art und Grösse in Gebrauch waren. Die grössten scheinen die eigentlichen »Kisten« gewesen zu sein, von welchen einige noch das Merkmal der Bank an sich trugen, indem sie mit einer Rückenlehne versehen waren — »Rückenkisten«, andere an dieselbe dadurch erinnerten, dass sie die Beine behielten — »Fusskisten«. Der Name »Zugkisten« dagegen wurde kaum noch angewandt: später diente er als Benennung für Kisten, nicht mit Deckeln sondern mit Schubkasten auf der Seite, zum Ausziehen. Auf die Kisten folgten, was die Grösse betrifft, gewiss die »Schreine« — »Reiseschreine« hiessen die Koffer —, demnächst wahrscheinlich die sogenannten »Noahs Archen«, oder »Örker«, endlich die Schachteln und »Laden«, welche letztere anscheinend von allen die kleinsten waren, wenn sie auch nicht — wie die »Schubladen« — nur Bestandtheile eines anderen Möbels waren, sondern wirklich selbständiges Hausgeräth [574]).

Dass diese Kisten in allen ihren Formen und Grössen nicht irgendwo hin auf die Seite gestellt wurden, wie in unseren Tagen mit einem Koffer oder einem Kasten geschieht, sondern in der Stube selbst den Kampf mit den Bänken führten, welche einmal ganz durch sie verdrängt werden sollten, das folgte aus der Natur der Sache. In der Regel brachen sie in die Reihe der Bänke hinein und zeigten so durch ihren Platz, woher sie stammten und worauf sie es anlegten. Ihre ganze Ausstattung machte sie auch besonders geschickt, als Paradestücke zu dienen. Angemalt mit glänzenden Farben, ausserdem mit schmucken Metallbeschlägen und Besatz, zuweilen sogar mit Samt oder anderem kostbaren Stoff überzogen, oder von ausgeschnittener Holzarbeit und mit Inschriften, mussten sie sich in hohem Grade eignen, die Stube zu schmücken [575]). Mit ganz besonderer Auszeichnung werden die kostbaren »Cypressenkisten« und »Cypressenschreine« erwähnt, deren Name ihre hohe Herkunft bezeugt. Peder Oxe besass wenigstens deren zehn, Albrecht Oxe vier; die verwittwete Königin Sophia und Pontus de la Gardie hinterliessen ähnliche Stücke. Im Jahre 1564 wurden aus einem gestrandeten Schiffe zwei dergleichen gerettet, der eine mit Samt überzogen, welche Friedrich II sich alsbald holen liess. In der Sommerstube des Königs auf Frederiksborg stand noch um die Mitte des nächstfolgenden Jahrhunderts eine grosse Cypressen-Kiste, »welche von Candia gekommen sein soll.«[676]).

Noch ein anderes Möbel entwickelte sich vielleicht aus der Bank mit seinen Behältern: das war der Schrank. Dieses könnte einigem Zweifel unterliegen, da doch die gegenwärtige Form des Schrankes nur wenig an die Bank erinnert, und vielmehr die Gedanken auf einen grösseren geschlossenen Raum, vielleicht eine Art Alkoven, der als Aufbewahrungsort benutzt wurde, als auf ihr ursprüngliches Vorbild und ihren eigentlichen Ursprung, hinlenkt. Aber diese Ableitung verliert bedeutend an Wahrscheinlichkeit, wenn wir auf den Umstand achten, dass die ältesten Schränke, die sich bis auf unsere Tage erhalten haben, gerade die kleinsten sind, so dass man annehmen muss, ihre spätere Entwickelung habe sich als steigendes Wachsthum geäussert, ganz ebenso wie die Kiste zur Zug- oder Ausziehkiste, und diese wieder zur Chiffonière gewachsen ist.

Hierzu kommt, dass alle im sechzehnten Jahrhundert vorkommenden Schrankformen sich von der Bank ableiten lassen. Die hauptsächlich gestellte Forderung war ja, den Platz weiter auszubeuten und hierdurch verbesserte Behältnisse zu schaffen. Dieses konnte entweder dadurch geschehen, dass man die Kiste auf dem Endstück emporrichtete und hierdurch verschliessbare, mit Haken versehene Räume zum Aufhängen von Sachen gewann, dergleichen man bisher in der Stube entbehrt hatte, oder dadurch, dass man einen kleinen Theil der mit Schubfächern versehenen Bank gleichsam an der Wand hinaufklettern und zu einem Hängeschrank werden liess. Der Umstand, dass diese letzteren heutzutage bei den Bauern häufig vorkommen, spricht stark dafür, dass sie im sechzehnten Jahrhundert bei den Höhergestellten ebenso allgemein gewesen sein mögen.

Aber man konnte sich ja auch damit begnügen, einen Theil der Bank zu erhöhen, und alsdann nicht, wie bisher, ihren Schubkasten, sondern zugleich ihre obere Fläche benutzen, welche, nunmehr zum Sitze zu hoch, sich vortrefflich als eine Art Tisch gebrauchen liess, der an der Wand festhaftete, den nöthigen Raum gewährend für Trinkgeschirre und allerlei zum Anrichten gehörige Dinge. Hierdurch entstand dann eine Art Schenktisch. Und endlich konnte man aus Rücksicht auf die Bequemlichkeit, um sich nicht bücken zu müssen, ein verschliessbares Stück Bank auf vier Beinen aufrecht stellen. Mit kunstreich ausgeschnittenen Schrankthüren und Beinen, die am Fusse kreuzweise verbunden waren, konnten sich diese vierbeinigen Schreine vortrefflich ausnehmen und leicht zugängliche Behältnisse abgeben.

Auf diese Weise konnten also vier neue Formen entstehen: der aufrechtstehende Schrank, der Hängeschrank, der Schenktisch und der auf Beinen ruhende Schrank. Sie alle hatten den gemeinsamen Vorzug, dass man nicht vorüber gebückt oder kniend, sondern aufrecht stehend, die neueroberten Plätze benutzen konnte. Ungeachtet ihrer gegenseitigen Verschiedenheiten war es denn natürlich, dass die damalige Zeit sie alle mit dem gemeinsamen Namen »Schrank« (Skab) bezeichnete.

Hierdurch wird indessen dem, der die Zeitfolge für die Entstehung der einzelnen Formen näher bestimmen, oder das gegenseitige Verhältniss ihres mehr oder weniger häufigen Vorkommens auf Zahlen zurückführen will, seine Aufgabe in hohem Grade erschwert. Jene Zeit giebt uns in ihrer Weise Notizen genug: sie erzählt von »Bücherschränken«, »Kannenschränken«, »schwarzen, beschlagenen Wappenschränken«, »weissen Eichenschränken«, »Fichtenschränken«, von Schränken sogar mit sechs Thüren und mit Gesimsen, von grossen und kleinen Schränken u. s. w.[577]). Worauf es aber eigentlich ankommt, um ihre Form zu bestimmen, darüber bleiben wir gleichwohl in Unwissenheit.

Ebenso sind wir auch nicht im Stande, mit Sicherheit zu entscheiden, wie der bekannteste Schrank aussah, derjenige, welchen die Zeit selbst mit einem besonderen Namen auszeichnete, der sogenannte »Trésor«. Die Benennung selbst, etwa eine »Schatzkiste« bedeutend, gewährt uns keinen sonderlichen Fingerzeig[578]). Auf Kronborg befand sich ein Trésor mit Glasfenstern; der alte Prior Christen Poulsen in Odense besass einen von Eichenholz, vorne mit einer Thür, unten mit einer Schublade versehen; auf dem herrschaftlichen Gute Nielstrup waren nach Albert Oxe's Tode zwei »Trésors« von Eichenholz, der eine mit einem kleinen Umhang[579]). Diese Beschreibungen können sämmtlich auf einen, mit Beinen versehenen Schrank passen; aber mit Sicherheit können wir ihn doch nicht als einen solchen bezeichnen[580]). Nur soviel wissen wir gewiss, dass er nicht selten vorkam: er wird öfter bei Erbtheilungen erwähnt[581]); und die Verfertigung eines »Trésor« gehörte mit zu dem Meisterstück, das die Tischler in Kopenhagen liefern mussten[582]).

Obgleich demnach Schränke unter verschiedenen Formen Eingang zu finden anfingen, so unterliegt es doch keinem Zweifel, dass sie zu den jüngsten Möbeln gehörten und von viel neuerer Erfindung waren, als die Kisten. In dieser Hinsicht ist es belehrend, zu vergleichen, wie oft das eine dieser Möbel vorkam, wie oft das andere. Es zeigt sich nämlich, dass die Kisten im ganzen Verlaufe des Jahrhunderts bei Weitem das Uebergewicht hatten, wenn sich auch gleichzeitig ein beständig fortschreitendes, obgleich nur schwaches Steigen in der Anzahl der Schränke spüren lässt. So hinterliess Peder Oxe, welcher im Jahre 1575 starb, wenigstens 42 Kisten und Schreine (vielleicht die doppelte Anzahl), wozu aber nur zwei Schränke kamen (im letzteren Falle vier)[583]). Albert Oxe, welcher ein paar Jahre später starb, besass bei seinem Tode 37 Kisten und Schreine, und nur zwei »Trésors«[584]). Die verwittwete Königin Sophia endlich, welche noch ein gutes Stück des nächsten Jahrhunderts erlebte, hinterliess zwar noch 35 Kisten und Schreine, ausserdem aber eine nicht unbeträchtliche Anzahl Schränke [565]).

Der nächste und ursprünglichste Zweck der Bänke war jedoch natürlich, Sitzplätze abzugeben. Eine Stube mit Bänken längs aller Wände konnte eine erhebliche Menge derselben bieten und passte gut zu dem Geschmack des damaligen Geschlechts an vollzähligen Zusammenkünften mit Lustbarkeit und Tanz. Selbstverständlich hatten diese Sitzplätze im Laufe der Zeiten nicht wenige Verbesserungen erfahren. Von einer guten Bank verlangte man jetzt überall, dass sie mit einer Rückenlehne und einem weichen Sitze versehen sei.

Die Rückenlehne pflegte etwas über den Nacken des Sitzenden emporzuragen, und wurde durch eine feste Holzbekleidung an der Wand, das Paneel, gebildet. Hierzu verwandte man in der Regel ausgesucht astfreies Holz, welches unter dem besonderen Namen: »Wagenschot« (Vognskud, schwedisch Wågenskott) ging, ein Wort, das augenscheinlich verwandt ist mit der noch heute gebräuchlichen englischen Benennung für Paneel: *wainscot* und möglicherweise, nur modernisirt, im deutschen Worte: »Wandschutz« wiederkehrt [566]). Ohne Zweifel waren es diese Paneele, welche den Stamm für die losen Schutzbretter abgaben, die am Schluss des sechzehnten Jahrhunderts ziemlich allgemein wurden. Die Benennung »panelirte Schirmbretter« scheint eine Form zu bezeichnen, an welcher das Verwandtschaftsmerkmal nur noch wenig verwischt war [567]). Solche Schirmbretter müssen in Stuben, die gleich den damaligen zu allem Möglichen benutzt wurden, sehr nützlich gewesen sein. Indessen ist es wahrscheinlich, dass sie wenigstens anfänglich ihren Vorbildern nachgeartet und nur eben hoch genug waren, um einen Sitzenden zu decken. Dieser Mangel wird im Norden noch nicht erwähnt und hat wohl auch keinen Anstoss gegeben; aber aus England hören wir allerdings hierauf bezügliche Klagen aus den Zeiten der Königin Elisabeth, indem ihre Hofdamen das Gesuch aussprachen, dass in Windsor ihnen ein besonderes Zimmer eingeräumt werde, und sie sich nicht, wie bisher, mit dem Raum hinter den Schirmbrettern begnügen müssten, deren Niedrigkeit den Pagen erlaubte hinüberzugucken[588]).

Die Rückenlehne, die durch das Paneel gebildet wurde, scheint sich nicht nach Bedürfniss und Anspruch der Sitzenden gerichtet zu haben, sondern nach der Beschaffenheit der Wand, so dass sie lothrecht hinaufging, wie der Rücken eines Kirchenstuhls. Was eigentlich zur Bequemlichkeit diente, ward erst bei der Ausstattung des Sitzes sichtbar. Man war nämlich längst zu der Erkenntniss gekommen, dass der unbedeckte Sitz zu hart sei, um darauf zu sitzen. Schon von alter Zeit her hatte man überall, wo die Mittel dazu vorhanden waren, der Härte der Bank dadurch abzuhelfen gesucht, dass man ein Fell, oder noch lieber, ein Polster darüber legte. Solche Polster, »Bankkissen« (Bænkedyner), wie man sie gewöhnlich nannte, waren also alte Bekannte. Aber bis zum sechzehnten Jahrhundert scheint man mit ihnen äusserst sparsam gewesen zu sein und sie nur bei festlichen Gelegenheiten gebraucht zu haben, während man zum täglichen Bedarf sich wohl mit Streu begnügte. Im sechzehnten Jahrhundert dagegen war wenigstens in Dänemark diese Unterscheidung zwischen Fest- und Werkeltag gebrochen, und selbst bei einfachen Bürgersleuten betrachtete man das Bankkissen jetzt als ein nothwendiges, tägliches Zubehör. Bedurfte man Unterbetten des Nachts in den Betten, so musste man sie auch des Tages auf den Bänken haben. In dieser Hinsicht war Dänemark sogar weiter fortgeschritten, als England. Hier nämlich gebrauchte man die Polster bisdahin nur zum Staate, so dass man um die Mitte des Jahrhunderts, als die weissen Pluderhosen in Mode kamen, scherzweise behaupten konnte, dass Mancher diese faltenreiche Hülle benutze, um ein eingenähtes Sitzpolster darunter versteckt zu tragen[589]). In Dänemark brauchte man solche Vorsichtsmassregeln nicht; hier konnte man ruhig voraussetzen, dass selbst für alltäglich das Kissen auf seinem Platze lag, als ein Zubehör zu der

Bank, und nicht zu dem Manne. Etwas anders hat sich die Sache freilich in Schweden und Norwegen gemacht, wo häufig ein Fell, nicht aber ein Kissen, als Bankpolster diente.

In der Regel bestanden die Bankpolster aus zwei Stücken, einem inneren zum Nutzen, einem äusseren zum Staat. Das innere pflegte man aus einem länglichen, mit Federn gefüllten, ledernen Beutel herzustellen; alte Lederlaken eigneten sich vortrefflich zu diesem Zwecke[590]). Der Ueberzug bestand aus zwei zusammengenähten Stücken, deren eines von werthvollem Stoffe darauf berechnet war, nach oben zu liegen, das andere geringere nach unten gelegt wurde, zur Abnutzung an dem Bankholze. Wo der Wohlstand es erlaubte, da konnte die obere Seite des Bankkissens äusserst prachtvoll sein, Goldbrokat, gewebte Seide, flamländische Stoffe, Atlas und Samt, oft mit dem Wappen des Besitzers, das mit Gold- und Silberfäden eingenäht war. Ein ganz eigenthümlicher Stoff zu Ueberzügen, an welchem besonders Gustav Wasa Geschmack gefunden zu haben scheint, waren Messgewänder aus der katholischen Zeit[591]), köstliche Feierkleider, welche früher gebieterische Prälaten geschmückt hatten, jetzt aber, ihrer Würde entsetzt, dem königlichen Herrn zum Sitze dienen mussten. Ein paar Beispiele werden uns zeigen, wie gewöhnlich es war, kostbare Bankpolster zu haben. Auf Kronborg befanden sich in mehreren Zimmern rothe Bankpolster, zum Theil von rothgeblümtem Samt, mit goldbrokatenem Atlas[592]); Peder Oxe besass eine ziemliche Anzahl flamländischer, aus Seide gewebter Bankkissen, mit Samt darunter[593]); auf dem Schlosse in Nyköping in Schweden war sowohl das »Königsgemach« wie die Frauenstube mit samtenen Bankkissen ausgestattet[594]), und auf Gripsholm fand sich der ansehnliche Vorrath von 25 samtenen, 9 flamländischen und 7 goldledernen Bankkissen[595]). Die Bedeutung dieser Anzahl wächst in nicht geringem Masse, wenn man von der Grösse dieser Kissen hört. Die Breite war natürlich dieselbe, zwischen drei Viertelellen und einer Elle; aber die Länge war je nach der Grösse der Bank verschieden, selten unter drei Ellen, meistens fünf, sechs, ja bis zu neun und einer halben Elle [596]).

Sowie es mit den Betten ging, ebenso war es auch mit den Bänken gegangen. Wir haben oben gesehen, dass man kaum Unterbetten auf sein Lager bekommen hatte, als die Begehrlichkeit dadurch Nahrung bekam und man es als nothwendig erkannte, ein Extrapolster unter den Hüften zu bekommen. Einen ganz ähnlichen Weg, welcher jedoch eine weit grössere innere Nothwendigkeit für sich hatte, hatte die Entwickelung hinsichtlich der Bedeckung der Bänke eingeschlagen. Was half der weiche Sitz, wenn man den Rücken nicht anlehnen konnte, ohne gegen das harte Paneel zu stossen? So entstand denn eine neue Verbesserung des Sitzes: das Rückenkissen. Der damalige Sprachgebrauch auf diesem Gebiete war von dem unsrigen verschieden: den weichen Sitz nannte man, wie oben gemeldet, immer »Bænkedyne« (d. h. Bankpfühl), das Rückenkissen dagegen »Hynde« (d. h. Polster) [597]).

Wann die Rückenkissen aufgekommen sind, ist schwer zu sagen. Im sechzehnten Jahrhundert wurden sie allgemein und wurden bald überall verlangt, wo man Sitzkissen hatte. Nur in der Kirche scheint man jene nicht für passend angesehen zu haben [598]). Im Gegensatze zu den Sitzkissen scheinen sie kurz gewesen zu sein, wohl nur eine Elle im Geviert, doch genügend, dass jeder Sitzende seinen Rücken nach Belieben stützen konnte. 9 flamländischen Sitzkissen auf Gripsholm entsprachen 33 flamländische Rückenkissen [599]). Dass der Gebrauch der letzteren weiten Eingang fand, ersieht man daraus, dass im Jahre 1577 auf dem Schlosse Aalholm von »15 alten Rückenkissen für Knechte und Arbeitsleute« die Rede sein konnte [600]).

Der Werth fester Bänke als Sitzplätze war also einleuchtend genug; sie gewährten Alles, was man billigerweise in Hinsicht auf Bequemlichkeit, wie auf Pracht, beanspruchen konnte. Und der Platz, welchen sie in der Stube einnahmen, war so natürlich, zugleich auch so leicht zugänglich und doch nicht im Wege, dass anscheinend keine Aussicht dafür vorhanden war, dass daselbst frei stehende und bewegliche Möbel Platz finden könnten. Wie man heutzutage solche ringsum den Tisch für die Mahlzeiten braucht, brauchte man sie damals nicht. Der Tisch stand ja längs der Bank, und alte Sitte forderte, dass die gegen die Stube gekehrte Seite des Tisches entweder ganz unbesetzt und für die Aufwartenden zugänglich blieb, oder wenn die Anzahl der Tischgäste dafür zu gross war, alsdann mit einer kleinen losen Bank davor besetzt wurde, vielleicht in Eile aus einem Brett fabricirt, das man auf ein paar Tönnchen stellte, jedenfalls einem kleinen improvisirten Dinge, welches nach beendeter Mahlzeit wieder aus dem Wege geräumt werden, und als Schemel unter dem Tische oder dergleichen dienen konnte.

Wirklich blieb dieses auch das Gebiet, auf welchem der in jener Zeit liegende Drang zur Bildung neuer Möbel am spätesten zum Durchbruch kam. Die Stühle wurden so das zuletzt producirte Möbel, dessen Anfänge, selbst bei den Vornehmsten, sich nicht über das Jahr 1500 zurück verfolgen lassen[601], und zugleich das einzige, dessen Vervielfältigung das sechzehnte Jahrhundert nicht recht durchgeführt sehen sollte.

Die Benennung »Stuhl« war eine herkömmliche und schrieb sich aus der alten Zeit her. Damals aber hatte sie einen »Sitz« im Allgemeinen bezeichnet, häufig mit der Nebenbedeutung der Sicherheit und des Festgegründeten. Der Königs-Stuhl war die vornehmste Art eines »Hochsitzes«, also ursprünglich ein Theil der Bank. So stellten auch die Kirchen-Stühle etwas Feststehendes vor. Die »Stuhlbrüder« der Innungen sassen auf dem Stuhl, nämlich auf der erhöhten Bank, beisammen. Der Haupt-Stuhl bezeichnete das Grundcapital[602]. Erst seitdem die neuen Möbel den Namen »Stuhl« annahmen, fing man an, den Begriff des Beweglichen hiermit zu verbinden.

Die älteste Form der Stühle bestand — so alt wie der Holzschlag selbst — in einem aufgestellten Holzstamm, welcher zum Haublock ebenso brauchbar war, wie zum Sitze. Stühle in diesem Sinne sind natürlich zu jeder Zeit bekannt gewesen; von ihnen stammen die in Norwegen noch gebräuchlichen ·Kube·-Stühle, rund und massiv, Fuss und Rücken ganz aus Einem Stück Holz ausgeschnitten. Tyge Brahe's Stuhl, welcher auf dem altnordischen Museum in Kopenhagen aufbewahrt wird, beweist uns, dass solche im sechzehnten Jahrhundert auch von wohlgestellten Personen gebraucht wurden.

Aber dem Abkömmling der Bank, dem auf vier Beinen stehende Stuhle, ward es sehr viel schwerer, Eingang zu finden. Noch zur Zeit Erik's XIV (1560—68) gab es auf dem Stockholmer Schlosse nur zehn Stühle[603]); unter der Hinterlassenschaft Peder Oxe's, in welcher 44 Kisten und Schreine aufgezählt werden, findet man nur vier Stühle erwähnt[604]); in ·der deutschen Kanzlei· auf Kronborg hatte man drei Himmelbetten und drei Schlagbänke, aber nur einen Stuhl; in den Gemächern des Königs und der Königin ebendaselbst war kein einziger, und in der Kammer der Königin von Schottland, welche nicht weniger als sieben Bänke besass, fand sich nur ein einziger Stuhl[605]). Dass nichts desto weniger die Zeit der Stühle nahe war, davon legte dasselbe Kronborg Zeugniss ab. Oben auf dem ·Königin-Gang·, wo mit allerlei Herrlichkeiten gefüllte Kisten aufgestellt standen, und köstliche Schränke, Kronleuchter nebst zwei aufgeführten Eisen-Kachelöfen, zu erkennen gaben, dass Gäste, denen der grosse Saal zu eng ward, auch hier willkommen waren, hier draussen, wo alte Sitte verbot, längs der Wand wie drinnen im Saale Bänke stehen zu haben, stand anstatt derselben der Vortrab der Zukunft aufmarschirt: 65 kleine ·Wandstühle· (ohne Rückenlehne) und 50 mit Tuch auf dem Rücken und den Sitzen — gewiss die grösste Anzahl Stühle, welche in Norden irgend ein Schloss damals aufweisen konnte — gleichsam eine abwartende Schaar, welche zuerst nur einzeln an einen Würfeltisch zu einer Kanne Wein zugelassen, zuletzt in geschlossener Kolonne hereinbrachen und die Bänke von ihren Plätzen verdrängten[606]). Der Ausfall des Kampfes lässt sich in einem kleinen Zuge, wie dieser, erkennen: schon im Jahre 1634 wurden für das Kopenhagener Schloss auf einmal nicht weniger als 300 neue Stühle bestellt[607]).

Die Stühle waren nur für eine einzelne Person zum Sitze bestimmt. Aber die Bank liess sich ja auch in grösseren Bruchtheilen freistellen, so dass für Mehrere Raum ward. Diess war einigermassen zwar schon in den obenerwähnten frei stehenden Bänkchen und Schemeln geschehen, welche man in unvordenklichen Zeiten gebraucht hatte; aber von diesen konnte man doch kaum sagen, dass sie den Rang von Möbeln einnahmen. Ihre eigentliche Lösung fand jedoch die Sache erst, als man nicht bloss drei Bretter, sondern ein Stück Bank mit allen ihren Behältnissen und Bequemlichkeiten ablöste. So entstanden die »mit Rückenlehne versehenen Kisten« und die Bankkisten, die ersten plumpen Vorläufer für die Sopha's einer späteren Zeit. Der damalige Sprachgebrauch auf diesem Gebiete ist nicht immer klar. Während die »Kistenbank« eine feste Bank mit Behältnissen bezeichnet, so sollte ja die »Bankkiste« die lose stehende Kiste mit einem Sitze oben darauf bezeichnen; aber zu Zeiten scheint man, was leicht erklärlich ist, in den Bezeichnungen sich etwas vergriffen zu haben. So heisst es z. B. von »der Ritterstube« auf Kronborg, dass ringsum in der ganzen Stube Bänke standen; aber dessenungeachtet befand sich daselbst eine »Kistenbank«[608]), welche also frei gestanden haben muss.

Wir haben den Dienst, den die Bänke bei Tag und Nacht leisteten, betrachtet. Bevor wir dazu übergehen, sie uns in ihrer Festtracht anzusehen, werfen wir nur noch einen flüchtigen Blick auf ihren treuen Begleiter, den langen Tisch. Wir kennen seinen Platz, nämlich längs der Bank und vor einer der Ecken der Stube. Obgleich immer dieselbe Stellung einnehmend, war er doch ebenfalls von seiner alten Verbindung mit dem Fussboden gelöst worden und stellte während des sechzehnten Jahrhunderts in den allermeisten Wohnstuben gewiss ein freistehendes Möbel dar. Besonders beweglich war er jedoch dadurch noch nicht geworden: denn noch immer zeichnete er sich, wie in der Vorzeit, durch seine ungewöhnliche Schwere und Grösse aus. Zu dem Tische in der Gesindestube auf Malmöhus wurden im Jahre 1579 zwei Eichenstämme, jeder zwölf Ellen lang, verarbeitet, und ausserdem zu den Beinen ein sechs Ellen langer Eichenblock[609]). Aus Norwegen hören wir noch in einer späteren Zeit von einem Tische, der, zehn Ellen lang und anderthalb Ellen breit, aus einer einzigen Planke gearbeitet war[610]). An solche Tische hat man zu denken, wenn die Sagen berichten, wie ein handfester Mann dadurch, dass er die Tischplatte emporhob, zehn bis zwölf Räuber gegen die Mauer festklemmen konnte[611]).

Um für diese Grösse Abhülfe zu schaffen, welche ja bei beschränkteren Verhältnissen unbequem genug werden konnte, wandte man die sogenannten •Falttische• und •Schlag- oder Klapptische• an[612]), deren Platte sich zusammenschlagen liess, wodurch für's tägliche Leben der halbe Platz gespart werden konnte. Seltener war, was doch sicherlich auch vorgekommen ist, die Anbringung von Ketten an der Tischplatte, so dass sie nach der Mahlzeit an die Wand geheftet werden konnte[613]).

Aber selbst der grösste Tisch war bei Gastmählern nicht gross genug. Er musste verlängert werden, und das liess sich mit Hülfe kleinerer Tische bewerkstelligen, welche auch sonst ja recht bequem für mancherlei häusliche Geschäfte sein konnten. Daher kamen denn frühzeitig kleinere Tische auf. Im Gegensatz gegen den grossen wurden diese gemeiniglich •Scheiben• (Skiver) genannt. Für uns liegt heute in diesen Namen keine Angabe über die Grösse, anders gewiss für die damalige Zeit. •Bord• (Tisch) bedeutete ja ursprünglich •Planke• (wie in Norwegen noch heute), woran auch die seemännischen Ausdrücke: •an Bord•,

»über Bord«, »von Bord« erinnern. Die Bezeichnung: »Bord« für Speiseplatz hat daher für die Ohren jenes Geschlechts eine Andeutung enthalten, dass hierbei eben die Planke der Länge nach benutzt war, während der Name »Scheibe« vielleicht die kleineren, runden »Bricken« bezeichnete, dadurch entstanden, dass man den Stamm quer durchsägte. Die Benennung »Disk« dagegen wurde garnicht von irgend einer Art »Tisch« gebraucht; es war, wie wir später sehen werden, bloss der Name für die ersten rohen, länglich runden Holzteller.

Aber was auch das Wort »Skive« (Scheibe) ursprünglich sagen mochte, gewiss ist es, dass im sechzehnten Jahrhundert die wirklichen »Scheiben« zu einem hohen Grade der Entwickelung gelangten. Man hatte sie nicht bloss, wie früher rund — »trind« nannte es jene Zeit — sondern auch viereckig, mit Schubladen darunter (»Auszugsscheiben«) auf einem oder mehreren Beinen, zuweilen mit kostbarer, eingelegter Arbeit auf der Platte. Bei einer solchen Scheibe, welche sich auf Kronborg befand, war die Vervollkommnung so weit getrieben, dass der Tisch mit Hülfe eines verborgenen Uhrwerkes sich selbst bewegen und so seine Gaben abwechselnd den Gästen darbieten konnte. Mit Recht nahm dieses Kunstwerk einen Ehrenplatz in dem grossen Saale ein[614]).

Wenn man davon ausgehen darf, dass jede Verbesserung im Gebiete des Alltagslebens diese vier Stufen durchläuft: Erfindung — Vervielfältigung — Uebertreibung — und den naturgemässen Gebrauch, so befanden die »Scheiben« sich am Schlusse des sechzehnten Jahrhunderts sicherlich auf der dritten Entwickelungsstufe. Die übertriebene Anwendung kleiner Tische springt neben dem auffälligen Mangel an Stühlen doppelt in die Augen. Auf Kronborg gab es, in »der Kammer König Jakobs von Schottland«, vier »Scheiben«, von welchen zwei sogar »Auszugsscheiben« waren, in dem Gemach der Königin Sophia drei, in dem Friedrich's II fünf (unter welchen eine »Auszugsscheibe« und eine lange »Schenkscheibe«); aber in keinem dieser Zimmer war ein einziger

Stuhl⁶¹⁵). Ganz dasselbe war in Schweden der Fall. So befanden sich z. B. auf dem Schlosse Nyköping im Jahre 1556 im Zimmer des Königs im Ganzen sechs »Scheiben«, aber kein Stuhl⁶¹⁶).

Dazumal war es, wie jetzt, keine leichte Sache, die Tischplatte in gutem Stande zu erhalten. Zum Schutze sowohl, als auch zum Schmucke, bedurfte sie in den meisten Fällen der Tischdecke. Selbst ohne die zahlreichen Zeugnisse aus jener Zeit könnten wir nach dem, was wir beobachtet haben, annehmen, dass der Tisch für die Neigung der Zeit zur verschwenderischen Anwendung von Teppichen ein rechter Tummelplatz sein musste. Man schritt hierin zu einem eigenthümlichen Extreme fort. War ein Tisch gedeckt, wie es sich gehörte, so durften nicht weniger als drei Lagen über einander vorhanden sein⁶¹⁷). Zu unterst eine dunklere Decke, welche bis auf den Fussboden herabhing, über ihr ein kostbarer Tischteppich mit lebhaften Farben, und endlich über diesem, aber ohne den mittleren völlig zu verhüllen, das Tischtuch, welches zwar nicht wohl anders als weiss sein konnte, aber doch wenigstens am Rande und in den Ecken bunte Seidenstickerei haben musste. Vom Inneren der Stube aus gesehen — und auf dieser Seite durften ja nach dem Brauche jener Zeit keine Sitzplätze am Tische sein — genoss man das volle Schauspiel der reichen Pracht, welche vielfarbig auf den Fussboden herabwallte.

Konnte hier vielleicht das Bunte etwas zu unruhig wirken, so war es dagegen eine ebenso geschmackvolle als kostbare Forderung, dass die Bank mit einem Rückenstücke von demselben Stoffe, wie der Tischteppich, geschmückt sein müsse. Natürlich gab es immer nur Wenige, die in dieser Beziehung mit der Mode zu gehen im Stande waren: es mochte schwierig genug sein, den Tisch mit Teppichen zu decken, geschweige denn die Bank. Und doch wird man mit Staunen sehen, wozu die Zeit in dieser Hinsicht im Stande war. Wir kennen zufällig den Nachlass der verwittweten dänischen Königin Dorothea an Tischdecken. Obgleich sie nun durchaus nicht besonderer Prachtliebe beschuldigt werden konnte, und jedenfalls vor ihrem Tode manches gute Stück an ihren Sohn Hans fortgegeben hatte, welcher ihren heissesten Wunsch erfüllte und sich verehelichte, dennoch hinterliess sie folgende Tischteppiche: zwei von golddurchwirktem Mohr (güldenem »Bliant«), der eine 45 Ellen, der andere 35 Ellen lang; einen von Silbermohr (Silber-»Bliant«), welcher mit dem Rückenstück im Ganzen 24 Ellen lang war; hierzu eine untere Tischdecke von rothem Samt, 34 Ellen lang; eine gesprenkelte samtene von 32 Ellen, das zugehörige Rückenstück von 30 Ellen; eine rothe, mit Sternen geblümte Samt-Tischdecke, 39 Ellen lang; zwei grüne Samtteppiche, einer von 34 und ein anderer von 17 Ellen; zwei schwarze desgl., jeder von 35 Ellen; einen braunen desgl. von 20 Ellen; einen rothen desgl. von 15 Ellen; einen rothen, mit Silber durchwirkten Teppich von Atlas mit entsprechendem Rückenstück, im Ganzen 54 Ellen; zwei grüne damastene von 26 und 20 Ellen; endlich eine Anzahl kleinerer, silberdurchwirkter Teppiche. Von diesen wurden die beiden von Gold- und Silbermohr, jeder zu 36 R. Mk. die Elle, und alle Tischdecken zusammen zu 7000 R. Mk., oder nach dem heutigen Geldkurs zu einem wirklichen Werthe von 20,000 R. Mk. taxirt[618]). Ein solches Beispiel aus den höchsten Kreisen zeigt uns am besten, was die Zeit unter einer Muster-Aussteuer verstand.

An der Wand bildete der Paneel-Rand die scharfe Grenze zwischen oben und unten. Im alltäglichen Leben trat der Kontrast zu stark hervor, indem die nackte Wand gegen die dunkle Linie des Paneels abstach. Bei festlichen Gelegenheiten aber wurde dieser scharfe Gegensatz gemildert. Zwar blieb die Abgrenzung, jedoch nur als Berührungslinie dessen, was vom Fussboden aufstieg, und dessen, was von der Decke des Zimmers herabhing, um das mittlere Terrain der Stube zu bezeichnen, wo gleichsam die Seiten der Schachtel sich an den Deckel anschlossen.

Von Alters her war es nämlich Sitte, bei Festen die nackten Wände der Halle mit Teppichen zu behängen, sie zu »zelten«, wie man es nannte. Diese Sitte, welche sich bei den Bauern, sowohl in Schweden als in Norwegen, in ihrer ursprünglichen Form erhalten hat⁶¹⁹), erfuhr während des sechzehnten Jahrhunderts im Norden eine bedeutende Erweiterung. Früher hatte man sich in der Regel mit solchen Decken begnügt, deren Rand und Ecken bunte Stickereien zeigten, oder die, wenn's hoch kam, aus ganz gestickter Arbeit bestanden. Diese Stickereien herzustellen war eine Beschäftigung der adeligen Frauen und Fräulein, und erforderte jahrelangen Fleiss und einen hohen Grad von Kunstfertigkeit. Zur Vergeltung konnten solche Teppiche das Gedächtniss Derjenigen, welche sie gewirkt hatte, mehrere Generationen hindurch innerhalb der Wände des Elternhauses erhalten. Jetzt aber brachen auf einmal fünf neue Moden herein und brachten in die alte Sitte neues Leben.

Es war zuerst jene neue Erfindung, die um die Mitte des fünfzehnten Jahrhunderts in den Niederlanden gemacht war, nämlich die Stickereien nicht mehr mit der Nadel auszuführen, sondern sie zu weben⁶²⁰). Auf diese Weise erhielten die Teppiche eine ganz andere Haltbarkeit und Pracht, als sie vormals gehabt hatten. Die grossartigsten und aufs Feinste ausgeführten Figuren, glänzende Muster in reicherem und edlerem Stil, als jemals irgend eine Edelfrau des Nordens sich hatte träumen lassen, wurden jetzt auf holländischen Schiffen dorthin geführt und waren für Jedermann, der sie nur bezahlen konnte, erreichbar. Sie waren freilich theuer; aber das durfte kein Hinderniss sein. Wir haben im Vorhergehenden gesehen, wie der Geschmack an diesen »flämischen« gewebten Zeugen, und ihrer Verwendung als Bettvorhänge, Bett- und Tischdecken, einem Rausche gleich, alle Welt sowohl in England als in Skandinavien mit sich fortriss. Das Nämliche galt von ihrer Verwendung zum Schmuck der Wände. Die damalige Zeit machte nämlich in dieser Hinsicht keinen Unterschied, und ein und dasselbe Stück wurde bald auf die eine, bald auf die andere Weise gebraucht. Man rechnete häufig Teppiche und Tischdecken mit zu den Bettüberzügen, oder redete promiscue von Tisch- und Bettdecken[621]).

Ungefähr gleichzeitig mit den aus Flamland eingeführten Geweben kam nach dem Norden noch eine andere Art von Tapeten, welche ebenfalls im fünfzehnten Jahrhundert, wo nicht erfunden, so doch zu neuem Leben geweckt waren. Dies waren die vergoldeten Ledertapeten. Sie wurden in Spanien verfertigt, wo bekanntlich schon die Mauren es in der Bearbeitung von Leder weit gebracht hatten. Mit grossen Blumen auf Goldgrund, oder goldenen Mustern auf rothem Grunde, nahmen sich diese Tapeten vortrefflich aus. In England verbreiteten sie sich weit unter der Regierung Heinrich's VIII[622]); und denselben Erfolg hätte man in Skandinavien erwarten sollen. Aber auffallend genug fanden sie in den verschiedenen Ländern des Nordens eine sehr verschiedene Aufnahme. Während man in Schweden sich von ihnen besonders angesprochen fühlte[623]), und sie hier bald weite Verbreitung fanden — auf Gripsholm hatte man sie schon im Jahre 1529 und verwandte sie sowohl zu Bettdecken als zu Bankkissen[624]); Pontus de la Gardie hinterliess wenigstens 21 Stücke Ledertapeten[625]), und heute noch kann man sie in schwedischen Bauernstuben antreffen[626]) — so ging ein ganzes Jahrhundert darüber hin, ehe man in Dänemark sie schätzen lernte. Erst im Jahre 1600 liess Christian IV eine grössere Partie vergoldeten Leders »mit Historien und Druckarbeit darauf« verschreiben[627]); und in Norwegen hören wir von ihnen erst ziemlich tief hinein in das folgende Jahrhundert[628]).

Aber es war ja leichter, Muster und Bilder nicht durch Weberei oder durch Lederdruck herzustellen, sondern einfach dadurch, dass man auf Leinwand malte. Jene waren doch nur Nachbildungen von Kunstwerken, diese aber selbst Kunstwerke. Da man nun überdies solche gemalte Tapeten gewiss billiger bekommen konnte, als jene, so war es nicht zu verwundern, dass sie allgemein eingeführt wurden. Schon im Jahre 1528 hören wir, wie ein katholischer Geistlicher den Lutheranern im Norden den Vorwurf macht, dass ihre Häuser von dergleichen gemalten Stücken wimmelten, oft solchen, welche leichtfertige und gottlose Scenen darstellten⁶²⁹). Während des ganzen Jahrhunderts ist von solchen Tapeten die Rede — man nannte sie »gemalte Drätter« (Drähte?) — und noch im Jahre 1634 bezeichnete ein Reisender solche bis zur Stubendecke hinauf reichende Malereien als eine in Dänemark sehr allgemeine Wandverzierung⁶³⁰). Ganz ebenso lauten die Berichte aus England im sechzehnten Jahrhundert, wo besonders Blumen- und Thierstücke sehr beliebt gewesen zu sein scheinen⁶³¹).

Man sollte denken, dass drei neue Moden auf einem derartigen Gebiete vollkommen genug gewesen seien, zumal wenn man hinzunimmt, dass die flamländischen Tapeten in kurzer Zeit auch Tapeten von Silber, Samt und Goldbrokat nach sich zogen. So gab es auf dem Schlosse zu Nyköping im Jahre 1556 im »Königsgemache« seidene »Drätter«, welche vom Paneel bis zur Decke hinauf reichten⁶³²); auf dem Schlosse zu Frederiksborg und Kopenhagen befanden sich im Jahre 1564 samtene und goldbrokatene⁶³³), und für Koldinghus wurden im Jahre 1593 seidene und samtene Tapeten von Neuem angeschafft⁶³⁴). Aber daneben kamen zwei neue Moden auf, welche sich nicht, wie die zuletzt erwähnten, nur auf die Schlösser beschränkten, sondern in die Stuben der bürgerlichen Bevölkerung drangen und mit den »flämischen und gemalten Drättern« wetteifernd um die allgemeine Gunst warben. Was lag doch näher, wo jedes Haus mit Tüchern und Laken versehen war, als auch diese bei festlichen Gelegenheiten zu gebrauchen und die ganze Stube mit ihnen zu »überziehen«? Es war ein ganz eigenthümlich feierlicher Eindruck, den man von einer Stube empfing, welche in solcher Weise geschmückt war, besonders wenn der weisse Ueberzug nicht bloss über die Wände ging, sondern zugleich sich über die ganze Stubendecke ausbreitete. Wie hoch und tageshell ward hierdurch die Stube, wenn die Lichter angezündet wurden und die Trommel zum Tanze rief! und wie erhob dagegen der Raum sich so wehmuthsvoll und kirchenstille, gleich der

Halle des Todesengels, wenn die fröhlichen Stimmen verstummt waren, und mitten im Zimmer ein einsamer Sarg stand! Noch im Jahre 1588 wurde der Saal in der Bischofswohnung zu Roeskilde auf solche Art ausgeschmückt, um die Leiche Friedrich's II vor der Bestattung aufzunehmen [635]).

War aber erst der weisse Ueberzug in allgemeinen Brauch gekommen, so konnte Jeder sich selbst sagen, dass die anderen Farben nachfolgen mussten. Die weisse Farbe war doch so einförmig, und zu besonderer Ehre gereichte es ja auch nicht, die Stube mit Stoffen zu überziehen, die vorher schon im Hause vorräthig waren. Dann war Tuch ja weit kostbarer; und wie konnte sich beim Feste eine roth ausgeschlagene Stube freudestrahlend ausnehmen, und wie zu ernster Trauer stimmend eine schwarzgekleidete bei einer Leichenfeier! Trotz der ungeheuren Ausgaben scheute man sich dann nicht, die ganze Stube, Decke wie Wände, mit englischem Tuch zu überziehen. Schon im Jahre 1528 musste in Dänemark gegen diesen Luxus ein Verbot ergehen [636]); aber, wie in solchen Fällen gewöhnlich, rief das Verbot das Verlangen nach dem Dinge erst recht in's Leben.

Soweit wir darüber urtheilen können, haben diese fünf Moden nicht nach einander und jede zu ihrer Zeit geherrscht, sondern das ganze Jahrhundert hindurch mit einander um die Oberherrschaft gekämpft. Die Folge hiervon ward eine ganz ausserordentliche Anspannung aller Kräfte auf diesem Gebiete. Insbesondere äusserte sie sich durch eine Verschwendung von Geldsummen, welche unsere Zeit unglaublich finden würde. Schon die gehörige Aussteuer einer Tochter mit Tapeten konnte ein ganzes Kapital verschlingen. Die schwedische Prinzessin Anna bekam im Jahre 1563 zu ihrer Aussteuer gewebte Teppiche für vier Säle; der eine, welcher eine Thierjagd vorstellte, war allein 103 Ellen lang [637]). Aber dieser Wettstreit hatte auch Wirkungen von edlerer Art. Es ist bezeichnend, dass die damalige Zeit sich zuerst auf dem Gebiete der Teppiche und Tapeten einen reineren, mehr entwickelten Geschmack erkämpfte; und ebenso bedeutungsvoll ist es, dass gerade hier zum ersten Male die Kunst sich mit grossen Darstellungen der nationalen Geschichte hervorwagte.

Was den Geschmack betrifft, so macht es einen wohlthuenden Eindruck, während jene Zeit schreiende und grell abstechende Farben zusammen zu stellen liebte, hier einem erwachenden Sinne für gleichartige Farbentöne zu begegnen. Als Erik XIV im Jahre 1561 seinen unglücklichen Brautwerbungszug nach England antrat, befahl er, dass die Schlosszimmer bei seiner Heimkehr nicht mehr in alter Weise mit buntgesprenkelten Tapeten ausgeschlagen sein sollten, sondern jedes Zimmer in seiner besonderen Farbe [638]). Im Jahre 1574 liess Friedrich II den Rittersaal auf Skanderborg nicht, was der gewöhnliche Brauch war, mit rothem, sondern grünem Tuche überziehen, und befahl daneben, dass die Teppiche für die beiden grossen Tische, und die Rückenstücke für die Bänke aus grünem Samt verfertigt würden, auch alle Fransen aus grüner Seide sein sollten [639]) — eine ebenso ungewohnte, als geschmackvolle Anordnung.

Aber die grösste Bedeutung für die Kunst bekamen doch die Teppiche dadurch, dass sie die Bahn brachen zur Darstellung nationaler Gegenstände. Bisher hatten die flamländischen Teppiche, wenn sie nicht in Mustern gewebt waren oder Jagdscenen darstellten, nur Scenen aus dem Alten Testamente wiedergegeben, oder aus der römischen Geschichte oder der Götterlehre. So sah man auf dem Stockholmer Schlosse noch im Jahre 1584: Absalons Geschichte, welche acht Teppiche füllte; Susanna's Geschichte, ein Teppich; Venus und Vulkan, fünf Teppiche; Julius Cäsars Geschichte, acht Teppiche, im Ganzen eine Länge von 461 Ellen einnehmend; Augustus' Geschichte, elf Teppiche; Trajans Geschichte, acht Teppiche, und den trojanischen Krieg, dreizehn Teppiche [640]). Friedrich II liess durch den Teppichweber Hans Knieper, welchen er von Antwerpen berufen hatte, einen grossartigen Teppich in zwanzig Stücken ausführen, welche die Geschichte Daniels vorstellten, zusammen auf 550 Quadrat-Ellen. Eine kurze Beschreibung jedes einzelnen dieser Teppichstücke ist uns aufbewahrt. Nr. 1 schilderte den Traum Nebukadnezars; Nr. 2: »Er ward ein Vieh und ging in die Wildniss«; Nr. 3: »Die drei Männer im feurigen Ofen« u. s. w.[641]).

Aber daneben erhob sich ungefähr gegen die Mitte des Jahrhunderts das Verlangen, die vaterländische Geschichte auf ähnliche Weise dargestellt zu sehen. Wir wissen nicht mit Sicherheit, ob der grosse gewebte Teppich, welcher die Königin Margarethe zu Pferde vorstellte und viele Jahre auf Koldinghus in dem Zimmer gehangen hat, in welchem Christian III im Jahre 1559 starb, wirklich bis zu jener Zeit zurück geführt werden dürfe, oder vielleicht um ein Jahrzehnt jünger sei[642]). Aber ausgemacht ist es, dass Erik XIV schon vor dem Jahre 1567 »die Historie König Eriks des Ersten« hatte ausführen lassen[643]), welche im Jahre 1584 zu einer »Historie der gothischen Könige« ausgedehnt war[644]); und im Jahre 1581 liess endlich Friedrich II die grösste Arbeit dieser Art vornehmen, indem er bei dem erwähnten Hans Knieper Teppiche bestellte für den Saal auf Kronborg, nämlich eine Darstellung des Königs selbst und aller seiner hundert und elf Vorgänger auf dem Throne Dänemarks. Dieses war nicht allein die umfänglichste Bestellung, die bisher im Norden gemacht war — die Teppiche sollten die Wände in einem Saale von ungefähr hundert Ellen Länge und 25 Ellen Breite decken, und Hans Knieper für seine Arbeit 40,000 R. Mk. erhalten — sondern sie wurde auch mit so viel Kunstfertigkeit, Sorgfalt und Geschmack ausgeführt, dass die uns noch erhaltenen Ueberreste des Kunstwerks zu den vorzüglichsten in ihrer Art gehören, und heutigen Tages eine vortreffliche Quelle für die geschichtliche Kenntniss von Friedrich II und seiner Zeit abgeben. Ein zwar untergeordneter, aber jedenfalls sehr sprechender Beweis für die Sorgfalt der Behandlung ist es, dass auch die grüne Landschaft sogar die Probe eines Botanikers besteht: alle hier dargestellten Blumen und Pflanzen gehören zu der dänischen Pflanzenwelt[645]).

Wie sich von selbst versteht, erregte diese Arbeit Hans Kniepers, welche ihm vor seinem Tode ganz zu Ende zu führen gelang, in Dänemark grosses Aufsehen; man wetteiferte, gemalte Kopieen derselben zu bekommen, und die Dichtkunst suchte das grosse Werk auf ihre Weise zu verherrlichen [646]). Die folgenden Könige, besonders Christian IV und Christian V liessen nach dem gegebenen Vorbilde die wichtigsten Begebenheiten aus ihrer Regierungszeit in ähnlicher Weise darstellen [647]).

Aus dem bisher Erzählten wird es genügend erhellen, dass die Tapeten in jener Zeit eine der hauptsächlichsten Ausschmückungen der Stuben waren. Solange sie diesen ihren Rang behaupteten, hielt die Entwickelung sich mit Nothwendigkeit innerhalb des alten Geleises. Selbst wenn die Möbel ihre Zweckmässigkeit für das tägliche Leben und ihre Vorzüge vor den feststehenden Bänken deutlich kundgeben mochten, so musste doch alle Lust zu Aenderungen verstummen, wenn die Stube zum Feste geschmückt, und die Wände, sowie auch die Bänke, ihre Festgewänder anlegten. Vor diesen stand jedes nackte Möbel wie am Pranger, verstossen und preisgegeben, ein lächerlich kleiner Einspruch gegen das Herkommen der Jahrhunderte und die reiche Schönheitsfülle der Halle. Hinter denselben duldete man es nur, soweit es sich in jeder Hinsicht den Formen der Bank anbequemte.

Dieser vererbte Schönheitsbegriff war es, wodurch die Entwickelung gebunden war. Daher fuhren bis zum Ausgang des Jahrhunderts auch die Reichsten fort, die Stube in althergebrachter Weise mit festen, längs der Wand laufenden Bänken auszustatten. So richtete Friedrich II Kronborg ein [648]), so setzte er das Schloss Kallundborg [649]) für seinen Sohn Ulrich in Stand, und ebenso liess auch Christian IV im Jahre 1606 sein kleines Lustschloss ausserhalb Kopenhagens, den Vorläufer von Rosenborg, ausstatten [650]). Noch im Jahre 1634 macht ein Reisender, nachdem er sein Logis in Helsingör mit seinen festen Bänken beschrieben hat, diese

Bemerkung: »Ich beschreibe dieses so genau, weil alle Häuser gerade so ausgestattet sind«⁶⁵¹).

Eine Schönheitsidee behauptet sich nur so lange, als sie zwischen Werkeltag und Festtag zu unterscheiden weiss. Alsdann erst, wenn sie auch diese Schranke sprengt und dem ganzen Leben ihren Stempel aufprägen will, ist sie ihrer Auflösung nahe. Die mit Teppichen geschmückte Halle war im sechzehnten Jahrhundert in diesem verhängnissvollen Uebergange begriffen. Noch immer wurde die Stube nur zum Feste auf alte Weise ausgeschlagen. Für diesen Zweck fügte man sich darein, so hohe Preise für die Tapeten zu bezahlen, und hierfür konnte man dadurch, dass man von Anderen borgte, für kurze Zeit so viel erreichen. Selbst die Könige schämten sich dieser Aushülfe nicht. Sowohl zu der Krönung Friedrich's II als zu derjenigen Christian's IV wurden etwa zehn »Dragefruer« (d. h. Ausschmückungsfrauen), den mächtigsten Geschlechtern des Landes angehörige Frauen, eingeladen, welche Alles, was zur Bekleidung der Stuben gehörte, selbst mitbringen mussten⁶⁵²).

Aber eigentlich war die ganze Sitte, nach jedem Feste die Tapeten wieder herabzunehmen, veraltet. Sie stammte noch aus den Tagen des Heerdfeuers und der Rauchöfen, wo das Aufgehängte dadurch, dass es dem Rauche ausgesetzt war, unfehlbar verderben musste. Jetzt waren diese Verhältnisse verändert; der frühere Brauch passte nicht mehr. Aus alter Gewohnheit nahm man jedoch nach wie vor die mit Strippen versehenen Tapeten und »Drätter«, samt Tischtüchern und Bettlaken, von der Wand herunter; aber das festgenagelte Tuch begann man damals schon sitzen zu lassen. Auf Kronborg blieb es in vielen Zimmern beständig sitzen⁶⁵³); wenn man es herabnahm, so geschah diess nur darum, weil man es an einer anderen Stelle verwenden wollte⁶⁵⁴). In dem nächsten Jahrhundert that man endlich in dieser Hinsicht den letzten Schritt und liess auch die Tapeten und »Drätter« unaufhörlich an den Wänden sitzen.

Hiermit wandte sich das Blatt. Der Zauber wurde gebrochen. Eine neue Vorstellung von dem, was schön sei, brach durch, welche schon lange vorher gedämmert hatte. Die mit Teppichen geschmückte Halle hatte seit alter Zeit bis in's sechzehnte Jahrhundert hinein die Gemüther begeistert. Im siebzehnten Jahrhundert verblich dieses Ideal und wurde von dem der Gegenwart verdrängt, demjenigen, welches uns alle beherrscht, welches wir aber nur dunkel und unvollkommen durch Bezeichnungen wie: die Idee des mannigfaltig zusammengesetzten, lebendigen Wesens, des Organismus, oder ähnliche ausdrücken können. In Hinsicht auf das Aussehen der Wände äusserte die neue Zeit ihren Einfluss darin, dass man die gewebten Tapeten festmachte und wie Bestandtheile der Wand einrahmte, dass die gemusterten Stoffe in gedrucktes Tapetenpapier, das einfarbige Tuch in ölgemalte Wände, und die gemalten »Drätter« in aufgehängte Malereien verwandelt wurden. Während vormals die Wand Alles an sich gerissen hatte, kamen jetzt Fenster, Decke und Fussboden zu ihrem Rechte. Aber die Hauptänderung bestand darin, dass der bisherige Druck gehoben wurde, also dass die festen Bänke von den Möbeln abgelöst wurden, und statt der einen »Stube« verschiedene Zimmer Platz fanden, deren jedes seinen eigenen Zweck hatte.

Wollen wir uns von der Wahrheit unsres Resultates überzeugen, dass die alte Schönheitsidee im sechzehnten Jahrhundert zugleich in ihrer vollen Kraft stand und doch ihrem Falle nahe war, so können wir gleichsam eine Probe damit anstellen, indem wir sehen, wie dieselbe theils sich bisher unerhörte Uebergriffe erlaubte, theils nur mit Mühe im Stande war, mehrere gefährliche Aufstände zu dämpfen.

Der merkwürdigste Uebergriff war ein Versuch, das ganze Mobiliar entsprechend der mit Teppichen geschmückten Halle umzuwandeln. Mit dem Himmelbett war es ja gelungen; man versuchte jetzt, dasselbe auch in Betreff alles Uebrigen durchzuführen.

Zunächst kam hierbei der grosse Tisch in Betracht. Man brachte über demselben einen Himmel an und liess von diesem vorspringenden Dache ein faltenreiches Gewand herabhängen. Fragte Jemand nach dem Zwecke, der dieser Ausstattung zu Grunde liege, so lautete die Antwort: sie bezwecke, zu verhindern, dass die Spinnen nicht in die Speisen hineinfielen [655]). Solche Tisch-Himmel waren gegen das Jahr 1600 wenigstens bei vornehmen Leuten allgemein. Friedrich II liess im Jahre 1570 zwanzig Ellen grünen Samts verschreiben »zu einem Umhang und einem Himmel über einem Tische« auf Frederiksborg [656]). Pontus de la Gardie besass unter Anderem einen solchen in rother Farbe mit gelben Quasten [657]); die verwittwete Königin Sophia hinterliess wenigstens drei [658]). Unter Christian IV war ihrer eine grössere Zahl auf Frederiksborg [659]); und als im Jahre 1635 ein französischer Gesandter zwei Reichsräthe in Schweden besuchte, nahm er daran Anstoss, dass sie zwar über dem Tische einen blauen Himmel hätten, aber nicht zugleich Tapeten an den Wänden — eine ärmliche Ausstattung, deren gleichen man nur finde, wenn man bis auf die Tage der alten Römer zurückgehe [660]).

Aber auch ein Stuhl konnte sich gut ausnehmen, wenn ein Himmel sich über ihn ausbreitete. Hierdurch erhielt er eine eigenthümliche königliche Würde, und was mehr bedeutete, er wurde zugleich der Wand zugewiesen und so an seinen rechten Platz gebracht. Der grösste Stuhl-Himmel, den wir kennen, war derjenige, der auf Kronborg über dem Sitze Friedrich's II angebracht wurde. Dieser Himmel war nicht weniger als siebentehalb Ellen lang und fünftehalb Ellen breit. Der Himmel, der Umhang und das Rückenstück wurde von Hans Knieper ausgeführt, welcher 9000 R. Mk. dafür erhielt, ausser dem Gelde, das für die Fransen aufgebraucht wurde [661]).

Diese ganze Gewohnheit, die Möbel, wie kleine Stuben für sich, mit einem Himmel darüber auszustatten, wurde endlich bis zu ihrem lächerlichsten Extrem getrieben, als man sie sogar auf die Nachtstühle ausdehnte. Auf Christian's IV Schloss Frederiksborg gab es deren nicht wenige, mit Samt ausgeschlagene, oben darüber mit einem »viereckigen Spitz-

Himmel«, welcher von der Stubendecke herabwallte, und mit einem Rückenstücke von kostbarem Seiden-Teppich, welcher in reichen Falten den Hintergrund bildete⁶⁶²).

Aber während die bestehende Sitte es bis zu solchen Ausartungen brachte, zeigten sich daneben andere Zeichen der Zeit, welche nach entgegengesetzter Richtung hinwiesen. Drei, nur mit genauer Noth gedämpfte Aufstände bewiesen, dass der Grund des Alten ganz unterminirt war. Es waren die übersehenen, unterdrückten Bestandtheile der Stube: Fenster, Decke und Fussboden, welche sich Freiheit und Selbständigkeit zu erkämpfen suchten.

Am schwächsten war die Bewegung offenbar auf dem Gebiete der Fenster. Die Fensterscheiben standen noch im Bewusstsein der Leute als ein grosses und neu erworbenes Gut, so dass man garnicht gewahrte, wie kahl und nackt die Einfassung der Fenster sei, und sich entschieden weigerte, auf das Tageslicht auch nur seinem geringsten Theile nach Verzicht zu leisten. Zur Noth konnte man sich dazu verstehen, oben über dem Fenster — wenn's sein sollte, auch unter demselben — eine kleine Kappe anzubringen; aber das Fenster selbst mit irgend Etwas zuzudecken, wäre ja ebenso unvernünftig gewesen, als wollte man einen Schmuck geflissentlich mit der Kleidung zudecken. Nichts desto weniger zeigten sich doch schon in dieser Periode die ersten Spuren der späteren Sitte, die Fenster mit Gardinen zu versehen.

Jedoch darf man kaum einmal dahin rechnen, was sich in ein paar Zimmern auf Gripsholm im Jahre 1548 fand, nämlich zwei geistliche Amtsgewänder, welche jetzt zu «Fensterstücken» verwandt wurden⁶⁶³). Dasselbe gilt von Dem, was in Schweden ein Privatmann vierzig Jahre nachher hinterliess: eine halbe Elle blauen Taftes, «welches oberhalb des Fensters gebraucht worden», welchem ein anderes unterhalb des Fensters gebrauchtes entsprach⁶⁶⁴). Das erste Mal, wo wir mit Sicherheit Gardinen erwähnt finden, sollten diese, wie sich voraussetzen lässt, nicht als Zierath dienen, sondern als Vorhang. Im Jahre 1591 wurden für das Kopenhagener Schloss angeschafft »achtzehn blaugarnenene Tuche. die gebraucht werden sollten [zum Aufhängen] vor den Küchenfenstern« ⁶⁶⁵). Aber wie wenig günstig man für die ganze Sitte gestimmt war, kann man am besten daraus ersehen, dass die verwittwete Königin Sophia bei ihrem Tode 1631 im Ganzen nur vier Fenster-Gardinen hinterliess⁶⁶⁶), und dass im Jahre 1638 auf dem Kopenhagener Schlosse sich nicht mehr als alles in allem neun Gardinen, einschliesslich der Kirchengardinen, fanden⁶⁶⁷).

Dass die Stubendecke an gewöhnlichen Tagen sich mit ihren nackten Balken ärmlich ausnahm, das möchte nicht zweifelhaft sein. Aber ebenso ausgemacht ist es, dass, indem man dem abhelfen und die Decke zum Gegenstand besonderer Ausschmückung machen wollte, man in Conflikt mit der Grundregel kam, nach welcher Wand und Decke nicht anders als nur mit Teppichen geschmückt werden sollten. Nichts desto weniger ging hier die Natur über die Erziehung, und man liess sich auf eine äusserst gefährliche Concession ein.

Man fing nämlich an, die Stubendecke auf eigene Hand zu schmücken. Hier konnte man einen doppelten Weg einschlagen. Man konnte entweder die Balkenlage mit Hülfe von Gips zudecken — »dönnike«, wie man es nannte, indem man das deutsche Wort »tünchen« verdrehte — und darauf durch Stukkatur-Arbeit Leben in diese grosse, weisse Fläche zu bringen suchen. In dieser Weise waren z. B. auf Kronborg mehrere Zimmer ausgestattet. Oder man konnte auch die Balkenlage behalten, aber sie mittels Querbänder weiter ausbilden, die Decke täfeln, und durch Leisten, ausgeschnittene Blumen, Malerei und Vergoldung ein wirkungsvolles Ganzes hervorbringen, in welchem Alles vereint war: reiche Tapetenmuster, Festigkeit und Hervortreten des Holzwerks, und die durchsichtige Tiefe des Gitters. Zum ersten Male hören wir von dergleichen unter Erik XIV reden, welcher auf seinem Schlosse zu Stockholm die Decke im Lusthause mit vergoldeten Rosen ausstatten liess⁶⁶⁸). Aber schon zehn Jahre nachher sehen wir einen Mann aus dem Bürgerstande dem Beispiele folgen, nämlich Ole Bager, welcher in seinem schönsten Hause zu Odense die Decke des sieben Ellen hohen Saales mit Schnitzwerk täfeln liess, in dessen Vertiefungen herabhängende, vergoldete Granatäpfel angebracht wurden[669]). Am weitesten gingen jedoch Johann III und Friedrich II, welche das »Königsgemach«, das »Königin-Gemach« und den täglichen Saal auf dem Stockholmer Schloss, sowie den grossen und kleinen Saal auf Kronborg, in dieser kostbaren Weise ausstatten liessen[670]). Besonders die mächtige, ungefähr hundert Ellen lange Decke auf Kronborg, längs der Wand von Löwenköpfen getragen, getäfelt, reich vergoldet und mit neunhundert Rosen überstreut, mag sich an einem Sommertag prächtig ausgenommen haben, wenn sie, gen Süden wie der Saal gelegen war, dem schimmernden Wogenspiel im Sunde zulächelte.

In diesem Saal begegneten sich friedlich das Alte und das Neue, die Tapeten und die freiliegende Stubendecke. Aber dieselben Tapeten, die hier friedlich an der Wand hingen, sollten im folgenden Jahrhundert manches Mal, unter einer Decke ausgespannt[671]) und diese unsichtbar machend, an ihrem Theile dazu beitragen, dass jeder Versuch der Decke, Freiheit und Selbständigkeit zu erreichen, völlig misslang.

Der Fussboden war unbedingt der aufs Stiefmütterlichste behandelte Theil der Stube. Aus gestampftem Lehm und weiter nichts bestehend, hatte er in dem ganzen Verlaufe der Zeit so gut wie gar keinen Fortschritt gemacht; und Jemand hätte wohl darüber in Zweifel sein können, ob jener einen Theil des Hauses ausmache, oder nur das Erdreich sei, auf welchem das Haus ruhte. Selbst in den oberen Stockwerken waren die Fussböden mit Fleiss diesem ärmlichen Vorbilde nachgebildet. Nicht hier einmal, wo doch die Versuchung dazu nahe genug lag, pflegte man hölzerne Fussböden zu haben — überhaupt kamen Holzfussböden, oder »Tillie«, sowie »Goldwürfel«, »seidene Segel und güldene Masten« u. s. w. häufiger in Volksliedern vor, als im wirklichen

Leben — in Kopenhagen war es sogar gesetzlich verordnet, Lehmfussböden in den oberen Stockwerken zu haben, weil solche zur Dämpfung einer etwaigen Feuersbrunst geeigneter seien [672]).

Dergleichen konnte indessen unmöglich auf die Dauer den Schönheitsansprüchen genügen, die an eine dergestalt in die Augen fallende Fläche, wie der Fussboden war, gestellt werden mussten. Was in der »Heerdstube« (Arnestuen) gepasst hatte, wo die ganze mittlere Partie von der Feuerstätte eingenommen war, musste zuletzt dem Auge anstössig werden, wo der Fussboden frei lag. Man begann daher — seltener bei Bürgersleuten, welche getreulich zu den herkömmlichen Lehmböden hielten, die sich selbst erhielten, keiner Abwaschung bedurften und alles Flüssige, was auf sie ausgeschüttet wurde, sogleich begierig verschluckten — wohl aber bei den Vornehmeren den Fussboden auf eine mehr selbständige Weise auszustatten. Der Weg, welchen man einschlug, war für die Anschauungsweise der Zeit sehr bezeichnend. Man behandelte den Fussboden nicht als den Boden für das grosse Holzmobiliar des Hauses, sondern stellte ihn nur mit Strasse und Hofplatz auf gleiche Stufe, indem man ihn dazu avanciren liess, dass er ebenso wie diese gepflastert wurde.

Gepflasterte Fussböden waren demnach im sechzehnten Jahrhundert das Kennzeichen von Prunkstuben. Die Steine, die man hierzu anwandte, waren verschiedener Art. In Schweden gebrauchte man freilich meistens Fliesen aus den eigenen Steinbrüchen, theils des eigentlichen Schwedens, theils Finlands. Sie zu poliren, war eine besondere Kunst, welche unter Johann III Niemand besser verstand, als Antonius Steinhauer in Finland [673]). In Dänemark dagegen verwandte man beinahe immer die sogenannten »Astrak's« (aus dem griechischen Worte ὄστρακον, das heisst kleines Topfgeschirr, oder bloss Scherbe aus gebranntem Lehm), kleine glasirte Würfel, entweder weisse, wenn sie, was meistens der Fall war, von Gips waren, oder dunklere, wenn von gebranntem Lehm.

Sie wurden aber nicht im Lande selbst gebrannt, sondern, soviel man weiss, aus England und Holland verschrieben. Wünschte man sie, so war es daher am gerathensten, sich an den Zöllner zu Helsingör zu wenden. Für einen einzelnen Fussboden konnten deren viele aufgehen, vollends, wenn ein ganzes Gebäude versorgt werden sollte. Für das Kloster Halsted (jetzt Juellinge) auf Laaland mussten im Jahre 1591, als das ganze Hausgewese für die verwittwete Königin Sophia in Stand zu setzen war, nicht weniger als 25,000 »Astrak's« verschrieben werden [674]). In derselben Veranlassung wurden für das Schloss zu Nykjöbing auf Falster ein paar Jahre nachher sogar 60,000 verschrieben [675]). Dass sie auf Schlössern und herrschaftlichen Höfen in Dänemark ziemlich allgemein gebraucht wurden, scheint aus den Berichten hervorzugehen, die man z. B. sowohl auf Bidstrup als auf Roeskildgaard vorgefunden hat [676]). Selbst in Schweden wandte man den Namen »Astrak« mitunter als Gattungsnamen auf alle Fussbodensteine an, sogar auch auf solche aus wirklichem Gestein [677]). Jedoch dürfte man im Norden kaum so weit gegangen sein, wie in England und Frankreich. In diesen Ländern wurden, laut den Berichten von damals, die Fussböden sehr häufig mit glasirtem Gips und Alabaster belegt [678]). Und die Häufigkeit dieses Brauches scheint sich selbst in den betreffenden Sprachen ausgeprägt zu haben, sofern das nämliche Wort, das im Deutschen Strassen-»Pflaster« bezeichnet, im Französischen der Name ist für »Gips« (*plâtre*), sowie die französische Benennung für »Fussboden« (*parquet*) im Englischen »Gips« (*parget*) bedeutet.

Wie sich von selbst versteht, waren diese kleinen Fliesen in Figuren gelegt. So war man denn, wenn auch auf einem anderen Wege, hinsichtlich der Fussböden zu demselben Resultate gelangt, wie hinsichtlich der Stubendecken, dass man sie nämlich mit eingelegter Arbeit, oder getäfelt herstellte. Hierbei scheint man stehen geblieben zu sein, und nicht, wie bei den Decken, sich auf Vergoldung eingelassen zu haben. Nur ein solcher Fall wird erwähnt, indem man von Jörgen Lykke erzählt: er habe auf seinem Landgute in Jütland einen vergoldeten Fussboden legen lassen, und an seine Gäste in dieser Veranlassung die Forderung gestellt, dass sie entweder ihre Schuhe auf einer »Kratzbürste« rein wischen, oder sie ganz ausziehen möchten, ehe sie einträten. Der Sage nach soll Friedrich II sich beider Arten von Vorbereitung geweigert und ihm geantwortet haben: »Findest Du Vergnügen daran, solch' einen Fussboden zu legen, so finde ich auch Vergnügen daran, darauf zu gehen.«[679]. Möge die Erzählung nun wahr sein, oder nicht, so beweist sie jedenfalls, dass vergoldete Fussböden im Norden als eine so einzig dastehende Merkwürdigkeit betrachtet wurden, dass sie nicht einmal bei dem Könige vorkamen.

Aber selbst, wenn man die Fussböden nicht vergolden, sondern sich an der Schönheit, welche sie durch die getäfelten Muster erhielten, genügen liess, waren sie schon hierdurch weit hinaus gerückt über den bescheidenen Rang, den nach altem Stil das Ganze der Stube ihnen anwies. Der Decke hatte man gleichsam dem Mund geschlossen, indem man sie mit Teppichen verhüllte; die Gegenwart würde, wenn auch aus anderen Gründen, in Betreff des Fussbodens ein ähnliches Verfahren an seinem Orte finden. Aber das lag der Vorstellungsweise jener Zeit ferne. Sie wählte einen Ausweg, welcher in hohem Grade charakteristisch war.

Was war der Fussboden anders, als die Erde, auf welche man trat? Für's Alltägliche mochte es angehen, dass man sie in ihrer einfachsten Form liess, nämlich als blosse Erde; aber beim Feste musste sie ihr heiterstes Gewand anlegen, das blumengeschmückte Grün. Im Winter liess sich das allerdings nur unvollkommen machen: man musste sich alsdann mit einer Lage Heu auf dem Fussboden begnügen; im Sommer dagegen gab es Gras, Laub und Blumen genug, und kein Haus war so arm, oder so reich, dass man nicht bei jedem Feste den Fussboden bestreute.

Diese Sitte der Vorzeit hatte sich mit unglaublicher Zähigkeit gehalten, und zwar nicht allein in Skandinavien, sondern bei allen gotho-germanischen Nationen. Nirgendwo ging man hierin jedoch so weit, wie in England. Ein holländischer Reisender, welcher im sechzehnten Jahrhundert London besuchte, ist über den Eifer entzückt, mit welchem man hier bedacht war, frische Gräser, Buchen- und Weinlaub über den Fussboden auszustreuen. Zwar kannte man diese Sitte auch in seiner Heimath; aber nirgends hatte er sie dermassen im Schwange gesehen, wie hier. Auch ein Franzose hebt es als etwas besonders Bemerkenswerthes bei den Engländern hervor, dass ihre Fussböden stets mit Gras und Heu bestreut seien[680]); und man darf daher an der Wahrheit des Berichtes nicht zweifeln, wenn Paul Hentzner, welcher in den ersten Tagen des Septembers 1598 das Schloss zu Greenwich an einem Sonntag besah, wo die Königin Elisabeth Audienz gab, uns erzählt, dass auch der Fussboden in dem Audienzsaale nach englischer Weise mit Heu bedeckt war[681]).

In Skandinavien scheint man diese Sitte auf festliche Gelegenheiten beschränkt zu haben. Jedoch wurde es auch in Pestzeiten anempfohlen, täglich den Fussboden zu bestreuen und sogar die Wiege des Kindes mit Blumen zu füllen[682]). Heinrich Ranzau, welcher uns hier, wie öfter, die verfeinertste Auffassung der Dinge zeigt, giebt seinen Kindern den Rath: sie möchten darauf achten, welcherlei Duft ihnen am besten bekomme, und darnach den Boden mit den entsprechenden Pflanzen bestreuen. Er stellt ihnen zur Wahl: Weidenblätter, Rosen, Veilchen, Weintraubenlaub, Merian, Thymian, Lavendel, sowie auch Blätter vom Birnbaum, und macht sie aufmerksam, dass, wenn die Kräuter nahe am Welken seien, es rathsam sei, sie mit Rosenwasser, Citronenwasser oder Essig zu besprengen[683]).

Bekanntlich hat sich diese Sitte in den meisten Städten des Nordens längst verloren; aber die norwegischen Bauern üben sie noch immer. »In den Stuben war Alles gescheuert und blank, die Fussböden mit frischen Tannen bestreut; es sollte »Verlobungsfeier« stattfinden«, heisst es noch in der Mitte unseres Jahrhunderts⁶⁸⁴). Als kleines Ueberbleibsel dieser Sitte dürfte vielleicht auch die bis auf unsere Tage erhaltene Gewohnheit anzusehen sein, dass man in Dänemark bei Begräbnissen rings um den Sarg frisches Grün streut.

Wir haben die Ausstattung der Wohnstube in ihren Hauptzügen betrachtet und dem stillen Kampfe zugeschaut, welcher hier zwischen dem Alten und dem Neuen geführt wurde, dem Durchbruche der Renaissance im Hause. Bevor wir aber die Stube verlassen, werfen wir noch einen flüchtigen Blick auf den kleinen eingefriedeten Fleck, welcher der Aufstellung von Nippsachen geheiligt war. Es würde Mühe kosten, diesem Platze und seinem Inhalte eine und dieselbe Benennung zu geben: denn nicht zwei Häuser drückten sich hierüber gleich aus. Womit man in dem einen Hause sich abfand, indem man eine St. Johannis-Pflanze unter dem Gebälke aufhing, oder eine Handvoll Thymian irgendwo anheftete, Dasselbe forderte in einem anderen Hause ein ganzes Teller-Bort längs der Stubendecke, oder auch den Rücken einer Lade, beide mit allerlei Dingen angefüllt, um zu ihrem vollen Rechte zu gelangen. Eine Hauptrolle unter den hierher gehörigen Dingen spielten Festkrüge, Sparbüchsen⁶⁸⁵), Balsambüchsen, Pretiosenschachteln (»Kridthuse«). Die meisten solcher Nippsachen wurden ohne Zweifel von Nürnberg her eingeführt. Die erwähnten »Kridthuse« waren besonders beliebt und konnten sehr billig geliefert werden. So empfing z. B. ein Kaufmann zu Varbjerg im Jahre 1621 eine Partie »Kridthuse«, von denen ihm das Dutzend, wenn sie von Blei waren, 1½ Mark, wenn von Messing, 1 Thaler kostete⁶⁸⁶). Meistens gebrauchte man sie wohl als Behältnisse für Erinnerungszeichen; daher die Redensart: »bei Jemandem im Kridthus, d. h. in Gunst sein«.

Am bemerkenswerthesten unter allen diesen Zierathen, und zu etwas mehr als blossem Vergnügen dienlich, waren doch die Stundengläser und Zeigerwerke. In früherer Zeit waren diese nur wenig bekannt. Das Volk im Allgemeinen hatte sich nach dem Hahnenschrei, den Kirchenglocken, dem Fall des Schattens und anderen unfehlbaren Merkmalen gerichtet. Das sechzehnte Jahrhundert brachte hierin eine bedeutende Veränderung. Nachdem jetzt die Klosterglocken verstummt waren, musste Jeder sehen, wie er sich selber helfe; und sowohl Volk als Regierung suchten dem Mangel abzuhelfen.

Zu Hause wurde dem Bedürfnisse meistens durch ein Stundenglas abgeholfen. Man betrachtete ein solches als etwas Kostbares, und wies ihm seiner Gebrechlichkeit wegen sogar einen verdeckten Ehrenplatz an. Obgleich sie aus Deutschland eingeführt wurden, wo man sie gewiss so billig wie nur möglich herstellte, waren sie doch ziemlich theuer. So kosteten sie im Jahre 1546 in Stockholm circa 2½ R. Mk. pr. Stück⁶⁸⁷). Dafür gewährten sie denn auch den eigenthümlichen Genuss, der Alten und Jungen gleich sehr zusagte, dass man an ihnen deutlich sehen konnte, wie die Zeit verlief.

Bei Weitem kostspieliger, als die Stundengläser, waren die »Zeigerwerke«, oder »Saijerne«, wie sie in Schweden hiessen⁶⁸⁸). Die Benennung leitete sich unverkennbar von dem deutschen Worte: »Zeiger«, d. h. Weiser, ab, und hielt sich eine Zeitlang in Deutschland, wie im Norden, bis sie endlich durch den Namen »Uhr« verdrängt wurde — nichts als eine umlautende Aussprache des lateinischen »hora«, d. h. Stunde. Diese Zeigerwerke waren in ihrem Aeusseren von den Uhren der Gegenwart ziemlich verschieden. In der Regel lagen sie, so dass man sie von oben, wie einen Kompass, beobachten musste. Zwar waren Taschenuhren damals schon erfunden; jedoch kamen sie im Norden, wie es scheint, schwerlich oft vor. Die gewöhnlichsten Zeigerwerke waren gewiss grosse viereckige Kasten, welche sich wenig eigneten, getragen zu werden. So bestellte Friedrich II im Jahre 1583 in Deutschland drei »Reise-Uhren«, welche viereckig sein und die annehmbare Grösse von anderthalb Viertelellen, oder zur Noth eine halbe Elle Höhe haben sollten⁶⁸⁹).

Anfangs scheint man zwischen Uhren und astronomisch-mechanischen Kunstwerken überhaupt keinen klaren Unterschied gemacht zu haben. So gehörte es zu den Lieblingsaufgaben, nicht allein den Verlauf der Zeit zur Anschauung zu bringen, sondern ebenso auch die wechselnden Stellungen der Planeten, des Mondes und der Sonne, wobei die letztere natürlich rund um die Erde wandeln musste. Die bekanntesten solcher Arbeiten, die der Norden aufzuweisen hatte, waren das berühmte Zeigerwerk, das im Jahre 1406 ein Mönch des schwedischen Wadstena-Klosters für die Domkirche jener Stadt verfertigt hatte [690]), und die kunstreiche Uhr, die Christian III herstellen liess und die nachher Friedrich II dem Kaiser von Russland zum Geschenk machte. Dieser hatte es indessen noch nicht so weit gebracht, dass er sich auf Dergleichen verstand. Die Gesandtschaft kam daher mit dem Bescheide zurück: »die Freundschaft des Königs sei ihm theuer; aber für ihn als einen christlichen Kaiser, welcher an Gott glaube und nichts zu schaffen habe mit Planeten und Zeichen, sei das Geschenk unnütz, wesshalb er es zurücksende.« [691]). Einige Zeit nachher überliess man die Uhr der Universität zu Kopenhagen, welche dieselbe Vorstellung von der Sache, wenn auch in etwas feinerer Weise, kundzugeben schien, indem sie das Kunstwerk verkommen liess, so dass es in unbrauchbaren Zustand gerieth, bis es denn endlich bei dem Kopenhagener Brande im Jahre 1728 zerstört wurde [692]).

Weit fasslicher für den gewöhnlichen Menschenverstand, als diese gelehrten Kunststücke, war jedoch eine an den Zeigerwerken vorgenommene Verbesserung, welche, soviel bekannt ist, im sechzehnten Jahrhundert im Norden zuerst bekannt ward. Sie bestand darin, dass man eine Wecker-Einrichtung bei ihnen anbrachte, damit sie zu bestimmter Zeit Morgens, sogar schon vor dem Hahne, die Bewohner des Hauses rufen könnten. Charakteristisch für die unermüdlich thätige Königin-Wittwe Sophia war es, dass sie nicht weniger als drei solcher Weckeruhren besass [693]).

Das Wichtigste von Allem war es jedoch, dass die Uhren schlagen konnten. Nicht Jedem war es gegeben, nach den Zeigern zu sehen, wieviel die Uhr sei; aber die Schläge zählen, das konnten Alle. Man legte deshalb besonderen Werth darauf, dass die Uhren so oft und so laut, wie möglich, schlugen. Als Friedrich II im Jahre 1562 sich bei einem Uhrmacher (»Sejrmager«) zu Odense eine Uhr bestellte, so sicherte er sich den hellen Klang des Schlages, indem er das Glockenspiel selbst lieferte[694]). Die meisten Uhren, von denen wir hören, schlugen nicht bloss ganze und halbe Stunden, sondern auch Viertelstunden; dagegen war es eine Seltenheit, dass sie, sowie eine im Besitz der verwittwete Königin Sophia befindliche, jede Viertelstunde einen Schrei gleich einem Reh von sich geben konnten[695]).

Allein wozu nützte alles Dieses, solange die Zeigerwerke so theuer waren, dass man besonders bemittelt sein musste, um sich solche anschaffen zu können? Dreissig bis neunzig R. Mk. für eine Uhr[696]) waren eine Auslage, welcher Mancher mit Recht aus dem Wege ging. Um allen Solchen zu helfen, nahm wenigstens die dänische Regierung mit grossem Eifer Bedacht, an den Kirchen und Schlossthürmen zu Jedermanns Nutzen Zeigerwerke anzubringen. Eines der letzten, auf diese Weise ausgestatteten Schlösser war Varbjerg, welches sein Zeigerwerk erst im Jahre 1595 erhielt[697]). Die Ausgaben, welche die Regierung für diesen Zweck auf sich nahm, waren nicht unerheblich. Theils war jede Uhr an und für sich theuer; theils — und das war das Schlimmste bei der Sache — kostete die Unterhaltung der Uhr noch weit mehr. Einsichtige Leuten gehörten dazu, um die grossen Zeiger Tag aus Tag ein, vielleicht oft bei Regen und Schnee und gegen den Wind, im richtigen Gange zu erhalten, und diese Leute liessen sich auch bezahlen. Jürgen Brenner bekam z. B., um die kleinen Zeigerwerke, die auf Kronborg standen, unter Aufsicht zu halten, und das grosse auf dem Thurm täglich zu stellen, jährlich 350 R. Mk., ausserdem eine Hofkleidung[698]). Laurits (Lorenz) Rörsack aus Göttingen erhielt während einer langen Reihe von Jahren 260 R. Mk. jährlich, freie Wohnung in der Königsstrasse, nebst einer Hofkleidung jedes zweite Jahr, wofür er ein Zeigerwerk auf dem Schlosse zu Kopenhagen in Stand zu halten hatte. Als er sechzehn Jahre nach seiner Anstellung zugleich den Auftrag bekam, das grosse Zeigerwerk auf dem »blauen Thurm« des Schlosses unter Aufsicht zu nehmen — welches Werk »Viertel- und ganze Stunden schlägt« — so wurde ihm eine jährliche Extrazulage von 35 R. Mk. bewilligt[699]).

Dieses könnte seltsam erscheinen, war aber, näher besehen, doch vollständig in seiner Ordnung. Einen Mangel hatten nämlich diese Zeigerwerke, und das war von allen Mängeln der übelste: sie gingen äusserst schlecht. Man verstand es noch nicht, mit Hülfe von Pendeln den Gang gleichmässig zu machen. Bald liefen sie rasch darauf los, bald schlenderten sie langsam; und mochte der Uhrmacher auch noch so eifrig auf seinen Dienst passen, so war es ihm doch ebenso unmöglich, mehrere Uhren in gleichem Gange zu erhalten, wie um die Mitte des Jahrhunderts jenem schwermüthigen Träumer in St. Just, welcher, vormals Kaiser, seine letzten Lebensjahre den fruchtlosen Versuchen weihte, Uhren im gleichen Schritt gehen zu lehren.

Verlangt man für diese Unvollkommenheit der Uhren einen weiteren Beweis, so braucht man nur darauf zu achten, wie jene Zeit, ungeachtet aller Mängel der Sonnenuhren, dennoch oft genug zu diesen altväterischen Zeitmessern wieder ihre Zuflucht nahm. Hohe wie Niedere fuhren fort, solche zu benutzen. In der Kammer der Königin auf Lundehave (jetzt Marienlyst bei Helsingör) wurde eine Sonnenuhr gegen Ende des Jahrhunderts angebracht[700]). In dem Kirchspiel Greving auf Seeland ging man noch weiter. Nachdem nämlich die Kirche im Jahre 1577 mit einer Thurmuhr versehen war, schaffte man sich ausserdem im Jahre 1581 eine »Sonnenscheibe« an, »um nach dieser die Uhr zu stellen«[701]).

Die »grosse Stube« (Storstuen) nahm eine ganz eigene Stellung ein. Sie war einerseits Zwillingsschwester der Wohnstube, sofern sie gerade ebenso ausgestattet war; anderseits aber war sie zugleich ihr besseres Ich, welches, an gewöhnlichen Tagen unbeachtet und halbwegs vergessen, bei festlichen Gelegenheiten hervortrat und wie aus angebornem Rechte voranging. Sie spiegelte in dieser Hinsicht völlig die Anschauungsweise der Bewohner ab. Im täglichen Leben fand man sich in die Zudringlichkeit von allem dem Neuen; man ging eben mit der Zeit fort, und das Leben regte sich in der Wohnstube, während dort das Himmelbett entkleidet stand, wie eine gestürzte Riesenfliege, welche ihren Winterschlaf schlief, und die nackten Wände, wie kalte Wolken, sich über den Bänken lagerten. Nur selten wurde der Schlüssel gedreht, der zu dieser stillen Welt führte; es geschah nur, wenn die Hausmutter nach den hingelegten Prunkstücken sah, den Andenken an vergangene Tage, oder wenn sie neugesponnenes Garn, noch einen Haufen Laken für die künftige Aussteuer der Töchter, dort an seine Stelle legte. Kaum war aber ein besonderes Familienereigniss eingetreten, eine Hochzeit, ein Wochenbett, oder nur ein vornehmer Gast dem Hause zugewiesen, da bekam auf einmal Alles eine andere Farbe. Alsdann war es, als wenn niemals ein anderer Raum da gewesen wäre, als die grosse oder beste Stube; Alles wurde geopfert, um vor allen Dingen nur sie recht aufzuputzen; die Wohnstube ward beinahe zu einer Vorstube, wegen deren neumodischer Verirrungen man sich gleichsam entschuldigte. Die Existenz der »Gross-Stube« bewegte sich also zwischen zwei Extremen, bald war sie unter, bald über der gegebenen Wirklichkeit; aber dieses häusliche Sonnensystem war gerade so täuschend, wie das grosse. Obgleich die »Gross-Stube« anscheinend unter- und aufging, bildete sie doch in Wirklichkeit den festen Punkt, um welchen sich das ganze häusliche Leben unvermerkt drehte.

Der zurückgezogenen Stellung, welche die »Gross-Stube« im alltäglichen Verlauf des Lebens einnahm, entsprach in hohem Grade auch der Platz innerhalb des Hauses, welcher ihr fortan immer allgemeiner angewiesen wurde. Früher hatte sie in der Regel in einer Reihe mit den übrigen Räumen gelegen, und war infolge dessen häufig kleiner gewesen, als man wünschen konnte. Wo man jetzt von Neuem baute und die Umstände es erlaubten, pflegte man die Gross-Stube in dem oberen Stockwerk anzulegen, wo ja das Fehlen einer Scheidewand den Bau nicht gefährden konnte. An diese neue Bauart, welche die Städte von den herrschaftlichen Höfen und Schlössern entlehnten, erinnert noch der heutige Sprachgebrauch in Dänemark, indem man hier die oberen Stockwerke den ersten, zweiten u. s. w. »Saal« nennt, während das untere Stockwerk die »Stube« heisst.

Die übrigen Zimmer, soviele ihrer auch sein mochten, hatten nur ein geringes Interesse, da sie nicht vollständig in Gebrauch genommen waren. Sie warteten noch der Zeit, wo sie aufrücken sollten, und dienten derweilen als Vorrathsräume, Fremdenzimmer, wenn die Anzahl der Gäste zu gross ward, oder auch als Schlafräume auf die Dauer für sämmtliche, zum Hause gehörige Gehülfen im Kramladen, oder, war es eines Handwerkers Haus, für seine Gesellen und Lehrlinge. Ausserdem gab es aber noch einen besonderen Raum, mit ganz eigenthümlicher Bestimmung, welchen das sechzehnte Jahrhundert aufweisen konnte; und diesen wollen wir zum Schlusse betrachten.

Dieses war die Badestube. Man würde sehr fehlgehen, wenn man daraus, dass die damalige Zeit unsere Morgenwäsche nicht kannte, den Schluss ziehen wollte, dass es überhaupt an dem Sinne für Reinlichkeit gefehlt habe. Dieser Sinn war in vollem Masse vorhanden, äusserte sich aber in Formen, die uns fremdartig vorkommen. Der Körper, welcher zufolge alter Gewohnheit abwechselnd nur mit Wollenzeug, Fellen und Bettstroh in Berührung kam, mochte der Wäsche dringend bedürfen. Daher war es denn ein altherkömmlicher Brauch, und zwar nicht im Norden allein, sondern bei allen eingewanderten germanischen Stämmen, häufig warme Bäder zu nehmen. Das ganze Mittelalter hindurch galt es, sowohl

in Frankreich als auch in Deutschland, als eine ausgesuchte
Höflichkeit, dem angekommenen Gaste, spätestens am Tage
nach seiner Ankunft, ein warmes Bad anzubieten [702]).

In Skandinavien hatte sich diese Sitte im Laufe der Zeit
dermassen eingebürgert, dass um den Anfang des sechzehnten Jahrhunderts Bäder als ein beinahe ebenso wesentliches Lebensbedürfniss angesehen wurden, wie Essen und
Trinken. Man pflegte in seinem Testamente so und so viel
zur Speisung der Armen auszusetzen, und zugleich so und so
viel, damit sie Bäder nehmen könnten [703]). Bei häuslicher
Trauer betrachtete man es als eine natürliche Liebespflicht,
für das Baden Anderer Sorge zu tragen. Als z. B. König
Hans und Königin Christine ihren Sohn Franz verloren hatten,
so liessen sie in dieser Veranlassung in Odense Arme un-
entgeltliche Bäder bekommen, »Seelenbäder«, wie man sie
nannte [704]). Ja, was wir heutigen Tages unter »Trinkgeldern«
verstehen, nannte man damals häufig »Badegeld« [705]).

Hiervon war die Folge, dass Badestuben, sowohl öffentliche als private, sehr gewöhnlich waren [706]). An die öffentlichen erinnern noch die hier und dort vorkommenden Strassennamen: Badestubengasse oder -strasse. Eine Badestube im
eigenen Hause unterhielt jeder einigermassen Bemittelte. Daher betrachtete man es als etwas Selbstverständliches, dass
eine solche z. B. in der beabsichtigten Predigerwohnung bei
der Frauenkirche zu Kopenhagen eingerichtet wurde [707]). Und
es ist höchst wahrscheinlich, dass die so oft vorkommende
Bezeichnung: »Steinstube« eben der früher gebräuchliche
Name für Badestube war [708]).

Zum Zubehör einer Badestube zählte man vor Allem einen
Ofen und einen Wasserkessel. Entweder wurde das Wasser
in diesem einfach gekocht, oder man legte glühende Steine
hinein, bis die Stube ganz von Dampf erfüllt war. Eine besondere Badewanne scheint nicht gerade nothwendig gewesen
zu sein, war jedoch ohne Zweifel oft vorhanden. Dagegen durfte
die erforderliche Anzahl Reiser (Ruthen) nicht fehlen [709]). Der
Fussboden konnte füglich nicht von Lehm oder Erde sein, da

ein solcher in Kurzem zu lauter Brei geworden wäre; er musste gepflastert werden [710]). Wahrscheinlich schreibt sich hiervon der oben erwähnte Name »Steinstube« her, wenn er nicht vielleicht darauf hindeutet, dass man frühzeitig aus Furcht vor Feuersgefahr, die bei dem starken Heitzen nahe lag, in den Wänden der Badestube nicht Holz, sondern Mauersteine verwandt hat. Am Ende des sechzehnten Jahrhunderts ward es auf Schlössern Sitte, dass man, um den mit der starken Wärme und Feuchtigkeit verbundenen Unannehmlichkeiten zu entgehen, Fussboden, Wände und Decke, Alles aus Zinn machte. Auf diese Weise hat vermuthlich Johann III die Badestube auf dem Stockholmer Schlosse ausgestattet; jedenfalls liess Friedrich II diese Einrichtung in den zwei prächtigen Badestuben-Bauten auf Kronborg und auf Frederiksborg ausführen — mit Recht hat letzteres für eine Anzahl von Schlössern und herrschaftlichen Höfen als Vorbild gedient — sowie auch Christian IV die Badestube auf Rosenborg ebenso einrichtete [711]). Das Wasser wurde in alle diese Badestuben aus der Wasserkunst im Schlosshofe hineingeleitet; aus der Badewanne führte alsdann ein Ablauf weiter. Als eine seltene Ausnahme aber ist es sicherlich zu betrachten, wenn Johann III auf den Schlössern Stockholm und Ulfsund sich hiermit nicht begnügte, sondern sich ein ganzes überdachtes Schwimmbassin einrichten liess [712]).

Die gewöhnliche Methode, ein Bad zu nehmen, bestand nur darin, dass man die Stube mit heissen Wasserdämpfen füllte und hierdurch einen starken Schweiss hervortrieb. Badewannen wurden, wie gesagt, bei Weitem nicht immer gebraucht; desto mehr aber wandte man, um rechte Wärme im Körper zu erzeugen, das Peitschen der Haut mit Reisern und Reibungen an. In Stockholm soll es ein beliebtes Vergnügen gewesen sein, alsdann, wenn durch die Reiser nicht genug blutige Striemen hervorgerufen wurden, sich am ganzen Leibe Schröpfköpfe setzen zu lassen, so dass das Blut freien Lauf bekam [713]). In den Städten begnügte man sich gewiss in der Regel damit, sich ab und zu einen Eimer kalten Wassers über den Leib giessen zu lassen; auf dem Lande, wo die Verhältnisse freier waren, liebte man es, das Bad dadurch zu Abschluss zu bringen, dass man hinauslief und sich in fliessendem Wasser untertauchte, oder sich im Schnee wälzte. Die Kopfhaut war mit Recht Gegenstand einer besonderen Fürsorge; jedoch gehörte es gewiss zu den Ausnahmen, wenn man, wie Johann III, während des Bades seinen Kopf mit Rheinwein waschen liess[714]). Dagegen war es gewöhnlicher, nach vollendeter Reinigung den Leib mit Puder oder destillirten Wassern einzureiben, um die Haut dadurch weisser zu machen und zugleich den Schmerz in den Striemen zu mildern.

Sollte ein Bad völlig seinem Zwecke entsprechen, so konnte man dabei nicht wohl allein sein, sondern musste dienende Geister zur Hülfe haben. In Privat-Badestuben half man sich bestens, wie man eben konnte — »im vorigen Jahre, Sonnabend Palmarum«, so schreibt Absalon Petersen zu Bergen in sein Tagebuch[715]), »war meine Frau aufs Schloss gegangen und war im Bade mit Frau Helvig, der Frau des Erik Rosenkranz« — in den öffentlichen Badestuben gebrauchte man immer weibliche Bedienung. Diese auffällige Sitte[716]) wird durch eine andere noch auffälligere, dass nämlich Männer und Frauen zusammen zu baden pflegten, nur überboten, aber eigentlich nicht erklärt.

Schon frühe hat man im Norden für das Anstössige dieses Brauches ein Auge gehabt. So war im Jahre 1295 in Flensburg die Verordnung ergangen, dass die Badestube der Stadt Montags und Donnerstags allein für Frauen geöffnet sein sollte, und an den übrigen Tagen allein für Männer; übertrete Jemand diese Verordnung, so solle er, oder sie, dafür büssen durch den Verlust seiner Kleider[717]). Dessungeachtet war es im sechzehnten Jahrhundert gewöhnlich, dass beide Geschlechter gemeinschaftlich badeten. Der landesflüchtige schwedische Erzbischof Olaus Magnus, welcher um die Mitte des Jahrhunderts in Rom eine Beschreibung des Nordens herausgab, suchte diese Thatsache, welche freilich der italienischen Sitte allzu sehr widerstritt, dadurch in Abrede zu stellen, dass er behauptete: man benutze zwar dieselbe Badestube, aber nicht dasselbe Zimmer, sofern die Badestube in zwei Räume, einen für jedes der beiden Geschlechter, getheilt sei [718]). Mag dieses aber auch in einzelnen Fällen so gewesen sein, so war es doch gewiss nicht das Gewöhnliche. Sowohl von Deutschland her [719]), als aus Skandinavien, bekommen wir unumstössliche Zeugnisse für die Thatsache zu hören, dass man noch im sechzehnten Jahrhundert gewohnt war, gemeinschaftlich zu baden [720]). Lehrreich ist in dieser Hinsicht eine Kopenhagener Rechtssache aus dem Schlusse des Jahrhunderts. En Lehrer der lateinischen Schule wurde angeklagt, ein unerlaubtes Verhältniss mit der Dienstmagd seines Wirthes angeknüpft zu haben. Die näheren Umstände werden wie etwas ganz Alltägliches erzählt. Der Lehrer war betrunken, und das Mädchen befand sich mit dem Knechte des Wirthes zusammen im Wannenbade, konnte sich aber mit diesem wegen des Bades nicht vertragen, weshalb sie denn »stocknackend« nach der Kammer des Lehrers hinauf gelaufen kam, vermuthlich zu dem Zwecke, bei dem erwähnten Streite denselben als Vermittler herbeizuholen [721]). Was Schweden betrifft, so haben wir aus noch späterer Zeit das Zeugniss eines französischen Reisenden, welcher im Jahre 1635 Stockholm besucht hat. Mit einigen Kameraden trat er in die Badestube der Stadt hinein, um sich von der Wahrheit dessen, was ihm berichtet worden, zu überzeugen. Er erzählt, wie Frauen und Männer zugleich sich hier in der unerträglichen Hitze aufhielten, während die Frauen nur mit einem Hemde bekleidet waren, die Bekleidung der Männer aber nur in einem kleinen Reisigbesen bestand [722]). Niemand schien darin irgend etwas Anstössiges zu finden. Familien wie Einzelne hatten genug zu thun, um den Schweiss mit den Reisern aus der Haut zu treiben, oder von den flinken Bademädchen sich abreiben und mit Wasser übergiessen zu lassen [723]). Ging es auf diese Weise in Stockholm noch im siebzehnten Jahrhundert zu, so darf man nicht bezweifeln, dass es die nämliche Sitte war, auf welche hingedeutet wird, wenn es im Jahre 1563 aus Bergen heisst: »Diese Lufterscheinung wurde von Christian Ulf, dem Probsten, und einem Goldschmied, auch beider Ehefrauen und Dienstleuten beobachtet, als sie aus der Stadtbadestube kamen.«[724].

Eigentlich war es ja an und für sich auch ganz natürlich, dass dieselben Personen, die Abends und Morgens kein Bedenken trugen, sich Einer vor des Anderen Augen völlig aus- und anzukleiden, sowie des Nachts das nämliche Lager zu theilen, garnichts Anstössiges darin fanden, in einer von Dampf und Qualm erfüllten Stube, doch wenigstens theilweise bekleidet, beisammen zu sein. Das gemeinschaftliche Baden würde also, was diese Seite der Sache betrifft, sich noch lange gehalten haben, ohne dass Jemand ein Aergerniss daran genommen hätte. Wenn man aber doch über diesen Punkt alsbald zur Klarheit erwachte, so hing das mit einer unvermeidlichen, aber im Grunde sehr üblen Entwickelung zusammen, die das Verkehrsleben genommen hatte.

Jeder, wer irgend konnte, hielt wohl eine Badestube im eigenen Hause. Auf die Länge ward es aber langweilig, immer nur mit seiner Familie im Bade zusammen zu sein. Auf der öffentlichen Badestube konnte man Freunde und Bekannte treffen, Neues hören und dazu sich einen Krug Bier, auch eine Partie Würfelspiel holen. Es verhielt sich nämlich keineswegs so, dass die öffentlichen Badestuben allein von armen Leuten und Pfleglingen des Krankenhauses aufgesucht wurden: unter Anderen waren die Reisenden auf dieselben angewiesen; und fanden sich Leute feinerer Art daselbst ein, so wusste der Wirth schon dafür zu sorgen, dass die »Seelenbads«-Gäste auf die Seite geschafft wurden. So gestalteten sich denn die öffentlichen Badestuben allmählich zu Orten für Zusammenkünfte um, zu einer Art Klubs, den ersten Vorläufern der öffentlichen Belustigungsanstalten. Dieser Umstand zog aber weitgehende Folgen nach sich.

Wollen wir einen Massstab dafür haben, wie weit man

im sechzehnten Jahrhundert gekommen war, so brauchen wir uns nicht an Zeugnisse aus zweiter Hand zu halten, wie die alte sprichwörtliche Redensart: «Von Barbier- und Badestuben kommt immer Neues», oder an einen frommen Wunsch, wie diesen: «Gott gebe, dass zu allen Stunden die Menschen, in Gasthäusern und Badestuben, von der Hölle reden möchten»[725]. Wir können noch weit genauere Aufschlüsse hierüber erhalten. Im Anfang des Jahrhunderts wurden die öffentlichen Badestuben von Hohen und Niederen aufgesucht. Und war es der König Hans selber, so scheint es, dass er auf seinen Reisen dieser Versuchung nicht widerstehen konnte. Obgleich sich in dem Hause des Bürgers, bei welchem er übernachtete, selbstverständlich eine Privat-Badestube befand, so weiss man dennoch, dass er in Nyborg sowohl als in Aarhus die öffentliche besucht hat; und es ist bemerkenswerth, dass bei solchen Gelegenheiten immer ein Verlangen nach Bier erwachte. Wurde doch in der Badestube zu Aarhus von König Hans und seinem Gefolge eine ganze Tonne Bier ausgetrunken[726]. Von Christian IV heisst es am Schluss des Jahrhunderts, während seines Aufenthalts in Bergen: «Am 8. Juli ging der König mit seinen Edelleuten nach der Badestube und schoss nach der Scheibe. Darauf ging er in die Badestube selbst hinein und spielte Schach, worauf er dann wieder nach dem Schlosse ging»[727]. Hier scheint die Badestube lediglich als Belustigungsort, wo das Baden blosse Nebensache war, in Betracht zu kommen. Dasselbe gilt von einer Notiz, wie diese: «Als die Bürger mit der Arbeit des Niederreissens fertig waren, bekamen sie für ihre Mühe ein Fass Bier, welches sie in den Badestuben austranken»[728].

Trinken und Lustbarkeit gehörten also mit zu den Genüssen der Badestube. In dieser Hinsicht stand sie keinem Weinkeller nach. Die Lustbarkeit bekam aber einen eigenthümlichen Schwung, wenn der im Bade erfrischte Körper das Bedürfniss fühlte, sich zu rühren und auszuarbeiten. Man darf es kaum als etwas Zufälliges ansehen, dass wir verhältnissmässig oft von Unglücksfällen hören, die in Badestuben durch muthwillige und unbändige Leibesübungen herbeigeführt waren. »Am 3. Juli war Niels Schreiber, welcher auf Bergenhus in Diensten steht, mit einigen der Schlossdiener auf der Badestube, spielte mit ihnen und war guter Dinge; und indem er vom Tische herabsprang, brach er die Beine.«[729]). »Am 3. Februar war Hans Schneider, ein verheiratheter Däne, in der Badestube und betrank sich in Hamburger-Bier, fiel und brach das Bein.«[730]). Als die oben erwähnten Franzosen auf der Badestube in Stockholm ihre Untersuchungen anstellten, übte dafür das Bad auf sie seine Wirkung, so dass sie sich muthwillig mit kaltem Wasser begossen, wobei der Eine stolperte und sich seinen Kopf ernstlich zerschlug[731]).

Dieses alles mochte noch so hingehen. Weit grösser war die Gefahr, welche darin lag, dass hier die Männer nicht, wie im Weinkeller, allein waren, sondern dass beide Geschlechter unter äusserst ungebundenen Formen zusammen verkehrten. Mit Recht erhoben sich daher warnende Stimmen gegen die Badestuben und ihren in sittlicher Hinsicht so verderblichen Einfluss. Ein deutsches Andachtsbuch aus dieser Zeit führt, bezeichnend genug, als Veranlassung zu dem Fall der Dina (1 Mos. 34) den Umstand an, dass sie wider Wissen und Willen der Eltern auf eine öffentliche Badestube gegangen sei[732]). Ebenso sittlich empörend wie gemeingefährlich ward der ganze Unfug, wenn ein gewinnsüchtiger Wirth mit unzüchtigen Dienstboten in Verbindung stand. Diese Ausartung führte dann dazu, dass sowohl in Frankreich als in Deutschland die öffentlichen Badestuben grossentheils aufgehoben werden mussten[733]). Das Uebel verpflanzte sich auch nach Dänemark.

Als jene unheimliche Seuche, welche nachher einen anderen Namen erhielt, aber bei ihrem ersten Auftreten im Norden als »Pocken« bezeichnet wurde, um sich zu greifen anfing und sich als eine äusserst ansteckende erwies[734]), mussten, nach dem Berichte des Bischofs Peder Plade, die öffentlichen Badestuben in Dänemark geschlossen werden, und viele derselben wurden garnicht wieder geöffnet ⁷³⁵). Dagegen scheint man in Schweden und Norwegen sich nicht zu so durchgreifenden Massregeln entschlossen zu haben. Wenigstens blühten sowohl in Stockholm als in Bergen, wie wir oben gesehen haben, noch lange nachher öffentliche Badestuben.

Es hat grosse Wahrscheinlichkeit, dass die angeführten Uebelstände der öffentlichen Badestuben zum Theil die Bevölkerung nöthigten, wieder auf die Benutzung von Badestuben im eigenen Hause zurückzukommen. Das Baden an und für sich erlitt daher kaum sonderlichen Abbruch, wenn auch manche öffentliche Badestube in Dänemark geschlossen war. In England, wo, verwunderlich genug, die alte nordische Tradition von dem Werthe des Dampfbades sich beinahe verloren hatte, empfing die Sitte des Badens im sechzehnten Jahrhundert sogar einen lebhaften Aufschwung, und Privat-Badestuben wurden in grosser Zahl erbaut, wie ein gleichzeitiger Berichterstatter sich ausdrückt: »nicht, um darin, wie die Deutschen, zu speisen, sondern um darin zu schwitzen« ⁷³⁶). Was aber den Badestuben im Norden den eigentlichen Todesstoss geben sollte, war schon vorhanden und machte sich seit dem Schluss des sechzehnten Jahrhunderts in fortwährend steigendem Masse geltend. Es war eine anscheinend fernliegende Ursache, welche aber doch auf allen Gebieten, von der Kleidertracht bis zur Volksmoral, mannigfach eingriff, nämlich der stark zunehmende Gebrauch der Leinwand. Da nun die Umstände sich verändert hatten, sofern der Körper, früher in Berührung mit allen möglichen Stoffen, jetzt beständig von Leinen umgeben war, Tags in Form eines Hemdes, Nachts in Form von Bettlaken, welche immer gewechselt und also rein gehalten werden konnten, so richtete man sich anders ein und zog es vor, die Umgebungen des Leibes, anstatt diesen selbst, zu waschen. Gesicht und Hände waren fortan das Einzige, was der Wäsche bedurfte: das Uebrige setzte man als rein voraus.

So verschwanden denn nach und nach, und fast unmerklich, die Badestuben und das altherkömmliche Baden. Wir vermögen ihre Spuren auf dieser Flucht nur unvollkommen zu verfolgen. Zuerst hörte das Baden in Dänemark auf; hier sind bei dem gemeinen Manne alle Erinnerungen daran gänzlich verschwunden. In Schweden und Norwegen hielt die Gewohnheit länger vor; in Verbindung mit den ledernen Laken leistete sie hartnäckigen Widerstand. Noch im Jahre 1635 war es, wie wir oben gesehen, in Stockholm Sitte, auf alte Weise, ganze Familien zusammen, in öffentlichen Badestuben zu baden. Allmählich verlor sich jedoch die Sitte in den Städten, hielt sich aber sowohl in Schweden als in Norwegen bei den Bauern. Noch am Schlusse des vorigen Jahrhunderts bereitete man sich in Småland dadurch auf das Weihnachtsfest vor, dass sämmtliche Bewohner des Bauernhofes in der Badestube ein Dampfbad nahmen [737]). Nur in einer Gegend des Nordens hat sich die Sitte in ihrer ganzen, altväterischen Treuherzigkeit bis auf den heutigen Tag gehalten, nämlich bei den, im sechzehnten Jahrhundert eingewanderten, Finländern in den südlichen Grenzgebieten zwischen Norwegen und Schweden. Nach Weise der alten Zeit eilen Sonnabends die Leute jedes Geschlechts und Alters in die erhitzte Badestube hinein, und stürzen sich darnach in bunter Mischung in den vorüberrauschenden Strom [738]).

Dass man die Bäder abschaffte, war eine zu weit getriebene Wirkung einer in anderer Hinsicht so wohlthätigen Verbesserung. Als in unserem Jahrhundert das Dampfbad im Norden wieder in Aufnahme kam, war der Zusammenhang mit der Vorzeit in solchem Grade unterbrochen, dass es unter dem fremdländischen Namen: »russisches Dampfbad« eingeführt wurde, eine Erinnerung an den Volksstamm, welcher der Sitte immerdar treu geblieben war.

Zweiter Theil.

Herrschaftliche Gehöfte und Schlösser.

In unserer Zeit findet ein leiser, unmerklicher Uebergang statt von dem Stadthause der Wohlhabenden zur Villa, und von dieser wiederum zum Hauptgebäude des herrschaftlichen Hofes und zum Schlosse. Der Unterschied wird durch den verschieden vertheilten Raum und das Vermögen, den Ansprüchen auf Bequemlichkeit und Schönheit nachzukommen, bedingt. Ganz anders stellte sich die Sache im sechzehnten Jahrhundert. Die nachgewiesene Entwickelung, wie sie in den städtischen Wohnhäusern vor sich ging, konnte füglich nicht darüber hinaus fortgesetzt werden. In der Stadtluft entsprossen, eigneten diese sich nicht, ohne Weiteres auf's offene Feld verpflanzt zu werden. Selbst Ole Bager's prächtigstes Stadthaus hätte beinahe ganz umgebaut werden müssen, wenn es ein brauchbares Hauptgebäude auf dem Lande abgeben sollte.

Das Neue, das zu den Gutshäusern und Schlössern hinzukam, war, näher besehen, eigentlich nichts Neues, sondern etwas Altes und Angebornes. Es war nämlich nur die Rücksicht auf Selbstvertheidigung, welche jede andere Forderung in Schatten stellte. Die Bauernhöfe lagen einsam, bedurften Schutz, gewährten aber nur geringen. Die städtischen Wohnhäuser lagen eines neben dem anderen; da sie im Stande waren, einen gemeinsamen Wall als ihren Wächter zu unterhalten, hatte jedes einzelne Haus sich allmählich dessen ganz entwöhnt, sich selbst zu vertheidigen. Die herrschaftlichen Gehöfte und Schlösser vereinigten in sich die einsame Lage der

Bauernhäuser mit dem Vermögen der Städte, für Deckung zu sorgen; und diese zwei Bedingungen, Bedürfniss und Vermögen, brachten denn vereint eine eigenthümliche Bauart zuwege.

Der Alles beherrschende Grundgedanke bei den adeligen und königlichen Gehöften: die Rücksicht auf Vertheidigung, war natürlich alten Ursprungs. Jahrhunderte hindurch vererbt, umspannte er die Denkweise vieler Generationen; weiter und weiter entwickelt, schloss er Erfahrungen in sich, welche von den Tagen der Normannen bis in die Gegenwart reichten. Was aber dem sechzehnten Jahrhundert ein besonderes Interesse verleiht, ist der Umstand, dass wir hier diesen Gedanken am vollständigsten und reinsten durchgeführt finden, auf eine solche Weise in Stein ausgeprägt, dass nichts dabei weder von mangelndem Vermögen zeugt, noch von Bedenklichkeiten, noch von eingetretenem Verfall. Manche günstige Umstände mussten zusammentreffen, um diese Blüthe herbeizuführen. In ihrer Vereinigung schufen sie in der Geschichte des nordischen Bauwesens einen Glanzpunkt. Niemals, weder vorher noch nachher, ist die Baukunst des Nordens in diesem Grade der Dolmetscher des Gedankens gewesen; niemals hat sie so vollkommen, wie damals, zugleich die Anforderungen der Wirklichkeit, wie die Wünsche und Interessen der Bewohner, zum Ausdruck zu bringen vermocht.

Wollen wir die Ursache dieser merkwürdigen Erscheinung zu verstehen suchen, so lag die Hauptvoraussetzung derselben vorzugsweise in den gesellschaftlichen Verhältnissen, welche eine solche felsenfeste Schutzwehr nöthig machten. Aber diese Nothwendigkeit, welche seit unvordenklichen Zeiten vorhanden gewesen, war im Verlaufe der Zeit auf verschiedene Weise gesteigert worden. Das Recht, sein Gehöft zu befestigen, hatte bedeutenden Eintrag unter der Königin Margarethe (1375—1412) gelitten. In Jütland hatte sie es sogar geradezu verboten[1]). Dieses Verbot blieb ungefähr hundert Jahre in Kraft, bis zur Thronbesteigung des Königs Hans (1481)[2]). Danach kam das Zeitalter der Reformation, dazu die Auflösung der Union mit ihren Kämpfen, vor Allem die Grafen-Fehde in Dänemark. Hier wurde der blutige Beweis geführt, was es bedeute, den Hof nicht in vollständigem Vertheidigungsstande für den Tag der Gefahr zu erhalten. Die Folge war das allgemeine und tief empfundene Bedürfniss der Befestigung. Lange gehemmt, jetzt gewaltsam hervorgedrängt, riss es, einem unaufhaltsamen Strome gleich, Alles mit sich fort.

Jeder wollte sich sicher stellen, es koste, was es wolle. Das Wettrennen zwischen Artillerie und Panzer, welches unsere Zeit hinsichtlich der Schiffe erlebt hat, fand damals auf einem anderen Gebiete statt. Die Rüstung des einzelnen Ritters hatte sich als ungenügend erwiesen: ein Brustharnisch konnte von Pistolen, sowie von Büchsen durchbohrt werden. Aber der Wettkampf wurde nun auf ein neues Feld verlegt, zwischen Kanonen und Brustwehren. Vorläufig schien es, als sollten die Mauern die Oberhand behalten. Gedeckt hinter einer klafterdicken Steinmauer, konnte man der kleinen Hinterlader-Kanonen lachen. Zwar veränderte sich bald die Lage der Dinge, als man die Vorderlader erfand; jedoch währte es ziemlich lange, ehe die Wirkungen dieser Erfindung sich im Norden fühlbar machten. Noch weit hinein in's siebzehnte Jahrhundert vermochten die grossen Gehöfte, sich zu vertheidigen. Im Jahre 1628 hielt der alte Herrensitz der Ranzau's, Breitenburg in Holstein, eine dreiwöchentliche Belagerung von Wallensteins vereinigten Heerschaaren aus und wurde erst durch einen Sturm eingenommen, bei welchem 10,000 Mann ins Feuer geführt wurden. Noch im Jahre 1644 mussten sowohl Breitenburg, als auch das in Vendsyssel gelegene Vorgaard, durch eine regelrechte Belagerung wie andere Festungen erobert werden[3]). Unter solchen Umständen waren die befestigten Höfe wohl daran. Was schadete es ihnen, dass sie mit den neuen Geschützen in Stücke zerschossen werden konnten, wenn diese viele Meilen entfernt im Zeughaus des Königs lagen und nur unter den allergrössten Schwierigkeiten sich zur Stelle bringen liessen?

Sie konnten jetzt so gut, wie früher, den Kampf nicht bloss mit einem zusammengelaufenen Bauernhaufen, sondern auch mit einer Abtheilung Landsknechte aufnehmen.

Das Bedürfniss der Befestigung war vorhanden, sowie die Möglichkeit, diese mit Erfolg auszuführen; an Vermögen fehlte es ebenso wenig, wie an Willen. Seit der Mitte des Jahrhunderts wuchs fortwährend der Wohlstand; das eingezogene Kirchengut bereicherte die Könige, die steigenden Kornpreise den Adel. Hierzu kam das nicht genau zu definirende, aber vielleicht wirksamste Moment der Bewegung, jener mächtige Drang, welchen der Geist der Renaissance in den Gemüthern erweckte. Bisher war die Baukunst Sache der Kirche gewesen; nunmehr trat das Volk das Erbe der Kirche an. Darauf erpicht, etwas Grosses auszuführen, sprudelnd von Lebenslust und Thatendrang, fasste man die Aufgabe an, die einzige, welche zunächst vorlag und allen Kräften der Seele Nahrung gewährte. Denn wohin sonst sollte jenes Geschlecht sich wenden? Nordisch empfindend, lateinisch redend, war es von der Dichtkunst abgeschnitten. Wissenschaft war nur Kopfbrechen; selbst ihre beste Form, die Geschichte, berichtete bloss von Thaten, vollbrachte sie nicht. Religionsstreitigkeiten? Dortzulande glaubten ja Alle Eines und Dasselbe. Nicht einmal in Schweden brachte man es zu einem ehrlichen Blutbade in Sachen der Religion. Krieg und Reisen — man ward ihrer auf die Länge überdrüssig.

So blieb denn allein die Baukunst übrig. Gen Himmel emporsteigend, redlich erzählend von jedem dabei draufgegangenen Schilling, eingegeben auf langen Reisen und ferne von der Heimath, mühsam aufgeführt auf dem Boden der Väter, vereinten diese Burgen Alles in sich, einen verwirklichten Traum, eine Schutzwehr gegen Gewalt, ein Denkmal für die Nachwelt. Was Wunder also, dass dieses Zeitalter Bauherren hervorbrachte, wie Gustav Wasa und Johann III, Friedrich II und Christian IV, mit dem ganzen Stabe von Adeligen, welche ihnen nur an Vermögen, nicht aber an Lust, an Leidenschaft zu bauen, nachgaben.

So erhob sich denn, wie auf einen Zauberschlag, über das ganze Land hin von der Elbe bis zu den Ufern des Mälarsees, ein Heer von stolzen Burgen. Ausgesäet über Berg und Thal, an Landseen und Flüssen, gaben sie der Landschaft ihr Gepräge. Aus den Anforderungen der Wirklichkeit hervorgehend, und doch eine in Stein ausgeführte Dichtung, gaben sie, gleich der Zeit, welche sie schuf, Zeugniss von einer eigenthümlichen Kraft, von einem dieser wenigen glücklichen Augenblicke in dem Leben eines Volkes, sowie des Einzelnen, wo volle Harmonie vorhanden ist zwischen Denkweise und Ausdruck.

Wenn wir versuchen wollen, diese Bauten zu verstehen, so ist es garnicht zweifelhaft, aus welchem Gesichtspunkte wir sie zu betrachten haben. **Vertheidigung ist der Grundgedanke, der durch Alles hindurchgeht.** Wir müssen alsdann nicht als Gäste und Freunde nahen, sondern als Feinde, müssen selbst gleichsam Schritt für Schritt den Widerstand überwinden, uns das Verständniss des Vielen erkämpfen, was die Gegenwart als blossen Zierath aufbewahrt oder wieder aufgenommen hat, während es damals als strenger Ernst gemeint war. Erst, nachdem wir so das Wesentliche uns angeeignet haben, wird Gelegenheit sein, flüchtig bei den Formen zu verweilen, welche auch hier, allen Hindernissen zum Trotze, sich für die Behaglichkeit aufwenden liessen.

Schon die Wahl der örtlichen Lage war durch Vertheidigungsrücksichten bedingt. Offenbar gab es zwei mögliche Arten, wie der Grund und Boden eine wirksame Hülfe leisten konnte. Entweder konnte ein Ort seiner steilen Höhe wegen, oder weil er ringsum von Wasser eingeschlossen war, unzugänglich sein. Die erstere Art von Burganlagen, welche in Deutschland so gewöhnlich war, kam im Norden nur selten vor. In den wildesten Felsgegenden Norwegens verfiel Niemand darauf, Burgen anzulegen; wo dagegen diese zuhause waren, fehlte es meistens an der abschüssigen Bergeshöhe. Es gab auch nur wenige Schlösser, welche, wie Bahus, Elfsborg,

Varberg und theilweise Akershus und Hammershus, ihre Hauptstärke in der Lage auf steiler Klippe fanden. In der Regel musste man schon froh sein, wenn man, wie bei Upsala, Helsingborg oder Tranekjær auf Langeland, nur einen ansehnlichen Erdhügel hatte, auf welchem man ein Schloss anlegen konnte.

Bei weitem häufiger wurde Wasser im Norden als Befestigungsmittel verwandt. Durch unzählige Mittel und Wege suchte man dessen mächtig zu werden, und es gab wenige Gehöfte, wo es gänzlich an solchem Schutze fehlte. Die einfachste Weise, eine sichere Lage zu gewinnen, war diese, dass man auf einer Insel in einem Landsee den Bau aufführte. So waren z. B. Skanderborg und Kalö in Jütland, Sandholdt auf Fünen, Frederiksborg und Birkholm (Lövenborg) auf Seeland, Gyllebo, Tunbyholm, Örup⁴) in Schonen, und viele andere Burgen angelegt. Hatte die Natur nicht für Alles gesorgt, so konnte man dadurch ihr zu Hülfe kommen, dass man das Wohnhaus auf einer Landspitze in den See hinaus baute und alsdann nach hinten die Landspitze mit einem Graben durchschnitt. Auf diese Weise hat man sich bei Hald in Jütland⁵), bei Lekö und Aranäs am Wenersee⁶) u. a. O. geholfen. Zum Theil konnte man dieselben Vortheile erreichen, indem man entweder am Meeresgestade, oder an fliessendem Wasser baute und die Landseite dann dadurch sicherte, dass man einen Graben zog. Die Lage am Meer war natürlich sehr beliebt, da sie andere bedeutende Vortheile gewährte. Viele der hier angelegten Burgplätze waren daher schon in unvordenklichen Zeiten in Gebrauch gewesen, und hatten abwechselnd, seit den Tagen der Wikinger bis zu dem Zeitalter der Kanonen, höchst verschiedene Befestigungen getragen. Als Merkzeichen erhoben sie sich hier und dort an den Küsten und bezeichneten da, wo sie in grösserer Anzahl vorhanden waren, welche Fahrwasser die Hauptstrassen waren. So lagen am Öresund auf der Küste von Seeland Kronborg und das Schloss von Kopenhagen, in Schonen Helsingborg, das Schloss von Landskrona und Malmöhus. Am Mälarsee, welcher, obschon ein Binnensee, die nämlichen Vortheile bot, wie das Meer, lag eine ähnliche Anzahl von Schlössern. Als Beispiel einer Burg, bei welcher man fliessendes Gewässer zu benutzen gewusst hatte, kann man Vegholm in Schonen anführen. Das Uferland des Flusses war hier durchgraben, so dass das Herrenhaus, von allen Seiten vom Strome eingeschlossen, auf einer Insel lag [7]).

Zuweilen aber, und zwar, wo man's am meisten bedurfte, konnte es schwer halten, Wasser aufzutreiben. Dieses galt nicht so sehr von den flussreichen Ländern, Schweden und Norwegen, als von Dänemark. Gerade hier, in den fruchtbarsten und am dichtesten bevölkerten Landstrichen Schonens, sowie der Inseln und Jütlands, wo man zwiefache Ursache hatte, sich zu befestigen, entbehrte man oft eines hierzu nöthigen Flusses oder eines Landsees. Hier blieb also nichts Anderes übrig, als künstlich solche zu schaffen. Die gewöhnliche Art, diesen Zweck zu erreichen, bestand darin, dass man auf Moorland, auf sumpfig morastigem Boden das Gehöft anlegte und es mit breiten Gräben umgab, welche sich dann von selbst mit Wasser füllten. Dass eine derartige Lage ungesund sein musste, ist selbstverständlich. Noch mehr musste es einleuchten, dass hier die Anlage in hohem Grade vertheuert wurde; aber es half nichts. Die Vertheidigung ging Allem vor. Nur selten bot ein solcher Sumpf in seiner Mitte eine Anhöhe mit festem Boden dar, wie das wahrscheinlich mit dem Herrenhofe Hesselager auf Fünen der Fall war [8]). In der Regel musste fester Grund erst geschaffen werden, entweder durch Auffüllung mit Feldsteinen (wie bei Nörlund in Jütland) [9]), oder — was in den meisten Fällen geschah — durch Einrammen von Pfählen. Auf einem solchen unterirdischen Pfahlbau ruhen mehrere der grössten Herrenhöfe in Dänemark: Spöttrup in Jütland, Egeskov, Rygaard auf Fünen, Borreby auf Seeland [10]) u. m. a. Noch im Jahre 1644 wurde auf diese Weise Marsvinsholm in Schonen aufgeführt, während man jedoch hier vorzog, den Grund, anstatt mit den sonst gewöhnlichen Eichenbalken, mit Buchen festzurammen [11]). Noch heute kann man auf Egeskov, wenn in den

Gräben dass Wasser niedrig steht, die Balken in der Unterlage wahrnehmen, welche hier mit seltener Solidität ausgeführt ist: zu unterst Eichenpfähle, und oberhalb derselben kreuzweise eine doppelte Lage schwerer Eichenbalken. Drei Jahrhunderte haben nichts an ihnen verdorben[12]).

Es ist wahrscheinlich, dass ein solcher Pfahlbau an manchem Orte angewandt ist, wo die Gegenwart es nicht vermuthet, da die Spuren desselben tief im Grunde verborgen liegen. Ganz zufällig hören wir z. B. erwähnen, dass man bei Malmöhus, als das Thorhaus umgebaut werden sollte, zuvor die Pfähle in den Boden hinabgedrückt habe[13]). Gewiss ist, dass die ganze Bauweise ebenso kostspielig war, als mühsam. Der Sage nach soll volle sieben Jahre an dem Fundamente gearbeitet worden sein, über welchem das ansehnliche Timgaard in Jütland aufgeführt wurde[14]). Indessen konnte, wenn man keine Opfer scheute, auch auf diesem Wege eine vorzügliche Sicherheit erlangt werden. Je weniger man Erdauffüllung anwandte, sondern den ganzen Bau nur auf Pfählen ruhen liess, desto leichter ward es, diesen aus dem Wasser gerade emporsteigen zu lassen, wie eine steile Felsenmauer, an welcher die Belagerer, selbst wenn sie den Graben überstiegen, nirgendwo festen Fuss fassen konnten.

Diese ganze Art, mitten in einem Sumpfe über aufgefülltem Grunde zu bauen, erweckte, wie sich denken lässt, die Bewunderung der ganzen Mitwelt. Nur unter der einen Voraussetzung verständlich, dass sie eine Deckung gewähren sollte, gab sie bald zu abenteuerlichen Ausschmückungen und Deutungen Anlass. So ist es eine in Dänemark öfter vorkommende Sage, dass Herrenhäuser in morastiger Gegend auf das launische Gebot einer Jungfrau angelegt seien, welche meinte, wenn sie eine solche Bedingung für die Erlangung ihrer Hand stellte, etwas Unmögliches verlangt zu haben (z. B. bei Spöttrup, Nörlund u. m. a.).

Musste man so überwiegend viele Rücksicht auf Das nehmen, was der Grund und Boden an günstigen Bedingungen bot, so durfte man natürlich nichts von dem Gewonnenen dadurch wieder vergeuden, dass man die Gebäude unzweckmässig anlegte. So ungern man sich dazu verstand, musste man daher in häufigen Fällen von der uralten Regel, welche seit der heidnischen Zeit sogar auf die christlichen Kirchen vererbt war, abweichen, dass nämlich die Gebäude von Osten gegen Westen gelegen sein mussten. In grosser Menge übertraten damals Schlösser und Herrenhäuser diese Regel. Indessen ist es bezeichnend dafür, wie tief der Hang zu der herkömmlichen Ordnung bei der Bevölkerung eingewurzelt war, dass die Sage Peder Gyldenstjerne seinen Baumeister darum ermorden lässt, weil dieser bei der Aufführung von Timgaard von der Regel abgewichen war [15]).

Den äussersten Ring der Vertheidigung bildete zuweilen eine Reihe von Palisaden, ein »Bollwerk«, welches draussen um die Gräben herumlief. Hinter den Pfählen gedeckt, konnten die Schützen von hieraus bis zuletzt unter den Angreifern aufräumen, ehe die eigentliche Belagerung begann. Eine solche Vertheidigung setzte übrigens eine zahlreiche Besatzung voraus; und ein Uebelstand war, dass die Schützen, sobald es mit dem Angriff Ernst ward, oft nur mit genauer Noth über den Graben zurück kommen konnten, sowie die Palisaden hinterdrein dem Feinde einen willkommenen Schutz darboten gegen das Feuer vom Gehöfte aus. Daher ist es eine Frage, ob diese Holzwehr doch nicht ein missliches Vertheidigungsmittel war, wenn das Herrenhaus nicht Kanonen genug besass, um sie hinterher niederzuschiessen. Zwiefach gefährlich für die Belagerten selbst konnte das Aussenwerk werden, wenn es nicht allein aus Palisaden bestand, sondern zugleich aus einem fortlaufenden Erdwall in Manneshöhe. In diesem Falle musste alle Kraft an die Vertheidigung desselben gesetzt werden; denn war es einmal in des Feindes Macht, so liess es sich nicht aus dem Wege räumen. Solch ein, aus blossen Palisaden bestehendes, Aussenwerk befand sich noch lange Zeit nachher bei dem Herrenhause Raabelöv in Schonen [16]). Auf Lillö ebendaselbst, sowie auf Vosborg in Jütland, war, wie man weiss, die festere Form: Erdwall mit Palisaden, in Anwendung gebracht. Spuren derselben scheinen auch bei Tranekjær auf Langeland vorzukommen, sowie bei Hjortholm am Fursee auf Seeland, und an mehreren anderen Orten [17]).

Die erste, recht zuverlässige Schutzwehr begann mit dem Graben. Da war nun die grosse Frage, was und wieviel dieser einschliessen sollte. Es war ja wünschenswerth, soviel als möglich innerhalb der Vertheidigungslinie hineinzuziehen; aber andererseits wurde, wenn man diese Linie zu weit ausdehnte, die ganze Vertheidigung geschwächt. Die Wirthschaftsgebäude innerhalb des Grabens zu haben, so dass der Zugang zum Viehstande nicht sogleich von vornherein abgeschnitten war, konnte äusserst einladend erscheinen; aber alsdann musste man nur darüber sich klar sein, dass eine bedeutende Vermehrung der Mannschaft des Hofes erforderlich ward.

In der Wirklichkeit finden wir die Frage auf die verschiedenste Weise beantwortet, je nach Raum, Verhältnissen und Neigung des Besitzers. Irgend eine bestimmte Regel lässt sich nicht nachweisen. Zuweilen haben die am reichsten ausgestatteten Burgen den knappsten Raum innerhalb des Grabens, und umgekehrt. Auf Ranzausholm (Brahetrolleborg) auf Fünen, sowie auf mehreren, in Holstein gelegenen Gütern Heinrich Ranzau's [18]), auf Spøttrup in Jütland [19]), auf Lyngbygaard, Vanaas und Ellinge [20]), und wahrscheinlich auch auf Tunbyholm und Örup [21]) in Schonen, lagen, wie man weiss, die Wirthschaftsgebäude, ohne die geringste Deckung, ausserhalb des Grabens, dem ersten besten Angriffe preisgegeben. An anderen Orten hatte man die Oekonomie mit herübergezogen auf die Burghofs-Insel, so auf Raabelöv und Tommerup in Schonen [22]), oder doch gedeckt durch eine tüchtige, mit Thürmen und Schiessscharten versehene Mauer, welche sich von dem Burggraben aus, wie ein rettender Arm, ausstreckte und jene Gebäude umschloss; so auf Skarholt [23]) in Schonen, Gisselfeld [24]) auf Seeland. Auf Ellinge in Schonen [25]) und vielleicht auch auf Tirsbäk in Jütland [26]) scheint man es vorgezogen zu haben, den Garten zu sichern und hat diesem auf der Burghofs-Insel, zusammen mit dem Hauptgebäude, einen Platz eingeräumt. Am beruhigendsten, aber ohne allen Zweifel auch am kostspieligsten, war doch diejenige Ordnung, welche bei den am stärksten befestigten Herrenhöfen öfter angewandt wurde: die Vertheidigung gleichsam in zwei Partien zu theilen, indem man die ganze Oekonomie als ein Aussenwerk mit selbständigen Gräben ausserhalb des eigentlichen Burghofes anbrachte. Dieses war der Zustand z. B. auf Vegholm, Löberöd, Vidsköfle, Torup, Kragholm und Billesholm in Schonen[27], auf Broholm[28] auf Fünen, Faarevejle[29] auf Langeland, Hevringholm[30] und Endrupholm[31] in Jütland, Nüschau in Holstein[32]. Auf Faarevejle war man in diesem Aussenwerk so verschwenderisch mit dem Platze umgegangen, dass sogar noch für einen ansehnlichen Garten Raum war; auf Barsebäk in Schonen hatte man sogar das Opfer nicht gescheut, einen besonderen dritten Graben um den Garten anzulegen[33]. Umgekehrt treffen wir Höfe mit zwei, ja mit drei ringsum laufenden Gräben, ohne dass doch der Burgherr es rathsam gefunden hat, die Oekonomie-Gebäude, vollends den Garten, in den Befestigungsring mit aufzunehmen. In diesem ernsten Stile scheinen Spöttrup, Timgaard und Hesselager[34] gehalten zu sein.

Waren so grosse Verschiedenheiten bei der Beantwortung der Hauptfrage vorhanden, so wird es einleuchten, dass, was die Einzelheiten betraf, es kaum zwei Höfe gegeben haben mag, die völlig übereinstimmend ausgestattet waren. Ob Pferdestall, Brauhaus, Backhaus, Schmiede, Kornboden, Gesindekammer u. s. w. eigentlich in dem Burghofe daheim waren, oder in dem Wirthschaftshofe, das waren lauter Fragen, die man alle Tage nach Umständen beantworten konnte[35]. Waren Friedensgedanken an der Tagesordnung, so suchte man soviel als möglich aus dem Burghofe hinauszuschaffen; dachte man an eine Belagerung, so erschien die eine Abtheilung so wichtig, wie die andere; und das Bedenkliche war, dass in dem entscheidenden Augenblicke jede Lösung verhängnissvoll werden konnte.

Nur Eines stand fest, nämlich, dass die Ordnung in den Tagen des Friedens getroffen werden musste. Denn, war der Feind erst da, alsdann bürgte nichts dafür, dass für etwas Anderes Zeit sein werde, als über die Zugbrücke zu eilen und Alles für einen warmen Empfang in Bereitschaft zu stellen. Der Graben bildete alsdann, vielleicht für lange Zeit, die scharfe Grenze zwischen dem Hofe und der ganzen übrigen Welt.

Um zur Absonderung völlig auszureichen, musste der Graben sowohl tief als breit sein. Wo das Herrenhaus nicht in einem Landsee lag, sondern Alles erst neu geschaffen werden musste, konnte dieser Theil der Befestigung mühsam genug sein, anscheinend weniger und doch vielleicht ebenso kostspielig, als die dahinter emporragenden Mauern. In aller seiner Geringfügigkeit ist es ein die Situation malender Ausdruck, wenn Jörgen Rosenkrands den Anfang seines Baues von Rosenholm mit den Worten bezeichnet: »In diesem Jahre begann ich da zu bauen und zu graben.«[36]. Und es war sehr natürlich, dass man bei den damaligen Taxationen nicht bloss die Gebäude in Anschlag brachte, sondern zugleich die Gräben[37]).

Die geringste Forderung, die an einen Graben gestellt werden konnte, war die, dass er so breit sein musste, dass Niemand hinüber springen, so tief, dass Niemand hindurch waten könne. Aber dieses Minimum von Forderungen wurde natürlich in den meisten Fällen weit überboten. Ganz abgesehen von den Fällen, wo der Graben in einen wirklichen Landsee überging, treffen wir sehr ansehnliche Anlagen. Bei Tirsbäk in Jütland sind der südliche und der westliche Graben ungefähr 70 Fuss breit[38]). Bei Faarevejle auf Langeland ist der nordöstliche Graben 80 Fuss breit[39]). Alle vier Gräben, die Breitenburg in Holstein rings umflossen, waren jeder 85 Fuss breit[40]), und die um Kindholm auf Seeland sogar 90 Fuss breit[41]). Indessen bekommt man von der Grösse solcher Anlagen erst den rechten Begriff, wenn man sich gleichzeitig erinnert, dass zusammengenommen die Länge aller Gräben z. B. um Tirsbäk über 700 Fuss betrug, ebenso um Kindholm, und um Faarevejle sogar 2400 Fuss, wozu noch ein innerer schmälerer Graben kam ringsum das Hauptgebäude selbst. Und dennoch konnten sich diese Arbeiten vielleicht nicht messen mit dem, was an einzelnen Orten Schwedens anscheinend mit weit geringerer Mühe ausgeführt war. So lag z. B. das Schloss Läkö in Westgothland auf einer Landzunge in den Wenernsee hinaus und hatte somit drei Seiten frei, so dass allein die Landseite gedeckt zu werden brauchte. Hier aber war der Grund harter Felsen, und man hatte also den Graben aus dem Felsen selbst heraus sprengen müssen [42]).

Die Tiefe der Gräben mochte selten mehr als vier Ellen betragen, eine Tiefe, welche ja alles Durchwaten unmöglich machte [43]). Wohl musste man aber darauf achtgeben, dass sie nicht nach und nach ihre ursprüngliche Tiefe einbüssten. Das Ueberwuchern des Schilfes, der jährliche Laubfall, das Viele, was von Jahr zu Jahr in die Gräben geworfen wurde, hinein wehte oder floss und unmerklich den Grund erhöhte — alle diese Feinde mussten durch häufiges Ausbaggern bekämpft werden. Nur ein Thor konnte die Sorge, Alles auf diese Weise in Ordnung zu halten, verabsäumen. Man versteht daher das Herabsetzende, was in einer Erklärung liegt, wie jene, die von adeligen Visitatoren über Vorgaard in Vendsyssel abgegeben wurde, als der König im Jahre 1578 es umzutauschen wünschte: »Der Hof liegt in einem alten, zugewachsenen See, in welchen zwei Bäche sich ergiessen; die Brücken sind garnicht als ein Bau zu rechnen, denn unter ihnen ist seichter Wassergrund« u. s. w. [44]).

Ein weit schlimmerer Uebelstand war es, dass nothwendig die Seiten der Gräben allmählich auswichen, wodurch die Tiefe und die Breite der Gräben verringert wurde. Hiergegen half nur, dass man sie von Neuem aufgrub; alsdann aber war das Rathsamste, das Wasser für so lange abzuleiten, was leicht gefährlich werden konnte. Um sich ein für allemal zu sichern, schreckte man nicht davor zurück, die Seiten sowohl als den Grund der Gräben mit Steinen auszusetzen oder geradezu aufzumauern, eine Art der Anlage, welche die Kosten und die Arbeit in hohem Grade vermehrte. Erik XIV (1560—1568) liess den Graben um Kalmar mit Fliesen belegen[45]). Auf Tirsbäk sind noch alle vier Gräben auf den Seiten mit Feldsteinen belegt[46]). Auf Vidsköfle in Schonen waren die Gräben ordentlich gemauert[47]). In den Ruinen von Skovgaard in Jütland ersieht man an deutlichen Spuren, dass die Seiten des Burgwalles aus gehauenen Steinen von bedeutender Grösse aufgesetzt worden sind. Während alles Uebrige jetzt nur ein mit Gebüsch überwachsener Schutthaufen ist, haben allein diese mächtigen Steinwände ausgehalten und ragen noch beinahe vier Ellen über das Wasser des Grabens empor[48]).

Gehörig ausgestattet gewährten die Gräben einen vorzüglichen Schutz. Es war eine nichts weniger als angenehme Stellung, auch wenn man eine noch so starke Mannschaft hatte, draussen ohne Schutz und Deckung sich zu bewegen, während Kugeln und Pfeile von der Besatzung des Walles her pfiffen und sausten. Den Stier bei den Hörnern zu fassen und die Brücke zu stürmen, war selten rathsam, es wäre denn, dass man Mannschaft genug zu opfern hatte: denn dieser Zugang war in der Regel der am besten geschirmte. So war es eher eines Versuches werth, ob man nicht bei Nachtzeit eine Furt zugerichtet, einen Damm aufgeworfen oder Flossbrücken herangeschleppt bekommen konnte, um an irgend einem schwachen Punkte hinüberzukommen. Am besten war es, wenn im Winter die Kälte der Bundesgenosse ward und eine Eisbrücke hinüberschlug; thaten die Angreifer ihre Pflicht, so sollte es der Besatzung nicht gelingen, eine Rinne im Eise lange offen zu halten. Eine in Dänemark öfters angewandte Massregel war, das Wasser aus dem Graben abzuleiten. Dergleichen liess sich überall durchführen, wo der Wasserstand durch Aufstauen zu einem hohen Stand gebracht war, oder wo nur eine Niederung in der Nähe war, in welche man das Wasser durch Abgraben hineinleiten konnte. Auf diese Weise wurde das Schloss Nyborg, als während der Grafenfehde die Partei Christiern's II es belagerte, zur Uebergabe gezwungen[49]). Einige Jahrzehnte früher hatten die Lübecker, in dem Kriege gegen König Hans, dieselbe List bei der Belagerung von Tranekjær auf Langeland angewandt, jedoch ohne dass darum das Schloss eingenommen wurde[50]).

Der in Friedenszeiten benutzte Weg über den Graben war die Zugbrücke (Vindebroen). Wie schon der Name zu verstehen giebt, konnte ein Stück derselben aufgezogen oder aufgewunden werden, eine Art Luke, welche niedergelassen kaum bemerkbar war, aber aufgeschlagen, gleich einem verschlossenen Thore, hinter dem fehlenden Brückengliede den Zugang absperrte. Lange nachdem die übrigen Formen der Befestigung alle Bedeutung verloren hatten, behielt man diese Brücken als besonders zweckmässig bei; noch im vorigen Jahrhundert fanden sie sich bei den meisten Herrenhöfen und Schlössern.

Hinter dem Graben lag gemeiniglich ein Festungswerk, welches je nach Umständen entweder aus einem Erdwall, oder einer Mauer bestand. Selbst da, wo allein das Hauptgebäude mit Gräben umgeben war, lag das Haus meistens einige Ellen weit in die Insel hinein, so dass der Fuss desselben durch Wälle geschützt werden konnte. Der gemeinsame Name für die Insel: »Wallort« (Voldstedet) deutet auch auf die Allgemeinheit dieser Sitte. Es waren verhältnissmässig nur wenige Höfe, welche, wie z. B. Marsvinsholm und Torup[51]) in Schonen, Egeskov auf Fünen, Rosenholm und Rosenvold in Jütland, und die von Heinrich Ranzau aufgeführten holsteinischen Höfe Wandsburg, Melbeck, Redingstorp und Nüschau[52]), ihre Stärke darin suchten, dass die Mauern des Gebäudes gerade aus dem Graben emporstiegen.

Die damalige Zeit scheint nicht recht im Klaren darüber gewesen zu sein, was für diesen Festungsring vorzuziehen war, Mauer oder Erdwall. Die Mauer war offenbar das

Theuerste, bot aber den Vortheil, dass die steilen Wände bei einem Sturm ein wesentliches Hinderniss entgegenstellten und sich nur mit Hülfe von Leitern ersteigen liessen. Auch liessen sich Schiessscharten an einer Mauer überall anbringen, bei einem Walle dagegen nur oben auf. Führte der Feind aber Kanonen mit sich, so hatte die Mauer das Missliche, dass sie weit eher zusammengeschossen wurde, als der blosse Wall, welcher die Kugeln ruhig auffing.

Infolge dieser verschiedenen Rücksichten war man in seinem Urtheile schwankend. Ringmauern konnte man nicht allein bei ganz alten Bauanlagen antreffen — das Helsingborger Schloss war von einer solchen umgeben[53]); das ältere Vorgaard in Vendsyssel (nördl. Jütland) hatte eine Ringmauer längs des Grabens, vier Ellen hoch auf der Thorseite, sieben Ellen hoch auf allen anderen Seiten, und fünf bis sieben Fuss breit[54]) — sondern auch bei erst neu aufgeführten Herrenhöfen traf man solche an: Sten Rosensparre wandte eine Mauerbefestigung auf Skarholt an[55]), Peder Oxe auf Gisselfeld[56]), und noch im vorigen Jahrhundert ging eine Mauer um das Schloss Tranekjær, so breit, dass ein Wagen oben auf derselben ringsum das Schloss fahren konnte[57]). Aber neben denselben konnte man auch blossen Erdwällen begegnen. Erik XIV liess um Kalmar hohe Wälle anlegen; um die Erde fester zu bekommen, wandte man das Mittel an, sie mit Senf zu besäen[58]); Wälle, häufig obenauf mit einem Stacket, fanden sich auch um Malmöhus[59]), Bahus[60]), Akershus[61]) u. a. O. Endlich schlug Friedrich II einen schon früher bekannten Mittelweg ein, da er bei der Aufführung von Kronborg die Mauern von aussen mit schweren, behauenen Steinen bekleiden, nach innen mit Erdwällen füttern liess[62]).

War man hinsichtlich des Baumaterials unsicher, so nährte man dagegen keinerlei Zweifel hinsichtlich der Bauform. Es war eine seit alter Zeit bekannte Regel, dass die Festungswerke so angelegt werden mussten, dass einspringende Winkel entstanden, in denen der Feind während des Angriffes von mehreren Seiten beschossen werden konnte[63]).

Da indessen diese Form die Anlage sehr vertheuerte, trug man öfter Bedenken, besagter Regel nachzukommen, und überliess es dem Eckthurme des Hauptgebäudes, das nöthige Kreuzfeuer abzugeben. Gerade laufende Mauern oder Wälle, ohne Unterbrechungen, waren denn freilich bei herrschaftlichen Höfen, wie sie meistens waren, das Gewöhnliche: nur Schlösser und sehr reiche Herrensitze suchten weitere Sicherstellung.

Die allen gemeinsame Art, diese sich zu verschaffen, bestand darin, dass man die Mauer oder den Wall buckelig machte. Innerhalb dieses Gemeinsamen aber liessen sich deutlich drei verschiedene Entwickelungsstufen nachweisen.

Bei dem Anblicke von Schlössern, wie Helsingborg (Schonen) und Kallundborg (Seeland)[64], konnte Niemand darüber in Zweifel sein, dass der Charakter der Befestigung hier ein alterthümlicher sei. Das Aussenwerk bestand aus einer hohen Ringmauer, welche von oben gesehen sich wie ein geknotetes Tau ausnahm, da nämlich in gewissen Zwischenräumen Mauerthürme angebracht waren, auf Helsingborg nicht weniger als zwölf runde und zwei viereckige. Eigenthümlich war dieser Anlage, dass die Mauer so sehr als möglich raschen Wendungen auswich und sichtlich einen Kreis zu bilden strebte. Die Thürme waren alter Regel zufolge in Abständen eines Pfeilschusses von einander angebracht, so dass sie zwei und zwei einander hülfreiche Hand leisten und den heranstürmenden Feind in beiden Flanken beschiessen konnten. Aber hiermit begnügten sie sich auch und sprangen nicht weiter vor, als höchst nöthig war, stellten sich niemals kühnlich vor das Glied, wie zum Einzelkampf bereit. Wenn sie die Linie brachen, so geschah es eigentlich nur, um, gleich den Ellbogenplatten auf einer Rüstung, einen schwachen Punkt zu verbergen und eine Deckung zu gewähren. Sie schrieben sich augenscheinlich aus einer Zeit her, wo die Form der Festungswerke auf Bogen berechnet war, und nicht auf Kanonen. Selbst ein so gewaltiger Flügelsmann, wie der — »Vaters Hut« genannte — auf dem Kallundborger Schloss, welcher eine doppelte Höhe und einen Helm auf dem Haupte hatte, war infolge seines Baues viel weniger darauf berechnet, weitreichende Schüsse zu thun, als vielmehr nur, sich mit Pfeilen zu vertheidigen und schlimmsten Falles, wenn der Feind auf der Ringmauer festen Fuss gefasst hatte, alsdann diese vermöge seiner Höhe von obenherab wieder rein zu fegen.

So nahmen sich denn die neumodischen Thürme ganz anders aus, als diese zwischengeklemmten »Sparbüchsen«. Sie hielten sich nicht mehr zurück, wie ein bloss gebuckelter Theil der Mauer: frei und nach allen Seiten drohend mit ihren Kanonenschlünden, lagen sie auf jeder der vier Ecken da, wie eine mächtige, untersetzige Masse; die Mauer sank beinahe zu einer blossen Sperrkette herab, die jene Ecken zusammenkettete. Es war jene neue Art von Thürmen, die unter dem Namen Rondelles in den Norden hinauf gedrungen war, und hier unter dem, heimischer klingenden Namen »Runddele«, sowohl in Dänemark als in Schweden eine lebhafte Verbreitung fand. Es waren solche Thürme, wie Christian III sie z. B. bei Malmöhus und Landskrona, Friedrich II bei dem Eingange zu Frederiksborg aufführte, auch Gustav Wasa und Erik XIV bei Wadstena und Kalmar. Uebel mitgenommen von Feindes Hand und der Verwahrlosung der Jahrhunderte, haben diese kleinen, stämmigen Runddele trotz der stolzesten Bauten ausgehalten, und die Sturmhaube in die Stirne gedrückt, mit ihren starken Hüften sich entgegenstemmend, die Zeit über sich hingehen lassen. Noch immer stehen ihrer zwei bei Malmöhus wie bei Wadstena treulich Wache; noch guckt ein einzelner von dem Schlosswalle zu Landskrona über den Sund hinüber, und nachdem das alte Frederiksborg längst verschwunden ist, stehen noch die zwei Runddele bei der Einfahrt, hinausgedrängt gegen den Graben, aber trotzig dem gewaltigen Thorthurme quer gegenüber.

Wie stark diese Runddele auch sein mochten — in dem früher erwähnten siebenjährigen Kriege (1563—70) schreckten vier solche kräftige Wächter Daniel Ranzau von Angriffen auf das Wadstena-Schloss zurück [65]) — so erfüllten sie doch nicht alle die Ansprüche, die man berechtigt war an sie zu stellen. Sollten sie tüchtig gebaut sein, so ward der Raum drinnen höchst unbequem. In den Runddelen auf Wadstena ist die Mauer zehn Fuss dick [66]); auf Stenvigsholm soll sie 16—17 Fuss dick gewesen sein [67]), auf Waxholm 20 [68]), und auf Malmöhus sind wenigstens in dem westlichen Runddel die Mauern noch heutigen Tages 25 Fuss dick [69]). Die innere Stube gleicht hier einem finstren, runden Brunnen mit langen Gängen nach jedem der vier Fenster. Die Vorzüge selbst erzeugten dort bedeutende Mängel; denn liess sich ein solcher Thurm auch nicht leicht niederschiessen: wie sollte man in diesen schmalen Gängen mit einer Kanone manövriren? Freilich dehnten sie sich trichterförmig gegen das Fenster hin mehr in die Breite aus; aber der Raum erlaubte doch nur in geringem Grade, die Kanone zu drehen, so dass die Angreifer bald aus der Schusslinie herauskommen konnten. Da war es doch weit zweckmässiger, die Kanonen im Freien anzubringen, bloss hinter der Brustwehr, wo man sie nach Belieben richten konnte, wo keine zu gross war, noch des Platzes ermangelte, um zurückzulaufen, und wo die Mannschaft von allen Seiten hinzu kommen konnte.

So gelangte man denn zu den Bastionen, ihrer Abstammung zufolge nur aus Erde gebauten Eckthürmen ohne Bedachung, entweder mit Erde gefüllt, oder mit Kasematten unten, und das Geschütz nur oben aufgestellt. Sie waren eine einfache Folge der Verbesserung der Kanonen; denn hierbei war, ebenso wie früher, das Geschütz Das gewesen, was in der Entwickelung vorwärts trieb. Während die Mauerthürme der Zeit entsprochen hatten, wo man Pfeile gebrauchte, und eine Kanone nichts weiter als eine Büchse war — die •Runddele• für den Unterschied zwischen Kanone und Gewehr — so wurden die Bastionen durch die stets wachsenden Kanonen hervorgerufen, denen in den Gängen des Runddels der Raum zu eng ward und gegen deren Schüsse sich keine Mauer behaupten konnte.

Soviel bekannt ist, wurden Bastionen zuerst in Frankreich am Schlusse des fünfzehnten Jahrhunderts angewandt. In ihrer ältesten Gestalt waren sie nicht Glieder der Mauer oder des Walles, sondern selbständige Werke aussen vor diesen, besonders brauchbar, wo es galt, ein Thor gegen feindliches Feuer zu decken. In ihrer ältesten Gestalt scheinen sie jedoch nicht nach dem Norden hinauf gelangt zu sein. Aber bald begann man, sie als Knotenpunkte in dem Walle selbst anzulegen; und in dieser neuen Gestalt wanderten sie durch ganz Europa, als eine äusserst wichtige Verbesserung im Befestigungswesen [70].

Von ganz besonderem Interesse ist es, auf den Namen der Bastionen in der Sprache jener Zeit zu achten. Nicht das Mindeste deutet darauf, dass die Erfindung im Norden stattgefunden haben sollte; nichts desto weniger wurden sie überall unter einem nordischen Namen bekannt, welchem sie in allen europäischen Sprachen das Bürgerrecht erzwangen. Ueberall nämlich, wo sie vorkamen, nannte man sie »Bollwerke«, ein Wort, das ohne allen Zweifel aus nordischer Wurzel stammt (»Bul« = Planke) und Plankenwerk, Palisadenwerk bedeutet. Vielleicht war es schon seit den Tagen der Normannen Brauch, starke Palisadenwerke aussenvor den Thoren anzubringen, und die Bastionen haben sowohl den Platz dieser Werke eingenommen, als ihren Namen. Vielleicht hat man die ältesten Bastionen mit Planken bekleidet und dadurch die Uebertragung des Namens veranlasst. Aber welches auch die Ursache sein mag, soviel ist gewiss, dass das nordische Wort in alle Sprachen Europa's hineindrang. Im fünfzehnten Jahrhundert kam es im Deutschen zum Vorschein als »Bollwerk«[71]); in der englischen Sprache hiess Bastion »bulwark«, in der russischen »bolverk«, in der polnischen »bolwark«. In Frankreich wurde das Wort in »boulevard« umgebildet; in Italien ward daraus »baluardo«, in Spanien »baluarte«, während es lateinisch »bolevardus« lautete (was erst im Jahre

1483 vorkommt). Nur eine Sprache leistete einigen Widerstand, nämlich die französische. Neben der Benennung *boulevard*, welche gewiss die gewöhnlichste war, entstand dort der heimische Name *bastion*, oder richtiger *bastillon*, d. h. ein kleines Haus (Diminutiv von *bastille*) [72]. Im siebzehnten Jahrhundert, als Ludwig's XIV Kriegskunst die tonangebende ward, und französische Benennungen für die Einzelheiten des Kriegswesens alle anderen verdrängten, drang auch das Wort *bastion* durch und vertrieb seinen Nebenbuhler aus den europäischen Sprachen. Im modernen Französisch erinnert noch der Name *boulevard* — eine bepflanzte Strasse, an deren Stelle vormals ein Wall gelegen hatte — an die frühere Anwendung und Bedeutung des Wortes.

Die Sache selbst ist, unter beiderlei Benennungen, nach dem Norden gewiss erst im Anfang des sechzehnten Jahrhunderts gekommen. Da indessen das Wort *Bulværk* sich nur wenig eignete, bei den Nordländern die Vorstellung einer Erdschanze zu erwecken, so gab man hier der französischen Benennung *Bastion* unbedingt den Vorzug. Ausgesprochen: *Postej* (d. h. Pastete), erweckte dieses Wort gerade die Erinnerung an etwas Rundes, Festes und zugleich Schwärzliches; und daher hielt sich diese Benennung während des sechzehnten Jahrhunderts hartnäckig, wenn auch die vom Auslande her verschriebenen Baumeister die Bastionen noch so sehr als *Bollwerke* bezeichnen mochten [73].

Die ersten *Postejer*, die im Norden erwähnt werden, waren gewiss die, welche sich im Jahre 1559 auf dem Schlosse Krogen bei Helsingör befanden [74]. Da späterhin an die Stelle dieses Schlosses Kronborg trat, und die Festungswerke zu einem regelmässigen Viereck erweitert werden sollten, scheint doch Friedrich II über den Vorzug der Bastionen nicht mit sich einig gewesen zu sein. Jedenfalls gab er den Befehl, an den zwei anderen Ecken *Runddele* zu bauen. Das Unternehmen erforderte besonders auf der seewärts gelegene Seite viele Arbeit. Hier musste ein Schiff versenkt, und *Steinkisten* zum Schutze des Grundes, als Vorposten gegen Wogenschlag und Eisgang, aufgeführt werden. Mitten in der Arbeit erhielt indess der Baumeister seinen Abschied, und der König scheint zugleich mit demselben auch seine Gesinnung gewechselt zu haben. Die »Runddele« wurden oben gestutzt, mit Erde und einer Brustwehr zugedeckt, so dass sie zu blossen Kasematten in zwei neue »Postejen« umgestaltet wurden[75]). Vielleicht im Streite mit den Anforderungen des Geschützes, aber in voller Uebereinstimmung mit der entzückenden Aussicht, liess der König sowohl auf der »Ritterpostej« als auf der »Strandpostej« zwei anmuthige Sandstein-Pavillons aufführen, zu Lusthäusern bestimmt für den König und seine Gäste.

Kronborg scheint die einzige grössere Festung in Dänemark gewesen zu sein, die während des sechzehnten Jahrhunderts mit Bastionen ausgestattet wurde; nicht einmal die Kopenhagener Wälle wurden hiermit versehen[76]). Dagegen folgte in Schweden Johann III (1568—1592) dem Fortschritte der Zeit reichlich so gut, wie sein südlicher Nachbar; und schon im Jahre 1572 war er eifrig bedacht, die Stadt Kalmar mit »Postejen« zu befestigen, während das Schloss selbst sich damit begnügen musste, dass seine »Runddele« ausgebessert wurden[77]). Von besonderem Interesse ist der Umstand, dass Johann III, vermuthlich nach Anleitung seiner italienischen Baumeister, hier die erst vor Kurzem in Italien erfundene Bauart in Anwendung brachte. Während die französischen Bastionen plumpe Auswüchse des Walles waren, entweder geradezu rund, oder ein wenig spitz zulaufend — die letztere Form hatten noch die auf Kronborg[78]) — so glichen die »Postejen« Kalmar's den Blättern der Hellebarden, mit zwei langen schmalen Zipfeln auf jeder Seite und mit dem Walle nur durch einen dünnen Hals fester Erde verbunden[79]) — eine italienische Verbesserung, durch welche man, gesetzt dass der Feind die Bastion erobern sollte, sich dagegen zu sichern suchte, dass nicht zugleich der Wall eingenommen werde[80]). Auch das Schloss Wittenstein in Esthland liess Johann III mit Bastionen befestigen[81]). Aber auf diese drei königlichen Anlagen, Kronborg, Kalmar und Wittenstein, und alsdann noch einige, ganz wenige Herrenhöfe[82]), beschränkte sich auch gewiss im sechzehnten Jahrhundert die Anwendung von Bastionen. Erst in dem folgenden Jahrhundert wurden sie allgemein.

Wir haben die Form der Ringmauer und des Walles betrachtet; jetzt bleibt uns allein noch ein Blick übrig auf ihre Höhe. Diese ging bedeutend über das hinaus, was man nach den Vorstellungen der Jetztzeit erwarten sollte, indem sie nicht bloss für die Mannschaft zu einer Brustwehr bestimmt war, sondern auch für das Hauptgebäude. Man sah daher so hohe Mauern nicht allein auf alten Schlössern, wie Kallundborg und Helsingborg: viele neumodische Anlagen gaben ihnen nichts nach. Bei Malmöhus[83]) und bei Spötttrup[84]) in Jütland weisen deutliche Spuren darauf, dass der Wall ungefähr bis an den Dachrand des Gebäudes gereicht habe, eine vorzügliche Schutzwehr in einer Zeit, wo man mit den Kanonen nur in gerader Linie und niemals im Bogen zu schiessen pflegte — eine enge und traurige Aussicht von den Fenstern des eingesperrten Hauptgebäudes aus.

Es war einleuchtend, dass das ganze Aussenwerk einen ausserordentlich wichtigen Theil der Befestigung ausmachte, für dessen Vertheidigung die Belagerten sicherlich alles, was in ihrer Macht stand, zu opfern bereit waren. Aber es waren doch nur die am dürftigsten befestigten Höfe, bei denen es möglich war, dadurch sofort dem Hauptgebäude auf den Leib zu rücken, dass man den Graben überstieg und den Wall oder die Mauer eroberte. Viele Höfe waren, wie oben erwähnt worden, mit mehreren Gräben umgeben — um Timgaard in Jütland[85]) und auf der Landseite von Aranäs am Wenernsee[86]) zog sich sogar ein dreifacher Graben — und in der Regel waren es gerade die ansehnlichsten Burgen, von denen man sagen musste, dass nur wenig gewonnen war, wenn man über den Graben und auf die Mauer hinauf gekommen war. Das, was man nämlich in solchem Falle hier erobert hatte, war nichts, als was bei vielen Höfen im voraus ganz offen lag: der Wirthschaftshof. Wo dieser in die Befestigung aufgenommen war, bildete er gemeiniglich ein selbständiges Aussenwerk, welches eingenommen werden musste, ehe man dazu kommen konnte, die eigentliche Burg anzugreifen. Er hatte daher den bezeichnenden Namen: Vorwerk oder Vorburg (französisch: *faubourg*).

Die Vortheile, die durch die Eroberung der Vorburg erreicht wurden, waren höchst verschieden. Man kann nicht leugnen, dass einzelne Höfe unvorsichtig angelegt waren, so dass der Fall der Vorburg wahrscheinlich für das Hauptgebäude selbst verhängnissvoll werden musste. Mangel an Mitteln, um die grossen Unkosten zu bestreiten, vielleicht auch die Rücksicht auf die alltägliche Bequemlichkeit, hatten in manchen Fällen die strengeren Anforderungen der Vertheidigung zurückgedrängt. Selbst bei einem so stark befestigten Hofe, wie Faarevejle auf Langeland, wo diese Rücksicht sich nicht hatte geltend machen dürfen, sieht es, wenigstens für einen heutigen Beobachter, so aus, wie wenn der Burghof ernstlich bedroht sein musste, sobald die umgebende Insel in den Händen der Feinde war. Unter dem Schutze der Wirthschaftsgebäude konnten diese hier dem Hauptgebäude ganz nahe kommen; der innere Graben war nur schmal, und bei einem etwaigen Unfall gewährte nun der Thorthurm dem Feinde selbst eine feste Schutzwehr und einen Stützpunkt [87]).

Anders stellte sich die Sache an anderen Orten. So war bei Hesselager auf Fünen der Anblick, der sich den Angreifern öffnete, wenn diese siegreich den Wall der Vorburg erstiegen hatten, wenig ermunternd. Der Weg von der äussersten Zugbrücke bis zu der inneren bei dem Burghofs-Graben war eine zusammenhängende Reihe von Festungswerken, zuerst zwei neben einander liegende Gebäude, jedes mit zwei Stockwerken, dann ein schwerer achteckiger Thurm, alle bemannt und zu kräftiger Vertheidigung geeignet, jeder erst besonders zu nehmen, ehe die Rede davon sein konnte, bis nach dem Burghofe hinüber zu kommen [88]). Auf dem

Bahus-Schlosse hatte man es mit immer neuen Verschlüssen so weit getrieben, dass man durch sieben Thore hindurch, oder über sieben Wälle und Mauern hinüber musste, bis man endlich bis zu «Vaters Hut» und «Mutters Haube», den beiden Hauptthürmen des Schlosses hindurchgedrungen war[59]).

Die Burg selbst, der Hauptbau, bildete natürlich den eigentlichen Kern der Vertheidigung. Die Form derselben hatte im Laufe der Zeiten eine bemerkenswerthe Entwickelung durchgemacht, deren einzelne Stufen nicht damals nur deutlich vor Augen lagen, sondern noch heutzutage sich mit Sicherheit bestimmen lassen. Wollen wir von den beiden äussersten Punkten der Entwickelung einen klaren Eindruck bekommen, so brauchen wir nur die zwei noch lebenden Zeugen zu betrachten, welche die Gunst des Geschickes uns, einen neben dem anderen, aufbewahrt hat: den «Kärna» Helsingborg's und Kronborg. Jetzt sind sie beide alt; im sechzehnten Jahrhundert begrüsste hier der Sund den ältesten und den jüngsten der ganzen Schaar.

Die Bauart, die das Helsingborger Schloss repräsentirte, war eine nur wenig zusammengesetzte. Erblickt man heute den schweren Thurm, welcher von seiner Höhe weithin über das Meer sichtbar ist, so denkt man ihn sich unwillkürlich als das Ueberbleibsel eines Ganzen und schliesst von dem, was da steht, auf die Grösse dessen, was in Staub und Asche gesunken ist. Mit Unrecht. Selbst in seiner vollen Jugendkraft hat der «Kern» einsam dagestanden, nur von Ringmauern und kleineren Gebäuden umgeben, welche neben ihm sich unbedeutend ausnahmen[60]). Es ist jene Bauart, die man sowohl aus Frankreichs als Deutschlands ältesten Burgen kennt: in der Mitte ein mächtiger Thurm, das Wohnhaus des Burgherrn, aber nur ein paar Räume darin zur Bewohnung, das Uebrige Wachtstube, Vorrathskammern, Gefängniss, Alles von oben bis unten auf Vertheidigung eingerichtet, darauf berechnet, nachdem die Brücke aufgezogen und das Thor verrammelt worden, hinter diesen klafterdicken Mauern eine langwierige Belagerung aushalten zu können. Ausserhalb dieses Thurmes, und oft in ziemlichem Abstande, lief dann die Ringmauer. Im Burghofe dazwischen, oder längs der Innenseite der Ringmauer, nur mit Halbdächern über sich, lag zerstreut eine Menge kleiner Gebäude, Brauerei, Bäckerei, Kornhäuser, Räume für die Besatzung u. s. w., alle wie auf dem Sprunge, die Mauer zu vertheidigen, aber in ehrfurchtsvoller Entfernung von dem Hauptthurm[91]). In seiner schlichten, natürlichen Ordnung glich das Ganze einem versteinerten Lager: das Feldherrenzelt in der Mitte, ringsum dasselbe das Heer auf der Wache und in Ruhe, jeder Mann selbst im Schlafe auf den Schild gestützt.

In Frankreich wurde ein solcher Thurm »donjon« genannt, in Deutschland mit dem alten Namen »Bergfried«; im Norden scheint man Gefallen an der Benennung »Kern« gefunden zu haben, mochte diese nun darauf hindeuten sollen, dass der Thurm den innersten und wichtigsten Theil der Befestigung ausmachte, oder auf seine Aehnlichkeit mit einem Butterfass (Smörkjærne). In letzterem Falle mag der Name besser zu einem Thurme, der wie der Stockholmer »Kern« rund war[92]), gepasst haben, als zu dem Helsingborger, welcher viereckig ist. Die Benennung »Vaters Hut« dagegen, welche öfter wiederkehrt, war gewiss nur eine scherzhafte Hindeutung auf die Form des Thurmdaches, und wurde jedenfalls nicht allein von dem Hauptthurme gebraucht, sondern auch von den Thürmen in der Ringmauer[93]). In diesem Stile: ein Kern hinter der Ringmauer, waren, wie man weiss, ausser Helsingborg und Stockholm, zugleich die Schlösser Gurre, Laholm, Skanör und Aahus aufgeführt[94]). Vielleicht waren auch der »Gänsethurm« auf Vordingborg und der Thurm »Folen« (das Füllen) auf dem Schloss Kallundborg[95]) ursprünglig Kerne, welche jedoch, durch spätere Aufführung anderer Gebäude ausserhalb derselben, ihr Alles beherrschendes Gepräge verloren zu haben scheinen. Im sechzehnten Jahrhundert befriedigten indessen diese Thurmburgen nicht länger. Mehrere derselben verfielen, oder wurden abgebrochen, so Gurre, dessen Steine ihr Ende in

Helsingör fanden, wo sie zu Schornsteinen verwandt wurden [96]); andere wurden umgebaut, wie das Stockholmer Schloss. Nur ganz ausnahmsweise führte man noch Gebäude von dieser alten Art auf. Die merkwürdigsten waren die Viborg-Feste in Finland, Vaxholm an der Einfahrt nach Stockholm und der sogenannte Valkendorfs-Thurm zu Bergen. Bei allen diesen drei Thürmen waren jedoch besondere Umstände vorhanden, die gewissermassen ihre Bedeutung als »Kerne« wieder aufhoben. Der befestigte Thurm zu Viborg war von einer Ringmauer umgeben, welche in solchem Grade mit Wohnungsräumen überladen war, dass sie eher eine Häuserreihe heissen durfte, als eine Mauer [97]); Vaxholm glich am meisten einem »Runddel« und sollte gewiss nur in äusserster Noth als Wohnung dienen [98]); der Valkendorfs-Thurm endlich war unstreitig zum Ersatz für einen älteren gebaut und völlig als Hauptgebäude eingerichtet: Gefängniss unten, Wohnung oben, dazu Wachtstube und Platz für Kanonen [99]), aber für täglich brauchte er nicht so angewandt zu werden: denn gerade gegenüber, im Burghofe, lag die alte geräumige »Hakons-Halle« mit ihrem Saal und Erkern, die Frauenstube und mehrere andere Gebäude [100]) — lauter Zeugnisse dafür, dass der Thurm, wie dieser sich dort erhob, die Schiffbrücke und die Bucht beherrschend, nicht bestimmt war, das ganze Schloss vorzustellen, sondern nur seine vorzüglichste Schutzwehr, erbaut mit neumodischer Kunst und altväterischer Umsicht.

Der Hauptmangel bei den »Kernen« war ihr ungemein engbegrenzter Raum. Man mochte an Bequemlichkeit und Behagen noch so bescheidene Ansprüche stellen: in einem solchen Zellengefängniss liessen sie sich nicht befriedigen, am wenigstens dann, wenn die Besatzung immer, was die Vorsicht erforderte, in gehöriger Anzahl auf dem Platze sein sollte. Der Raum musste erweitert werden, aber wie? Entweder konnte man den eigentlichen Kern höher und grösser herstellen — der Helsingborger »Kern«, welcher sehr ansehnlich ist und früher gewiss wenigstens zwanzig Fuss höher war [101]), ist ohne Zweifel in seiner Art eines der mächtigsten Gebäude des Nordens — oder man konnte auch die altmodische runde oder viereckige Form aufgeben und das Gebäude dadurch erweitern, dass man es verlängerte, mit anderen Worten den **Thurm in ein Haus verwandeln.**

Dieses Verfahren war offenbar das zweckmässigste; es war auch dasjenige, das den Sieg davon trug. Der Valkendorfs-Thurm zeigt uns gleichsam eine Uebergangsform zwischen Kern und Haus. In rein äusserlicher Weise hat hier eine Erweiterung stattgefunden, indem das Gebäude aus zwei in einander gebauten Thürmen besteht, der Tradition nach von Valkendorf und seinem Nachfolger Erik Rosenkranz aufgeführt, jedenfalls innerhalb eines kurzen Zeitabschnittes erbaut. Die Folge ist gewesen, dass der Doppelthurm, von allen Seiten her gesehen, wie ein Haus erscheint. Aber die Verwandlung, welche hier als eine ganz äusserliche und mit dem Stempel der Zufälligkeit auftritt, war anderswo schon weit früher mit vollem Bewusstsein durchgeführt worden. Das vortrefflichste Denkmal eines zu einem länglichen Hause erweiterten Thurmes, welches noch steht, ist sicherlich Glimminge in Schonen. Dieses feste Haus ist im Jahre 1499 von Jens Holgersen Ulfstand aufgeführt worden, aus schwerem Sandstein erbaut, das ganze Haus 100 Fuss lang, 40 Fuss breit und 87 Fuss hoch bis zu den Giebelspitzen [102]). Ein paar Meilen Weges von da liegt Örup, etwas kleiner als Glimminge, aber diesem ähnlich, aus Feldsteinen aufgeführt, so viel man weiss von demselben Bauherren [103]). Der Unterschied zwischen den alten vierseitigen Thürmen und diesen Häusern lag allein in den Verhältnissen der Grösse. Dehnte sich der Thurm mehr in die Breite aus, als in die Höhe, so ward er zum Hause; was ihre Ausstattung betrifft, so waren sie wahrscheinlich ziemlich übereinstimmend, in der Regel den gewöhnlichen Dorf-Kirchthürmen in Dänemark gleichend. Gewiss sind es solche Häuser, an die wir bei jenen zahlreichen Schlossnamen zu denken haben, welche auf »Hus« (Haus) endeten, wie Riberhus, Aalborghus u. s. w.

Die Vortheile, die diese Häuser boten, waren bedeutend. Man brauchte jetzt sich nicht länger mit einem einzelnen Raum in jedem Stockwerk zu begnügen. Man konnte je nach den Ansprüchen der Bequemlichkeit deren mehrere einrichten, und überdies gewann man in dem obersten Stockwerk Raum für einen grossen Saal, welcher sich, mochte es eine Festfeier gelten, oder die Vertheidigung des Platzes, vortrefflich gebrauchen liess. Aber ein Mangel haftete der neuen Bauform an: der Ueberblick war verloren. Früher konnte man von jeder einzelnen Stube aus den Blick nach allen Seiten hinaus richten; jetzt war dieser freie Ueberblick auf den obersten Raum beschränkt. Stand man in einer der unteren Stuben, so konnte der Feind, ohne dass man es ahnte, schon in voller Arbeit an dem gegenüberliegenden Giebel sein. Aus diesem Grunde zu der altväterischen Bauart zurückzukehren, ging füglich nicht an; aber abgeholfen musste dem Mangel werden. Dafür liess sich Rath schaffen, sofern man zu gleicher Zeit den Ausguck verbessern und auch die Vertheidigung verschärfen konnte, so dass selbst, wenn ein Angriff erst spät entdeckt wurde, ihm geschwind und mit verdoppelter Kraft begegnet werden konnte. Diese beiden Vortheile waren erreichbar, wenn man einen kleinen vorspringenden Thurm an jeder der vier Ecken des Gebäudes anbrachte. Hoch genug hinauf, um nach unten gedeckt zu sein, konnte man aus diesen gemauerten Erkern nach wenigstens zwei Seiten auf einmal die Aussicht haben, und wenn der Feind stürmte, ihn mit doppeltem Kreuzfeuer empfangen. Durfte man zugleich eine Schiessscharte mit der Richtung nach unten anbringen, so konnte man von hieraus jeden Versuch stören, die Ecken des Gebäudes, seine am wenigsten geschirmte Partie, zum Schutz oder Angriffspunkt zu benutzen.

Solche viereckige Häuser, mit einem Horn auf der Stirne an jeder Ecke, wurden dann natürlich das nächste Glied in der Reihe. In Frankreich waren Häuser mit solchen Thürmchen (*tourelles*) lange im Gebrauch gewesen und waren unter dem Namen: *manoirs* wohl bekannt [104]). Nach dem Norden scheinen sie erst spät vorgedrungen zu sein. Die vorzüglichsten Beispiele dieser Bauart sind hier Örbyhus und Vik in Upland und Bergqvara in Småland[105]), die zwei letzteren beide am Schluss des fünfzehnten Jahrhunderts aufgeführt, also an Jahren älter, wenn auch ihrer Art nach jünger, als die obenerwähnten Repräsentanten der simplen Steinhäuser. Sie zeichneten sich alle durch ihr keckes, trotziges Aeussere aus, was durch ihre unverhältnissmässige Höhe nicht wenig gesteigert wurde. Auf Vik sollen zu seiner Zeit nicht weniger als elf Stockwerke gewesen sein; Bergqvara war 80 Fuss hoch, und nur 68 Fuss lang. Eigenthümlich für diese beiden war auch die alte, an die »Kerne« erinnernde Weise, den Eingang zu decken. Die Thür sass hoch oben am Hause, augenscheinlich darauf berechnet, dass man erst die lose Treppe hinaufsteigen, alsdann diese zu sich empor ziehen und hiermit den Zugang versperren sollte. Im südlichen Gothland wurde die letzterwähnte Bauart noch im vorigen Jahrhundert befolgt[106]).

Die Entwickelung des Hauses hatte ihren Anfang genommen, war aber bei weitem nicht zu Ende. Das Verlangen nach Erweiterung machte sich beständig von innen heraus geltend und drängte unaufhaltsam vorwärts. Die vier werdenden Gliedmassen, welche hier in den Ecken des Hauses angedeutet waren, sollten voll auswachsen und zuletzt enden als gewaltige, festgegründete Eckthürme; das Haus selbst sollte sich vertiefen und in der Mitte spalten, bis es endlich dastand, als vier deutlich gesonderte Flügel. Die Entwickelung sollte nicht stille stehen, bevor das Haus zum **Herrenhofe geworden war**.

Diese ganze Entwickelung vom Hause bis zum Herrenhof ging im Norden während des sechzehnten Jahrhunderts mit wachsender Eile vor sich. Aus der Ferne betrachtet, lassen sich die Stufen der Entwickelung und ihre Reihenfolge einigermassen sondern; schwieriger war das gewiss in jener Zeit selbst. Denn hierin eben bestand bei diesem Wachsthum der Gebäude das Eigenthümliche und Anziehende, dass es unablässig fortging. Keine Partie bekam Zeit, um völlig abzublühen und zu verwelken, während die Kräfte sich nach einer anderen Seite hinwandten: überall war gleichzeitig Leben; das ganze sechzehnte Jahrhundert hindurch fuhr man fort, die aufgegebenen Formen prüfend wieder und wieder vorzunehmen, um wo möglich es zu etwas Besserem zu bringen. Dieses Frischlebendige giebt sich besonders in dem Uebergange vom Hause zum Herrenhofe zu erkennen. Welche der Formen gesiegt hat, ist nicht zweifelhaft; aber neben dem Sieger treten andere höchst merkwürdige Formen, Versuchsarten, Seitensprösslinge, Mitbewerber auf. Wir erhalten durch dieselben einen Einblick sowohl in die Entstehung der neuen Art als in die Bedeutung der hier obwaltenden Kräfte, wie Vieles erst darauf gehen musste, damit Eines werden könne.

Denn es war klar, dass ein Haus auf manche Weise gegliedert werden konnte. Das Einfachste war zunächst, es in der Länge zu zertheilen, mit anderen Worten: wenn das Bedürfniss da war nach grösserem Raum, als das eine Haus abgeben konnte, alsdann zwei Häuser, eines neben dem anderen, zu bauen, jedes mit eigenem Dache, aber an den Langseiten zusammengewachsen, so dass diese eine gemeinsame Brandmauer zwischen den beiden bildeten. Hierbei musste zwar jedes Haus auf eine Seite Fenster verzichten; aber desto weniger Aussenmauern waren auch zu vertheidigen. Und welch ein Vortheil, wenn der Feind das Haus von der einen Seite beschoss, dass man alsdann nur nöthig hatte, Frauen, Kinder, Vorräthe auf die andere hinüber zu bringen: die Kugeln sollten wohl an der mächtigen Brandmauer in der Mitte zu Schanden werden. Diese Bauart, welche unwillkürlich an ein Paar zusammengewachsener Zwillinge erinnert, wurde sehr beliebt. In diesem Stile baute Friedrich II sein Frederiksborg[107]. Peder Oxe sein Töllöse auf Seeland, und Franz Brokkenhus das starke Egeskov auf Fünen. Penningby in Upland scheint auf dieselbe Weise erbaut zu sein[108], und ebenso Svanholm in Schonen[109]. Heinrich Ranzau, welcher ungern hinter Anderen zurückblieb, überflügelte sie alle, indem er auf Nüschau in Holstein ein zusammengewachsenes Drillingshaus auffährte[110]).

Aber ein Haus konnte ja auch quer durchgetheilt werden. In solchem Falle war keine Form so natürlich und naheliegend, wie die von den Kirchen her wohlbekannte Kreuzform. Auf diese Weise entstand allerdings eine Menge von Aussenwänden; aber dafür liess sich denn auch fast überall ein Kreuzfeuer unterhalten. In diesem Stile wurde sehr frühe Gjorslev auf Seeland erbaut, und die Kreuzform wurde in dem Schlosse Tynnelsö in Södermanland gleichfalls durchgeführt, wenn auch nicht so vollständig ausgeprägt[111]).

Eine weit unregelmässigere Figur ergab sich, wenn man die neuen Flügel, wie die Zähne eines Kammes, von der einen Seite des Mutterhauses aus hervorspringen liess. Die blosse Rücksicht auf Vertheidigung war es schwerlich, wodurch diese Bauart hervorgerufen wurde: eher waren es lokale Verhältnisse, vielleicht die Form des Baugrundes, oder auch einfach eine Laune. Von Eiler Grubbe erzählt die Sage: er habe dem Hauptgebäude auf Lystrup diese Form gegeben, damit es einen E gleichen möge, während der Wirthschaftshof wie ein G aufgeführt wurde. In derselben Kammform bauten Johann Fris den Hof Borreby, Friedrich II das Badehaus bei Frederiksborg, und Christian IV Ibstrup (Jægersborg), alle auf Seeland.

Indessen war es einleuchtend, dass, je unregelmässiger man die Form des Herrenhauses hinstellte, man desto mehr Kräfte zu vergeuden in Gefahr stand, und sich um so weiter von dem entfernte, was doch das Ziel war, eine zusammengefasste, geschlossene Vertheidigung. Bei Bauten daher, wie Uranienborg auf Hveen, oder dem Svartsjö-Schloss in Upland, mit ihrem mächtigen Glockendach über einem Gewimmel von wild hinauswachsenden Fangarmen — Erzeugnissen einer zuchtlosen Einbildungskraft, gepaart mit einem zweckbewussten, dabei aber friedliebenden Genie — musste man den Versuch, alles Dieses in eine Festungsform zu verschmelzen, beinahe gänzlich aufgeben und somit die Vertheidigung allein in die Aussenwerke verlegen.

Dagegen stimmte es ganz anders mit den Erfordernissen der Vertheidigung, ja, es war eine Eingebung von unberechenbarem Werthe, als man darauf verfiel, alle diese auswachsenden Flügel in einen Kreis zu legen, so dass hinter dem Walle ein neues Werk von eigenthümlicher Art zu liegen kam, auf einmal Ringmauer, Haus und mächtiges Fussgestell des Thurmes. Auf diesem Wege erzielte man bedeutende Vortheile. Hier konnte an Steinen nicht wenig gespart werden: denn nur die Aussenmauer des Gebäude-Kreises bedurfte jetzt der alten Dicke. Von einem gedeckten Gange unter dem Dachrande, rund um das Haus, konnte man hinlänglichen Ausguck nach dem Feinde halten, und von diesem nicht bemerkt, Alles nach dem Flügel in Sicherheit bringen, welcher eben nicht einem Angriffe ausgesetzt war. Im Hofraume gewann man einen sicheren und geräumigen Platz von ausserordentlicher Bedeutung; und die Hausthür, der schwächste Punkt des Gebäudes, konnte nunmehr nach innen, dem Hofraume zu, gelegt werden, während der Ausgang nach den Aussenwerken zu einer schwer befestigten Pforte umgestaltet wurde.

In völlig runder Form wurde wohl kaum irgend ein Herrenhaus aufgeführt. Dazu widerstritt dieser Figur allzu sehr sowohl die Form der Steine, wie des Zimmerholzes; aber im Vieleck wurden mehrere aufgeführt. Das Kallundborger und Kopenhagener Schloss, auch Gripsholm, waren alle im ungleichseitigen Vieleck gebaut.

Die Erfahrung musste indess bald bezeugen, dass je mehr Seiten, desto mehr Mängel vorhanden waren. Einen Aussenthurm überall anzubringen, wo die Mauer sich bog, konnte leicht zu kostbar werden; und unterliess man dies, so blieb die entblösste Ecke immer ein schwacher Punkt. Offenbar kam es darauf an, die Seiten des Vielecks auf eine möglichst geringe Anzahl zu beschränken. Jedoch war es nicht wohl thunlich, den Hof im Dreieck zu bauen, da hierdurch die

Vortheile, die der eingeschlossene Hofraum bot, wieder verloren gingen; auch ist in dieser Figur, soviel man weiss, kein einziges Gehöft im Norden aufgeführt worden. Dagegen gewährte das Viereck unbedingt die meisten Vortheile. Während es einen vortrefflichen Hofplatz darbot, forderte es nur vier Eckthürme; hier war doch einige Möglichkeit, die Gebäude mit dem Ausblick nach allen Seiten hin anzulegen; auch machten weder die Verbindungen der Mauern noch die des Holzwerkes irgendwelche Schwierigkeiten, und das Herrenhaus konnte geradezu als vier regelrechte Häuser gebaut werden.

Mit vollem Rechte trug daher diese Form über alle anderen den Sieg davon. Nachdem der Strom der Entwickelung sich unaufhaltsamen Laufes vom Thurm zum Hause, vom Hause zum Herrenhause vorwärts bewegt hatte, fand dieselbe endlich in dem vierseitigen Hofe die allergünstigste Form und gab sich daher hiermit zur Ruhe. Der Sieg war ein so gründlicher, dass die Anzahl viereckiger Herrenhöfe im Norden endlich die Summe sämmtlicher anderen Bauformen übertraf, und es allein dieser Form gelang, später auch bis zu den Stadtwohnungen und Bauernhäusern durchzudringen. Was die Städte betrifft, so ward der Umschlag nicht so auffällig, da hier öfter die Gestalt des Baugrundes hindernd in den Weg trat; auf den Bauernhöfen dagegen ward die Einwirkung ebenso entscheidend, wie leicht nachweisbar. Noch heute lässt sich der verschiedene Einfluss, den der Adel übte, an der Form der Bauernhöfe ablesen. Während in Dänemark das von obenher gegebene Beispiel alle Bauernhöfe in die viereckige Form hinein nöthigte, hat es in Norwegen nicht vermocht, dem Häuserhaufen eine veränderte Gestalt aufzuzwingen. In Schweden sind es die zwei Brennpunkte der Macht des Adels, Schonen und die Gestade des Mälarsees, von wo die vierseitige Form ins Land hinausstrahlt. Bis ins Innere Dalekarliens hinauf lässt die neue Sitte sich verfolgen, hier jedoch unter der unbewussten Gegenwirkung der althergebrachten Bauart. Während nämlich die Langseiten des Gebäudes sich viereckig zusammenschliessen und den Eingang allein durch die Pforte erlauben, steht der Zugang zum Hofe auch ferner noch für Jedermann offen, welcher Lust hat unter dem Flügel, welcher aus dem Pfahlgebäude (Stolpeboden) besteht, durchzukriechen.

Natürlich dauerte es einige Zeit, bis der Sieg des Vierecks durchgeführt wurde. Eines der ältesten vierseitigen Schlösser war ohne Zweifel »Krogen«, von Erik von Pommern im Anfang des fünfzehnten Jahrhunderts erbaut. Um die Mitte des sechzehnten Jahrhunderts war hinsichtlich der Herrenhöfe der Sieg gewonnen, und die neue Form begann ihren Einzug in die Städte. Erst um das Jahr 1700 scheinen die Bauernhöfe nachgefolgt zu sein [112]).

Mit der vierseitigen Form der Burg war auch die **Anzahl der Thürme** gegeben. War Alles, wie es sich gehörte, so gab es vier Eckthürme, wozu noch, wie wir später sehen werden, ein Thorthurm hinzukam, sowie drinnen im Hofe ein Treppenthurm. Sechs Thürme waren also das, was die Verhältnisse erforderten. Aber dieser Forderung zu genügen, war äusserst kostspielig. Häufig konnte es Noth genug machen, alle vier Seiten aufgeführt zu bekommen, und manchmal musste der Burgherr, so nöthig der Ausbau auch sein mochte, eine Zeitlang innehalten, oder seinem Nachfolger den Bau des fehlenden Flügels überlassen. Unter solchen Umständen waren die Thürme das, was am meisten Noth machte. In der Regel waren es daher nur die Schlösser, welche die volle Zahl, oder sogar mehr als eben nothwendig waren, aufweisen konnten. Nykjobing auf Falster, Kronborg, Nyköping in Södermanland, Eskilstuna und jene ganze geschlossene Schaar mit »Runddelen« auf den Ecken: Malmöhus, Landskrona, Vadstena, Örebro, Borgholm und vor allen Kalmar müssen sämmtlich als solche genannt werden, die mit Thürmen wohl ausgestattet waren. Dagegen stand das prächtige Upsala-Schloss unvollendet, mit nur zwei Flügeln und drei Eckthürmen, und Hansborg bei Hadersleben konnte, wiewohl sonst vollkommen fertig, nur zwei Eckthürme aufweisen [113]).

Gab es Ausnahmen schon unter den Schlössern, so musste

ihre Zahl unter den Herrenhöfen weit grösser werden. Höfe, die wie Hollufgaard auf Fünen, Visborggaard auf der Ostküste Jütlands[114]), und später Låkö in Westgothland am Wenernsee[115]), mit nicht weniger als sieben Thürmen prangten, waren besondere Ausnahmen. Ueberhaupt war es gewiss kaum die Hälfte, welche es dahin brachte, die vier zu bekommen: die übrigen begnügten sich mit zwei oder einem. Hier gab es indessen eine sehr zweckmässige Art, dem Mangel abzuhelfen. Selbst wenn die Anzahl der Eckthürme nur zwei betrug, waren überall Kreuzfeuer möglich, wenn die Thürme nur an den zwei einander gegenüberliegenden Ecken angelegt wurden. So waren solche angebracht auf Hansborg bei Hadersleben, auf Stenvigsholm in Norwegen, auf Torup in Schonen, auf Kungs-Norby in Ostgothland[116]) u. a. O.

Wir haben bei der Form des Hauptgebäudes verweilt, ihre Entwickelung und ihr Wachsthum durch die Folge der Zeiten betrachtet. Wir gehen jetzt dazu über, diese Entwickelung mit anderen Augen anzusehen, mit den Augen derer, welche, nachdem die Vorburg erobert war, schaarenweise herabstürmten und sich um den innersten Graben drängten, spähend, wie sie auf die beste Weise der Burg zu Leibe gehen könnten.

Das war ein Augenblick, welcher, so bedrohlich er auch für die Besatzung sein mochte, doch unbedingt für die Angreifer am unbehaglichsten war. Indem sie nämlich dem Gebäude von Angesicht zu Angesicht gegenüberstanden, veränderte sich mit einem Mal die Kampfesweise, und alle Vortheile waren für eine Zeitlang auf Seiten der Belagerten. Früher hatte man so einigermassen die Schüsse und den Platz der Schützen berechnen können, die Sturmhauben und Büchsenläufe über die Brustwehr oft herüberragen gesehen. Jetzt aber war es beinahe nicht möglich, sich zu schützen. Denn von der Mauer starten Einem eine Menge Gucklöcher, Schiessscharten und Oeffnungen entgegen, jede anscheinend leer und nichts, worauf man zielen konnte, und doch tödtliche Kugeln aus der Nähe sendend. Eine Dampfwolke aus dem Mauerloche, ein Gedröhne zwischen den Thürmen, ein Mann weniger unter den Angreifern — so ging's darauf los, bis die Pforte genommen war, und die Rede davon sein konnte, dass man Revanche nahm.

Gab man genauer darauf Acht, so krachte es gewöhnlich am stärksten von den Thürmen herab und aus den obersten Stockwerken, während die mit Eisengitter versehenen Fenster nur Flintenkugeln und Pfeile aussandten. Das lag einfach darin, dass die Kanonen in der Regel oben angebracht waren, von wo man Aussicht über den Wall hinüber hatte, und das Geschütz auch gegen entferntere Feinde verwandt werden konnte. In anderen Beziehungen war dieser Platz ungünstig, weil das Gebäude durch die Schüsse von hier aus gewaltiger erschüttert wurde; aber die Mauern mussten nun ein für alle mal so fest gebaut sein, dass sie beim Erzittern doch keine Risse bekamen. Man verlangte von ihnen in dieser Hinsicht bedeutend viel. Von Kronborg wurde von dem Süderthurme die glatte Lage gegeben, bevor die Bauarbeit fertig war[117]; auf Vidsköfle (in Schonen) lagen in dem obersten Stockwerk nicht weniger als 25 grosse Kanonen[118]; auf Skarholt (Schonen) war es berechnet, dass man in dem Thurme, welcher sechs Stockwerke hoch war, Kanonen in den zwei obersten derselben verwenden durfte[119].

Der Platz für die Kanonen war in den Eckthürmen verhältnissmässig leicht zu beschaffen, und noch leichter in dem obersten Saal des Hauptgebäudes, sofern dieses nur aus Einem Hause bestand. Hier oben im Rittersaale konnte man denn nach allen Seiten schiessen, und da war Raum genug, damit die Kanone nach dem Schusse zurück rollen konnte. Aber ganz anders stellte sich die Sache, wo der Hof aus vier Seiten bestand. Einen Rittersaal, welcher durch sie alle hindurch lief, konnte man nicht unterhalten. Die Verbindung rund um das Gebäude, und der Ausguck nach allen Seiten, musste daher durch einen Wächtergang beschafft werden, einen schmalen Korridor mit Gucklöchern auf der Seite, welcher dicht unter dem Dache ringsum durch alle Flügel ging. Aber soviel er auf der einen Seite nützte, schadete er auf der anderen. Er diente zum Auslugen, sperrte aber dem

Geschütze den Raum. Den Wächtergang als einen offenen Altan-Umgang längs des Dachrandes oberhalb der Fenster anzulegen, wie man's auf Kronborg gethan hatte, war misslich: während eines Kampfes verlor er völlig seinen Werth; denn jeder Mann, der sich auf denselben hinauswagte, konnte von den Schützen ausserhalb des Schlosses gesehen und niedergeschossen werden, und für's Alltägliche verursachte er nur Verdriesslichkeit, wenn das Regenwasser hier stehen blieb, und die Mauer durchsickerte oder die Balkenköpfe verfaulen machte [120]). Nein, der Wächtergang musste geschlossen sein und in gleicher Höhe mit dem obersten Stockwerk. Aber alsdann ward er hinderlich für das Geschütz. Da half denn anders nichts, als, so gut es eben ging, die Kanonen in dem Wächtergange selbst unterzubringen. So löste man die Aufgabe z. B. auf Vidsköfle und Gisselfeld [121]). War aber der Wächtergang vorher noch nicht schwierig im Innern zu passiren, so musste er es nun gewiss werden; dunkel, eng und überfüllt, war er schon unheimlich an gewöhnlichen Tagen, und in Zeiten des Kampfes nur halbwegs zweckmässig. Auf vielen Höfen zog man es daher vor, die Vertheidigung einzuschränken, indem man Kanonen nur in den Eckthürmen aufstellte, während der Wächtergang ausschliesslich den Schützen überlassen wurde.

Für diesen Zweck war er ungemein geeignet, zumal wenn er dafür auf eine besondere Weise gebaut war. Es war nämlich nicht zu leugnen, dass man eines Mittels bedurfte, um den Mängeln der dicken Mauern abzuhelfen. Kanonen, die in den obersten Stockwerken aufgestellt waren, konnten nur in geringem Grade niederwärts gegen einen anstürmenden Feind gerichtet werden, und selbst aus den Fenstern der unteren Stockwerke konnte es schwer halten, nach unten zu zielen, wenn die Mauern mehrere Ellen dick waren. Die Folge war, dass am Fusse des Gebäudes ein todter Winkel entstand, eine Freistatt für den Feind an dem allergefährlichsten Punkte. Um gerade dem vorzubeugen, war man darauf verfallen, dem Wächtergang eine eigene Form zu geben. Man liess ihn nicht allein einen Gang innerhalb der oberen Stockwerkes sein, sondern baute ihn über die Mauer hinaus, liess ihn an dieser wie ein schwerfälliges Gesims hängen, eine fortlaufende Reihe von angemauerten Schwalbennestern. Hierdurch erreichte man die Möglichkeit, in dem Fussboden oder der untersten Wand des Wächterganges eine Reihe schräger Löcher anzubringen, aus welchen man ungesehen schiessen und kochendes Wasser auf Jeden herabgiessen konnte, der am Fuss des Gebäudes sich sicher glaubte. Solche vorspringende Mauer mit gedeckten schrägen Löchern nannte man im Auslande *machicoulis*, und sie hatte dort einen hohen Grad von Vollkommenheit erreicht [122]). Mit ihren feingeformten Kragsteinen als Stütze, nahm sie sich von aussen gesehen aus wie ein Gardinen-Kappe, die mit herabhängenden Quasten um die Mauer ging. Im Norden war diese Bauart z. B. auf Hesselager in Fünen, auf Gisselfeld und Borreby in Seeland angewandt. In dem Wächtergange auf Hesselager befinden sich draussen nach jeder Seite hin dreizehn solche schräge Löcher [123]). In dem Wächtergange auf Gisselfeld folgen einander wechselweise die Kanonen-Schiessscharten droben, und die schrägen Löcher unten [124]). Besonders über dem Haupteingange mussten solche nach unten gerichtete Schiessscharten zweckmässig sein. Noch heute sind zwei solche über dem Thore von Malmöhus zu sehen [125]). Auf Glimminge (in Schonen), wo es keinen Wächtergang gab, hatte man oben über dem einzigen Eingang eine vorspringende Dachstube — einen *moucharabi*, wie sie in der Kunstsprache hiess [126]) — angebracht, in der Form einer friedlichen Packhaus-Luke mit Winden, aber darauf berechnet, Steine und kochendes Wasser auf den Feind hinab zu schütten, wenn er vorwärts drang, um die Pforte zu sprengen [127]).

Es durfte im Grunde garnicht wundernehmen, wenn alle diese Anstalten, um dem Feind einen warmen Empfang zu bereiten, die Angreifer bedenklich machen konnten. Selbst dann, wenn der Sturm in der richtigen Weise vorgenommen wurde, plötzlich und mit einer so überwältigenden Anzahl von Leuten, dass von allen Seiten zugleich der Angriff stattfinden konnte, dass das Auflodern der Vertheidigung durch die Menge gleichsam erstickt wurde, konnte doch die Eroberung unmöglich ohne einen bedeutenden Verlust an Mannschaft abgehen. Weit vortheilhafter war es offenbar, wenn man die Besatzung dadurch in empfindlicher Weise treffen konnte, dass man, selber in Sicherheit, ihr die Lebensbedingungen entzog. Von Aushungern konnte zwar in den meisten Fällen nicht die Rede sein, wohl aber davon, dass man sie des Trinkwassers beraubte.

Wir haben schon früher gesehen, ein wie wirksames Angriffsmittel darin bestand: durch Ableitung des Wassers den Graben trocken zu legen und hierdurch den Sturmangriff zu erleichtern. Indessen erst dann, wenn dieses Mittel bei dem innersten Graben angewandt wurde, ward es für den Unterhalt der Besatzung gefährlich; denn häufig war der Graben der einzige Wasserversorger der Burg. Selbst ein so festes Schloss wie Riberhus scheint im Jahre 1595 gar keinen besonderen Brunnen gehabt, sondern das Trinkwasser aus dem Graben geschöpft zu haben[128]. Im sechzehnten Jahrhundert ist es unzweifelhaft mehr und mehr allgemeiner Gebrauch geworden, aus entfernteren Quellen das Wasser durch unterirdische Rinnen in die Burg zuleiten; glückte es aber dem Feinde, diese Rinnen ausfindig zu machen und abzuschneiden, so ward die Wirkung für die Besatzung ebenso verhängnissvoll. Auf diese Weise ward Stenvigsholm im Jahre 1564 zu wiederholten Malen zur Uebergabe gezwungen, nachdem das letzte Mal die Besatzung acht Tage lang ihr Leben durch Salzwasser zu erhalten gesucht hatte[129]. Wo man es konnte, grub man daher einen Brunnen am liebsten in einem der Keller des Hauptgebäudes. Ein solcher befand sich z. B. auf Glimminge[130], Timgaard[131] und an mehreren anderen Orten. In dem Thurme auf Breitenburg in Holstein war man so glücklich, eine natürliche Quelle zu besitzen[132]. Auf dem Bahus-Schlosse hatte man mit unglaublicher Anstrengung den Felsen durchbohrt und war endlich in der Tiefe von 300 Fuss auf Wasser gestossen[133]. Während der Aufführung von

Kronborg erweckte es mit Recht Freude, dass, nachdem man von einer südlich von Helsingör gelegenen Stelle her durch Röhren Wasser hineingeleitet hatte, in dem Grunde der Festung selbst unerwartet Quellwasser entdeckt wurde[134]). Wo aber alle Anstrengung und Vorsorge fehlschlug, da blieb nichts Anderes übrig, als Regenwasser während der Belagerung in hinreichender Menge aufzufangen. Auf diese unsichere Möglichkeit waren jedoch im Norden weit weniger Burgen hingewiesen, als in den südlicheren Ländern der Fall war. Selbst ein so starkes Schloss, wie die Wartburg, hatte keinen Brunnen, sondern nur Cisternen[135]).

Sollte die Burg mit Sturm eingenommen werden, so war kein Punkt zum Angriff so einladend, wie das Thor. Auf dieses führte die Zugbrücke geradezu; und mochte das Thor selbst noch so stark mit Eisen beschlagen sein, so war es dennoch aufzubrechen. Aus guten Gründen suchte man daher diesen Zugang so sehr zu decken, wie die Umstände es nur erlaubten.

Es war eine alte Regel, dass das Thor mit einem Thurme überbaut sein müsse, von welchem aus die Vertheidigung mit Nachdruck geführt werden konnte. Diess ward noch nothwendiger, wo der Hof nicht vierflügelig war, sondern die Einfahrt nur durch eine Mauer hindurch führte. Die Mauer war alsdann meistens mit Zinnen ausgestattet — hinter jeder Zinne war Platz für einen Mann, der wohlgeborgen stehen und zielen konnte — manchmal lief längs der Mauer ein Wächtergang, z. B. auf Spöttrup und Lövenborg[136]), und man sorgte gerne dafür, dass das Thor dem Hauptflügel gerade gegenüber lag, so dass es von diesem aus bestrichen werden konnte. Aus den Schiessscharten der Mauer und des Thorthurmes, aus den Hoffenstern des Hauptgebäudes, konnte dann ein heftiges Feuer gegen diejenigen gerichtet werden, welche die Brücke stürmten.

Der Thurm des Thores selbst zeichnete sich ganz besonders durch seine Stärke aus. Ob seine Spitze hoch war, darauf kam es für die Sache weniger an; was ins Gewicht fiel, war ein oder mehrere Stockwerke für Schützen und wo möglich für Kanonen. Der Thorthurm glich daher häufig garnicht dem, was wir heute unter einem Thurm verstehen, sondern war bloss ein vorspringender Ausbau, höher und schwerer als seine Nachbaren, mit einer Durchfahrt darunter. Die damalige Zeit benannte solche Thürme zuweilen mit dem bezeichnenden Namen: »von Grund auf gemauerte Oberböden«[137]).

Das eigentliche Thor war das, was man am schwersten nach Wunsch bekam. Die Aufgabe war an sich beinahe unlösbar. Für gewöhnlich sollte es einen bequemen Zugang gewähren, während des Kampfes zu gleicher Zeit als Ausfallspforte und Mauer dienen. Eines Theils konnte der Zweck dadurch erreicht werden, dass man es so solide wie möglich entweder aus schweren, eisenbeschlagenen Eichenplanken, oder sogar aus vollem Metall herstellte. Von Nörlund in Jütland weiss die Sage noch zu erzählen, dass man es in den nächsten Dörfern hören konnte, wenn die Kupferthore auf dem Hofe zugeschlossen wurden[138]). Flügelthore verwandte man ungern, fast immer nur eine einzelne Pforte, welche dann oft von unförmlicher Grösse war. Auf Skarholt in Schonen ist das schwere Einzel-Thor nicht weniger als sechs Ellen breit[139]).

Aber selbst alles Dieses war bei Weitem noch nicht genug. Zehn Männer hätten ein solches Thor mit einem Balken im Laufe füglich eingerannt, und eine Kanonenkugel war jedenfalls im Stande, das Schloss zum Nachgeben zu bringen. Auf dem Vadstena-Schlosse suchte man sich dadurch gegen Kugeln sicher zu stellen, dass man auf jeder Seite des Thores einen mächtigen, steinernen Pfeiler in Form eines Schilderhauses aufrichtete[140]): wie steinerne Polster sollten sie gegen Seitenschüsse decken; von vorne fing die aufgezogene Zugbrücke, solange sie noch nicht genommen war, gleich einem Schild die Kugeln auf. War aber der Feind erst hinüber, und stellte er Versuche an, das Thor zu sprengen oder mit

Hebebäumen aus seinen Angeln zu heben, so gehörte noch etwas Anderes dazu, um es zu behaupten.

Das in den meisten Fällen hierzu angewandte Mittel bestand darin, das Thor von hinten mit einem Baume zu befestigen. In der Mauer, neben der Innenseite des Thores, befand sich ein tiefes viereckiges Loch, in welchem ein schwerer, lose liegender Balken angebracht war. Jedes Mal nun, wenn das Thor tüchtig verschlossen werden sollte, zog man den Balken hervor, führte sein eines Ende durch ein paar auf der Rückseite des Thores befestigte Bügel und dann wieder in ein anderes viereckiges Loch in der entgegengesetzten Mauer. Der Balken musste also so lang sein, dass er nicht allein die Breite des Thorraumes überspannen, sondern auch noch ein Stück in jedes der zwei Mauerlöcher hinein gehen konnte; er musste daher auch gleich anfangs hinein gemauert sein: denn einen neuen Baum nachher hinein gefügt zu bekommen, war ein weitläuftiges Stück Arbeit; ein grosser Theil der Mauer musste niedergerissen werden, um ihn auf seinen Platz zu bringen. War er aber erst drinnen, so konnte er auch von vorzüglichem Nutzen sein. Sie mochten dann mit Steinen und mit der Ramme gegen das Thor donnern; sie mochten Hebebäume hinein stecken und nach dem Takte rütteln, um das Thor aus den Angeln zu heben: der Eichbaum krachte nur, wurde aber darum noch bei Weitem nicht geknickt. Dazu gehörten Kanonenschüsse; oder die Angreifer mussten mühselig mit Aexten Löcher in die Pforte hauen, ehe sie den Baum spalten konnten.

Die Spuren dieser uralten Art des Verschlusses sind jetzt zum grössten Theil verschwunden; die Löcher in den Mauern sind meistens zugemauert. An einzelnen Orten haben sie sich jedoch gehalten, z. B. sowohl auf dem Vadstena-Schlosse als auf Skarholt[141]). Die alte Benennung für Pförtner: «Baumschliesser» erinnert noch heute an jene Zustände.

Als weitere Schutzwehr war zuweilen mitten im Thore ein Fallgitter angebracht, welches, für gewöhnlich aufgezogen, vorkommenden Falls gesenkt werden, und wie ein grosser Eisenrost das Thor absperren konnte. Für den Feind mochte es eine sehr unangenehme Ueberraschung sein, nachdem das Thor gesprengt worden, durch dieses neue Hinderniss aufgehalten zu werden. Hatte die Besatzung Zeit gefunden, sich zu ordnen, so konnte sie von einer Barrikade am anderen Ende des Thores auf die Angreifer schiessen, welche, durch das Gitter aufgehalten, aber nicht gedeckt, wie in einen dichten Knäuel von denen, die von aussen nachdrückten, zusammengedrängt wurden. Ein paar Schiessscharten in dem Thorraume, nahe bei dem Fallgitter, konnten dabei auch treffliche Dienste leisten. Ueberreste eines solchen Fallgitters sieht man noch auf Akershus in dem Gange, welcher in den inneren Schlosshof führt[142]). In dem Thore auf Stenvigsholm sind noch Spuren der Rille sichtbar, in welcher das Gitter auf- und niedergegangen ist[143]). Wie allgemein solche Gitter durch ganz Europa hindurch gewesen sind, kann man am besten daraus ersehen, wie häufig sie sich in Stadtsiegeln finden[144]). Wahrscheinlich sind sie sehr verschieden eingerichtet worden, denn hier war die Möglichkeit zu vielen geschickten Constructionen: Gitter, welche, sobald man auf eine geheime Feder trat, von selbst niederfielen, Gitter, welche unerwartet herabstürzen und die darunter Befindlichen zerschmettern konnten, Gitter, welche sich auf einem Zapfen drehten und nur hinauszugehen, aber nicht hineinzugehen erlaubten u. s. w. u. s. w.[145]).

So friedlich das Thor sich zu gewöhnlichen Zeiten ausnehmen konnte, mit der Laterne unter der Wölbung[146]) und den Steinsitzen an der Wand[147]) — namentlich auf dem Kopenhagener Schlosse scheint das Thor ein beliebter Aufenthaltsort gewesen zu sein, dessen fester Besatzung, aus Pförtner, Einliegern («Liggere») und Büchsenschützen bestehend, niemals Besuch fehlte von Bittstellern, Kleinbürgern, Schulknaben, die Mittagsessen, Mädchen, die Wasser holten[148]) — ebenso ungemüthlich war dasselbe für den, welcher als Feind hineindringen wollte, düster in seinem Inneren, eine wohl eingerichtete Mördergrube von einem Ende zum anderen.

Dieser Eindruck drängt sich unwillkürlich noch heute auf bei dem Anblicke dieser niedrigen, schmalen, langen Keller-Oeffnungen, welche unter dem Namen von Thor, oder Pforte, in den Burghof hineinführen, mitunter geflissentlich in Krümmungen gebaut, damit nicht eine Kugel ihren Weg hindurch finde. Ein hoher Grad rücksichtsvollen Interesses für die Denkmäler der Vorzeit ist erforderlich, um sie zu konserviren. Als Beispiel ist das Thor zu Tirsbäk in Jütland zu nennen. Siebzehn Ellen lang und an einigen Stellen nur wenig über drei Ellen breit, macht es den Eindruck unheimlicher Enge und Niedrigkeit. Dazu ist es so unregelmässig gebaut, dass kaum zwei Stellen dieselbe Höhe und Breite haben. Bezeichnend ist es für seinen Werth, den es heutzutage als Eingangspforte hat, dass, als Friedrich VI eines Tages den Hof besuchen wollte, er draussen aussteigen musste, da der königliche Kutscher daran zweifelte, den Wagen hindurch bringen zu können [149]).

War das Thor erobert, so stand hiermit der Zugang zum Burghofe offen, aber auch nur zu diesem. Von den Gebäuden aus konnte nämlich noch ein Kampf geführt werden, der nichts weniger als aussichtslos heissen durfte. Alles war darauf eingerichtet, den Zugang zu denselben so schwierig wie möglich zu machen. Hierauf zielte es zuvörderst ab, dass Anzahl und Grösse der Fenster auf das geringste Maass eingeschränkt war. So befanden sich z. B. auf dem ansehnlichen Hofe Rosenvold in Jütland an der einen Hälfte des Hauptgebäudes im Ganzen nur — sage und schreibe — zwei Fenster [150]). Die untersten Stockwerke, wo die Möglichkeit eines Versuches vorhanden war, in dieselben hineinzukriechen, hielt man der allgemeinen Sitte nach sorgfältig vergittert. Der einzige Zugang war dann allein über die Treppe; aber diese war auf's Beste gesichert.

Eine nur in seltenen Fällen übertretene Regel war diese, dass der Aufgang zu dem Gebäude sich in einem Thurme auf einer Wendeltreppe befinden müsse. Hierbei opferte man die Annehmlichkeit, welche die bequemen Treppen und leichten Zugänge darboten. Die städtischen Wohnhäuser mit ihren meistens freien Zugängen von der Strasse aus und ihren zum Hofe herabführenden Söllern bewiesen am besten, dass man sich des Opfers bewusst war, und dass es nicht Unkunde war, wenn man sich an die Wendeltreppe hielt. Der Grund, weshalb diese vorgezogen wurde, lag einzig und allein darin, dass sie die besten Bedingungen für die Vertheidigung gewährte. Auf einer Wendeltreppe nämlich konnte es einem Feinde niemals gelingen, seine volle Stärke zu entfalten; da war kein offener Raum, um bis oben hinauf zu schiessen; nur Einer aufs Mal, und überdies in unbequemer Stellung, konnte da emporsteigen, und ein rüstiger Mann war jederzeit im Stande, die Hinaufdringenden zurückzutreiben. So beobachtete man auch sorgfältig die Regel, den Schneckengang von links nach rechts gehen zu lassen, so dass der Emporsteigende den Kern der Treppe auf seiner rechten Seite hatte. Ein weniger bedachtsames späteres Geschlecht hat zuweilen in dieser Hinsicht fehlgegriffen; die damalige Zeit wusste besser Bescheid. Denn hierauf beruhte der hauptsächliche Werth der Wendeltreppe; nur so gelegt, erleichterte sie die Vertheidigung, indem der Emporsteigende nur die linke Hand frei hatte und also halb wehrlos ward, während der Inhaber des Hauses von oben, vorwärts gebeugt, den linken Arm um die Treppensäule gelegt, mit der rechten Hand den Heraufkommenden mit einem Spiess durchbohren konnte, ehe dieser auch nur seiner gewahr ward. Machte die Treppe die verkehrte Wendung, so wurden die Vortheile vertauscht [161]).

Der Eingang vom Hofe war gemeiniglich durch einen Treppenthurm an der Mitte des Hauptgebäudes, oder, sofern der Hof vierflügelig war, durch zwei Treppenthürme, einen in jeder Ecke beim Hauptflügel. Je weniger Aufgänge, desto leichter zu vertheidigen. Nach dem Hofe hinaus endete die Wendeltreppe in einer schweren Thür aus Eichenplanken; jedes Stockwerk konnte von der Treppe aus durch eine ähnliche versperrt werden, und mitunter hatte man zugleich auf der Treppe Fallgitter angebracht, welche hier, wo nur Wenige auf einmal herankommen konnten, den Feinden ein unangenehmes Halt! zurufen konnten. Die unteren Stockwerke hatten fast immer steinerne Fussböden und gewölbte Decken, wodurch die Angreifer verhindert wurden, den Belagerten durch angelegtes Feuer den Untergang zu bereiten, sowie es ihnen beinahe unmöglich gemacht war, ein Loch in die Stubendecke zu hauen und so sich einen Weg zu bahnen.

Musste die Besatzung Schritt für Schritt weichen, so konnte sie in dem Falle, dass sie von der Treppe abgeschnitten war, in einem der massiven Eckthürme ihre Zuflucht suchen. Wenn dieser, wie es häufig vorkam, ein »Runddel« war, so konnte man durch Vertheidigung des schmalen Ganges, der in dasselbe hineinführte, noch etwas Zeit gewinnen und jedenfalls sein Leben so theuer wie möglich verkaufen. Richtiger war es denn doch, beständig kämpfend sich nach oben zurückzuziehen, bis wo die Wendeltreppe auf dem höchsten Boden zu Ende war. Hier oben auf dem Rittersaale musste der letzte Kampf ausgekämpft werden. Zum letzten Male bot sich hier eine günstige Stellung, indem man, Mehrere in einem Haufen, auf diejenigen einhauen konnte, die nur einzeln die Treppe hinauf kommen konnten. Indessen verringerte sich der Vortheil alsdann bedeutend, wenn diese bei der Wand ausmündete. Daher hatte man bisweilen, gerade im Hinblick auf diesen Entscheidungskampf, bei dem Aufgange zum Rittersaale eine wesentliche Veränderung vorgenommen. Anstatt die Wendeltreppe durch den Thurmgang hinauf zu führen, liess man sie vor dem obersten Stockwerk plötzlich aufhören, und eine neue Treppe von hier mitten in den Rittersaal hinauf führen. So war es z. B. auf Ravnstrup in Seeland der Fall[152]). Unter friedlichen Verhältnissen eine recht unangenehme Lücke, für die Tänzer ein Hinderniss, für Berauschte eine Fallgrube, war diese Form des Aufganges unbezahlbar zur Stunde des Kampfes. Von vorne, von hinten, von der Seite konnte man hier die Heraufdringenden niederstossen; im Kreise ringsum das Treppenloch konnte man dieses eine Zeitlang zuwerfen, bis zuletzt die Kräfte versagten.

War die Burg genommen, oder war es beinahe so weit, so begann noch ein Nachspiel ganz eigener Art. Oft konnten Einer oder Mehrere von denen, welcher man gerade am liebsten habhaft zu werden wünschte, obgleich man sie bis zuletzt gesehen hatte, plötzlich und spurlos verschwinden. Die allermeisten Höfe hatten nämlich in ihrem Inneren **einen geheimen Schlupfwinkel**, welcher in der äussersten Noth dazu dienen konnte, den Einen und Anderen vor der Rache der Verfolger zu bergen.

Aus begreiflichen Gründen haben wir über diese versteckten Räume und ihre Benutzung nur wenige schriftliche Berichte. Zuweilen hat es vorkommen können, dass sie im Laufe der Zeiten völlig vergessen wurden, weil die Eingeweihten das Geheimniss mit sich ins Grab nahmen. Die Kenntniss, die wir von ihnen haben, schreibt sich hauptsächlich von den Gebäuden selbst her. Wenn auch Vieles hier verloren gegangen, oder unbeachtet geblieben ist, so besitzen wir doch genug, um uns eine einigermassen zuverlässige Vorstellung von dieser eigenthümlichen Vertheidigungskunst machen zu können.

Es gab zwei denkbare Absichten, entweder sich gänzlich aus dem Staube zu machen, oder sich nur für eine Zeitlang in dem Gebäude selbst verborgen zu halten. Das Mittel, zu entkommen, bestand in den allermeisten Fällen in **geheimen Gängen**, welche, von sehr verschiedenen Punkten ausgehend, unter der Erde weiter hinaus ins Freie führten. Die Sage hat es häufig darauf angelegt, die Ausdehnung dieser Gänge zu übertreiben. Nirgends hat man, soviel bekannt ist, noch Gelegenheit gehabt, irgend einen dieser bedeckten Gänge in seiner ganzen Ausdehnung zu verfolgen; zusammengestürzte Wände, Ansammlungen von Wasser, oder verdorbene Luft haben überall unüberwindbare Hindernisse gebildet. Wenn also die Sage erzählt, dass z. B. von Töllöse ein unterirdischer Gang bis nach Gisselfeld geführt haben soll [153]), von Kronborg einer nach Lundehave (Marienlyst)[154]), oder von dem Hofe Vik in Upland einer bis zu dem Berge Kodön am Meer[155]): so ist es leicht, sich zu überzeugen, dass hier eine Uebertreibung stattfindet; aber ebenso sicher scheint es zu sein, dass wirklich aus diesen Höfen ein unterirdischer, geheimer Gang ins Freie geführt hat. Wegen der Anlage eines zu grabenden Schleichganges auf Kronborg, besitzen wir noch einen Befehl Friedrich's II an den Lehnsmann[156]); auf Töllöse kann man deutlich erkennen, wo in dem Keller der, jetzt zugemauerte, hinabführende Weg gewesen ist[157]); und auf Vik ist in dem »Kohlenkeller« der Anfang zu dem unterirdischen Gange noch sichtbar[158]). Im Jahre 1591 hören wir von zwei »geheimen Gängen« bei dem Skanderborger Schlosse reden, welche der König niederbrechen liess[159]). In Helsingborg nahe bei dem Zollgebäude findet sich noch ein Weg, der zu einem unterirdischen Gange hinabführt, in welchen man etwa fünfzig Schritte hineindringen kann, bis er so eng, und die lockere, feuchte Schieferschicht, in welcher er angelegt ist, dermassen zum Einsturze geneigt wird, dass die Lust, weiter vorzudringen, Einem vergeht. Er führt in der Richtung auf das Schloss zu; aber in dem Keller desselben den entsprechenden Ausgang zu entdecken, ist nicht gelungen. Es steht also dahin, ob wir hier einen bloss angefangenen Minengang nach dem Schlosse hin, oder einen wirklichen, bedeckten, von dem Schlosse ausgehenden Gang haben[160]).

Während es demnach sehr schwierig ist, rechte Klarheit über den unterirdischen Theil der geheimen Gänge zu gewinnen, so liegen dagegen die ihnen entsprechenden geheimen Treppen in den Gebäuden selbst weit deutlicher vor Augen. Der unterirdische Ausgang musste natürlich von dem Keller aus stattfinden; aber auf verborgene Weise hier hinabzukommen, konnte oft von entscheidender Bedeutung sein. Ein Gewimmel geheimer Treppen, welche alle in diesen untersten Raum hinabführen, lässt sich noch heutigen Tages nachweisen, und zwar von den verschiedensten Theilen des Hauses aus, von dem Erdgeschoss bis zum Dache. Auf Ravnstrup in Seeland führen mehrere verborgene Treppen innerhalb der Mauer vom ersten Stockwerk zum Keller hinunter [161]); auf Hesselager in Fünen geht der geheime Weg durch einen Pfeiler hindurch abwärts [162]). Auf Gisselfeld verband eine versteckte Treppe den Keller des linken Flügels mit dem zweiten Stockwerk des südlichen Flügels [163]). Auf Rygaard [164]), Ravnholt, Rosenvold, Rugaard [165]), Vidsköfle [166]) u. a. O. führten ein oder mehrere geheime Gänge von der Aussenmauer des Rittersaales, oder dem Wächtergange, zu dem Keller hinunter. In dem sogenannten Valkendorfs-Thurme auf Bergenhus sind nicht weniger als zwei geheime Treppen [167]).

Während alle diese verborgenen Treppen und geheimen Gänge eine doppelte Benutzung zuliessen, sofern man sowohl mit Hülfe derselben sich flüchten, als auch innerhalb derselben. versteckt bleiben konnte, gab es noch andere Schlupfwinkel, die ausschliesslich für die letztere Art des Gebrauches dienlich waren. So befinden sich auf Spöttrup in Jütland, innerhalb der Mauer, auf dem Hausboden dicht unter dem Dache einige Verstecke, vier Ellen tief, drei Viertelellen breit, so dass hier ein erwachsener Mann sich verborgen halten kann; zu weiterer Bequemlichkeit ist in jedem derselben ein kleiner Sitz angebracht. Ein ähnlicher Raum findet sich in dem ältesten Gebäude auf Vorgaard in Jütland [168]). Auf Skovsbo in Fünen war von zwei, von aussenher gleich aussehenden, gemauerten Pfeilern der eine hohl und bestand aus zwei Räumen, deren oberster gross genug war, damit ein Mensch darin Platz finden konnte [169]). Auf Gisselfeld in Seeland giebt es einen Keller, genannt »Peder Oxes Loch«, welcher früher ohne Thür war; der Eingang muss durch die gewölbte Decke gegangen sein, wo eine mit Sorgfalt eingerichtete viereckige Oeffnung ist, gross genug, damit ein Mensch durchkriechen könne. Für Luftwechsel und Wärme ist durch einen Kamin gesorgt [170]). Auf Vorgaard in Jütland sieht man noch in der nördlichen Mauer des ältesten Gebäudes ein Loch, welches durch die ganze Mauer hinaufgeht und oben auf dem Boden zwischen den Balkenköpfen endet. Es ist gewiss darauf berechnet, durch dasselbe heimlich Speise zu dem, der sich in dem Keller befand, hinabzulassen[171]). Eine ähnliche Röhre, jedoch etwas grösser, geht auf Rygaard in Fünen durch den Treppenthurm vom Boden zum Keller[172]). Auf Höjeris in Jütland stürzte im Jahre 1816 von der Aussenwand des Saales ein Stück herab und legte einen Raum von Manneshöhe bloss, dreiviertel Elle breit, mit Eichenplanken bekleidet. Unter diesem Raume zeigte sich der Anfang zu einem zweiten, welcher von ähnlicher Beschaffenheit gewesen zu sein scheint, aber ganz mit dem niedergestürzten Schutt ausgefüllt. In dem oberen Raume fand man Reste von Menschengebeinen, welche sofort bei der Berührung zerfielen, vielleicht ein Zeugniss davon, dass der Unglückliche, der hier seine Zuflucht gesucht hatte, vor Hunger umgekommen ist. Da der Eigenthümer derzeit nicht zur Stelle war, wurden die näheren Verhältnisse leider nicht gehörig untersucht[173]).

In naher Gemeinschaft mit diesen geheimen Räumen stehen die öfter vorkommenden Sprachrohre und Lauschgänge, welche mehrere Gebäude durchkreuzen. Auf Vidsköfle in Schonen[174]) und Odden in Jütland[175]) befinden sich verschiedene dergleichen, deren Oeffnungen jedoch zum Theil jetzt zugemauert sind. Auf Vorgaard führt ein Sprachrohr aus dem Keller, links von der Pforte, nach dem Hauptgebäude hinauf, so dass man von hier flüsternd ein Gespräch mit dem, welcher sich im Keller befindet, führen kann, und ebenso erhorchen, was dort gesagt werden mag[176]). Auf Glimminge in Schonen endlich giebt es solche in einer Form, welche deutlich beweist, dass sie auf besondere Verhältnisse berechnet waren. Aus zwei wohl verborgenen Räumen im Keller, in welche man hineinkriechen muss, deren jeder aber einen Menschen bergen kann, führen zwei Sprachrohre hinauf, eins nach dem zweiten, eins nach dem dritten Stockwerk. Noch immer kann man durch diese Röhren selbst die leiseste Rede vernehmen[177]).

Es lag in der Natur der Sache, dass alle diese geheimen Einrichtungen, Schleichtreppen, Schlupfwinkel, Sprachrohre u. s. w., ihren Werth zum grossen Theil verloren, sobald Mehrere in das Geheimniss eingeweiht waren. Einer konnte indess nicht ausserhalb desselben gehalten werden, das war der Baumeister. Selbst wenn man durch Geld oder Drohungen ihn zum Stillschweigen zu bewegen suchte, konnte er dennoch, was er wusste, unfreiwillig verrathen, dadurch dass er auch für Andere ähnliche Verstecke erbaute. Dieses war ohne Zweifel einer der vielen Gründe, weshalb man am liebsten fremde Meister verschrieb, welche eiligst wieder abreisten, wenn der Bau vollendet war. Eine gründlichere Art, sich sicher zu stellen, war diese, dass man nach Vollendung des Werkes den Baumeister umbrachte. Dieses Verfahren wird in mittelalterlichen Berichten öfter erwähnt. So soll der berühmte französische Baumeister Lanfred nach Aufführung des Schlosses Ivry getödtet worden sein, damit dieses sein Werk sicher das einzige in seiner Art bliebe[178]). Auch im Norden weiss die Sage von solcher raschen Abmachung der Sache zu erzählen. Peder Gyldenstjerne soll während der Aufführung von Timgaard den Baumeister unter dem Vorwand erstochen haben, dass die Flügel nicht kompassrecht angelegt worden seien. Einem anderen Baumeister soll er einen Mann nachgesandt haben, mit dem Befehle, ihn niederzuhauen, wenn er bei dem Rufe: das Herrenhaus stürze ein, sich umkehren sollte. Der Baumeister ging indessen nicht in die Falle und kam so unbeschädigt von dannen[179]). Von Ingeborg Skeel berichtet die Sage, dass sie sich von dem Baumeister, der Vorgaard aufgeführt hatte, damit verabschiedete, dass sie ihn in den Burggraben stiess, in welchem er versank[180]).

Liegt in diesen Sagen auch nur ein Nachhall der Zustände anderer Zeiten, so legen sie doch Zeugniss dafür ab, dass der Volksglaube mit den neuen Burgen die Vorstellung von etwas Unheimlichem früh verknüpfte. Man wird sich schwerlich irren, wenn man annimmt, dass diese Neigung insbesondere durch die Ueberzeugung geweckt und genährt worden sei: jedes dieser Gebäude schliesse etwas Geheimnissvolles und Unbekanntes in sich. Und nicht einmal der Fortschritt, welchen diese Wohnhäuser in Betreff der Behaglichkeit doch unzweifelhaft bezeichneten, verglichen mit den Zuständen der Vergangenheit, war im Stande, die aufgeschreckte Einbildungskraft zu beruhigen.

Bekanntlich hat während der seitdem verlaufenen Jahrhunderte diese Neigung, die alten Herrenhöfe etwas Räthselhaftes bergen zu lassen, zugenommen. Selbst bei übrigens herrschender Aufklärung fährt auf diesem einen Punkte der Aberglaube hier und dort hartnäckig fort, dem Uebernatürlichen einen Platz einzuräumen. Auch in dieser Beziehung lässt sich die Wirkung jener versteckten Räume spüren. Um nur Ein Beispiel anzuführen: auf Kronborg hat der Glaube, dass es in einem, neben der Pforte gelegenen Gemache des nördlichen Flügels nicht richtig zugehe, sich noch über die Mitte unseres Jahrhunderts hinaus gehalten. Selbst die zuverlässigsten Männer haben es bezeugt, sie hätten hier zur Nachtzeit seltsame Töne gehört, Flüstern, tiefes Seufzen, Schritte wie von Einem, der stöhnend sich die Treppe hinauf schleppte und alsdann plötzlich mit Geheul zu Boden stürzte. Vor Kurzem ist man, bei Untersuchung dieses Flügels, in der Nähe des besagten Gemaches unvermuthet auf eine geheime Treppe gestossen, die an beiden Enden zugemauert war. Es ist in hohem Grade wahrscheinlich, dass eine kleine Mauerspalte in derselben diese seltsamen Töne hervorruft, wenn der Wind durch dieselbe hineinfährt, aber nicht wieder heraus kommen kann [181]).

Ein Raum, der, obgleich wohlbekannt, eben nicht dazu dienen konnte, der Burg das Gepräge des Behaglichen zu geben, war das Gefängniss. In der Regel war es in einem der gewölbten Keller angelegt, am liebsten unter einem der Thürme. Die schlimmste Form desselben waren solche unterirdische Räume, zu welchen nicht einmal irgend eine Thür oder Treppe führte, sondern in welche der Unglückliche durch eine Oeffnung in der Decke des Kellers hinabgelassen wurde, um aller Wahrscheinlichkeit nach dort unten vor Kälte, Finsterniss und Gestank zu verschmachten. Ein derartiges Gefängniss befand sich in dem Gänsethurme auf Vordingborg; in den Thürmen »Farshat« (Vaters Hut) und »Morshue« (Mutters Haube) auf Bahus waren diese barbarischen Gefängnisse vor hundert Jahren noch in Gebrauch [182]). In dem »Kern« zu Helsingborg giebt es einen ähnlichen Raum, der durchaus den Eindruck macht, als sei er zu demselben Zwecke verwandt worden. Der einzige Zugang ist vermittelst einer Klappe in der Decke; der finstere Raum ist zwanzig Fuss hoch; nur ein schwacher Lichtstreifen fällt durch eine in der Mauer befindliche Ritze, die vier Zoll breit und wenig über einen Fuss lang ist, dazu der Sicherheit wegen dreizehn Fuss über dem Fussboden des Kellers. Der Sage nach soll der letzte, hier hinabgesenkte Verbrecher durch Nattern und Würmer zu Tode gemartert worden sein [183]).

Etwas besser waren doch die Gefängnisse, zu denen eine Thür führte. Musste man dafür auch jedes Luftloch entbehren, so war man wenigstens nicht lebendig begraben; eine schwache Hoffnung war übrig, die Thür sprengen, oder in dem Augenblicke, wenn sie geöffnet wurde, entwischen zu können. Solche Gefängnisse sind noch an mehreren Orten erhalten, z. B. auf Bergenhus, dem Vadstena-Schloss, Hesselager, Tirsbäk, Vorgaard. Auf Tirsbäk findet sich darin ein kleines Luftloch, und ausserdem ein Sitz in der Mauer. Die Steine bei dem Luftloche tragen noch deutliche Spuren, dass Gefangene sich vergeblich angestrengt haben, die Mauer zu durchbrechen. An der Wand sieht man einen Eisenring zur Befestigung der Kette. Der Raum ist so niedrig, dass ein ausgewachsener Mann nicht aufrecht darin stehen kann; die Thür ist von Eichenplanken und drei Zoll dick [184]). Im Vadstena-Schlosse hat das Thurmgefängniss garkein anderes Licht, als das in seltenen Augenblicken durch die Thür fallende, wenn diese geöffnet wird; sie besteht aus drei doppelten Eichenplanken, jede von zwei Zoll Dicke, von aussen mit schwerem Eisen beschlagen [185]). Auf Hesselager hat man sich dadurch gesichert, dass man die Ketten an der Decke befestigte, so dass der Gefangene, wie ein Kind im Gängelbande, wohl kaum einmal im Stande war, bis an die Wände seines Kerkers zu gelangen [186]). Das schlimmste Gefängniss ist doch das auf Vorgaard, der »Rosodont«, wie es genannt wird, ein düstrer Kellerraum, ohne anderen Zugang für Luft und Licht, als den langen, schmalen Gang, durch welchen man hineinkriecht. Der Volkssage nach spukt hier Frau Ingeborg Skeel, und Niemand soll sich auf diesem Hofe bergen können, wer nicht vorerst hierunten derselben ein Bündel Stroh zu ihrem Lager hingelegt hat. Ein sprechendes Zeugniss für die Unheimlichkeit dieses Gefängnisses ist es, dass, als in den Jahren 1841—42 während der berüchtigten Dronningborgschen Untersuchung nothwendigerweise auch der »Rosodont« in Gebrauch zu nehmen war, selbst die verhärtetsten Verbrecher es hier nicht länger als Eine Nacht aushalten konnten, ehe sie sich zum Bekenntniss verstanden [187]).

Bis hierher haben wir die Herrenhöfe und Schlösser nur in Rücksicht auf die Vertheidigungsanstalten betrachtet: nunmehr wollen wir bei einigen ihrer mehr friedlichen Eigenthümlichkeiten verweilen.

Was das Aeussere betrifft, so war dieses ja im Allgemeinen durch den das Ganze beherrschenden Hauptzweck bestimmt; wir haben aber schon gesehen, wie innerhalb dieser Grenze doch ein ziemlicher Spielraum übrig gelassen wurde. Hierzu kam, dass viele, besonders Schlösser, eine starke Neigung hatten, die Grenze zu überschreiten und auf eigene Hand in das Gebiet des Schönen hinüberzustreifen. Das sechzehnte Jahrhundert hindurch zeigt sich diese Neigung in beständiger Zunahme, so dass man hieran sogar einen recht zuverlässigen Massstab für das Alter der Gebäude besitzt. Wiewohl sie zu einer und derselben Familie gehörten, fand dennoch ein auffallender Unterschied statt zwischen der älteren, ernstgehaltenen Gattung mit jenen strengen, dürftig gestalteten Wandflächen, jenen düstren Thürmen, das Dach wie eine Sturmhaube tief in die Augen gedrückt, und dann der jüngeren Generation mit ihrem Reichthum von Fenstern und Verzierungen, mit ihrem Gewimmel von himmelanstrebenden Thürmen, Spitzen und Wetterfahnen, einer neugierigen Schaar von Köpfen, die über das Nest hinaus guckten, einem sich vordrängenden Wachsthum, das über den Zaun hinauswollte. Nicht einmal die Festungen hielten sich hiervon frei: Kronborg, so gut wie das Stockholmer Schloss, wetteiferten mit den übrigen. In ihnen allen bewies der Renaissance-Stil seinen überwiegenden Einfluss.

Man würde indess diesen Geist missverstehen, wenn man weiter nichts in ihm sähe, als ein leeres Vergnügen am Zierath, ein Verlangen nach Verschönerung, selbst auf Kosten des Hauptzweckes der Gebäude. In seiner Reinheit äusserte er sich als eine schöpferische Kraft, welche das, was sie berührte, verwandelte, veredelte, ohne deshalb vom Rechten abzuweichen. Jenes im Vorhergehenden beschriebene Heranwachsen der Formen vom Thurme zum Hause, und weiter bis zu dem vierflügeligen Hofe, war somit eine echte Aeusserung des neuen Geistes, zu gleicher Zeit übereinstimmend mit den Erfordernissen der Vertheidigung und doch von einem Trieb und Bedürfniss getragen, welches allein in Reichthum und Fülle seine Befriedigung fand. Die Stärke der neueren Bauart bestand gerade in der inneren Harmonie zwischen Zweckmässigkeit und Schönheit. Sie arbeitete das Gegebene völliger aus, wusste aber zugleich jedem Einzelnen in solchem Grade neues Leben einzuflössen, dass noch lange, nachdem diese einzelnen Formen ihren praktischen Werth verloren hatten, dieselben sich behaupteten als Ausdruck der Schönheit. Obgleich Thürme und Zinnen, Wendeltreppen und Treppengiebel längst, wie das Ritterwesen selbst, zu der Bedeutung blosser Ornamente und Dekorationen herabgesunken sind, ermüdet das Auge nicht an jener eigenthümlichen Fülle von Schönheit, welche die Kunst der Renaissance in diesen Formen auszudrücken gewusst hat.

Daher wird man es verstehen, dass viele jener Burgen,

namentlich aus dem Schlusse des Jahrhunderts, das sonst an sich Unvereinbare zu vereinigen vermochten: geschlossene Festigkeit, eine durchgeführte alleinige Rücksicht auf den Vertheidigungszweck, gepaart mit wunderbarer Freiheit und Anmuth. Um uns auf Schlösser zu beschränken, so hat der Norden weder vorher noch nachher eine solche Menge stolzer Gebäude besessen, wie um das Jahr 1600. Haderslevhus, Koldinghus, Nykjöbing auf Falster, das neue Frederiksborg und Kronborg, die Schlösser Kalmar, Vadstena, Nyköping, Eskilstuna, Stockholm und Upsala, sie alle bezeichnen nur einzelne Glieder in der grossen Reihe.

Was den Stil dieser Gebäude betrifft, so werden wir in einem anderen Zusammenhange, bei der Behandlung der Kunst jener Zeit, etwas näher hierauf eingehen und insbesondere denselben im Verhältniss zu der grossen europäischen Kunstentwickelung im Ganzen zu bestimmen suchen. Wie sich denken lässt, ging der Norden auf diesen Gebieten nicht voran, sondern empfing das Meiste als Gabe vom Auslande her. Dänemark holte seine Baumeister besonders aus Deutschland und Holland, dagegen Schweden, wenigstens unter Johann III, häufig aus Italien. Das, wobei wir im Folgenden, bei der Betrachtung des Aeusseren dieser Gebäude, verweilen werden, ist daher nicht ihre kunstgeschichtliche Bedeutung, sondern was damals jedem zufälligen Beobachter derselben in die Augen fallen musste.

Hinsichtlich der Mauer galt beständig die alte Regel: je dicker, je besser. Hierin durfte man nichts mindern; vielmehr scheint es, dass sich im Verlaufe des Jahrhunderts, wenigstens in Betreff der Thürme, ein Steigen nachweisen lässt. Zwei, drei, bis vier Ellen Dicke war denn das Gewöhnliche für eine Aussenmauer. So ist auf Ourebygaard und Vorgaard die Mauer am Erdboden zwei Ellen dick[188]), auf Krabbesholm zwei und drei Viertel Ellen[189]); auf Rosenvold, Rygaard in Fünen und Vik in Upland[190]) ist sie drei Ellen, auf Spöttrup und Glimminge[191]) vier Ellen, auf Kronoberg in Smaaland ungefähr fünf Ellen[192]), ja, auf Kronborg im linken Flügel sogar sechs Ellen dick[193]). Alles Dieses war jedoch nichts gegen die Dicke der Thürme. Auf Stenvigsholm im nördlichen Amt von Drontheim war die Mauer in jedem der Thürme acht bis neun Ellen dick[194]), auf Waxholm bei der Einfahrt nach Stockholm zehn Ellen[195]); auf Malmöhus ist sie über zwölf Ellen dick[196]). Das mächtigste Werk in dieser Hinsicht war gewiss der grosse Thurm auf Koldinghus, welchen Christian IV ums Jahr 1600 aufführte. Bedeutend höher als die vorhin genannten, hatte diese Mauer bis zu zwölf Ellen Dicke[197]).

Jedoch erschienen diese dicken Mauern oft von grösserer Festigkeit, als sie wirklich besassen. Sie waren nämlich selten aus massivem Gestein, sondern bestanden in der Regel nur aus zwei äusseren Schalen, deren Zwischenräume man mit einem Gemengsel von Kalk, Lehm und Feldsteinen ausgefüllt hatte[198]). Je weniger hier an Kalk gespart war, desto fester konnte freilich im Lauf der Jahre diese Füllung werden; aber so stark, wie volles Mauerwerk aus flechtweise zusammengefügten Mauersteinen, ward sie doch niemals. Dagegen war sie natürlich weit billiger.

Bei der Ausstattung der Aussenmauer machte sich ein wechselnder Geschmack geltend. Die älteste Mode war, die Mauer aus Feldsteinen aufzubauen. Dieses war das Natürliche, nicht allein in Schweden, wo das Baumaterial sich von selbst darbot, sondern auch in Dänemark, wo die Ziegelbrennereien lange Zeit selten, und die Mauersteine kostbar waren. Ursprünglich nahm man bloss die rohen Feldsteine und fügte sie zusammen, wie eben die Form am besten passen mochte; noch im Jahre 1545 baute Gustav Wasa das mächtige Kronoberger Schloss in Smaaland aus unbehauenen Feldsteinen[199]). Aber schon frühe ward es Sitte, sie zuerst im Viereck zu behauen, sie zu Quadersteinen zu formen, ehe sie gebraucht wurden. Das letztere Verfahren war natürlich das kostspieligere, gab aber eine sowohl ansehnlichere als auch festere Mauer. Nicht wenige Feldstein-Bauten aus dem fünfzehnten und sechzehnten Jahrhundert sind in Dänemark noch bis auf diesen Tag erhalten. So ist auf Tirsbäk der östliche Flügel bis zu den Fenstern des zweiten Stockwerks aus unbehauenen Feldsteinen; in dem nördlichen Flügel sind ebenfalls rohe Feldsteine verwandt, jedoch auch Mauersteine [200]). Örupgaard in Schonen ist der mächtigste Zeuge der älteren Bauart mit unbehauenen Steinen. Das Hauptgebäude ist 88 Fuss lang und 65 Fuss hoch, mit Mauern, die unten im Keller von sieben Fuss Dicke sind [201]). Eine Uebergangsform bildet Glimminge in Schonen, wo alle Aussenmauern, und die Scheidewände zugleich, aus unbehauenen Steinen gebaut sind, während die vier Ecken des Hauses aus wohl zugehauenen Quadersteinen aufgeführt sind [202]). Diese beiden Höfe sind übrigens gewiss von demselben Baumeister ums Jahr 1500 erbaut. Das zuletzt aus Feldsteinen aufgeführte, grosse Gebäude in Dänemark scheint Timgaard in Jütland gewesen zu sein, welches gegen den Schluss des sechzehnten Jahrhunderts erbaut wurde. Es bestand aus vier Flügeln, von welchen drei zum grossen Theil, und der vierte zugleich mit den zwei Thürmen, durch und durch aus Quadersteinen waren [203]).

Schon in der ersten Hälfte des sechzehnten Jahrhunderts begann indessen die Anzahl der Ziegelbrennereien sehr zu steigen, und in Verbindung hiermit stand ein stets wachsender Geschmack für Ziegelbauten. Besonders in Dänemark verdrängten gebrannte Steine die Quadersteine so gut wie völlig; und die weitaus überwiegende Menge der Herrenhöfe und Schlösser des sechzehnten Jahrhunderts wurde aus diesem leicht zu handhabenden Material erbaut. Eine Erinnerung an die Zeit des Feldsteins erhielt sich jedoch in den Fundamenten der Gebäude. Damals war es, ebenso wie heutigen Tages, Sitte, das Haus auf einem Sockel von Feldsteinen ruhen zu lassen, zum Schutze gegen Feuchtigkeit und zur Stütze für die Mauer. Dieses Fundament ward indessen, alter Gewohnheit zufolge, bisweilen so hoch, dass man in Zweifel darüber sein konnte, wie man ein solches Gebäude eigentlich zu benennen habe. Der von Peder Oxe angefangene Hof, Holmegaard auf Seeland, ist ein vorzügliches Beispiel dieser

Zwischenart, welche mit demselben Rechte ein Mauerstein-Bau auf hohem Steinsockel heissen darf, wie ein Haus aus Feldsteinen mit hinzugebautem Obertheil. Hier fällt der Unterschied überdiess zwiefach in die Augen, indem der später aufgeführte Oberbau nur aus Fachwerk besteht [204]).

Es scheint, als seien die im Norden gebrannten Ziegelsteine fast alle roth gewesen. Dieses verlieh den Burgen ein ganz eigenes Gepräge, im Gegensatze zu den älteren Feldsteinbauten; es kam in die vormals schwerfälligen, todten Mauermassen neues, frischeres Leben. Diesen Zug bewahren namentlich auch die alten bitteren Volksreime, die schwerlich ohne guten Grund in sehr verschiedenen Gegenden zu Hause waren:

> Der N. N.-Hof, von aussen roth,
> Plagte das Lehn N. N. zu Tod.

Was indessen oft das Aussehen der Herrenhäuser weniger gleichartig erscheinen liess, war der Umstand, dass in sehr vielen Fällen das Material zu denselben aus älteren, zum Tode verurtheilten Gebäuden entnommen wurde. Klöster, Kirchen, mitunter auch Schlösser, wurden niedergerissen, und die Steine anderswo verwandt. Den zwei grossen Bauunternehmungen, mit denen Friedrich II seine Regierung begann: der Aufführung der Schlösser Frederiksborg und Skanderborg, ging an dem einen wie dem anderen Orte der Abbruch bedeutender Gebäude voraus. Die Emsborger Kirke mit den dazu gehörigen Gebäuden wurde niedergerissen, um in den Mauern von Skanderborg verwandt zu werden [205]). Die Steine zum Bau von Frederiksborg wurden zum Theil aus dem Schlosse Dronningholm genommen, und gewiss ebenso von Asserbo her und aus dem Kloster Ebbelholt [206]). Von dem Prästö-Kloster her kamen 41,000 Steine in das Kopenhagener Schloss [207]); Söborg und Gurre wurden nach Kronborg hinübergeführt; das Uebrige fand als Schornsteine sein Ende in dem Gehöfte des Lehnsmanns zu Helsingör [208]). Paul Vernike erhielt Steine aus dem St. Agneten-Kloster zu Roeskilde[209]), Anders Barby aus dem Kloster der schwarzen Brüder ebendaselbst; was noch übrig blieb, kaufte Corfits Ulfeld, um Selsö aufzuführen[210]) u. s. w. u. s. w. Niemand übertraf jedoch Gustav Wasa, was Niederreissen von Kirchen und Klöstern betrifft, zu dem Zwecke, Schlösser zu erbauen. So wurde das Schloss Kronoberg aus Steinen aufgeführt, die von den Klöstern zu Wexiö herrührten, das Vadstena-Schloss aus Steinen von den beiden Klöstern Alvastra und Skenninge, Gripsholm aus Steinen der Klöster Mariefred und Vårfruberga, Vesterås von dem Dominikaner-Kloster ebendaselbst; für das Schloss von Upsala gingen die St. Marien- und St. Petri-Kirchen auf, sowie das Kloster der grauen Brüder und die grosse Residenz des Erzbischofs[211]) u. s. w.

Man ist später geneigt gewesen, einen inneren Zusammenhang zu sehen zwischen dieser kirchenverderblichen Entstehung der Schlossgebäude und dem Missgeschick, das sie und ihre Bewohner getroffen hat. Keines jener dänischen Schlösser hat sich bis auf unsere Tage erhalten, und beinahe jede der neugebauten Burgen Gustav Wasa's ward Zeuge von dem Unglücke seiner Kinder. Auf Vadstena wurde seine Tochter geschändet; der Sohn Magnus stürzte sich im Wahnsinn in den Schlossgraben, und das erste Mal, da es erobert wurde, waren Brüder im Kampfe gegen einander begriffen; auf dem Upsala-Schloss ermordete Erik mit eigener Hand einen schuldlosen Unterthanen; auf Vesterås sass einer, auf Gripsholm zwei von Gustav Wasa's Söhnen gefangen; auf Örbyhus liess der eine Bruder den anderen ermorden[212]). Will man nun aber auch nicht so weit gehen, einen inneren Zusammenhang zwischen der Entstehung der Gebäude und den erwähnten Begebenheiten zu finden, so ist es doch ausgemacht, dass der Vandalismus, welcher der Aufführung dieser Gebäude vorausging, selbst in ihren Mauern bleibende Spuren zurückliess. Wo, sowie hier, die Steine von ganz verschiedenen Orten her geraubt wurden, musste es vom Zufalle abhängen, ob sie zu einander, sowie zu denen passten, die man selbst herstellen liess. Und da der Vorrath von jeder Art selten oder niemals zu dem stimmte, was erforderlich war, so folgte hieraus, dass man sich in unangemessener Weise helfen musste. Die seltsamen Verschiedenheiten in der Bauart, wie man sie häufig an Gebäuden aus jener Zeit wahrnimmt, Stellen in den Mauern, wo gelbe Steine mit rothen, Feldsteine mit Mauersteinen abwechseln, rührten daher garnicht immer von späteren gedankenlosen Reparaturen her, sondern sind zuweilen angeborne Muttermale, Zeugen der Schuld, die mit der Abkunft verknüpft war.

Indessen mussten die Augen für diese Mängel bald geöffnet werden, und das um so mehr, da kurze Zeit nach der Mitte des Jahrhunderts sich eine neue Geschmacksrichtung im Norden geltend gemacht zu haben scheint. Wahrscheinlich ist diese auf neue Impulse von fremden, ins Land berufenen Meistern zurückzuführen, welche, in ihrer Heimath an andere Zustände gewöhnt, an den damals in Skandinavien so beliebten rothen Mauern keinen Gefallen fanden. Thatsache ist es, dass zu gleicher Zeit sowohl in Dänemark, als auch in Schweden, eine sichtliche Lust erwachte, das Aeussere aller Schlösser zu verwandeln. Die Modefarbe wechselte von roth in weiss. Schon im Jahre 1554 wurde der Befehl gegeben, das Kopenhagener Schloss weiss anzustreichen[213]; im Jahre 1560 wurde das Schloss Nyborg übergeweisst[214]. Von Johann III giebt es noch einige Schreiben, in denen er, zuweilen mit einer gewissen Heftigkeit, gebietet, dass die Schlösser Stockholm, Stegeborg und Kalmar so schnell wie möglich überkalkt werden sollten. Dagegen verdiente die Bürgerschaft von Stockholm, welche die Stadtkirche hatte weiss anmalen lassen, für ihren guten Willen nur wenig Dank; nach dem königlichen Geschmack passte diese Farbe nicht für die Kirche, und es wurde befohlen, sie mit rother Farbe zu überstreichen[215]. Die Herrenhöfe folgten aller Wahrscheinlichkeit dem Beispiel der Schlösser. Viele der rothen Mauern, welche in unserer Zeit von ihrer Kalkhülle befreit worden sind, haben also vielleicht schon alsbald nach ihrer Erbauung die Ueberkleidung erhalten, um derentwillen eine weit spätere Zeit üble Nachrede hat hören müssen.

Das merkwürdigste Beispiel des Umschlages im Geschmack stellt doch die Aufführung von Kronborg dar. Bekanntlich hatte Friedrich II das alte Schloss »Krogen« niederreissen und auf dem Grund und Boden desselben das neue prachtvolle Kronborg erbauen lassen. Aber dieses Bauunternehmen führte eigenthümliche Schwierigkeiten mit sich. Theils hatte nämlich der König den grossartigen Plan gefasst, welchen er auch wirklich durchführte, dass der Bau seinen Unterthanen nicht einen Schilling kosten, sondern ganz und gar aus seinen eigenen Mitteln bezahlt werden solle [216]); der Bau konnte deshalb nur allmählich fortgeführt werden, nach und nach, jenachdem der Öresund-Zoll neues Gold in die königliche Kasse schaffte. Theils ging es hierbei nicht an, so wie sonst, den alten Grund aufzuräumen und alsdann zu beginnen; Kronborg war sowohl Festung als Schloss, und zu jeder Zeit mussten die Kanonen, auf den Schanzen wie in den Thürmen, klar sein, um den Vorübersegelnden den gehörigen Respekt einzuflössen. Nur stückweise konnte die Umgestaltung vor sich gehen; halb unvermerkt musste der Balg gewechselt werden.

Infolge dieser besonderen Umstände gingen denn reichlich zehn Jahre hin, ehe Alles fertig ward; und der König hatte während des Baues Zeit genug, seine Ansicht zu ändern. Alles weist darauf hin, dass ursprünglich der Plan gewesen war, das Schloss aus rothen Steinen aufzubauen. Auf diese Weise scheint der nördliche Flügel ganz hergestellt worden zu sein, und man fing schon an, den südlichen und westlichen Flügel in Angriff zu nehmen. Da wurde aber der Baumeister Hans Paaske nach Bahus geschickt, um den dortigen Festungsarbeiten vorzustehen; und während seiner Abwesenheit liess der König sich umstimmen, dem Gebäude ein ganz anderes Aussehen zu geben. Vermuthlich war es der neue Baumeister Antonius von Obergen, welcher Friedrich II zu der Veränderung bestimmte. Sie bestand hinsichtlich der Mauern darin, dass diese ganz mit Sandstein überkleidet werden sollten, also dass das Schloss grau anstatt roth ward, wodurch die reichlichste Veranlassung zur Ausschmückung mit Bildhauer-Arbeiten gegeben wurde. Im Jahre 1584 scheint der Umbau nach dem neuen Plane so ziemlich fertig gewesen zu sein. Nur der nördliche Flügel stand noch mit seinen grell abstechenden Mauern aus Ziegelsteinen da. Antonius von Obergen erhielt also Befehl, ihn mit Sandstein zu bekleiden. Dieses scheint ihm indess nicht genug gewesen zu sein: das ganze Gebäude musste fort, und durch ein neues ersetzt werden, in gleichem Stil mit den anderen. Er liess sich nunmehr auf ein äusserst kühnes Unternehmen ein. Unter dem Scheine, als ob er den Befehl, welcher nur dahin ging: dass er von der Aussenmauer Einiges abschälen solle, um für die behauenen Steine Platz zu bekommen, missverstanden habe, brach er die Mauern ganz herunter; so dass Niels Kaas und Christoph Valkendorf, als sie nach Kronborg kamen, zu ihrer Ueberraschung den ganzen nördlichen Flügel mit den prächtig ausgestatteten Gemächern des Königs und der Königin beinahe völlig in Schutt liegen sahen. Augenblicklich meldeten sie es dem Könige, welcher eben in Jütland war, und jetzt ging's über Lehnsmann und Baumeister her. Der Lehnsmann Johann Taube hatte schon vorher seinen Abschied erhalten; jetzt wurde aber Ordre ertheilt, seine Rechnungsbücher genau zu prüfen und, falls Etwas fehlen sollte, ihn nicht leichten Kaufs davon kommen zu lassen. Die Abrechnung endete damit, dass er sein Gehöfte zu Helsingör als Busse an den König abtreten musste. Obergen erhielt von Friedrich II ein so nachdrückliches Schreiben, wie er es erwarten konnte, nicht nur mit Beschuldigungen, sondern auch mit Drohungen gespickt. Geschehen war indessen geschehen und liess sich nicht mehr ändern. Das Gebäude wurde in neuer und besserer Gestalt wieder aufgeführt, sicherlich nicht zum Nachtheil für das Schloss als Ganzes. Es ist bezeichnend für den König sowohl als den Baumeister, dass, als sie einige Zeit nachher sich trennten, Friedrich II ihm eine Summe Geldes, noch über die akkordirte Bezahlung hinaus, für seine Arbeit verehrte [217]).

Ohne Zweifel war es derselbe Geschmack für behauene Steine und Steinverzierungen, welcher sich hier bei Kronborg so deutlich geltend machte, und welcher schon früher die Mode, Schlösser und Herrenhäuser hell anzumalen, aufgebracht hatte. Der Marmor des Südens war das Vorbild sowohl für diese Geschmacksrichtung, wie auch für die gleichzeitig hereindringende Mode, die Stubendecke mit einer Gipsdecke auszustatten. Die nordische Nachahmung war nur dürftig; aber man konnte doch in Betreff der Mauern eine geschmackvolle Wirkung dadurch hervorbringen, dass man das Wechselspiel zwischen der gekalkten Wand und den grauen Steinverzierungen benutzte. Es ist charakteristisch, dass es der am meisten von italienischen Baumeistern beeinflusste nordische König jener Zeit, Johann III war, von welchem man weiss, dass er dieses Verfahren angewandt hat. Sowohl auf Stockholm, als auf dem Kalmar-Schlosse waren die Wände geweisst, während die behauenen Steine die berechnete Wirkung auf den hellen Hintergrund hervorbrachten [218]).

Kam es aber darauf an, einen Gegensatz zwischen den Steinverzierungen und der Mauer zuwege zu bringen, so lag doch nichts näher, als dem Zwischenraume der Mauer die ursprüngliche rothe Farbe zu lassen. Warm und lebendig sprang hier der Unterschied hervor, vielleicht für einen südlichen, kunstgewohnten Blick allzu abstechend, aber kräftig, vollblütig und ansprechend für das Auge eines Nordländers. Ohne Zweifel waren es holländische und englische Meister, mit deren Hülfe dieser Geschmack sich im Norden Bahn brach und besonders in Dänemark Wurzel schlug. Schon das alte Frederiksborg scheint graue Steinbänder über den rothen Grund der Mauer hin gehabt zu haben [219]); aber der ganze Stil trat doch zuerst voll ausgeprägt hervor, als die behauenen Steine nicht bloss bescheidentlich sich als Mauerbänder und Giebelkanten zurückhielten, sondern auch um alle Ecken und

Vorsprünge hinauf kletterten, an der Thür Wachposten abgaben und neugierig sich um jede der grossen Fenstervertiefungen lagerten. Merkwürdig genug scheint dieser Stil, welchen man in Dänemark sich gewöhnt hat den Stil Christian's IV zu nennen, zuerst unter den Herrenhöfen seine Vertreter gefunden zu haben. Jedoch kann man sich nicht leicht vorstellen, dass ohne die Schule gewandter Steinhauer, wie sie durch Bauten wie die von Kronborg ausgebildet wurden, solche private Unternehmungen ausgeführt wären. Einige der ältesten und besten Repräsentanten dieses Stiles mit Sandstein-Verzierungen auf rothem Grunde sind Lystrup auf Seeland, angefangen im Jahre 1579, und Nörlund, Näs (das heutige Lindenborg) nebst Vorgaard in Jütland, alle drei aufgeführt in dem Zeitraume zwischen 1581 und 1596. Besonders das letztgenannte ist prächtig ausgestattet; überall, auf den Mauerpfeilern, rings um das Thor und bei allen Fenstern wimmelt es hier von Engelsköpfen, menschlichen Gesichtern, Teufeln und Meerfrauen, Blumen und Früchten, welche geschmackvoll vertheilt, vorzüglich ausgeführt sind. Mit Recht hat die Volkssage sich über diesen Reichthum gewundert und ihn dadurch zu erklären gesucht, dass Ingeborg Skeel, welche eine neue Schiffsladung Sandsteine bestellt hatte, ohne sie bezahlen zu können, dadurch sich dieselbe frei ins Haus geschafft habe, dass sie die Ankertaue kappen liess, so dass das Schiff bei ihrem Grund und Boden strandete, wo sie das Strandrecht hatte [220]).

Dass unter Christian IV diese neue Bauart zu Ehren kommen musste, konnte man schon aus seinem frühesten Verhalten schliessen. Da nämlich in dem letzten Jahre seiner Minderjährigkeit das Kopenhagener Schloss für die Krönung aufgeputzt werden sollte, liess er es wiederum die Farbe wechseln; wenigstens bestellte er lauter rothe Mauersteine für die Erweiterung desselben [221]). Seine zwei ersten Bauunternehmungen, das zweite Frederiksborg und Rosenborg, wurden beide in dem neuen Stile gehalten.

Fassen wir alles Dieses zusammen, so wird sich daraus

ergeben, dass die Ausstattung der herrschaftlichen Höfe und Schlösser jener Zeit eine reiche Abwechslung darstellte. Die Mode umspannte eine Stufenreihe, von unbehauenen Steinen, Quadersteinen, rothen Mauersteinen an bis herab zu geweissten Wänden, Sandstein-Bekleidung und rothem Mauerstein-Grund mit Sandstein-Verzierungen. Selbstverständlich waren die älteren dieser Mauerformen schon lange vorher bekannt und in Gebrauch gewesen — in der früheren Geschichte des nordischen Kirchenbaues liesse sich vielleicht eine entsprechende Entwickelung nachweisen — sie alle aber waren im sechzehnten Jahrhundert lebenskräftig, und Neubauten fanden so einigermassen in der angegebenen Reihenfolge statt. Wenn wir aber alle damaligen Herrenhöfe überschauen, so dürfen wir nicht einmal bei diesen Formen stehen bleiben. Sie gehörten nur dort zu Hause, wo man mit der Zeit fortging, und die Burg nach allen Regeln der Kunst aufgeführt wurde. Aber auf manchem alten Walle, hinter manchem schilfdurchwachsenen Graben standen noch von Winden zerzauste und kümmerlich mit Lehm verklebte Hausflügel, oft auf der Seite gedeckt mit Vorsprüngen (»Udskud«), die zur Hälfte mit einem Dache bekleidet waren[222]. Ja, an einzelnen Orten sah man im Burghofe noch aus Holz gezimmerte Erdgeschosse vom ältesten Schlage, Blockhäuser (»Bulhuse«)[223]. Selbst die kräftigste Entwickelung ist niemals im Stande, Alles mit sich zu reissen. Bedürfte es irgend eines Beweises, so könnte man es sogar an den Schlössern sehen. Um von Schweden garnicht zu reden, wo hölzerne Häuser, infolge der Natur der lokalen Verhältnisse, sich in den Burghöfen fast aller Schlösser vorfanden[224], so stand noch im Jahre 1591 auf dem Schlosse Silkeborg (in Jütland) ein Holzbau, in welchem sogar Friedrich II und Königin Sophie eine Zeitlang gewohnt haben[225]; und auf dem Kopenhagener Schlosse wurde noch im Jahre 1555 der eine Flügel um ein Stockwerk aus Holz erhöht, weil man das Fundament nicht für stark genug hielt, um eine höhere Mauer tragen zu können[226]. So begegneten sich denn in jenem Jahrhunderte alle Formen, von den ältesten bis zu den jüngsten.

Was das Dach betrifft, so ist die Entwickelung bei Weitem nicht so deutlich. Etwas stand jedoch fest, nämlich dass das Strohdach zu den veralteten Formen gehörte. Kam es vor, was mitunter der Fall war, so durfte man versichert sein, dass es nur auf abgelegenen Gebäuden, verfallenen Herrenhöfen, der Fall war, wo man ebensowohl erwarten konnte zu hören, dass dem Hause das Dach fehlte (dass es, wie jene Zeit es bezeichnete, »dachlahm« war), als dass die Bedachung in Ordnung war. Um das Jahr 1580 fand sich z. B. auf dem alten Vorgaard in Jütland, vor seinem Umbau, der Flügel der Gesindestube mit Strohdach, und ein anderes Haus, von zwei Stockwerken, zur Hälfte mit alten Dachsteinen, zur Hälfte mit Stroh gedeckt [227]). Auf Damsgaard ebendaselbst war ein Strohdach auf der Frauenstube, deren Wände zum Theil mit Lehm verklebt waren, und ebenso auf dem Gebäude, in welchem sich die Kammern der Knechte befanden, letzteres ein Blockhaus [228]). Innerhalb des grossen Vreilev-Klosters in Jütland standen zwei grosse Steinhäuser, das eine drei Stockwerke hoch, das andere zwei, die Spuren vergangener Herrlichkeit tragend, namentlich gegewölbte Stuben, deren Fenster aber herausgefallen, die Deckenbalken zum Theil herabgestürzt, das Dach darüber eingebrochen: das eine dieser Häuser hatte ein Ziegeldach, das andere ein Strohdach [229]). Auf Rygaard in Seeland bestand der Burghof aus folgender abgedankter Besatzung: einem alten Steinhause, einem alten, zwei Stockwerke hohen Lehmhause ohne Dach, und einem zweiten, mit Lehm gefügten Flügel, vormals mit Stroh bedeckt, jetzt »dachlahm« [230]). Am trostlosesten lautet jedoch die Beschreibung von Flyinge in Schonen, dem alten Hofe, dessen Gräben schon zur Zeit des Erzbischofs Jens Grand angelegt waren, und dessen Ringmauern sich von 1481 herschrieben [231]). Das dortige Steinhaus, in dem sich die Wohnung befand, war sowohl »deckenlahm«, als »dachlahm«, so dass »daselbst kein Raum war mit Stuben und Kammern». Dass die Brauerei und die Küche gleichfalls darnach waren, geht daraus hervor, dass sie auf Holzsäulen (Stötter) gebaut waren, eine Bauart, welche, wenn in Dänemark jemals allgemein, doch damals längst aufgegeben war [232]).

Was von den Strohdächern in Dänemark galt, dasselbe galt auch, obschon in geringerem Grade, von den Schindeldächern in Schweden. Diese gehörten sicherlich nicht auf eine wohlbefestigte Burg; aber in Nothfall, oder bloss vorläufig, liessen sie sich gleichwohl verwenden. Selbst das prächtige Upsala-Schloss musste eine Zeitlang mit dieser dürftigen Bedachung fürlieb nehmen, jedoch Anstands halber mit Farbe angestrichen, so dass sie wie Kupfer aussah [233]).

Die eigentliche Dachbekleidung für alle Burgen des Nordens war natürlich von weit stärkerer Art. Hier herrschte indessen eine gewisse Willkür in der Wahl; eine bestimmte Regel, vollends ein deutlicher Entwickelungsgang scheint nicht nachweisbar zu sein. Die Sache war wohl diese. Alle mussten darin einig sein, dass das Kupfer das Beste, aber zugleich das Theuerste sei, so dass es für Viele nur ein frommer Wunsch blieb, solches zu besitzen. Hierzu kam, dass es keineswegs immer zur Hand war. Selbst in Schweden, welches doch dieses Metall hervorbrachte, konnte es zuweilen sogar dem Könige schwer genug fallen, Platten gereinigten Kupfers gerade dann zu erhalten, wenn es gebraucht werden sollte [234]). In Dänemark musste man es zuerst bei dem Zöllner in Helsingör bestellen, welcher es häufig wieder von Danzig, Lübeck oder anderswo her bestellen musste [235]), so dass der Weg ein weiter, und der Transport theuer ward, ehe man es bekam. Es waren daher freilich auch nur wenige Schlösser, die ein vollständiges Kupferdach hatten; ausser Kronborg [236]), und vielleicht dem Stockholmer Schloss [237]), sind schwerlich viele so reich ausgestattet gewesen. Was herrschaftliche Höfe betrifft, so galt es schon als eine besondere Pracht, wenn, wie auf Nörlund in Jütland, der Hauptflügel mit Kupfer gedeckt war [238]). Häufiger wurde es dagegen zu Thurmdächern verwandt. Frederiksborg [239]), das Schloss Antvorskov [240]), Borreby, Visborggaard, Sandholt, Rygaard, Overgaard, Nörlund [241]) u. m. a. hatten auf den Thürmen kupferne Dächer; aber selbst auf dem Kalmar-Schlosse war nur der »Kurthurm« mit Kupfer gedeckt: die anderen mussten sich mit einem Bleidache begnügen [242]). Für den Blauthurm zu Kopenhagen, welcher in Anlass der Krönung Christian's IV umgebaut und erhöht wurde, schaffte man sowohl Blei als Kupfer an, wahrscheinlich um an den weniger augenfälligen Stellen sich mit Bleidach zu begnügen [243]). Der grünlich angelaufene Schimmer des Kupfers war denn eine Ehrenfarbe für das Dach, wie für den Thurm. Um so grösser muss das Opfer gewesen sein, welches Johann III brachte, wenn er zu der Zeit, als weisse Mauern für schön galten, aus Schönheitsrücksichten das Schlossdach zu Stockholm ziegelroth anmalen liess [244]), damit die Farben zusammenpassen möchten.

Bleidächer scheinen, als haltbar und dauerhaft, in hohem Ansehen gestanden zu haben; aber auch hierbei war es die Kostbarkeit, welche die Meisten zurückhielt. Unter dem vielerlei Baumaterial, das die zum Abbruch verurtheilten Kirchen und Klöster abgaben, war ohne Zweifel das Blei auf den Dächern das willkommenste. Einem gleichzeitigen Berichte zufolge waren im sechzehnten Jahrhundert die meisten Dorfkirchen in Dänemark noch mit Blei gedeckt [245]). Aber wunderbar schnell verschwand es, wo es irgend geschehen konnte, besonders jedoch von den zerstörten Klöstern. Die meisten derselben gingen an ihre neuen Eigenthümer in kümmerlicher Bekleidung über, welche von der vorhergegangenen Plünderung zeugte. Strohbedeckt und »dachlahm« mussten sie sehen, wie ihr vormaliges Dachblei die Thurmdächer der Nachbarburgen deckte [246]).

Dachziegel waren jedoch die gewöhnliche Dachbekleidung. Die vielen neuerrichteten Ziegeleien lieferten sie in Menge. Während man sich immer nach Holland wenden musste, wenn es galt, Mauersteine der besten Sorte zu bekommen — sowohl für Kronborg als für das Kopenhagener Schloss wurden am Schlusse des Jahrhunderts grössere Partien holländischer Steine gekauft [247]) — fing man an, was die Dachziegel betrifft, den deutschen den Vorzug zu geben, ja, selbst den in der Heimath verfertigten, nordischen. Bei den Bauarbeiten auf Malmöhus 1594 riethen die Regierungsräthe daher ab, holländische zu kaufen, welche »sehr dünne und untauglich« seien [248]); man solle lieber lübische kaufen, oder wo sie sonst gut zu bekommen seien. Die Dachziegel für das Kalmar-Schloss wurden aus Deutschland verschrieben [249]); die Dachziegel für die Wirthschaftsgebäude zu Frederiksborg wurden auf Fünen, in der Hestebjerger Ziegelei bei Dalum, hergestellt [250]). Die Form dieser Steine war eine zwiefache, theils die altherkömmliche, durchgeschnittenen Drainröhren ähnlich und »Hohlsteine« genannt, theils die jetzt gebräuchlichen, welche breiter und flacher, als jene, der damaligen Zeit so vorkamen, als erinnerten sie an ein paar ausgebreiteter Flügel, und daher »Flügelsteine« (Vingesten) genannt wurden. Die letzteren behielten die Oberhand; die andere wurden damals kaum noch in grösserer Menge verfertigt. Dass sie aber noch häufig vorkamen, kann man daraus sehen, dass, wenn von Dachziegeln die Rede war, man sorgfältig mit Namen unterschied, welche Art man meinte [251]). Die heutigen Benennungen, wie sie im Norden gebräuchlich sind, »Mauersteine« und »Dachsteine«, kamen erst recht in Gebrauch, als bei dem Wort »Mauerstein« Niemand mehr an Quadersteine dachte, und die vor Alters gebrauchte Form der Dachsteine längst vergessen war.

Dass Ziegeldächer angesehen waren, kann man daraus ersehen, dass viele selbst der grösseren Schlösser mit solchen ausgestattet waren. Bekannt ist diess von Kalmar, Borgholm [252]), Kallundborg [253]), Skanderborg [254]) u. a. Die Farbe der Dachziegel war gewiss jederzeit roth. Aber hierdurch entstand doch in dem Aussehen der Gebäude leicht etwas Einförmiges und Langweiliges, da ja auch die Mauersteine von der nämlichen Farbe waren. Man dürfte kaum fehlgehen, wenn man hierin die äussere Veranlassung dazu erkennt, dass die südliche Forderung weisser Wände sich im Norden so leicht Bahn gebrochen hat und zur Mode geworden ist. Dadurch, dass man die Mauern überkalkte, gewann man ein Leben und eine Farbenwirkung, die nothwendig starken Eindruck machen musste. Wo man diese weissen Burgen mit rothen Dächern auch sehen mochte, am Meere, zwischen Kornfeldern, mit Wald oder auch dem Himmel im Hintergrunde, überall nahmen sie sich gut aus und zogen schon aus weiter Ferne das Auge auf sich. Und wie billig liess sich das Ganze doch herstellen! Eine Tonne Kalk, oder zwei im Jahre, waren die ganze Ausgabe, und dann wurden die Steine zugleich gegen Verwitterung geschützt.

Galt es aber, der Einförmigkeit in der Dach- und Mauerfarbe aus dem Wege zu gehen, so konnte man ja auch das Dach Dasjenige sein lassen, was den Balg wechselte. Zu diesem Zwecke die seitdem so beliebt gewordenen glacirten blauen Dachsteine zu brennen, darauf verstand man sich damals noch nicht. Dagegen drang während des sechzehnten Jahrhunderts eine andere bauliche Sitte im Norden merklich durch: das war die Anwendung von Schieferdächern. Diese neuen Dächer gewährten nicht geringe Vortheile. Richtig gelegt, schützten sie vollkommen ebenso gut gegen Feuchtigkeit, wie die gewöhnlichen Ziegeldächer. Zwischen diese dünnen, dicht zusammengefügten Platten sollte kein Brandpfeil, auch wenn er von unten her geschossen war, sich hineinbohren, wie es doch zwischen Dachziegeln im Unglücksfalle geschehen konnte; und von Weitem gesehen, erschien der Schiefer wie Kupfer oder Blei. War man kein sonderlicher Kenner, so hätte man sogar behaupten können, dass seine bläuliche Farbe hübscher sei, als die der beiden Metalle. Diese Eigenschaften, und wohl auch die Mode, verschafften dem Schiefer im Norden Eingang. Wann er dort zum ersten Male verwandt worden sei, weiss man nicht; in der zweiten Hälfte des Jahrhunderts war er sehr im Gebrauche. Die Schlösser Friedrich's II: Frederiksborg [255], Koldinghus [256], Aalholm [257] und das Kopenhagener Schloss [258] erhielten denn auch alle ein Schieferdach. »Schieferdecker« werden häufig erwähnt. Als im Jahre 1596 auf dem Schlosse zu Kopenhagen die Arbeit rasch gefördert werden sollte, konnte ein »Schieferdecker« sowohl von Kronborg verschrieben werden, als auch von Roeskilde, Nestved und Nysted [259]).

Was in besonderem Grade dazu beitrug, den Dächern der damaligen Zeit Leben mitzutheilen, war die immer mehr um sich greifende Lust, sie mit Thurmspitzen, Erkern und Wetterfahnen zu bevölkern. Während die alten Gebäude es höchstens bis zu Treppengiebeln brachten, im Uebrigen aber nur kahle Dachflächen zeigten, selbst ohne irgend eine Luke oder ein Guckloch, ja während sie sogar die Thürme nicht einmal in eine Spitze auslaufen liessen, sondern dieselben mit einem platten oder einem gewöhnlichen Dache versahen, so erwachte ungefähr um die Mitte des Jahrhunderts ein unersättlicher Drang nach dem Aufwärtsstrebenden und dem Mannigfaltigen. Zunächst und vor Allem baute man jetzt alle Thürme mit Spitzen. Besonders auf den Schlössern, wo die Mittel nicht dazu fehlten, kamen hierdurch die prächtigsten Formen zum Vorschein, entweder jene langen, schlanken Kirchthurmspitzen, wie auf dem älteren Frederiksborg [260]), oder anschwellende Kuppeln, bald nach unten eingeschnürt, wie jene eigenthümlichen auf Engelsholm in Jütland, bald aus der Thurmfläche hervorwachsend, wie ein Hünengrab auf Säulen, und nach obenhin beständig neue Schichten aussendend von leichteren, durchbrochenen, luftiggebauten Formen. Die mächtigsten Kuppelthürme waren die von Vadstena, Stockholm und Kronborg, unter einander sehr verschieden, aber jeder für sich alle seine Umgebungen beherrschend. Auf Vadstena nahm der Kuppelthurm die ganze Mittelpartie des Gebäudes ein; auf dem Stockholmer Schloss hob er sich gebietend und weitschauend über das Gewimmel der übrigen Häuser und Thürmchen empor [261]); auf Kronborg endlich lag er, einem Wächter gleich, gegen die Landseite hinaus. Als dieser Hauptthurm bei dem Brande 1629 in Asche sank, verlor Kronborg seine schönste Zierde [262]). Jetzt wird diese

Stelle nur durch einen plumpen, viereckigen Knopf auf einer Ecke des Schlosses bezeichnet, einem Steingewächs, das sich über der Narbe gebildet hat [263]).

Alle diese Thurmspitzen, grosse wie kleine, fanden unfehlbar auf dieselbe Weise ihren Abschluss in einer langen Stange, welche eine vergoldete Wetterfahne trug. Eine verhältnissmässig dürftige Aussteuer war es, wenn die Fahnenstangen, wie z. B. auf dem Thurme des alten Frederiksborg, nach unten nur mit vergoldeten Aepfeln, nach oben mit entsprechender Wetterfahne und Knopf verziert waren [264]). Auf dem Hauptthurm des Stockholmer Schlosses trug die Stange einen Engel, welcher eine dreizackige Gabel hielt, woran jede Zinke in eine mächtige Krone auslief. Diese gewaltige Ausschmückung der Thurmspitze entsprach dem Namen des Thurmes: »Drei Kronen« und war weitumher sichtbar. Johann III liess sie herabnehmen und um zehn Ellen höher machen, beklagte sich aber bitterlich über die Stockholmer Goldschmiede, welche für die Vergoldung derselben 300 Dukaten forderten [265]). Auf Kronborg war die Hauptspitze natürlich mit einer goldenen Krone geschmückt, und hoch über dieser mit einem Ritter zu Ross [266]). Auf Uranienborg war die Wetterfahne aus einem goldenen Pegasus gebildet, und dieser so kunstreich angebracht, dass er nicht allein sich selbst vor dem Winde drehte, sondern zugleich einen Zeiger in der Decke des Kuppelsaales bewegte, so dass man, in der Stube sitzend, die Richtung des Windes an ihm ablesen konnte [267]).

Es war nicht immer leicht, diese Fahnenstangen dort oben, oft in schwindelnder Höhe, befestigen zu lassen. Als daher auf Antvorskov die grosse Wetterfahne, welche in Kopenhagen geschmiedet war, auf dem Thurme angebracht werden sollte, befahl Friedrich II Bootsleute zu dieser Arbeit [268]). Jedoch machte die Uebung den Meister, und die damalige Zeit gab reichliche Gelegenheit, sich zu üben. Ueberall, wo die Möglichkeit vorhanden war, eine Thurmspitze mit Wetterfahne anzubringen, auf Thürmen, selbst den kleinsten, auf Erkern, auf jeder Giebelspitze brachte man sie an, oft in höchst phantastischen Formen. So lief z. B. auf den Giebeln von Frederiksborg die Mauer in eine zuckerhutähnliche Figur aus, aus deren Seite ein Ast hervorragte, mit einer sich nach dem Winde drehenden Eule[269]). Auf den nächsten Absätzen der Giebel standen gewöhnliche Fahnenstangen.

Aergerlich war es aber doch, wenn man darum, weil das Haus vielleicht ohne Thurm und Erker war, nur auf die paar Wetterfahnen auf den Giebeln angewiesen sein sollte. Man ging daher einen Schritt weiter und brachte sie gleichfalls auf den kleinen Erkern des Daches an. Solche Erkerstübchen konnte Jedermann bauen; und so ward es auch für weniger Bemittelte möglich, in der Anzahl der Wetterfahnen mit jedem Anderen zu wetteifern. Es macht den Eindruck, als sei man hierin sehr weit gegangen. So befanden sich z. B. auf Kronborg, auf dem südlichen Flügel, nicht weniger als drei Reihen kleiner Erkerfenster, jedes mit seiner Fahnenstange[270]). Als im Jahre 1582 ein Sturm an dem Schlosse grossen Schaden anrichtete und unter Anderem die Wellen bis an die Festungsmauer hinantrieb, so dass diese dadurch zerrissen wurde, so galt die Vorfrage des Königs sogleich den über den Dachfenstern stehenden Fahnenstangen, welche der Sturm fortgeweht hatte[271]). Auf dem von Johann III gebauten Svartsjö-Schlosse wimmelte es von Wetterfahnen, welche im Kranze das mächtige Kuppeldach umringten[272]). Auf Sandholt in Fünen gab es nicht weniger als fünfzig. Als Ellen Marsvin nach dem Tode ihres Mannes diese Wetterfahnen herabnehmen liess, strengten seine Erben gegen sie einen Process an, und das Reichsgericht verurtheilte sie für diese ehrenkränkende Massregel in eine Busse von 2000 Rdl.[273]).

Es war denn auch keineswegs nur ein weitgetriebenes Interesse für Wind und Wetter, dass man alle diese vergoldeten Wetterfahnen anbrachte: dahinter lag ein unklares, aber lebhaftes Gefühl, dass gerade mit diesen die Ehre des Gebäudes und des Bauherrn verknüpft war. Uns ist dieses Gefühl fremd; die letzte, schwache Spur lässt sich vielleicht in der noch gebräuchlichen Sitte erkennen, den Namenszug des Eigenthümers in der Wetterfahne anzubringen. Merkwürdig ist indessen die verhältnissmässig kurze Zeit, in welcher diese ganze Vorstellungsweise sich ausgebildet zu haben scheint. Vor dem Jahr 1550 scheinen Wetterfahnen kaum in viel grösserer Zahl angewandt zu sein, als heutigen Tages der Fall ist; am Schlusse des Jahrhunderts nahm die Sitte sehr Oberhand; im Jahre 1623 wurde das oben erwähnte obergerichtliche Urtheil gefällt.

Aber wie dem auch sei: etwas ganz eigenthümlich Schönes müssen doch die Gebäude durch diese Menge von Wetterfahnen gewonnen haben. Wenn an einem Sommertage die Sonne auf das Dach brannte und den Wiederschein aus allen diesen vergoldeten Aepfeln, Wetterhähnen, Windfahnen und ausgeschnittenen Wimpeln hervorlockte, oder wenn zur Winterzeit der Sturm zwischen die Gebäude hineinfuhr, die Fähnchen jagte, so dass sie gleich fliegendem Haar das Dach umgaben, so lag in allem dem etwas ganz besonders Stimmungvolles und Lebendiges, was wohl dazu verlocken konnte, diese blosse Dachverzierung zu einem Sinnbild zu machen für das Haus im Ganzen. Sie veranschaulichten dem Auge, was man auf den Schlössern und in den bedeutendsten Burgen zu gleicher Zeit durch Töne zum Ausdruck brachte, indem man droben unter der Thurmspitze in den durchbrochenen Thürmen Musikanten unterbrachte. Ihre Aufgabe war nicht, wie die der Wächter, Ausguck zu halten und die Bewohner vor Gefahr zu warnen: sie sollten Tag aus Tag ein gleichsam den Flug der Zeit angeben, Morgen, Mittag, Abend und »gute Nacht« blasen, die Bewohner mit ihrem Spiel belustigen, von Thurm zu Thurm einander antworten, das Leben im Hause und das Glück des Hausherrn verdolmetschen. Als Kronborg vollendet war, da wurden z. B. fünf neue Thürmer (»Thurmmänner«) angestellt, um auf solche Weise von den Thürmen des Schlosses herab zu spielen; zwei von den früher angestellten wurden nach dem Frederiksborger

Schlosse gesandt. Auf dem Schlosse zu Kopenhagen befanden sich, während der Minderjährigkeit Christian's IV, drei Thürmer; später wurde ihre Zahl auf fünf vermehrt. Nach ihrer Besoldung zur urtheilen, müssen es tüchtige Leute gewesen sein, welche grösseres Ansehen genossen, als gewöhnliche Spielleute. In Kopenhagen erhielten sie später das Privilegium, bei Hochzeiten und Kindtaufsschmäusen die Musik zu besorgen, während andere Spielleute nur in Kellern und Krügen verwandt werden durften [274]).

Was bei dem Gebäude als Ganzem einen eigenthümlichen, nicht immer wohlthuenden Eindruck hervorbrachte, war die Unregelmässigkeit, welche der Anlage aufgeprägt war. Besonders bei älteren Herrenhöfen konnte das Auge oft vergeblich sowohl nach Symmetrie als nach Harmonie, nach einem Hauptgesichtspunkte fragen, von welchem aus das Ganze sich zur Einheit gestalten könne. Wie zum Trotze war die Hausthür oft schief angebracht, sprang hier ein Thurm unerwartet vor, standen die Fenster mit einander in Widerspruch, oder fehlten da, wo man sie erwartete, völlig — auf Skanderborg war ein viereckiger Thurm so schief gebaut, dass man von einer bestimmten Stelle im Garten alle seine vier Ecken auf einmal sehen konnte [275]) — und aller dieser Wirrwarr, ohne dass irgend eine erkennbare Zweckmässigkeit versöhnend dazwischen trat. War noch dazu, was auf den ältesten Gehöften der Fall zu sein pflegte, der Raum beschränkt, das Mauerwerk plump und ohne Schmuck, so kam über das Ganze etwas Düsteres und schwermüthig Drückendes.

Die Zeit entwickelte sich freilich in dieser Hinsicht. Immer bestimmter durch klassische Muster beeinflusst, wurde sie grösserer Klarheit und Harmonie entgegengeführt. Aber selbst in ihren edelsten Werken gelang es ihr nur theilweise, diesen Zug der Unregelmässigkeit zu überwinden. Es gehört eben mit zu den bezeichnendsten Eigenthümlichkeiten des ganzen Stils, dass der Beobachter sich niemals sicher fühlt. Ganz unvermuthet kann ihm ein Thurm in den Weg treten mit einer neuen Form für einen Hut, kann hier ein Dacherker hervortreten, dort ein Fenster fortbleiben, ein kleiner Erker aus der Mauer herausfahren, so kühn und so unmotivirt, dass man sich beinahe einem lebendigen Wesen mit willkürlichen Einfällen gegenüber fühlt.

Es ist jedoch eine grosse Frage, ob alles dies Unregelmässige und Willkürliche auch für jene Zeit sich als solches ausgenommen hat, oder ob sie nicht zum Verständniss häufig einen anderen Schlüssel gehabt hat, als wir heutigen Tages besitzen. Zu dieser Annahme bestimmen uns zwei wichtige Rücksichten. Es kann nämlich keinem Zweifel unterliegen, dass eine tiefere Kenntniss der Kriegsgebräuche uns lehren würde, vieles von dem, was uns wie etwas Zufälliges, wie ein blosses Werk der Laune Wunder nimmt, vielmehr als etwas Wohlüberlegtes und Regelrechtes zu erkennen, das von einem strengeren Gesetze, nämlich dem Erforderniss der Vertheidigung, beherrscht war. Hierzu kommt aber noch, dass der Begriff, den jene Zeit von Symmetrie hatte, ein anderer war, als der unsere. Unser Begriff von Symmetrie beruht allein auf der Zahl und ihrer Theilbarkeit; für jenes Geschlecht war das ein allzu magerer Massstab. Phantastisch rankten sich um denselben eine Menge unklarer Rücksichten auf die Zeiten des Tages und Jahres, auf den Gang der Himmelskörper, auf geheimnissvolle Zahlen mit verborgenen Kräften. Wenn dann — was mit vielen herrschaftlichen Gehöften und Schlössern der Fall war, und wovon die Sage mit Vorliebe die Erinnerung zu bewahren gesucht hat — z. B. die Fensterscheiben in ihrer Anzahl den Tagen des Jahres, Fenster oder Thüren den Wochen, Schornsteine, Dachstuben oder Ecken den Monaten entsprechen sollten, so konnte es nothwendig werden, mit dem anscheinend Natürlichen auf manche Weise zu brechen; und was sich heute als blosse Willkür und Laune ausnimmt, konnte normal sein, der Schlussstein in einer sonst unvollständigen Reihe.

Ehe wir das Auessere der Gebäude aus den Augen lassen, müssen wir noch einen flüchtigen Blick auf ein paar aufs Nächste hiermit verknüpfte Dinge werfen: die Namen der Höfe und ihre Inschriften.

Selbstverständlich galt es als eine herkömmliche Nothwendigkeit, dass jeder Herrenhof und jedes Schloss seinen Namen habe. Man musste aber damals, sowie heute, in einem gewissen Abstand von dem Orte selbst sein, damit dieser Name in Kraft treten konnte. In der nächsten Umgebung führten jene den örtlichen Ehrennamen: »der Hof« und »das Schloss«, welcher, obschon Gattungsname, in Wirklichkeit nur sie als einzig dastehende bezeichnete. Dieses war sicherlich der Grund, weshalb man sich scheute — was doch übrigens mit dem Geschmacke der Zeit überein gestimmt hätte — an dem Hofe selbst seinen Namen recht augenfällig als Schildmarke anzubringen. Man empfand wie instinktmässig, dass hierin etwas Herabsetzendes liege. Auf feine Weise konnte der Name angedeutet werden, wie es z. B. der Fall war mit »Drei Kronen« in Stockholm, wo drei Kronen auf der Thurmspitze angebracht waren, oder auf Kronborg eine Krone über dem Hauptthurme; aber weiter ging man nicht.

Und doch hätte diess wohl nöthig sein können; denn auf diesen vormals so stillen Gebieten war auf einmal Unruhe und Verwirrung eingetreten. Dass ein Ortsname geändert werden könne, war früher Niemanden auch nur eingefallen. Jetzt trat plötzlich ein so starker Umschlag ein, dass Höfe mit unverändertem Namen beinahe zu den Ausnahmen zu gehören anfingen. Die äussere Veranlassung lag in den veränderten Eigenthumsverhältnissen. Bauerndörfer wurden niedergelegt, und Herrenhöfe errichtet, neue Schlösser wurden aufgeführt; eingezogenes geistliches Gut, namentlich Klöster, gingen durch Tausch in weltlichen Besitz über. Alles Dieses erforderte mit Nothwendigkeit die Bildung einer Menge neuer Namen.

In keinem der drei nordischen Länder war die Bewegung in dieser Hinsicht so stark, wie in Dänemark nach der Thronbesteigung Friedrich's II. Hier lassen sich die verschiedenen Stufen der Entwickelung im Einzelnen nachweisen. Am einfachsten und natürlichsten war es offenbar, den neuen Herrenhof nach dem Bauerndorfe, auf dessen Grund und Boden er errichtet wurde, zu benennen. Auf diese Weise kamen Hofnamen auf, wie Bramminge, Jernit (das heutige Frisenborg), Grundet, Tybring, Krängerup (jetzt Frederikslund) u. s. w.[276]). Ebenso nahe lag es, dass man, um Irrungen vorzubeugen, eine Endung hinzufügte, als Bezeichnung dafür, dass der Name nunmehr einen Hof bezeichne; so z. B. Endrupholm von Endrup, Öllufgaard von Ölluf, Skaffögaard von Skabby, Sneumgaard, Rolsegaard u. s. w. Auf ganz ähnliche Weise wurde »Ömkloster« umgewandelt in Emsborg.

Aber, sollte der Hof einmal einen neuen Namen erhalten, so lag die Versuchung nahe, ihn nach irgend etwas Anderem zu benennen, als nach einem alten Dorfe oder einem eingezogenen Kloster. Man konnte ihn ja auch nach einem bekannten Namen, z. B. seinem eigenen Namen benennen. Dieser Ausweg wurde mit Freuden ergriffen. Schon die ersten Umtaufungen unter Friedrich II folgten diesem Wege. Hillerödsholm ward zu Frederiksborg; Herluf Trolle, welcher das Skovkloster durch Tausch überkam, nannte es Herlufsholm; Herzog Hans erbaute Hansborg; Palle Juel nannte seinen Hof Pallesbjerg u. s. w.

Befand man sich aber erst auf diesem Wege, so war es doch unverständig, nach einem Vornamen die Benennung zu wählen. Sie verlor ja ihre Bedeutung alsdann schon bei dem Tode des ersten Besitzers. Nein, nach dem Geschlechtsnamen musste der Besitz genannt werden. Welch einen Wiederhall gab es doch, wenn man sich als einen Krabbe von Krabbesholm, als einen Ranzau von Ranzausholm bezeichnen durfte! Selbst der älteste Adelsname wurde durch einen solchen Zusatz gleichsam untermauert. Kein Wunder daher, dass diese Form besonders um sich griff. Unter der Regierung Friedrich's II entstand ein förmlicher Wettlauf. Die Juel's bekamen ihr Juellingsholm, die Trolle's ihr Trollholm (jetzt Holsteinborg), die Krabbe's Krabbesholm, die Rosenkranze Rosenholm und Rosenvold, die Gyldenstjerne's Stjerneholm, die Ulfeldt's Ulfeldsholm (gegenwärtig Holckenhavn), die Vifferts Viffertsholm, die Ranzau's Ranzausholm (jetzt

Brahetrolleborg), die Geschlechter Björn, Steen, Vabner: Björnsholm, Steensgaard, Vabnersholm u. s. w. u. s. w. Unter allen diesen Benennungen nach der eigenen Person fällt es beinahe wohlthuend ins Ohr, wenn Tyge Brahe, stolz, aber wie gewöhnlich gegen den Strom, seinen Hof Uranienborg taufte.

Eine Menge alter Namen war durch diese neuen Benennungen fortgespült; und seit langer Zeit war man auch darüber hinweggekommen, dass zur Gewinnung eines neuen Namens ein neuerrichteter Hof erforderlich sei. Einzelne Gebäude, die neuaufgeführt waren, genügten schon hierfür; und wiewohl man hierzu in einer Zeit, wo alle Welt baute, leicht gelangen konnte, scheint nicht einmal diese Begrenzung innegehalten zu sein. Alle Schranken waren durchbrochen; die letzte Grenze war noch allein der gesunde Sinn des Volkes, welcher darauf halten musste, dass Ortsbezeichnungen, die nur Werth hatten, sofern sie von Bestand waren, dieses unerlässlichen Ballastes nicht ermangelten. Wieweit es indessen unter ungünstigen Verhältnissen, wiederholtem Wechsel der Besitzer u. dergl. m. gehen konnte, zeigt uns ein Gehöft wie das heute sogenannte Holckenhavn in Fünen. In weniger als einem Jahrhundert trug es im Ganzen fünf Namen. Ursprünglich hiess es Kogsböl, wurde aber am Schlusse des sechzehnten Jahrhunderts in Ulfeldsholm umgetauft. Als später Ellen Marsvin es kaufte, gab sie ihm den Namen Ellensborg; nicht volle fünfzig Jahre nachher erhielt es den Namen Nygaard, und endlich im Jahre 1672 den gegenwärtigen Namen: Holckenhavn.

Ein Name ist indessen ein Besitz von unsicherer Beschaffenheit. Er ist eine ausstehende Forderung, die niemals selbständigen Werth bekommt, wie oft sie auch erneuert wird. Was half es, dass diese Eigenthümer sich auch noch so viel nennen und schreiben mochten: zu Trollholm, zu Ranzausholm und zu Viffertsholm, wenn gute Freunde sich doch immer wieder versehen und die Höfe mit ihren alten Namen benennen mussten: Braadegaard, Holme und Kytrup? Ward man darüber böse, so machte man sich nur zum Narren;

aber manche bittre Pille musste verschluckt werden, ehe die Sache in Ordnung kam.

Nur Einer war im Stande, auf diesem Gebiete Zwang zu üben: das war der König. Und er benutzte dieses Vorrecht auch. Als z. B. das neue Schloss am Sunde den Namen »Kronborg« erhielt, anstatt des älteren simplen Namens: »Krogen«, so erliess er eine diessbezügliche öffentliche Bekanntmachung, mit ernstem Gebot an alle Bürger und Bauern, in Zukunft nur die Benennung »Kronborg« zu gebrauchen. Uebertreter sollten mit einer bedeutenden Busse, der Lieferung eines lebendigen Ochsen, bestraft werden[277]. So wurde Bürgern und Bauern der Mund gestopft. Der Adel ergab sich von selber: denn Jeder, der nur die schwächste Hoffnung hegte, Lehnsmann zu werden, hätte sich wohl gehütet, seine Aussicht dadurch zu verscherzen, dass er nicht einmal im Stande war, den Namen eines Lehns im Gedächtniss zu behalten. Konnte aber der König auch Andere dazu bringen, Folge zu leisten: seiner selbst war er nicht Herr. Es macht einen unwiderstehlich komischen Eindruck, wenn man zwölf Tage nach Ausstellung jenes Verbotes einen zweiten Königsbrief ausgehen sieht und in diesem den verbotenen Namen: »Krogen« auf alte Weise gebraucht findet[278]. Ungeachtet dieses kleinen Unfalles muss indessen im Ganzen die Massregel sich als zweckmässig erwiesen haben. Wenigstens wurde acht Jahre nachher ganz dieselbe bei dem zum Schlosse umgebauten Antvorskov in Anwendung gebracht. Unter Androhung einer ähnlichen Geldstrafe wurde Jedermann verboten, es künftig als »Kloster« zu bezeichnen[279].

Mitten in aller dieser bewussten Namen-Umgestaltung macht es einen ansprechenden Eindruck, einen Fleck Natur anzutreffen, wo Alles das Recht hatte, sich bloss um sich selbst zu kümmern, frei zu wachsen, wie es wollte. Eine solche Partie fand sich innerhalb jedes einzelnen Schlosses und Hofes und befasste die einzelnen Bestandtheile des Gebäudes. Unter allem diesem Wirrwarr von Thürmen und Flügeln waren Namen unentbehrlich; aber Niemand mengte sich hinein: ehe man wusste, wie? war der Name schon da und hatte Geltung gewonnen. Insbesondere hinsichtlich der Thürme machte sich dieser Trieb geltend. Die Flügel des Gehöftes konnten zur Noth nach der Lage benannt werden, freiliegende Häuser nach der Verwendung, die sie fanden; aber Thürme lagen ja in manchen Fällen sowohl an den Ecken eines Gebäudes als auch in seiner Mitte, und ihre Verwendung war in der Regel eine und dieselbe. Unter den Namen, die sich bis auf diesen Tag erhalten haben, giebt es einzelne, die öfter wiederkehren; so die Benennungen »Vaters Hut«, »Mutters Haube«, der Jungfernthurm, der Würmerthurm [280] u. a. Auf Akershus hiessen die Thürme: der Stiftsherrenthurm, der Jungfernthurm, der Vogelsang, der Waghals [281]. Auf dem Vordingborger Schloss gab es, ausser dem Jungfern- und Würmerthurme: die Gans, den Wasserthurm und den Waldemarsthurm [282]. Auf dem Kopenhagener Schlosse hiess der grösste Thurm »Blauthurm«, auf dem Kallundborger Schloss »das Füllen«; der Gartenthurm hiess auf Rosenholm »Perkentavl« u. s. w. [283]. Noch bevor Kronborg völlig aufgeführt war, hatten die Thürme ihre Namen; zwei der kleinsten hiessen »der Königsthurm« und »die Kachelburg« [284].

Verbot es ein richtiger Takt, den Namen des Herrenhofes oberhalb des Thores anzubringen, so galt diess glücklicherweise nicht von dem Namen des Burgherrn. Sitte und Herkommen gewährten ihm das Recht, nicht nur seinen Namen, sondern auch andere Notizen, die er wünschen mochte der Nachwelt mitzutheilen, ihn selbst und die Seinen betreffend, anzuführen.

Die dürftigste Art und Weise, Solches zu thun, war wohl diese, dass man die Anfangsbuchstaben seines eigenen Namens, oder mitunter zugleich des Namens seiner Ehefrau, nebst einer Jahreszahl darunter, zur Bezeichnung der Zeit des Baues, über das Thor setzen liess. Erschien Letzteres ungenügend, so konnte man das Ganze ebensowohl an den Giebel setzen, mit Buchstaben, so gross wie die Anker der Mauer.

Stammte man nun aber einmal aus »guter Familie«, so war kein Grund, daraus ein Hehl zu machen. Desshalb gehörten denn ein oder auch zwei in Stein gehauene Wappenschilder dazu, und sie fanden ihren natürlichen Platz nicht allzu hoch hinauf, entweder gerade über dem Thore, oder noch lieber auf jeder Seite desselben, so dass man die Einzelheiten des Wappens deutlich erkennen konnte. Sollte indessen das Wappenschild nun einmal in Stein gehauen werden, so war es, um allen Missverständnissen vorzubeugen, am natürlichsten, den vollen Namen darunter eingraben zu lassen, und in solchem Falle lag doch nichts näher, als ein paar Worte zu näherer Erklärung weiter unten hinzuzufügen.

So entstanden die Inschriften. Wir haben schon oben gesehen, wie diese durch den Nachahmungstrieb bis zu den Stadtwohnungen hinab gedrungen waren. Ihre eigentliche Heimath blieben jedoch auch ferner die Herrenhöfe und Schlösser. Diese Inschriften bilden eine eigene Literatur für sich, deren Studium eine reiche Ausbeute nicht nur denen gewährt, die auf personal-historische Aufklärungen ausgehen, sondern ganz besonders Jedem, den das rein Menschliche interessirt. Man fand sich doch auf eine Probe von ganz eigenthümlicher Art gestellt, wenn man Gelegenheit bekam, späteren Geschlechtern einige wenige Worte zuzurufen. Die Art und Weise, wie diess geschah, die Wahl der Worte giebt oft das treffendste Bild des Redenden selbst. Die Summe aller dieser Bilder hilft uns das ganze Zeitalter verstehen.

Schon durch die Wahl der Sprache wurde zum Theil der Inhalt der Inschriften bedingt. Bei lateinischer Fassung war man stark an gewisse herkömmliche Regeln gebunden; in der Muttersprache konnte man sich weit besser so ausdrücken, wie man wollte. Aber das Latein bot den Vortheil, dass man dadurch das Ganze wie in eine höhere Sphäre erhob, zu einem gebildeten, allgemein-europäischen Kreise redete, in welchem eine feine Wendung, ein geistreicher Vergleich Anerkennung finden konnte. Natürlich musste es in Versen sein; hatte man aber seine Schulkenntnisse nicht gänzlich vergessen, so war's nicht so übel, den Versuch zu machen, ob man noch verstehe, ordentliche lateinische Verse zustandezubringen; haperte es etwa, so gab es immer zehn Magister für Einen, welche für ein Billiges bereit waren, sowohl die Inschrift selbst, wie auch ein Ehrengedicht als Zugabe abzufassen.

Die vorzüglichsten Repräsentanten, die der Norden für diese gelehrte Versfabrikation aufstellte, waren ohne Zweifel Heinrich Ranzau und Tyge Brahe. Für die zahllosen Höfe des Ersteren konnten schon eine Menge Verse, allein mit gewöhnlichen Inschriften, darauf gehen. Sollten dann noch dazu alle Augenblicke die Gedanken des »Wanderers«, in dieser oder jener Veranlassung, in einem neuen kleinen Versfalle ausgedrückt werden, so konnte das sogar der fruchtbaren Feder eines Heinrich Ranzau zuviel werden. So ist denn ein ganzer Stab von Literaten ihm zur Hand gegangen, welche zum Dank für seine Freigebigkeit Alles, was er wünschen mochte, mit artigen Versen schmückten. Tyge Brahe versorgte sowohl sich selbst als seinen königlichen Wohlthäter Friedrich II. So ist er unter Anderem Verfasser der schönen Inschrift am Giebel von Kronborg, welche edel und einfach die Bedeutung des Baues erklärt und nicht verliert, wenn man die spätere von Kingo (dem geistlichen Liederdichter, gest. 1703) mit ihr vergleicht. Ihm verdankt man auch das kleine, feine Distichon über die Flucht der Zeit, welches ebendaselbst auf dem Zifferblatt der Uhr angebracht ist[285]).

Allein in der Regel zeichneten sich die lateinischen Verse, wie man nicht umhin kann einzuräumen, durch eine gewisse routinirte Leere aus, welche, in ihren Inhalt aufgelöst, nur allzu sehr an eine zerplatzte Seifenblase erinnerte. Da war doch an den in der Muttersprache abgefassten Inschriften etwas ganz Anderes, weit Solideres. Trugen jene das Gepräge, dass man eben Etwas sagen musste, so waren diese der Ausdruck dafür, dass wirklich Etwas da war, was man vorbringen wollte. Sie theilten sich natürlich in zwei Klassen, die in Prosa und die in Versen redenden; zuweilen fällt es jedoch etwas schwer, beide von einander zu unterscheiden.

Zu der einfachsten Gattung gehörten diejenigen, die nur meldeten, dass in diesem oder jenem Jahre Der oder Der diesen Hof erbauen liess. So lautet z. B. die Inschrift auf Näs (Lindenborg)[286], Svenstrup in Schonen[287], und an vielen anderen Orten. Mochte die Formel übrigens noch so wortkarg sein, und der Stein noch so klein, immer blieb doch Raum, um dem Namen des Burgherrn ein »ehrbar und wohlgeboren« voranzusetzen. »Der ehrbare und wohlgeborne Corfits Viffert und Anna Gyldenstjerne liessen dieses Haus 1583 erbauen«, heisst es z. B. auf Lindenborg. Mehr Schwung ist sogleich in einer Mittheilung wie diese:

„In Schweden sass ich in Kerkers Graus;
Da baute meine Frau mir dieses Haus",

was Jakob Brokkenhus über das Thor auf Nakkebölle hat setzen lassen[288].

Indessen war es natürlich, den dürren Bericht mit einigen guten Wünschen zu begleiten, den Hof und seine Bewohner der Obhut Gottes anzubefehlen. Aber hier drohte die Gefahr, dass man leicht in einen gewissen breiten Predigtton verfallen und so nicht allein dem Steinhauer Schwierigkeiten bereiten, sondern zugleich auch die Inschrift ihres Nachdruckes berauben konnte. Namentlich scheint es, dass Damen dieser Gefahr unterlegen sind. Die Inschrift der Karen Gyldenstjerne auf Rosenvold hielt sich noch einigermassen innerhalb der rechten Grenzen: »Anno 1585 liess ich, Karen Gyldenstjerne, seligen Holger Rosenkranzes zu Boller Ehefrau, dieses Haus als meinen Wittwensitz erbauen, zum Besten meiner zwei Söhne Otto Christoph Rosenkranz und Friedrich Rosenkranz. Gott der Allmächtige bewahre uns, dass wir in Gottseligkeit leben mögen. Amen.«[289]. Dagegen darf man von Frau Mette Rosenkranz kaum behaupten, dass sie die Klippe umschifft habe: »Nicht uns, Herr! nicht uns, sondern deinem Namen gieb Ehre, um deine Gnade und

Wahrheit! Psalm 115. Im Namen Gottes des Vaters, des Sohnes und des heiligen Geistes habe ich, Mette Rosenkranzes-Tochter zu Vallö, Anno 15.. angefangen, dieses grosse Haus mit diesen zwei grossen Thürmen hier auf Vallö zu erbauen, und habe ich durch Gottes Gnade, Gott sei dafür gelobet in Ewigkeit! es unter Fach und Dach bekommen 1586. Gott der Allmächtigste gebe nun gnädiglich seinen Geist und Gnade dazu, dass es möge fest und dauerhaft aufgeführt und gebauet sein, der heiligen Dreifaltigkeit zu Lob, Preis, Ehre und Dank, mir, meinen Kindern und unseren zukünftigen Erben zu Nutz und Frommen! Amen»[290]. Neben einer solchen Breite liegt etwas Wohlthuendes in der kurzen, bündigen Inschrift auf Rönningesögaard, welche in wenig Worten Dasselbe sagt: »Ich bin erbaut und stehe in Gottes Namen»[291].

Das sicherste Mittel gegen Breite war, sich gebundener Rede zu bedienen. In dieser Form kommen auch einige der schönsten Inschriften vor, so z. B. die auf Gisselfeld:

> „1540 im siebenten Jahr
> Liess Peder Oxe diesen Hof verlegen
> Und aufs Neue bauen ganz und gar,
> Sich selber und seinen Erben zum Segen.
> Gott geb's ihnen, also zu wohnen hienieden
> Und also zu wandeln in dieser Welt,
> Dass es ihnen gereiche zu Ruh und Frieden,
> Gott aber zu Ehren im Himmelszelt"[292].

Oder die mit Recht so beliebte, welche an mehreren Orten vorkommt, z. B. auf Tjele:

> „Wir bauen hier Häuser und Burgen so feste,
> Und sind doch alle nur fremde Gäste.
> Gott lass' uns so bauen und wohnen hienieden,
> Dass wir gewinnen den ewigen Frieden"[293].

Ein ganz zuverlässiges Mittel gegen Breite war die gebundene Rede jedoch nicht. Das bewies Knud Brahe durch seine Inschrift auf Engelsholm[294]. Dass das Hauptgebäude im Jahre 1592 angefangen, 1593 vollendet und eingeweiht war, wird hier so ausgedrückt:

> „Nach Christi herrlicher Geburt, der Zeit,
> Wo den Menschen erschien Gottes Freundlichkeit,
> Tausend fünfhundert und neunzig,
> Dazu noch drei, so schrieb das Jahr sich,
> Neujahr war's, als fröhliche Schaaren
> Auf Engelsholm bei einander waren,
> Verwandte und Freunde nach alter Weise,
> Dieses Haus zu weihen, Gott zum Preise.
> Erbauet hat es Herr Knud Brahe,
> Welcher jetzt eben es fertig sahe.
> Im vorigen Jahr war der Anfang gemacht,
> Und war auch Alles zu Ende gebracht.
> U. s. w."

Jens Brahe nahm die Sache vielleicht etwas zu realistisch, aber wusste doch rasch und sicher den Kern der Sache zu treffen in seiner Inschrift auf Vidsköfle [205]):

> „Gott lasse es hier lange steh'n,
> Und nie den rechten Erben entgeh'n".

Eine gewisse Unbehülflichkeit im Versbau verräth sich allerdings in Folmer Rosenkranz's Inschrift auf Steusballegaard [206]):

> „1582 schrieb man das Jahr,
> Als von mir, Folmer Rosenkranz, der Häuser letztes hier erbauet war".

Jedenfalls aber ist es ihm gelungen, einen meisterhaft treffenden Ausdruck zu finden, welcher hinsichtlich möglicher Namenänderung keiner Eventualität vorgreift, wenn es weiter heisst:

> „Steensballe, so lautete ihr Name bisher:
> Gott, lass sie besteh'n, meinen Kindern zu Nutz und Ehr".

Indessen half es, von Einer Seite betrachtet, nur wenig, Wünsche in den Inschriften auszusprechen für das Gebäude und seine Bewohner. Wünsche waren ja doch nur Wünsche. Dagegen musste es für weit zweckmässiger angesehen werden,

gerade los zu gehen auf die Sache und einige ernsthafte
Worte an diese Nachkommen zu richten, welche deren vielleicht höchlich bedürfen mochten. So entstanden die ermahnenden Inschriften. Als Beispiel derselben kann man folgende anführen von Erik Rosenkranz auf Arreskov in Fünen[297], deren Verfasser ohne Zweifel als Moralist höher zu stellen ist, denn als Poet:

„Es helfe die heilige Dreifaltigkeit!
Bleib fern von Diebstahl, Lug, Liederlichkeit, Zank, Perlement,
Sonst verscherzest du Ehr' und Gesundheit, 's ist vielleicht dein End'!"

Aber am besten wirkten gewiss mit Exempeln belegte Ermahnungen. Und welche Exempel lagen hierbei näher, als die selbsterlebten, die persönlich erfahrenen Lebensführungen? Und so kehrte man denn zurück zu Dem, womit man angefangen hatte, nämlich von sich selbst zu reden. Aber da lag nun eine lange Entwickelungsgeschichte dazwischen. Man beschränkte sich also nicht darauf, das einfache Faktum mitzutheilen, dass man diesen Hof erbaut hatte: diess wurde oft gänzlich mit Stillschweigen übergangen. Bei einiger Gewandtheit nannte man nicht einmal sich selbst. Die wohlverstandene Aufgabe bestand darin, mitten unter diesen moralisch leuchtenden Betrachtungen einen kleinen Schimmer von seinem eigenen Ich durchblicken zu lassen, welcher entweder gewissen Personen, die man eben im Sinne hatte, in die Augen stechen, oder doch wenigstens Einen selbst in verklärendem Lichte darstellen konnte. Ein paar Beispiele zur Probe:

Peter Reedtz, welcher die Königin Sophie nach Dänemark begleitet hatte, war bei Friedrich II in solchem Grade in Gunst gekommen, dass der König diesem Ausländer nicht bloss wichtige Aemter verliehen, sondern zuletzt sogar Tygestrup (gegenwärtig Kongsdal) ihm selbst, und Hörbygaard seinem neugeborenen Sohne geschenkt hatte. Durch Friedrich's II Tod veränderte sich indess die Lage; die dem hohen Adel angehörige, vormundschaftliche Regierung war diesem glücklichen Nebenbuhler nur wenig günstig gestimmt. Aber, konnten sie ihn des Lehns auch nicht berauben, so mussten sie ihn doch in dem Besitze von Tygestrup und Hörbygaard lassen. Unter diesen Umständen führte Peter Reedtz das Hauptgebäude auf Tygestrup auf und setzte darunter als Inschrift folgenden »Abweiser«:

„Gott gnade König Friederich,
Gott und ihm danke ich" ²⁹⁸).

Indessen war es entweder eine Concession an die neue Aera, oder auch geschah es aus Fürsorge, dass alle seine Standesgenossen die Worte verstehen möchten, dass die Inschrift auf dänisch gesetzt wurde. Sie ist augenscheinlich zuerst auf deutsch verfasst, wodurch allein der obige, in der Inschrift selbst nicht vorhandene, Reim (Friederich — ich) zu Stande kommt.

Etwas grobkörniger polterte Kasper Markdanner los. Das Gerücht wollte wissen: er sei ein natürlicher Sohn Christian's III (»Markdanner« ist erkennbar genug eine Umstellung von »Danmark«). Von der Mutter erzählte man, sie sei eines Schuhmachers Tochter gewesen. Er selbst hatte sich im Auslande umhergetummelt, war dort geadelt worden und nachher bei Friedrich II zu hoher Gunst gelangt. Während der Vormundschafts-Regierung soll die Verstimmung gegen ihn sich unter Anderem dadurch geäussert haben, dass einige Standesgenossen, um an seine Herkunft zu erinnern, eines Tages sein Wappen mit Schuhmacherschwärze (Wichse) überstreichen liessen. Kasper Markdanner machte seinem Inneren Luft durch folgende Inschrift ²⁹⁹):

„Egen-Nutz, heimischer Neidt, kindischer Rath
Rom und Troja zerstöret hat.
Wo Tugend nicht so hoch wird geacht
Als Geburt und Pracht,
Das Land und Regiment werden übel bewacht
Und in die Länge
Gehen die Krebsgenge.
C. M. 1593."

Viel feiner verstand es Kanzler Johann Friis, sich über sich selbst und seine Bedeutung zu äussern. Es war wirklich ein vortrefflicher Ausspruch, welchen er als Inschrift setzen liess:

> Unter köstlichen Schätzen und allerlei Pracht,
> Die Fürsten und Könige reich gemacht,
> Arm sind sie an Einem fort und fort:
> Sie hören nur selten der Wahrheit Wort [100]).

Hier war es nicht bestimmt gesagt, sondern nur angedeutet, dass einer der Wenigen und Seltenen, von welchen der König die Wahrheit gehört hatte, Johann Friis war. Durch diese Zurückhaltung im Ausdrucke wird der Eindruck gesteigert; auch vereinigte sich Alles, um jeden Misston ferne zu halten: der Hof, welcher die Inschrift trug, bezeugte es laut, sowie auch die Geschichte, dass diese Wahrhaftigkeit dem Kanzler nicht zum Schaden gereicht hatte.

Aus dem Vorhergehenden wird man erkennen, dass die Inschriften häufig ein religiöses Gepräge trugen, welches dadurch verstärkt wurde, dass vieler Orten geradezu biblische Bilder in den Stein eingehauen waren. Auf Vidsköfle, Bjersjöholm, Arreskov und auf manchen anderen Herrenhöfen war die Dreieinigkeit abgebildet [301]). Dieses führte natürlich dazu, dass man dem Steine mit entsprechender Inschrift eine Art beschirmender Kraft beilegte und die Einsetzung als eine Art Taufe für das Gebäude betrachtete. Das Volksbewusstsein scheint im Laufe der Zeiten diese Weihe auf die Grundsteinlegung übertragen zu haben; vielleicht deutet doch auf eine solche fremde Abstammung der Umstand, dass heutigen Tages der »Grundstein« selten seinem Namen entspricht, sondern in der Regel ziemlich hoch oberhalb des Grundes liegt.

Falls es sich so verhält, so könnte man die Spur der eingetretenen Bewegung vielleicht schon im sechzehnten Jahrhundert nachweisen. Tyge Brahe, welcher in so Vielem seiner Zeit voraus war, liess auf Uranienborg den Stein mit der Inschrift und den Wünschen für das Gebäude (*votivus lapis*) nicht über dem Eingange einsetzen, sondern in einer Ecke, links vom Thore, nahe dem Erdboden. Uebrigens ging die Einsetzung mit grosser Feierlichkeit vor sich. Der französische Gesandte, Carl Danzäus, zugleich mit einer Anzahl Adeliger und gelehrter Freunde, waren im Voraus nach der Insel Hveen gekommen; und beim Sonnenaufgang, am 8. August 1576, wurden die Trankopfer, aus verschiedenen Arten Weines bestehend, ausgegossen; die Anwesenden erflehten für das Gebäude die Obhut der göttlichen Vorsehung, worauf der Stein eingesetzt wurde, eine Porphyrtafel, welche Carl Danzäus geschenkt und mit einer Inschrift versehen hatte. Wie es bei einem Bauwerke, wie Uranienborg, sich wohl geziemt, giebt Tyge Brahe sorgfältig die Zeit an, wann Dieses geschah: die Handlung ging vor sich in dem bedeutungsvollen Augenblicke, als die Sonne aufging, zugleich mit dem Jupiter, nahe bei dem Löwenherzen (*Regulus*), während der Mond sich beim Untergehen im Zeichen des Wassermannes befand [302]).

Hatte man das Thor mit seinen Inschriften passirt, und ging nun über den Hof, um in das Innere des Gebäudes einzutreten, so trat Einem, wenigstens in allen neueren Schlössern, ein ansprechendes Bild vor Augen. Dieses war «der Brunnen», wie der bescheidene Name lautete; in Wirklichkeit war es ein stolzer Springbrunnen, welcher mit seinem mächtigen Steinbassin und lebhaften Plätschern den ganzen Hofraum beherrschte. Vollkommen ebenso grossartig war, was dem Auge sich entzog, die Wasserleitung unter der Erde, welche oft von weit entfernten Hügeln ausging, und das ganze Netz von Adern, welches sich unter dem Steinpflaster nach allen Seiten verzweigte, in die Küche hinein, nach der Brauerei, zu der Badestube, und zuweilen noch nach manchem Raume hinauf, wo man nie zuvor geträumt hatte Wasser herbeischaffen zu können. Was hier ausgeführt war, gehörte zu den vorzüglichsten Werken der Zeit und würde noch heute gerechte Bewunderung erwecken.

Die Sache war, dass man gerade auf diesem Gebiete im Laufe des sechzehnten Jahrhunderts eine bedeutende Kraft eingesetzt und mit staunenswerther Rastlosigkeit und Erfolg gearbeitet hatte. Einen Massstab dafür, wieviel erreicht worden war, bekommt man alsdann, wenn man sieht, dass die Folgezeit nicht einmal im Stande gewesen ist, das einmal Erworbene zu behaupten. Seit jener Zeit hat man überall auf Schlössern und Höfen im Norden jene sinnreichen Werke verfallen lassen, den mühsam gewonnenen Wasserdruck in den Gebäuden selbst aufgegeben und mit einem blossen Springbrunnen im Hofraume sich begnügt.

Der äussere Anlass zu der ganzen Bewegung war unstreitig das erwachende Interesse der Renaissance für ähnliche Arbeiten des Alterthums. Der Anblick der mächtigen römischen Wasserleitungen, der besonders im Süden so bezaubernde, unwiderstehliche Eindruck von Schönheit, den ein reich sprudelnder Wasserborn hervorbringt, hat gewiss zuerst italienische Meister dazu begeistert, sich in dieser Richtung zu versuchen. Aus Italien breitete die Bewegung sich weiter aus, unter Anderem nach den Niederlanden; und vorzugsweise von hier aus drang sie nach dem Norden vor. Wir haben schon gesehen, wie sie besonders in Dänemark frühe einen Bundesgenossen fand an dem dringenden Bedürfniss nach reinlicherem Trinkwasser in den Städten, und wie auf diesem Gebiete Arbeiten von nicht geringer Bedeutung ausgeführt wurden. Aber man versteht die Bewegung erst alsdann recht, wenn man sie in ihrem vollen Umfange überschaut. Die Wasserleitungsarbeiten waren nicht nur nothwendig für die Wasserwerke der dänischen Städte: sie griffen auch erfolgreich ein in das damals energisch wiederaufgenommene Befestigungswesen mit Gräben um die Burgen her. Sie riefen in den überall angelegten Fischteichen (Fiskeparke) einen ganz neuen Industriezweig ins Leben. In Schweden versprachen sie reiche Ausbeute durch neue Methoden, das Grubenwasser aus den Bergwerken zu entfernen. Endlich reizten sie Könige wie Adel in allen drei Ländern durch die neue Form gewisser Annehmlichkeiten, welche man in engerem Verstande »Wasserkünste« nannte: angelegte springende Wasser in Hofräumen, wie auch in Häusern. Fassen wir alle diese Seiten zusammen, so wird man verstehen, dass das Neue, welches zum Durchbruche gekommen war, sich auf vielen Gebieten geltend zu machen wusste, dass es ein Verlangen ins Leben rief und einen Trieb nährte, welcher, durch die Mode, durch günstige Bedingungen und in Spannung versetzte Genialität oben gehalten, wohl im Stande sein musste, bemerkenswerthe Resultate hervorzubringen.

Wir wollen hier nur bei der einen Form der Bewegung verweilen, bei denjenigen Arbeiten, welche das damalige Geschlecht mit der Benennung »Wasserkunst« besonders ehrte. Ungefähr in der Mitte des Jahrhunderts scheint man im Norden auf diesem Gebiete mitgekommen zu sein. Im Jahre 1554 nahm Gustav Wasa drei »Wasserkünstler« in seinen Dienst, welche behaupteten, ein Mittel erfunden zu haben, wodurch man das Wasser aus vollen Gruben, selbst wenn diese hundert Klafter tief seien, emporheben könne; ebenso vermöchten sie, sowohl stille als fliessende Gewässer so hoch emporsteigen zu lassen, wie sie sollten, selbst in den höchsten Schlossgebäuden[303]). Kurze Zeit nachher fasste Christian III den grossartigen Plan, eine Leitung vom Fursee bis nach Kopenhagen hinein zu legen[304]), einen Plan, der deutlich genug verräth, dass »ein Wasserkünstler« mit im Spiele gewesen ist. Höchst bezeichnend für den Eifer der Zeit ist ein Brief, ungefähr aus derselben Zeit, an den nachherigen König, Erik XIV. Der Briefschreiber meldet aus Antwerpen, dass es in dieser Stadt einen Mann gebe, der aller Art Pumpen verfertigen könne, durch welche man mit grosser Geschwindigkeit Wasser in die Höhe treibe. Es sei die Möglichkeit vorhanden, diesen Mann für Schweden zu gewinnen; vorläufig verlange er nur freie Reise zu Lande[305]).

Es ist sehr wahrscheinlich, dass diese ältesten »Wasserkünstler« ihr Glück besonders durch ihre Einsicht im Pumpenwesen gemacht haben, welches im sechzehnten Jahrhundert erhebliche Verbesserungen erfahren zu haben scheint[306]). Jedoch blieb man hierbei nicht stehen. Die Anlagen sowohl in den Städten, wie in Schlössern, die wir aus den letzten Jahrzehnten des Jahrhunderts kennen, beweisen, dass man es damals viel weiter gebracht hat, als nur das Wasser in den Gebäuden in die Höhe zu pumpen. Durch Arbeiten, die häufig sehr komplicirt und dazu kostspielig waren, leitete man das Wasser, so dass dieses nicht allein im Hofe, sondern überall, wo man's in dem Gebäude wünschte, Springbrunnen zuwege bringen konnte. So war vermuthlich auf dem Stockholmer Schlosse eine »Wasserkunst« eingerichtet[307]); jedenfalls wissen wir mit Sicherheit, dass es sowohl auf Kronborg als auf Uranienborg geschehen ist. Auf Kronborg war die Wasserleitung nicht allein in die Badestube, die Brauerei und die Küche geleitet, sondern auch in die Kammer der Königin, wo sich eine silberne Wanne mit vergoldeter Arbeit befand, ein »Silberbrunnen«, wie sie hiess, aus welchem das Wasser strahlenförmig sprang. Auf Uranienborg war in der Centralhalle ein Springbrunnen angebracht, welcher aus einer beweglichen, von Thieren und Vögeln umgebenen Figur bestand; diese wurde durch die Gewalt des Wassers herumgedreht, während sie Strahlen nach allen Seiten aussandte. Zugleich waren Wasserröhren gelegt, die nach allen Zimmern, vom Keller bis zum obersten Stockwerk gingen, eine Arbeit, welche mit Recht die Bewunderung aller Besucher erweckte[308]).

Es ist von besonderem Interesse, dem Gange der Entwickelung in Dänemark zu folgen, wo der Eifer für die Sache gewiss am stärksten war, und die Nachrichten in jedem Falle vollständig genug sind, um die wachsende Bewegung uns erkennbar zu machen. Ihr sehr bescheidener Anfang war dieser, dass Christian III im Sommer 1558, als der weitläuftige Umbau und die Ausbesserung des Kopenhagener Schlosses beinahe fertig war, den Befehl ertheilte, dass als Schlussstein des grossen Werkes im Garten ein Springbrunnen eingerichtet werde. Eine Wendeltreppe sollte vom Schlosse herabführen, so dass man mit Leichtigkeit aus den Zimmern in den Garten kommen könne, und der Springbrunnen sollte nach ausländischer Sitte mitten in einem grossen Bassin aus behauenen Steinen angelegt werden [309]). Es ist fraglich, ob diese Arbeit überhaupt je vollendet worden ist. Christian III hat sie keinenfalls zu sehen bekommen: der Tod hat ihn im Winter darauf, während er auf Koldinghus weilte, abgerufen.

Aber sein Interesse für dergleichen Unternehmungen wurde auf Friedrich II vererbt. Kaum hatte dieser den Bau von Frederiksborg glücklich vollendet, als er auf die Anlage einer »Wasserkunst« ebendaselbst Bedacht nahm [310]). Ob sie zur Ausführung kam, ist unklar. Der nordische siebenjährige Krieg trat dazwischen und gab ebensowohl den Gedanken eine andere Richtung, wie den zu verwendenden Mitteln. Sobald aber wieder Ruhe eingetreten war, griff der König die Sache von Neuem an, und zwar dieses Mal mit einem Eifer, welcher sich kühnen Muthes die höchsten Ziele setzte. Ungefähr zur selben Zeit begann er auf den drei Schlössern Frederiksborg, Skanderborg und Koldinghus. Auf Frederiksborg beabsichtigte er nicht allein eine Wasserkunst einzurichten, sondern ausserdem sollte das Wasser in den Schlosssee aus weiter Ferne hergeleitet werden, nämlich von Strö (vielleicht aus dem Ströteich); und falls der Wasserkünstler die Aufgabe nicht für unlösbar hielte, sollte sogar eine Leitung ganz oben vom Gripsee her bis hinab zu den Forellenteichen beim Schlosse gelegt werden [311]). Auf Koldinghus war das Unternehmen noch grossartiger. Hier sollten von der Anhöhe draussen im Hartewalde, über eine halbe Meile vom Schlosse entfernt, Röhren bis zu diesem hin gelegt werden, und ausserdem von einer, ebenso weit südlich vom Koldinghus gelegenen Stelle aus, bis zu dem niedrigsten Schlosshofe. Zur ersten Vorbereitung hierfür wurden bei Christoph Valkendorf auf Gothland 900 ausgesuchte Bäume zu Röhren bestellt, jeder Baum neun Ellen lang; Peder Oxe musste in der Schmiede auf dem Kopenhagener Schlosse 700 eiserne Büchsen und 1400 Ringe zu den Röhren bestellen. Aber Dieses schlug bei Weitem nicht an, wenn anders der ganze Plan ins Werk gerichtet werden sollte. Wenige Wochen nachher wurden zwei Briefe abgesandt mit immer steigenden Forderungen; zuletzt wurden im Ganzen 2600 Röhren bestellt, und in entsprechendem Verhältniss Büchsen und Ringe[312]). Von den Arbeiten auf Skanderborg wissen wir weniger Bescheid; aber nach der Anzahl der Röhren zu urtheilen, muss dieses Unternehmen noch bedeutender gewesen sein. An Röhren wurden im Ganzen 3000 bestellt[313]).

Alles deutet darauf, dass diese Arbeiten mit Erfolg gekrönt wurden. Die Wasserkünste auf den drei Schlössern werden bis zum Schluss des Jahrhunderts öfter erwähnt; Friedrich II ging selbst weiter und legte Wasserkünste noch auf anderen Schlössern an (Kronborg, Riberhus und Vordingborg), sowie auch der Adel, durch das Vorbild des Königs angespornt, mit ähnlichen Unternehmungen den Anfang machte. Peder Oxe liess sich auf Gisselfeld eine Wasserkunst einrichten, welche zum Theil von denselben Leuten ausgeführt wurde, die für den König gearbeitet hatten[314]); und einige Jahre nachher liess Tyge Brahe auf Uranienborg jene sinnreichen Arbeiten von ähnlicher Natur ausführen. Hierdurch wurde der König zu neuen Anstrengungen aufgefordert.

Die Wasserleitungs-Arbeiten auf Kronborg scheinen in zwei Absätzen vorgenommen zu sein. Die erste Arbeit kennen wir schon anderswoher. Es war dieselbe, durch welche Helsingör im Jahre 1576 sein Wasserwerk zu Stande gebracht sah, indem der König das Wasser von der »Hestekilde« (Pferdequelle) durch die Stadt nach Kronborg leiten liess, so dass beide Theile versorgt wurden[315]). Der Springbrunnen im Schlosshofe ward recht ansehnlich: bei einem Verbrauche von sechzehn Tonnen Wasser in der Stunde, liess er einen Wasserstrahl bis zur Höhe von 36 Fuss emporsteigen[316]).

Aber diese Wasserkunst, welche vielleicht im Jahre 1576 ihren Platz mit Ehren behaupten konnte, war sechs Jahre nachher, als Uranienborg ganz oder beinahe ganz fertig dastand, zu einem Werke zweiten Ranges herabgesunken. Uranienborg übertraf alles Andere durch die merkwürdige Kühnheit, mit welcher das Wasser hier oben und unten hereingeleitet war. Dasselbe musste nun auf Kronborg ins Werk gesetzt werden. Aber zu einem solchen weit grösseren Verbrauch hätte der Springbrunnen im Hofe, mit seinen sechzehn Tonnen Wasser in der Stunde, weitaus nicht hingereicht. Friedrich II scheute denn auch nicht die weitläuftige Arbeit, ganz von vorne anzufangen, indem er ein neues Wasserwerk einrichten liess. Der Wasserkünstler, Meister Hans, musste wieder daran; und von einigen Quellen, draussen auf dem Felde, führte dieser neue Leitungen hinein, so dass nicht allein die Wassermasse für den Springbrunnen verstärkt, sondern auch Wasser in die Badestube und Bratenküche geschafft wurde, in die Brauerei und Bäckerei, in die Küche der Königin sowohl wie in die »gemeine« Küche, ja ganz hinauf bis selbst in den »Silberbrunnen« in der Kammer der Königin [317]).

Mit dem allem war indess Uranienborg nur eingeholt, nicht überboten. Diess konnte nur dadurch geschehen, dass man der ganzen Wasserkunst eine so reiche und grossartige Ausstattung gab, dass kein Unterthan daran denken konnte, zu wetteifern. Diesen Weg schlug der König ein. Es ist ein ausprechendes Bild des ganzen merkwürdigen Verhältnisses zwischen Friedrich II und Tyge Brahe, welches man bekommt, wenn man Beide hier in einer einzelnen kleinen Beziehung beobachtet. Auf der einen Seite ununterbrochener Wettstreit, aber mitten darin das traulichste Zusammenhalten, welches den König niemals ermüden liess, wenn es einen neuen Zuschuss galt an den Lehnsmann auf Hveen, und diesen mit Rath und That seinem Herrn beistehen liess, selbst wo es darauf hinausging, sein eigenes Werk in Schatten treten zu lassen. Tyge Brahe gebührte ein wesentlicher Antheil daran, dass die Wasserkunst auf Kronborg in einer beispiellosen Weise geschmückt wurde.

Früher hatte man es als eine luxuriöse Ausstattung angesehen, einen Springbrunnen in einer Kumme, oder einem Bassin aus gehauenen Steinen anzulegen. Jetzt ging Friedrich II einen Schritt weiter und bestellte bei einem Künstler zu Nürnberg eine grossartige Metallarbeit, deren Gleichen bisher im Norden nicht gesehen war, und die sowohl durch ihre Grösse als durch ihre Pracht unübertrefflich erscheinen musste. Wahrscheinlich war es Tyge Brahe, der des Königs Aufmerksamkeit auf den Künstler hinlenkte, welchen er während seines mehrjährigen Aufenthalts in Bayern kennen gelernt haben mochte; jedenfalls war er während der langen Wartezeit zwischen der Bestellung und der Ausführung die Mittelsperson zwischen beiden Theilen, welcher die wenig dankbare Aufgabe oblag, die Stösse zu pariren[318]).

Denn mehr als einmal war der König nahe daran, die Geduld mit diesem Meister zu verlieren, welcher immer und immer wieder Vorschuss verlangte, aber niemals fertig ward. Umgekehrt war es auch für Georg Labenwolf kein leichtes Ding, Broncefiguren zu giessen aus unbezahlten Anweisungen; die Arbeit war dazu so umfänglich, dass sie selbst im besten Falle Jahre zu ihrer Ausführung erforderte. Unzählige Briefe wurden gewechselt, voll von Vorwürfen und Entschuldigungen, Bürgermeister und Rath von Nürnberg wurden in Bewegung gesetzt, und zuletzt dem Künstler gedroht, dass er seine Arbeit selbst behalten müsse, wenn er jetzt nicht bald fertig werde. Da schlug endlich die ersehnte Stunde. Die erste Taube mit dem Oelblatt war ein Schreiben an Tyge Brahe von einem ergebensten Freunde zu Nürnberg, mit beigeschlossenen fünf Inschriften zu gefälliger Auswahl[319]). Bald darauf konnte gemeldet werden, dass Alles wohl verpackt und unterwegs sei.

Ehe Georg Labenwolf seine grossartige Arbeit absandte, mit welcher er sich sechs volle Jahre beschäftigt hatte, die grösste, die er wohl jemals ausführen sollte, bereitete er sich und seinen Stadtkindern einen Festtag. Mit Erlaubniss der Obrigkeit liess er sein Werk auf offenen Markt in Nürnberg aufstellen. Alle Wasserstrahlen spielten, so dass Jeder zum Abschiede dieses Kunstwerk bewundern konnte, welches alsbald den Ruhm Nürnbergs und des Meisters nach dem fernen Dänemark bringen sollte. Es gewann verdienten Beifall, und mit den besten Wünschen begleitete man bei der

Abreise die Gehülfen des Meisters, nämlich seinen Sohn und zwei Nahestehende, welche dasselbe nach Dänemark begleiten und die Aufstellung besorgen sollten. Es war das letzte Werk der Familie. Denn keiner dieser Männer kehrte nach der Heimath zurück: sie unterlagen alle der Pest, welche in Kopenhagen herrschte; kurze Zeit nachher starb in Nürnberg auch der Vater selbst [320]).

Aber hieran dachte nun beim Abschiede Niemand, und in Dänemark war es jedenfalls in Kurzem wieder vergessen. Alles wurde glücklich aufgestellt und machte ausserordentliches Glück. Friedrich II drückte seine Freude und Anerkennung dadurch aus, dass er freigebig den Betreffenden eine goldene Kette mit dem Bildniss des Königs, nebst einem goldenen Becher, verehrte. Da näher Berechtigte nicht vorhanden waren, fiel die Gabe dem Manne mit den fünf versificirten Inschriften, einem Nürnberger Bürgermeister, zu, welcher bei der Ablieferung des Werkes die Honneurs machte. Einige Zeit nachher erntete der junge Däne Sigvard Grubbe hiervon die Frucht, indem er auf der Durchreise in Nürnberg von dem Bürgermeister in seinem Hause aufgenommen und mit einem Gastgebote gefeiert wurde, in dankbarer Erinnerung an jene königliche Gunstbeweisung [321]).

Und allerdings war das Werk einer Belohnung werth; denn es nahm sich prächtig aus, wie es da mitten im Schlosshofe stand. Den Fuss des sechseckigen Bassins umgab ein Rand aus schwarzem Marmor; innerhalb desselben hob sich die eigentliche Kupferfontaine empor. An jeder der Ecken des Bassins kniete eine menschliche Figur in Lebensgrösse, die verschiedenen Volksstämme in Europa und Asien vorstellend, und mit ihren Büchsen und Bogen, aus denen die Wasserstrahlen sprangen, auf das Bassin zielend. Aus dem Boden desselben stieg eine terrassenförmige Säule oder Felsen empor, jeder Absatz mit seltsamen Menschen- und Thiergestalten bevölkert, das Ganze oben abschliessend mit einer gewaltigen Neptunsfigur, welche in einer von schwimmenden Rossen getragenen Muschelschale stand. Aus seinem gesenkten Dreizack sprang das Wasser, und mit der anderen Hand setzte er ein Muschelhorn vor den Mund und blies, so dass drei starke Strahlen in die Höhe fuhren. Wenn das Wasser sprang, so drehte es durch seine Kraft die Hauptfigur im Kreise herum, so dass die drei Strahlen nach allen Seiten geschleudert wurden; und zugleich sprühte, strahlte, strömte von allen Terrassen und Figuren auf dem Felsen das Wasser hervor, während die zielenden Schützen das Gebrause und Geplätscher um den Fuss des Felsens noch steigerten [322]). Es war ein würdiger Schmuck für Kronborg, königlich und einzig dastehend, wie die Burg selbst. Beim Anblick dieses Kunstwerkes verdrossen König Friedrich sicherlich nicht die Tausende und aber Tausende, welche die Vollendung desselben gekostet hatte [323]).

Aber diese Tausende aufs Neue für eine ähnliche Wasserkunst auszugeben, das fiel dem Könige doch eben nicht ein. Als daher kurz nachher die Reihe an Frederiksborg kam, welches gleichfalls einen kunstreich geschmückten Springbrunnen bekommen sollte, begnügte Friedrich II sich damit, denselben mit einem achteckigen Steinbassin auszustatten, und ringsherum eine hübsche Einfassung von Stein legen zu lassen, drei Stufen hoch, oben mit einer durchbrochenen Gallerie endend [324]). Es war der kunstfertige Hermann Steinhauer, welcher, nachdem er für Kronborg so manche Arbeit ausgeführt hatte, nunmehr auch diese auszuführen hatte. Für seine Bemühung sollte er eine nach damaligen Verhältnissen bedeutende Summe erhalten. Dass er die Arbeit in befriedigender Weise erledigt hat, lässt sich daraus schliessen, dass der König drei Jahre nachher bei ihm eine neue Bestellung für die Wasserkunst auf Haderslevhus machte [325]). Wie glücklich er hierbei gewesen ist, geht am besten daraus hervor, dass ungeachtet ihrer sonstigen Sparsamkeit die Regierungsräthe nicht umhin konnten, ein Seitenstück zu dieser Arbeit bei ihm zu bestellen, welches im Schlosshofe zu Koldinghus aufgestellt werden sollte [326]). Dieses war vermuthlich sein letzter Triumph: bald nachher muss er gestorben sein; jedenfalls wurde die übernommene Arbeit nicht ausgeführt.

Die Männer, welche die erste Begeisterung für die Wasserkünste und ihre eigenthümliche Schönheit getheilt hatten, waren allmählich dahingegangen. Ein neues, sinnigeres Geschlecht war herangewachsen, welches das Ganze mit gleichgültigeren Augen ansah. Man bekommt von diesem Geiste einen Eindruck, wenn man die Bestimmungen hört, die in der letzten Zeit der vormundschaftlichen Regierung getroffen wurden. Als der unschöne Anblick der verfallenen Wasserkunst im Burghofe von Koldinghus endlich die Regierungsräthe dazu zwang, Etwas zu thun, so wandten sie sich zwar an einen Steinhauer; aber dieses Mal lautete die Bestellung nicht, wie zur Zeit Hermann Steinhauers. Die Bezahlung war wohl die nämliche; allein er musste jetzt für diese Summe sowohl Metall, als Gestein liefern [327]). Man war augenscheinlich nicht gelaunt, allzu viel zu opfern. Dieselbe Stimmung klang hindurch, als man zur Errichtung einer ganz neuen Wasserkunst auf Malmöhus nur 800 Kronen bewilligte [328]); und zu einem deutlichen Ausdrucke kam sie, als man auf Vordingborg und Skanderborg, wo die früher angelegten Wasserkünste in Unordnung gekommen waren, sich darauf beschränkte, an ihrer Stelle eine Pumpe anbringen zu lassen [329]).

Aber mit der Thronbesteigung Christian's IV (im Jahre 1596) begann wieder eine günstigere Zeit. Denn wie weit er auch übrigens von seinem Vater und Grossvater abwich, in Einem Stücke ward er den Traditionen seines Geschlechtes nicht untreu, nämlich in der Liebe zu Wasserkünsten. Die alten Reichsräthe brauchten sich in dieser Hinsicht der ihm gewordenen Erziehung nicht zu schämen. Sein vorzüglichstes Werk war Frederiksborg. Freilich verrieth er hier einen auffallenden Mangel an Ideen, indem er den Grundgedanken von dem Neptunsbrunnen auf Kronborg entlehnte und sich nur darauf beschränkte, ein Weniges in der Zeichnung desselben zu ändern. Aber die hierfür geopferten Summen waren völlig so grossartig, wie unter seinem Vater, und in Einer Hinsicht übertraf sein Werk die früheren, sofern auf Frederiksborg das Wasser durch eine noch grössere Anzahl Röhren geleitet wurde, als auf Kronborg. Das Wasser wurde nicht bloss in die Küche und zum Bratheerd, in die Badestube und nach dem »Silberbrunnen« ins Gemach des Königs hinauf geleitet, sondern ebenso in den Weinkeller, ja zu den Krippen in den Ställen. War es draussen in dem See selber, so erhob es sich in hohen Sprungstrahlen aus einem von Hunden verfolgten Hirsch aus Metall[330]).

Alle diese Werke, die Friedrich's II wie auch die Christian's IV, hatten dasselbe Schicksal. Die in Jütland gelegenen wurden während des dreissigjährigen Krieges zerstört, die zwei berühmten Neptunsbrunnen auf Kronborg und Frederiksborg während des Krieges mit Schweden 1658—60. Seitdem war die goldene Zeit der Springbrunnen, oder richtiger »der Wasserkünste« in Dänemark vorüber. Nicht einmal das absolutistische Königsregiment führte diese Art von Ausschmückungen wieder ein, wozu doch das Beispiel von Versailles die natürlichste Versuchung sein konnte.

Blicken wir auf ihre Blüthezeit zurück und fragen wir nach den Ursachen, warum sie so kurz währte, so liegt die Antwort nahe. In ihrer damaligen Gestalt waren sie ein so weit getriebener Luxus, dass sie sich unmöglich auf die Länge halten konnten. Nicht bloss die Anlage erforderte enorme Ausgaben, sondern vollkommen ebenso viel die Unterhaltung. Man erstaunt über den beharrlichen Charakter jener Zeit, wenn man darauf achtet, wie die Arbeit unablässig aufs Neue gemacht werden musste. Friedrich II legte in den Jahren 1571—75 die Wasserkünste an auf Frederiksborg, Koldinghus und Skanderborg. Nicht zehn Jahre nachher musste schon die Wasserkunst auf Frederiksborg so gut wie völlig umgelegt werden[331]), und im Sommer nach Friedrich's II Tod war das Nämliche der Fall mit den Anlagen auf Skanderborg[332]). Die Regierungsräthe suchten Solches zu vermeiden, indem sie einen Wasserkünstler hoch besoldeten, welcher beständig die Wasserleitungen auf Skanderborg und Koldinghus unter seiner Aufsicht haben sollte[333]). Drei Jahre nachher war man genau wieder so weit, dass diese beiden Anlagen einer grossartigen Hauptreparatur unterworfen werden mussten[334]). Friedrich II hatte sowohl auf Riberhus als auf Vordingborg eine Wasserkunst anlegen lassen. Ein paar Jahre nachher waren sie so wenig in Ordnung, dass die Bauern das Wasser nach Vordingborg fahren mussten, und die Bewohner von Riberhus noch froh waren, wenn sie das Wasser nur aus dem Schlossgraben zu sich hereinleiten konnten[335]). Christian IV traf ohne Zweifel den Nagel auf den Kopf, als er auf Frederiksborg die unterirdischen Holzröhren abschaffte, welche nothwendig bald verfaulen mussten, und die Leitung in Form von Bleiröhren legen liess, die von einer gemauerten Wölbung umgeben waren. Nichts desto weniger hatte er den Verdruss, kurz nachdem der Neptunsbrunnen aufgestellt worden, diesen wegen gestörter Ordnung in der Leitung wieder niederreissen zu müssen[336]).

Die Begeisterung für die Wasserkünste war ein echtes Kind der Renaissance, ein charakteristisches Erzeugniss der Zeit, deren Sinn hauptsächlich auf das Reiche, das Frische, das Sprudelnde gerichtet war. Aber es ging mit den Wasserkünsten im Norden, wie mit so vielem Anderen, Edleren und Besseren, was durch die Renaissance dort eingeführt war. Die Zeit war noch nicht gekommen. Ohne eine Wurzel zu haben in der Natur der Verhältnisse, ohne irgend eine innere Quelle, welche diese Formen hätte erfüllen und ihnen Leben mittheilen können, verlor die Bewegung sich wieder. Sie war nur etwas Geborgtes und ward niemals zum Eigenthum.

Das Innere der Gebäude. Wenn man durch die Thurmpforte eintrat, um die Wendeltreppe emporzusteigen, so schlug Einem sogleich jene eigenthümliche Luft entgegen, welche sich niemals verzog, wie alt auch das Gebäude werden mochte. Eiskalt bis tief hinein in den Sommer, schwül, beinahe drückend noch um die Weinachtszeit war sie — eine einfache Folge der dicken Mauern — beständig um eine

Jahreszeit hinter dem Leben, das draussen sich regte, zurück. Sie stimmte wohl überein mit dem ganzen Gepräge des Hauses. Denn über das Ganze war, vom Boden bis zum Keller, etwas Eingeschlossenes, Tristes und Betäubendes ausgebreitet, was der ernsten Bestimmung des Hauses entsprach. Dieses eigenthümliche Gepräge war auch die vorzüglichste Kunst der Renaissance nicht im Stande völlig zu verwischen. Man konnte es so artig, wie man wollte, verschleiern: immer wieder brach doch die einfache Wahrheit durch, dass dieses Haus nur ein steinerner Verschluss war, ein abgesperrter Schlupfwinkel, wohin der Feind sowenig, wie Licht und Luft hineindringen konnten. Deshalb konnte auch keiner dieser Räume an und für sich behaglich sein. Wenn an einem Winterabend der Schnee trieb, und der Sturm polternd den Kamin hinunterfuhr, dann mochte sich wohl ein flüchtiger Schimmer von Wohlbehagen über diesen halbdunklen Steinraum verbreiten; aber der bedeutete doch weiter nichts, als: »zur Nachtzeit thut's nicht gut, sich draussen umherzutreiben«.

Wollen wir näher zu bestimmen suchen, worin dieses Düstere und Drückende bestand, so rührte es von Zuständen her, welche der Zweck der Vertheidigung nothwendig machte. Schon die dicken Mauern gaben den Formen der Zimmer etwas Plumpes und Gefängnissmässiges; weit schlimmer war aber der Einfluss, den jener Zweck auf die Fenster übte. Diese gross und hell zu machen, war ja unthunlich. Dadurch hätte man auf einmal alle die Sicherheit wieder geopfert, welche man sich, Stein auf Stein, in der Mauer mit vieler Mühe geschaffen hatte. Der Fensteröffnungen durften eben nur so wenige sein, und dazu so kleine, wie irgend möglich [337]). Ganz unleidlich wäre diese Forderung geworden, wenn man ihnen nicht zugleich das Recht eingeräumt hätte, nach innen sich trichterförmig zu erweitern. Hierdurch konnte doch ziemlich viel mehr Licht in das Zimmer fallen, als die kleine Oeffnung zu versprechen schien; und vor Allem war man so im Stande, von einem gesicherten Punkte nach sehr verschiedenen Richtungen hinaus zu schiessen. Aber dieses Zugeständniss wurde wieder sehr eingeschränkt. Das Fenster durfte in keiner Weise die Möglichkeit gewähren, durch dasselbe hineinzukriechen. In den niederen Stockwerken, wo diese Gefahr nahe lag, musste es daher mit Eisenstangen tüchtig vergittert werden, wie in einem Gefängniss [339]).

Selbst in einem Gefängniss strebt ja Alles dem Lichte zu. Dasselbe war hier der Fall. An der Seite, in den Fenstervertiefungen der Mauer, waren häufig Absätze angebracht, Mauersitze oder eigentliche Steinbänke [339]), wo man die Vortheile, die das Fenster gewährt, geniessen konnte. Diese Plätze waren gewiss sehr beliebt. Oben im Rittersaale, von wo eine weite Aussicht war, von keinem Eisengitter versperrt, sass man da vortrefflich zu Zweien, mit den Beinen auf der Kanone zwischen sich. Unten in der Wohnstube waren sie den Umständen nach den Tag über für die Frauen und ihre Arbeit der beste Platz.

Das sparsamste Licht fiel auf die Stubendecke. Die Dunkelheit dort oben wurde dadurch noch vermehrt, dass die Decke hoch war [340]), in den unteren Stockwerken in der Regel gewölbt, um ihr mehr Stärke zu verleihen. War die Stube gross, so wurde das Gewölbe oft von einem Pfeiler in der Mitte getragen, welcher gleich einer schweren Tropfsteinmasse sich herabsenkte und in das Innere der Stube seinen Schatten warf. Ungeachtet ihrer Höhe ruhte die Decke wie ein grauer, unbestimmter Druck auf der Stube, düster beim Tageslicht, beim Kerzenglanze ein Sammelplatz für Qualm und Rauch.

Auf seine Art war der Fussboden die anmuthigste Partie der Stube. Die Rücksicht auf Sicherung nöthigte zwar dazu, dass man ihn aus Stein herstellte; war er aber nicht aus den grossen, groben Steinplatten, sondern in Figuren aus schwarzen und weissen »Astraks« zusammengefügt, so konnte er recht freundlich aussehen. Hierbei war indessen ein anderer Uebelstand. Selten oder fast niemals trocken — Sommers feucht von der abgekühlten Luft, welche sich wie Thau auf die Fliesen legte, Winters von nassem Fusszeug und dergleichen besudelt — zeigte er sich fast nie in ansprechender Gestalt. Hierzu kam, dass er in hohem Grade fusskalt war. Der geringen Wärme, die der Kamin gewährte, konnten doch mit Pelz gefütterte Kleider zu Hülfe kommen; aber am schwierigsten waren die Füsse zu schützen. Wehe der Frau, welche den ganzen Tag auf einem solchen Fussboden stille sitzen und arbeiten musste; wehe dem Manne, welcher mit durchnässten Strümpfen nach Hause kam! Nur Ein Mittel half, der Balsam des Abends: im Kreise um den Kamin zu sitzen mit vorgestreckten, entblössten Füssen[341]). Es gehörte dazu ein unverwüstlicher Humor, und vor Allem eine gute Gesundheit, um in diesen Stuben sich wohl zu fühlen.

Bei der Vertheilung der Zimmer befolgte man so ziemlich eine gemeinsame Grundregel. Sehen wir hinweg von jenen, dem Einsturz nahen Herrenhöfen, wo jede Stube noch ein kleines Haus für sich ausmachte, einem zerzausten, baufälligen Haufen hinter dem Burggraben, und ebenso von jenen einsamen »Kernen« und Thürmen, einer längst veralteten Bauart, so waren die neuen Hauptgebäude, mochten sie bloss ein Haus ausmachen, oder einen vierflügeligen Hof, alle inwendig auf dieselbe Weise geordnet. Selbst die in die Höhe geschossenen Formen, mit den kleinen Hörnern an den Ecken, wie Vik, Bergqvara und Örbyhus, welche an zehn Stockwerke hoch, sich noch nicht entschieden zu haben schienen, ob sie Thürme oder Häuser sein wollten, gehorchten in der That dem Gebot desselben Organismus.

Der Plan für die Anlage war in hohem Grade einfach und natürlich. Im Keller die Küche und allerlei Bequemlichkeiten, oft auch zugleich die Gesindestube. Im Erdgeschoss die Wohnungsräume der Familie; im ersten Saale Fremdenkammern und Rittersaal, oder, wenn das Haus drei Stockwerke hatte, alsdann der Rittersaal in dem obersten. Der Bau war nach Weise der Pflanzen geordnet. Seine Nahrung zog er an sich mittels unterirdischer Partien; ganz oben entfaltete er seine Blüthe.

Der Keller umschloss also alle die Räume, welche zur

Speisebereitung und Aufbewahrung der Lebensmittel und des Brennmaterials dienten. An den Ecken derselben war in der Regel der Aufgang zu den Thürmen, welche zuweilen um der Sicherheit willen nur durch diese unterirdischen Wege mit dem übrigen Gebäude in Verbindung standen. Jedoch war diese unbequeme Ordnung in den meisten neueren Gebäuden gewiss aufgegeben. Dagegen blieb an manchen Orten der Keller auch ferner noch der Sitz für den am stärksten bevölkerten Raum des Hauses, nämlich die Gesindestube[342]).

Wie schon der Name (Borgestuen, d. h. die Burgstube) anzeigte, war dies offenbar die wichtigste Stube der Burg, zur Zeit jener »Kerne« der Hauptraum des Thurmes, und auch in der Folgezeit noch eines der Zimmer, die zu gleicher Zeit den meisten Platz einnahmen und die meiste Bürgschaft gewährten für die Sicherheit der Burg. Aber auf der anderen Seite war sie in Friedenszeiten mit ihrer zahlreichen und unruhigen Bevölkerung, wohin im Gebäude sie auch gelegt wurde, unbequem, im Keller für die Hausfrau und die Küchenmädchen eine störende Nachbarschaft, oben im Hause weit abgelegen, um Speisen dahin zu schaffen, und eine Veranlassung zu beständigem Tumult auf der Wendeltreppe. Daher hatte es seine grosse Schwierigkeit, die Gesindestube am rechten Platze anzubringen. Die Aufgabe wurde auf verschiedene Art gelöst, kaum irgendwo zu völliger Zufriedenheit.

Eine Art, die Sache zu ordnen, bestand darin, dass man die Gesindestube nicht in den Keller verlegte, sondern gerade über denselben, so dass man die Speisen leicht dahin bringen konnte, ohne dass doch die beiden Bevölkerungen sonst mit einander zu schaffen bekamen. So hatte man sich auf dem alten Schlosse »Krogen« verhalten, wo die Gesindestube im östlichen Flügel, gegen den Sund hinaus, das ganze Erdgeschoss einnahm[343]). Ungefähr auf ähnliche Weise scheint man die Einrichtung auf Kronborg getroffen zu haben[344]). An anderen Orten scheint es, dass man die Knechte ihre Mahlzeit im Keller dicht neben der Küche halten, die übrige Tageszeit aber in einer darüber gelegenen Gesindestube sich aufhalten liess. So z. B. auf Glimminge[345]). Zufolge der Hofordnung Christian's III dagegen sollten die Knechte die ganze Zeit in derselben Stube, in welcher gespeist wurde, zubringen, weshalb denn nach Beendigung der Mahlzeit sofort gefegt werden sollte[346]). Auf Gisselfeld scheint man die Gesindestube so weit, wie irgend möglich, von der Küche ab verlegt zu haben, da hier die Stube der Knechte sich im obersten Stockwerk des Nordflügels befand[347]).

Auf welcherlei Art aber auch die Sache mochte geordnet werden, etwas Missliches war bei der einen wie bei der anderen. Der Grund lag nicht am wenigsten darin, dass die Bevölkerung der Gesindestube äusserst bunt zusammengesetzt war. Sie bestand damals nicht, wie heutigen Tages, allein aus Dienstleuten zur Ausführung der landwirthschaftlichen Arbeiten. Dergleichen besorgten grösstentheils die frohnpflichtigen Bauern, und der nothwendige, feste Stock von Viehknechten, Schweinehirten u. s. w. fand sein Unterkommen auf dem Wirthschaftshofe. Nein, die hauptsächliche Mannschaft der Gesindestube bestand aus handfesten Knechten, der Besatzung des Hofes im engeren Sinne, welche nur zur Vertheidigung der Burg da war, und mit friedlichen Arbeiten sich bloss insoweit abgab, als sie für die Pferde und Jagdhunde des Burghofes sorgten. Nachdem sie im Stalle ihre Geschäfte abgemacht, nach der Scheibe geschossen, ihre Kräfte versucht hatten, war in der Regel das Tagewerk zu Ende. Der Rest des Tages wurde, je nach der Natur eines Jeden, dem Schlafe, dem Glücksspiel, der Tändelei, oder dem Bierkruge gewidmet.

Gegenüber dieser etwas unheimlichen Bande stachen einige junge Männer durch ihr Aussehen und Wesen auffallend ab. Das waren junge Edelleute, welche in diesen eigenthümlichen Umgebungen ihre Erziehung vollendeten, welche, nach dem Ausdrucke jener Zeit, »Reiterei und Gottesfurcht« lernten. Von ihrem dreizehnten, vierzehnten Jahre, bis sie zwanzig und einige Jahre hinter sich hatten und nun für »wehrhaft«

erklärt werden konnten, dienten sie häufig hier als Knappen und lernten die Kunst, im Leben sich zu drehen und zu wenden. Die Lehrzeit konnte oft schwer genug sein; von morgens bis abends mussten sie sich in ritterlichen Thaten üben, Stösse von den Stärkeren sich gefallen lassen, Pferde striegeln, wie Hundejungen die Koppel auf die Jagd hinaustreiben — »ich hatte manchen Teufelstag in Sümpfen und Mooren«, sagt Tyge Krabbe von diesem seinem Jugendleben [348]) — und endlich, wenn alle Anderen sich ausruhten und Mahlzeit hielten, oben bei der Herrschaft am Tische stehen und in den Speisestunden die Aufwartung besorgen. Mancher, der als Mann mehr als Einen Herrenhof zu eigen bekam, musste so von unten auf sich mühselig den Weg bahnen zu den Vorzügen, für welche er geboren war.

Aber Dieses gab eben der Bevölkerung der Gesindestube ihr eigenthümliches, buntes Gepräge. Hier, in dieser Gemeinschaft, welche mit eiserner Hand im Zaum gehalten werden musste und unter sich kein anderes Recht als das des Stärkeren anerkannte, hier begegneten sich die grössten Gegensätze des Lebens, künftige Lenker von Ländern und Reichen und verlaufenes Pack, welches nur durch einen Zufall bisher dem Galgen entgangen war. Wenn sie alle dann tobend auf dem Hofplatze rangen, so war es nicht immer nur am Küchenfenster, wo neugierige Augen ausguckten und dem Kampfe zuschauten; und mitunter konnte es wohl geschehen, dass der Hausherr Abends in die Gesindestube hinabschlich, um unter dem Vorwande, er wolle die Mannschaft derselben zur Ordnung bringen, Jugenderinnerungen in der lustigen Gesellschaft aufzufrischen.

Unter diesen Umständen wird man es verstehen, dass die Gesindestube mit ihrem ganzen Leben eine ganz eigenthümliche Stellung einnehmen musste, halb ein unvermeidliches Uebel und halb die anziehendste Macht des Hofes. Ihre Bedeutung offenbarte sich nicht allein in Kriegszeiten: selbst im tiefsten Frieden war sie es, welche mehr, als man vielleicht gestehen wollte, Aller Sinne von den Jüngsten bis zu den Aeltesten beschäftigte.

Diese ihre Doppelstellung machte sich auch in ihrer äusseren Ausstattung geltend. Von einer Seite gesehen, war sie von allen Zimmern in der ganzen Burg das dürftigste: ein plumper Tisch, Bänke längs der Wand zu Sitz- und Schlafplätzen, Wandhaken, um seine Sachen daran zu hängen — das war die ganze Herrlichkeit. Selbst auf Herrenhöfen, wie Jungshoved[349]), Hindsgavl[350]) und vielen anderen, wo es eine besondere Schlafkammer für die junge Mannschaft gab, führte dieser Umstand kaum eine reichere Ausstattung mit sich. Gewiss gehörte es zu den grossen Seltenheiten, dass ein Haus so luxuriös versorgt war, wie das der Magdalena Krognos, unter deren Brautaussteuer, am Anfange des Jahrhunderts, sich sogar ein Gardinen-Mantel befand, um in der Gesindestube längs der Decke angebracht zu werden, und ein tuchener Ueberwurf für die Bänke derselben bei grossen Festen[351]). Aber trotz dieser Dürftigkeit zeichnete sich die Gesindestube dennoch in ihrer Weise aus. Sie war entschieden von allen, im täglichen Gebrauche befindlichen, Räumen der Burg der mächtigste, und gab auf einzelnen Höfen nicht einmal dem Rittersaale nach. Der Tisch in der Gesindestube von Malmöhus war zwölf Ellen lang[352]); auf Kronborg hatte man gänzlich darauf verzichten müssen, einen einzelnen Tisch aufzustellen, und hatte dafür sechs Scheiben[353]). Auf dem alten »Krogen«-Schlosse war die Gesindestube 9 Ellen hoch, 18 Ellen breit und nicht weniger als 86 Ellen lang[354]).

Galt der Besuch dem Burgherrn und seiner Familie, so wurde man auf der Wendeltreppe hinaufgeführt in die Tägliche, oder die Wohnstube. Sie führte jedoch nicht diesen Namen, sondern wurde entweder mit dem Vornamen des Hausherrn genannt: »Björns Kammer«, »Corfits' Kammer«, »Niels' Kammer« u. s. w., seltener seiner bürgerlichen Stellung nach, z. B. »Lehnsmanns Kammer«[355]), oder auch mit ihrem altväterischen Namen: »Winterstube«. Dies war eigentlich

ein Ehrentitel, welcher darauf deutete, dass die Stube mit
einem Kamin versehen war. Später, als das nichts Aus-
zeichnendes mehr für sie allein war, verlor der Name seine
Berechtigung, erhielt sich aber dennoch kraft des Herkommens
auch ferner. So waren es denn nicht bloss Uranienborg,
Gisselfeld, Jungshoved und andere Höfe aus älterer Zeit, wo
man die Wohnstube die Winterstube nannte[356]): der Name
wurde sogar auf neue Gebäude übertragen, welche seit ihrer
Erbauung in jedem Zimmer einen Kachelofen oder Kamin
hatten, so z. B. das neue Frederiksborg, Rosenborg u. a. m.[357]).

Die Wohnstube lag freilich in der Regel gegen den
Burghof hin, damit sie bei einem Angriffe so gut wie möglich gedeckt liegen, und bei friedlichen Zuständen die Aussicht gewähren möge auf das, was hier vorging. Uebrigens
war sie auf gewöhnliche Weise mit gewölbter Decke, steiner-
nem Fussboden und vergitterten Fenstern versehen. Längs
der Wand lief, völlig nach dem Geschmacke jener Zeit, eine
Reihe fester Bänke mit Paneel in Manneshöhe hinter dem
Rücken, in der einen Ecke der massive eichene Tisch, in der
entgegengesetzten der Kamin und das grosse Himmelbett,
Alles so, wie wir es aus den Stadtwohnungen kennen.

Sah man genauer zu, so entdeckte man jedoch bald,
dass man sich auf dem Lande bei einem Edelmann befand.
Das merkte man schon an dem grossen Jagdhund, welcher
sich auf dem Fussboden ausstreckte, ganz behaglich, ohne Spur
einer durchgeschnittenen Sehne an den Vorderfüssen, wie bei
seinen nichtadeligen Brüdern. Aber Dasselbe zeigte sich auch
in der leblosen Bevölkerung der Stube. Da waren zuerst die
eigenthümlichen Verzierungen über den Thüren, zuweilen an
den Wänden, ja zugleich über dem Kamin: mächtige Hirschgeweihe, Zeugen von dem Reichthum und der Jägergeschick-
lichkeit des Hausherrn. Meistens waren es nur die Geweihe,
die man dort angebracht hatte; in Deutschland ging man
weiter und malte an die Wand Jagdstücke, in denen, um die
Sache recht natürlich zu machen, die Thierköpfe von erhöhter
Arbeit und mit wirklichem Geweih versehen waren[358]). Ob

dieses der Zweck war, zu welchem Esge Bildo seinen Tischler auf dem Hofe Mogenstrup fünf Hirschköpfe machen liess, ist zwar nicht ausgemacht; aber wenigstens ging man in einer anderen Beziehung in Dänemark ganz gut mit der Mode. Es hat etwas Drolliges, wenn man auf einem kleinen Punkte, wie dieser, dreihundert Jahre nachher jenem Geschlechte in die Karten gucken und sehen kann, wie es von Humbug nicht frei war. Es war nämlich eine Lieblingssitte, insgeheim seine Jagderfolge dadurch zu steigern, dass man Enden in die Geweihe einfügte. Wurde das gut gemacht, und das Ganze so hoch angebracht, dass es den Thürrahmen überragte, so sollte Niemand den Kunstgriff entdecken. Man begnügte sich alsdann nicht mehr mit »Zwanzig-Endern«, sondern trieb es bis zu »Fünfundzwanzig-Endern«, und noch darüber. Es ist nicht zu bezweifeln, dass z. B. der erwähnte Esge Bilde seinen Zeitgenossen als Jäger Achtung eingeflösst hat; er hätte aber wohl gethan, wenn er alsbald ein kleines vertrauliches Schreiben vernichtet hätte, wie dieses von seinem Vogte: »der Maler hat jetzt das Hirschgeweih, welches der König Euch schenkte, verbessert, so dass es jetzt mit 25 Enden versehen ist; und die anderen sind gleichfalls mit so viel Enden verbessert, als nur darauf Platz haben«[359]).

Ausser den übrigen Jagdrequisiten, dem Staatsring für die Koppel, der Hundepeitsche, dem Pulverhorn und Büchsen, wovon jede deutlich verrieth, bei wem man sich befand, war in der Stube noch eine kleine Partie, welche von der Wohnstube der städtischen Häuser abwich. Das war die Bibliothek des Hauses. Mochte der Hausherr ein studirter Mann sein, oder in seiner Jugend sich damit begnügt haben, nur »Reiterei und Gottesfurcht« zu erlernen: in der Regel wurde die Büchersammlung mit besonderem Respekte behandelt und droben auf einem Regal, hoch über dem Alltagstreiben des Lebens, aufgestellt. Die Anzahl der Bücher war natürlich verschieden, jedoch in seltenen Fällen sonderlich gross; aber so klein sie auch war, es fehlten fast niemals zwei von höchst verschiedener

Art: ein Buch über Pferdeheilkunde und eine Bibel mit Spangen.

Das erstere war etwas ziemlich Unentbehrliches auf dem Lande, wo man darauf angewiesen war, sich selbst zu helfen. Gegen menschliche Krankheiten konnte man Hausmittel anwenden; und in solchen hatten die Frauen jener Zeit eine weit grössere Erfahrung, als jetzt gewöhnlich der Fall ist. Aber der Viehbestand fiel dem Manne zu; und unter den Thieren stand keines im Werthe so hoch und war in Krankheitsfällen so schnell geliefert, wie das Pferd. Auf diesem Gebiete war daher die Zeit viel kundiger, als man erwarten sollte; gute Bücher über Pferdeheilkunde, handschriftliche oder gedruckte, befanden sich auf den meisten Höfen. Am Rande oder auf dem Schlussblatt erbot sich immer noch etwas Platz, um ein paar gute Rathschläge aufzuzeichnen, welche die übrigen Insassen des Viehstalles und den Ackerbau betrafen.

Die Bedeutung der Spangen-Bibel erstreckte sich weit über ihre Verwendung für die tägliche Hausandacht. Auf diesem specielleren Gebiete hatte sie gewiss einen gefährlichen Nebenbuhler an dem Gesangbuch, welches völlig so gut zum Herzen sprach und verständlicher war, als jene oft holperige und dunkle Uebersetzung der Schrift. Aber was die schwere Bibel zu einem Familienstücke von unvergleichlichem Werth machte, waren ihre schriftlichen Anhänge. Schlug man sie nämlich auf, so zeigte es sich, dass vorne, oder hinten eine Anzahl weisser Blätter hineingebunden war, welche zu Familien-Aufzeichnungen bestimmt waren. Hier wurden von Geschlecht zu Geschlecht die Geburten, Taufen, Hochzeiten und Todesfälle der Familie sorgfältig eingetragen; hier stand zu lesen, von wem man abstammte, die Reihe der Ahnen, so weit man sie kannte. Mit Recht war dies ein köstliches Erbgut: denn im Nothfall konnte es als Adelsbrief, Tauf- und Trauungs-Attest dienen. Und etwas eigenthümlich Beruhigendes lag darin, alle Namen der Familie gerade in diesem Buche eingeschrieben zu wissen, welches wie ein heiliger

Zeuge über ihrem Thun und Lassen wachte von der Wiege bis zum Grabe.

Und wie er dort oben stand, hatte er's leicht, die Augen über ihnen allen offen zu halten: denn in dieser Stube hatten sie ihr Wesen den ganzen Tag hindurch. Die »Winterstube« war nämlich ihrer Bestimmung zufolge ebenso, wie die »tägliche Stube« in den Städten, darauf berechnet, die ganze Familie Tag und Nacht zu beherbergen, zu gleicher Zeit des Mannes Zimmer, der gemeinschaftliche Aufenthaltsort, Speisestube und Schlafkammer. Es ist zum Erstaunen, wie hartnäckig man hier, wo doch Alles dagegen zu sprechen schien, an der alten Sitte festhielt. Wir haben früher uns zu erklären versucht, worauf doch diese wunderbare Macht des Vererbten über die Gemüther beruhte, eine Macht, die sich bei Allen, von den Höchsten bis zu den Niedrigsten, gleich wirksam zeigte. Wir wollen hier nur ein paar Umstände näher in Betracht ziehen, welche von aussen, gleichsam mit Gewalt, aber nur mit geringem Erfolge, den Zauber zu brechen und die Familie in die vielen leeren Stuben hinaus zu drängen suchten.

Es war einleuchtend, dass solches sich Einschliessen in denselben Raum auf dem Lande noch weniger natürlich war, als in der Stadt. In den Städten war man doch so ziemlich sicher, dass die Gäste um die Abendzeit wieder davongehen würden, so dass man während der Nacht für sich sein werde; und die grösseren Zusammenkünfte liessen sich gewöhnlich im Voraus berechnen, so dass die »grosse Stube« dafür im Stande sein konnte. Auf dem Lande aber konnte man ganz unerwartet Gäste bekommen, welche sich für einen ganzen Tag, oder mehrere, niederliessen und gerade nicht mit den Hühnern zu Bette zu bringen waren. Und blieben solche Fremde gar zu lange aus, so konnte ein Familienvater in seiner Noth leicht ein paar Leute aus der Gesindestube heraufrufen, um mit einem Abend fertig zu werden. In beiden Fällen endete die Sache unfehlbar damit, dass alle Männer berauscht wurden.

Diese Umstände hatten frühzeitig die Nothwendigkeit herbeigeführt, für die Frauen einen besonderen Raum zu schaffen. Schon auf den ältesten Höfen, wo jedes Zimmer ein Haus für sich war, kommt ein solcher unter den Namen »die Frauenstube« vor[360]); und in allen Herrenhäusern der neueren Zeit gab es eine Stube unter diesem Namen[361]). Auf Malmöhus, Hjelmsögaard, und gewiss auf noch mehreren der grösseren Burgen, gab es sogar zwei Frauenstuben[362]). Der Zweck dieser Frauenstuben war einfach dieser, dass die Töchter des Hauses unter ungewöhnlichen Verhältnissen, und reisende Frauen, sowie adelige Jungfrauen, die in der Familie auferzogen wurden, jederzeit hier einen sicheren Zufluchtsort finden könnten, sowohl für ihre Beschäftigungen geeignet wie auch als Ruhestätte. Es war daher eben nicht als etwas Zufälliges anzusehen, dass diese Zimmer in der Regel darauf eingerichtet waren, sie von innen tüchtig verschliessen zu können. In der Frauenstube auf dem Schloss Nyköping in Schweden waren sogar, ausser gewöhnlichen Riegeln, oder Schiebern, drei verschiedene Schlösser: »ein doppeltes Thürschloss und zwei gewöhnliche Thürschlösser«[363]).

Die Ausstattung der Frauenstube stimmte mit derjenigen der Wohnstube überein: Bänke längs der Wand, ein oder mehrere Betten — auf Malmöhus gab es in der einen Frauenstube sogar drei Betten —, einen langen Tisch, oder ein paar Scheiben längs der Bank[364]). Die Grösse beider Zimmer war ohne Zweifel dieselbe: insoweit schien also die Frauenstube fähig, den Wettkampf mit der Wohnstube bestehen zu können. Und in Einem Punkte war sie augenscheinlich weit besser gestellt, als diese, nämlich in Betreff der Behaglichkeit, wie eben sie der Frauen Hand zu schaffen vermag. Hier, wo sie, von anderen Rücksichten unabhängig, sich ganz nach ihrer Herzens Lust einrichten konnten, musste ja alle Veranlassung sein, einen besonders gemüthlichen Raum herzustellen, das Daheim im Daheim, das Haus im Hause. Dass es an der Neigung hierzu nicht gefehlt, davon sind manche Spuren vorhanden. So erhielt z. B. Magdalene Krognos eine gewählte Aussteuer an Tapeten, Polstern und Banküberzügen, gerade für ihre Frauenstube[365]). Auf Malmöhus wurden in diesem Raume alle die kleinen Behaglichkeiten angebracht, welche vielleicht den strengeren Anforderungen der Vertheidigung widersprachen, aber die Stube sowohl freundlich als bequem machen konnten: ein Erker an der Aussenwand mit freier Aussicht nach verschiedenen Seiten, eine kleine Treppe in der Ecke der Stube nach dem oberen Stockwerk hinauf[366]) u. s. w. u. s. w. Hätte diese Tendenz freien Lauf bekommen, so würde das Ende gewesen sein, dass die Frauenstube zum eigentlichen Mittelpunkt des Hauses ward, während die Wohnstube zum blossen Geschäftszimmer des Mannes herabgesunken wäre.

Aber aller Anläufe ungeachtet, blieb die Frauenstube mitten in ihrem Laufe stehen. Sie ward nicht allein ihres Vorsprunges verlustig, sondern wusste nicht einmal ihre Gleichstellung mit der Winterstube geltend zu machen. Sobald sich eine Gelegenheit gab, nahmen die Frauen doch wieder ihre Zuflucht nach der Wohnstube und hielten trotz Gedränges, Lärmens und Trinkens daselbst aus. Die Frauenstube sank zu einem blossen Verbannungsorte herab, aus welchem man mit Freuden entfloh, sobald die Umstände es irgend erlaubten. Ein gründlicherer Beweis, als dieser, kann für die wunderliche Allmacht des gemeinsamen Hausraumes garnicht gefunden werden.

War der Unterschied der Geschlechter nicht im Stande gewesen, den Zauber zu brechen, so vermochte es noch weniger der Unterschied der Jahreszeiten. Von aussen angesehen, war es ja eigentlich nur das Verlangen nach der Kaminwärme, was während des Winters die Vielen in den einen Raum zusammenzwängte. Mit der milderen Jahreszeit musste alsdann doch eine Aenderung eintreten. Und allerdings hören wir denn auch auf einer Menge von herrschaftlichen Höfen von der sogenannten »Sommerstube«[367]) reden, einem für den Aufenthalt in der wärmsten Zeit berechneten Zimmer, einer Art Gartenstube, jedoch ohne Ausgang nach dem Garten. Es ist nicht zu bezweifeln, dass an manchem Orte diese Stube an Freundlichkeit die Winterstube übertroffen hat. So war auf Uranienborg die Decke der ersteren mit Blumenstücken verziert; und während die Winterstube unten und ohne Aussicht dalag, so lag jene im zweiten Stockwerk gegen Abend, mit der entzückenden Aussicht auf die Küste Seelands und davor die von Segelschiffen belebte Strasse des Sundes[368]). Aber dessenungeachtet scheint die Sommerstube nicht wesentlich geholfen zu haben, dass die Familie sich vertheilte. Das war näher besehen auch garnicht der Zweck derselben. Die Idee jener Zeit war gewiss, dass diese Stube einen Ort abgeben sollte, wohin man insgesammt, der ganze Haufe der Familienglieder hinflüchten könne, wenn der Sommer kam, eine Art ländlicher Gelegenheit innerhalb der Burg. Indessen widerstritten Dem allzu sehr andere Verhältnisse: das meiste Hausgeräth war ja fest und nicht transportabel, die Sommerstube lag häufig unbequem für die Thätigkeit des Mannes, und die beabsichtigte Völkerwanderung ward daher in vielen Fällen nur ein flüchtiger Frühjahrsvorsatz.

Die Winterstube blieb denn auch ferner die Alles beherrschende. Wüsste man's nicht besser, so wäre man versucht anzunehmen, dass es überhaupt nur dieses eine bewohnbare Zimmer in dem ganzen Herrenhause gab. Aber, was mehr sagen will, das damalige Geschlecht scheint mitunter selbst von diesem Missverständniss befangen gewesen zu sein. Eine Folge davon war, dass manchmal bei vornehmen Besuchen der Lehnsmann aus seiner Stube ausziehen und sie den Zureisenden abtreten musste. Geschah diess auf kürzeren Besuch, so mochte es noch hingehen, wie z. B., wenn der Lehnsmann auf Roeskildgaard seine Kammer jedesmal dem Könige bei dessen Durchreise überlassen musste. Aber nichts weniger als angenehm ward die Sache, wenn es einen längeren Aufenthalt galt. Man fühlt unwillkürlich Mitleid mit dem Lehnsmann auf Malmöhus, welcher seine Wohnstube abtreten musste, weil Bothwell hier gefangen sitzen sollte[369]), oder mit Hermann Juel auf dem Kallundborger Schlosse, welcher sie räumen musste, weil beabsichtigt wurde, dass der kleine Prinz Ulrich sich auf dem Schlosse aufhalten sollte. Es handelt sich um etwas mehr, als um eine Stube wie jede andere, wenn einige Zeit nachher der nämliche Hermann Juel bittet, ob er nicht wieder heimkehren dürfe, da das Unwetter, wie er behauptet, in dem Zimmer, das ihm zum interimistischen Aufenthalt diente, die Decke zerstört habe. Der König ist indess hart, und Jener erhält nur für so lange die Erlaubniss, seine alte Stube zu bewohnen, bis die neue in Stand gesetzt sei, jedoch gleichzeitig einen Urlaub auf vierzehn Tage [370]).

Ging man nun auch nicht immer bis zu einem solchen Extrem, die Wohnstube als die einzige Stube anzusehen, so bezeugen es doch unzählige kleine Züge, wie man gewohnt war, Alles sich als in einen und denselben Raum hingehörig vorzustellen. Auf Kronborg in dem Empfangs- und Arbeitszimmer der deutschen Kanzlei (welche dem, was wir das Ministerium des Auswärtigen nennen würden, entsprach), einem stattlich mit rothem Tuch überzogenen Zimmer, standen drei Himmelbetten und drei »Schlagbänke« [371]), welche genügend zu verstehen gaben, dass es dem ganzen Ministerium auch als Schlafkabinet diente. Da Christian IV, als Prinz, nach Sorö geschickt wurde, bekam er dort ein einziges Zimmer, in welchem nicht allein er selber speisen und schlafen sollte, sondern welches zugleich seinem Bruder, ihren zwei Hofmeistern und zehn adeligen Knaben, Mittags und Abends zum Speisezimmer diente [372]). Später besuchte er, als König, Dronningborg und wurde nebst seinem Gefolge, also von wenigstens sechs Hofleuten, zu einem Gastgebot bei dem Lehnsmann eingeladen. Da erwähnt nun dieser in seinem Tagebuche, als die natürlichste Sache von der Welt, dass die Festlichkeit in seiner »Kammer« begangen worden sei, das heisst, in seiner und der Familie Wohnstube und Schlafzimmer [373]).

Es ist nicht ohne Interesse, darauf achtzugeben, wie diese gemeinsame Vorstellungsweise, im Verlaufe der nachherigen Entwickelung, sich bei den nordischen Völkern verschieden gestaltet hat. Während man darin einig war, dass man das eine Zimmer in mehrere auflöste, jedes mit seiner besonderen Bestimmung, hat man keine Einigkeit darüber erreicht, welcher Grad von Ansehen dem einen und dem anderen zukommen sollte. In Dänemark und Norwegen herrschte grosse Neigung, die Schlafkammer allen anderen nachzusetzen. Dagegen hat man in Schweden, übereinstimmend mit der in Frankreich stattgefundenen Entwickelung, dem Schlafzimmer eine besondere Bedeutung beigelegt, als dem Allerheiligsten des Hauses. Unter Ludwig XIV galt es als die höchste Ehre, des Königs Schlafgemach betreten zu dürfen. Die nämliche Denkart giebt sich zu erkennen, wenn die Königin Christina von Schweden, um eine Gesandtschaft zu ehren, diese in ihrem Schlafgemach empfing, unter einem Thronhimmel sitzend und von Reichsräthen und den Damen des Hofes umgeben [374]).

Es war also überall in Skandinavien, ebenso wie auch in England [375]), Sitte und Gebrauch, nur eines oder zwei von den Zimmern des Herrenhauses zu bewohnen und die übrigen alle unbenutzt liegen zu lassen. Die Anzahl dieser leer stehenden Räume konnte oft ausserordentlich gross sein. Wo der Hof mit vier Flügeln ausgebaut, und nicht, wie gewöhnlich, nur zwei Stockwerke hoch, sondern mit einem dritten dazu versehen war — wie es z. B. mit Vidsköfle, Timgaard und zum Theil mit Knudstrup, Sandholt, Boller u. m. a. der Fall war [376]) — da mochte man die Zahl der leeren Stuben nach Dutzenden zählen. Nicht einmal jede im Besitze eines besonderen Namens, sondern in der Regel mehrere sich in einen und denselben theilend: »die Kammer vor der rothen Stube«, »die Kammer hinten«, »des Grafen Kammer«, »die kleine Kammer dabei« u. s. w.; und reich versehen, wenn sie eine leere Bettstelle, eine verschlossene Kiste und einige todte Fliegen bargen, so lagen sie da, wie im Schlafe wartend, bis irgend ein grosses Fest sie ins Leben rufen und ihnen die Bedeutung von Fremdenzimmern geben würde.

In dieser stillen Welt waren zwei Räume, die jeder auf seine Weise Anspruch hatten auf besondere Aufmerksamkeit. Der eine ein kleines Zimmer, welches gewöhnlich so sicher wie möglich angebracht war, am liebsten in einem der Thürme, wo die Mauer dick, und die Thür niedrig und schmal war: das war die **Briefkammer**. Diese spielte eine ganz eigenthümliche Rolle, und die Gegenwart hat eigentlich keinen Raum, der diesem an Wichtigkeit gleich käme. Auch der am besten verschlossene, gefüllte Geldschrank ist nicht mit ihm zu vergleichen.

Die Sache war nämlich, dass die Werthsachen, welche die Kammer in sich schloss, viel geringeren Schutz genossen, als heutzutage. Mit Ausnahme des baaren Geldes, lässt sich jetzt ja alles Andere so einigermassen sichern, so dass der Verlust der Papiere nicht nothwendig auch den Verlust der Summen, welche sie repräsentiren, mit sich führt. Anders damals. Baares Geld war in jener Zeit das Sicherste: denn bei den Goldmünzen blieb doch die Möglichkeit, falls der Hof abbrennen sollte, Klumpen des geschmolzenen Metalls in den Ruinen wieder aufzusammeln. Alles Andere aber ging verloren. Oeffentliche Schuldnachweisungen: Obligationen und Aktien, kannte man nicht, geschweige denn die Form der Sicherheit, dass des Eigenthümers Name in anderswo niedergelegten Protokollen verzeichnet wird. Alle Schuldnachweisungen waren private; und verbrannten sie, so konnten die Schuldner ruhig behaupten, dass die Schuld bezahlt sei. So konnte das ganze Guthaben eines Mannes darauf gehen; aber, was schlimmer war, auch das Gehöfte leicht ebenfalls. Denn welcher Beweis war vorhanden, dass man es wirklich besass? Kaufbriefe und Erbtheilungsbriefe waren ja fort, und die Thür einem Jeden geöffnet, der neue Rechtsansprüche geltend machen wollte.

In dieser Beleuchtung muss man den Hang der damaligen Zeit zu Rechtshändeln sehen, um ihn begreifen zu können. Er war ein Produkt theils der herrschenden Unsicherheit, welche zu Missbräuchen reizte, theils des gerade dadurch geweckten Bedürfnisses, die Frage, wer der rechtmässige Besitzer sei, offen und unangreifbar entschieden zu sehen. Unsere Zeit umschifft die Klippe, indem sie alle Beweise für Eigenthumsübertragungen und dergleichen vor Gericht verlesen, also öffentlich kundgegeben und in die Bücher der Obrigkeit eingetragen wissen will; damals aber war ein solches Verfahren noch in seiner Kindheit. Zwar waren gerichtliche Bücher (Tingböger) vorgeschrieben; aber Obrigkeit wie Bevölkerung hatten Mühe, sich an diese neue Sitte zu gewöhnen. Von den »Lagting-Böger« in Norwegen hören wir 1587, dass sie in hohem Grade nachlässig geführt waren[377]), und die Anstrengungen der Regierung in Dänemark scheinen ebenso fruchtlos geblieben zu sein. Im Jahre 1553 wurde befohlen, alle Veräusserungen in Städten vor dem Gerichte vorgehen und im Stadthause aufzeichnen zu lassen, widrigenfalls die Veräusserungen als ungültig zu betrachten sein sollten[378]). Im Jahre 1580 war man nicht weiter, als dass die Regierung selbst eingestehen musste, dass der Befehl nicht beobachtet, ja dass »oft und viel« das einträgliche Verfahren befolgt werde, dasselbe Gut an zwei oder drei Verschiedene zu verkaufen oder zu verpfänden[379]).

Bei dieser Lage der Dinge wird man es verstehen, wie ein Gutsherr in eine verzweifelte Lage kommen konnte, wenn die Briefkammer abbrannte. Vielleicht verlor er dadurch den einzigen Beweis seiner Anwartschaft an den Hof. Vielleicht konnte es bei derselben Gelegenheit laut werden: er habe überhaupt keine gesetzliche Anwartschaft gehabt, da niemals der Kaufbrief gerichtlich verlesen worden. Es blieb nichts Anderes übrig, nachdem einmal das Unglück geschehen und Alles verbrannt war, als sofort sich an den König zu wenden mit der Bitte um Schutz. Vielleicht mochte man dann, durch Hülfe vermögender Freunde und unter dem frischen Eindrucke des überstandenen Unglücks, einen königlichen Schutzbrief erwirken. Dieses war eine Besitz-Urkunde von ganz eigenthümlicher Art. In dieser königlichen Erklärung wurde nämlich ausgesprochen, dass, da alle Briefe des Mannes verbrannt seien, dieser sein Besitzrecht nach keiner Seite beglaubigen könne; er solle aber dennoch aus besonderer königlicher Gnade Alles behalten dürfen, was er bisher unangefochten besass [380]). Ein solcher Brief wehrte allen Lüsternen, sich über die Beute her zu stürzen.

Aber nicht nur durch eine Feuersbrunst konnte der Inhalt der Briefkammer verloren gehen. Dasselbe konnten auch Diebeshände besorgen. Um sich gegen Beides so viel als möglich zu sichern, brachte man gewöhnlich die Briefkammer in einem der Thürme an, wo die Mauern dicker waren, als in dem übrigen Gebäude, und der Eingang in der Regel nur durch Eine Thür. Auf Borreby war die Thür zur Briefkammer ganz niedrig und nur eine Elle breit. Oben unter der gewölbten Decke hing eine grosse Glocke, sieben bis acht Zoll im Durchmesser [381]), welche ohne Zweifel mit der Thür in Verbindung stand, so dass sie läutete, sowie Jemand das Heiligthum betrat.

Das Innere der Briefkammer war überall so ziemlich gleich ausgestattet: nackte Mauern und mitten auf dem Fussboden eine oder mehrere Briefladen. Hier scheinen nämlich verschiedene Ansichten über die zweckmässigste Art, sich zu sichern, obgewaltet zu haben. Man konnte den Dieben ja augenscheinlich in zwiefacher Weise Verlegenheit bereiten: entweder indem man die Briefladen so gross und schwerfällig machte, dass sie nicht hinaus zu schaffen waren, oder indem man deren eine so grosse Menge aufstellte, dass kein Uneingeweihter ahnen konnte, wo die wichtigsten Dokumente zu finden seien. Es gab daher Briefladen aller Grössen. In der Briefkammer auf Söholm waren die Briefe in einem schrankähnlichen Kasten und einer »Arche«, das heisst, einer Lade von mittlerer Grösse [382]). Knud Rud auf Vedbygaard hatte sich dadurch gesichert, dass er die Briefschaften in nicht weniger als 27 Kasten und kleine Laden vertheilte: im Inhaltsverzeichnisse über dieselben musste er zum zweiten Male das Alphabet wieder beginnen, um Bezeichnungen genug für sie alle zu gewinnen [383]). Auf Borreby dagegen hatte man die drei Briefladen so gross gemacht, dass der unglückliche Dieb sie nicht zur Thür hinausschaffen konnte. Jede Lade war wenigstens drei Ellen lang und ungefähr anderthalb Ellen hoch und breit, während die Thür selbst nur eine Elle breit war. Sie müssen darin aufgestellt worden sein, bevor die Mauer aufgeführt war. Es gab keinen anderen Ausweg, als sie am Orte selbst in Stücke zu hauen und alsdann, so gut man konnte, eine Auswahl Dessen zu treffen, was man gebrauchen konnte. So Etwas war indess leichter gesagt, als gethan. Denn jede der mächtigen Eichenladen war mit Eisenbeschlag gepanzert. Als viele Jahre nachher die Briefkammer verfiel, und Jeder, wer wollte, dort freien Durchgang hatte, reizte der Werth dieses Eisens, die alten Laden zu zerstören; dick wie Stangeneisen, soll es zu Hufeisen verwandt worden sein[384]).

Feuersbrünste und Diebe waren jedoch bei Weitem nicht die Einzigen, die von der Briefkammer fernzuhalten waren. Bisweilen konnte es geschehen, dass Jedermann, und wenn's auch der Besitzer selbst war, verboten werden musste, diesen Raum zu betreten. Die verwickelten Eigenthumsverhältnisse jener Zeit, wo Gemeinschaft des Eigenthums, am Hofe wie an Gütern, so gewöhnlich war, konnte leicht solche Zustände herbeiführen, in denen jedes Mal nur Mehrere zugleich, sämmtliche Berechtigte, das Heiligthum betreten durften. In Fällen dieser Art musste man entweder die Thür mit mehreren Hängeschlössern versehen und die Schlüssel an die Betreffenden vertheilen, oder auch Briefladen, Thür und Schlüssel versiegeln, so dass der Beweis geführt werden konnte, dass Niemand auf eigene Hand darin gewesen sei. Man wird in diese Zustände lebendig versetzt, wenn man z. B. eine Erklärung von vier Edelleuten liest, des Inhalts, dass sie im Jahre 1563 auf desfallsiges Ansuchen in der Briefkammer auf Söholm zur Stelle gewesen seien, während die Kinder des Herrn Anders Bilde hineingingen und aus der alten »Arche« einige Briefschaften herausnahmen. Sie bezeugen, dass Alles in Ordnung gewesen sei, die Siegel ganz und wohlerhalten, sowohl an der »Arche«, als an dem Schlüssel zur Thurmkammer [385]).

Unter solchen Umständen ist es begreiflich, dass die Briefkammer für das Volksbewusstsein in einem eigenen, geheimnissvollen Lichte stehen musste. Hinter ihrer Schwelle war ja das Viele geborgen, worauf der Wohlstand der ganzen Familie beruhte; kein ungeweihter Fuss durfte sie betreten. Läutete unter dem Gewölbe darinnen die Glocke, so verkündete sie, dass die Thür zu dem tiefsten Fundamente der Familienverhältnisse sich aufgethan habe, sei es zum Segen oder zum Unsegen. Dieses halb unheimliche Gepräge der Briefkammer ist ausdrucksvoll in der Sage wiedergegeben, welche Christian Friis sterbend zu seiner Ehefrau sagen lässt, sie müsse bereit sein ihm zu folgen, wenn sie die Glocke von der Briefkammer her ertönen höre. Einige Jahre nachher, so wird erzählt, sass sie auf Borreby und spielte Karten mit einigen Frauen und Jungfrauen. Da hörte sie plötzlich die Glocke in der Briefkammer läuten, worauf sie die Karten von sich legte und sagte: »Das ist mein Tod«. In demselben Augenblick bekam sie einen Blutsturz und starb. Die Blutflecken sind noch heute sichtbar auf dem rothen »Astrak« des Fussbodens [386]).

Wenn die Briefkammer nicht allein Urkunden einer einzelnen Familie bergen sollte, sondern die gesammten Briefschaften des Reiches, so erforderte sie natürlich einen bedeutenden Platz. Was Dänemark betrifft, so wurden die Briefschaften des Reiches in dem Gewölbe auf dem alten Thurme »Folen« (das Füllen) in dem Kallundborger Schlosse aufbewahrt [387]). Aber ausser dieser Briefkammer, welche ungefähr Dem entsprach, was die Gegenwart ein Reichsarchiv nennen würde, musste es auf den Schlössern, wo der König sich vorzugsweise aufhielt, einen sicheren Raum geben zur Aufbewahrung seiner mehr persönlichen Briefe, baaren Gelder, Schuldforderungen u. s. w. Dieser Raum führte in Dänemark den wunderlichen Namen: »Drejerkamret« (die Drechslerkammer).

Es ist möglich, dass diese Benennung sich von dem französischen *treillis* (Gitter) herschreibt, weil dieser Raum durch eiserne Gitter besonders abgesperrt war. Die Wortverdrehung würde alsdann nicht grösser sein, als wenn das französische *trésor* in den nordischen Sprachen zu *Dressel* (Schatzkammer) ward. Aber ganz ausgeschlossen ist doch auch nicht die Erklärung, nach welcher jenes Zimmer seinen Namen daher bekommen haben soll, dass eine Drechselbank in ihr stand. Sowohl Christian III als Friedrich II scheinen sich mit Drechseln beschäftigt zu haben, und Christian IV war schon in seinem vierzehnten Jahre in dieser Fertigkeit so geübt, dass er aus Knochen einen Becher mit Deckel herzustellen verstand, welchen er mit Gold beschlagen liess und dem Kanzler Niels Kaas verehrte[388]). Der Inspektor der *Drejerkammer* hiess eine Zeitlang auch des Königs *Svarver*, welches die alte dänische Benennung für das mehr ans Deutsche anklingende *Drejer* ist[389]).

Aber welche Erklärung es für den Namen auch geben möge, gewiss ist, dass auf den meisten der wichtigeren Schlösser Dänemarks, auf Krogen, auf Kronborg, dem Kopenhagener Schlosse, dem neuen Frederiksborg[390] u. s. w., eine *Drejerkammer* war, welche des Königs werthvollste, oder liebste Habe barg. Auf Krogen lag sie gut angebracht zwischen der Schlafkammer des Königs und einem kleinen Gemache für die königlichen Kammerjunker; auf Kronborg lag sie in dem nordwestlichen Thurm[391]). Von dem Inhalt bekommt man eine gute Vorstellung, wenn man einen Ausländer die *Drejerkammer* auf Kronborg als *die Wunderkammer* bezeichnen hört[392]); denn dieser Raum barg ohne Zweifel Merkwürdigkeiten und Schnurrpfeifereien aller Art. Indess fanden sich hier auch solidere Sachen. In der *Drejerkammer* auf dem Kopenhagener Schloss wurden nicht allein die Briefschaften und ausgesuchten Waffen des Königs aufbewahrt — dem Herzog Magnus wurden, als er den Feldzug nach Oesel antreten wollte, drei schön beschlagene Schwerter und eine entsprechende Büchse von hier ausgeliefert[393]) — sondern es wurde von ebendaher auch beinahe alles Gold für die Ausmünzung geliefert[394]). Im Jahre 1565 konnte der Inspektor an den Rentmeister auf einmal Rosenobels ausbezahlen, im Werthe von 170,000 R. Mk.[395]). Daher darf es nicht wundernehmen, dass, als des Königs Vertrauter, welchem bisher allein der Zutritt zu dem Gemache zustand, gestorben war, sofort der Statthalter zu Kopenhagen den Befehl erhielt, die Thür der »Drejerkammer« zu versiegeln[396]), oder dass Christian IV darauf verfallen konnte, die »Drejerkammer« geradezu in eine Münze mit Schmelzofen umzugestalten[397]).

Uebrigens hört man, wie's in der Natur der Sache lag, von der »Drejerkammer« nur wenig reden. Befand sich daselbst der König, so war er wohl meistens allein. Daher spricht sich ein gewisses Selbstgefühl aus, wenn Mogens Stygge in seinem Tagebuche hervorhebt, dass er, zugleich mit Anders Dresselberg, auf dem Kopenhagener Schlosse bei Friedrich II drinnen in der »Drejerkammer« gewesen sei, als sie dem Könige in Gegenwart des Kanzlers den Eid der Treue als Landrichter schwören sollten. Der Zeitpunkt dieser wichtigen Begebenheit verdiente im Gedächtniss bewahrt zu werden. Es war im Jahre 1582 den 20. Juni, »als die Uhr beinahe drei Viertel auf zwei war«[398]). Eine wunderlichere Wirkung der »Drejerkammer« und ihres Namens war es, dass des Königs vertrauter Diener, welcher allein freien Zutritt zu derselben hatte, zum Zeichen seiner Würde alsbald den Namen »Drejer« annahm. Was ursprünglich wohl ausschliesslich die Bezeichnung einer Kunstfertigkeit gewesen war, ward später gewiss zu einem blossen Titel. So ward, bei Friedrich's II Thronbesteigung, Hans Meier zu Hans Drejer[399]). Er starb 1565; sein Nachfolger war aber ein neuer Hans, auf welchen wieder ein Oswald folgte[400]) u. s. w., alle insgesammt lauter »Drejers«. Noch im Jahre 1650, da Carl Reiter als Schlossverwalter und Aufseher auf Schloss Frederiksborg angestellt wurde, erhielt er dieselbe Auszeichnung, diessmal in verfeinerter Form mit einem y buchstabiert: »Dreyer«[401]).

Ein anderer Raum, der speciellere Aufmerksamkeit verdient, war derjenige, der in der Sprache jener Zeit »die Heimlichkeit« (geheimer Ort) hiess. Unleugbar gebot die Rücksicht auf die Vertheidigung, solche Gemächer innerhalb des Hauptgebäudes selbst zu haben. Es konnte ja vorkommen, dass während einer Belagerung die Besatzung längere Zeit von jedem Verkehr ausserhalb dieses Gebäudes abgeschnitten war. Allein bei den damaligen Begriffen von Reinlichkeit war es keine leichte Aufgabe, jenes unentbehrliche Gelass in Uebereinstimmung zu erhalten mit der Wohnlichkeit des Hauses. Der betreffende Entwickelungsgang giebt uns einen interessanten Einblick in das langsame Wachsthum selbst der einfachsten Kulturformen.

Die älteste Art, die Aufgabe zu lösen, war diese, dass man mitten im Hause eine grosse Kloake anlegte. Wenn man dergestalt jenes nothwendige Uebel ins Verborgene gelegt hatte, so war Alles gethan, was man billigerweise verlangen konnte. Indessen war da noch ein anderer Sinn, gleichfalls empfindlich und Eindrücken ausgesetzt; aber für diesen Sinn geschah ungemein wenig. Man fand sich mit auffallender Ruhe darein, dass die Zimmer nach und nach alle verpestet wurden. Es hat etwas eigenthümlich Unheimliches, wenn man, mitten unter den Bildern mittelalterlicher Pracht und Herrlichkeit, einen Blick auf diese Zustände wirft und einen Eindruck davon bekommt, wie das Ganze sich in Wirklichkeit ausgenommen haben mag. Man denke sich z. B. einen jener grossen Reichstage gegen den Schluss der Regierung Friedrich Barbarossa's, wo keine einzige Halle genügte, die Menge von Fürsten und Rittern zu fassen, die zusammengekommen waren, um ihm zu huldigen, und wo eine Pracht entfaltet wurde, welche die ganze Mitwelt in Begeisterung versetzte; und alsdann stelle man sich, als Schauplatz des Festes, einen von dem abscheulichsten Gestanke durchzogenen Saal vor. Man vergegenwärtige sich z. B. eine Scene wie jene im Erfurter Schlosssaale 1183, als die Balken des Fussbodens, welche Jahrelang unter der fortwährenden Einwirkung der verzehrenden Ausdünstung der Kloake gestanden, nun plötzlich von der zahlreichen Versammlung überlastet, auf einmal zusammenbrachen, so dass acht Fürsten, eine grosse Zahl Adliger, hundert Ritter und eine Schaar Anderer einen schrecklichen Tod in der Kloakengrube drunten fanden, während der Kaiser selbst nur dadurch sein Leben rettete, dass er fortsprang und aus einem Fenster entkam [402].

Warnungen solcher Art mussten nothwendig Eindruck machen. Man verlegte daher diese Orte in besondere Thürme — namentlich in Frankreich arbeitete man unermüdlich daran, einen solchen Thurm einzurichten, welcher zweckmässig ventilirt und für eine grosse Besatzung geeignet wäre; der Thurm auf dem Schlosse Marcoussis ist eines der vorzüglichsten Bauwerke dieser Art [403] — oder man suchte jenen Uebelständen auch dadurch zu entgehen, dass man nicht eine grosse, sondern viele kleine Kloaken in dem Hauptgebäude anlegte. Wie unvollkommen jedoch der dadurch erzielte Gewinn gewesen ist, lässt sich am besten aus den Zuständen in England ersehen. Sowohl bei König Heinrich VIII in seinem Schlosse zu Eltham, wie bei der Königin Elisabeth in Greenwich, wurde Klage darüber geführt, dass die unleidlichen Dünste nicht ins Freie zogen, sondern wie ein Nebel unter der Decke lagen, wie Thau an Allem hingen, was sich in den Gemächern befand [404]. Unter solchen Umständen wird das Verlangen nach wohlriechendem Brennholz verständlich.

Das Prinzip war offenbar ein unrichtiges. Anstatt solcher geschlossenen Kloakengruben im Inneren des Gebäudes, musste man »die Heimlichkeit« gerade an den Aussenseiten des Gebäudes unterbringen, damit alle widerwärtigen Wirkungen fortgeweht würden. Diese Massregel scheint den Nordländern frühzeitig zugesagt zu haben. Während die meisten Spuren jener geschlossenen Kloaken verschwunden sind [405], können wir eine grosse Menge von Gebäuden nachweisen, wo das entgegengesetzte Verfahren an die Stelle getreten ist.

Von aussen angesehen, nahmen sich diese Räume wie an der Aussenmauer hängende Schränke aus. Auf zwei schweren

Krag- oder Balkensteinen ruhend, welche in der Mauer befestigt waren, selbst tüchtig aufgemauert, zuweilen mit kleinen Fenstern nach allen Seiten, auf dem Dache mit Spitze und Wetterfahne [406]), erschienen sie wie Vertheidigungs-Erker. Inwendig waren sie dürftig ausgestattet, mit einem durchbrochenen Steinsitz und weiter nichts.

Es war einleuchtend, dass diese geheimen Orte unter allerlei Verhältnissen von Nutzen sein konnten. Daher je mehr, desto besser. Es ward daher bald Sitte, sie nicht allein neben der Wohnstube anzulegen [407]), sondern neben so vielen Stuben, wie irgend möglich, in allen Stockwerken. Auf Skarholt finden sich Spuren solcher Einrichtung im dritten Stockwerk; auf Thorup in Schonen stehen die Kragsteine noch an einer Menge Stellen in der Mauer, über das ganze Gebäude hin [408]); auf Hesselager ist beinahe bei jedem Zimmer, in beiden Stockwerken des Hauptgebäudes, ein geheimes Gemach angebracht gewesen [409]).

Die Vortheile, die diese Hausordnung gewährte, waren deutlich genug. Es war in hohem Grade bequem, und man entging der Gefahr, das Gebäude von seinem Inneren aus zu verpesten. Aber es würde doch zu viel verlangt sein, dass Alles ganz von selber in Ordnung bleiben sollte. Unterliess man jeden Versuch der Reinhaltung, so blieben auch hier die Folgen nicht aus. Im Laufe der Jahre bildete sich, aus Mangel an Aufsicht, um die Burg her ein eigenthümlicher Wall. Dass ein solcher bei herrschenden Seuchen in hohem Grade gefährlich werden konnte, versteht sich. Das damalige Geschlecht war indess nur wenig aufgelegt, dergleichen Uebeln vorzubeugen. Der Schinder bekam nur geringen Verdienst: denn Kirchhöfe und Burgwälle gehörten nun einmal zu den freigegebenen Plätzen. Es ist in dieser Hinsicht vielleicht völlig ebenso belehrend, zu beachten, wie man sich da verhalten hat, wo einmal ein ungewohnter Grad von Reinlichkeit zu Tage trat. Als das Schloss zu Kopenhagen theilweise umgebaut und restaurirt ward, befahl Christian III: der Burgwall solle an den betreffenden Stellen dergestalt ausgegraben werden, dass der Graben des Schlosses fortan bis an die Mauer hinangehe. Hiermit war das Möglichste gethan: denn sich zu denken, dass auch der Schlossgraben könne verpestet werden, das wäre doch eine allzu lächerliche Aengstlichkeit gewesen![410])

Es war denn auch schwerlich das Interesse für Reinlichkeit, was diesen draussen angemauerten »Heimlichkeiten« den Todesstoss gab. Aber sie besassen zwei Eigenschaften, deren jede für sich sie unzweckmässig machte. Erstens konnte man die Burg, welche solche Bequemlichkeiten besass, nicht als völlig geschlossen ansehen. Was half es, die Fenster zu versperren, wenn hier sich eine Heerstrasse darbot? Nicht immer besann man sich auf solche Vorsichtsmassregeln, wie damals, als Bothwell gefangen nach Malmöhus geführt wurde, und nun in dieser Veranlassung sogleich der Befehl erging, die »Heimlichkeit« neben der Stube, die hinfort sein Gefängniss sein sollte, zuzumauern[411]). Auf solch einem Wege entfloh Gustav Wasa von Ornäs (in Dalekarlien); und auf demselben Wege ist Jungfrau Magdalena Ranzau, indem sie sich aus ihren Betttüchern einen Strik zurecht machte, von dem Herrenhofe Bothkamp (in Holstein) fortgeflüchtet, wo sie gefangen sass als schuldig an dem Tode ihrer Mutter[412]). Es kam aber noch der Umstand hinzu, dass jene Einrichtungen für ihren Zweck ziemlich ungeeignet waren. Besonders in den oberen Stockwerken gaben sie einen so luftigen Platz ab, dass eine eiserne Gesundheit dazu gehörte, um nicht Schaden zu nehmen. Nicht ohne Grund eiferten in dem folgenden Jahrhunderte tüchtige Aerzte gegen dieselben und beschuldigten sie, gefährliche Krankheitszufälle hervorgerufen zu haben[413]).

Ungefähr ums Jahr 1600 scheint denn eine neue Sitte ihren Eingang gefunden zu haben, nämlich an Stelle der auswendig angemauerten geheimen Orte grosse, schrankartige Verschläge in der Stube selbst anzulegen. Ursprünglich waren sie gewiss untransportirbar. Die zwei ältesten, bis auf diese Zeit erhaltenen, finden sich auf Egeskov und auf Örbäklunde (Fünen). In dem einen derselben findet sich auf beiden

Thüren dasselbe Frauenantlitz abgemalt, ohne Zweifel ein Portrait der unglücklichen Rigborg Brokkenhus, welche der Vater, noch nicht zufrieden, sie wegen ihres Liebesverhältnisses mit Friedrich Rosenkranz eingemauert zu haben, zugleich dadurch hat bestrafen wollen, dass er sie auf solche Weise höhnisch zur Schau stellte [414]).

Nachdem die Entwickelung erst in dieses Geleis gerathen war, scheint sie hier völlig in derselben Weise fortgegangen zu sein, wie's mit der Bettstelle der Fall war. Gleichwie der stubenähnliche Alkoven zu einem panelirten, geschlossenen Bette ward, dieses zu einem Himmelbett mit Gardinen, und dieses wieder zu dem niederen Bett der Jetztzeit, gerade so auch hier. Als die »Heimlichkeit« erst aufgehört hatte, ein eigener gemauerter Verschlag zu sein, konnte sie sich auch nicht lange als verschlossener Schrank halten. Die Holzseiten und die Decke verwandelten sich in Gardinen und Himmel; später verloren sich auch diese, und ein eigener Stuhl stand verschämt da. Dieses war die Entwickelung, die im Laufe des siebzehnten Jahrhunderts vor sich ging. Das Kopenhagener Schloss, welches vielleicht noch die Tage der Kloaken erlebt hatte und seiner Zeit, was die Frage der »Heimlichkeiten« betrifft, voran gegangen war, sah nunmehr, wie abwechselnd alle diese neuen Formen seinen Raum bevölkerten [415]).

Im obersten Stockwerke behauptete den hauptsächlichen Platz immer der Rittersaal. Bestand das Hauptgebäude nur aus Einem Hause, so bildete das oberste Stockwerk meistens einen einzigen Saal, mit freier Aussicht nach allen Seiten. Bestand das Gebäude aus vier Flügeln, so nahm der Rittersaal wenigstens den höchstgelegenen Wohnungsraum des ganzen Hauptflügels ein. Selbst unter diesen letzteren, mehr beschränkten Verhältnissen konnte der Rittersaal eine bedeutende Grösse erreichen. Auf Rygaard (Fünen) betrug sein Umfang nicht weniger als 12 Ellen Breite und 33 Ellen Länge [416]). Jedoch war dieser Umfang für garnichts zu rechnen im Vergleich mit den Räumen, welche die königlichen Schlösser aufweisen konnten. Auf dem Kopenhagener Schlosse war der Rittersaal nicht weniger als 40 Ellen breit und 86 Ellen lang⁴¹⁷). Auf Kronborg war er etwas schmaler, dafür aber erheblich länger.

In der Regel war der Eingang zum Rittersaale von der Wendeltreppe des Thurmes aus, welche an der Seite desselben mündete. Seltner führte, wie auf Ravnstrup, die Treppe in die Mitte des Fussbodens hinauf. Der Rittersaal nahm sich in gewöhnlichem Zustande freundlicher aus, als die meisten anderen der verödeten Stuben. Seine Fenster waren nicht durch die drückenden Eisengitter verunstaltet; und bei der Höhe des Hauses genoss man von hier aus eine vortreffliche Aussicht. Zwar konnte es vorkommen, dass der Wall, wie z. B. auf Spöttrup, so hoch war, dass er alle Aussicht absperrte; aber diess war doch gewiss nur ausnahmsweise der Fall. In den meisten Fällen war der Rittersaal sicherlich darauf berechnet, ein Wort mitsprechen zu können, wenn es galt, die Kanonen über den Wall hinaus spielen zu lassen.

Sein Inneres war übrigens eine wunderliche Mischung. Der Raum an sich war ansehnlich genug; aber die grosse Länge und Breite machte häufig den Eindruck, dass der Saal Einem niedrig vorkam, und das Ganze drückend wirkte. Es ward Einem zu Muthe, wie auf dem Zwischendeck eines Kriegsschiffes. Die Ausstattung war von derjenigen der anderen Stuben merklich verschieden. Hier stand kein Himmelbett oder wohlverschlossene Kiste, sondern eine Reihe Kanonen lagen da und starrten zu den Fenstern hinaus, bestäubt und die Mündungen mit Spinngeweben überzogen. Längs der Wand standen gewöhnlich Tischplatten und Böcke, welche hier auf die Seite gestellt waren, und unter der Decke hingen ein paar Kerzenkränze, mit niedergebrannten Lichtstumpfen vom letzten Feste her. Das Ganze erinnerte an einen Krieger, der seinen Rausch ausschlief.

Der gemeinsame Eindruck, den man in zunehmender Stärke überall empfing, wo man in allen diesen vielen Räumen sich bewegen mochte, war also dieser, dass Niemand hier etwas zu schaffen hatte. Verlassen, vergessen lagen sie da, eine Schattenwelt, die selten von den Schritten eines Lebenden wiederhallte. Kein Wunder daher, dass der Aberglaube sie bevölkerte. Selbst auf neuerbauten Herrenhöfen vermochten sie nicht, ihren Rang als Aufenthaltsorte für Wesen mit Fleisch und Blut geltend zu machen; ehe man es selber recht wusste, hatte sich ihrer eine unheimliche Gesellschaft bemächtigt. Niemand mochte dort oben verweilen, wenn die Finsterniss sich erst über diese Räume gelagert hatte. Ein Zugwind, welcher die Kerze flackern machte, das Gestöhne des Windes im Kamin, der Wiederhall der eigenen Schritte genügten, um auch den Herzhaftesten zu erschrecken.

Fassen wir unsere Eindrücke zusammen, so muss man einräumen, dass das ganze Grundgepräge dieser Burgen ein düstres und schwermüthiges war. Die Ursache war eine zwiefache. Theils hatte man Alles lediglich im Blicke auf die Vertheidigung eingerichtet; theils entsprach die Art der Bewohnung nicht dem Plane des Baues. Das Haus war wie zu einem Feste angelegt, aber nur für die strengste Nothdurft bewohnt. Aengstlich kroch man in einem einzelnen oder zwei Räumen zusammen, und kam nie soweit, in den übrigen sich recht zu Hause zu fühlen. Sollte daher der Bau zu seinem Rechte kommen, so musste er sich in den zwei Zuständen zeigen, auf welche er berechnet war. Wir haben schon darauf aufmerksam gemacht, wie im Fall eines feindlichen Angriffes Alles seinen Charakter wechselte: diese schweren, düstren Formen und Massen bekamen auf einmal Leben, wurden zu Gliedern des Ganzen und griffen kräftig und leicht eines in das andere ein. Ganz Dasselbe wiederholte sich beim Feste. Die öde, unheimliche Burg ward zu einer ganz anderen, wenn der Hof sich mit Pferden füllte, wenn keine Thür verschlossen stand, sondern es auf Treppen und Gängen, wie in den teppichgeschmückten Stuben auf und ab ging, von ganzen Schaaren von Gästen; wohin man sich wandte, neues Leben und Munterkeit. Wer dachte an die Geister der Finsterniss, wenn am Abend jeder Winkel erhellt war, wenn im Rittersaale getanzt wurde, die Leute in der überfüllten

»Burgstube« lärmten, und Burghof sowie Wirthschaftshof ein verworrenes und tobendes Durcheinander vorstellten bis zum Hahnenschrei!

Aber Krieg und Feste waren doch nur Ausnahmen. Man konnte alt werden, ohne eine Zeit des offenen Unfriedens erlebt zu haben; und recht grosse Familienfeste, eine Hochzeit oder eine Leichenfeier, welche geeignet waren, die ganze Burg um und um zu kehren, fielen auch nur selten vor. Wo hatte man denn in der Zwischenzeit Trost gegen die Schauer der Burgwohnung? Es waren da zwei Wege, auf denen man sein Verlangen zu stillen suchte; jeder von ihnen ward, ehe dass man sich dessen vollkommen bewusst war, ein unentbehrliches Zubehör zum Hofe, ein Theil des Daheims.

Der eine Tröster war der Garten. In der Art, wie man diesen ansah, ging während des sechzehnten Jahrhunderts ein merklicher Umschlag vor sich. Die altväterische Ansicht war diese, dass ein Garten bei einer Burg so ziemlich ein Unding sei. Wurde er auf der Burginsel angelegt, so war diess ein unverständiger Missbrauch des Platzes, welcher sich noch einmal bei einer Belagerung rächen musste; und legte man ihn ausserhalb des Grabens an, so gab er nur zu neuen Missständen Veranlassung: einem Versteck für Feinde, und zwar der Burg so nahe wie möglich, einem höchst gefährlichen Aufenthalt für die Frauen, ebenso unsicher wie der Wald selbst. Nein, ein Hopfengarten hinter dem Wirthschaftshofe, ein Kohlgarten und dann ein warmer, kleiner Fleck für die nöthigen Bienenstöcke: das war Alles, was Garten hiess, als zu einem Burggewese gehörig. — Ein paar Generationen nachher, und Gärten waren, aller jener Unannehmlichkeiten ungeachtet, fast zu einer Nothwendigkeit auf jedem Herrengute geworden, ein beliebter Aufenthalt für Männer, wie für Frauen, mit einer Kunst und Sorgfalt gepflegt, über welche sogar die Jetztzeit erstaunen würde.

Die Ursachen dieses Umschlages lassen sich zum Theil noch nachweisen. Früher war die Kirche im Norden so gut wie die einzige Pflegerin von Gärten. Nichts konnte mit diesen Klostergärten in Stadt und Land wetteifern, aus welchen die Umgegend in weiten Kreisen nicht allein mit Heilkräutern versorgt wurde, sondern auch Blumen und Früchte als Geschenke empfing, feine Winke, die ihre Wirkung nicht verfehlten. Aber dieses alles wurde durch die Reformation umgestürzt. Die Klöster wurden eingezogen, und die kärglich gestellten Geistlichen mussten sich wohl hüten, kostbare Gärten anzulegen. Indessen traten hier sowohl, wie auf anderen Gebieten, der König und der Adel das Erbe der Kirche an. Und das im eigentlichsten Sinne des Wortes: denn die Gärten lagen ja völlig fertig ringsum die Klöster, welche jetzt in das Eigenthum der Regierung und des Adels übergingen; in vielen Fällen waren gewiss noch die nämlichen Leute zu bekommen, die bisher zur Bestellung der Gärten verwandt waren. Es kam allein darauf an, ob nicht die neuen Besitzer solche Barbaren waren, die Alles verfallen liessen.

In dieser Hinsicht war es ein glückliches Zusammentreffen der Umstände, wodurch das Schicksal der Gärten entschieden wurde. Jener Sinn für die Natur und das Natürliche, welcher die Renaissance überall, wo sie hereinbrach, charakterisirte, hatte schon in den ersten Jahrzehnten des Jahrhunderts angefangen, auch im Norden Lebenszeichen von sich zu geben. Es waren Aeusserungen dieses neuen Geistes, wenn zwei Männer in Dänemark, Christen Pedersen und Henrik Smith, voll Begeisterung für die Sache, ihre Zeitgenossen unterrichteten, wie sie alle die inländischen Gewächse verwerthen sollten, für welche nur so Wenige ein Verständniss hatten, aber welche sich vorzüglich gebrauchen liessen in Lust und Leid[418]). Es waren Aeusserungen desselben Geistes, wenn der Geschmack gerade in dieser Zeit umschlug, und es in dem fleischspeisenden Norden immer allgemeinere Sitte ward, auch Pflanzennahrung zu geniessen, eine Neigung, welche, was Dänemark angeht, durch einen Umstand zu gleicher Zeit Luft bekam und mächtig gefördert wurde, nämlich dadurch, dass Christian II holländische Gärtner nach der Insel Amager bei Kopenhagen berief[419]).

Der Boden war also vorbereitet; und während die Gartenkunst in der Mitte des Jahrhunderts anscheinend mit dem letzten Mönche aussterben musste, fand sie dagegen eine Schaar neuer Verehrer auf den bisher ihr so feindlichen Burgen. Männer und Frauen begannen hierin zu wetteifern. Und mit jenem Hang zur Uebertreibung, welcher das Neue zu begleiten pflegt, und an welchem es gerade der Renaissance niemals gefehlt hat, ging man nunmehr mancher Orten zu dem entgegengesetzten Extrem über und verfolgte Ziele, welche das Klima des Nordens ein für allemal als unerreichbar bezeichnet hat. Wie stark die Bewegung war, versteht man alsdann erst recht, wenn man sich der treibenden Kräfte erinnert: der neu entzündeten Begeisterung und dazu des drückenden Missbehagens im Inneren der Burgen. Beide mit einander erzeugten einen merkwürdigen Abschnitt in der Geschichte des nordischen Gartenbaus.

Es ist von Interesse, diese Gärten näher ins Auge zu fassen. In der Regel waren sie, wie es scheint, in zwei Haupttheile eingetheilt: den Gemüsehof und den Apfelhof. Diese lagen häufig eine Strecke von einander, und zuweilen gab es mehrere von jeder Art[420]). Der Gemüsehof zerfiel wieder in zwei Partien: das, was wir Küchengarten, den Gemüsegarten in engeren Sinne nennen würden, und den Blumengarten, oder Rosenhof[421]). Ausserdem war noch immer ein Hopfengarten da.

Von Küchengemüse war früher eigentlich nur Kohl im Norden recht bekannt und beliebt gewesen. Jetzt kamen neue Arten in grosser Zahl hinzu. Nicht allein aus der Gattung des Kohls selbst: Blumenkohl, »Kaputzenkohl«, und wie sie alle hiessen — als Friedrich II im Jahre 1560 auf dem Nyborger Schlosse (Fünen) einen Fastnachtsschmaus geben sollte und fürchtete, dass der Kohlvorrath bei dem Lehnsmanne nicht in Ordnung sei, so musste Hans »Drejer« vom Kopenhagener Schlosse eiligst dem Könige allen »Kaputzenkohl- schicken, den das Schloss liefern könnte [122]) — sondern es kamen auch andere Gemüse in Mode. Ganz besonders Zwiebeln, Petersilienwurzeln und Meerrettig. «Dieweil du schreibst von Rüben, also schicke ich dir nun mit Jens zwei Tonnen Petersilienwurzeln und zwei Tonnen schonischer Rüben; die Rüben sind theuer», schrieb Herluf Trolle aus Schonen nach Hause an die darauf wartende Birgitte Göye. Bei dieser Versendung konnte er es getrost darauf ankommen lassen, dass wohl nicht Alles vor seiner Heimkehr verspeist sein werde; vorsichtiger drückte er sich jedoch aus, da er ihr später in demselben Jahre aus Kolding Kastanien sandte. «Willst du mir ein 20 oder 30 davon im Keller in Sand aufbewahren lassen», wurde da hinzugefügt [123]). Peder Oxe hatte die Ehre, zwei neue Species Rüben in Dänemark einzuführen, die «Barderwigsche und Burdfeldtsche», welche er während seines unfreiwilligen Aufenthalts in Lothringen (wo er sich als Verbannter aufhielt) kennen gelernt hatte [124]). Zwiebeln bekam man nirgends so gut, wie bei den Holländern auf Amager und auf Falster.

Höchst merkwürdig ist es zu sehen, wie diese Vorliebe für die neuen Gemüsearten und Grünwaaren, von welchen viele in früherer Zeit als Heilkräuter gebraucht und deshalb in den Klostergärten gezogen waren, jetzt von oben herab um sich griff. Zufälligerweise können wir kontroliren, was an grüner Waare bei Christian's III eigener Speisung verbraucht worden ist, als er im Sommer 1541 sich auf Malmöhus aufhielt. An dem königlichen Tische wurde hier täglich, gegen alte Sitte, nicht allein eine Masse Mohrrüben, Kohl, Zwiebeln, grüne Erbsen und Petersilie verzehrt, sondern ebenso bedeutende Mengen von Thymian, Salbei und Anderem. Eine Woche hindurch ass man Tag für Tag Thymian und Salbei [125]).

Hand in Hand hiermit ging die Liebhaberei, Pflanzen aufzuziehen, welche künstliche Wärme oder doch ausgesuchte Pflege erforderten. Christian IV lies wildwachsende Spargel sammeln und einsalzen [126]), und ebenso dieselben in Gartenerde einpflanzen und veredlen [427]). Wir hören nicht bloss von Gurken reden, die tonnenweise von einem kleinen Fleck Erde gewonnen waren, sondern auch von Kürbissen, welche 32 Pfund und darüber wogen, von hundert Melonen aus demselben Garten u. s. w. [428]).

Wo der Gemüsegarten, was gewiss häufig der Fall gewesen ist, nur mit einem Kreuzgang in der Mitte angelegt war, da wurde zwischen dem eigentlichen Küchengarten und dem Blumengarten kaum eine scharfe Grenze gezogen. Gemüsehof und Rosenhof fielen hier zusammen, indem die Blumen hier nur längs des Fussweges angebracht waren. In grösseren Gärten machte der Rosenhof eine selbständige Abtheilung aus. Besonders beliebte Blumen waren Rosen, Lavendel, Päonien und Nelken. Im Jahre 1611 waren im Schlossgarten bei Kopenhagen 240 gefüllte Nelken in Töpfen [429]). Gefüllte Nelken werden überhaupt viel erwähnt, und scheinen mit Rosmarin und Provencerosen um den Vorrang in der Gunst jenes Geschlechts gewetteifert zu haben. Wie sich denken lässt, tauschte man oft verschiedene Arten Samen und Setzlinge unter einander aus. Mochte es selbst die Königin Dorothea sein, so nahm auch sie an diesem Tauschhandel Theil. Im Jahre 1551 bat sie sich z. B. von Birgitte Göye aus: »Merian, Brisilicon, Nelken, Cypres, gelbe Violen und andere gute Gewächse.« [430]). Die eigentliche Quelle, von welcher man Samen, Blumenzwiebeln und Pflanzen bezog, war doch Holland. Mit Hülfe des Zöllners zu Helsingör konnte man von dort ausgesuchte Sachen erhalten, und sowohl die Könige wie die Edelleute verwandten auf Dergleichen bedeutende Summen [431]).

Abgesehen von Schmuck und Zierde, dienten die Blumen auch noch in anderer Weise. Es ward allgemeine Sitte, wohlriechende Wasser aus ihnen zu destilliren, welche man alsdann wiederum entweder zur Besprengung in den Stuben verwandte, oder als Zusatz zu starken Getränken, Aquavit u. dergl. Um nur ein Beispiel anzuführen, so musste der Gärtner des Kopenhagener Schlosses im Monat Juni 1603 an die Königin 173 Töpfe Erdbeeren liefern, für fünf R. Mk. Fliederblumen und für dreizehn R. Mk. rothe Rosen, aus welchen allen «Wasser gebrannt werden sollten»[432]). Es war natürlich, dass alles, was irgend eingemacht werden konnte, in dieser Weise verwandt wurde. Eingemachtes war die Stärke der Zeit: wir werden im Nachfolgenden zu sehen bekommen, wie man sich auf diesem Gebiete weit über die Grenze hinaus versuchte, welche die Gegenwart naturgemäss finden würde.

Derjenige unter den Gärten, in welchem das lebhafte Interesse jener Zeit sich am stärksten geltend machte, war doch ohne Zweifel der Apfelgarten. Hier begegneten sich die vereinten Bestrebungen der Männer und Frauen. Es macht schon einen eigenen Eindruck, die oft mühselige Arbeit zu sehen, welche man hier aufbot, um Alles in Ordnung zu halten. Man nahm sogar gegen die Insekten den Kampf auf und besoldete Mannschaft, die Bäume rein zu halten von Würmern und Raupen[433]). Das Propfen der Bäume scheint in hohem Ansehen gestanden zu haben. Propfwachs und andere hierher gehörige Dinge werden öfter erwähnt — auf Gripsholm gebrauchte Björn, der Gärtnerknecht, im Jahre 1547 acht Pfund zu «Baumpflastern»[434]) — und in Hamar, einer Stadt in Norwegen, gab es um die Mitte des Jahrhunderts mehrere «Propfmeister», welche allein durch Ausübung dieser Kunst ihr Auskommen fanden[435]).

Unter solchen Verhältnissen kann es uns nicht wundernehmen, alle die Arten Fruchtbäume, die unsere Zeit kennt, anzutreffen: eine Menge verschiedener Species Aepfel, Sommer- und Winterbirnen, weisse, rothe und ungarsche Pflaumen, spanische Kirschen und weisse «welsche» Morellen, Maulbeerbäume, Pfirsiche, Johannes-Aepfel und Johannes-Birnen, Quitten u. s. w. u. s. w.[436]). Auch ist es nicht auffallend, dass grossartige Summen für diesen Zweck ausgegeben, und feine Fruchtbäume zu Hunderten, ja Tausenden aus Holland verschrieben wurden[437]), ebensowenig, dass der Norden selbst durchstöbert wurde, um gute Arten, die schon die Probe bestanden hatten, zu entdecken — es war gewiss eine vortreffliche Anweisung, die Friedrich II gab, als es sich darum handelte, junge Wallnussbäume zur Anpflanzung im Schlossgarten von Fredensborg zu gewinnen: man solle gut nachsehen in den Gärten des Domstiftes zu Roeskilde [438]). Was aber unleugbar unser Staunen erregt, das ist die Unverdrossenheit, mit welcher man dem Klima Trotz zu bieten und Bäume dort zu kultiviren suchte, deren Früchte unter der Herrschaft eines so kühlen Klimas nur ungemein schwer zur Reife zu bringen sind.

Es hiess schon, die äusserste Grenze streifen, wenn man in allen drei Reichen sich mit Eifer auf die Anpflanzung und Zucht von Weinstöcken legte. König Hans (1481—1513) konnte bereits den Befehl ertheilen, dass man ihm einen Korb mit Weintrauben aus seinem Weingarten in Kopenhagen schicken solle [439]). Johann III (1568—1592) liess bei Kalmar Reben pflanzen [440]), und Christian IV (1588—1648) war auf die Pflege des Weinstocks so eifrig bedacht, dass, nachdem er jährlich eine ziemliche Anzahl Reben aus Holland verschrieben hatte, er im Jahre 1610 so weit ging, dass er 200 Stück auf einmal kommen liess [441]). Von Bergen wird berichtet, dass der erste lutherische Bischof, Gjeble Pedersön, mit Hülfe eines flandrischen Gärtners einen vorzüglich schönen Garten angelegt, aber sich vergeblich angestrengt hatte, die Weintrauben zur Reife zu bringen. Er nahm dann die unreifen Trauben und liess sie über seinem Tische aufhängen, damit Fremde sehen könnten, dass Weintrauben in Norwegen, wo nicht reifen, doch wachsen könnten [442]).

Aber unverständige Forderungen stellte man, wenn man, immerhin nur in Dänemark, die Kultur von Feigen und Mandeln sich angelegen sein liess. Dessenungeachtet stellte man zu dem Zweck Versuche an. Friedrich II liess in dem Schlossgarten zu Skanderborg zehn Feigenbäume und zwanzig Mandelbäume pflanzen [443]); und Christian IV trat sowohl in dem Rosenborger Schlossgarten als auch anderswo getrost in des Vaters Fusstapfen [444]). So wunderlich es klingt, scheint es doch wirklich, dass die Versuche geglückt seien. Ein Schriftsteller aus späterer Zeit behauptet wenigstens, dass sowohl Mandeln als Feigen in Kopenhagener Gärten, wie in Italien, reiften, und citirt als Zeugen dafür die Aerzte Finke, Bartholin, Worm u. a., welche sie selbst gekostet haben sollen [445]).

Ohne jener Zeit zu nahe zu treten, darf man doch vielleicht annehmen, dass diese Früchte in der Regel etwas herbe gewesen seien. Dasselbe galt ohne Zweifel von manchen der übrigen Früchte, besonders denen, die man in den nördlicheren Strichen zog. So lautet es keineswegs vielversprechend, wenn der spätere Karl IX von Schweden im Jahre 1570 auf die Anfrage der Königin Katharina, ob er nicht einige saure Pomeranzen hätte, da sein Bruder, der König, an Fieber leide und grosses Verlangen nach dieser Frucht habe, die Antwort gab: saure Pomeranzen habe er allerdings nicht; dagegen werde er mit Vergnügen, wenn es gewünscht werde, einige Aepfel und Birnen von der Art senden, die bei Gripsholm wüchsen [446]). Und Gustav Wasa hat schwerlich ganz Unrecht gehabt, als er an seine Tochter schrieb, welche krank geworden war: die Ursache müsse sicherlich sein, dass sie »allerhand Zeug esse, das den Magen verderbe«, unter welchem »Zeuge« er vor Allem »Aepfel« nennt [447]).

Aber hiermit nahm man es dazumal im Allgemeinen nicht so genau. Die Hauptsache war, dass es recht viel solcher Früchte gebe. Ob jede einzelne Frucht völlig ausgereift war, darauf kam es garnicht so sehr an: was allzu sauer war, um es roh zu verspeisen, konnte ja zu Most verarbeitet werden. Und unter beiden Formen genoss man viel. Wir werden noch Veranlassung finden, diese Verhältnisse näher zu betrachten. Hier nur im Vorbeigehen ein Beispiel als Probe. Als im Jahre 1560 Friedrich II auf dem Nyborger Schlosse Fastnachtsschmaus hielt, liess er in dieser Veranlassung alle die Aepfel und Birnen verschreiben, die auf dem Kopenhagener Schlosse vorräthig seien, und ausserdem zur Verstärkung eine halbe Last Aepfel und zwei Tonnen Birnen von Faaborg [448]). Ueber die Mostbereitung hören wir zufällig aus einer norwegischen Stadt, Hamar am Mjösen, dass Derjenige als ein sehr geringer Bürger galt, der nicht aus seinem Fruchtgarten jährlich eine halbe Last Most und eine halbe Last »Kirschenbeerentrank« für seinen eigenen Hausbedarf gewann, ausser dem, was verkauft, oder an gute Freunde verehrt wurde[449]). Es kann daher nicht wundernehmen, dass z. B. in dem Ömkloster in Jütland noch im Monat Februar 1554 zwölf Tonnen Most von dem Ertrage des letzten Herbstes unangerührt im Keller lagen[450]); ebenso wenig darf es auffallen, dass Friedrich II weiter ging und im Jahre 1584 den Lehnsmann auf Kronborg beauftragte, zwei bis drei Tonnen Schlehen einzusammeln und an seinen Mundschenk einzusenden, damit dieser sie zu Schlehenwein für den König verarbeiten könne[451]).

Das Aeussere der herrschaftlichen Gärten glich in der Regel einem Thiergarten unserer Tage, sofern sie mit einem Gehege von Stangen aus Wachholderholz eingefriedigt waren, damit die Thiere nicht hineinspringen könnten[452]). Solange die milde Jahreszeit währte, waren sie gewiss für die Frauen der gewöhnliche Aufenthalt, und so eine Zusammenfassung und Verwirklichung dessen, was man in der Burg mit der Sommerstube und der Frauenstube vergebens erstrebt hatte. Zuweilen scheinen sie zugleich als eine Art Geheim-Kabinet gedient zu haben, wohin die weiblichen Bewohner des Hauses sich zurückzogen, oder wo sie ihre gemeinsame Andacht hielten[453]). Die viele Pflege, welche der Garten erforderte, gab auch den Frauen genug dort unten zu schaffen. Bei grösseren Schlössern reichte indessen ihre Arbeit nicht hin; es mussten wirkliche Gärtner gehalten werden, die nichts Anderes zu thun hatten, als des Gartens zu warten. Johann III hielt solche auf seinen Schlössern; für Kalmar liess er einen aus Deutschland verschreiben[454]); auf Aalholm unterhielt die verwittwete Königin Sophia einen Gärtner[455]), auf dem Schlosse zu Nykjöbing einen Meister, der wieder drei Gehülfen unter sich hatte[456]). Ein ähnlicher zahlreicher Bestand von Gärtnern wurde in den Gärten unterhalten, die bei dem Kopenhagener Schlosse, bei Frederiksborg, Lundehave, Koldinghus und mehreren anderen Schlössern lagen [457]). In einem kleineren Garten, welchen Friedrich II in dem Teglstruper Gehege bei Helsingör anlegte, wurden ein Gärtner und ein Gehülfe gehalten [458]). In einer Anwandlung von Sparsamkeit führten zwar die Regierungsräthe in diesen Verhältnissen verschiedene Beschränkungen ein, wurden aber doch kurze Zeit nachher genöthigt, ungefähr die alte Anzahl von Leuten wieder anzustellen [459]). Dass diese Gärtner tüchtige und wohlangesehene Leute gewesen sind, lässt sich nach den Besoldungen annehmen, die ihnen zutheil wurden. So erhielt z. B. der Gärtner auf Frederiksborg freien Unterhalt und ausserdem zwei Hofanzüge, nebst 450 R. Mk. jährlich [460]).

Das Bedürfniss, das sich in dieser eifrigen Fürsorge für die Gärten Luft machte, war offenbar ein grösseres und tieferes, als das blosse Verlangen, Aufenthalt und Beschäftigung zu suchen ausserhalb der ungemüthlichen Burg. Es war, wie alle die lebhaften Interessen in der Zeit der Renaissance, eine erwachende Geistesregung, in welcher sehr verschiedene Richtungen unmittelbar und innig verschmolzen. Verlangen nach Behaglichkeit und Interesse für die Speisebereitung, Schönheitssinn und wissenschaftlicher Trieb flochten sich hier auf wunderbare Art in einander. Es ist bemerkenswerth, dass die berühmten Gärten des Nordens: der des Cornelius Hamsfort in Odense, des Peder Oxe bei Gisselfeld, des Tyge Brahe auf Hveen, des Claus Urne bei Beltebjärg in Schonen, der Sophie Brahe bei Eriksholm, des Gjeble Pedersön in Bergen und noch manche andere, einen ehrenvollen Platz in der Geschichte der Wissenschaft einnehmen. Trotz aller ihrer Absonderlichkeiten stehen sie da als die ersten kühnen Versuche, einen Gedanken auszuführen, welcher in den fortgeschrittensten Ländern Europa's erst lange nachher durchgeführt worden ist, nämlich durch Einrichtung botanischer Gärten [461]).

Was sich in diesen Gärten Luft machte, war das Verlangen der Renaissance, zu der Natur in ein näheres, innigeres

Verhältniss zu treten. Aber warum die Natur allein auf die Pflanzenwelt beschränken? Das Thierreich hatte ja denselben Anspruch auf Interesse. Auch in dieser Richtung brach sich daher eine ähnliche Bewegung Bahn und schuf alle jene sonderbaren Thiersammlungen, halb Menagerien, halb Akklimatisirungs-Anstalten, welche sich bei so vielen Schlössern und Herrenhöfen des Nordens in Verbindung mit den Gärten befanden. In einem anderen Zusammenhange werden wir diese merkwürdigen Versuche näher betrachten; hier müssen wir uns begnügen, nur das Gemeinsame der beiden Interessen konstatirt zu haben.

Aber das Natürliche konnte ja auch anderswo gesucht werden, als in der Welt des Lebendigen. Selbst auf dem Gebiete der Baukunst liess es sich wohl finden. Wie, wenn man hier in diesen Gärten, wo Alles Freiheit und Leben athmete, sich losriss und ein Gebäude so recht nach dem eigenen Kopfe aufführte, nicht, wie jene düstre Burg, gedrückt und eingeschnürt von dem Vertheidigungszwecke, sondern eine wirkliche Naturwohnung edlerer Art, wo es nicht Kämpfe galt, sondern wo Schönheit und Lebenslust ungehindert bauen konnten! Man versuchte es.

Dieses ist ohne Zweifel die merkwürdigste Aeusserung der Baulust jener Zeit. Wir haben die Bewegung von ihrem Ursprunge an verfolgt, wie sie anfänglich als ein ungestilltes Bedürfniss aus der Burg hinweg flüchtete, in die freie Natur hinaus strebte und in der Gartenkunst einen Ersatz für das Entbehrte fand. Jetzt kehrte sie zu ihrem Ausgangspunkte zurück, gekräftigt, aber zugleich umgewandelt, wie von ihrem Fluge berauscht. Denn was nun aufgeführt wurde, war die wunderlichste Mischung von allem Möglichen: Burg, Wohnung, Stube, Festplatz, in des Wortes eigentlichster Bedeutung ein Gedicht in Stein.

Bloss nüchtern angesehen, liess sich der Verlauf der Sache so ausdrücken: die Frauen im Garten begnügten sich mit einer Laubhütte zu Schatten und Zuflucht gegen den Regen, den Männern genügte das nicht. In müssigen Stunden unterhielt der Hausherr sich damit, dass er nachdachte, wie ein Lusthaus von Stein sich wohl ausnehmen würde, und wo es angebracht werden solle. Aber ehe er dessen sich recht bewusst war, bekam die Vorstellung über ihn Gewalt und liess ihm weder Ruhe noch Rast, bis der Bau dastand.

Ungefähr seit der Mitte des Jahrhunderts lässt sich eine beständig wachsende Neigung nachweisen, Lusthäuser aufzuführen. Anfangs scheinen sie Dem entsprochen zu haben, was die Jetztzeit mit diesem Namen bezeichnen würde; aber hurtig übersprang die Bewegung diese engen Schranken. Die Lusthäuser wuchsen heran zu fundamentirten, zwei und drei Stockwerke hohen Gebäuden mit Spitzen und Thürmen, inwendig ausgestattet mit marmornen Fussböden und steinernen Säulen. Die Bewegung scheint ungefähr gleichzeitig in Dänemark und Schweden um sich gegriffen zu haben. Wir sehen schon Erik XIV im Jahre 1565 beschäftigt, das Lusthaus bei dem Stockholmer Schlosse mit goldenen Rosen in der Stubendecke, vergoldeten Pfeilern und Glasmalereien auszuschmücken [462]); und sowohl hier, als auf Arnö in Upland, sezte Johann III in steigendem Maasse das Werk des Bruders fort [463]). Aber Keiner scheint doch Friedrich II übertroffen zu haben, was die Liebhaberei für Lusthäuser betrifft. Bei allen seinen Schlössern, bei Frederiksborg, Kronborg, Antvorskov, Skanderborg, Haderslevhus und mehreren anderen, führte er nicht eines nur, sondern zuweilen zwei, drei solche auf. Bezeichnend für die ganze Bauart ist der Umstand, dass er mitunter durch den Namen das Unternehmen gleichsam zu entschuldigen suchte. So bekamen die Lusthäuser bei Antvorskov und Haderslevhus, sowie eines von denen bei Frederiksborg, den Namen »Spaarpfennige« [464]). Ebenso verbarg sich auch unter dem Namen: »Badestube« häufig ein blosses Lusthaus. Erst unter Christian IV ward es Sitte, sie bei ihrem rechten Namen zu nennen.

Es möchte sehr schwierig sein, die Absicht bei diesen Bauten zu bestimmen. Von dem Wunsche, im Schatten hinträumen zu können, die Aussicht zu geniessen, oder Ball-

und Brettspiel zu spielen, dehnte ihre Bestimmung sich bis zu dem Zwecke aus, eine wirkliche Wohnung zu besitzen, ebenso vollständig ausgestattet wie die angrenzende Burg. Die Lusthäuser auf den Bastionen von Kronborg waren, trotz aller ihrer soliden Bauart, gewiss nur darauf berechnet, dass man die Aussicht von hier aus geniessen wollte. War Jemand hinreichend vornehm, so wurde in einem der Lusthäuser nach dem Besuche sein Name mit goldenen Buchstaben an die Wand gemalt[465]). Lundehave (Marienlyst), »Spaarpfennige« bei Haderslevhus, sowie die Lusthäuser bei Frederiksborg, waren vollständig zu Wohnhäusern eingerichtet. Auf Lundehave befand sich darin sowohl Küche als Kachelöfen, Kamine, Schlafkammern und Saal[466]). In »Spaarpfennige« bei Hadersleben hielt Friedrich II im Jahre 1587 ein grosses Gastgebot[467]); und nicht allein die »Badestube« bei Frederiksborg benutzte zuweilen der König, um in ihr zu übernachten, sondern »Spaarpfennige« sowohl als Jägergaarden scheinen für denselben Zweck eingerichtet gewesen zu sein. In allen diesen Gebäuden befand sich bei Friedrich's II Tode eine ganze Aussteuer von Gläsern und Silbergeräth[468]).

Ebenso undefinirbar war der Baustil. Hier, wo die vollständigste Freiheit herrschte, folgte man allein seiner Herzenslust. Was man sich vorzugsweise, wie es scheint, gefallen liess, war diess, dass man hier Säulenhallen mit dem freiesten Zugang von Licht und Luft, ein offenes Portal voran bauen konnte, ohne jede eingeklemmte Wendeltreppe. Lundehave und die »Badestube« bei Frederiksborg lagen auf einem Platze, der mit behauenen Steinen belegt war; der Fussboden der Erdgeschosse dehnte sich gleichsam ganz bis ins Freie aus; für Lundehave und die Lusthäuser auf den Bastionen von Kronborg wurde eine unendliche Menge von behauenen und gedrechselten Pfeilern verwandt[469]). Die letztgenannten Lusthäuser scheinen als blosse Pavillons, die auf Säulen ruhten, gebaut worden zu sein. Lundehave dagegen war in einem ganz anderen Stil: drei Stockwerke hoch, mit flachem Dache, um welches Verzierungen aus Sandstein herumliefen; die Küche lag im Keller, und oben über derselben eine Art säulengetragener Veranda mit Eingängen zu kleineren Gemächern; zu oberst endlich der königliche Saal mit der entzückenden Aussicht. Das Ganze scheint zwar bei Weitem schlanker und viel feiner ausgearbeitet gewesen zu sein, aber übrigens nicht unähnlich dem jetzigen Marienlyst, in welches gewiss ein Theil von jenem hineingemauert ist [470]). Die »Badestube« bei Frederiksborg war eine niedliche Mischung eines Spielzeuges und eines wirklich kleinen Schlosses, gebaut in dem bekannten Stile mit Treppenthurm und Spitze, rothen Mauern und Sandstein-Verzierungen, aber wunderbar bezaubernd in seiner ganzen Erscheinung. Christian IV, welchen die Lust anwandelte, das Ganze in grossem Stil nachzubauen und so Ibstrup (Jägersborg) hervorrief, verstehen wir viel besser, als Christian VI, welcher die Spitze abbrechen und das obere Stockwerk gänzlich umgestalten liess [471]). Auf Uranienborg, welches ja in einer seltsamen Mischung von ungebundener Keckheit und schnurgerader Pedanterie angelegt war, lagen vor dem Ende der zwei Mittelgänge zwei kleinere Gebäude, ganz gleichartig, jedes für sich ein kleines Uranienborg in Taschenformat. Bei Haderslevhus endlich war das Lusthaus ein ansehnliches Gebäude, welches mit seinem Thurm, gleich einem mächtigen Kleeblatt, und seinem hohen Seitenflügel überall als ein Hauptgebäude hätte figuriren können. Nur das noch ansehnlichere Schloss war im Stande, es in Schatten zu stellen. Dass solch ein Gebäude »Spaarpfennige« heissen konnte, war entweder ein Zeichen, dass unter Friedrich II diese Benennung beinahe zu einem Gattungsnamen für Lusthäuser geworden war, oder ein scherzhafter Ausdruck dafür, dass der König wirklich hier bedeutend gespart hatte, sofern Herzog Hans es gewesen war, welcher das Schloss baute [472]).

Natürlich wurde durch diese Lusthäuser auch bei dem Adel die Lust geweckt, sie nachzuahmen. Tyge Brahe baute zwei grosse und vier kleinere in dem Garten bei Uranienborg [473]); Sten Brahe führte eines bei Bregentved auf [474]);

und ohne Zweifel sind ihrem Beispiele Mehrere gefolgt. Was Friedrich II betrifft, so scheint die Vorliebe für diese Gebäude mit den Jahren zugenommen zu haben: denn wie weiter und weiter vorgeschobene Posten, rückten sie von seinen Schlössern aus. In dem Walde bei Frederiksborg wurden »Spaarpfennige«, die »Badestube« und Jägergaarden erbaut[475]). Im Jahre 1587 wurde zu gleicher Zeit eines bei dem Vordingborger Schloss und eines bei Haderslevhus aufgeführt[476]). Bei Kronborg wurden zuerst die Lusthäuser auf den Bastionen, gegen die See zu, erbaut; dann wurde Lundehave aufgeführt, darauf wahrscheinlich ein kleines Lusthaus in dem Teglstruper Gehege[477]); und bei seinem Tode 1588 hatte Friedrich II eben Befehl ertheilt, ein neues Lusthaus unter dem Namen »Badestube« nahe bei Lundehave zu bauen, ungefähr da, wo gegenwärtig sich das sogenannte »Hamlets Grab« befindet[478]).

Es ist von besonderem Interesse, die Entwickelung dieses Sinnes für Lusthäuser zu beobachten. Sie barg nämlich eine nicht geringe Gefahr in sich für die Burgen; und es lässt sich kaum bezweifeln, dass, hätte Alles sich völlig frei entfalten können, das Ende dieses gewesen wäre, dass die Lusthäuser das Hauptgebäude selbst seiner hervorragenden Bedeutung beraubten. Als eine veraltete Form würde dasselbe nach und nach verkümmert sein, bis zuletzt die verbesserten Kanonen ihm den Todesstoss gegeben hätten, während »das Lusthaus« als »*major domus*« und »*domus major*« allmählich Alles und Alle an sich gezogen hätte. Spuren dieser beginnenden Entwickelung lassen sich nachweisen. So ist es bemerkenswerth, dass die Lusthäuser unter Christian IV eine andere Rolle spielten, als in früherer Zeit. Während sie unter Friedrich II immer ein Schloss vorausgesetzt hatten, wurden sie unter Christian IV selbst gleichsam die Anläufe zu einem solchen. Ibstrup wurde geradezu nach der Badestube bei Frederiksborg als Modell erbaut; und zur Aufführung sowohl von Rosenborg als von Frederiksborg fasste Christian IV erst alsdann den Muth, als er zuvor auf dem Platze ein paar Lusthäuser zur Probe aufgeführt hatte. Sogar Rosenborg war gewissermassen nur ein grossartiges Lusthaus, wohl an Grösse, aber nicht wesentlich verschieden von den zwei mächtigen aus Stein aufgeführten Lusthäusern mit Thürmen und Sälen, welche Christian IV auf diesem Fleck Erde mit besonderer Eilfertigkeit eines an die Stelle des anderen hatte treten lassen[479]). Aber diese ganze Entwickelung wurde in schroffer Weise unterbrochen. Die heimische Baukunst in Dänemark bekam nicht die Freiheit, sich auf ihren eigenen Wegen zu entwickeln. Wiederholte feindliche Verwüstungen hatten das Meiste schon niedergepflügt, Neues wie Altes, und selbst der Zusammenhang mit der Vorzeit wurde abgebrochen, als durch die Einführung der unumschränkten Gewalt der Regierung (1660) sowol der Stand als auch die Bedingungen verdrängt wurden, unter denen die alten Burgen ins Leben getreten waren.

Wir haben das Aeussere und das Innere der Burgen betrachtet, uns von der Alles beherrschenden Macht des Vertheidigungszweckes überzeugt, und gleichsam die Probe mit unserm Resultate angestellt, indem wir unsere Aufmerksamkeit auf die Bedeutung der Gärten und Lusthäuser richteten. Jetzt erübrigt nur, bevor wir von jener eigenthümlichen Bauart den Blick abwenden, noch einen Augenblick bei ihrer Bedeutung im Allgemeinen zu verweilen und, soweit sich das thun lässt, zu bestimmen, in welchem Grade sie in das Leben jener Zeit eingegriffen hat.

Bei flüchtiger Beobachtung könnte es den Anschein haben, als ob die ganze Bewegung, wie sie ursprünglich vom Auslande her in den Norden verpflanzt war, fortwährend etwas bloss Erborgtes geblieben sei, welches niemals wirklich zum Eigenthum der nordischen Völker ward. Was war es denn Anderes, als ein bloss vorübergehendes Interesse von ein paar Königen und einem Dutzend Adeliger, eine Modesache, welche schnell wieder fortgeweht und ohne bleibende Folgen geblieben ist? — O nein, ihre Bedeutung war eine weit tiefergehende. Erstens hat jene Bauart bei ihrer Verpflanzung nach dem

Norden einen günstigen Boden gefunden. Obschon fremden Ursprungs, schlug sie alsbald Wurzel, gedieh hier und hielt sich ungefähr ein Jahrhundert lang in Blüthe. Eine Baukunst, die in solcher Weise von einem Volke aufgenommen wird, hört auf ein Fremdling zu sein und wird zuletzt eine Aeusserung des eigenen Volkslebens.

Ueberdiess aber wäre es ein arges Missverständniss, wollte man sich die erwachte Bewegung als etwas nur an einige wenige Königs- und Hofnamen Geknüpftes vorstellen. Das Eigenthümlichste derselben war gerade, dass sie sich Hoher und Niederer in gleichem Masse bemächtigte. In dieser Hinsicht wird es belehrend sein, die Grenzen ins Auge zu fassen, innerhalb deren sie sich verbreitete, sowohl hinsichtlich der Zeit als des Raums und auch der betreffenden Personen.

Was zunächst die Zeit betrifft, so fällt die Blüthe, über den ganzen Norden hin, in den Zeitraum von 1536 bis ungefähr 1625, so dass diesem Zeitraume eine Zeit recht ansehnlichen Aufwachsens, sowie später des Abblühens, einerseits vorangeht, anderseits nachfolgt. Namentlich in Schweden, wo der dreissigjährige Krieg, im Gegensatze gegen die Erfolge für Dänemark, den Adel nicht geschwächt, vielmehr ihm bedeutende Reichthümer zugeführt hat, fand eine reiche Nachernte statt. Läkö und Skokloster sind in die Augen fallende Beispiele solcher spät reifender Früchte.

Die Natur der Verhältnisse brachte es mit sich, dass besonders Dänemark und Schweden der Schauplatz der ganzen Bewegung wurden. In Norwegen wurden die Wirkungen derselben gelähmt, theils durch die geringere Bedeutung des dortigen Adels, theils durch die damaligen Zustände des Landes, sowie durch den ganzen Charakter der Natur und geographischen Lage. Der eigentliche Brennpunkt war offenbar der Strich von der Elbe bis zur Dalelv. Weit schwieriger dagegen ist es, die Richtung, welche die Bewegung nahm, zu bestimmen. Der Stoss ging nicht unbedingt vom Süden nordwärts. Während für Jütland und die Inseln das Beispiel Holsteins zu einer gewissen Zeit tonangebend war, indem vornehmlich Heinrich Ranzau, welcher über fürstliche Reichthümer verfügte und von einer ungeheuren Baulust beseelt war, sicherlich viele seiner Standesgenossen in Dänemark mit sich fortriss — so lassen sich doch schon vorher, sowohl in Schonen als auch in Upland, starke Regungen nachweisen. Man denke nur an Glimminge und Örup, an Örbyhus und Vik, welche alle aus der Zeit um das Jahr 1500 herstammten, lauter Zeugnisse dafür, dass die Einwirkung auf den Norden auch auf anderen Wegen herangekommen ist. Im Ganzen ist es gewiss richtig zu sagen, dass der Norden zu gleicher Zeit in mehreren verschiedenen Gegenden den Impuls empfangen, und dass die Bewegung zu der einen und anderen Zeit sich von ungleichen Ausgangspunkten her fortgepflanzt hat.

Offenbar waren es die Bauherren, deren ansteckendes Beispiel in den einzelnen Landschaften abwechselnd Diese und Jene nach sich gezogen hat. Wer waren denn diese Bauherren? Vor Allen waren es die Könige. Und in diesem Punkte begegnet uns eine so volltönige Uebereinstimmung, wie in keiner anderen Sache verwandten Charakters. Es war nicht etwa ein einzelner Fürst oder zwei, oder zufälliger Weise ein paar derselben in jedem Lande: sie waren es alle. In Dänemark waren es die drei Generationen: Christian III, sammt den Brüdern Hans und Adolf, Friedrich II und Christian IV. In Schweden war es Gustav Wasa und seine drei Söhne, die sämmtlich Könige wurden: Erik XIV, Johann III und Carl IX. Man kann die Genannten dem Range nach, den jeder einnimmt, unterscheiden: Johann III und Friedrich II überragen wohl die Anderen; aber von aussen angesehen, mit anderen Herrschern vor oder nachher verglichen, nehmen sie alle in der Geschichte des Nordens einen ganz besonderen Platz ein. Denn keine andere Zeit hat eine solche Reihe von Schlössern sich erheben sehen, wie jene, von dem Koldinghus Christian's III, dem Haderslevhus des Herzogs Hans und dem Husumer Schloss Herzog Adolfs bis herab zu dem Frederiksborg Christian's IV. Die vorzüglichsten Bauwerke Friedrich's II, Kronborg und Frederiksborg [130]), verlieren nicht durch eine solche Einfassung, sondern werden dadurch nur gehoben. Und Dasselbe gilt vielleicht in noch höherem Grade von Schweden. Jedes einzelne in der Reihe der dortigen Schlösser, von dem Vadstena Gustav Wasa's bis herab zu Karl's IX Nyköping würde, wenn es heute noch unverändert in seiner ursprünglichen Gestalt da stände, mit Recht die Blicke Aller fesseln.

Es war garnicht anders denkbar, als dass solche Vorbilder auch den Adel in Bewegung setzen mussten. Uebrigens brauchte er nicht angespornt zu werden: denn innerhalb dieses Kreises waren ja, wie schon berührt wurde, solche Gebäude, wie Glimminge und Örbyhus, frühzeitig emporgestiegen. Sollen wir nun den Antheil, den derselbe an der Bewegung nahm, näher bezeichnen, so stehen wir weit mehr in Gefahr, zu schwache als zu starke Ausdrücke zu gebrauchen. Gewiss ist der wahre Thatbestand dieser, dass im Laufe des genannten Zeitraums, bei den meisten Herrenhöfen in Dänemark und Schweden, Burgbauten nach der neuen Weise aufgeführt wurden. Von der Macht der Strömung werden wir einen Eindruck bekommen, wenn wir unsern Blick nach ein paar verschiedenen Seiten richten.

Wir wollen beispielsweise anführen, was in einer einzelnen Landschaft während der Dauer weniger Jahre gebaut worden ist. Beschränken wir uns auf Jütland und berücksichtigen bloss das Jahrzehnt 1580—1590, so wurden hier während dieses Zeitraums folgende grössere Höfe aufgeführt: Overgaard, Stensballegaard, Skaffögaard, Rosenvold, Timgaard, Næs (Lindenborg), Tjele, Boller, Katholm, Nörlund und Vorgaard.

Es ist ferner in hohem Grade charakteristisch, dass damals mancher Edelmann sich nicht mit Dem begnügte, was unsere Zeit als ein Unternehmen von Bedeutung ansehen würde, nämlich den ganzen Hof von Neuem aufzuführen, sondern oft zwei, ja drei Herrenhöfe aufführte. Wir wollen

von Heinrich Ranzau, welcher so weit ging, prächtige Burgen
zu zwanzigen zu bauen, hier ganz absehen [481]), und als Beispiel aus der grossen Zahl nur folgende anführen: Corfits
Viffert, welcher Næs (Lindenborg) und Tybring baute, Oluf
Daa: Fraugdegaard und Ravnstrup, Jörgen Rosenkranz: Rosenholm und Skaffögaard, Johann Friis: Hesselagergaard, Hagested und Borreby, Erik Hardenberg: Skovsbo, Mattrup und
Faarevejle, Peder Oxe: Gisselfeld, Töllöse, Lögismose und
Holmegaard u. s. w. u. s. w.

Oder messen wir den Antheil des Adels an der Sache von
einer anderen Seite, indem wir nämlich darauf achten, wie
der Eifer desselben kräftig genug war, auch die Frauen der
Zeit mit sich fortzureissen. Hier empfangen wir denselben
Eindruck. Frauen erbauen Burgen vollkommen ebenso, wie
die Männer, und beschränken sich ebenso wenig wie diese auf
eine. Mette Rosenkranz führte Vallö auf, Gjörvel Faddersdatter: Torup in Schonen, Beate Hvitfeld: Svenstrup ebendaselbst, Karen Geed: Rössjöholm; Otto Ruds Wittwe, Pernille Oxe, welche 46 Jahre alt starb, hatte noch in ihrem
Wittwenstande Zeit gefunden, Mögelkjär und Säbygaard zu
bauen; Karen Gyldenstjerne baute nicht weniger als drei
Burgen: Stjernholm, Rosenvold und Boller.

Aber ungeachtet solcher sprechenden Denkmäler des Antheils, den die Könige und der Adel an dem Burgenbau
nahmen, und ungeachtet alles des Vielen, was in diesem
Zeitraume aufgeführt worden ist, mehr als jemals in einem
anderen von derselben Dauer, so scheint es dennoch, als
müsse man die ganze Bewegung, von einer gewissen Seite
betrachtet, auch ferner als eine fremde bezeichnen. Was half
es nämlich, dass diese Gebäude einem wirklichen Bedürfnisse
entsprachen und auch vollauf diejenigen befriedigten, für
welche sie aufgeführt wurden: die Baumeister wurden ja doch
fort und fort vom Auslande verschrieben; es bildete sich keine
heimathliche Schule; die jüngsten wie die ältesten Burgen
waren eingeführte Waare.

Wir stehen hier einer sehr schwierigen Frage gegenüber,

nämlich der Frage: wann ein Kunstwerk wahrhaft angeeignet heissen dürfe, so dass es Eigenthum des Einzelnen oder eines Volkes geworden sei? Ohne Zweifel verhält sich die Sache verschieden, jenachdem die Rede ist von jenen flüchtigen Formen der Kunstschöpfung: Statuen und Gemälden, welche bei einem Volke leicht ein- und auswandern, oder ob es sich um Bauwerke handelt, welche weit fester in dem Boden eines Landes wurzeln. Indessen ist es ausgemacht, dass man in der Gegenwart von einer Bauart kaum sagen würde, dass sie rechte Wurzeln bei einem Volke geschlagen habe, bevor sie nicht eine Schaar heimischer Meister hervorrief. Etwas anders stellte die Sache sich damals, und hierdurch werden wir dazu geführt, die Sache von einer neuen Seite zu betrachten.

Der Blutumlauf in dem grossen Volksorganismus war damals ein anderer, als jetzt. Das Volk bestand aus scharf geschiedenen Ständen, deren Leben und Interessen besonders gepflegt wurden und nichts weniger als immer denselben Einflüssen unterlagen. Eine lebhafte Bewegung konnte den Adel ergreifen, ohne sich in den unteren Gesellschaftsschichten irgendwie stärker fühlbar zu machen. Eine Begeisterung, wie jene für die Baukunst, konnte sich der höchsten Kreise der Volksgemeinschaft bemächtigen und diese während eines ganzen Jahrhunderts beherrschen, ohne etwas Anderes im Volke hervorzubringen, als hoch gerechnet einige brauchbare Maurergesellen und Steinhauer. Die Schale war zu hart; Freiheit, Sonne und Licht waren ihr zu kärglich zugemessen, als dass das Genie eines Meisters, selbst wenn es auch im Keime vorhanden gewesen wäre, dazu gelangen konnte, hervorzubrechen und sich zu entfalten. Hier genügte es ja nämlich nicht, eine kunstgewandte Hand und eine lebhafte Auffassung zu besitzen. Dergleichen konnte ausreichend sein, wenn von einem einzelnen Stücke die Rede war, mochte es ein kostbarer Goldschmuck oder ein Steinportal sein, was etwa begehrt wurde; hier dagegen war ein überlegener Geist erforderlich, welcher mühelos und freien Schwunges im Stande war, sich

25*

in die Seele eines adeligen Herrn zu versetzen und mit dem Blicke, mit welchem dieser Alles überschaute, den entsprechenden architektonischen Ausdruck zu schaffen. Aber ein solcher weiter Gesichtskreis, eine solche Geschmeidigkeit und Stärke wurde nicht erzeugt unter dem Drucke enger Verhältnisse.

Dieses hatte bleibende Folgen nach unten; aber vor Allem ward es von entscheidender Bedeutung für die höheren Gesellschaftskreise selbst. Was diese in ihren Umgebungen nicht vorfanden, das mussten sie selbst zu leisten auf sich nehmen. Könige und Edelleute wurden selbst zu Baumeistern.

Dieses ist eine der merkwürdigsten Eigenthümlichkeiten des Bauwesens jener Zeit, und sie lehrt uns, das Ganze in einem neuen Lichte zu betrachten. Freilich hören wir jenen ganzen Zeitabschnitt hindurch beständig von fremden Baumeistern reden. Kronborg, sowie auch das zweite Frederiksborg, sind von Ausländern aufgeführt; aber die Bedeutung dieser Baumeister war eine andere und untergeordnetere, als in unseren Tagen. Ueber ihnen stand ein Bauherr, welcher nicht, wie heutigen Tages der Fall ist, sich begnügte, seinen Namen unter einen Kontrakt oder eine Zeichnung zu setzen, sondern wirklich der Alles Leitende war. Es ging hierbei zu, wie auf den Kriegsschiffen jener Zeit, wo ein Edelmann das Kommando führte, aber neben sich einen eigentlich Sachkundigen stehen hatte, den Schiffsführer, welcher nach ertheilter Ordre den rein seemännischen Theil der Sache besorgte.

Von dieser Seite betrachtet ward daher die Stellung des Bauherrn eine andere, als es auf den ersten Blick scheinen könnte. Eine spätere Nachwelt, welche zwar inne ward, dass hier Etwas zu beachten sei, aber nicht im Stande war, klar zu sehen, wie die Sache sich verhielt, hat Jedem das Seine zu geben versucht, indem sie die Meisten unter ihrem Werth schätzte, dafür aber einzelnen Bauherren, z. B. Christian IV alle die Kenntnisse beilegte, welche wir jetzt von den Architekten fordern. Beides mit Unrecht. Jenen Anderen darf ebenso wenig alles Verständniss der Baukunst abgesprochen werden, als man von Christian IV sagen darf, er habe die Zeichnung zu seinen Schlössern, wie man das heutigen Tages versteht, selbst geliefert.

Man versteht die Sache am besten, wenn man seine Aufmerksamkeit auf die zwei vorzüglichsten Repräsentanten richtet, Friedrich II und Johann III. Sie beginnen beide ihre Bauunternehmungen damit, dass sie dem betreffenden Meister erklären, was sie wünschen, worauf dieser in einer Zeichnung, oder was besonders gerne gesehen wird, in erhabener Arbeit, die »Schablone« ausführt, nach welcher das Schloss gebaut werden soll. Hiermit ist aber ihre Thätigkeit bei Weitem nicht zu Ende; im Gegentheil scheinen die Ideen häufig erst während der Arbeit sich recht zu melden, so dass diese beständig umgeändert werden muss, um den königlichen Wunsch genau zu treffen. Ueber die geringsten Einzelheiten lassen sie sich Bescheid geben; nichts wird ohne ihr Wissen ausgeführt, und der Baumeister wird unter solchen Verhältnissen oft zu einem blossen Baukonducteur herabgesetzt, welcher es unter diesem Schwarm von Befehlen sauer genug hat. Das Stockholmer Schloss und Kronborg, beide machen auf den Beobachter denselben Eindruck: ungeheure Arbeiten, unter welchen der königliche Meister, gleichgültig gegen die Kostenfrage, durch fortgesetztes Probiren, immer schönere und schönere Bilder hervorgelockt hat. Diese Bauwerke zeigen uns nicht allein die Ausführung des Gedankens, sondern zugleich seine Entstehung [482]).

Auf ähnliche Weise, wenn auch mit allen den Schattirungen, welche die verschiedenen Persönlichkeiten nothwendig herbeiführten, müssen wir das Verfahren uns vorstellen, wie es Alle beobachtet haben, von Christian IV an bis zu dem ärmsten Edelmann herab, welchem die Mittel ausgingen, um mehr als nur Einen Flügel ausführen zu können. Ihnen allen war diese wunderliche Doppelstellung gemeinsam, zu gleicher Zeit über und unter dem Baumeister. Wenn sie gleich an Fachkenntniss hinter diesem zurücktraten, so waren sie ihm doch überlegen, und das nicht bloss darin, dass sie eben die Bauherren waren. Was Kunst und Kenntniss war bei dem fremden Meister, das war bei ihnen Leben. Sie ergänzten sich gegenseitig; vereint schufen sie jene staunenerregenden Werke.

Die Baukunst ward das Gebiet, auf welchem der Norden am kräftigsten sich betheiligte an der allgemeinen europäischen Bewegung und von dem Geiste der Renaissance am tiefsten durchdrungen wurde. Was in nicht geringem Grade hierzu beitrug, war der Umstand, dass die ihm hier gestellte Aufgabe keine ganz neue war. Seit der ältesten Zeit hatte der Norden über die Lösung derselben nachgesonnen; es fand eine innere Verwandtschaft statt zwischen den altväterischen Bauernhäusern und den Burgen des sechzehnten Jahrhunderts. In beiden war dieses der Grundgedanke, dass ein Wohnhaus das befestigte Heim der einzelnen Familie sein müsse. Die Renaissance brachte diesen Gedanken zu seiner höchsten Entfaltung; aber zugleich sprengte sie auch die alte Hülle. Denn sie lehrte, mit Hülfe der verbesserten Erwärmungsanstalten das Haus in mehrere Zimmer zergliedern und es in Stockwerke aus einander zu legen zur Wohnung für mehrere Familien. Die neuen Kanonen führten den Beweis, wie gering der Schutz war, welchen selbst de vorzüglichste Burg gewährte.

Aber während die Renaissance so das Alte vollendete und zugleich umstürzte, bahnte sie den Weg für eine ganz neue Zeit. Die Priester- und die Kriegerkaste hatte bisher abwechselnd die Alleinherrschaft in dem Gebiet der Bauten geübt: nunmehr trat eine dritte Gesellschaftsklasse auf, der Bürgerstand. Der Schwerpunkt der Baukunst ist seitdem von Burgen und Schlössern in die Städte verlegt worden.

In welchem Grade der Norden bei den Aufgaben der Zeit mitthätig war, und welch einen feinen Massstab die Baukunst für die Kräfte gab, welche sich regten, dafür ist es bezeichnend, dass auch jener sich nähernde Umschlag sich hier thatsächlich ankündigte. Die zwei letzten grossen Bauherren der Renaissance im Norden, Karl IX in Schweden und Christian IV in Dänemark und Norwegen, beschränkten sich nicht darauf, Schlösser zu bauen, sondern fingen an, Städte anzulegen. Gothenburg und Carlstadt, Christianstadt, Christianshavn und Christianssand, sind die deutlichen Kennzeichen dieser merkwürdigen Vorahnung.

Quellenangaben und Anmerkungen.

Abkürzungen.

G. A. = Geheim-Archiv in Kopenhagen.
M. A. = Ministerial-Archiv in Kopenhagen.
A. K. S. = Alte Königliche Sammlung auf der Königl. Bibliothek in Kopenhagen.
N. K. S. = Neue Königliche Sammlung, ebendaselbst.
S. R. A. = Schwedisches Reichsarchiv in Stockholm.
S. K. A. = Schwedisches Kammerarchiv in Stockholm.
N. R. A. = Norwegisches Reichsarchiv in Christiania.

Zu Theil I.

1) Charles d'Ogier, Dagbok öfver dess resa i Sverige 1634. Stockholm 1828. S. 9.

2) H. Hoff, Om Oldtidens Bygningsformer (Herlufsholmer Schulprogramm). Nestved 1869. S. 29—30.

3) Danske Samlinger, udgivne af Chr. Bruun. Kjøbenhavn 1870. V, 376. — Samlinger til jydsk Hist. og Topogr. VII, 85.

4) Danske Samlinger, udg. af Chr. Bruun. III, 291.

5) Sjöborg, Skånes Historia och Beskrifning. III. Lund 1812. S. 24. — (Carl Linné, Skånska Resa. Stockholm 1751. S. 59).

6) Blicher, Topographie over Vium Præstekald. Viborg 1795. S. 132—33. — Saml. til jydsk Hist. og Topog. VI, 301.

7) Samlinger til jydsk Historie og Topografi, VI, S. 3. 4. 7. 9. 10. — G. A. Cancelliets Aflevering. Besigtigelser no. 189. B. 18, 24 und 38.

8) Holinshed, Description of Britaine (Ausgabe von 1587) p. 187. — Paul Hentzner, Itinerarium. Noribergæ 1612. p. 156.

9) N. Nicolaysen in: Norsk Historisk Tidsskrift I, 168—174. — Eilert Sundt in: Folkevennen 10de Aargang. Kristiania 1861. S. 302—7. 335. — Hyltén-Cavallius, Wärend och Wirdarne. Stockholm 1868. II. 178. — Die Reisen des Samuel Kiechel. Stuttgart 1866. S. 81. — Das im Jahre 1454 erwähnte Fenster eines Bauernhauses in dem Herred (der Hardesvoigtei) Thune muss als ein solches kleines Guckloch aufgefasst werden. Nye Danske Magazin VI, 42.

10) Historisk Tidsskrift 5te Række I, 435—48.

11) Hyltén-Cavallius, Wärend och Wirdarne. II. S 172—73.

12) H. Hoff, Om Oldtidens Bygningsformer. Nestved 1869. S. 20. — Eilert Sundt in: Folkevennen, 10de Aarg. Kristiania 1861. S. 449. — Der „Udskud" (Vorbau) wird erwähnt in der Beschreibung der Wirthschaftsgebäude der Gehöfte Hundsbæk (Saml. til jydsk Hist. og Topogr. VI, 10) und Kloster Vreilev (G. A. Cancelliets Aflevering no. 189. Besigtigelser. A. 42); unter der seeländischen Bezeichnung „Lude" wird er bei dem Gehöfte Rygaard (ebendaselbst no. 6) erwähnt. In Norwegen heisst er: „Skut", im nördlichen England: „Out-shot" (s. Molbech, Dialekt-Lexikon: „Udskud").

13) Norsk Tidsskrift for Videnskab og Literatur. 3die Aarg. Christiania 1849. S. 304—5. — Hyltén-Cavallius, Wärend och Wirdarne. II, 174 — Hoff, Om Oldtidens Bygningsformer. S. 20—22. — Im östlichen Norwegen wird das „Aastag" (Firstendach) noch angebracht (Nikolaysen in: Norsk Tidsskrift o. a. O.). Eines der am besten erhaltene „Aastage" in Dänemark befindet sich in Trandum in dem Kirchspiel Sevel bei Holstebro. Hier ruht der Firstbalken (Mønsaasen) nicht auf den Giebeln, sondern auf drei schweren Pfosten, von welchen einer an jedem Ende, und einer in der Mitte des Gebäudes ist. (Nach einer vom Hardesvoigt O. Lund mir gefälligst mitgetheilten Zeichnung.)

14) Die Anwendung von Grassoden zur Bekleidung der Dächer, sogar in Städten, wird erwähnt in: Saml. til jydsk Hist. og Topogr. II, 132. — In Blekingen gebrauchte man Grastorf (s. Die Reisen des Samuel Kiechel. S. 81). — Ueber die Verwendung von Haidekraut mit und ohne Langstroh s. Suhm's Nye Samlinger III, 186.

15) Ueber die Bedeutung des W. „Tag" s. Saml. til jydsk Hist. og Top. VI, 4.

16) „Mønningstørv" (Firsttorf) wird erwähnt ebendaselbst II, 138.

17) Die Reisen des Samuel Kiechel. S. 81. — Olaus Magnus, De gentium septentrionalium conditionibus lib. XII, cap. II—III. — P. D. Huetius, Commentarius de rebus ad eum pertinentibus. Amstelodami 1718. p. 100. — Hyltén-Cavallius, Wärend och Wirdarne II, 174.

18) Peder Claussøn Friis, Samlede Skrifter. Christiania 1879. S. 136—37.

19) O. Lund, Forsøg paa en Beskrivelse af Bygningsmaaden m. m. af de vestjydske Bøndergaarde. 1878. S. 32. (Handschrift). — Zur Beantwortung verschiedener Anfragen hat Hardesvoigt O. Lund die Güte gehabt, diese umfängliche Darstellung, welcher auch noch Zeichnungen beigelegt waren, dem Verfasser zuzustellen. Da sie zahlreiche Belehrungen enthält, die schwerlich auf anderem Wege einzuholen sein dürften, Hr. Lund aber nicht beabsichtigt dieselbe zu veröffentlichen, so ist sie mit dessen Einwilligung, nachdem sie von dem Verfasser benutzt war, der grossen Handschriften-Sammlung der Königl. Bibliothek einverleibt worden.

20) Die Reisen des Samuel Kiechel. S. 81. — P. D. Huetius, Commentarius de rebus ad eum pertinentibus. p. 100.

21) Huetius l. c. — Olaus Magnus l. c.

22) Hyltén-Cavallius, Wärend och Wirdarne. II, 172. — Norsk Hist. Tidsskr. I, 163. — Dieselbe Sitte herrscht noch heutigen Tages im westlichen Jütland, s. O. Lund, De vestjydske Bøndergaarde. S. 47—49. Handschr.

23) Norsk Hist. Tidsskr. I, 163.

24) Die Reisen des Samuel Kiechel. S. 81.

25) Hoff, Om Oldtidens Bygningsformer. S. 18—19. — Norsk Hist. Tidsskr. I, 160.

26) Hyltén-Cavallius, Wärend och Wirdarne. II, 173.

27) Eilert Sundt in: Folkevennen 10de Aargang. 1861. S. 303—4.

28) Molbech, Dansk Dialekt-Lexikon: „Lyre". — Ivar Aasen, Ordbog over det norske Folkesprog: „Ljør".

29) Hyltén-Cavallius, Wärend och Wirdarne. II, 177.

30) Die Reisen des Samuel Kiechel. S. 81. — Pontoppidan, Natürliche Historie von Norwegen 1753. II, 511, sagt: „so gross, wie ein mässiges Fenster".

31) Ueber die Einrichtung der Lyre siehe: R. Keyser, Efterladte Skrifter. II. Christiania 1867. S. 42. — Hyltén-Cavallius, Wärend och Wirdarne. II, 177.

32) N. Horrebow, Efterretninger om Island. Kjøbenhavn 1752. S. 311 und 314. — E. Olafsen, Reise gjennem Island. Kbhvn. 1772. S. 53 und 966.

33) Pontoppidan, Natürliche Historie von Norwegen II

(Kbhvn. 1753). S. 511—512. — Hertzberg in der Zeitschrift: Budstikken. 2den Aarg. 1820—1821. S. 748—49.

34) Folkevennen. 10de Aarg. 1861. S. 305—6.

35) Ebendaselbst. S. 301.

36) Scriptores rerum Svecicarum I (Upsala 1818) 1, 201. — Hyltén-Cavallius, Wärend och Wirdarne II, 177 und 205. — Folkovennen. 10de Aarg. 1861. S. 171. — L. Daae, Norske Bygdesagn. Christiania 1870. S. 68.

37) Der Docent der Kopenhagener Universität, Dr. V. Thomsen, hat den Verfasser darauf aufmerksam gemacht, dass das nordische Wort „Arne", „Are", füglich nicht von derselben Wurzel abzuleiten sei, wie das lateinische Wort „ara". Ist dem also, alsdann fällt die verbale Uebereinstimmung fort; aber man wird zugeben, dass die reale gleichwohl zurückbleibt, nämlich in der Form der Feuerstätte und ihrer Stellung inmitten des Hauses. — Ueber den Gebrauch während des sechzehnten Jahrhunderts s. Folkevennen. 10de Aarg. 1861. S. 421 folg.

38) Vgl. Gjellebøl in: Topografisk Journal. 26de Hefte. Christiania 1800. S. 47.

39) Folkovennen. 10de Aarg. 1861. S. 421 folg.

40) Samuel Kiechel (Reisen. S. 82) deutet auf diese Feuerstätten hin, wenn er sagt: „an statt des ofens brauchen siie den bachofenn".

41) Folkevennen. 10de Aarg. 1861. S. 301. — (H. Arntz) Beskrivelse over Stavanger Amt. Kbhvn. 1779. S. 19—20.

42) Linné, Skånska Resa. S. 114.

43) Blicher, Topographie over Vium Præstekald. S. 134.

44) Linné, Skånska Resa. S. 113.

45) Thranlampen mit Pflanzendocht erwähnen noch Linné (Wästgöta Resa. S. 184) und Blicher (Vium Præstekald. S. 47 und 61) als etwas im Bohuslehn, sowie in Jütland Gebräuchliches. — Kienspähne werden im sechzehnten Jahrhundert häufig als Beleuchtungsmittel erwähnt. Selbst in Jütland hat der Gebrauch derselben sich noch nicht verloren. (Vgl. Saml. til jydsk Hist. og Top. IV, 14).

46) Die Zeit, in welcher die Schornsteine erfunden sind, lässt sich kaum genau feststellen. Gewiss hat von den, wie Bienenkörbe geformten und mit einem Loch in der Mitte versehenen, Küchen-

dächern der Römer ein allmählicher Uebergang stattgefunden zu der röhrenförmigen Verlängerung dieses Loches. Erst im Mittelalter scheint man Kamine angelegt zu haben. Vgl. Viollet-le-Duc, Dictionnaire raisonné de l'architecture: „cuisine", „cheminée". — Hudson Turner, Some account of domestic architecture in England. Oxford 1851 (an mehreren Stellen). Man vergleiche jedoch über den früheren Gebrauch der Kamine: Zeitschrift der Berliner Ges. f. Anthropologie, Ethnologie u. Urgeschichte. Elfter Jahrgang. 1879. S. 262. — Was die Einführung der Schornsteine im Norden betrifft, so stimmt Verfasser durchaus Eilert Sundt und N. Nicolaysen zu, welche im Gegensatze zu der früheren Vorstellungsweise behaupten, dass die auf Olaf Kyrre zurückzuführende Verbesserung der Feuerstätte in der Einführung von Oefen bestand, nicht aber von Schornsteinen. S. Folkevennen. 10de Aarg. 1861. S. 435 folg. — Læsebog for Folkeskolen og Folkehjemmet. Tredie Skoletrin. 2det Oplag. Kristiania 1865. S. 296—97.

47) Diplomatarium Flensborgense II, 574.
48) Folkevennen. 10de Aarg. 1861. S. 29—37.
49) Allen, De tre nordiske Rigers Historie IV, 1, 247.
50) Norsk Historisk Tidsskrift. 2den Række II, 295.
51) Folkevennen. 10de Aarg. 1861. S. 327.
52) Ebendaselbst. S. 602.
53) Ebendaselbst. S. 331.
54) Det kgl. Norske Videnskabersselskabs Skrifter i det 19de Aarh. I, 464.
55) Paludan, Beskrivelse over Møen II (Kbhvn. 1824). S. 342.
56) Suhm's Nye Samlinger III, 186.
57) Brasch, Vommetoftes Historie II (Kbhvn. 1860). S. 76.
58) Pontoppidan, Natürliche Historie von Norwegen, II S. 512.
59) Videnskabernes Selskabs Ordbog: „Lyre".
60) Blicher, Vium Præstekald. S. 133—34.
61) Linné, Westgöta Resa. S. 18.
62) Linné, Skånska Resa. S. 113—14.
63) Hofberg, Genom Sveriges Bygder. Örebro 1872. S. 205.
64) Ebendaselbst. S. 182—83, 110 und 342.

65) De la Martinière, Voyage des pays septentrionaux. Paris 1672. p. 7.
66) Folkevennen. 10de Aarg. 1861. S. 293—328.
67) Norsk Hist. Tidsskrift I, 168.
68) Die Reisen des Samuel Kiechel. S. 81.
69) Norsk Hist. Tidsskrift I, 150 folg. — Aarbøger for nordisk Oldkyndighed. 1872. S. 275 folg.
70) Norsk Hist. Tidsskrift I, 167. — Hyltén-Cavallius, Wärend och Wirdarne II, S. 182. — O. Lund, De vestjydske Bøndergaarde. S. 89. (Handschrift.)
71) Hyltén-Cavallius o. a. O. — Die Reisen des Samuel Kiechel. S. 82.
72) Ebendaselbst.
73) Auf seiner Reise von Helsingborg nach Stockholm und zurück, verfehlte der deutsche Reisende Samuel Kiechel im Winter 1586 fast täglich den rechten Weg. S. Reisen u. s. w. S. 58—84.
74) Hyltén-Cavallius, Wärend och Wirdarne II, 181. — Die Reisen des Samuel Kiechel. S. 58 und 82.
75) Lignell, Beskrifning öfver Grefskapet Dal. I. Stockholm 1851. p. 93.
76) Die Reisen des Samuel Kiechel. S. 82. — Linné, Skånska resa. S. 18.
77) Die Reisen des Samuel Kiechel. S. 58 und 82.
78) Ebendaselbst.
79) Linné, Skånska resa. S. 38.
80) Budstikken. 2den Aarg. 1820—21. S. 732—33.
81) Norsk Hist. Tidsskrift I, 174 folg. — Folkevennen. 10de Aarg. 1861. S. 224.
82) Folkevennen. 10de Aarg. 1861. S. 6 folg. — Læsebog for Folkeskolen og Folkehjemmet. 2det Oplag. Tredie Skoletrin. Kristiania 1865. S. 297. — Mandelgren, Atlas till Sveriges Odlings Historia. Pl. VII. Fig. 58.
83) Folkevennen. 10de Aarg. 1861. S. 218—220. — Rietz, Svenskt Dial. Lex., 1867 leitet „Barfred" ab von „bæria", d. h. schlagen und „fred" d. h. Friede, also soviel als Schirm gegen Schlag oder Wurf.
84) Danske Samlinger udg. af Chr. Bruun. I, 58.

85) Kjøbenhavns Diplomatarium I, 334, 335 und 337.
86) Danske Samlinger udg. af Chr. Bruun. I, 55—59.
87) Folkevennen. 10de Aarg. 1861. S. 217—22. 602. — Ihre, Svenskt Dial. Lexikon. Upsala 1766: „Barfrid".
88) Peder Claussøn Friis, Samlede Skrifter. Kristiania 1877. S. 50.
89) Folkevennen. 10de Aarg. 1861. S. 169 folg.
90) N. Nicolaysen, Norske Fornlevninger. Kristiania 1862—66. S. 388—89. — Aarsberetning for 1854 fra Foreningen til norske Fortidsm. Bevar. Plan VIII. — Folkevennen. 10de Aarg. 1861. S. 181.
91) Die Beschreibung von Ornäs beruht auf den persönlichen Beobachtungen des Verfassers auf einer Reise im Sommer d. J. 1879 in Dalkarlien. — Vgl. C. G. Brunius, Kunstanteckningar under en resa år 1849. S. 361—64. — Stockholms Magazin I. (Stockholm 1780) S. 10—13. 51—53. — Fr. Barfod, Reise i Dalarne. Kbhvn. 1863. S. 57—69.
92) Nye Danske Magazin II, 177—79. — Danske Magazin 4de Række IV, 148—49.
93) Tegnelser over alle Lande 13. April 1563, im G. A.
94) Tegnelser over alle Lande 1. Januar 1560, 18. Oktober 1563 und 1. April 1564, im G. A.
95) Tegnelser over alle Lande (39. rectius:) 29. September 1559 und 18. März 1566, im G. A.
96) Betr. Malmø sehe man u. A. Braun, Theatrum urbium IV. — Malmøhus Lehnsregnskaber, im G. A.
97) Danske Magazin 3die Række VI, 303.
98) W. Bernan, On the history and art of warming and ventilating rooms and buildings. I. (London 1845) 139.
99) O. Nielsen, Kjøbenhavn i Middelalderen. Kbhvn. 1877. S. 302.
100) Norske Magazin I, 120.
101) Danske Magazin 4de Række I, 345.
102) Nationaltidende 1879, Mandagen den 8. September: „Fortaa, Fortaag eller Fortov"? Der Verfasser des Artikels leitet den Namen von „For-toft" (d. h. „vor dem Grundplatz") ab. — O. Nielsen, Kjøbenhavn i Middelalderen, S. 303, erklärt sich für „For-taa". — Die Schreibart: „Fortaa" oder „Forthaa" kommt,

soviel dem Verfasser bekannt ist, im sechzehnten Jahrhundert am häufigsten vor.

103) Den Ursprung dieses Namens darf man unstreitig in dem Umstande suchen, dass der Magistrat zuweilen die Pflasterung der Mitte der Strasse übernahm. S. Danske Magazin 3die Række II, 221—23).

104) Schou, Register over de Kongelige Forordninger I, 106—7. Schon im Jahre 1651 wurde dem Oluf Stenvinkel als Stadtkonduktör von Kopenhagen der Befehl ertheilt, darauf zu achten, dass die Fortove nicht durch Aus- und Vorbaue belästigt würden, und dass die Dachrinnen in Ordnung seien. S. Kjøbenhavns Diplomatarium III, 370—71.

105) Sagen og Foss, Bergens Beskrivelse. Bergen 1824. S. 347.

106) Soviel bekannt ist, war die Christenbernikov-Gasse die letzte.

107) Vgl. das Schreiben des Kopenhagener Magistrats an die Oberbau-Direktion, gelegentlich der Umlegung der Høibrostræde, wo es heisst: „sowie dass daselbst Trottoirs angelegt werden, sowie schon auf der Østergade geschehen ist"; ferner — „die dazu gehörigen behauenen Prellsteine (Afvisere)" — N. K. S. folio no. 370 f.

108) Tegnelser over alle Lande 22. Febr. 1566, im G. A.

109) Nye Danske Magazin I, 285.

110) Danske Magazin 3die Række II, 221—23.

111) Das Thingbog von Helsingör 5. November 1577, im G. A.: „Auch muss der eine Nachbar alsbald zu pflastern anfangen, wenn sein Nachbar fertig ist, damit die Strasse überall gleich und eben werde". — Sjællandske Registre 13. Mai 1589, im G. A. Erst im Jahre 1764 erging an die Hausbesitzer zu Kopenhagen der Befehl, dass die Strassen auf einmal gepflastert und die Kosten auf die Eigenthümer vertheilt werden sollten. L. Holst, Kjøbenhavn og Kongerigets Kjøbstæder for omtrent hundrede Aar siden. S. 17.

112) Vedel Simonsen, Bidrag til Odense Byes Historie II, 2, 166. — Kjøbenhavns Diplomatarium I, 436—37. — Sjællandske Tegnelser 16. Mai 1589 und 27. Mai 1596, im G. A.

113) Sjællandske Registre 13. Mai 1589, im G. A.

114) Danske Magazin 3die Række II, 221.

115) **Kbhvns. Diplomatarium** I, 174.
116) Ebendaselbst II, 215—16.
117) **Allen, De tre nordiske Rigers Historie** III, 2. 27. — **Kbhvns. Diplomatarium** II, 215—16.
118) **Danske Magazin, 4de Række** I, 345. — **Kbhvns. Diplomatarium** II, 410; III, 29. — **Tegnelser over alle Lande** 28. April 1562, im G. A. — **Samlinger til jydsk Historie og Topogr.** II, 131.
119) **Historisk Tidsskrift 4de Række** VI, 290.
120) **Helsingørs Thingbog** 11. Oktober 1574, im G. A.
121) Ebendaselbst 12. März 1576. — 18. Mai 1579. — 22. Febr. 1582. — 11. Januar 1591, im G. A.
122) **Danske Magazin 4de Række** I, 307.
123) **P. Edvardsen Friis, Skjelskjør,** S. 122.
124) **Kbhvns. Diplomatarium** I, 542.
125) N. **Jacobsens Aufzeichnungen auf der Kgl. Bibliothek**, nach einer schriftlichen Beilage in: Nic. **Helvaderi Tract. physico. theolog.** Havniæ 1632. fol. B. 3.
126) O. **Nielson, Kjøbenhavn i Middelalderen.** S. 318.
127) **Borgervennen** 1819. S. 222. — Ein ganz eigenes Barrikadensystem wandte Jungfrau Magdalene Povisk an, welche am Schlusse des sechzehnten Jahrhunderts sich in Vejle häuslich niedergelassen hatte. Damit die Leute ihr nicht in die Fenster sehen, „oder auch andere Unsauberkeit so nahe an ihr Haus bringen" könnten, so annektirte sie ohne Weiteres ein Stück des anliegenden Marktes und umstellte es mit Plankwerk. Die Regierungsräthe ertheilten ihr zu diesem Selbstschutze die obrigkeitliche Erlaubniss, jedoch unter dem Vorbehalte, dass der Grund und Boden ihr nicht zugehöre. S. **Jydske Tegnelser** 6. Juni 1594, im G. A.
128) **Danske Magazin, 3die Række** VI, 248. Die Abfuhr kostete 24 ß. Der Preis für jedes Fuder Mauersteine, eine der theuersten Fuhren, betrug 1 ß. **Kbhvns. Diplomatarium** II, 216.
129) **Fyenske Tegnelser,** 6. Januar 1591, im G. A.
130) **Nye Danske Magazin** I, 178. — **Vedel Simonsen, Bidrag til Odense Byes Historie** II, 2, 166. — **Samlinger til jydsk Hist. og Topogr.** II, 161.
131) **Die Reisen des Samuel Kiechel.** S. 66.

132) Kbhvns. Diplomatarium I, 434—35.
133) Ebendaselbst S. 462—63.
134) Ebendaselbst S. 548—49.
135) Ebendaselbst S. 549—50 und II, 429—30.
136) Nye Danske Magazin I, 178.
137) Samlinger til jydsk Hist. og Topogr. II, 161.
138) Helsingørs Thingbog, 30. Oktober 1581 und 29. November 1585, im G. A. — Aehnliche Schmutzkisten werden auch in Kopenhagen erwähnt, scheinen jedoch hier nicht zu gleicher Zeit zu Schweineställen gedient zu haben. S. Kbhvns. Diplomatarium IV, 760.
139) Helsingørs Thingbog, 5. Februar 1571, im G. A.
140) Diese Scene wird irgendwo in den Thingbüchern von Helsingør, und zwar in der Anfangszeit der Erbauung Kronborgs, erwähnt.
141) Helsingørs Thingbog, 4. Juni 1576, im G. A.
142) Ebendaselbst, 4. Februar 1577, im G. A.
143) Ebendaselbst o. a. O.
144) Ebendaselbst, 1. Juni 1579 und 18. April 1580, im G. A.
145) Ebendaselbst o. a. O.
146) Ebendaselbst, 30. Oktober 1581, im G. A.
147) Danske Samlinger, 2den Række VI, 345.
148) Helsingørs Thingbog, 29. November 1585, im G. A.
149) Ebendaselbst, 19. März 1604, im G. A.
150) Sjællandske Tegnelser, 28. December 1580, im G. A.
151) Helsingørs Thingbog, 19. Juni 1581, im G. A.
152) Ebendaselbst, 8. Februar 1580, im G. A.
153) Ueber umhertreibende Hunde in Kopenhagen s. z. B. Kbhvns. Diplomatarium IV, 606.
154) Helsingørs Thingbog, 8. Februar 1580, im G. A.
155) Ebendaselbst, 17. Februar 1578, im G.A. — Danske Magazin, 3die Række II, 202. — Helsingørs Thingbog, 10. Februar 1584, im G. A.
156) Danske Magazin, 3die Række II, 202.
157) Helsingørs Thingbog, 10. Februar 1584, im G. A.
158) Erst im Jahre 1583 wurden sie, was Kopenhagen betrifft, ausserhalb der Wälle gelegt. Kbhvns. Diplomatarium

I, 542. Die betreffende Verfügung wurde schon 1577 ausgefertigt. S. 467.

159) O. Nielsen, Kjøbenhavn i Middelalderen. S. 211—12.

160) Die Reisen des Samuel Kiechel. S. 66—67.

161) Man betrachte z. B. diesen Raum auf Ornäs, sowie auch die noch brauchliche Bauart.

162) Kolderup-Rosenvinge, Gamle danske Love, V, 558. — Meddelelser fra det norske Rigsarchiv, I, 300—301.

163) Helsingørs Thingbog, 14 Juni, 1583, im G. A.

164) Kjøbenhavns Diplomatarium I, 434—35.

165) Rørdam, Kbhvns. Universitets Historie, IV, 120—21.

166) Danske Samlinger, 2den Række, VI, 345—46.

167) Peder Plades Visitatsbog, udgiven af Sv. Grundtvig. S. 7—8.

168) Ein Zeitgenosse behauptet, dass keine andere Kirche dergestalt mit alten Wappenschildern übermalt gewesen sei, wie die Helsingborger, insbesondere ihre Nordwand. S. Braun, Theatrum urbium, IV. Helsingborg.

169) „Die deutsche Kirche [in Helsingør], wo die Geschütz-Unterlagen des Königs verarbeitet werden". Helsingørs Thingbog, 19. Juni 1581, im G. A.

170) Danske Magazin, IV, 247. — Tegnelser over alle Lande, 3. December 1560, im G. A.

171) Nyt Historisk Tidsskrift VI, 61.

172) H. Rørdam, Kbhvns. Universitets Historie I, 682.

173) Kolderup-Rosenvinge, Udvalg af gamle danske Domme II, 178—79.

174) Danske Samlinger, udg. af Chr. Bruun, I, 58.

175) Nyt Historisk Tidsskrift V, 157.

176) Absalon Pedersøn, Dagbog over Begivenheder i Bergen. S. 24. (Norske Magasin I, 208).

177) Ebendaselbst S. 125. (Norske Magasin I, 309).

178) Vedel Simonsen, Odense Byes Historie II, 2, 117.

179) Absalon Pedersøn, Dagbog over Begivenheder i Bergen. S. 93. (Norske Magasin I, 277).

180) H. Rørdam, Kjøbenhavns Universitets Historie IV, 152. — Varwich, Von der Pestilentz, Kopenhagen 1577 p. J., empfiehlt

während der Pest, in katholischer Weise Räucherwerk in den Kirchen zu gebrauchen.

181) **Kjøbenhavns Diplomatarium I, 347.** — Suhm, Samlinger til den Danske Historie I, 2, 174.

182) **Danske Magazin 4de Række II, 81.**

183) **Schlegel, Sammlung zur Dänischen Geschichte II, 1, 109.**

184) **Henr. Ranzau, De conservanda valetudine. Lipsiæ 1573, p. 24.** — Im Jahre 1621 verbietet Christian IV strenge, die Kinder im Kopenhagener Zuchthause Wasser trinken zu lassen. Die Brunnen sollen augenblicklich fest verschlossen werden, sogleich nachdem sie gebraucht sind, damit die Kinder „keine Möglichkeit haben, daraus zu trinken". **Kjøbenhavns Diplomatarium II, 658—59.** — Eine höchst nöthige Vorsichtsmassregel: denn das fürs Kinderhaus bestimmte Wasser wurde vom Stadtgraben hineingeleitet. **Kbhvns. Diplomatarium IV, 773.**

185) Varwich findet es in seinem Buche, welches von den Mitteln gegen die Pest handelt, o. a. O., p. Dij, nöthig, daran zu erinnern, dass die Speisen in reinem Wasser, „und nicht in faulem, unreinem Wasser" gekocht werden müssen.

186) Als „Vandkunstnere" (Wasserkünstler) tritt schon im Jahre 1554 in Schweden Jakob Essoll mit zwei Begleitern auf (Handlingar rörande Skandinaviens Historie XXVI, 2—3), und in Dänemark der Ingenieur Hans von Diskov (Mansa, Bidrag til Folkesygdommenes og Sundhedsplejens Historie i Danmark. Kbhvn. 1873. S. 187).

187) **Pontoppidan, Origines Hafnienses p. 345.**

188) **Mansa o. a. O. S. 186—87.**

189) Ebendaselbst S. 240.

190) Ueber die Geschichte der Helsingörer Wasserleitung s.: Helsingørs Thingbog 1. Oktober 1576, im G. A. — Danske Magazin 3die Række II, 197 und 217. — Friis, Samlinger til Dansk Bygnings- og Kunsthistorie. S. 324—25. — Aarsberetninger fra det Kgl. Geheimearchiv IV. Tillæg S. 21—23.

191) Sjællandske Tegnelser 4. Juni 1578, und 1. April 1580, im G. A. — Kbhvns. Diplomatarium I, 478.

192) Am 1. Juli 1579 wird erwähnt „ein grosser Schlüssel, mit welchem man den Kupferhahn am Bassin zuschraubt, wenn

das Wasser nicht laufen soll". S. Anton Petersens Samlinger in N. K. S. 4to no. 868 kb.

193) Sjællandske Tegnelser 14. Juli 1585, im G. A.

194) Kjøbenhavns Diplomatarium II, 475.

195) Braun, Theatrum urbium IV. Malmogia. — Samlinger til Fyens Historie og Topographie II, 144. — Vedel Simonsen, Bidrag til Odense Historie III, 15, 29 und 32. — Skaanske Tegnelser 11. April 1594, im G. A.

196) Ilmoni, Bidrag till Nordens Sjukdoms-Historia. II. Helsingfors 1849. S. 85. — L Mankell, Stockholm i fordna dagar. S. 21—22.

197) Norske Magasin II, 645. — Rudbeck, Sveriges Städer. Stockholm 1855. I, 16.

198) Mansa o. a. O. S. 153—61. — Stephanius, Christian III's Historie. S. 362. — Danske Samlinger udg. af Chr. Bruun. I, 165—66; III, 69—71. — P. Tidemand, Fortale til Oversættelse af Luthers Postille 1564. — Danske Magazin V, 346.

199) Mansa, o. a. O. S. 190—204. — Absalon Pedersens Dagbog, udg. af Nicolaysen. S. 88. (Norske Magasin I, 272). — Resen, Frederick den Andens Krønike. S. 156.

200) E. Pontoppidan, Den Danske Atlas III, 271.

201) Ilmoni, Bidrag till Nordens Sjukdoms-Historia II, 85—86, 112.

202) Resen, Frederick den Andens Krønike. S. 212.

203) Suhm, Samlinger til den Danske Historie II, 3, 3. Wenn hier auf der nächsten Seite bei dem Jahre 1569 ganz Dasselbe wiederholt wird, so sehe ich darin nur ein Versehen des Verfassers.

204) Mansa, Bidrag til Folkesygds. Hist. i Danmark. S. 205—6.

205) Ilmoni o. a. O. II, 95.

206) Mansa o. a. O. S. 210—16. —' Hinsichtlich der Kennzeichen der Seuche vergleiche man mit Varwichs Beschreibung das Urtheil Mansa's S. 212. — Ilmoni, o. a. O. II, 98—100.

207) Nye Kirkehistoriske Samlinger V, 370.

208) Mansa o. a. O. S. 217.

209) Heimreich, Nord-Fresische Chronick. Schleszwich 1666. S. 423—24.

210) Nye Kirkehistoriske Samlinger V, 374.

211) Ilmoni o. a. O. II, 111—12. — Silfverstolpe, Historiskt Bibliothek II, 128, Anm. 2.

212) Mansa o. a. O. S. 220—25.

213) H. Rørdam, Kjøbenhavns Universitets Historie II, 226. IV, 318.

214) Sjællandske Tegnelser, 31. August 1583, im G. A. (Mansa o. a. O. S. 221).

215) Westphalen, Monumenta inedita III col. 1672 und 1673. — Pontoppidan, Den Danske Atlas VII, 380.

216) Joh. Svaningii Chronologia Danica. p. 102.

217) Suhm, Samlinger til den Danske Historie I, 2, 16.

218) Pontoppidan, Marmora Danica II, 78. — Sjællandske Tegnelser, 14. November 1584, im G. A.

219) Sjællandske Tegnelser, 27. Juni 1584, im G. A.

220) Mansa, Folkesygdommenes Historie i Danmark. S. 225.

221) Norske Rigsregistranter II, 661. Erst nach dem Drucke ist der Verfasser auf die Thatsache aufmerksam geworden, dass schon in den Jahren 1583 und 1584 die Pest in Norwegen mit Heftigkeit aufgetreten ist. S. Norsk Historisk Tidsskrift IV, 497—98.

222) Sjællandske Tegnelser, 9. April 1585, im G. A.

223) Silfverstolpe, Historiskt Bibliothek I. 224.

224) Ilmoni, Bidrag till Nordens Sjukdoms-Historia II, 118—19.

225) Daae, Norske Bygdesagn. Første Samling. S. 60.

226) Slange, Christian den Fjerdes Historie I, 62.

227) Mansa, Folkesygds. Hist. i Danmark. S. 246—48.

228) Sjællandske Tegnelser, 2. September 1592, im G. A. (Mansa o. a. O. S. 248).

229) Sjællandske Tegnelser, 11. August 1592, im G. A. (Mansa o. a. O. S. 247).

230) Norske Rigsregistranter III, 398—99.

231) Ilmoni, Bidrag etc. II, 123—26.

232) Slange, Christian den Fjerdes Historie I, 155.

233) Kjøbenhavns Diplomatarium I, 178.

234) Stephanius, Christian den Tredies Historie. S. 385.

235) „Am 8. März 1556 gezahlt an Hans Thuesen, Bürger zu Kopenhagen, für 155 ℔ Lichte, welche er in der Stadt gekauft hatte, und welche verbrannt waren in den Laternen, so vor den Thüren ausgehängt worden, als die Hochzeit der Herzogin in Kopenhagen stattfand = 32½ ℳ". G. F. Lassens Samlinger, im Abschnitt „Adskilligt" (Verschiedenes) in N. K S. 4to. no. 868 k.

236) O. Nielsen, Kjøbenhavns Historie og Beskrivelse, I, 96—97.

237) Dass dazumal Hornlaternen gewöhnlich im Gebrauch waren, ist ausser allem Zweifel. Sie werden häufig in den Inventarien jener Zeit erwähnt (Histor. Tidsskrift 5 Række I, 447. — H. Forssell, Sveriges inre Historia II, 24; unter den, im Jahre 1621 für einen Kaufmann zu Varbjerg aus Deutschland importirten Waaren kommen 1 Dutzend Hornlaternen vor, s. Svenske Handlinger. Varbjerg 1621, im G. A.), während Glaslaternen nur selten vorkommen. Die erste derselben, die der Verfasser erwähnt findet, ist eine, welche im Jahre 1534 auf Lindholm vorhanden war (Dansk Magazin 4de Række II, 12). Noch im Jahre 1567 gebrauchte die schwedische Königsfamilie Hornlaternen. „Am 27. November 1562 zum Ankauf von Horn, um die Laternen der Königl. Majostäten damit auszubessern = 3 ℳ" (Räntekammar böcker 1562. Joenn Personns Utgifft 1562, im S. K. A.). — „Am 8. November 1567 ist an Matthias Overskjærer, auf Norrmalm für eine Hornlaterne zu Se. fürstl. Gnaden [nämlich Herzog Carl's, nachherigen Carl's IX] Gebrauch = 10 ℳ. (Hertug Carls Räntekammar Räkningar 1562—81, im S. K. A.). Erst im Jahre 1591 wurden in der grossen messingnen Laterne auf Christians des Vierten Leibschiff „Gideon", statt des bisherigen Hornes, Glasscheiben eingesetzt (Rentemester Regnskab 1591, im M. A.).

238) Samlinger til jydsk Historie og Topographie I, 257.

239) Danske Magazin, 3die Række, I, 115.

240) Ueber das Wachtwesen s. Nyt Histor. Tidsskrift I, 227—36. — In Bergen hielt man im 16ten Jahrhundert eine besoldete Wachtmannschaft von 24 Mann. Im Anfang des 17ten Jahrhunderts wurde die Nachtwache von der Bürgerschaft selbst übernommen. S. Yngvar Nielsen, Bergen. S. 308—9.

241) **Kjøbenhavns Diplomatarium II**, 331—32.
242) Ebendaselbst I, 178. — Nyt historisk Tidsskr. I, 231—32.
243) Nyt historisk Tidsskrift I, 230.
244) **Helsingørs Thingbog**, 15. Juni 1579, im G. A.
245) Nyt historisk Tidsskrift I, 232.
246) **Samlinger til jydsk Hist. og Topogr.** I, 280.
247) **Helsingørs Thingbog**, 5. November 1582, im G. A. (Nyt histor. Tidsskrift I, 230).
248) Nyt historisk Tidsskrift I, 229.
249) **Danske Samlinger** 2den Række VI, 327 und 339. — Absalon Pedersøns Dagbog udg. af Nicolaysen. S. 203. (Norske Magasin I, 387).
250) Nyt historisk Tidsskrift I, 230.
251) **Samlinger til jydsk Hist. og Topogr.** I, 280.
252) **Danske Samlinger** 2den Række VI, 341.
253) **Samlinger til jydsk Hist. og Topogr.** I, 281.
254) **Jydske Tegnelser**, 7. Februar 1593, im G. A. — Saml. til jydsk Hist. og Topogr. I, 252.
255) **Kjøbenhavns Diplom.** I, 178. — Rørdam, Kbhvns. Univ. Historie IV, 335.
256) **Kbhvns. Diplom.** I, 178.
257) **Helsingørs Thingbog**, 27. Januar 1584, im G. A. — Nyt historisk Tidsskrift I, 232—34.
258) **Samlinger til jydsk Hist. og Topogr.** I, 284—85.
259) **Ar. Huitfeld**, Danmarckis Rigis Krønike. 4to. Pars VI, pag. 106. (Jahr 1492). — Danske Magazin, 3die Række, II, 191.
260) **Kbhvns. Diplom.** I, 459 und II, 410.
261) Man betrachte z. B. Henrik Ranzau's Haus in Kiel. S. Braun, Theatrum urbium IV.
262) **Samlinger til Fyens Historie og Topographie** II, 149. Als Beispiele aus anderen Städten lassen sich anführen: das ansehnliche Haus an der Ecke von Klein-Markt und Immervad zu Aarhus, sowie mehrere grosse Häuser in Ribe (Trap, Hist. topogr. Beskrivelse af Kongr. Danmark. 2den Udg. VI, 438—39) u. a. m.
263) Spuren von Fachbauten dieser Art kommen noch heute auf älteren Bauernhöfen in Dänemark vor; und die Bauart, welche

besonders für Lehm in Getäfel passt, nennt man noch immer „die alte". — L. Holst, Kjøbenhavn og Kongerigets Kjøbstæder for omtr. hundrede Aar siden. S. 23.

264) O. Nielsen, Kjøbenhavns Historie og Beskrivelse I, 98. Ueber andere Ziegeleien s. Historisk Tidsskrift 5te Række, I, 471.

265) Kbhvns. Diplom. I, 257.

266) Ebendaselbst I, 304.

267) Ebendaselbst II, 282.

268) Danske Magazin 3die Række VI, 7.

269) Ebendaselbst VI, 5—18.

270) Eine Tonne Doppel-Bier, „Richttonne" der Zimmergesellen, Danske Magazin 3die Række VI, 12. — „Richttonnen, welche die Zimmerleute zu bekommen pflegen, wenn sie zu einem Hause das Bauholz behauen, es zusammengefügt und gerichtet haben". Ebendaselbst S. 252.

271) S. Grundtvig, Gamle danske Minder II, 106. — Carl Linnæus, Skånska Resa. S. 300—302.

272) O. Nielsen, Kjøbenhavns Historie og Beskrivelse I, 305.

273) Kbhvns. Diplom. II, 352.

274) Samlinger til jydsk Hist. og Topogr. VI, 200.

275) W. Bernan, On the history and art of warming and ventilating I, 139.

276) Schou, Register over de Kongl. Forordninger I, 106—7.

277) Tegnelser over alle Lande, 23. September 1563, im G. A.

278) Sjællandske Tegnelser, 7. September und 24. November 1582, im G. A.

279) Ebendaselbst 1. August und 31. Oktober 1595, im G. A.

280) Tegninger af ældre nordisk Architectur, 3die Række.

281) Man vergleiche z. B. die verschiedenen Aeusserungen über Haus und Hof des Sørensen Vedel „Liliebjerg" zu Ribe: C. F. Wegener, Historiske Efterretninger om A. S. Vedel. fol. S. 124, Anm. 21. S. 266—67 und 270, Anm. 24; ferner Samlinger til Fyens Historie og Topographie II, 149, Anm. 2).

282) Die Abrechnungen des Zollamts am Oresund über das Jahr 1575, im G. A.

283) L. Holst, Kjøbenhavn og Kongerigets Kjøbstæder for omtr. 100 Aar siden. S. 23.

284) Edvardsen Friis, Skjelskjor. S. 357.

285) Kall-Rasmussen, Historisk-topographiske Efterretninger om Musse Herred. S. 17.

286) Peder Claussøn Friis, Samlede Skrifter. Kristiania 1879. S. 132. — Norske Magasin II, 47 (Subm, Samlinger til den Danske Historie II, 1, 30). — Braun, Theatrum urbium. IV. Bergen. Man vergleiche auch L. Daae, Det gamle Christiania. Christiania 1871. S. 16.

287) Der Verfasser ist dem Herrn Assistenten im Norwegischen Reichsarchiv, Ingvald Undset, für dessen kundige Führung und Zurechtweisung, im Sommer 1879, unter diesen Denkmälern der Vorzeit zum Danke verpflichtet.

288) Norske Magasin II, 72 und 85.

289) Silfverstolpe, Historisk Bibliothek II, 48, Anm. 1, und S. 107 und 152.

290) Ebendaselbst II, 182.

291) Charles d'Ogier, Dagbok öfver dess resa i Sverige 1634. Stockholm 1828. S. 13.

292) Silfverstolpe o. a. O. II, 150.

293) Rudbeck, Sveriges Städer I. Stockholm 1855. S. 16. — I. Mankell, Stockholm i fordna dagar. Stockholm 1874. S. 21.

294) Gegen Ende der Zeit Gustav's I und Erik's XIV werden „Steinhäuser" in Stockholm noch als etwas Ungewöhnliches erwähnt. S. Handlingar ur v. Brinkmanska Archivet på Trolle-Ljungby. Utg. af Gust. Andersson. I. Örebro 1859. S. 4—5.

295) Historiskt Bibliothek, utg. af C. Silfverstolpe I, 236.

296) I. Mankell, Stockholm i fordna dagar. S. 26. — Historiskt Bibliothek utg. af C. Silfverstolpe I, 228. II, 214, 216 Anm.

297) Hans Forssell, Sveriges inre Historia II, 81.

298) W. Bernan, On the history and art of warming and ventilating rooms and buildings I. London 1845. S. 138. — Holinshed, Description of Britaine (edit. 1587) p. 187. — Paul Hentzner, Itinerarium. Noribergæ 1612. p. 156.

299) Peder Claussen Friis, Samlede Skrifter. Kristiania

1879. S. 136. — Braun, Theatrum urbium IV. Bergen. — Norske Magasin II, 47 (Suhm, Saml. til den Danske Historie II, 1, 26 und 30). — Olaus Magnus, De gentium septentrionalium variis conditionibus lib. XII. cap. II. — Pet. Dan. Huetius, Commentarius de rebus ad eum pertinentibus. Amstelodami 1718. p. 99—101.

300) Ebendaselbst.

301) Auch anderer Orten sind die Aufforderungen Johann's III, Ziegeldächer einzuführen, ungemein flau und wenig nachdrücklich gehalten. S. z. B. Silfverstolpe, Historiskt Bibliothek II, 132—33.

302) I. Mankell, Stockholm i fordna dagar. S. 26.

303) Huetius l. c. p. 101: Potentiorum ædes, inprimis regium palatium, æreis laminis sunt contecta. — Olaus Magnus, De gent. septent. lib. XII, cap. II.

304) Samlinger til jydsk Hist. og Topogr. II, 132 und 138.

305) Topographisk Samling. Viborg. No. 4, im G. A.

306) Ebendaselbst No. 29. Ein Brief vom 19. Mai 1569, im G. A.

307) Am 25. August 1578. Topogr. Samling. Viborg. No. 39, im G. A.

308) Am 4. Mai 1579. Topogr. Saml. Viborg, im G. A.

309) T. A. Beckers Saml. (betr. Städte), in N. K. S. 4to. No. 868. l.

310) Hübertz, Aktstykker vedkommende Staden og Stiftet Aarhus. I, 139.

311) Tegnelser over alle Lande, 21. November 1561, im G. A.

312) Vedel Simonsen, Bidrag til Odense Byes Historie II, 2, 126.

313) Topogr. Samling. Odense. No. 12, im G. A.

314) Helsingørs Thingbog 21. Marts 1580, im G. A.

315) Ebendaselbst 19. Juni 1581, im G. A.

316) Venø, Danske Samlinger 2den Række IV, 18. — Resen, Topogr. Samling. Resen No. 2, im G. A.

317) Wegen Strengnäs s. Brunius, Kunstanteckningar under en resa år 1849. S. 334; wegen Westerås s. Rudbeck, Sveriges Städer I, 168; wegen Linköping s. ebendaselbst II, 10.

318) A. Kall-Rasmussen, Hist. topogr. Efterr. om Musse Herred. Kbhvn. 1866. S. 18.
319) P. N. Frost, Beskrivelse over Kjøbstaden Ringkjøbing. Borris ved Ringkjøbing. 1817. S. 48.
320) L. Holst, Kjøbenhavn og Kongerigets Kjøbstæder for omtr. 100 Aar siden. S. 22.
321) Kall-Rasmussen, Musse Herred. S. 18.
322) Hübertz, Aktstykker vedk. Aarhus I, 133—34.
323) Rudbeck, Sveriges Städer I, 120.
324) Danske Magazin, 4de Række, I, 137.
325) Ebendaselbst S. 192.
326) Ebendaselbst S. 249.
327) Rudbeck o. a. O. II, 6.
328) Danske Magazin, 4de Række, IV, 166.
329) Kall-Rasmussen, Musseherred. S. 355.
330) I. Mankell, Stockholm i fordna dagar. S. 21 und 23.
331) Rudbeck o. a. O. I, 148.
332) Hübertz, Aktstykker vedk. Aarhus I, 159.
333) Nye kirkehistoriske Samlinger V, 351.
334) Norske Rigsregistranter I, 335—41.
335) Suhm, Samlinger til Dansk Hist. II, 3, 3. — Topograph. Saml. Viborg. No. 28a, 103, 172 und 173, im G. A.
336) Rudbeck o. a. O. I, 187.
337) Ebendaselbst S. 199.
338) Ebendaselbst S. 166.
339) Vedel Simonsen, Bidrag til Rugaards Historie II, 8.
340) Rudbeck o. a. O. I, 166.
341) Ebendaselbst S. 136.
342) Ebendaselbst S. 120. — Silfverstolpe, Hist. Bibliothek I, 253.
343) Vedel Simonsen o. a. O. II, 30—33. Ich nehme an, dass die Stadt zwei grosse Feuersbrünste gehabt hat, nämlich 1570 und 1575. Für die erstere spricht die von V. S. auf S. 8 angeführte Inschrift, für die andere die daselbst auf S. 31 und 33 angeführten Zeugnisse.
344) Terpager, Ripæ Cimbricæ descriptio p. 730—33.
345) Norske Rigsregistranter II, 460.
346) Ebendaselbst II, 523.

347) Dansko Magazin VI, 279.
348) Norske Rigsregistranter II, 693.
349) Ebendaselbst III, 111—12.
350) Jydske Registre, 28. Februar 1591, im G. A.
351) Ebendaselbst, 11. Juli 1595, im G. A.
352) Smålandske Tegnelser, 2. Juni 1596, im G. A. — Kall-Rasmusson, Musse Herred. S. 355.
353) Norske Rigsregistranter III, 557. — Norske Samlinger II, 495.
354) Trap, Kongeriget Danmark. 2den Udg. III, 127.
355) Nyt historisk Tidsskrift I, 229. — Die einzige Stelle, wo der Verfasser während des sechzehnten Jahrhunderts Spritzen erwähnt gefunden, findet sich bei Friis, Samlinger til dansk Bygningshistorie S. 323—24, wo erzählt wird, dass Friedrich II im Jahre 1584 in Deutschland 100 messingene Brandspritzen, zum Gebrauch auf den königl. Schlössern, bestellt hatte. Diese werden schwerlich andere als blosse Handspritzen gewesen sein.
356) Nyt historisk Tidsskrift I, 229.
357) Ebendaselbst.
358) Kjøbenhavns Diplomatarium II, 281.
359) Samlinger til jydsk Hist. og Topogr. II, 130.
360) Ebendaselbst.
361) Kbhvns. Diplom. II, 281.
362) Samlinger til jydsk Hist. og Topogr. II, 130.
363) Norske Magasin I, 564.
364) Danske Magazin. 3die Række, VI, 302—3. — Tegnelser over alle Lande, 9. August 1563, im G. A. — Sjællandske Tegnelser, 15. Juli 1584, im G. A. — Helsingørs Thingbog, 4. August 1584, im G. A. — Man vergleiche auch jenen Ausspruch Johann's III: „Upsala Slott åhr igenom en hoop Dieffuuls ledemot och mordbrånneres tilschynden wordet afbränt" (das Schloss Upsala ist durch einen Haufen Teufelsgenossen und auf Anstiften von Mordbrennern verbrannt worden). S. Silfverstolpe, Hist. Bibliothek I, 255.
365) Kbhvns Diplom. II, 281—82.
366) Danske Magazin, 3die Række, VI, 314.
367) Norske Rigsregistranter I, 336—41.

368) Yngvar Nielsen, Bergen S. 316.
369) Ebendaselbst S. 317—18.
370) Norske Rigsregistranter II, 693.
371) Ebendaselbst III, 557.
372) Kraft, Topogr.-statistisk Beskrivelse over Kongeriget Norge V, 323.
373) C. Nyrop in der Histor. Tidsskrift, 5te Række, I, 445—48.
374) Scriptores rerum Danicarum I, 195.
375) Kjøbenhavns Diplomatarium IV, 389.
376) Vedel Simonsen, Bidrag til Odense Byes Historie II, 1, 108 und 119. — In dem „Kärna" von Helsingborg findet sich keine Spur von Fensterrahmen; dagegen bewahrt man eine alte Luke auf, welche aus der ältesten Zeit herzurühren scheint. S. Brunius, Beskrifning öfver Helsingborgs Kärna. S. 37.
377) Friis, Samlinger til dansk Bygningshistorie S. 191.
378) Rørdam, Kjøbenhavns Universitets Historie IV, 335.
379) Kolderup Rosenvinge, Udvalg af gamle danske Domme IV, 294 und 296. — Samlinger til jydsk Historie og Topographie I, 278. — Fynske Tegnelser, 21. April 1589, im G. A. Hier wird erzählt, dass ein gewisser Carl Bryske, welcher in Odense am Abend des 6. April 1589 sich in einer besonders angeheiterten Verfassung befand, wahrscheinlich nach einem Hochzeitsfeste, mit seinen Begleitern bei Hans Mule nicht weniger als 54 Fensterscheiben einschlug, dass sie ausserdem mit Spiessen und Schwertern in die Fensterrahme hineinhieben und zuletzt auch Steine ins Haus schleuderten, so dass Hans Mule, welcher schon im Bette lag, verwundet wurde.
380) Danske Samlinger, 2den Række, VI, 360. — Im Jahre 1582 wurden auf Malmöhus im Ganzen 400 Fensterscheiben eingeschlagen. S. Malmöhus Lehnsregnskab, im G. A.
381) Historisk Tidsskrift, 5te Række, I, 448.
382) W. Bernan, The history and art of warming and ventilating I, 141.
383) Øresunds Toldregnskaber for 1577, im G. A.
384) Holinshed, Description of Britaine (1587) p. 187. (Bernan o. a. O. I, 143).
385) Historisk Tidsskrift, 5te Række, I, 490. — Das Glas

für die Fensterscheiben auf dem Schlosse Nykjöbing wurde in Dänemark selbst hergestellt. S. Fynske Tegnelser, 24. Oktober 1589, im G. A.

386) Silfverstolpe, Hist. Bibliothek I, 277—78. — Die von Erik XIV nach Schweden berufenen zwei venetianischen Glasarbeiter, Andreas und Rochus, scheinen nur Trinkgefässe verfertigt zu haben. S. Räntekammare Böckerne för 1561, 1562, 1563 und 1564, im S. K. A.

387) Silfverstolpe, Hist. Bibl. I, 217. — „Französisches Glas" wird in den Abrechnungen des Oresundzolles beständig als das feinste Glas erwähnt. Es wurde nach „Körben" berechnet. Für 4 Körbe sollte im Jahre 1571 ein halber alter Thaler in „Lastgeld" gezahlt werden. In den Jahren 1556—60 wurde Fensterglas in den Zollamtsrechnungen zu Stockholm nach „Kisten" berechnet. S. Forssell, Sveriges inre Historia II, 21. Vielleicht liegt in dem gebrauchten Ausdruck eine Andeutung, dass man dort damals das Glas allein aus Deutschland bezog.

388) Silfverstolpe, Historiskt Bibliothek II, 234.

389) Samlinger til jydsk Hist. og Topogr. I, 227.

390) Das Protokollbuch des Rathhauses zu Bergen, d. 15. Juli 1592, in N. R. A.

391) Eine grosse Anzahl von Fällen, in denen solche Fensterscheiben erwähnt werden, hat C. Nyrop in: Historisk Tidsskrift, 5te Række, I, 10—11 zusammengestellt. Hier möge nur noch hinzugefügt werden: Dansko Magazin, 3die Række, VI, 249, und Brunius, Konstteckningar under en resa år 1849. S. 747; endlich die Notiz: „Für eine neue Glastafel mit Malerei im Lusthause = 12 ℔", welche sich findet: Räntekammar böcker 1565. Hans Joenszons Vtgifft. S. K. A.

392) Vedel Simonsen, Bidrag til Rugaards Historie II, 88. — Die Sitte, Glasscheiben als Geschenk zu verwenden, hat der Verfasser zum ersten Male in einer Luxusverordnung von 1478 für Lübeck gefunden. S. Zeitschrift des Vereins für Lübeck. Gesch. u. Alterth. II, 527—28.

393) Auf diese Sammlung hat Hr. A. Lorange, Assistent des Museums zu Bergen, mich gütigst aufmerksam gemacht.

394) Valdemar Atterdags Haandfæstning 1326, mitgetheilt in Aarsberetninger fra det Kongl. Geheimearchiv II, 13

395) Norske Magasin I, 272.
396) Sjællandske Tegnelser, 28. Februar 1594, im G. A.
397) Schou, Register over de Kongl. Forordninger, I, 107.
398) Vedel Simonsen, Bidrag til Odense Historie II, 1, 112.
399) Ueber die Strassennamen s. z. B. Kinch, Ribe Byes Historie og Beskrivelse. S. 506—87. — Fyhn, Efterretninger om Kolding. S. 8—12. — Kbhvns. Diplom. u. a. O.
400) L. Holst, Kjøbenhavn og Kongerigets Kjøbstæder for omtrent 100 Aar siden. S. 27—28.
401) Ebendaselbst S. 25.
402) Vedel Simonsen, Bidrag til Rugaards Historie II, 8.
403) Derselbe, Bidrag til Odense Hist. III, 106.
404) Samlinger til jydsk Hist. og Topogr. I, 184.
405) Ebendaselbst I, 182—86. — Fyhn, Efterretninger om Kolding S. 8. — Tegninger af ældre nordisk Architectur, 3die Række u. a. m.
406) V. Simonsen, Bidrag til Odense Historie III, 110.
407) Schlegel, Sammlung zur Dänischen Geschichte II. 1, 92.
408) Zufolge Hübertz, Aktstykker til Aarhus' Historie I, 125, scheinen Thürhammer wenigstens noch im Jahre 1533 zu den Seltenheiten gehört zu haben.
409) Ueber Halbthüren s. Terpager, Ripæ Cimbricæ descriptio. p. 550. — Helsingørs Thingbog, 22. Juli 1577, 14. April 1589 u. a. O., im G. A. — Rørdam, Kjøbenhavns Univ. Historie IV, 414. (Von der Strasse her wird gerufen: „Dorthe, leihet mir den Schlüssel zu eurer Hausthür!")
410) Terpager, Ripæ Cimbricæ descriptio p. 550.
411) S. z. B. Samlinger til jydsk Historie og Topographie I, 259).
412) Terpager l. c. p. 550.
413) Kjøbenhavns Diplomat. II, 495—96. — Diplom. Flensborg. II, 845—46. — Samlinger til jydsk Hist. og Topogr. II, 131. — Der Befehl, zu inspiciren, wiederholt sich in den Helsingører Thing- oder Rathbüchern (G. A.) sehr häufig. — Historisk Tidsskrift I, 454. — Nicolovius, Folklifwet i Skytts Härad i Skåne. S. 54—58.

414) Unter vielen anderen Beispielen kann man folgendes anführen: Im Jahre 1577 erhielt Joh. Taube die Erlaubniss, auf Søborg oder Gurre soviele Steine zu brechen, als er für die Schornsteine in seinem Hause (zu Helsingör) brauchen möge. Sjællandske Tegnelser, 1. November 1577, im G. A.

415) Verzeichnisse des Küchengeräthes kommen in zahlreichen Inventaren jener Zeit vor. Am seltensten findet man Dreifüsse (Trefødder) erwähnt. Jedoch entlehnte z. B. Friedrich II im Jahre 1560 zwölf dergleichen von den Bürgern zu Svendborg, Kjerteminde und Assens. S. Tegnelser over alle Lande d. 3. Juli 1560, im G. A.

416) Joh. Matthesii Erklärung und Auslegung Syrachs. Leipzig 1586. P. II fol. 4: Viele errichten einen kleinen Handel mit Aepfeln, Birnen, Pfeffernüssen und „Schwefel-Höltzlein".

417) Peder Claussøn Friis, Samlede Skrifter S. 137—38.

418) Danske Magazin, 3die Række, VI, 51.

419) Tegnelser over alle Lande, 18. Januar und 18. Oktober 1563, im G. A.

420) Ebendaselbst 1. Februar 1566, im G. A. — Ueber das Kohlenbrennen in Jütland s. z. B. ebendaselbst, 28. März 1560, im G. A.

421) Sjællandske Tegnelser, den 1. Juli 1596, im G. A.

422) Danske Magazin, 4de Række, I, 134.

423) W. Bernan, On the history and art of warming and ventilating, I. London 1845. S. 137.

424) Blasebälge (Pustere) werden manchmal erwähnt. S. z. B. Danske Samlinger, 2den Række, VI, 183. — Danske Magazin II, 81.

425) Nye danske Magazin I, 308.

426) S. z. B. hinsichtlich Helsingørs: Sjællandske Tegnelser, 29. Juni 1594, hins. Vordingborgs: Sjællandske Tegnelser, 9. November 1594, im G. A.

427) Helsingborgs Lehnsregnskab 1574—75, im G. A. wird der Preis des Eichenholzes (Bauholz für das Schiff des Lehnsmanns) auf 1 ℔ — wovon 3 auf 1 Thaler gingen — das Fuder angegeben; die Preise für Brennholz waren weit billiger.

428) Troels Lund, Danmarks og Norges Hist. i Slutn. af det 16. Aarh., I, 29—30.

429) Rørdam, Kjøbenhavns Univ. Historie II, 660—61. — Danske Magazin, 4de Række, I, 31—82. — Jydske Registre, zwei Briefe v. 13. Januar 1591, im G. A.

430) Danske Kongers Historie 73. ddd. 8. September 1588, im G. A.

431) Ebendaselbst 73. ddddd. 4. Junj 1590, im G. A.

432 Ueber den Verbrauch des Torfes als Brennmaterial s. z. B. Historisk Tidsskrift I, 307. — Tegnelser over alle Lande, 2. März 1560, im G. A. — Registre over alle Lande, 6. August 1561, im G. A. — Der Lehnsmann soll Torf an die Bürger von Helsingör verkaufen. S. Sjællandske Tegnelser, 29. Juni 1594, im G. A. — Dass „kein guter Torf noch gutes Haidekraut bei Lydumgaard sich finden", lesen wir in: Cancelliets Aflevering. Besigtelser. No. 189. A. 44, im G. A. — N. K. S. 4to. No. 649. p. 92.

433) Die einzige Stelle, in welcher der Verfasser Steinkohlen in solchem Zusammenhange erwähnt fand, dass etwa an den Gebrauch für die Haushaltung dabei zu denken war, steht in Sjællandske Tegnelser, 27. März 1595, im G. A., wo dem Lehnsmann aufgegeben wird, auf Frederiksborg künftig Holzkohlen aus den Waldungen zu gebrauchen, anstatt der Steinkohlen, welche sich nur mit vieler Mühe von Helsingör her beschaffen liessen.

434) W. Bernau, On the history and art of warming and ventilating. I. London 1845. S. 137.

435) Das „Borgen des Feuers" wird in den Helsingörer Thingbüchern (G. A.) öfter erwähnt. Ausserdem s. Danske Magazin, 3die Række, I, 63.

436) Nye danske Magazin II, 270.

437) S. z. B. Danske Magazin II, 50 und die 4te Reihe II, 10.

438) Hyltén-Cavallius, Wärend och Wirdarne II, 179—84.

439) „Etwas in den Erdboden hinabgraben beim Kopfende des Bettes", heisst es Samlinger til jydsk Hist. og Topogr. III, 198. — Danske Magazin, 3die Række, VI, 7. — Kjøbenhavns Diplom. II, 282. Aehnliche Verhaltungsregeln wurden in England ausgegeben, und zwar aus ähnlichen Gründen. S. Holinshed, Description of Britaine (edit. 1587) p. 187.

440) Dass der Name „Schornstein", als Benennung für

"Spisel" oder das spätere "Kamin", in Schweden eingedrungen war, kann man aus Stellen ersehen, wie folgende bei Silfverstolpe, Historiskt Bibliothek I, 190—91, 202—3, 205—6, II, 212 Anm. 1 am Schluss, 216 Anm. und 227. — Der Name "Pesel" wird heutigen Tages im Schleswigschen von der Staatsstube gebraucht, und ist insofern irreleitend, als diese seit ihrer Unterscheidung von der täglichen, oder Wohnstube, oft garnicht mehr mit einer Feuerstätte versehen ist.

441) Danske Samlinger II, 141, 144, 149 und 2den Række VI, 183. — Danske Magazin II, 81 und 4de Række II, 9. — Dokumenter til Klevenfelds Stamtavler (Mus), 7. August 1560, im G. A. — F. R. Friis, Saml. til Dansk Bygnings- og Kunsthistorie. S. 351—57.

442) Schlegel, Sammlung zur Dänischen Geschichte II, 3, 82.

443) Danske Samlinger, 2den Række, VI, 183.

444) Historisk Tidsskrift III, 309.

445) H. Ranzau, De conservanda valetudine. Lipsiæ 1573. p. 93—94.

446) Ebendaselbst S. 23—24. — Varwich, Von der Pestilentz. Kopenhagen 1577. p. Hiiij.

447) Almennyttige Samlinger XV, 405. Hauck, Kong Frederik den Anden og Oluf Bagger. Odense 1837. S. 5. — V. Simonsen, Bidrag til Odense Historie III, 104.

448) Nach einer gefälligen Mittheilung des Herrn Kammerherrn Worsaae.

449) Ein "Kachelofen" wird im Jahre 1507 erwähnt, als in dem Hause der Königin Christine zu Odense vorhanden. S. Vedel Simonsen, Bidrag til Odense Historie II, 1, 108. „1 ℔ gaff ieg two Karlle, fore thee upsatte myn Frues Kakelloven igen; 11 β fore Leer, (som) kom til Kakollovnen" (d. h. „1 ℔ gab ich zwei Leuten, damit sie den Kachelofen meiner Frau wieder aufsetzten, und 11 β für Lehm, der zu dem Kachelofen verbraucht wurde").

450) In der einen wie der anderen der angeführten Formen wurde in Jütland der „Topfkachelofen" noch im Anfang dieses Jahrhunderts gebraucht, wie aus einer, von Hrn. Cand. C. Nyrop dem Verfasser mitgetheilten, Beschreibung und Zeichnung des

Hrn. C. A. Thyregod zu ersehen ist. Vgl. Historisk Tidsskrift 5te Række I, 475.

451) Zu einem Kachelofen auf Malmöhus wurden im Jahre 1579 verbraucht 69 Kacheltöpfe (50 kleine, 19 grosse). S. Malmøhus-Lehnsregnskab, im G. A. — Zu einem anderen daselbst im Jahre 1582: 74 Kacheltöpfe. S. Malmøhus-Lehnsregnskab, im G. A. — Zu einem Kachelofen in Roeskilde im Jahre 1567: 91 Kacheltöpfe. Historisk Tidsskrift 5te Række I, 474. — Zu einem desgl. auf Helsingborg 1574: 93 Kacheltöpfe. Helsingb. Lehnsr., im G. A. — Zu einem desgl. auf dem Kopenhagener Schlosse im Jahre 1600: 73 Kacheln. S. Anton Petersens Collectanea, in N. K. S.

452) Im damaligen Gelde, nach dem Jahre 1572: 2 Alben, — 1 ß, — 4 Alben, — 2 ß, — 3 ß für's Stück.

453) Zufolge Hrn. C. A. Thyregod's erwähnten Mittheilungen.

454) Nach mehreren Lehnsabrechnungen, im G. A.

455) Räntekammar böcker 1562. Joen Personns Vtgifft 1562, in S. K. A.

456) Malmøhus-Lehnsregnskab im Jahre 1579, im G. A.

457) Ebendaselbst im Jahre 1582: $1/2$ ℔ Eisenfarbe, um den Kachelofen anzustreichen = $1^{1}/_{2}$ ℔, im G. A. — Friis, Samlinger til Dansk Bygnings- og Kunsthistorie. S. 35.

458) Ueber die Mängel der Kachelöfen s. Blicher, Topographie over Vium Præstekald. Viborg 1795. S. 135—36; dazu C. A. Thyregods vorhin erwähute Mittheilungen. Als Beweis dafür, in welchem Grade die alten „Kachelöfen" verschwunden sind, kann der Umstand dienen, dass es erst im Frühjahr 1880 gelungen ist, in Jütland noch ein erhaltenes Exemplar derselben zu entdecken, welches man hoffentlich für das altnordische Museum zu Kopenhagen erwerben wird.

459) Malmøhus Lehnsregnskaber 1541—1582, im G. A.

460) Es ist anzunehmen, dass man zuerst die Panzerung der Oefen („Eisenkachelöfen"), und hinterher die nach der Stube gehende Ofenthür und das Rohr zum Schornstein („Wind-Eisenöfen") erfand. S. Sjællandske Tegnelser, 15. Februar und 2. April 1586, im G. A. — „Für ein Rauchrohr zum Eisenkachelofen: $1/2$ ℔", heisst es in Malmøhus Lehnsregnskab 1582, im G. A. —

Am Ende des Jahrhunderts waren gewiss die ursprünglich verschiedenen Gattungen von Oefen zu Einer verschmolzen: die „Eisenkachelöfen" auf Kronborg hatten sowohl Thür als Klappe (d. i. Schiebeblech in der Röhre). S. Friis, Samlinger til Dansk Bygnings- og Kunsthistorie. S. 330—40. Er macht nachher, S. 357, ausdrücklich darauf aufmerksam, dass an einem einzelnen Eisenkachelofen die Thür fehle, möge das nun eine altmodische Konstruktion bezeichnen, oder einen bloss zufälligen Mangel. — Während alle diese „Eisenkachelöfen" mit Kacheltöpfen aufgesetzt waren — wenigstens hat der Verfasser keinen einzigen im 16. Jahrhundert erwähnt gefunden, der es nicht war — muss man es als bemerkenswerthe Ausnahme betrachten, wenn auf dem altnordischen Museum zu Kopenhagen sich ein, aus dem 16. Jahrhundert stammender, eiserner s. g. Beileger-Ofen findet, der ohne Kacheln ist. Wiewohl der Umstand, dass er zwei Jahreszahlen auf derselben Platte trägt, nämlich 1543 und 1558, es zweifelhaft machen könnte, so scheinen doch die Trachten der Ornamentfiguren dafür zu sprechen, dass er wirklich der angegebenen Zeit angehört. In diesem Falle muss man ihn für eine norddeutsche Arbeit erklären, welche, gesetzt auch, dass sie kurz nach ihrem Guss in Dänemark angelangt wäre, dennoch hier damals keinen Anklang gefunden hat; denn die eisernen Beilegeröfen ohne Kacheln sind erst während des 17ten Jahrhunderts in diesem Lande allgemein geworden.

461) Tegnelser over alle Lande, 16. Febr. 1559, im G. A. — Aarsberetning fra Geheimearch. I, 93—94. — Friis, Samlinger til Dansk Bygnings- og Kunsthistorie. S. 210.

462) Soviel als 100 Thaler. S. Hübertz, Aktstykker til Bornholms Historie. S. 466.

463) Malmøhus Lehnsregnskab 1582, im G. A.

464) Friis, Samlinger til Dansk Bygnings- og Kunsthistorie. S. 351—57. — Øresunds Toldregnskab 1588, im G. A.

465) „D. 14. December 1562 an Hans Krukkemager, auf Norrmalm für einen Kachelofen, den er in Se. Kgl. Majestät Badestube gemacht, bezahlt: 35 ℔". So in: Räntekammar böcker 1562. Joen Persons Vtgifft. S. K. A. — Silfverstolpe, Historiskt Bibliothek I. 218. II, 216 Anm.

466) Moth (in G. K. S.) sagt: „Kachelöfen heissen im ge-

wöhnlichen Leben auch die Eisenöfen". — Der Grund, wesshalb der Name „Eisenofen" nicht durchgedrungen ist, lag vielleicht darin, dass man ursprünglich den Begriff von etwas Einfachem und Schmucklosen damit verband, nämlich den blossen Eisenkasten innerhalb des Eisenkachelofens. Einen solchen mit neuen Kacheln versehen, nannte man im Jahre 1603 sehr bezeichnend: „einen Kachelofen auf einen Eisenofen setzen". S. Repholtz, Beskrivelse over Baroniet Stampenborg. Kbhvn. 1820. S. 163.

467) „Potovne" (Topföfen) standen 1679 in den Amtswohnungen der Universitätsprofessoren. S. Engelstoft, Universitets- og Skole-Annaler 1811. II, 38. — „Grydekakkelovne" (Grapen-Kachelöfen), ein Name, der in C. A. Thyregods erwähnten Mittheilungen vorkommt.

468) Henr. Ranzau, De conservanda valetudine. Lipsiæ 1573. S. 25. warnt seine Kinder vor dem Gebrauch von Fusswärmern (hypocaustæ). — Auf Salsta in Upland gab es im Jahre 1563 nicht weniger als sieben kupferne Kohlengrapen. S. Klingspor og Schlegel, Uplands Herregårdar. Häftet 5: Salsta, im Anhang.

469) W. Bernan, The history and art of warming and ventilating I, 135. — Ueber prachtvolle französische Schlosskamine s. Paul Hentzner, Itinerarium. Norinbergæ 1612 p. 104.

470) Abgebildet in Teginger af Ældre nordisk Architectur, 2den Række.

471) Øresunds Toldregnskab 1585, im G. A. — Friis, Samlinger til dansk Bygnings- og Kunsthistorie. S. 358. — Auch in dem kleineren Saale auf Kronborg befand sich ein alabasterner Kamin, auf welchem vergoldete Bilder angebracht waren. S. Frankfurtisches Archiv für ältere deutsche Literatur und Geschichte. Frankfurt 1812. II, 178.

472) Friis, Samlinger til dansk Bygnings- og Kunsthistorie. S. 9.

473) Silfverstolpe, Hist. Bibliothek I, 190—91, 202—3, 205—6.

474) Ebendaselbst II, 216 Anm.

475) Nødskov, Beskrivelse over Thimgaard. Viborg 1787. S. 118.

476) Auszüge aus dem Anhange No. 62—87 zu den Amts-

abrechnungen (Frederiksborg) s. in A. Petersens Collectanea. No. 868 kb., in N. K. S.

477) C. G. Brunius, Konstanteckningar under en resa år 1849. Lund 1851. S. 741—42.

478) Nach des Verfassers persönlichen Beobachtungen. — Nach den Zeichnungen zu urtheilen in Dahlberg, Svecia antiqua et hodierna, waren die Kamine auf den upländischen Schlössern Orbyhus, Mørby und Svartsjø, auf Bråborg und Kungs-Norrby in Ostgothland u. a. O. an der Aussenwand angebracht. — Noch im Jahre 1644 baute man auf diese Weise Marsvinsholm in Schonen. S. Linnæus, Skånske resa. S. 253. In Dänemark scheint man sie meistens nur an der Giebelwand angelegt zu haben.

479) W. Bernan, The history and art of warming and ventilating. I, 132—34.

480) Pet. Dan. Huetii Commentarius de rebus ad eum pertinentibus. Amstelodami 1718. p. 101—3.

481) Ebendaselbst.

482) Jacob Falke, Die Kunst im Hause. Wien 1871. S. 124—27.

483) Weiss, Kostümkunde II. Stuttgart 1872. S. 895.

484) Bergens Rathhausprotokoll, 16. Mai 1593, in N. R. A. — Panelirte Bettstellen s. Friis, Samlinger til Dansk Bygnings- og Kunsthistorie. S. 351—57. — Vedel Simonsen, Bidrag til Odense Hist. II, 1, 112. — Dokumenter til Klevenfolds Stamtavler. Axel Rosenkrands' Efterladenskaber 7. Februar 1564, im G. A. — Danske Samlinger VI, 371 und 2den Række VI, 186. — Danske Magazin, 3die Række, II, 219—20.

485) C. Nyrop, Fra den kunstindustrielle Udstilling. Kbhvn. 1879. S. 62.

486) P. Winstrup, Ligprædiken over H. Ulfstand. Kbhvn. 1595. Blatt Cij.

487) Die Darstellung stützt sich hier, sowie es öfter der Fall ist, auf eine Menge verschiedener Inventare; da der Raum verbietet, sie einzeln aufzuzählen, so mögen nur einige der wichtigsten aufgeführt werden: das von Peder Oxe (Danske Samlinger 2den Række VI, 168), von Albrit Oxe (Dokumenter til Klevenfelds Stamtavler: Oxe, 6. Marts 1577, im G. A.), von Axel Rosenkrands (ebendaselbst: Rosenkrands, 7. Februar 1564); ferner

das der Königin-Wittwe Dorothea (Glücksb. Archiv, Packet I. b. im G. A.), sowie die von Knud Rud (V. Simonsen, De danske Ruder I, 100—102), von Pontus de la Gardie vom Jahre 1586, im S. R. A.; von Ture Bjelke auf Salsta; endlich die Inventare auf Ekholm 1585, und auf Sjø (Klingspor og Schlegel, Uplands Herregårdar II. V und IX) u. s. w.

488) Hans Herold zu Kopenhagen. S. Kjøbenhavns Diplomatarium IV, 397.

489) Teguelser over alle Lande, 14. Aug. 1559, im G. A.

490) Dokumenter til Klevenfelds Stamtavler: (Rosenkrands) Inventarium vom Montag nach Lichtmesse 1564, im G. A.

491) Vtgifft på Konung Mattz Sidentyg 1559, welches Kostenverzeichniss sich unter den Abrechnungen findet, betreffend Gold, Silber, Perlen u. s. w. über die Jahre 1552—73, im S. R. A.

492) Glücksborgske Archiv, Packet 1. b., im G. A. — 1 Tonne Gerste 1572: 1 Daler (4 Kronen), im Jahre 1880 s. v. a. 11½ Kr.

493) „Partzeler, som Pfalzgreffuinnen baffuer bekommit till sitt Bröllup" 62, in S. R. A. — Regnskab over Frøknerues Udstyr 1590, im G. A.

494) Unter dem Nachlass von Pontus de la Gardie 1586 wird, nach Aufzählung der Bettgardinen (Spærlagener) u. A. angeführt: „Eett förlåth till een Seng, af Gult Attlask besatt med Fiolbrunt Sammeth och huitt Attlask, så och een himmell där till af samme slag. Och neden omkring Sengen aff samme slag wäll een alen bredt" (d. h. ein Vorhang zu einem Bette von gelbem Atlas, besetzt mit veilchenbraunem Sammet und weissem Atlas, sowie auch ein Betthimmel dazu in derselben Art. Und unten, ringsum das Bett, ein Ueberzug von demselben Stoffe, wohl eine Elle breit). S. Acta historica, in S. R. A.

495) Holinshed, Description of England. (Edit 1587). p. 188. Col. 2.

496) Wilder Thymian wird in Henrik Smith's „Urtegaard" (Garten) zu den besonders heilkräftigen Pflanzen gezählt.

497) C. Hansteen, Reise-Erindringer. 1859. S. 21.

498) Was die Grösse der ledernen Laken betrifft, so sehe man z. B. das Verzeichniss der Ausstattungsgegenstände auf Schloss Nyköping, vom Jahre 1556, wo es heisst: „1 neues Lederlaken,

6 Ellen lang, 4 Ellen breit; 1 neues Lederlaken, 5 Ellen lang, 3^a ₄ Ellen breit" (Rechnungen für Schloss Nyköping in Schweden 1556—77, im S. K. A.). — Von Lederlaken, die zu knüpfen waren, ist die Rede in: Handlingar rörande Skandinaviens Historia XXXVII, 14, wo es heisst: „Nye Läderlaakan forbremade medtt wttskoritt Röllesk och medt 4 gulskindzknappar huart thera" (d. h. Neue Lederlaken, verbrämt mit ausgeschnittenem Tuch, und jedes mit vier Knöpfen von goldnem Leder).

499) Handlingar rörande Skandinaviens Historia XXXVII, 53—54.

500) Eilert Sundt, Bygdeskikke, in: Folkevennen 1858. S. 209.

501) Viollet le Duc, Dictionnaire raisonné du mobilier: „lit." — Weiss, Kostümkunde II. Stuttgart 1872. S. 895—98.

502) Danske Magazin, 4de Række, II, 12.

503) Vedel Simonson, Familie-Efterretninger om de danske Ruders Adelsslægt I, 101.

504) Derselbe, Samlinger til Hagenskov Slots Historie. S. 46. — Danske Samlinger, 2den Række, VI, 180. — „Gesellen-Unterbetten" werden zwar schon im Jahre 1500 erwähnt (Danske Magazin IV, 320), sind aber schwerlich damals allgemein gewesen. — Unterbetten für „Arbeitsleute" kommen vor: Suhm, Nye Samling. til Dansk Historie III, 308. — Vgl. Inventarium über Albrit Oxe's Nachlass in: Dokumenter til Klevenfelds Stamtavler (Oxe), im G. A.

505) Bettpolster von dickem Wollenzeug (Vadmel) und Segeltuch (Boldavit) kommen an den oben angeführten Stellen vor.

506) Malmöhus Lehnsregnskaber 1541, im G. A.

507) Tegnelser over alle Lande, 14. August 1559, im G. A. — Danske Samlinger, Klædedragt, No. 377, im G. A.

508) Von den, zur Krönung Christian's IV erborgten Betten s. Sjællandske Tegnelser, d. 10. Juli 1596, im G. A.

509) Danske Samlinger, udg. af Chr. Bruun II, 144.

510) Schlegel, Sammlung zur Dänischen Geschichte II, 1, 94. — Für Kronborg wurden im Jahre 1586 nicht weniger als 1820 Ellen Betttuch und 38 Schiffpfund Federn bestellt. S. Sjællandske Tegnelser, 15. Februar 1586.

511) Handlingar rör. Skandinav. Historia XXXVII, 5—7.

512) Das erste Beispiel dieser Sitte, welches dem Verfasser in Dänemark vorgekommen ist, gehört ins Jahr 1524 (Kbhvns. Diplom. IV, 397); aber die Tegnelser over alle Lande, 14. Aug. 1559 und Danske Samlinger (Klædedragt No. 377) beweisen hinlänglich, dass die Sitte im Jahre 1559 noch nicht allgemein war.

513) Danske Magazin IV, 319—320 (unrichtig angeführt hinsichtlich der Laken in Ljunggreen, Skånska Herregårdar VI: Bollerup).

514) Danske Magazin II, 51, und 4de Række II, 11—12. — Suhm, Nye Samlinger til Dansk Historie III, 307. — Vedel Simonsen, Familie-Efterretninger om de danske Ruder I. 101.

515) Z. B. bei Peder Oxe. S. Danske Samlinger 2den Række VI, 179.

516) Von Leinwand, die in der Heimath selbst gewebt war, s. folgendes Beispiel: Frau Anne Tinhus, Gattin des Frants Brokkenhus, bekam d. 27. März 1564 Quittung über 680 Ellen Flachsleinen und über 320 Ellen Hedenleinen, also zusammen 1000 Ellen, welche sie auf dem Schlosse zu Kopenhagen abgeliefert, nachdem sie solche für den Bedarf des Königs hatte spinnen und weben lassen. S. Dokumenter til Klevenfelds Stamtavler: Brokkenhus, im G. A. — Von den Jungfrauen im Maribokloster s. A. Kall Rasmussen, Histor. topogr. Efterretn. om Musseherred. Kbhvn. 1866. S. 165.

517) Hofmann, Fundationer VII, 579.

518) Hans Forssell, Sveriges inre Historia II, 16. — Handlingar rör. Skandinav. Hist. XXXVII, 15—18. — Klingspor og Schlegel, Uplands Herregårdar. II Sjö og V Salsta. (Beilagen).

519) Handlingar rör. Skandinav. Historia XXXVII, 14, 52—56.

520) Räkningar för Nyköping Slott 1556—77, im S. K. A. Von den vier im Jahre 1556 werden zwei bezeichnet als neu, von den zwölf im Jahre 1566 drei als gut, vier als halb verbraucht.

521) Handlingar rör. Skandinav. Hist. XXVII, 2.

522) „Item een Brasiliansk Säng af Bomullgarn".... „Lederlakan Tw." So liest man in dem Inventarium vom 13. Januar

1586 über Hrn. Ponti de la Gardie Eigenthum auf Schloss Räffle. S. Acta historica, im S. R. A.

523) Betr. der Bettteppiche s. alle obenangeführten Inventare. Die am genauesten beschriebenen sind ohne Zweifel die flämischen, welche man aufgezeichnet findet in: Handlingar rör. Skandinav. Hist. XXXVII, 9—11.

524) Vespenøs Regnskab, Juni 1586—Mai 1587, im G. A.

525) Im Jahre 1598 heisst es von England: „Tegumenta lectorum sunt tapetia etiam apud rusticos". S. Paul Hentzner, Itinerarium. Norinbergæ 1612. p. 156.

526) Handlingar rör. Skandinav. Hist. XXXVII, 10.

527) Suhm, Nye Samlinger til Dansk Historie III, 311. — Danske Magazin II, 81.

528) Tegnelser over alle Lande, 16. Februar 1559, im G. A.

529) Danske Samlinger, 2den Række, VI, 179—80.

530) Dokumenter til Klevenfelds Stamtavler (Gøye), d. 2. August 1566, im G. A.

531) Alle, damals an die verschiedenen Städte gerichteten Schreiben wegen anzuleihender Betten findet man: Sjællandske Tegnelser, 10. Juli 1596, im G. A. Von den Teppichen heisst es hier ausdrücklich, dass sie bestimmt seien, über die Betten (d. h. die Bettdecken oder -kissen) ausgebreitet zu werden, wie es Sitte war. — Ueber die Sitte, auf und unter Bettdecken zu liegen s. Schlegel, Sammlung zur Dänischen Geschichte II, 1, 94.

532) Handlingar rör. Skandinav. Hist. XXXVII, 5—13.

533) Inventarium over Prinsesse Elisabeths Udstyr af 6. Juni 1581. Kongl. Hofvet, im S. R. A. — Teppiche und Pelzdecken in Menge, aber keine Oberbetten, findet man in den Inventarlisten bei Klingspor och Schlegel, Uplands Herregårdar. II Sjö, V Salsta und IX Ekholm. (In den Beilagen).

534) E. Eggleston, Verdens Ende. Aalborg 1879. S. 25.

535) Sjællandske Tegnelser, 8. Juli 1596, im G. A.

536) Schlegel, Sammlung zur Dänischen Geschichte II, 4, 168—69.

537) Weiss, Kostümkunde II, 895—98. — Betten mit einem Schemel auf jeder Seite s. bei: Friis, Samlinger til dansk Bygnings- og Kunsthistorie. S. 354. — Betten mit Leiterstufen sind noch heute bei den norwegischen Bauern in Gebrauch. In

Thelemarken hat der Verfasser im Sommer 1879 sie sowohl auf Haugen in Morgedal, wie auch in Mogeno und Nylænd gesehen.

538) Paulus Hentzner, Itinerarium. Norinbergæ 1612. p. 150. (Die Beschreibung des Schlosses Windsor.)

539) Man sehe z. B. die Betten aus dem sechzehnten und dem Anfang des siebzehnten Jahrhunderts auf dem Altnordischen Museum zu Kopenhagen, auf dem Nationalmuseum zu Stockholm, sowie die in Kaufmann Simonsens Sammlung zu Christiania vorhandenen, auch die auf der kunstindustriellen Ausstellung zu Kopenhagen im Jahre 1879 gesammelten.

540) Schlegel, Sammlung zur Dänischen Geschichte II, 1, 94.

541) Beispiele von ganzen Familien in einem und demselben Bette findet man öfter in den Helsingörer Thingbüchern verzeichnet. — In dem „Kinderhause" zu Kopenhagen lagen in dem folgenden Jahrhundert fünf in Einem Bette. S. Suhm, Nye Samlinger III, 214.

542) Kincks Mittheilungen in den: Samlinger til jydsk Hist. og Topogr. I, 130—31. — Hübertz, Aktstykker vedkommende Aarhus II, 194. Die Anzahl der Frauen im Stifte Aarhus, welche bestraft wurden, weil sie Kinder (unabsichtlich) im Bette erstickt hatten, findet man für die drei Jahre 1648, 1649 und 1651 angegeben; sie betrug bez. 27, 51 und 37. Nach der Summe, die sich in den folgenden Jahren aus den dafür gebüssten Geldstrafen ergab, scheint damals die Anzahl ungefähr die gleiche gewesen zu sein.

543) Danske Samlinger 2den Række VI, 339. — Im Jahre 1594 kam im Bohuslehn ein schwieriger Fall vor, da nämlich ein Mann sich mit einem Mädchen verlobt hatte, zu welchem der Bruder des Ersteren, wie man behauptete, früher in vertrautem Verhältniss gestanden hatte. Dieser konnte indessen keine weitere Erklärung geben, als dass sie vielleicht Dieselbe sei: „denn da hätten zwei oder drei Schwestern in dem nämlichen Bette gelegen, und er habe mit einer von ihnen sich zu schaffen gemacht; er wisse aber nicht, mit welcher". S. Liber visitationis Joh. Nicolai, in Thott. Saml. No. 1583. 4to. (Grosse kgl. Bibliothek zu Kopenhagen.) — Männer und Frauen in demselben Schlafzimmer s. Rørdam, Anders Arrebo's Levnet og Skrifter. I. 98.

544) Olaus Theophilus, Paræneses de vitæ ac studiorum honesta formatione. Hafniæ 1573. fol. o.

545) „Erst muss man damit anfangen, dass man auf der rechten Seite liegt, so haben die Aertzte gesagt; der zweite Schlaf muss auf der linken Seite geschehen, und in dieser Lage der Schlaf zu Ende gebracht werden". S. Henr. Ranzau, De conservanda valetudine. p. 52.

546) Peder Palladius, Visitatsbog, udg. af Grundtvig. S. 89.

547) Die Zeugenaussage aus dem Nörager Kirchspiel v. 28. Mai 1579, aufgenommen in das gerichtliche Erkenntniss v. 10. November 1586. — Ein Ausdruck wie dieser (Norske Magasin I, 236): „da stand ihre Hausmutter im Hemde auf und schloss Hans, den Bartscheerer, ein", muss man sicherlich so verstehen, dass sie das genannte Kleidungsstück sich erst angezogen hat. — Beweisstellen dafür, dass es während des Mittelalters allgemeine Sitte in Europa war, ganz unbekleidet zu schlafen, finden sich gesammelt in: Alwin Schultz, Das höfische Leben zur Zeit der Minnesänger I. Leipzig 1879. S. 168, Anm. 4. — Als Zeugniss dafür, dass im sechzehnten Jahrhundert bei dem Adel des Nordens eine schwache Neigung, ein Nachtkleid anzulegen, erwachte, lässt sich anführen: dass unter Ture Bjelke's Kleidern auf Salsta 1563, ausser siebzehn, mehr oder weniger kostbar ausgestatteten (Tag-) Hemden sich auch ein „Nachthemd" befand. S. Klingspor och Schlegel, Uplands Herregårdar. V Salsta. (Beilagen.)

548) Historisk Tidsskrift III, 308.

549) S. z. B. Christopher Hansteen, Reise-Erindringer. Christiania 1859. S. 36.

550) Danske Magazin II, 81.

551) Acta historica: Her Ponti de la Gardie ågedeler på Råffle Slott. Januar 1586, im S. R. A.

552) Danske Samlinger 2den Række VI, 177 und 182. — Ture Bjelke auf Salsta besass sechs Nachtmützen (Klingspor och Schlegel, Uplands Herregårdar. V Salsta. Beilage).

553) H. Ranzau, De conservanda valetudine. p. 52—53.

554) Räkningar för Nyköpings Slott 1556—77, im S. K. A.

555) Sjællandske Tegnelser, 15. Februar 1586, im G. A.

556) **Schlegel**, Sammlung zur Dänischen Geschichte II, 4, 167.

557) Zahlreiche Beispiele hiervon in den oben angeführten Inventarlisten.

558) **Handlingar** rör. Sveriges Historie XXXVII, 49—51. — Auf dem herrschaftlichen Hofe Sjö in Upland fanden sich in etwas späterer Zeit: 2 „Muløger" aus Messing, 4 aus Kupfer, und 4 Handfässer aus Kupfer. S. **Klingspor och Schlegel**, Uplands Herregårdar. II Sjö. (Beilage.)

559) **Danske** Samlinger, 2den Række, VI, 173 und 184. — **Schlegel**, Sammlung zur Dänischen Geschichte II, 4, 167 und 171. — **Pontus de la Gardies** Efterladenskaber. Inventarium af Januar 1586 (Acta historica, im S. R. A.). — Albrit Oxe hinterliess eine silberne Wasserkanne, 235 Loth schwer, und ein desgl. Handfass, 167 Loth schwer. (Dokumenter til Klevenfelds Stamtavler, im G. A.) und die Königin-Wittwe Dorothea zwei silberne Giesskannen, drei Silberbecken und 1 ebenfalls silbernes Handfass, jedes 70—95 Loth wiegend. (Glücksburgisches Archiv, Packet 1. b., im G. A.)

560) Am 20. Februar 1628. Siehe G. F. **Lassens** Samlinger. No. 868 k. 4to. in der N. K. S. — Von häufigerem Gebrauch der „Handfässer" ist dem Verfasser nur ein einziges Beispiel vor Augen gekommen. Das ist die lächerlich übertreibende Bestimmung für das Maribo-Kloster, dass jede Jungfrau, die daselbst Aufnahme gefunden, sich mit 4, sage und schreibe vier, „Mulluwer" einstellen solle. Dieses Beispiel steht indess so einzig da, dass man es nur als eine lokale Sonderbarkeit bezeichnen kann. Siehe A. **Kall Rasmussen**, Histor. topogr. Efterretning om Musse Herred. S. 165.

561) H. **Ranzau**, De conservanda valetudine. p. 53.

562) **Nyt historisk Tidsskrift** IV, 254.

563) **Niels Hemmingsens** Postille, overs. af R. H. Reravius. Kbhvn. 1576. p. 42. — In England scheint die Entwickelung etwas weiter fortgeschritten zu sein, als im Norden. In Shakspeares König Heinrich IV, Erstem Theil, Akt 2, Scene 1, klagen wenigstens die Fuhrleute darüber, dass ihnen in dem Gasthofe zu Rochester kein einziger Nachttopf sei gegeben worden. Das Gespräch schildert die Situation ungemein anschaulich. Erster

Kärrner: Ich glaube, es giebt kein so niederträchtiges Haus auf der ganzen Londner-Strasse mit Flöhen. Ich bin so bunt gestochen, wie eine Schlei. Zweiter Kärrner: Wie 'ne Schlei? Sapperment! kein König in der Christenheit kanns besser verlangen, als ich gebissen bin, seit der Hahn zum ersten mal gekräht hat. Erster Kärrner: Ja, sie wollen uns niemals 'nen Nachttopf geben, und da schlagen wirs in den Kamin ab, und die Kammerlauge, die heckt auch Flöhe, wie ein Froschlaich. (W. Schlegels Uebersetzung.)

564) Danske Magazin II, 81.

565) Friis, Samlinger til dansk Bygnings- og Kunsthistorie. S. 355—56.

566) Ebendaselbst S. 356.

567) Kjøbenhavns Diplomatarium IV, 397.

568) Danske Magazin II, 82.

569) Friis a. a. O. S. 354. — Danske Samlinger, 2den Række, VI, 186.

570) Am 28. März 1615. S. Anton Petersens Samlinger. No. 868 kb. 4to. in der N. K. S.

571) Friis a. a. O. S. 60—79. — Auf dem Skanderborger Schlosse stand im Jahre 1645 in dem Gemach des Königs eine Korbbettstelle. (Orion, Kvartalskrift, redig. af T. A. Becker II, 212.)

572) Friis a. a. O. S. 61, 65 und 68.

573) Ebendaselbst S. 355.

574) Von Laden mit einer Rückenlehne, oder mit Füssen, s. Danske Samlinger, 2den Række, VI, 185; Kbhvns. Diplom. II, 362. Ferner von Schreinen s. ebendaselbst, sowie Samlinger til jydsk Historie og Topographie VI, 161 (s. auch später, wo der Cypressenschrein zur Sprache kommt). Von Archen s. Kbhvns. Diplomatarium IV, 397—98; Danske Magazin, 4de Række, II, 12; von der Noahs-Arche s. Inventarium over Mogens Bildes Gods af 1538 (Danske Adelsbreve Fasc. 6. Königl. Bibl.). — Von Schachteln und Laden s. Danske Samlinger, 2den Række, VI, 185; Schlegel, Sammlungen zur Dänischen Geschichte II, 4, 164—72.

575) Danske Samlinger, 2den Række, VI, 185. — Danske Adelsbreve Fasc. 6. Inventarium over Mogens Bildes Gods 1538.

Kgl. Bibl. — Inventarium efter Albrit Oxe (Dokumenter til Klevenfelds Stamtavler, 6. Marts 1577, im G. A.). — Friis, Samlinger til dansk Bygnings- og Kunsthistorie. S. 60—79. — Schlegel, Sammlungen zur Dänischen Geschichte II, 4, 164—72. — V. Simonsen, Bidrag til Rugaards Historie II, 61. — C. Nyrop, Fra den kunstindustrielle Udstilling. S. 61 u. s. w.

576) Ausser den oben citirten Quellen s. Tegnelser over alle Lande, 30. April 1564, im G. A. — Inventarium öfver Pontus de la Gardies ägedeler 1586. (Acta historica im S. R. A.) — Danske Samlinger, udg. af Chr. Braun, II, 141.

577) Danske Magazin II, 81—82. — Danske Adelsbreve Fasc. 6: Mogens Bildes Gods 1538. Auf der Grossen Kgl. Bibliothek.

578) Was den Namen dieses Möbels betrifft, so hat der Verfasser seine Ansicht geändert. Er erkennt in dem Namen jetzt eine einfache Wiedergabe des französischen Wortes trésor, nicht aber, wie er früher ausgesprochen hat, eine Umbildung des Wortes dressoir. Vgl. Danske Saml. 2den Række, VI, 186. — C. Nyrop, Fra den kunstindustrielle Udstilling. S. 58.

579) Friis, Samlinger til dansk Bygnings- og Kunsthistorie. S. 352. — Danske Magazin II, 81. — Dokumenter til Klevenfelds Stamtavler: Inventarium over Albrit Oxes efterladte Gods, im G. A.

580) Nach erneuten Untersuchungen tritt nunmehr der Verfasser C. Nyrops Ansicht bei (s. dessen obencitirte Schrift), nach welcher die vom Verfasser in Danske Saml. 2den Række VI, 186, Anm. vorgetragene Auffassung von dem Aeusseren des Trésors sich nicht beweisen lässt, sondern nur eine, vielleicht wahrscheinliche, Vermuthung ist.

581) Ausser den vorhin schon angeführten Stellen vergl. Kbhvns. Diplomat. IV, 397.

582) Ebendaselbst II, 362.

583) Danske Samlinger, 2den Række, VI, 185.

584) Dokumenter til Klevenfelds Stamtavler: Inventarium over Alb. Oxes efterl. Gods, im G. A.

585) Schlegel, Sammlungen zur Dänischen Geschichte, II, 4, 164—72.

586) Hans Forssell, Sveriges inre historia, II, 22. — C. Nyrop, Fra den kunstindustrielle Udstilling. S. 60.
587) Friis, Samlinger til dansk Bygnings- og Kunsthistorie. S. 353.
588) W. Bernan, History and art of warming and ventilating, I, 145.
589) Ebendaselbst I, 144.
590) Handlingar rör. Skandinav. Historia, XXXVII, 31, 29 u. s. w.
591) Ebendaselbst XXXVII, S. 29, 31, 33.
592) Friis, Samlinger til dansk Bygnings- og Kunsthistorie. S. 351 folg.
593) Danske Samlinger, 2den Række, VI, 179.
594) Räkningar för Nyköping Slot 1556—77: Inventarium af 1556, im S. K. A.
595) Handlingar rör. Skandinav. Historia, XXXVII, 30—32.
596) Vergl. beide zuletzt angeführten Citate.
597) Dass „Hynderne" (die Polster) als'Rückenpolster gedient haben, kann man daraus ersehen, dass sie häufig als „aufrechtstehend" bezeichnet werden; so z. B. in dem oben erwähnten Inventar des Nyköpinger Schlosses. Dass sie in Verbindung mit Bankkissen gebraucht wurden, erhellt daraus, dass beide in vielen Fällen einander in Stoff und Farbe genau entsprechen.
598) Man sehe z. B. den Stuhl des Königs und der Königin in der Kirche auf Kronborg. S. Friis, Samlinger til dansk Bygnings- og Kunsthistorie. S. 356.
599) Handlingar rör. Skandinav. Historia, XXXVII, 29 und 32.
600) Dokumenter til Klevenfelds Stamtavler: Inventarium efter Alb. Oxe, im G. A.
601) C. Nyrop, Fra den kunstindustrielle Udstilling. S. 59—60.
602) Videnskabernes Selskabs Ordbog: Stol. — C. Nyrop o. a. O.
603) Ahlqvist, Karin Månsdotter. Stockholm 1874. S. 6.
604) Danske Samlinger, 2den Række, VI, 185—86. — Auf Bregentved gab es im Jahre 1545 u. A. einen „Faltstuhl", d. h. einen Stuhl zum Zusammenschlagen. „Faltstuhl" ist ohne

Zweifel der ursprüngliche Name für das, was wir „Feltstol" (Feldstuhl) nennen, sowie auch gewiss die Wurzel des französischen: fauteuil (altfranzösisch: faudestuel). Vergl. A. Schultz, Das höfische Leben zur Zeit der Minnesinger, I, 68. — Lacroix et Serré, Le moyen âge et la renaissance, IV: Beaux arts.

605) Friis, Samlinger til dansk Bygnings- og Kunsthistorie. S. 354—55.

606) Ebendaselbst, S. 352.

607) C. Nyrop, Fra den kunstindustrielle Udstilling. S. 59.

608) Friis, Samlinger til dansk Bygnings- og Kunsthistorie. S. 357.

609) Malmøhus Lehnsregnskab 1579, im G. A.

610) L. Daae, Norske Bygdesagn. 2den Saml. S. 30.

611) Die Räuber in Vissenberg u. m. a.

612) Kjøbenhavns Diplomat., IV, 397. — O. Nielsen, Kbhvns. Hist. og Beskrivelse, I, 300. — Danske Samlinger, 2den Række, VI, 186.

613) N. Nicolaysen, Norske Fornlevninger. Kristiania 1862—66. S. 103, 151, 580, 667, 780.

614) Eine „Scheibe", die mit allerhand Laubwerk und „Instrumenten" ausgelegt war, wird erwähnt bei Friis, Saml. til dansk Bygnings- og Kunsthistorie, S. 353. In demselben Verzeichniss kommen auch Beispiele vor von den übrigen Arten Scheiben. Der mit einem Uhrwerk versehene, sich selbst bewegenden Tisch wird auch von dem deutschen Reisenden Dav. Wunderer im Jahre 1589 erwähnt (Frankfurtisches Archiv für ältere deutsche Litteratur und Geschichte. Frankfurt 1812. II, 178).

615) Friis, Samlinger til dansk Bygnings- og Kunsthistorie. S. 353—55.

616) Nämlich zwei gemalte Scheiben, zwei Schenkscheiben und zwei weisse Scheiben. S. Räkningar för Nyköping Slott 1556—77, im S. K. A.

617) Dieser Punkt wird in einem folgenden Bande des Werkes eingehender behandelt werden, wo auch die Quellenangabe stattfinden wird.

618) Erbtheilung nach Ableben der Königin-Wittwe Dorothea d. 10. März 1572. S. Glücksburg. Archiv, Packet 1. b. im G. A.

Der Gesammtwerth der Tischteppiche betrug 1595 Thaler. — 1 Tonne Gerste war im Jahre 1572 Einen Thaler werth, gleich 4 R. Mk. 40 Pf. Im Jahre 1880 betrug der Werth 12 R. Mk. 75 Pf.

619) **Skandinavisk-Etnografiska Samlingen.** Stockholm. — **Folkevennen.** Kristiania 1861. S. 17, 44—45.

620) **I. G. Burman Becker,** Forsøg til en Beskrivelse af og Efterretninger om vævede Tapeter i Danmark. 2den Udgave. Kbhvn. 1878. S. 3—4.

621) Die Benennung „Sengoklæder" (Bettbekleidung) für Tischteppiche s. z. B.: **Danske** Samlinger, 2den Række, VI, 178. — „Tapete über einen Tisch", „Tapete über ein Bett", im **Glücksburg.** Archiv, Packet 1. b., im G. A.

622) **Bornan,** The history and art of warming and ventilating, I, 146.

623) **Jacob Falke,** Die Kunst im Hause. Wien 1871. S. 101—11.

624) **Handlingar** rör. Skandinav. Historia, XXXVII, 1, 12, 32. — Etwas später werden sie zahlreich erwähnt auf mehreren Uplandschen Herrenhöfen. S. **Klingspor** och **Schlegel,** Uplands Herregårdar, II: Sjö; V: Salsta (Bilagene).

625) **Pontus de la Gardie** ågedeler in: Acta historica, S. R. A.

626) J. **Falke,** Die Kunst im Hause. S. 111.

627) **Sjællandske** Tegnelser, 10. Februar 1600, im G. A.

628) **Norske** Samlinger I, 646.

629) **Poul Eliesens** danske Skrifter, I, 281—82.

630) **Schlegel,** Sammlungen zur dänischen Geschichte, II, 1, 91.

631) **Holinshed,** The description of England. London 1587. p. 187. — Bornan, The history and art of warming etc., I, 141. — Ueber den Gebrauch von Tapeten und „Drætter" in England geben Shakspeares Dramen uns gute Auskunft. Nach einem Feste wurden sie herabgenommen:

> „Ach, und was wird der alte York da sehn,
> Als leere Wohnungen und nackte Mauern,
> Sammt öden Hallen, unbetretnen Steinen?"
> (Richard II, Akt 1, Sc. 2, nach W. Schlegels Uebers.)

Sie liessen Platz genug, so dass ein Mensch sich hinter ihnen verstecken konnte. Hamlet tödtet den Polonius, welcher hinter der Tapete seine und der Königin Unterhaltung belauscht (Hamlet, Akt 3, Sc. 4). Vermuthlich gingen sie häufig, nicht allein bis zum Rande der Täfelung der Wand, sondern bis zum Fussboden herab. Als Fallstaff (Heinrich IV. Erster Theil, Akt 2, Scene 4) sich hinter der Tapete versteckt hat, liegt er da und fällt in Schlaf u. s. w.

632) Räkningar för Nyköping Slott 155—77, im S. K. A.

633) Tegnelser over alle Lande, 28. November 1564, im G. A.

634) Sjællandske Tegnelser, 24. Aug. 1593, im G. A.

635) Ebendaselbst, 4. April 1588.

636) Danske Magazin, V, 76. — In Anlass der Bestattung Friedrich's II hatte man sogar in den Fremdenzimmern auf den Schlössern, wo die Gäste auf der Reise übernachteten, die Wände mit schwarzem Tuch überhängt. S. Sjællandske Tegnelser, 9. April 1588, im G. A.

637) Loenbom, Uplysningar i Swenska Historien II. Stockholm 1769. S. 23.

638) Handlingar rör. Skandinav. Historia, XXVII, 2—3.

639) Topograph. Samling: Skanderborg No. 14, im G. A.

640) Inventarium Register opå konungl. majts. husradz partzeler anno 1584. Kongl. Hofvet No. 2, im S. R. A. Die meisten dieser Tapeten werden schon unter Erik XIV als vorhanden angeführt (Ahlqvist, Karin Månsdotter. S. 5).

641) Friis, Samlinger til dansk Bygnings- og Kunsthistorie. S. 307—8.

642) Burman Becker, Forsøg til en Beskrivelse af og Efterretninger om vævede Tapeter i Danmark. 2den Udg. 1878. S. 18.

643) Ahlqvist, Karin Månsdotter. S. 5.

644) Inventarium Register opå konungl. majts. husradz partzeler anno 1584. Kgl. Hofvet No. 2, im S. R. A.

645) Ueber Hans Kniepers Tapeten s. Øresunds Toldregnskaber 1578—88, im G. A. — Burman Beckers oben citirte Schrift. — Nye danske Magazin, II, 98—103. — Friis, Samlinger til dansk Bygnings- og Kunsthistorie. S. 307

folg. und 343 folg. — Die noch erhaltenen Tapeten befinden sich jetzt im Altnord. Museum zu Kopenhagen. Zwei Stücke von Hans Kniepers Arbeit, welche in Friedrichs's II Auftrag ausgeführt waren, aber nicht zu der erwähnten Reihe gehörten, hat man im Nationalmuseum zu Stockholm. Die Notiz wegen der botanischen Zuverlässigkeit verdankt der Verfasser wohlwollender mündlicher Mittheilung. — Für die Naturtreue jener Zeit spricht auch ein kleiner Zug, wie dieser: Als Friedrich's II Maler (vielleicht Hans Knieper) im Jahre 1585 die Schlacht auf der Falkenberger Haide malen sollte, wurde er an Ort und Stelle gesandt, und das ungefähr um dieselbe Jahreszeit, in welcher die Schlacht stattgefunden hatte, damit er die natürlichen Landschaftsverhältnisse studire. S. Skaanske Tegnelser, 9. December 1585, im G. A.

646) Von gemalten Kopieen, welche damals im Umlauf waren, hat man auf der Grossen Königl. Bibliothek zu Kopenhagen noch folgende vier: No. 795 fol. der Thottschen Sammlung, No. 586 fol. der Neuen Königl. Sammlung, No. 812 fol. und No. 2427 4to der Alten Königl. Sammlung. Die Verse allein finden sich No. 930. 4to. N. K. S. und No. 2431. 4to. A. K. S. In Stockholm besitzt man das Exemplar der Karen Skram (Histor. Tidsskr., IV, 135). — Tyge Brahe erhielt im Jahre 1586 die Zusage, dass zur Benutzung für eine von ihm beabsichtigte Schrift ihm einige Kopieen zugestellt werden sollten (Danske Saml., V, 172). — Im Druck erschien eine Darstellung 1597 in Magdeburg. — In Betreff der Originalbilder, nach welchen Hans Knieper seine Arbeit ausgeführt hat, hat man folgende Nachweise, welche zeigen, wie früh Friedrich II den Plan gefasst, und wohin er sich gewandt hatte, um Portraits seiner Vorgänger zu erhalten. „Den 7. September 1574 an Antonius Samfleet, den Portraitmaler (Contrafejer) gegeben: 40 alte Thaler und 50 ₰, als Abschlagszahlung auf das, was er verdient für die Konterfeie von 117 Königen von Dänemark, welche er mit Farbe auf gute Leinwand übertragen hat". Rentemester-Regnskab, im G. A. — Am 12. December 1584 schrieb Heinrich Ranzau an Friedrich II und erbat sich, nach geschehener Benutzung, ein Buch zurück, in welchem „alle die Konnigh vonn Dennemarcken abgemallett sein". Heinr. R. hatte „vorschienner Zeit" dasselbe dem Kanzler des Königs zugestellt, und der König liess „darnach Tapetzerreyenn machen vnd wirckenn", im G. A.

647) Burman Becker, Vævede Tapeter i Danmark. 2den Udg. 1878. S. 25—26 und 36.

648) Friis, Samlinger til dansk Bygnings- og Kunsthistorie. S. 351—57.

649) Nye danske Magazin, IV, 163.

650) Friis a. a. O. S. 11.

651) Schlegel, Samml. z. dän. Geschichte, II, 1, 91.

652) Tegnelser over alle Lande, 2. April 1559, im G. A.; und Sjællandske Tegnelser, 7. Mai 1596, im G. A.

653) Friis a. a. O. S. 353—57.

654) Z. B. Tegnelser over alle Lande, 13. Februar 1565, im G. A.

655) Charles d'Ogier, Dagbok öfver dess resa i Sverige 1634. Stockholm 1828. S. 25.

656) Friis a. a. O. S. 210.

657) Framlidne Hr. Pontus de la Gardies ägedeler 1586. (Acta historica, im S. R. A.)

658) Schlegel, Sammlungen zur dän. Geschichte, II, 4, 168 folg.

659) Danske Samlinger, udg. af Chr. Bruun; II, 118—235.

660) Charles d'Ogier, Dagbok öfver dess resa i Sverige. S. 25.

661) Friis, Samlinger til dansk Bygnings- og Kunsthistorie. S. 344—45.

662) Danske Samlinger, udg. af C. Bruun, II, 165, 189 und 196.

663) Handlingar rör. Skandinav. Historia, XXXVII, 40.

664) Framlidne Hr. Pontus de la Gardies ägedeler 1586. (Acta historica, im S. R. A). — Aehnliches wird im Jahre 1563 auf Salsta in Upland erwähnt. (Klingspor och Schlegel, Uplands Herregårdar, V: Salsta. Bilag.)

665) Rentemester-Regnskab 1591, im M. A.

666) Schlegel, Sammlungen zur dänischen Geschichte, II, 4, 168.

667) Friis a. a. O. S. 75.

668) „Für 7 runde Rosen, für das Lusthaus vergüldet: 84 ₰". — „Für 4 gedrechselte Rosen: 19 ₰". Räntekammer böcker 1565: Hans Joensons Utgift, im S. K. A.

669) Samlinger til Fyens Historie og Topographie, II, 149.
670) Silfverstolpe, Historiskt Bibliothek, I, 190 folg., II, 217—18. — Øresunds Toldregnskaber 1578—88, im G. A. — Friis, Saml. til dansk Bygn.- og Kunsthistorie. S. 304—5. — Danske Samlinger, V, 146.
671) Burman Becker, Forsøg til Beskrivelse af og Efterretninger om vævede Tapeter i Danmark. 2den Udg. S. 29—30.
672) Kjøbenhavns Diplomatarium, II, 282. — Von den bretternen Fussböden, die über Fliesen gelegt waren, auf dem Linköpinger Schlosse, s. Silfverstolpe, Historiskt Bibliothek, II, 52. — Hölzerne Fussböden im königl. Gemach auf dem Stockholmer Schloss, s. ebendaselbst II, 215, Anm.
673) Silverstolpe, Historiskt Bibliothek, I, 190—91, 193.
674) Sjællandske Tegnelser, 7. December 1591, im G. A.
675) Ebendaselbst, 30. Januar 1593, im G. A.
676) Ebendaselbst, 6. Februar 1596, im G. A. — Kgl. Befehl, alle Fussböden auf Svenstrup (Seeland) mit „Astrak" zu belegen. S. Sjællandske Tegnelser, 27. Januar 1585, im G. A. — Ein Fussboden von dieser Art wurde „vor einigen Jahren" (geschrieben 1840) auf dem herrschaftlichen Hofe Egeskov auf Fünen gefunden, als man das Erdreich an der Stelle aufgrub, wo ein Gebäude für die Holländerei (d. h. Milchwirthschaft) erbaut werden sollte. S. Orion, Maanedsskrift, udg. af T. Becker, III, 336. — Ein ähnlicher auf Hjortholm. S. Orion, Kvartalskrift, II, 120. — Ueber die häufige Anwendung des „Astrak" auf Kronborg, s. Danske Samlinger, V, 168—69, 176. Auf jütländischen Schlössern im Jahre 1645, s. Orion, Kvartalskrift, II, 189, 191, 196, 198, 211, 232, 241, 255. — Ueber Astrak, der in Dänemark zugehauen worden, s. Friis, Samlinger til dansk Bygnings- og Kunsthistorie. S. 339.
677) Silverstolpe, Historiskt Bibliothek, I, 193.
678) Holinshed, Description of England. London 1587. p. 187.
679) Suhm, Samlinger til den danske Historie, I, 2, 110.
680) Bernan, History and art of warming and ventilating. London 1845. I, 140—41.
681) Paul Hentzner, Itinerarium. Norinbergæ 1612, p. 135. — Die Sitte kommt bei Shakspeare häufig vor. Z. B. Hein-

rich IV, zweiter Theil, Akt 5, Scene 5: Erster Diener: „Mehr Binsen! Mehr Binsen!" (welche von den Dienern für den Zug des Königs gestreut werden). — Richard II, Akt 1. Scene 3 gegen Ende:

> „Singende Vögel halt für Musikanten,
> das Gras, worauf du trittst,
> gestreute Binsen . . . ."

In Romeo und Julie versetzt der Dichter die nordische Sitte ohne Weiteres nach Italien (Akt 1, Scene 4).

> Romeo: „Mir eine Fackel! Lustge Buben mögen
> Die stumpfen Binsen mit den Sohlen kitzeln!" —

Ueber die Geltung der Sitte in Deutschland, wie auch in Frankreich, während des Mittelalters, s. A. Schultz, Das höfische Leben zur Zeit der Minnesinger. Leipzig 1879. I, 64—65.

682) Varwich, Von der Pestilentz. Kopenh. 1577. Giij.

683) H. Ranzau, De conservanda valetudine. S. 14—32.

684) Østgaard, En Fjeldbygd. Billeder fra Østerdalen. 4de Oplag. Christiania 1873. S. 239. — In Småland pflegte man noch im vorigen Jahrhundert beim Weihnachtsfeste den Fussboden mit Stroh zu bestreuen. S. C. Linnæi Skånska Resa 1751. S. 38.

685) Eine eigenthümlich geformte Sparbüchse von Messing, aus dem Anfang des siebzehnten Jahrhunderts, befindet sich auf dem altnordischen Museum zu Kopenhagen.

686) Svenske Handlinger. Varbjerg 1621, im G. A.

687) Hans Forssell, Sveriges inre Historia, II, 21.

688) Ebendaselbst.

689) Friis, Samlinger til dansk Bygnings- og Kunsthistorie. S. 321.

690) C. G. Brunius, Kunstanteckningar under en Resa År 1849. S. 111—12, wo man die Quellen zusammen gestellt findet. — Ueber Aehnliches, was anderer Orten vorkam, s. Viollet-le-Duc, Dictionnaire raisonné de l'architecture. VI: Horloge.

691) Der Gesandtschaftsbericht findet sich in der Sammlung pergamentener Briefe: Russland No. 3 a., im G. A. — Was man von jener Uhr selbst weiss, findet sich gesammelt bei Friis, Samlinger u. s. w. S. 194—99.

692) Friis a. a. O. S. 199.
693) Schlegel, Sammlungen zur dänischen Geschichte, II, 4, 167—68.
694) Tegnelser over alle Lande, 6. Januar 1562, im G. A.
695) Schlegel a. a. O. — Eine Uhr auf Uranienborg spielte Chorale. S. Frankfurtisches Archiv f. ältere deutsche Liter. u. Geschichte, II, 175.
696) Gezahlte Preise für Uhren: in Stockholm 1558: 46 ₺; 1561: 36 ₺ und 30 ₺; in Kopenhagen 1590: 8 Thaler; 1591: 20 Thaler. S. Forssell, Sveriges inre Historia, II, 21. — Rentemester-Regnskaber 1590 und 91 im M. A.
697) Skaanske Tegnelser, 25. April 1595, im G. A.
698) Danske Samlinger, V, 171. — Als bezeichnende Ausgaben für die grosse Uhr (Sejrværk) auf Kronborg lassen sich anführen: 1½ Schiffpfd. Blei für das Loth, und 140 Klafter grobe Taue. Ebendaselbst. S. 154.
699) Sjællandske Registre, 2. August 1579, 30. Juli 1591 und 7. März 1595, im G. A.
700) Friis, Samlinger til dansk Bygnings- og Kunsthistorie. S. 347.
701) N. Jacobsens haandskrevne Samlinger auf der Kgl. Bibliothek zu Kopenhagen (nach dem Contobuch der Grevinger Kirche im Consistorial-Archiv No. 121 fol. vom Jahre 1581).
702) Alwin Schultz, Das höfische Leben zur Zeit der Minnesinger. Leipzig 1879. I, 169.
703) Danske Magazin, VI, 126, 187.
704) V. Simonsen, Bidrag til Odense Hist., II, 1, 123. — Ueber „Seelenbäder", s. Molbech, Nordisk Tidsskrift, I, 450. — O. Nielsen, Kjøbenhavns Historie og Beskrivelse, I, 292—95.
705) Danske Magazin, 3die Række, VI, 7, 13, 14.
706) Olaus Magnus, Historia de gentibus septentrionalibus. Liber XV, cap. 35.
707) Rørdam, Kjøbenhavns Universitets Historie, I, 681.
708) Kinch, in Samlinger til jydsk Historie og Topographie, VI, 201 folg.
709) Man sehe das Bild in Olaus Magnus, Historia de gentibus septentrionalibus. Liber XV, cap. 35. Romæ 1555. —

Vedel Simonsen, Bidrag til Odense Historie, II, 1, 119. — Danske Magazin, 3die Række, I, 83.

710) Vedel Simonsen a. a. O. II, 1, 119.

711) Silfverstolpe, Historiskt Bibliothek, II, 215, Anm. — Friis, Samlinger til dansk Bygnings- og Kunsthistorie. S. 215, 340 und 135. — Tagebuch Christians d. Jüngern. Herausg. von G. Krause. Leipzig 1858. S. 95. — In der Beschreibung von Kronborg, in Brauns Theatrum urbium IV, wird erzählt, dass Alles in der Badestube von Silber war. — Der deutsche Reisende, Wunderer, welcher im Jahre 1589 Kronborg besuchte, behauptet, dass sogar die Geräthe daselbst von Silber und Gold gewesen sein. (Frankfurtisches Archiv für ältere deutsche Litteratur und Geschichte, II, 178.)

712) Silfverstolpe, Historiskt Bibliothek, I, 187.

713) Ueber die damal. Art des Badens überhaupt s. Caroli Ogerii Ephemerides, sive iter Danicum, Suecicum, Polonicum. Lutetiæ Parisiorum 1656. p. 236—37. — Ueber das Setzen der Schröpfköpfe heisst es: „Plerique ibidem se cucurbitulis fere totos contegi jubent, ut sanguinem, quem ex nimio potu contrahunt, exsudent, totique cruenti sunt, spectacula visu horrenda". — In der schwedischen Uebersetzung des Buches ist dieser ganze vom Baden handelnde Abschnitt überschlagen worden.

714) Am 20. August 1573: In die Badestube, um den Kopf Se. Kgl. Majestät damit zu waschen, geliefert 1 Kanne 2 Quartier Rheinwein (Suen Staffannsonns Räkenskaper på winu, 1573, in der Sammlung von Rechnungen, betr. Gold, Silber u. s. w. 1553—73 in S. R. A.)

715) Norske Magasin, I, 255.

716) Im Mittelalter war es in Europa allgemeiner Brauch, dass Frauen den Rittern beim Baden aufwarteten, sie wuschen, ihnen das Handtuch reichten u. s. w. Beispiele finden sich zahlreich bei Alwin Schultz, Das höfische Leben zur Zeit der Minnesinger, I. Leipzig 1879. S. 170.

717) Corpus Statuti Slesvic. Tom. II. Schleswig 1795. p. 225. — Diplomat. Flensborgense, II, 887.

718) Olaus Magnus, Hist. de gentibus septentr. Lib. XV. cap. 35.

719) „Es ist billich zu verwundern . . . . dasz die Teutschen

sich altso können im Zaum halten, ob wol Mann und Weib in einer Badstuben, darzu neben ein ander auf der Bank sitzen, bey nahe gar nackt und blosz, dasz doch kein Leichtfertigkeit vermercket wird" (was kein Südländer wird begreifen können). So schreibt Hans Wilden, Reysbuch. Nürnberg 1613. II, 115.

720) Was Frankreich betrifft, kann die Sitte bis zum Schlusse des fünfzehnten Jahrhunderts verfolgt werden. In einem Codex des Valerius Maximus, welcher ums Jahr 1470 für Anton von Burgund geschrieben ist (gegenwärtig in der Breslauer Stadtbibliothek), sieht man ein Miniaturbild einer französischen Badescene. In einem grossen Badesaale sind zwei Reihen Badewannen aufgestellt. Männer und Frauen sitzen hier, jeder in seiner Wanne, einander gegenüber. Zwischen jedem Paar ist ein Brett mit Erfrischungen angebracht. Die Männer sind mit Schwimmhosen bekleidet; die Tracht der Frauen beschränkt sich auf Kopfputz und Halsketten. S. Alwin Schultz, Das höfische Leben zur Zeit der Minnesinger, I. Leipzig 1879. S. 171.

721) Nye kirkehistoriske Samlinger, V, 73.

722) Ogier bezeichnet diese als „virgularum fasciculi" (Ruthenbündel). In Deutschland hiessen sie „Badeqweste" (Alwin Schultz, Das höfische Leben z. Zeit der Minnesinger, I, 170). Sollte nicht der dänische Spottname für die Lübecker „Badeqwast" hiermit in Verbindung stehen, und nicht allein Badebesen bezeichnen? (Allen, De tre nordiske Rigers Historie 1497—1536. I, 683, Anm. 73).

723) Carolus Ogerius, Ephemerides, sive iter Danicum, Svecicum, Polonicum. Paris 1656. p. 236—37.

724) Norske Magasin I, 256.

725) Peder Syvs Ordsprog. Kbhvn. 1688, II, 242. — Alb. Raffn, Den himmelske Herredag. Kbhvn. 1633. Bl. Nn. iiij.

726) Danske Magazin, 4de Række, I, 66, 78, 86, 89.

727) Norske Magasin II, 176.

728) Ebendaselbst II, 179.

729) Ebendaselbst I, 285.

730) Ebendaselbst I, 354.

731) Carol. Ogerius, Ephemerides etc. Paris 1656. p. 237.

732) Joh. Mathesii Erklerung vnd Auslegung Syrach. Leipzig 1586. P. 1. Bl. 14 b.

733) Heffner, Ueber die Baderzunft im Mittelalter. (Archiv d. hist. Vereins von Unterfranken und Aschaffenburg XVII 1865. S. 155 folg.)

734) Allen, De tre nordiske Rigers Historie 1497—1536. IV, 1, 265—68.

735) En Formaning oc Atuarsel om den lappede oc forkludede Hosedieffuel. Kbhvn. 1556. Bl. E.

736) Holinshed, Description of England. London 1587. p. 187.

737) Samuel L. Ödmann, Hågkomster från Hembygden och Skolan. 4. Uppl. Örebro 1861. S. 19.

738) Troels Lund, Danmark og Norges Historie i Slutningen af det 16de Aarhundrede, I, 137—39.

Zu Theil II.

1) Arrild Huitfeldt, Danmarckis Rigis Krönicke. Kbhvn. 1650. I, 605.

2) Ebendaselbst II, 972. — Jahresberichte des Königl. Geheimarchivs, II, 54. — In dem sogenannten Calmar-Recess von 1483 wird auch dem Adel erlaubt, seine Gehöfte zu befestigen. S. Joh. Hadorph, Twå gambla Swenske Rijm-Krönikor, II. Stockholm 1676. S. 331.

3) Burman Becker, Efterretninger om de gamle Borge i Danmark og Hertugdømmerne. Kbhvn. 1832. III, 56. — Slange, Kong Christian den Fjerdes Historie, IV, 1252—53.

4) Gillberg, Beskrifning öfver Christianstads Län. Lund 1767. S. 117, 122 und 138.

5) Burman Becker, Efterretninger o. s. v., I, 145—46.

6) C. Linnæus, Wåstgöta Resa. Stockholm 1747. S. 19 und 51.

7) Gillberg, Beskrifning o. s. v. S. 285. — C. Linnæus, Skånska Resa. Stockholm 1751. S. 331.

8) T. A. Becker, Prospekter af danske Herregaarde med historisk Beskrivelse. VII: Hesselager. — Burman Becker, Efterretninger o. s. v., III, 13—15.

9) T. A. Becker, Prospekter o. s. v. XVIII Nørlund. — Burman Becker, Efterretninger o. s. v., I, 149.

10) T. A. Becker, Prospekter o. s. v. (Man sehe die der einzelnen Herrenhöfe: Spøtterup, Egeskov, Rygaard und Borreby.) — Hist. Tidsskrift I, 227.

11) C. Linnæus, Skånska Resa. Stockh. 1761. S. 253.

12) Orion, Maanedsskrift, udg. af T. A. Becker, III, 328.

13) Rechenschaftsbericht des Lehns Malmøhus 1. Mai 1579—1. Mai 1580, im G. A.

14) Nødskov, Beskrivelse over Thimgaard. Viborg 1787. S. 123.

15) Ebendaselbst S. 124.

16) Die Abbildung in: Prospecter af märkvärdige Byggnader, Säterier och Herregårdar uti Skåne, utg. 1756 af Abr. Fischer. — Auch bei Städten wurde Dergleichen verwandt. „900 Buchenstämme zur Hülfe bei einem Pfahlwerk, welches man angefangen hat unterhalb Malmö zu bauen, zwischen dem Strande und dem Stadtgraben, behufs der Befestigung". Skaanske Tegnelser, 26. Februar 1593, im G. A.

17) Orion, Kvartalskrift redig. af T. A. Becker, II, 118—19. — Ueber ähnliche Aussenwerke im Mittelalter s. A. Schultz, Das höfische Leben zur Zeit der Minnesinger, I. Leipzig 1879. S. 16—17.

18) P. Lindeberg, Hypotyposis arcium a H. Ranzovio conditarum. Frankfurt 1592.

19) Historisk Tidsskrift IV, 230—31.

20) Prospecter af märkvärdige Byggnader uti Skåne, utg. 1756 af Abrah. Fischer.

21) Gillberg, Beskrifning öfver Christianstads Län. Lund 1767. S. 117 und 122.

22) Prospecter af märkv. Byggn. uti Skåne, utg. 1756 af Abrah. Fischer.

23) Ebendaselbst. — Brunius, Konstanteckningar under en resa år 1849. Lund 1851. S. 744. — Die persönlichen Untersuchungen des Verfassers an Ort und Stelle.

24) O. F. C. Rasmussen, Optegnelser om Gisselfeld. Nestved 1868. S. 323—24.

25) Prospecter af märkv. Byggn. uti Skåne, utg. 1756 af Abrah. Fischer.

26) Orion, Kvartalskrift redig. af T. A. Becker, I, 155—59.

27) Prospecter af märkv. Byggn. uti Skåne, utg. 1756 af A. Fischer. — Carl Linnæus, Skånska Resa. S. 105. — Gillberg, Beskrifning öfver Christianstads Län. Lund 1767. S. 73. — Brunius, Konstanteckningar under en resa år 1849. Lund 1851. S. 725.

28) Burman Becker, Efterr. o. d. gl. Borge i Danm. og Hertugd., III, 46—47.

29) Ebendaselbst III, 27—31.

30) K. Hansen, Danske Ridderborge. Kbhvn. 1832. S. 67—68.

31) O. Nielsen, Histor. Efterretninger over Skadst Herred. S. 115.

32) P. Lindeberg, Hypotyposis arcium a H. Ranzovio conditarum. Frankfurt 1592. p. 61.

33) Carl Linnæus, Skånska Resa. Stockh. 1761. S. 291.

34) Burman Becker, Efterretn. o. d. gl. Borge i Danm. og Hertugd., I, 88—91. III, 13—15. — T. A. Becker, Prospekter af danske Herregaarde. VII: Hesselager; VIII: Spøtterup. — Histor. Tidsskrift IV, 230—31. — Nødskov: Beskr. over Thimgaard. Viborg 1787. S. 122.

35) Beispielshalber kann man anführen, dass auf Kronborg kein Pferdestall innerhalb der Festungswerke gelegen zu haben scheint, dass auf dem Kopenhagener Schlosse sich mehrere Pferdeställe, und zugleich Schweineställe befanden. (Kjøbenhavns Diplom. IV, 524. — Sjællandske Tegnelser, 28. December 1580, im G. A.). — Auf Lydumgaard in Jütland war die Bäckerei auf dem Wirthschaftshofe. (Ablieferung der Kanzlei, Besichtigungen No. 189. A. 44, im G. A.). — Auf den Höfen Kieldvid in Schleswig, Fligende in Schonen, Starupgaard und Vorgaard im nördlichen Jütland hatten das Brau- und das Backhaus ihre Stelle innerhalb des Burghofes. (Ablief. der Kanzlei, Besichtigungen No. 189. B. 15 und 38, auch E. 43, im G. A. — Samlinger til jydsk Historie og Topogr., VI, 3). — Auf Damsgaard in Jütland waren im Innern des Burghofes nicht allein Brauerei und Bäckerei, sondern zugleich Mehlhaus und Kornhaus. (Saml. til jydsk Historie og Topogr., VI, 9—10). — Auf Hundsbæk war die Brauerei, ja sogar die Kammer der Knechte in den Wirthschaftsgebäuden (Saml. o. s. v., VI, 11). — Auf Krogagergaard auf Langeland befand sich die Milchkammer im Burghofe. (Ablief. der Kanzlei, Besichtig. 189. B. 8., im G. A.) — Auf Riberhus lagen Bratküche, Brauerei und Schlachthaus innerhalb des Burghofes. (Thorup, Historiske Efterretn. om Riberhus. Schulprogramm von Ribe 1835. S. 36) u. s. w.

36) Danske Magazin IV, 200.

37) Rygaard auf Seeland. 1573. „Die obgenannten Gebäude und Gräben [die Gräben nur halb fertig] haben wir zu 800 Thaler taxirt". (Ablieferung der Kanzlei, Besichtigungen No. 189. A. 6., im G. A.)

38) Orion, Histor. Kvartalskrift redig. af T. A. Becker, I. Kbhvn. 1843. S. 155—59.

39) Burman Becker, Efterretn. o. d. gl. Borge i Danm. og Hertugd., III, 27—31.

40) G. Crusius, Descriptio Bredenbergæ. 1569. fol. B.

41) Orion, Kvartalskrift redig. af T. A. Becker, II. Kbhvn. 1851. S. 120.

42) C. Linnæus, Wåstgöta Resa. Stockh. 1747. S. 51.

43) Als etwas Ungewöhnliches ist gewiss jener Befehl anzusehen, den Erik XIV ergehen liess, dass die Gräben um Kalmar vier Klafter tief sein sollten. Silfverstolpe, Historiskt Bibliothek, II, 122.

44) Ablieferung der Kanzlei, Besichtigungen No. 189. B. 15., im G. A.

45) Silverstolpe, Histor. Bibliothek, II, 122.

46) Orion, Kvartalskrift redig. af T. A. Becker, I, 155—59.

47) Gillberg, Beskrifning öfver Christianstads Län. Lund 1767. S. 73.

48) Karl Hansen, Danske Ridderborge. Kbhvn. 1832. S. 122.

49) Burman Becker, Efterretn. o. d. gl. Borge i Danm. og Hertugd., I, 101.

50) Ebendaselbst I, 62.

51) Prospecter af märkv. Byggnader, Säterier och Herregårdar uti Skåne, utg. 1756 af Abrah. Fischer. — Carl Linnæus, Skånska Resa. Stockh. 1761. S. 253.

52) P. Lindeberg, Hypotyposis arcium a H. Ranzovio conditarum. Frankfurt 1592. p. 54, 56, 58, 61.

53) C. G. Brunius, Beskrifning öfver Helsingborgs Kärna. Lund 1845. S. 19.

54) Besigtigelse af Vorgaard 1578. (Besichtigungen No. 189. B. 15, im G. A.)

55) C. G. Brunius, Konstanteckningar under en resa 1849. Lund 1851. S. 744.

56) Rasmussen, Optegnelser om Gisselfeld. Nestved 1868. S. 323.

57) Burman Becker, Efterretn. o. d. gl. Borge i Danm. og Hertugd., I, 64.

58) Silfverstolpe, Historiskt Bibliothek, II, 97 und 122.

59) „600 Nägel, um einige Stackets auf dem Schlosswalle, welche der Wind losgerissen hatte, damit festzunageln". — „26 umgefallene Bäume, welche zur Ausbesserung des Walles verwandt worden sind". Rechenschaftsbericht vom Lehn Malmöhus 1. Mai 1579—1. Mai 1580, im G. A. — Vgl. die Abbildung in Braun, Theatrum urbium IV.

60) Die Arbeiter müssen sich mit „Spaten und Hacken" einstellen. Tegnelser over alle Lande, 15. Juni 1566, im G. A. — „Der Wall auf Bahus" 1584 (Topograph. Samling. Bahus No. 5, im G. A.).

61) „Der Wall auf Akershus, auf der Seite nach der Klippe hin, ganz eingestürzt". Ein „Wallmeister", Valentin Graver, wird hinauf gesandt. (Skaanske Tegnelser, 20. März 1594, im G. A.)

62) „Die Wallmauer", „eine Brustwehr aus behauenen Steinen". Danske Samlinger, V, 151, 167 und 169. — Die Tapeten-Abbildung auf dem Altnordischen Museum zu Kopenhagen.

63) A. Schultz, Das höfische Leben zur Zeit der Minnesinger. Leipzig 1879. I S. 16.

64) Siehe die Zeichnungen und Beschreibungen in Braun, Theatrum urbium IV. — Brunius, Beskrifning öfver Helsingborgs Kärna. Lund 1845. S. 19. — Trap, Statist. topogr. Beskrivelse af Kongeriget Danmark, 2den Udg. III, 245—47.

65) H. Rördam, Histor. Kildeskrifter. Kbhvn. 1875. II, 382.

66) Brunius, Konstanteckningar under en resa 1849. Lund 1851. S. 116.

67) Jahresbericht des Vereins für die Erhaltung von norwegischen Denkmälern der Vorzeit für 1875. S. 20—30.

68) Lars Salvius, Beskrifning öfver Upland. Stockholm 1741. S. 168.

69) Die persönlichen Nachforschungen des Verfassers.

70) Viollet-le-Duc, Dictionnaire raisonné de l'architecture,

I: „Architecture militaire". II: „Bastion". — Max Jähns, Handbuch einer Geschichte des Kriegswesens von der Urzeit bis zur Renaissance. 2te Lieferung. Leipzig 1880. S. 1155—91. In dieser Schrift, welche selbstverständlich vorzugsweise die Entwickelung in den Hauptländern berücksichtigt, wird der Uebergang von den „Runddelen" zur „Bastion" nicht so scharf in Betracht gezogen, wie es in gegenwärtigem Werke geschieht. Ohne Zweifel ist es richtig, wenn auf die allgemein europäische Entwickelung Rücksicht genommen wird, sofern der versuchsweise Uebergang von gemauerten „Runddelen" zu Bastionen, die nach innen gemauert waren und eine Erdbekleidung nach aussen hatten, wahrscheinlich stufenweise und beinahe unmerklich vor sich gegangen ist. Albrecht Dürer gebraucht im Jahre 1527 die zwei Benennungen „Pastey" und „Rundel" in derselben Bedeutung (S. 1184). Anders stellte sich die Sache im Norden, wo man Mühe hatte, mitzukommen, und daher zuweilen ein Mittelglied übersprang. Hier bildet die Einführung von Bastionen in der Mitte des sechzehnten Jahrhunderts einen scharfen Gegensatz gegen die frühere Befestigungsweise mit Runddelen.

71) Littré, Dictionnaire de la langue française: „Boulevard". — Grimm, Deutsches Wörterbuch II: „Bollwerk". „Diesen Ausdruck scheint erst die Kriegskunst des 15. Jahrhunderts einzuführen; aus dem vierzehnten ist kein Beispiel zur Hand" u. s. w.

72) Belehrend hinsichtlich der Entstehung des Namens ist ein Ausdruck, wie folgender von der Belagerung von Nuys im Jahre 1474 gebrauchte: .... „chacune d'elles [des portes] avoit en front son boluvert à manière de bastillon". Viollet-le-Duc, I, 417—18.

73) Der Gebrauch des Wortes: „Bulværk" in der Bedeutung von Bastion ist im Norden sehr selten. Im Jahre 1619 scheint es in einem Königsbriefe in diesem Sinne genommen zu sein (Norsk Magasin II, 295). Im Jahre 1772 dürfte es ungefähr zum letzten Male vorkommen (Forsøg i de skjønne Videnskaber, X, 173). — Uebrigens gestehe ich, etwas zweifelhaft geworden zu sein, ob wirklich das französische Wort „bastion" im Norden zu „postej" geworden ist. Vielleicht ist es eher das italienische „bastia" (= bastione), welches in der Aussprache verdreht worden ist. Denn sie sind gewiss aus Italien· nach Deutschland

und dem Norden eingeführt worden. „Bastia" sowohl wie „bastion" stammen von derselben Wurzel, nämlich dem alt-romanischen „bastire", im Französischen „bâtir". Vgl. Max Jähns, Handbuch einer Geschichte des Kriegswesens von der Urzeit bis zur Renaissance. II Lieferung. Leipzig 1880. S. 1120 Anm. 3.

74) Friis, Samlinger til dansk Bygnings- og Kunsthistorie. S. 70.

75) So verstehe ich den Fortschritt in der Reihe ziemlich undeutlicher Verordnungen über die Festungswerke, wie jene zu finden sind in: Danske Samlinger V, 135—36, 140, 155 ff., und bei Friis, Samlinger til dansk Bygnings- og Kunsthistorie. S. 282—83, 287, 296, 302, 309, 330, 338.

76) „Postejer" werden nicht ein einziges Mal erwähnt in den vielen Dokumenten, die sich auf die Befestigung Kopenhagens im 16. Jahrhundert beziehen, enthalten in Kjøbenhavns Diplom. I—IV.

77) Silfverstolpe, Historiskt Bibliothek II, 90 ff.

78) Die Form ist deutlich wiedergegeben auf Hans Kniepers Tapeten. (S. das Altnord. Museum zu Kopenhagen.)

79) Die Zeichnung in Oskar Alin, Sveriges Nydaningstid. Stockholm 1878. S. 411.

80) Viollet-le-Duc, Dictionnaire raisonné de l'architecture II, 229. — Die älteren werden ihrer Form nach als „circulaires" bezeichnet. I, 429.

81) Silfverstolpe, Historiskt Bibliothek II, 205.

82) Der merkwürdige sternförmige Wall um Nørrevosborg in Jütland (Burman Becker, Efterretn. o. d. gl. Borge i Danm. og Hertugd., II, 69), die wunderlichen Bastionen bei Skovgaard, östlich von Randers, wo an jeder Ecke die eine Wallseite sich weiter fortsetzt, als nöthig ist, so dass die andere rechtwinkelig gebrochen werden muss, um zu ihr zu stossen (K. Hansen, Danske Ridderborge. Kbhvn. 1832. Abbildung S. 120), und die deutlich erkennbar runden Bastionen bei Faarevejle auf Langeland (B. Becker, III, 27—31, vgl. die Abbildung) sind möglicherweise die ältesten Beispiele von Bastionen bei dänischen Herrenhöfen.

83) Des Verfassers eigene Beobachtungen an Ort und Stelle.

84) T. A. Becker, Prospekter af danske Herregaarde. VIII: Spøtterup.

85) Nødskov, Beskrivelse over Thimgaard. Viborg 1787. S. 122.

86) C. Linnæus, Wästgöta Resa. Stockh. 1747. S. 19.

87) S. die Zeichnung und Beschreibung in Burman Beckers Efterretn. o. d. gl. Borge i Danm. og Hertugd., III, 25—32. — Ueber die Gefahren bei dem Fall der Vorburg, auch wenn es ein so starkes Schloss war, wie Kalmar, s. Silfverstolpe, Historiskt Bibliothek II, 108—9.

88) T. A. Becker, Prospekter af danske Herregaarde. VII: Hesselager. — Burman Becker, Efterretn. om de gamle Borge i Danm. og Hertugd., III, 13—15.

89) C. Linnæus, Wästgöta Resa. Stockh. 1747. S. 159.

90) Brunius, Beskrifning öfver Helsingborgs Kärna. Lund 1845. S. 15—20.

91) Viollet-le-Duc, Dictionnaire raisonné de l'architecture: „Donjon". — Jahrbücher des Vereins von Alterthumsfreunden im Rheinlande XXVIII. Bonn 1860. S. 1—53. — Alwin Schultz, Das höfische Leben zur Zeit der Minnesinger. Leipzig 1879. I, 36 ff.

92) Hofberg, Genom Sveriges Bygder. Ørebro 1872. S. 9. — Brunius, Beskrifning öfver Helsingborgs Kärna. Lund 1845. S. 18.

93) „Faders Hat" fand sich auf dem Schloss Bahus (C. Linnæus, Westgöta Resa. Stockh. 1747. S. 159), dem Nykjöbinger (Danske Magazin, 4de Række, II, 6), dem Kallundborger (die Zeichnung in: Trap, Statist. topogr. Beskrivelse af Konger. Danmark. 2den Udg. III, 245) u. a. O. Auf dem letztgenannten Schlosse war „Vaters Hut" ein Glied der Ringmauer, während „das Füllen" (Folen) der grosse alleinstehende Thurm war.

94) Brunius, Beskrifn. öfver Helsingsborgs Kärna. Lund 1845. S. 15—18.

95) S. die Zeichnung in: Trap, Statist. topogr. Beskrivelse af Konger. Danmark. 2den Udg. III, 245. — „Das Füllen" wurde im 16. Jahrhundert als Archiv benutzt. S. z. B. den Kgl. Befehl v. 16. April 1564 an den Lehnsmann, dem Dr. Hieron. Thenner den Zutritt zum „Foellen" zu gewähren, um einige

Briefe daraus zu nehmen (Tegnelser over alle Lande VII, 698, im G. A.).

96) Historisk Tidsskrift I, 467—81. — „Erlaubniss an Joh. Taube, auf Söburg oder Gurre so viele Steine zu brechen, als er zu Schornsteinen in seinem Hause bedürfen sollte" (Sjællandske Tegnelser, 1. November 1577, im G. A.).

97) E. Dahlberg, Suecia antiqua et hodierna. Tom. III.

98) Ebendaselbst.

99) Norske Rigsregistranter I, 292. — Der Bau scheint bis 1567 gewährt zu haben (Norske Magasin II, 70—71). — Das Innere des Thurmes hatte der Verfasser Gelegenheit, während eines Aufenthalts in Bergen im Jahre 1878, genauer zu untersuchen.

100) Norske Magasin II, 82—83. — Norske Bygninger fra Fortiden med Text af N. Nicolaysen. Kristiania 1860—66. I. S. 6 ff. Pläne X—XVI.

101) Brunius, Beskrifn. öfver Helsingborgs Kärna. Lund 1845. S. 30.

102) Historisk Tidsskrift V, 577 ff. und I, 217 ff. — Liunggreen, Skånska Herregårdar. VI: Glimminge.

103) Historisk Tidsskrift I, 238 und V, 607. — Das alte Haus auf Tjele in Jütland ist gewiss auch ein solches altes Hauptgebäude. Burman Becker, Efterretn. o. d. gl. Borge i Danmark og Hertugd., II, 55—56. — Recht anschaulich ist folgende Schilderung des alten steinernen Hauses auf Vorgaard vom Jahre 1578: „Auf Vorgaard findet sich ein altes Steinhaus, welches 64 Fuss lang ist, 25 Fuss an der Binnenwand. Der Giebel, welcher gen Osten liegt, dem Graben zugewendet, ist 5 Steine dick; beide Seiten sind jede $3^{1}/_{2}$ Steine dick. Selbiges Haus ist recht hoch, also dass zuerst darinnen ein gewölbter Keller ist, unter dem ganzen Hause hin; oben über besagtem Keller ist noch eine Wölbung ganz entlang; darüber dann ein Zimmer mit Fenstern, recht hoch unter der Decke, und darnach ein hohes „Størsterum", von Grund auf gemauert, das da mehr als vier Ellen unter dem Gebälke hoch ist, und ist selbiges Haus mit guten „Flügelsteinen" (Ziegeln) gedeckt. An selbigem Hause ist eine Dachstube, gemauert von Grund auf bis zu den ersten Balken, und darüber ein Holzwerk, zwei Böden hoch, worin eine

Schornsteinstube ist, und eine Kammer darunter". (Ablieferung der Kanzlei. Besichtigungen No. 189. B. 15, im G. A.)

104) Viollet-le-Duc, Dictionnaire raisonné de l'architecture VI: „manoirs" und IX, 189.

105) Klingspor och Schlegel, Uplands Herregårdar, I: Vik. S. 19—21 und IV: Örbyhus. — Brunius, Kostanteckningar under en resa år 1849. S. 649—52. — Carl Linnæus, Skånska Resa. Stockh. 1761. S. 27—28. — Dahlberg, Suecia antiqva et hodierna. Tomus I und III.

106) C. Linnæus, Skånska resa. S. 27.

107) Die Original-Abbildung auf Hans Kniepers Tapete in dem Altnord. Museum zu Kopenhagen.

108) Dahlberg, Suecia antiqva et hodierna. Tom. I.

109) Orion, Maanedsskrift udg. af T. A. Becker, III, 329.

110) P. Lindeberg, Hypotyposis arcium a H. Ranzovio conditarum. Frankfurt 1592. p. 61.

111) Dahlberg, Suecia antiqva et hodierna. Tom. II.

112) Eines der frühesten, auf dem Lande aufgeführten, vierflügeligen Gebäude, abgesehen von Schlössern und Herrenhäusern, war ohne Zweifel der „Krug" (Kroen) bei Frederiksborg. Im Jahre 1560 gab Friedrich II den Befehl, denselben zu bauen „in vier Häusern mit Wohnung und guter Gelegenheit für den Krüger, fünf oder sechs Kammern für Fremde und Stallraum für 50 Pferde". (Tegnelser over alle Lande den 15. December 1560, im G. A.).

113) S. die Abbildungen in Dahlberg, Suecia antiqva et hodierna, und Braun, Theatrum urbium IV.

114) Richardt und Becker, Prospekter af danske Herregaarde: Hollufgaard und Visborggaard.

115) Dahlberg, Suecia antiqva et hodierna. Tom. III.

116) Braun, Theatrum urbium IV. — Jahresbericht des Vereins für die Erhaltung norwegischer Denkmäler für 1875. S. 20—30. — Torup, von dem Verfasser untersucht. — Dahlberg, Suecia antiqva et hodierna. Tom. III.

117) Danske Samlinger V, 149 ff.

118) Gillberg, Beskrifning öfver Christianstads Län. Lund 1767. S. 73. — Liunggreen, Skånska Herregårdar. IV: Widtsköfle.

119) Liunggreen, Skånska Herregårdar. II: Skarhult. —

Brunins, Konstanteckningar under en resa år 1849. S. 740 und 742. — Auf Nielstrup auf Laaland fand man bei Albert Oxe's Tod: 3 grosse Stücke Kupfer, 4 kleine Stücke Kupfer, noch 1 Stück Kupfer, 8 Stücke Eisen, kleine und grosse (Dokumenter til Klevenfelds Stamtavler. Inventarium efter A. Oxe, im G. A.).

120) Sjœllandske Tegnelser, 5. Marts 1584, im G. A. — Friis, Samlinger til dansk Bygnings- og Kunsthistorie. S. 349. — Danske Samlinger V, 189 folg.

121) Gillberg, Beskrifning öfver Christianstads Län. Lund 1767. S. 73. — Liunggreen, Skånska Herregårdar. IV: Widtsköfle. — Burman Becker, Efterretninger om de gamle Borge i Danm. og Hertugd., I, 106—8. — Rasmussen, Optegnelser om Gisselfeld. Nestved 1868. S. 318.

122) Viollet-le-Duc, Dictionnaire raisonné de l'architecture VI, 196. — Lacroix et Serré, Le moyen åge et la renaissance V, Paris 1851: „Architecture militaire". — A. Schultz: Das höfische Leben zur Zeit der Minnesinger. Leipzig 1879. I, 19.

123) Burman Becker, Efterretn. om de gamle Borge i Danm. og Hertugd., III, 13—15. — T. A. Becker, Prospekter af danske Herregaarde. VII: Hesselager.

124) Rasmussen, Optegnelser om Gisselfeld. Nestved 1868. S. 318. — Burman Becker, Efterretn. o. d. gl. Borge i Danm. og Hertugd., I, 106 folg.

125) Des Verfassers persönliche Untersuchung. Beide Hauptthürme am Eingange zu dem alten Frederiksborg waren, wenn man nach der Abbildung auf den Tapeten urtheilen darf, mit Machicoulis versehen.

126) Ueber „moucharabi" s. die wegen der „machicoulis" angeführten Schriften. (Note 122.)

127) Historisk Tidsskrift V, 597—98.

128) Jydske Tegnelser den 23. Juli 1595, im G. A. Der Befehl an den Lehnsmann, einen Brunnen auf dem Schlosse graben zu lassen, oder, falls auf diesem Wege kein Wasser zu gewinnen sein sollte, alsdann Rinnen von dem Graben aus nach dem Brunnen hin legen zu lassen. Der Springbrunnen im Schlossgarten, welchen Hans Frandsen (gest. 1584) erwähnt (s. P. N. Thorup, Historiske Efterretn. om Riberhus. Ribe 1835. S. 30)

muss, wie wir weiter unten sehen werden, von sehr kurzer Dauer gewesen sein.

129) Rørdam, Historiske Kildeskrifter II, 306—7. — L. Daae, En Episode af den nordiske Syvårskrig. Lund 1867. S. 8—9 und 24. — Jahresbericht des Vereins zur Erhaltung norwegischer Denkmäler für 1875. S. 20—30. — Norske Magasin I, 160 und 161. — Peder Claussøn, Norriges Bescriffuelse. Kbhvn. 1632. S. 95—96. — Ein Schreiben Friedrich's II an Herluf Skave, dat. Flensborg den 14. Oktober 1564: „Du schreibst, dass auf Stenvigsholm kein Wasser sei, so das dasselbe im Falle einer Belagerung nicht gehalten werden könne. Du darfst daher nur einige wenige Männer hineinlegen". Tegnelser over alle Lande. Bd. VIII. S. 145, im G. A. (Nur der Schluss dieses Briefes, welcher von der Besoldung der Knechte handelt, ist aufgenommen in die Norske Rigs-Registranter I, 437).

130) Historisk Tidsskrift V, 586.

131) Nødskov, Beskrivelse over Thimgaard. Viborg 1787. S. 47.

132) G. Crusius, Decriptio Bredenbergæ 1569. fol. B. 2.

133) C. Linnæus, Wästgöta Resa. Stockh. 1747. S. 159.

134) Danske Samlinger V, 158.

135) A. Schultz, Das höfische Leben zur Zeit der Minnesinger, I, 15.

136) Becker, Prospekter af danske Herregaarde. VIII: Spøtterup. — Løvenborg. (Histor. Tidsskrift I, 228).

137) Diese Bezeichnung kommt häufig vor, sowohl von Thorthürmen, als von anderen Thürmen in der grossen Sammlung von Hof-Besichtigungen (Ablieferung der Kanzlei. Besichtigungen No. 189, im G. A.).

138) Secher, Prospekter af danske Herregaarde med historiske Beskrivelser. XVIII: Nørlund.

139) Des Verfassers persönliche Untersuchungen.

140) Gleichfalls.

141) Gleichfalls.

142) L. Daae, Det gamle Christiania. Christ. 1871. S. 6.

143) Jahresbericht des Vereins zur Erhaltung norwegischer Denkmäler. S. 20—30.

144) A. Schultz, Das höfische Leben zur Zeit der Minnesinger, I, 30.

145) Viollet-le-Duc, Dictionnaire raisonné de l'architecture VII, 343 ff.

146) „Gezahlt an die Reifschläger zu Malmö für ein Seil, um die Thorleuchte, welche in dem Thore am Schlosse hängt, auf und nieder zu ziehen 11 β". So in dem Rechenschaftsbericht des Lehns Malmöhus 1579, im G. A.

147) Die gemauerten Sitze sind z. B. noch in dem Wadstena Schlossthore aufbewahrt.

148) Kjøbenhavns Diplomatarium IV, 628—29.

149) Orion, Histor. Kvartalskrift. Kjøbenhavn 1843 I, 155—59.

150) Richardt og Becker, Prospekter af danske Herregaarde: Rosenvold.

151) Wenn Wendeltreppen in Thürmen, welche nachweislich im sechzehnten Jahrhundert gebaut worden sind, bisweilen die unrichtige Windung haben mögen, so rührt das daher, dass die Treppensteine einmal in der Zwischenzeit infolge des Verbrauches umgelegt worden sind. — Auf Nykjöbing-Schloss waren die Stufen in mehreren Wendeltreppen nur aus Eichenholz (Danske Kongers Historie 73 dd. 28. September 1590, im G. A.). Jedoch waren sie in der Haupttreppe von gotländischem Gestein (Skaanske Tegnelser den 15. Juli 1591, im G. A.).

152) Becker, Prospekter af danske Herregaarde: Ravnstrup.

153) Richardt og Becker, Prospekter af danske Herregaarde: Tølløse.

154) Den anseelige Stad Helsingørs Beskrivelse. Aalborg 1757. S. 93—94 und 244—45.

155) Klingspor och Schlegel, Uplands Herregårdar. I: Vik.

156) Danske Samlinger V, 156 und 167.

157) Richardt og Becker, Prospekter af danske Herregaarde: Tølløse.

158) Klingspor och Schlegel, Uplands Herregårdar. I: Vik.

159) Jydske Tegnelser, den 22. Februar 1591, im G. A.

160) Brunius, Beskrifning öfver Helsingborgs Kärna. Lund 1845. S. 40—41.

161) Richardt og Becker, Prospekter af danske Herregaarde: Ravnstrup.

162) Burman Becker, Efterretn. om de gamle Borge i Danm. og Hertugd., III, 13—15.

163) Rasmussen, Optegnelser om Gisselfeld. Nestved 1868. S. 325.

164) Burman Becker, Efterretn. o. d. gl. Borge i Danm. og Hertugd., III, 41—43.

165) Richardt og Becker, Prospekter af danske Herregaarde. Man sehe die der betreffenden Höfe.

166) Richardt og Liunggreen, Skånska Herregårdar. IV: Widtsköfle.

167) Des Verfassers persönliche Untersuchungen.

168) T. A. Becker (Prospekter af danske Herregaarde. VIII: Spøtterup) erwähnt nur zwei solche Löcher auf Spötterup und ein ähnliches auf Vorgaard. — Burman Becker (Efterretn. o. d. gl. Borge i Danm. og Hertugd., I, 89) sagt, dass auf Spötterup deren „verschiedene" vorhanden seien.

169) Richardt og Becker, Prospekter af danske Herregaarde: Skovsbo.

170) Burman Becker, Efterretn. o. d. gl. Borge i Danm. og Hertugd., I, 106—7.

171) Richardt og Becker, Prospekter af danske Herregaarde. V: Vorgaard.

172) Burman Becker (o. a. O. III, 43) bezeichnet diese Höhlung als eine Elle im Quadrat gross, — T. A. Becker (Danske Herregaarde: Rygaard) nur als eine Viertelelle gross.

173) Burman Becker, Efterretn. o. d. gl. Borge i Danm. og Hertugd., III, 9.

174) Liunggreen, Skånska Herregårdar. IV: Widtsköfle.

175) Richardt og Becker, Prospekter af danske Herregaarde. XII: Odden.

176) Ebendaselbst V: Vorgaard.

177) Historisk Tidsskrift V, 585—86.

178) Alwin Schultz, Das höfische Leben zur Zeit der Minnesinger. I, 8.

179) Nødskov, Beskrivelse over Thimgaard. Viborg 1787. S. 123—24.

180) Richardt og Becker, Prospekter af danske Herregaarde. V: Vorgaard.

181) Mündliche Mittheilungen von verschiedenen Seiten. — Hr. Architekt Hans Holm hat den Verfasser darauf aufmerksam gemacht, dass diese geheime Treppe entdeckt worden ist.

182) J. Oedman, Bahus-Läns Beskrifning. Stockh. 1746. S. 83.

183) Brunius, Beskrifning öfver Helsingborgs Kärna. Lund 1845. S. 31.

184) Orion, Historisk Kvartalskrift. Kjøbenhavn 1843. I, 155—59.

185) Brunius, Konstanteckningar under en resa år 1849. Lund 1851. S. 119.

186) Burman Becker, Efterretn. o. d. gl. Borge i Danm. og Hertugd., III, 14.

187) Richardt og Becker, Prospekter af danske Herregaarde. V: Vorgaard.

188) Ebendaselbst. V: Ourebygaard. Vorgaard.

189) Ebendaselbst. XII: Krabbesholm.

190) Ebendaselbst: Rosenvold und Rygaard. — Klingspor och Schlegel; Uplands Herregårdar. I: Vik.

191) Richardt og Becker, Prospekter af danske Herregaarde. VIII: Spøtterup. — Historisk Tidsskrift V, 578.

192) Brunius, Konstanteckningar under en resa år 1849. S. 653—54. — Silfverstolpe, Historiskt Bibliothek II, 135. Anmærkn.

193) Arnholtz, Kronborg Slots og Fæstnings Historie. Helsingør 1836. S. 87—92.

194) Jahresbericht des Vereins zur Erhaltung norwegischer Denkmäler für 1875. S. 20—30.

195) Lars Salvius, Beskrifning öfver Upland. Stockholm 1741. S. 168.

196) Des Verfassers persönliche Untersuchung.

197) Burman Becker, Efterretn. o. d. gl. Borge i Danm. og Hertugd., I, 33.

198) Beispiele von Mauern, die nicht „mit Verband" („med

Forbandt") gebaut, sondern in der Mitte ausgefüllt sind, kommen sehr häufig vor. So war Hindsgavl gebaut (Danske Samlinger VI, 362), ebenso Gisselfeld (Rasmussen, Optegnelser om Gisselfeld. S. 318), Tirsbæk (Orion, Histor. Kvartalskrift I, 155—59), Skarholt (Brunius, Konstantecktningar under en resa år 1849. S. 741), die Thürme auf Malmöhus (nach mündlicher Mittheilung an Ort und Stelle), und viele andere.

199) Brunius, Konstantecktningar under en resa år 1849. S. 655.

200) Orion, Histor. Kvartalskrift, I, 155—59.

201) Historisk Tidsskrift V. 608.

202) Ebendaselbst V, 579.

203) Nødskov, Beskrivelse over Thimgaard. Viborg 1787. S. 114. — Den Danske Atlas V, 862—63.

204) Richardt og Becker, Prospekter af danske Herregaarde: Holmegaard.

205) Tegnelser over alle Lande, 6. Oktober 1561, im G. A.

206) Friis, Samlinger til dansk Bygnings- og Kunsthistorie. S. 209. — Jonge, Danmarks Beskrivelse. S. 80.

207) Tegnelser over alle Lande, 16. Februar 1563, im G. A. — No. 868 k. 4to. N. K. S.

208) Sjællandske Tegnelser, den 1. November 1577, im G. A.

209) Ebendaselbst, den 4. April 1579, im G. A.

210) Tegnelser over alle Lande, den 6. Marts 1560, im G. A. — Zur Aufführung von Borreby soll Johann Friis die Materialien von dem Kloster Unsrer Lieben Frauen zu Skjelskör benutzt haben (Danske Samlinger, 2den Række, V, 69).

211) Brunius, Konstantecktningar under en resa år 1849. S. 123, 316, 336, 470 und 652.

212) Brunius kommt in der angeführten Schrift öfter auf den Fluch zurück, welcher sich an die Schlösser Gustav Wasa's zu knüpfen scheint.

213) Friis, Samlinger til dansk Bygnings- og Kunsthistorie. S. 189. — Kbhvns. Diplom. IV, 556.

214) Tegnelser over alle Lande, 15. April 1560, im G. A., wo es heisst: „Frants Brokkenhus muss soviel Kalk zurückbehalten, als nöthig sein wird, um das Schloss Nyborg anzuweissen".

215) Silfverstolpe, Historiskt Bibliothek I, 209. II, 53—54, 133, 221.

216) Dieser merkwürdige Umstand bei der Aufführung von Kronborg war bisher nur aus zweiter Hand bekannt, und daher mit Recht der Ausschmückung durch die Sage verdächtig. Er lässt sich indess durch die eigenen Worte Friedrich's II als thatsächlich wahr beweisen. Am 27. November 1585 schrieb Derselbe an seinen Schwiegervater, Herzog Ulrich von Mecklenburg: „— Sonstenn wollen wir e. l. freundtlich nicht vorhaltenn, dasz wir nun vnszer schlosz vnnd vehstung Cronenburg Gott lob vnnd danck nach vnserm willen vnd gefallen in- vnnd auswendig allemhalbenn auszgebauet vnd volnzogenn, wie wir vnsz die gantze zeit nun in die 10 jahr, alsz wir daruber gebauet, befliszen auch zum hogsten angelegen sein laszen, domit daszelbig, so viel mensch alsz muglich gewesen, vne sunde vnd einigesz beuorausz vnserer armen vnderthanen beschwerung erbauet werdenn muchte, ja auch vnsernn eignen paurszleuten, wan wir sie, welches weinig vnd selten geschehen, zur arbeit gebrauchet, alsz wen sie frembdt gewesen, taglohn reichen vnd geben laszen —". Ausländische Registrant. im G. A.

217) Ueber die Erbauung von Kronborg s. Danske Samlinger V, 134—79. — Friis, Samlinger til dansk Bygningsog Kunsthistorie. S. 277—350. — Øresunds-Toldregnskaberne 1574—88, im G. A.

218) Silfverstolpe, Historiskt Bibliothek II, 221.

219) Hans Kniepers Tapete findet sich auf dem Altnordischen Museum zu Kopenhagen.

220) Richardt og Becker, Prospekter af danske Herregaarde. V: Vorgaard; VI: Lindenborg.

221) Sjællandske Tegnelser, den 12. Marts 1595, im G. A.

222) „Udskud", oder wie sie bei den seeländischen herrschaftlichen Höfen (z. B. Rygaard) heissen: „Lude", werden in den „Besichtigungen" der damaligen Höfe öfter erwähnt (Ablieferung der Kanzlei No. 189, im G. A.).

223) Ueber „Bulhuse" in Burghöfen, s. diese Schrift S. 9.

224) Silfverstolpe, Historiskt Bibliothek I, 227 und 239. II, 54 Anm. 1.

225) **Jydske Tegnelser**, den 3. Februar 1591, im G. A.
226) **Kjobenhavns Diplomatarium** IV, 557.
227) **Ablieferung der Kanzlei**. Besichtigungen No. 189. B. 15, im G. A.
228) **Samlinger til jydsk Historie og Topogr.** VI, 9—10.
229) **Ablieferung der Kanzlei**. Besichtigungen No. 189. A. 42, im G. A.
230) Ebendaselbst No. 189. A. 6, im G. A.
231) **Styffe, Skandinavien under Unionstiden**. 2 Upplagen. Stockh. 1880. S. 56.
232) **Ablieferung der Kanzlei**. Besichtigungen No. 189. B. 38, im G. A.
233) **Silfverstolpe, Historiskt Bibliothek** I, 268. — Befehl, die Thürme rings um die Stadt Kalmar mit Schindeln zu decken. (Ebendaselbst II, 126). — Schindeldach über der Wendeltreppe auf dem Odenseegaard (V. Simonsen, Odense Bys Historie II, 2, 191).
234) **Silfverstolpe**, Hist. Bibl. I, 268.
235) S. z. B. **Tegnelser over alle Lande**, den 14. Juni 1562, im G. A. in Betreff des Kupfers, welches bei den Schlossthürmen von Frederiksborg gebraucht wurde. — **Sjællandske Tegnelser**, 12. December 1595 und 4. Mai 1596, im G. A. über das beim Kopenhagener Blauthurm verwandte. — Das Kupfer für Kronborg wurde natürlich ebenfalls von dem Zöllner zu Helsingör gekauft, oder doch bei ihm bestellt (**Øresunds-Toldregnskaberne** 1578—85, im G. A.). Auffälligerweise wurde im Jahre 1590 eine Summe bezahlt „an den Churfürsten von Sachsen für Dachkupfer zum Kronborger Bau" — unleugbar ein weiter Umweg, wenn das Kupfer wirklich aus Sachsen nach Seeland gekommen sein sollte, und nicht vielmehr eine dem Churfürsten gehörige Ladung war, welche irgendwie bei Helsingör angehalten ist (**Rentemeisters Abrechnung** 1590, im M. A.).
236) Grosse Massen von Bedachungskupfer für Kronborg werden aufgeführt in **Danske Samlinger** V, 147—49 und in den **Rechnungsbüchern des Helsingörer Zollamts**. — Um die Mitte des 17. Jahrhunderts wird Kronborg in **Durells Relationen** als mit Kupfer gedeckt erwähnt. (Suhm, **Samlinger til den danske Historie** II, 3, 70). Im Jahre 1836 waren drei Flügel mit Kupfer

gedeckt, aber die östliche mit Blei (Arnholtz, Cronborg Slots og Fæstnings Historie. Helsingör 1836. S. 87—92).

237) Selbst auf dem Stockholmer Schloss gab es einige Gebäude ohne Kupferdach. Vielleicht waren diese doch Nebengebäude (Silfverstolpe, Histor. Bibl. I, 299 und II, 211 Anm.). — Nach Suhms Neuen Sammlungen III, 98—99 waren auf dem Kopenhagener Schlosse vier Flügel mit Kupfer gedeckt, der fünfte, an der Stadtseite gelegene, nur mit Ziegeln.

238) Richardt og Becker, Prospekter af danske Herregaarde. XVIII: Nørlund.

239) Tegnelser over alle Lande, 14. Juni 1562 und 5. Januar 1582, im G. A.

240) Sjællandske Tegnelser, 24. August 1592, im G. A.

241) Richardt og Becker (Secher), Prospekter af danske Herregaarde. S. die betreffenden Höfe. — Pontoppidans Danske Atlas III, 581, 584.

242) Silfverstolpe, Histor. Bibliothek II, 112. — Rudbeck, Sveriges Städer II, 91.

243) Sjællandske Tegnelser, 12. December 1595, im G. A.

244) Silfverstolpe, Histor. Bibliothek I, 209.

245) Heinr. Ranzau sagt in seiner Cimbricæ chersonesi descriptio von den meisten Dörfern in Dänemark: sie seien plumbo contecta. (Westphalen, Monumenta inedita Tom. 1, col. 66.)

246) Charakteristisch ist für die Stadien der Zerstörung ein Brief, wie der von Friedrich II an den Stadtvoigt in Roeskilde geschriebene, in welchem es heisst: „Nachdem wir zu unserm Bedarf das Blei, welches auf dem „Söffuenhus" im Kloster Unserer Frauen zu Roeskilde lag, haben abnehmen lassen, so wollen wir, dass du sofort die Ziegelsteine von der St. Martinskirche daselbst, welche unbenutzt da liegt, holen und mit diesen das „Söffuenhus" im Kloster Unserer Frauen belegen lassest". (Tegnelser over alle Lande, 24. Oktober 1562, im G. A.) — Das Sorökloster bekam ein Ziegeldach. (Sjællandske Tegnelser, 13. April 1572, im G. A.) Als Vrejlev-Kloster vertauscht ward, hatte es auf dem einen Hause ein Ziegeldach, auf dem anderen ein Strohdach. Die Vidsköl-Klosterkirche war auf der einen Dachseite theils mit Stroh bedeckt, theils „dachlahm", ebenso das Örslev-Kloster u. s. w. (Ablieferung der Kanzlei, Besichtigungen No. 189, im G. A.)

247) Was Kronborg betrifft, s. z. B. Danske Samlinger, V, 138, 139, wegen des Kopenhagener Schlosses: Sjællandske Tegnelser, 12. März 1595, im G. A.

248) Skånske Tegnelser, 24. April 1594, im G. A.

249) Silfverstolpe, Historisk Bibliothek II, 112.

250) Tegnelser over alle Lande, 25. März und 7. Juli 1563, im G. A.

251) Biskop Jakob Madsens Visitatsbog, bei A. Crone. Odense 1853. S. 49, 191 u. a. O. — Sjællandske Tegnelser, 13. April 1572, im G. A. — In der Ablieferung der Kanzlei, Besichtigungen No. 189 (G. A.) kommen beide Benennungen vor; jedoch werden die „Hohlsteine" in der Regel nur als „alte Steine" bezeichnet. — Noch im Jahre 1579 bestellt Johann III „Håll Tegell" (Hohlziegel) aus Deutschland (Silfverstolpe, Historiskt Bibliothek II, 126).

252) Silfverstolpe, Histor. Bibliothek II, 112.

253) Sjællandske Tegnelser, 19. September 1621 und 1. März 1625, im G. A.

254) Sjællandske Tegnelser, 14. September 1571 und 24. März 1574, im G. A.

255) Tegnelser over alle Lande, 13. Mai 1562, im G. A. — Öresunder Zollamts-Abrechnung 1562, im G. A. — Im Jahre 1574 wurde gewiss das Schieferdach umgelegt; von Helsingör wurden wenigstens 202,000 Schiefersteine dorthin geschickt (Öres. Zollamts-Abrechnung 1574, im G. A.).

256) Sjællandske Tegnelser, 26. December 1573, im G. A.

257) Topograf. Samling. Aalholm No. 7, im G. A. — Danske Kongers Historie 73 ddd. 18. Februar 1589, im G. A.

258) Sjællandske Tegnelser, 10. Juli 1596, im G. A. — Ebenso Hansborg (Flensburger Diplomatarium II, 1057).

259) Sjællandske Tegnelser, 10. Juli 1596, im G. A.

260) S. die Abbildung auf Kniepers Tapete in dem Altnord. Museum zu Kopenhagen.

261) Dahlberg, Succia antiqua et hodierna I.

262) Kronborg in seiner alten Gestalt findet man dargestellt auf Hans Kniepers Tapete (Altnord. Museum), ferner in Brauns Theatrum urbium IV, im Journal vando Legatie, gedaen inde Jaren 1627 en 1628 by de Heeren Rochus vanden Honaert u. s. w.

Amsterdam 1632, sowie auf einem, im Rosenborger Schlosse aufbewahrten Kommandostabe aus Holz mit Metalleinlegungen. Ausserdem habe ich es abgebildet gefunden in einem Holzschnitte (ursprünglich zu einem holländischen Buche gehörig), welcher den Kampf des Admirals Opdams im Sunde 1658 darstellt (Archiv des Altnord. Museums). Hier, wie auf der Abbildung bei Braun, ist das Gebäude ganz herumgedreht, so dass der mächtige Kuppelthurm in der nördlichen Ecke zu liegen kommt, dem Sunde zu.

263) Christian IV führte zwar nach dem Brande den Thurm wieder auf, aber in einem ganz anderen Stil, als früher (s. die Abbildung von Dahlberg in Pufendorf, De rebus a Carolo Gustavo gestis. 1696. Tom. II, ferner das grosse Gemälde, Galathea und Neptun, welches gegenwärtig auf Kronborg hängt u. m. a.). Der Thurm Christian's IV wurde während der Belagerung 1658 niedergeschossen, und kurz nachher in die gegenwärtige vierseitige Bastion verwandelt. Im Jahre 1673 wird er folgendermassen beschrieben: „Kronborg hat .... einen Thurm, welcher flach ist und so dick, dass Feldstücke darauf wie auf einer Batterie stehen" (Historisk Tidsskrift IV, 6, 337). Im Jahre 1757 war die Erinnerung an sein früheres Aussehen dermassen verwischt, dass ein übrigens wohlunterrichteter Schriftsteller sich in folgender Weise ausdrücken konnte: „Dieser Thurm ist oben so weit, dass Kanonen auf ihm aufgestellt werden können. Dort oben hat man einen recht plaisanten Prospekt, wofür er auch gebaut war, obgleich der gemeine Mann märchenhafte Dinge von einer hohen Spitze erzählt, welche in vorigen Zeiten über diesem platten Thurme errichtet gewesen sei, und in welcher eine übermässig grosse Glocke gehangen habe; und diese soll zugleich mit der Spitze jetzt im Meere liegen, aussen vor dem Schlosse" (s. Den anseelige Stad Helsingørs Beskrivelse. Aalborg 1757. S. 90—91). — Der Thurm heisst gegenwärtig „der Telegraphenthurm", wegen eines in früherer Zeit hier angelegten optischen Telegraphen.

264) Hans Kniepers Tapete (Altnord. Museum zu Kopenhagen).

265) Silfverstolpe, Historiskt Bibliothek I, 240 und 245. II, 219—20.

266) Hans Kniepers Tapete (Altnord. Museum). — Braun, Theatrum urbium IV.

267) Friis, Tyge Brahe. Kjøbenhavn 1871. S. 100 und 107.

268) Sjællandske Tegnelser, d. 8. Septbr. und 16. Decbr. 1581, im G. A.

269) Hans Kniepers Tapete (Altnord. Museum). — Die zuckerhutartige Figur, mit einem Baumzweige an der Seite, ist deutlich genug; ob aber der Vogel eine Eule sein soll, ist etwas zweifelhaft.

270) Hans Kniepers Tapete (Altnord. Museum). — Ueber die Ausgaben für die Wetterfahnen auf Kronborg (s. Friis, Samlinger til dansk Bygnings- og Kunsthistorie. S. 335).

271) Danske Samlinger V, 150.

272) E. Dahlberg, Suecia antiqua et hodierna.

273) Pontoppidan, Den Danske Atlas III, 584. — Vedel Simonsen, Bidrag til Rugaards Historie II, 1, 86.

274) Danske Samlinger V, 171, 173, 188. — Kbhvns. Diplomatarium II, 718—19. III, 135—36 und IV, 713—14.

275) E. Pontoppidan, Den Danske Atlas IV, 187.

276) Ueber diese und alle die folgenden Namen s. bei den einzelnen Höfen: Trap, Stat. topogr. Beskrivelse af Kongeriget Danmark. 2den Udgave.

277) Danske Samlinger V, 141. Dass es mit dieser Busse (einem lebendigen Ochsen) wirklich Ernst gewesen ist, kann man aus folgender Mittheilung in Helsingørs Thingbog, im G. A. ersehen: „Den 4. Februar 1577 warnte Bürgermeister Henrik Mogensen, es sei des Königs Befehl, dass, wer von diesem Tage an das Schloss hier vor Helsingör (welches bisher Krogen geheissen) mit einem anderen Namen benennen werde, als dem nunmehr vom Könige verfügten, einer Strafe verfallen sein soll von 10 Loth Silber".

278) Danske Samlinger V, 144. Schon d. 5. Juli 1574 ist der Name „Kronborg", allerdings ganz einzelstehend, angewandt worden. (Ebendaselbst.)

279) Sjællandske Registre 17. April 1585, im G. A.

280) Siehe S. 454 Note 93.

281) Samlinger til det norske Folks Sprog og Historie II, 356—59.

282) Trap, Stat. topogr. Beskrivelse af Kongeriget Danmark. III, 461.

283) Ebendaselbst V, 666.

284) Danske Samlinger V, 170.

285) Sowohl Tyge Brahe's, als auch Bischof Kingo's, des geistlichen Sängers (gest. 1703), Verse finden sich abgedruckt u. A. in E. Pontoppidan, Den Danske Atlas II, 272—75.

286) Richardt og Becker, Prospekter af danske Herregaarde. VI: Lindenborg.

287) Brunius, Konstanteckningar under en resa år 1849. S. 760.

288 Richardt og Becker, Prospekter af danske Herregaarde: Nakkebølle.

289) Ebendaselbst: Rosenvold.

290) Ebendaselbst XI: Vallø.

291) Burman Becker, Efterretninger om de gamle Borge i Danmark og Hertugd. II, 72.

292) Ebendaselbst I, 107.

293) Ebendaselbst II, 54. — Die Schlussworte finden sich auch auf Skarholt (Brunius, Konstanteckningar under en resa år 1849. S. 743), Tølløse (Trap, Konger. Danmark III, 259) und auf mehreren anderen Herrenhöfen.

294) Danske Magazin IV, 271.

295) Linnæus, Skånska resa. Stockh. 1751. S. 105. — Brunius, Konstanteckningar. S. 725. — Liunggreen, Skånska Herregårdar. IV: Widtsköfle.

296) Richardt og Becker, Prospekter af danske Herregaarde: Steensballegaard.

297) Ebendaselbst: Arreskov. — Burman Becker, Efterretninger om de gl. Borge i Danm. og Hertugd. II, 36, hat in der zweiten Zeile anstatt „Styld" (Diebstahl) gelesen: „Skyld". Ich habe zwar nicht Gelegenheit gehabt, die Inschrift selbst zu lesen, nehme aber an, dass T. A. Beckers Lesart: „Styld", welche er nach Burm. Becker so gelesen, zumal sie dem Sinne besser entspricht, die richtigere sei.

298) H. F. J. Estrup, Tygestrup, som det var og som det er. Kjøbenhavn 1838. S. 57—60.

299) Burman Becker, Efterretninger om de gl. Borge i Danm. og Hertugd. II, 74—75.

300) Anders Söffrinssön Vedel, En Prodicken som skeede vdi Johan Friisis Begraffuelse. Kbhvn. 1571. Bl. M. v.

301) Brunius, Konstanteckninger under en resa år 1849. S. 725. — Liunggreen: Skånska Herregårdar. VI: Bjersjöholm. — Burman Becker, Efterretninger o. d. gl. Borge i Danm. og Hertugd. II, 36.

302) Tycho Brahe, Astronomiæ instauratæ mechanica. Wandesburgi 1598. fol. H. 3.

303) Handlingar rör. Skandinav. Histor. XXVI, 2—3.

304) S. dieso Schrift S. 71.

305) Handlingar rör. Skandinav. Hist. XXVI, 7.

306) In alten Zeiten scheint allein die Saugpumpe, welche nur die Kraft hat, das Wasser zu einer Höhe von 25 Fuss zu heben, bekannt und im Gebrauch gewesen zu sein. Die Erfindung der Hebepumpe oder Druckpumpe, welche im Stande ist, das Wasser so hoch zu heben, wie man will, muss also einen bedeutenden Fortschritt bezeichnet haben. Galiläi war der Erste, der wissenschaftlich festzustellen suchte, wesshalb die Saugpumpe nicht dazu dienen könne, das Wasser bis zu jeder beliebigen Höhe zu heben. (Adam Paulson, Naturkræfterne. Kbhvn. I, 110—11 und 144—47.)

307) Silfverstolpe, Historiskt Bibliothek I, 193.

308) Kronborg. Friis, Samlinger til Dansk Bygnings- og Kunsthistorie. S. 310—27. — Danske Samlinger V, 155. — Uranienborg: Frankfurtisches Archiv für ältere deutsche Literatur und Geschichte. Frankfurt 1812. II, 175.

309) Friis, Samlinger til dansk Bygnings- og Kunsthistorie. S. 200.

310) Ebendaselbst S. 211.

311) Ebendaselbst S. 211—12.

312) Sjællandske Tegnelser, 29. November, 18. und 28. December 1572, im G. A. — Danske Samlinger 2den Række IV, 81.

313) Sjællandske Tegnelser, 13. März und 15. December 1573, im G. A.

314) „Gert Büchsengiesser zu Kopenhagen, seine Rechnung

für seine Arbeit an der Wasserkunst auf Gisselfeld = 25 Thaler 20 ß". Erbtheilungsprotokoll nach Peder Oxe, im G. A.

315) Diese Schrift S. 72.

316) Friis, Samlinger til dansk Bygnings- og Kunsthistorie. S. 316.

317) Ebendaselbst S. 325—27. — Danske Samlinger V, 149 ff.

318) Friis, Samlinger til dansk Bygnings- og Kunsthistorie. S. 310—24.

319) Ueber die vielen gewechselten Briefe, nebst Inschriften. s. Friis a. a. O.

320) Illustreret Tidende, Kjøbenhavn, No. 848, den 26. Decbr. 1875. — Ueber die Pest in Helsingör einen gleichzeitigen Bericht: Danske Samlinger V, 158—59.

321) Danske Magazin 4die Række II, 374.

322) Eine Abbildung in Doppelmayr, Nachrichten von den Nürnbergischen Mathematicis und Künstlern. Nürnberg 1730, und in der Illustreret Tidende No. 848, den 26. Decbr. 1875. — Näher beschrieben in Braun, Theatrum urbium IV: Kronborg. — Besprochen in: Tagebuch Christians des Jüngern, Fürst zu Anhalt. Leipzig 1858. S. 99—100. — Lübke, Geschichte der Plastik. — Etwas abweichend von der Abbildung, beschreibt ein Reisender, welcher kurz nach Friedrich's II Tod Dänemark besuchte, den Springbrunnen folgendermassen: Neun Figuren rings um denselben, drei als welsche Musketiere, drei als deutsche Hakenschützen und drei als türkische Janitscharen mit Bogen und Pfeilen, in der Mitte eine Fortuna auf einer sich umdrehenden Kugel. (Frankfurtisches Archiv für ältere deutsche Liter. u. Gesch. Frankfurt 1812. II, 178).

323) Ein Theil der Umkosten wird angeführt in: Friis, Samlinger til dansk Bygnings- og Kunsthistorie. S. 310—25.

324) Der Kontrakt findet sich abgedruckt in: Nye Danske Magazin VI, 157.

325) Topograf. Samlinger: Kronborg No. 22. Kongl. Skrivelse af 9. Juli 1587, im G. A.

326) Jydske Tegnelser, 3. Februar 1591, im G. A.

327) Sjællandske Tegnelser, 29. Februar und 14. Mai 1596. Jydske Tegnelser, 29. Februar 1596, im G. A.

328) Skaanske Tegnelser, 23. April 1594, im G. A.

329) Sjællandske Tegnelser, 4. Juli 1593 und Jydske Tegnelser, 28. April 1596, im G. A.

330) Eine Beschreibung der Wasserkunst auf Frederiksborg findet sich in: Friis, Samlinger til dansk Bygnings- og Kunsthistorie. S. 254—64.

331) Friis, Samlinger til dansk Bygnings- og Kunsthistorie. S. 212.

332) Jydske Tegnelser, 14. Juli 1588, im G. A.

333) Jydske Registre, 20. September 1589, im G. A.

334) Skaanske Tegnelser, 30. Mai 1592, im G. A.

335) Thorup, Histor. Efterretn. om Riberhus. Ribe 1835. S. 30. — Sjællandske Tegnelser, 2. November 1586 und 4. Juli 1593, im G. A. — Jydske Tegnelser, 23. Juli 1595, im G. A.

336) Friis, Samlinger til dansk Bygnings- og Kunsthistorie. S. 261—62.

337) Rosenvold ist ohne Zweifel einer der Herrenhöfe in Dänemark, wo diese kleinen Bogenfenster sich am längsten unverändert erhalten haben. Erst im Jahre 1817 wurden sie erweitert und umgestaltet. Auf der einen Hälfte des Gebäudes waren damals nur zwei Fenster (Richardt og Becker, Prospekter af danske Herregaarde: Rosenvold).

338) Eisengitter vor den Fenstern nannte man damals „Eisen-Sprinkel". Als Lundegaard in Schonen im Jahre 1579 aufgeführt wurde, wurden Eisen-Sprinkel in wenigstens 19 Fenster gesetzt. (Malmöhus Lehnsabrechnung 1579, im G. A.). — In den Kammern Christian's IV und der verwittweten Königin Sophia auf Aarhusgaard hatte man, wahrscheinlich aus Bequemlichkeitsrücksichten, unterlassen, Eisenstangen anzubringen. Als aber im Jahre 1590 ebendaselbst ein Einbruch stattfand, und zwar Tücher, mit denen die Wand überzogen gewesen, gestohlen wurden, so mussten auch hier die Fenster mit Eisengittern versehen werden. (Jydske Tegnelser, 17. August 1590, im G. A.)

339) Zwei, mit solchen Steinbänken versehene, Fenster sieht man noch heute auf Vedbygaard auf Seeland (Ældre nordisk Architectur, 2den Rækkе). — In Liunggreens Skånska Herre-

gårdar VI befindet sich eine sehr anschauliche Abbildung der Fenstersitze auf Glimminge.

340) Als ein Beispiel der bedeutenden Höhe der Zimmer lässt sich anführen, dass auf Katholm in Jütland die Zimmer in dem untersten Stockwerk neun Ellen hoch sind, in dem obersten beinahe zehn. (Burman Becker, Efterretn. o. d. gl. Borge i Danm. og Hertugd. III, 36).

341) Diese Schrift S. 143.

342) C. F. Allen, De tre nordiske Rigers Historie IV, 1, 174.

343) Friis, Samlinger til dansk Bygnings- og Kunsthistorie. S. 168.

344) Ebendaselbst. S. 357.

345) Historisk Tidsskrift, V, 611.

346) Nye danske Magazin I, 251.

347) Rasmussen, Optegnelser om Gisselfeld. S. 326.

348) C. F. Allen, De tre nordiske Rigers Historie IV, 1, 153.

349) Repholtz, Beskrivelse over Baroniet Stampenborg. Kjøbenhavn 1820. S. 164.

350) Danske Samlinger VI, 189.

351) Danske Magazin IV, 320.

352) Malmøhus Lehnsregnskab 1579, im G. A.

353) Friis, Samlinger til dansk Bygnings- og Kunsthistorie. S. 357.

354) Ebendaselbst S. 168.

355) So hiess z. B. die Wohnstube auf Malmøhus im Jahre 1579 „Björns Kammer" (Björn Kaas war Lehnsmann), und im Jahre 1582 „Corfits' Kammer" (Corfits Viffert war jetzt Lehnsmann). S. Malmøhus Lehnsabrechnungen 1579 und 1582, im G. A. — „Lehnsmanns Kammer" s. z. B. aus etwas späterer Zeit auf Hindsgavl. Danske Samlinger VI, 189.

356) Danske Magazin II, 248. — Rasmussen, Optegnelser om Gisselfeld. S. 326. — Repholtz, Beskrivelse over Baroniet Stampenborg. S. 164.

357) Danske Samlinger II, 135. — Nyt historisk Tidsskrift IV, 242.

358) Raumer, Histor. Taschenbuch VI (Voigt: Fürstensitten. S. 298—301).

359) Schreiben vom Jahre 1547 von Niels Persen an Hr. Esge Bilde zu Svanholm, des Königs Hofmeister. (Dokumenter til Klevenfelds Stamtavler — Bilde —, im G. A.). — Ueber Hirschgeweihe im Allgemeinen s. z. B. das Schreiben Friedrich's II an Hr. Mogens Gyldenstjerne: M. G. wird ersucht, 4 oder 5 der allerschönsten und stattlichsten Hirschgeweihe, die der König liegen habe, herauszunehmen und sie ohne Verzug zu senden. (Tegnelser over alle Lande, 12. Oktober 1560, im G. A.).

360) Solche werden oft erwähnt in der Sammlung: „Besichtigungen". (Ablieferung der Kanzlei No. 189, im G. A.).

361) Beispielshalber lässt sich anführen: Malmøhus (Lehnsabrechnungen, im G. A.), Helsingborg (Lehnsabrechnungen, im G. A.), Gisselfeld (Rasmussen, Optegnelser om Gisselfeld. S. 326), Jungshoved (Repholtz, Stampenborg. S. 164), Hindsgavl (Danske Samlinger VI, 189), Sejlstrup (Danske Samlinger VI, 371), Timgaard (Nødskov, Thimgaard. S. 124) u. s. w. u. s. w.

362) Auf Malmøhus gab es zwei Frauenstuben: „die oberste" und „die zweite Frauenstube". Die eine stiess gerade an die Winterstube („Björns Kammer", „Corfits' Kammer", „des Grafen Kammer", nämlich Bothwells, lauter Bezeichnungen eines und desselben Zimmers gen Süden, am Burghofe gelegen. Malmøhus Lehnsabrechnungen 1542—82, im G. A.). — Schiern, Nyere historiske Studier I, 429). — Auf Hjelmsøgaard waren ebenfalls zwei Frauenstuben: „die oberste panelirte Frauenstube", „die unterste panelirte Frauenstube". (Dokumenter til Klevenfelds Stamtavler; Rosenkrands, Inventarium nach Axel R.'s Tode, vom 7. Februar 1564, im G. A.).

363) Rechnungen, betr. des Nyköpinger Schloss 1556—77, im S. K. A.

364) Malmøhus Lehnsabrechnungen von 1572, 1579 und 1582, im G. A.

365) Danske Magazin IV, 320.

366) Malmøhus Lehnsabrechnungen von 1579: „der Erker bei der Frauenstube", im G. A. — Ebendaselbst von 1582: „ge-

macht eine Treppe auf der Frauenstube und hinauf durch die Decke nach einer anderen Kammer", im G. A.

367) Uranienborg (Danske Magazin II, 258), Frederiksborg (Danske Samlinger II, 185), Timgaard (Nødskov, Beskriv. over Thimgaard. S. 124), Hindsgavl (Danske Samlinger VI, 189), Stoensgaard (Burman Becker, Efterretn. o. d. gl. Borge i Danm. og Hertugd. II, 27—28).

368) Danske Magazin II, 258.

369) Schiern, Nyere historiske Studier I, 428—39. — Malmøhus Lehnsabrechnungen, im G. A. — Björns, Corfits', des Grafen Kammer, nämlich des Lehnsmanns Zimmer, welches Bothwell zum Gefängniss gedient hatte.

370) Sjœllandske Tegnelser, 5. März 1585, im G. A.

371) Friis, Samlinger til dansk Bygnings- og Kunsthistorie. S. 355.

372) Sjællandske Registre, 5. Januar 1585, im G. A. — Nye danske Magazin IV, 163.

373) Danske Samlinger 2den Række II, 281.

374) Charles d'Ogier, Dagbok öfver dess resa i Sverige 1634. Stockh. 1828. S. 16—17.

375) W. Bernan, On the history and art of warming and ventilating rooms and buildings. I. London 1846. p. 145—46.

376) S. die erwähnten Herrenhöfe in Richardt og Becker, Prospekter af danske Herregaarde, sowie Richardt og Liunggreen, Skånska Herregårdar.

377) Norske Rigs-Registranter II, 717.

378) Danske Magazin V, 253.

379) Ebendaselbst VI, 222—23.

380) Norske Rigs-Registranter II, 576. — Danske Magazin, 3die Række, VI, 291. — Registre over alle Lande, 13. September 1570. Mogens Spend, im G. A. — Danske Samlinger. Justicevæsen No. 369. (7. Februar 1573), im G. A.

381) Danske Samlinger, 2den Række, V, 69—70.

382) Dokumenter til Klevenfelds Stamtavler (Bilde) 15. Februar 1563, im G. A.

383) Vedel Simonsen, Familie-Efterretninger om de danske Ruder. I, 116—27.

384) Danske Samlinger, 2den Række, V, 69—70.

355) Dokumenter til Klevenfelds Stamtavler (Bilde) 15. Februar 1568, im G. A.

356) Danske Samlinger, 2den Række. V. 70.

357) S. u. B. Tegnelser over alle Lande. 16. April 1564, im G. A.

358) An einen Goldschmied zu Kopenhagen gegeben 21½ ungarische Gulden, womit er einen kleinen Becher nebst zugehörigem Deckel von Elfenbein beschlagen sollte, welche der Prinz selbst gedrechselt hatte, und welche er an Niels Kaas zu Torupgaard, Kanzler, verschenken wollte. Rentmeisters Abrechnung 1591, im M. A.

359) Sjælland og Møen No. 130. 4. Januar 1565, im G. A.

390) Friis, Samlinger til dansk Bygnings- og Kunsthistorie. S. 169, 201, 203, 253—54, 258, 255, 294—95, 300, 336.

391) Ebendaselbst S. 169 und 338.

392) Ebendaselbst S. 169.

393) Tegnelser over alle Lande. 12. December 1559, im G. A.

394) Ebendaselbst 12. August 1563, im G. A.

395) Quittung vom 4. Januar 1565, vom Rentmeister über 600) Reichsthal. empfangen von Mr. Hans, Königl. Majestäts „Snarrer", um die Knechte damit zu besolden (Sjælland og Møen No. 130, im G. A.)

396) Tegnelser over alle Lande, 1. Mai 1565, im G. A. Bei der Nachricht von Christian's III Tod wurde sofort die Geldkammer und die „Drejerkammer" auf dem Kopenhagener Schlosse versiegelt. (Tegnelser over alle Lande, 15. Januar 1559.)

397) Friis, Samlinger til dansk Bygnings- og Kunsthistorie. S. 253—54 und 268.

398) Danske Magazin I, 63.

399) Tegnelser over alle Lande. 12. December 1559 und 12. August 1563, im G. A. — Nye danske Magazin V. 63 und 68.

400) Es ist wahrscheinlich, dass es unter Friedrich II mehr als zwei „Drejer", mit dem Vornamen: Hans, gegeben hat. Der älteste derselben starb im Anfang des Jahres 1565. (Tegnelser over alle Lande, 1. Mai 1565, im G. A.) Der jüngste wird 1581

als „Kammerbursche" erwähnt, 1587 als Kammerdiener. (Sjællandske Tegnelser, 7. Februar 1581, im G. A. — Registro XI. Skjøder No. 83, im G. A.). — Oswald Drejer wird u. A. in der Abrechnung des Rentmeisters von 1588, im M. A., erwähnt.

401) Friis, Samlinger til dansk Bygnings- og Kunsthistorie. S. 267—68.

402) Alwin Schultz, Das höfische Leben zur Zeit der Minnesinger. I. Leipzig 1879. S. 85.

403) Viollet-le-Duc, Dictionnaire raisonné de l'architecture VI „latrines".

404) W. Bernan, On the history and art of warming and ventilating rooms and buildings. I. London 1845. S. 143.

405) Die einzige schwache Spur, auf welche der Verfasser gestossen ist, enthält jene Aeusserung über das Kopenhagener Schloss: „An den Schinder dafür, dass er die grossen Privets, welche von dem grossen Saal herabgehen, gereinigt hat, 1 Thaler". 2. September 1615. (Anton Petersens Collectanea, in N. K. S.). Wie man sehen wird, folgt indessen aus diesen Ausdrücken nicht nothwendig, dass hier an eine geschlossene Kloake zu denken ist; sie können hier auch von der weiter unten erwähnten offenen Form für die draussen angebauten „Heimlichkeiten" gebraucht sein.

406) Eine sehr deutliche Abbildung einer ausgemauerten „Heimlichkeit" mit Kragstein, Fenstern, Spitze und Wetterfahne findet sich auf Hans Kniepers Tapete mit dem älteren Frederiksborg. (Altnord. Museum zu Kopenhagen).

407) Auf Valkendorfs Thurm zu Bergen zeigt sich die „Heimlichkeit" neben dem sogenannten Valkendorfs-Zimmer. (Des Verfassers Beobachtung an Ort und Stelle). — Auf Malmøhus war sie neben der Kammer des Lehnsmanns. (Schiern, Nyere historiske Studier I, 428).

408) Des Verfassers Lokalbeobachtungen.

409) Burman Becker, Efterretn. o. d. gl. Borge i Danm. og Hertugd. III; 14—15.

410) Kjøbenhavns Diplomatarium IV, 567. — Man muss sich erinnern, dass der Schlossgraben auf der Schlossinsel selbst lag, innerhalb des Meeresarmes, welcher die Schlossinsel von der Stadt trennte. Neben diesem Arme, in welchem doch eine Strömung war, wurde später eine „Heimlichkeit" errichtet. —

Am 8. August 1637: „Dem Zimmermann für das geheime Gemach, welches auf den Pfählen bei der Amagerbrücke errichtet ist". (Abrechnung des Rentmeisters, im M. A.).

411) Schiern, Nyere historiske Studier I, 428.

412) Klevenfeld, Optegnelser til den holstenske Adel (1586), im G. A. — Orion, Historisk Kvartalskrift, udg. af T. A. Becker. I, 194.

413) So sagt z. B. Otto Sperling in seiner Autobiographie, dass er im Jahre 1632 zu Jungfrau Christine Schade auf Vognserup gerufen worden sei. Sie litt an der Wassersucht, welche sie sich vermeintlich dadurch zugezogen hatte, „da sie einsmahls genöthigt wurde auf ein heimlich Gemach zu gehen, welches in den obersten Zimmern hoch von der Erden gelegen, da ergriff sie ein kalter Windt von unten des Gemachs aufsteigend". (No. 3094. 4to. S. 221, im G. K. S.)

414) Orion, Maanedsskrift udg. af T. A. Becker, III, 333.

415) In Betreff des Kopenhagener Schlosses s. z. B. Friis, Samlinger til dansk Bygnings- og Kunsthistorie. S. 64, 72 und 73. — In Betreff Frederiksborgs s. Danske Samlinger II, 165, 189 und 196 u. s. w.

416) Richardt og Becker, Prospekter af danske Herregaarde: Rygaard.

417) Friis, Samlinger til dansk Bygnings- og Kunsthistorie. S. 175.

418) Christiern Pederson, En nøttelig Legebog. Malmø 1533. — Christ. Pederson, Om Vrte Vand. Malmø 1534. — Henrik Smith, Een skön loestig ny vrtegaardt. Malmø 1546. — Henrik Smith, Tredie Urtegaard. Kjøbenhavn 1557. — H. Smith, Fjerde Urtegaard. Kjøbenhavn 1557. — H. Smith, Lægebog. Kjøbenhavn 1577.

419) Troels Lund, Danmarks og Norges Hist. i Slutn. af det 16. Aarh. I, 133—36. — Videnskabernes Selskabs Skrifter 1765—69. X, 395—96.

420) Viele Beispiele findet man in der Sammlung: Ablieferungen der Kanzlei. Besichtigungen No. 189, im G. A. — Pontoppidan, Den Danske Atlas IV, 163.

421) Der Name „Rosengaard" (Rosenhof) scheint jedoch schon im 16ten Jahrhundert etwas veraltet gewesen zu sein. Ueber das

Schloss Nykjöbing auf Falster heisst es z. B.: „Urtehaven, som kaldes Rosengaard" (der Garten, welcher R. heisst). 13. August 1591. Danske Kongers Historie 73 dddd, im G. A.

422) Brasica florida übersetze ich: Blumenkohl. (Tegnelser over alle Lande, 7. Februar 1560, im G. A.).

423) T. A. Becker, Herluf Trolle og Birgitte Geie. Kbhvn. 1865. S. 31 und 33.

424) Ryge, Peder Oxes Liv og Levnets Beskrivelse. Kbhvn. 1765. S. 325—26.

425) Zum Unterhalt Se. Königl. Majestät: Montag nach St. Johannis für Thymian, Salbei und Petersilie 2 β. — Dienstag: für 6 Körbe Kohl, Thymian und Petersilie 10 β 2 alb.; Zwiebeln und Salbei für 5 β. — Mittwoch: für Zwiebeln, Salbei, Kohl, Petersilie, Thymian 1½ ℔ 3 alb. — Donnerstag: für Zwiebeln, Salbei, Petersilie und Thymian 12 β 2 alb. — Freitag: für Salbei und Thymian 5 alb., für Zwiebeln 12 β, für Kohl 5 β 1 alb. — Sonnabend: Erbsen, Petersilie, Thymian 2 β; Zwiebeln und Wurzeln 1½ ℔ 3 alb.; Knoblauch 8 alb.; Kohl 5 β. — Sonntag: Zwiebeln 12 β; Wurzeln 4 β; Kohl 8 β; Salbei, Petersilie, Thymian 2 β. (Malmøhus Lehnsabrechnungen 1541, im G. A.).

426) Sjællandske Tegnelser, 2. Mai 1616, im G. A.

427) N. Jacobsens Samlinger, in N. K. S. Nach einem Briefe Christian's IV, dat. d. 24. März 1633.

428) Joh. Craphth, Pæan danicus. 1619. p. 20. — Bertili Canuti epistolarum conturiæ quinque. Rostock 1623. p. 155.

429) Sjællandske Registre, 11. August 1611, im G. A.

430) Danske Samlinger: Gartenwesen No. 869, im G. A.

431) Ueber Blumen im Allgemeinen s. u. A. Tegnelser over alle Lande, 18. November 1559 und 14. Juni 1565, im G. A. — Sjællandske Tegnelser, 1. Mai 1595, im G. A. — Sjællandske Registre, 10. Juni 1601 und 16. April 1602, im G. A. — Topograf. Samling: Frederiksborg No. 26, im G. A. — Friis, Samlinger til dansk Bygnings- og Kunsthistorie. S. 51—53 u. s. w.

432) A. Petersen, Collectanea. 4to. No. 868. kb., in N. K. S.

433) „An Hans Thueszen dafür, dass er die Apfelbäume (Obstbäume) des Schlosses gereinigt hat = 1 ℔ Butter". —

„Haus Thueszen dafür, dass er in dem Apfelgarten des Schlosses die Raupen von den Bäumen gesammelt hat" — u. s. w. (Malmøhus Lehnsabrechnungen 1541, im G. A.)

434) **Handlingar** rörande Skandinaviens Historia. XXXVII, S. 58.

435) **Thottske** Samling No. 938. fol. (Grosse Königl. Bibliothek zu Kopenhagen.)

436) **Tegnelser** over alle Lande, 30. September 1569, im G. A. — **Topogr.** Samling: Frederiksborg No. 26, im G. A. — **Friis**, Samlinger til dansk Bygnings- og Kunsthistorie. S. 51—54 u. s. w.

437) Ausser den oben angeführten Quellen s. auch: **Sjællandske** Tegnelser, 29. September 1581, 25. November 1594, 1. Mai 1595 und 27. Juni 1596, im G. A.

438) **Sjællandske** Tegnelser, 26. Januar 1585, im G. A.

439) **Nye Danske** Magazin V, 124.

440) **Silfverstolpe**, Historiskt Bibliothek II, 100 und Anmerk. 2.

441) **Friis**, Samlinger til dansk Bygnings- og Kunsthistorie. S. 52.

442) **Sagen og Foss**, Bergens Beskrivelse. Bergen 1824. S. 414—15.

443) **Tegnelser** over alle Lande, 30. September 1569, im G. A.

444) **Friis**, Samlinger til dansk Bygnings- og Kunsthistorie. S. 51—52.

445) **Joh. Craphth**, Pæan danicus. 1619. p. 20—21.

446) **C. C. Gjørwell**, Svenska Magazinet. Stockholm 1766. S. 501—2.

447) **Historiska** Samlingar. Stockholm 1797. III, 22.

448) **Tegnelser** over alle Lande, 7. Februar 1560, im G. A.

449) **Thottske** Samling No. 938. fol. (Grosse Königl. Bibliothek zu Kopenhagen.)

450) **Suhm**, Nye Samlinger til den danske Historie. III, 304.

451) **Sjællandske** Tegnelser, 8. November 1584, im G. A.

452) Schreiben der verwittweten Königin Sophia an Christoph Valkendorf, v. 26. Oktober 1588: er möge ihr Wachholdersträucher aus Kopenhagen für den Garten bei Frederiksborg besorgen.

(Danske Kongers Historie 73. dd., im G. A. — Tegnelser over alle Lande, 29. Februar 1566, im G. A.)

453) „Zuweilen liess sie sich auch im Garten, zuweilen im Gemüsegarten finden, mit Lesen und Gebet beschäftigt, wohin gewöhnlich keine Leute zu kommen pflegten". So Jørgen Ericksøn in seiner Ligprædiken over Fru Elisabeth Pedersdatter (Basse). Kbhvn. 1578. Ciiij.

454) Silfverstolpe, Historiskt Bibliothek II, 102.

455) Zum 22. September 1591. (Danske Kongers Historie 73. dddd., im G. A.)

456) Zum 26. Mai 1591. (Danske Kongers Historie 73. dddd., im G. A.)

457) Sjællandske Tegnelser, 20. März und 31. August 1593, im G. A.

458) Ebendaselbst, 30. Juli 1585 und 31. August 1593, im G. A.

459) Ebendaselbst, 4. August 1595, im G. A.

460) Ebendaselbst, 27. Mai 1596, im G. A.

461) Rottbølls Abhandlung in: Videnskabernes Selskabs Skrifter 1765—69. X, 395 fg.

462) „Am 30. Mai 1565 gegeben an Urban Maler für 7 runde Rosen, die er für das Lusthaus vergoldet hat, 84 ₰; für einen vergoldeten Pfeiler (und mehreres andere Genannte) 19 ₰; für eine neue Glasscheibe mit Malerei im Lusthaus 12 ₰". (Rentekammarböcker 1565. Hans Joenszons Ausgaben, in S. K. A.)

463) Silfverstolpe, Historiskt Bibliothek I, 190 und 282.

464) Die Benennung: „Sparepenge" wird beim Antvorskov-Schlosse in einem Schreiben der verwittweten Königin Sophia an Peder Reedtz v. 28. November 1588 erwähnt. (Danske Kongers Historie No. 73 dd., im G. A.); bei Haderslevhus (Histor. Tidsskrift 4de Række III, 576); bei Frederiksborg (Friis, Samlinger til dansk Bygnings- og Kunsthistorie. S. 214—16).

465) Tagebuch Christians des Jüngern, Fürst zu Anhalt. Leipzig 1558. S. 100.

466) Friis, Samlinger til dansk Bygnings- og Kunsthistorie. S. 347. — Danske Samlinger V, 179. — Öresunder Zollamtsrechnungen 1585—88, im G. A.

467) Historisk Tidsskrift, 4de Række, III, 576.

468) Historisk Tidsskrift, 4de Række, III, 572. — Sjællandske Tegnelser, 8. Januar 1592, im G. A.

469) Friis, Samlinger til dansk Bygnings- og Kunsthistorie. S. 346—47.

470) Hans Raszmussøn Block, Urtegaardsmand: Horticultura Danica. Kbhvn. 1647. S. 54—55. — Pontoppidan, Den Danske Atlas II, 293—94. — Carøes Samlinger (Kronborg) No. 181 ld. 8vo. N. K. S. — Die älteste Abbildung ist ein Gemälde auf dem Altnord. Museum zu Kopenhagen.

471) Friis, Samlinger til dansk Bygnings- og Kunsthistorie. S. 135 und 215—16.

472) Abbildung in Brauns Theatrum urbium, IV. — Der Name „Sparepenge" konnte jedoch möglicherweise bloss von einem älteren Gebäude, welches abgebrannt war, herstammen und auf ein anderes fortgeerbt sein. Im Jahre 1586 ist nämlich das „Lusthaus" bei Haderslevhus abgebrannt, und bald darauf in grösserem Stile wieder aufgebaut. Das neue wurde u. A. mit einer prächtigen Badestube ausgestattet. Sjællandske Tegnelser 11. Oktober 1587, im G. A.

473) Die Zeichnung in Tycho Brahe, Astronomiæ instauratæ mechanica. Wandesburgi 1598. Fol. H., und im Danske Magazin II, 257.

474) Brasch, Gamle Ejere af Bregentved. S. 218.

475) Jægergaard bei Frederiksborg war 1584 im Bau. (Sjællandske Tegnelser, 6. April 1584, im G. A.)

476) Sjællandske Tegnelser, 10. Juni und 11. Oktober 1587, im G. A.

477) Friis, Samlinger til dansk Bygnings- og Kunsthistorie. S. 358. — Sjællandske Tegnelser, 30. Juli 1585, im G. A.

478) Danske Samlinger V, 179.

479) Friis, Samlinger til dansk Bygnings- og Kunsthistorie. S. 7—16.

480) Dass das ältere Frederiksborg wirklich ein grossartiges und schönes Schloss gewesen, ist nicht allein aus den daran gewandten grossen Kosten und aus der noch erhaltenen Abbildung (Hans Kniepers Tapete im Altnord. Museum zu Kopenhagen) ersichtlich, sondern auch aus einem zeitgenössischen Urtheil, wie folgendes, welches sich wahrscheinlich von Heinrich Ranzau, oder

von Niels Kaas herschreibt: „Sequitur deindo arx omnium magnificentissima, quam rex Fridericus secundus, villa diruta, loco omnium amoenissimo singulari apparatu condidit, eamque de suo nomine Fridericeburgum nuncupavit". Braun, Theatrum urbium. IV. Dania.

481) P. Lindeberg, Hypotyposis arcium a H. Ranzovio conditarum. Frankfurt 1592.

482) S. insbesondere die überaus zahlreichen Notitzen in Silfverstolpe, Historiskt Bibliothek I—II, Danske Samlinger V, und Friis, Samlinger til dansk Bygnings- og Kunsthistorie.

www.ingramcontent.com/pod-product-compliance
Lightning Source LLC
Chambersburg PA
CBHW021427300426
44114CB00010B/680